ARMAND CORRE

CRIME ET SUICIDE

Elibron Classics
www.elibron.com

Elibron Classics series.

ISBN 0-543-99510-0 (paperback)
ISBN 0-543-99509-7 (hardcover)

This Elibron Classics Replica Edition is an unabridged facsimile of the edition published in 1891 by Octave Doin, Paris.

BIBLIOTHÈQUE DES ACTUALITÉS

MÉDICALES ET SCIENTIFIQUES

XI

Tours, imprimerie Deslis Frères, rue Gambetta, 6.

CRIME ET SUICIDE

PRINCIPAUX TRAVAUX DE L'AUTEUR :

La pratique de la chirurgie d'urgence......................	1872
De l'acclimatement dans la race noire africaine, *Rev. d'anthrop.*, janvier..	1882
De l'étiologie et de la prophylaxie du typhus amaril (fièvre jaune), *Arch. de médecine navale*, 1er semestre...........	1882
La mère et l'enfant dans les races humaines.................	1882
Traité de fièvres bilieuses et typhiques des pays chauds.....	1883
Manuel d'accouchement et de pathologie puerpérale..........	1885
Résumé de la matière médicale et toxicologique coloniale (en collaboration avec E. Lejeanne).........................	1887
Traité des maladies des pays chauds.......................	1887
Les Criminels (bibl. des actualités scientifiques)............	1889
Le crime en pays créoles (bibl. de l'avocat et du magistrat)..	1889
Le délit et le suicide à Brest, *Arch. d'anthrop. crim.*, mai et juillet..	1890
Nos créoles, étude politico-sociologique (Savine)............	1890

CRIME ET SUICIDE

ÉTIOLOGIE GÉNÉRALE

FACTEURS INDIVIDUELS, SOCIOLOGIQUES
ET COSMIQUES

PAR

LE DR A. CORRE

AVEC FIGURES DANS LE TEXTE

PARIS
OCTAVE DOIN, ÉDITEUR
8, PLACE DE L'ODÉON, 8
1891

PRÉFACE

Après avoir étudié le criminel, en naturaliste et en médecin, décrit ses caractères anatomo-psychologiques et recherché leurs rapports avec les diverses formes de la morbidité (1), je me suis proposé d'examiner les conditions génératrices de l'impulsivité antisociale, celles qui font le révolté ou l'insoumis, au sein des milieux civilisés.

Le livre que je présente aujourd'hui n'est point une œuvre de compilation et de critique systématique, mais la condensation d'observations et d'opinions très personnelles. J'y expose mes idées, sans trop de discussions, et je laisse aux lecteurs le soin de les rapprocher de celles des autres écrivains, qui, comme moi et avant moi, ont été entraînés vers l'étude d'un sujet aussi palpitant. Je me suis appliqué à multiplier les documents statistiques et graphiques, afin de mettre tout le monde à même de juger et de contrôler la valeur de mes aperçus.

(1) *Les Criminels (caractères physiques et psychologiques)*, Paris, 1889.

Ils ne faut pas demander à ce livre autre chose que les matières qui répondent à son titre : une étiologie générale du crime, mais complétée et éclairée par l'étiologie parallèle du suicide, cette forme de l'aberrance impulsive offrant des relations très intimes avec l'entraînement à l'attentat contre autrui.

Médecin par profession, sociologiste par tendance et par goût, je me suis cantonné dans le domaine de l'observation concrète.

Aux magistrats doit surtout revenir le travail à la fois spéculatif et pratique, qui conduit à la formule des codes, c'est-à-dire des lois préventives et repressives des atteintes portées à l'association collective.

Des réformes considérables sont à introduire dans le régime de cette association. J'apporte ma pierre à la reconstruction d'un édifice et je n'ai qu'un désir, celui qu'elle trouve son utilisation, aussi modeste qu'elle puisse être.

Dr A. CORRE.

Brest, le 1er août 1890.

CRIME ET SUICIDE

LIVRE I

DOCTRINES ET OPINIONS GÉNÉRALES

CHAPITRE I

LE CRIME ET LES CRIMINELS

Il n'est point aisé de définir le *crime* ou le *délit*, deux mots similaires, ou n'exprimant, sous la même idée, que de simples différences qualitatives.

Toute définition suppose une certaine fixité dans la notion à définir et rien n'est moins fixe que la notion du crime ou du délit[1].

Comme le crime varie suivant les temps et suivant les lieux, il n'est pas définissable d'après l'acte, et pas davantage d'après une antithèse à la morale, partout conventionnelle.

On a pu, au cours de l'évolution théocratique des sociétés, déclarer sacrilèges et punir comme telles, avec la plus atroce rigueur, des actions en elles-mêmes indifférentes, aujourd'hui permises ou à peine relevées, là où elles étaient autrefois défendues, et qui demain seront confondues avec la superstition, ridiculisées si elles restent inoffensives, proscrites si elles blessent les intérêts d'une collectivité transformée. Dans l'ancienne Égypte,

1. J'emploierai indifféremment l'un ou l'autre de ces termes, quand j'aurai à parler de l'attentat, en général.

on mettait à mort un homme, pour le meurtre d'un chat. Mal parler du prêtre, mettre en doute sa suprématie ou son enseignement, cela valait, dans notre Europe déjà civilisée, la prison, le fouet, l'arrachement de la langue ou le bûcher ; le blasphème est tombé au rang de mince délit dans l'Allemagne protestante et l'Espagne catholique ; chez nous, il n'est plus rien... qu'un manque de savoir-vivre sous ses formes grossières. Chez les Dayaks, l'assassinat d'un ennemi, même d'une femme et d'un enfant, en pleine paix, est chose fort louable et la valeur d'un citoyen se mesure au nombre des têtes qu'il a coupées sur les terres de la tribu voisine. Nous trouvons révoltants de pareils exploits ; mais nous gardons le duel, qui n'est pas toujours autre chose qu'un véritable assassinat et non des moins lâches. L'adultère, l'avortement, l'infanticide, que nos lois châtient, sont ailleurs tolérés, licites ou même obligatoires (prostitution hospitalière, prévention de la grossesse et meurtre des nouveaux-nés, dans le but d'accroître ou de diminuer la population, selon les ressources du milieu, chez quelques peuples sauvages ou barbares[1]. La sodomie, que pratiquent bestialement les Néo-Calédoniens, et avec raffinement les Orientaux, que l'on punissait en France de la hache ou du feu, quand elle était de *bel-air* en Italie, n'a plus sa place à part dans nos codes (elle disparaît dans le délit d'outrage public ou d'attentat à la pudeur). Le vol, que toutes les nations civilisées condamnent, était presque honoré chez les Spartiates, s'il était accompli avec habileté.

Ces exemples, pris entre mille, montrent la difficulté d'une bonne formule du crime, établie d'après l'acte, comme aussi d'après l'opposition de celui-ci aux sentiments qu'il offusque : la variabilité des sentiments est précisément la cause de la variabilité des interprétations données à des actions corrélatives ou dérivées.

Garofalo a cherché une base dans les sentiments *nécessaires* de pitié et de probité et il fait naître le délit-crime des sentiments inverses. Mais ses distinctions sont tout artificielles. Les sentiments qu'il isole ne sont pas séparables des instincts généraux. L'homme n'est devenu l'être qui mérite ce nom qu'avec le besoin social, et avec ce besoin il a connu d'emblée la tolérance réciproque, comprenant elle-même en germe l'esprit de soutien réciproque. Il a fait successivement l'application d'une tendance inhérente à sa cérébration à la famille, à la tribu, aux étrangers; mais il a seulement étendu, au fur et à mesure de ses relations, les idées de pitié et de probité qu'il a possédées, selon moi, dès ses premiers essais d'association. Je ne saurais donc faire de ces sentiments des vertus de civilisés, dont l'effacement crée le crime, par une sorte de rétrogradation. D'un autre côté, l'homme de tous les temps et de tous les lieux a comme sauvegarde de son individualité un fond d'égoïsme, qu'il ne pourrait détruire sans se porter atteinte à lui-même, et ce sentiment vire très facilement à l'antialtruisme, en présence des compétitions de la vie collective. L'égoïsme doublé d'anti-altruisme existe, aussi nécessaire que la probité et la pitié, chez l'homme sauvage et chez l'homme civilisé; il appartient à l'un et à l'autre... mais plus développé et moins excusable, parfois, chez le second que chez le premier. Il n'y a donc pas de raison suffisante pour en déduire l'essence même du crime, par amoindrissement psychique, dégénérescence ou atavisme.

L'homme-type, en quelque milieu qu'on l'observe, est de nuance semi-indifférente. Le vertueux s'élève au-dessus du niveau moyen qui règle l'équilibre entre les sentiments altruistes et les sentiments antialtruistes : il fait aux autres le sacrifice d'une portion plus ou moins large de son égoïsme, il est partout une exception. Le vicieux tombe au-dessous du niveau, en acceptant des autres plus qu'il ne leur concède ; il jouit, mais sans chercher à nuire. Le criminel se différencie du vicieux en devenant militant contre ceux qui l'entourent, pour la satisfaction de ses propres appétits. Le criminel et le vicieux sont communs ; ils sont encore une exception, puisqu'on les distingue dans les masses où ils apparaissent.

Mais la ligne étale, servant à déterminer la hausse et la baisse, n'est rien moins que fixe. Elle est représentée par l'opinion des majorités dans chaque agglomération, et cette opinion, très fluctuante, très indécise, qui crée la morale et les lois, a grande peine à se maintenir d'accord avec elles. Les idées de morale et de droit restent si mal délimitées que l'on voit chaque jour appliquer leurs contraires.... dans la répression du délit que celles-ci caractérisent[1] !

Ne cherchons pas de notions trop précises sur un terrain où elles ne poussent que vagues, mais suffisamment dessinées pour être entrevues par le plus grand nombre avec utilité. Jugeons les choses à la mesure des habitudes tacites ou avouées des sociétés humaines, et, dans l'atmosphère des civilisés, écrivons sous le souffle qui donne à tous l'imprégnation de vérités très relatives, aptes à nous guider malgré leurs contradictions.

Le crime-délit s'entend de l'attentat contre le droit des autres, qui se résume dans la liberté d'être et d'agir suivant certaines modalités conventionnelles, pour les individus et les collectivités. Ce droit, on l'a confondu assez fréquemment avec l'obligation morale, qui ne regarde que l'individu vis-à-vis de lui-même, mais le prépare à mieux respecter les obligations vis-à-vis d'autrui. Toute civilisation soucieuse de progrès est tenue de se préoccuper de l'intime alliance du droit et de la morale en ses tendances, malgré qu'elle ait souvent à les séparer dans ses codes. Mais il serait illogique de déclarer que la nuisance, non reconnue par la loi et ainsi dépourvue de sanction répressive, ne rentre plus dans l'attentat. Les lois sont l'expression d'une opinion moyenne qui a été en

1. Je lisais l'an dernier l'arrestation d'un voleur, à ....., par un gendarme, très fin limier. L'on vantait l'adresse du policier, la magistrature approuvait sa conduite. Eh bien ! voici quels expédients valaient louange et approbation à notre personnage. Il avait envoyé à une personne honorable, chez laquelle il soupçonnait que le voleur était caché, une dépêche faussement rédigée et signée par une parente, d'ailleurs non prévenue ; grâce à une réponse ainsi surprise, il avait pu saisir à la poste des lettres écrites à cette parente et apprendre ce qu'il désirait savoir : un double délit, et de haute gravité, avait été commis pour assurer la capture d'un voleur vulgaire ! quel était, en bonne morale, le plus gredin, du capturé ou du captureur ?

concordance avec elles à l'époque de leur promulgation, et qui a pu cesser de l'être à une époque ultérieure : elles ont le tort d'être fixées, alors que l'opinion est évolutive et celle-ci règle, en réalité, la forme et la nature des conventions sociales. Le délit-crime naturel est donc l'attentat conventionnel de par l'opinion moyenne de chaque collectivité : il a pour sanction la réprobation, avant d'avoir celle du châtiment légal.

Le crime-délit apparait comme une aberrance dans un milieu bien organisé. Mais il n'est par lui-même une anomalie, qu'autant qu'il accuse chez son auteur une impulsivité maladive ou presque maladive, avec une disproportion singulière entre les mobiles et les conséquences de l'acte. Dans la plupart des cas, il traduit simplement des instincts naturels, mais que l'association doit contenir, afin d'assurer l'existence collective. Opposé à une convention qui prétend résumer le meilleur mode de lutte pour la vie, le mode le plus profitable à l'ensemble et le moins dommageable aux individus, sans pourtant supprimer les causes et les occasions de heurtements, il est un moyen de combativité plus à la portée de certaines personnes que le moyen social. C'est le procédé de l'homme primitif en dehors de sa tribu, continué par l'homme des civilisations au sein de sa nationalité. C'est le droit du plus fort sur le plus faible, qui s'exerça d'abord sans contrepoids, avant les relations de solidarité générale, et essaie de se perpétuer sous la forme moins brutale, mais non moins redoutable, du droit du plus rusé.

Les instincts ne changent pas, mais seulement leurs conditions d'adaptation. Celles-ci ne sont jamais si bien délimitées, qu'elles se prêtent à toutes les exigences des premiers, et il est à craindre qu'il n'en soit ainsi jusqu'à l'extinction de notre espèce. Si les hommes, créés moins imparfaits, plus susceptibles de pondération dans leurs jugements comme dans leurs appétits, pouvaient se commander à eux-mêmes, il n'y aurait point de conflits entre eux pour la satisfaction des besoins. Leurs efforts demeureraient concentrés sur la manière d'obtenir de la terre, la mère commune, le nécessaire, avec quelque superflu, et de répartir les fruits du travail collectif entre les familles, en écartant les causes de jalousie et de contestation, grâce à l'égalité distributive. Ils ont tout juste assez d'intelligence pour apercevoir un objectif désirable, mais une fatalité mauvaise leur interdit son approche ; une puissance occulte remue dans leur cerveau des activités qui s'annihilent ou ne se fusionnent que pour aboutir à des œuvres grossières. Le combat pour la vie reste acharné, féroce, entre des êtres différemment armés. C'est un duel sans merci. Dans l'organisation sociale, on lui a bien donné des règles, qui en adoucissent la forme ; mais combien d'individus n'obéissent pas à ces règles, faute de les comprendre, mus par une lâcheté instinctive ou le dédain d'autrui ? Ceux-là qui ont recours aux coups irréguliers, procèdent par surprise, saisissent l'arme de leurs adversaires afin de les frapper avec plus de sécurité pour eux-mêmes, ce sont les vrais *criminels*.

En réalité, la caractéristique des criminels réside dans la non-conformance à l'obligation sociale du moment (de temps et de lieu).

L'on ne saurait trop haut le dire : cette non-conformance n'est pas seulement à rechercher dans le monde des prisons et des bagnes, à étudier dans les dossiers des pires célébrités de l'échafaud. Elle est acceptée occasionnellement, sinon voulue d'une façon permanente, par des gens qui occupent les meilleures places dans les rangs des honnêtes réputés les plus impeccables. Mais chez un grand nombre, elle est aussi la conséquence d'un défaut d'adaptation sociale, soit par le fait d'un manque d'éducation (non dégrossis des basses couches rurales et urbaines), soit par le fait d'une cérébration spéciale, en vertu de laquelle l'individu ne peut dépasser la manière d'être du sauvage ou de l'enfant, quand il ne périclite pas, à chaque contact, comme un fou. A ces derniers, les incomplets et les infirmes de la société, on a pris l'habitude de réserver les honneurs de la discussion spéculative, et comme les théories n'ont jamais tenu compte, en face des *nuisibles* de différentes catégories et par diverses causes, que des types *extériorisés*, elles ont conduit à des doctrines qui, sous le masque d'une apparente précision, sous les prétentions de leurs titres d'écoles, renferment une grosse somme d'erreurs et d'hypothèses, à côté d'une somme imposante d'acquisitions fructueuses.

Laissons de côté, pour le moment, la variété d'antisocial que j'ai appelée le criminel latent ou le faux-honnête homme[1]. On peut admettre, en bloc, une armée formidable où l'entraînement à l'attentat contre le droit des autres accuse un esprit plus ou moins réfractaire aux conditions générales du milieu, tout au moins une certaine instabilité dans l'assouplissement à ces conditions. Il est difficile de récuser la connexion habituelle d'une pareille modalité de conduite avec une modalité *sui generis* d'ordre psychique ou psycho-somatique. La criminalité de ces réfractaires et de ces instables, de par leur organisation, reconnaît, en ses mobiles comme dans la forme des actes, une cause intrinsèque, c'est-à-dire inhérente aux individus, une prédisposition. Mais tout à l'entour de celle-ci gravitent des influences de milieu ou extrinsèques, qui sollicitent des impulsions préparées à agir selon une voie déterminée, jouent vis-à-vis de l'organisme cérébral le rôle de causes occasionnelles ou provocatrices : dans la vie collective, certains appétits, trop violemment comprimés, ont de soudains éclats, quand la raison se dérobe ou est à bout de résistance, et d'autres, trop imprudemment ménagés ou insidieusement caressés, se produisent avec une effronterie cynique ou naïve. Il y a donc à faire intervenir des facteurs sociaux dans l'étiologie du crime et le rôle de ces facteurs est considérable. Il ne se réduit pas à une action d'appel : des habitudes particulières, qui ont pris naissance au sein de la civilisation, des sélections malheureuses, inséparables de l'évolution progres-

1. *Les Criminels*, p. 359.

sive, préparent et créent les tares définitives, en même temps qu'elles multiplient la dégénérescence et la folie dans les races. Le milieu social engendre la cause individuelle autant qu'il reste lui-même le stimulant principal des impulsivités commandées par elle. A son tour, le milieu cosmique domine les collectivités et les personnes : aux premières, il a imposé leurs tendances générales, toutes de nécessité à leur point de départ, et qui les ont amenées au mode d'association le plus conforme à leurs besoins ; aux secondes, il contribue à donner leur caractère ethnique. Les climats aident au développement des habitudes dégénératives, maintiennent la cérébration dans une moyenne de calme ou d'excitabilité relative ; les saisons dans chaque climat stimulent et modèrent alternativement les impulsivités ; et ces conditions, régulatrices des manifestations psychiques bonnes et mauvaises, ont par suite une influence sur la marche de l'attentat.

Ainsi, trois sortes de facteurs unissent leurs activités pour entretenir l'homme en conflit avec lui-même. Le climat, dont les effets sont le plus diffus, n'intervient que d'une manière indirecte dans l'étiologie du crime ; mais il a préparé la forme sociale, et celle-ci, dont les effets sont déjà plus directs, a préparé les conditions individuelles. Ces dernières sont, à mon avis, les plus puissantes, dans la genèse de l'attentat, parce qu'elles sont les mieux concentrées, les mieux spécialisées : elles peuvent agir spontanément, sans la sollicitation des autres facteurs ou à propos de leurs sollicitations les plus banales, et, là où elles manquent, les causes sociales et cosmiques sont pour ainsi dire stérilisées [1].

Cette part si grande faite à l'organisme individuel n'est point à invoquer comme un argument favorable à la

1. Les criminalistes des écoles contemporaines attribuent aux trois facteurs que je viens de mentionner, une prépondérance très inégale. Ferri met surtout en balance les influences individuelles et sociales (*Sociol. crim.*, et rap. au cong. de Paris, *Conditions déterminantes du crime, leur valeur relative*); Colajanni accorde la plus large part, sinon une action exclusive, aux influences sociales (*Sociol. criminelle*); Lombroso met, au-dessus de tout, les influences individuelles, ramenées à l'atavisme (*l'Homme criminel*), etc.

liberté humaine. L'homme, produit du milieu physique et du milieu collectif, acquiert à son insu et fatalement la cérébration qui le doit diriger : son gouvernail est fragile; il obéit à une impulsivité limitée dans ses moyens d'appréciation et d'action, et les modificateurs contre lesquels il prétend réagir sont les maîtres de l'Océan où se débat la misérable épave d'une incompréhensible création. Il n'y a pas de libre arbitre, et la volonté, simple résultante automatique de jugements habituels dictés par l'intérêt, est soumise aux oscillations d'une raison trop souvent défaillante, pour être elle-même un élément d'indépendance. Mais l'homme a pour condition d'existence des instincts qui l'obligent à certaines décisions : il doit vivre à l'état d'association et cet état suppose une aptitude à l'assouplissement dans les rapports réciproques, inséparable d'une liberté contingente : il possède tout juste assez de libre arbitre pour régler les modes de ses relations collectives, sous la forme d'un contrat de nécessité. Il n'y a pas plus de responsabilité, dans le sens absolu du mot, qu'il n'y a de liberté absolue. L'utilité seule ordonne à la communauté de se défendre contre l'attaque des réfractaires. Toutefois, la pitié pour des misères qui les peuvent atteindre eux-mêmes conseille aux sociaux de distinguer entre les insoumis par prédisposition maladive et les insoumis par calcul; l'intérêt de se ménager des auxiliaires après un amendement, de distinguer aussi du vrai criminel les délinquants accidentels, brusquement jetés hors du droit chemin par un hasard fâcheux, ou par l'ignorance des conventions.

CHAPITRE II

LA FOLIE ET LES ÉTATS ANALOGUES DANS LEURS RAPPORTS AVEC LA CRIMINALITÉ

A priori, le crime, phénomène insolite au milieu des conventions sociales, se présente avec des caractères susceptibles d'autoriser son rapprochement des actes de l'aliéné. Il semble, à la manière de ceux-ci, témoigner d'une sorte d'incapacité à la vie collective, chez les individus, se rattacher à une anomalie, à une infirmité de l'organisme cérébral. Toutefois, il ne faut pas oublier que ce qui est insolite à une époque et dans une agglomération humaine ne l'est plus dans un autre temps et chez un autre peuple. L'anomalie du crime n'est que relative et, dans une collectivité quelconque en possession de la civilisation la plus avancée, elle n'est point la conséquence nécessaire d'une tare pathologique. L'acte antisocial, quand il n'est pas le résultat d'un calcul réfléchi et d'un parti pris habile (*criminels latents, professionnels supérieurs*), relève d'une façon d'être du caractère, d'une modalité psychique *sui generis*, qui se traduit d'ordinaire par l'instabilité ou l'impondération des jugements et des impulsivités, l'insuffisance ou l'incohérence des fonctions sensitivo-intellectuelles. Ces *trébuchants*, qui exécutent le plus grand nombre des attentats délictueux et criminels et contre lesquels la société dirige ses principaux moyens de défense, forment des catégories elles-mêmes dédoublées en séries parallèles, selon qu'elles appartiennent ou non à des états morbides définissables, qu'elles laissent entrevoir ou non chez les sujets un stigmate héréditaire ou acquis.

Les *instables* comprennent des individus d'intelligence moyenne ou supérieure, mais sans grande fixité dans les sentiments et les idées, souvent dominés par une imagination ardente, facilement entraînés vers les pires déviations sous l'influence de l'auto-suggestion ou de l'exemple. Ce sont — dans une série que l'on ne saurait appeler morbide, malgré que les actes qui en sortent soient fréquemment anormaux par leur disproportion avec les mobiles, beaucoup de passionnels (je les ai désignés sous le nom de criminels accidentels [1]), — et, dans une série bien réellement pathologique, certains héréditaires, simples névropathes, ou déjà en possession d'une névrose (hystérie, épilepsie). Ces derniers vivent dans le milieu commun sans s'y montrer différents des autres, mais ils y éprouvent, occasionnellement ou par périodes, des éclats impulsifs qui peuvent avoir un objectif dangereux. Tantôt, sous l'influence d'un mobile vague ou fictif, enfanté dans un rêve (maintes fois en connexion, chez la femme, avec un désir ou un besoin sexuel plus ou moins inconscient), un échafaudage inouï de raisonnements, de trames savamment ourdies, conduit à un but mal dessiné, mais cependant bien nettement incarné dans une personne à atteindre (hystériques : procès d'Urbain Grandier, 1634 ; affaire de la Roncière, 1835, etc. [2]). Tantôt l'acte se produit sans délibération, avec soudaineté, provoqué quelquefois par des hallucinations : il est exécuté avec une fureur aveugle, contre des personnes indifférentes ou aimées ; il reste inconscient et il est oublié aussitôt qu'accompli (épileptiques) [3].

Les *impondérés* ont un caractère et des tendances bien tranchées ; leurs habitudes et leurs voies sont précises ; leurs actions n'ont rien d'oscillant. Mais avec un ensemble de territoires cérébraux de fonctionnalité

1. *Les Criminels*, p. 346.
2. Legrand du Saulle, *les Hystériques*.
3. Legrand du Saulle, *les Épileptiques*.

moyenne, supérieure ou même géniale [1], ils sont exposés à perdre plus ou moins fréquemment l'équilibre dans le milieu social, en raison d'un développement inégal des centres délibérants. Il y a des impondérés *par excès*, chez lesquels, avec un développement normal ou sus-normal de divers foyers sensorio-intellectuels, il existe une telle exubérance dans un ou plusieurs territoires dévolus à des fonctions supérieures, que l'activité roule dans un cercle d'individualisme presque extra-humain. Pour les impondérés de cet ordre (que je ne puis me résoudre à rapprocher des dégénérés, car, pour moi, le génie ne saurait jamais apparaître comme un amoindrissement, et le groupe renferme précisément des hommes illustres à des titres divers), le trop-plein d'un côté donne au plein régulier de l'autre une illusion de vide. Si malgré les plus éminentes qualités, l'excès porte sur les activités qui mettent en jeu l'égoïsme et l'orgueil, il engendre le crime par oubli ou dédain du droit commun. Bonaparte, l'assassin du dernier des Condé, trouve naturelle son action infâme, et si, plus tard, à Sainte-Hélène, il consent à s'apitoyer « sur le sort et la jeunesse de l'infortuné », c'est pour dire à Las Cases, après quelques paroles insignifiantes : « Et j'ai appris depuis, mon cher, qu'il m'était favorable ; on m'a assuré qu'il ne parlait pas de moi sans quelque admiration, et voilà pourtant la justice distributive d'ici-bas [2] ! » C'est, dans un homme supérieur, mais par une impondération de siège et de nature différente, la même insensibilité par méconnaissance de la notion de la pitié et de la justice, que chez le bandit de grand chemin. Mais celui-ci appartient à une catégorie nouvelle, à laquelle je ne marchanderai pas la tare dégénérative, et qui, si elle n'est pas toujours franchement marquée au coin pathologique, confine et se relie aux séries morbides par des types délimités. Ici on constate un *défaut* de développement, un véritable amoindrissement physio-

1. Lombroso, *l'Homme de génie*.
2. L. Constant, *le duc d'Enghien* (*grands procès politiques*).

logique, souvent en corrélation avec un amoindrissement anatomique des plus évidents. Chez ces dégénérés, il faut rapporter la débilité ou l'anomalie sensorio-intellectuelle à l'atrophie de territoires particuliers. Dans les réflexes incito-moteurs, l'élément de contrôle, celui qui assure la retenue contre la surprise des impressions, la condensation volitive du jugement en un mot, est trop faible pour maintenir au cran convenable la gachette de l'impulsivité, et l'acte succède à la sensation presque sans intermédiaire d'élaboration raisonnante. Les individus de cette sorte vivent et peuvent vivre de la vie commune, mais à certaines conditions. Les uns, seulement des débiles, demeurent souvent des négatifs, et comme ils sont susceptibles de recevoir l'influence du milieu, de réagir par imitativité bonne ou mauvaise selon les modalités de cette influence, ils sont jusqu'à un point capables de modification : une éducation morale peut leur apprendre à tirer un suffisant parti de leurs moyens réduits, rectifier leurs activités déviées, aider même, au cours de l'enfance et de l'adolescence, au développement des organes cérébraux retardés, et transformer en citoyens utiles des sujets, qui, sans elle, fussent devenus des parasites ou des dangereux. Les autres, trop impulsifs, sont moins aptes à l'amélioration. Leurs explosions imprévues ne peuvent guère trouver d'obstacle que dans une surveillance incessante et la cérébration franchit la zone mitoyenne qui séparait ordinairement les premiers de l'aliénation. Des obsessions irrésistibles, parfaitement conscientes d'ailleurs, aboutissent à des actes délictueux ou criminels, qui, après leur accomplissement, amènent un repos et même une satisfaction chez leurs auteurs. On rencontre surtout, dans le groupe, des voleurs, des exhibitionnistes et des violateurs, par privation de ce qu'on appelle le sens moral; l'attentat est la conséquence d'un délire moral et cette condition rapproche ces dégénérés des délirants intellectuels autant que des insuffisants.

Les impondérés, comme les instables, renferment des

sujets qui appartiennent à cette forme d'aliénation appelée la folie sans délire ou le délire des actes. J'admets la forme, mais non sous les titres ni avec l'interprétation qu'on lui donne. La folie suppose une perversion des activités psychiques (sensorio-intellectuelles) qui est le délire, et l'acte qualifié délirant ne mérite cette épithète que parce qu'il détonne, sous l'incitation latente des foyers de l'idéation, plus ou moins perturbés. Je ne comprends pas une folie sans délire, je ne comprends pas mieux un délire des actes, dissocié d'une conception aberrante. Tout acte *dirigé*, dans l'ordre des phénomènes de relation, ne l'est qu'en vertu d'une intervention de l'idéation ; son automatisme lui-même, quand il semble relever de l'habitude ou de la répétition, laisse supposer par son adaptation un appel sub-conscient ou inconscient, qu'une élaboration sensorio-intellectuelle quelconque a formulé. Chez l'épileptique, chez le maniaque déclaré sans délire, il est d'ailleurs assez fréquent de reconnaître, dans les circonstances de l'acte, toute une chaîne de réflexes cérébraux, avec origine à un besoin ou une impression hallucinante, et avec but plus ou moins défini. Je n'insiste pas sur ce point... J'aurai à y revenir tout à l'heure.

A part quelques individualités, les sujets dont il vient d'être question ne sont pas dépourvus des moyens nécessaires pour vivre au sein de la collectivité. Beaucoup y remplissent même des rôles assez élevés, et, parmi les voleurs et les voleuses à l'étalage, parmi les exhibitionnistes, on compte des personnes du meilleur monde, ou occupant de gros emplois [1]. Au contraire, chez les *insuffisants*, les moyens de lutter pour l'existence sont très réduits ; ils ne permettent plus qu'une relation semi-animale, confinant l'être dans les plus bas-fonds. Il n'y a pas, à proprement dire, impondération, puisqu'il s'agit d'un amoindrissement d'ensemble de tous les centres cérébraux ; ni perversion délirante, puisqu'il y a défaut d'élaboration intellectuelle. Cependant l'individu appa-

1. Macé, *Joli monde*, ch. x.

raît comme un homme bien différent des autres hommes, un *aliéné* (*alienare*, rendre tout autre, *alienatus*, rendu tout autre, soit qu'on oppose le sujet à lui-même en deux états dissemblables, soit qu'on l'oppose anormal aux normaux environnants) : l'aliénation est constitutionnelle ; elle résulte d'une sorte d'infirmité cérébrale, congénitale (imbécillité, idiotie, crétinisme) ou acquise (démence). On observe les mêmes obsessions occasionnelles que chez les impondérés impulsifs, mais engendrées sur un champ de cérébralité réduite, qui ne laisse aucune place pour le développement de phases intermédiaires d'adaptation au milieu, et accusent moins un trouble délirant momentané dans le domaine restreint de la sphère sensoriale, que la violence d'appétits sans contrôle, forçant d'emblée la détente de l'impulsivité. — Parallèlement à ces insuffisants morbides, il n'est point illogique de mentionner cette masse de sujets sains, mais *non dégrossis*, qui, faute d'instruction et d'éducation sociale, demeurent une gêne pour les collectivités : ils fournissent une large part au délit et au crime : les organes de la pensée sont malhabiles à réprimer les sollicitations antialtruites, et, par défaut d'exercice et de direction, laissant la compréhension obscurcie sous l'ombre épaisse des préjugés et de l'ignorance, gardent presque la même impotence qu'ils ont chez l'aliéné par défaut d'évolution primordiale. Mais entre les deux groupes, il y a cette différence capitale, que, chez les uns, un arrêt irrémédiable met obstacle à toute amélioration ; chez les autres, un arrêt fonctionnel, non corrélatif d'un manque d'évolution anatomique, reste sous la dépendance des modificateurs sociaux. Le nombre de ces paysans dont l'horizon ne dépasse point celui de leur clocher, dont les instincts cupides ou fanatiques dictent à la conduite les attentats les plus monstrueux, et que la violence des appétits sans contre-poids pousse aux crimes les plus bestiaux, va sans cesse en diminuant : il serait fort désirable qu'on pût en dire autant des aliénés !

Viennent les *incohérents !* Des instables ils ont la nonfixité dans les activités physiques, mais par sursauts plus insolites, par explosions plus intensives et plus anormales : des impondérés, le défaut de mesure et d'équilibration, mais par déviation de la fonction intellectuelle, non plus par répartition défectueuse des activités cérébrales ; des insuffisants, l'inaptitude sociale, mais par le fait de la perturbation d'une fonctionnalité psychique déjà plus ou moins avancée. Dans une série non morbide, le groupe renferme des sujets de tout âge, qui ont conservé, avec la mobilité capricieuse et heurtée de l'enfance, les mauvais instincts de celle-ci, ont été viciés par une fausse éducation ou par certains contacts. On y découvre maints criminels sortis de bonnes familles, mais *gâtés* par leurs parents dans leurs premières années (le beau Frédéric [1]), privés de direction à l'époque de la puberté (la demoiselle L... [2], et bien probablement Lacenaire [3]) ou pervertis sous l'influence détestable de nos systèmes d'internat et des petites coteries d'admiration mutuelle (Chambige [4]). Chez de tels individus, un instrument d'excellente qualité a été faussé par une mise en jeu déplorable : le jugement n'a point connu la ligne droite : on l'a fait inégal et inégal il est demeuré, quel qu'ait été d'ailleurs le degré de l'intelligence. Assez fréquemment, il faut le reconnaître, des antécédents héréditaires (nervosité ou névropathie dans l'ascendance) permettent aussi de soupçonner de trop réelles affinités de la cérébration avec celles de certains dégénérés et des fous. — Ces derniers (les incohérents morbides) agissent sous l'influence d'un véritable délire, lié à une altération des centres intellectuels ou sensorio-intellectuels. L'activité qui préside au jugement, détermine le rapport normal des actes avec les conditions de l'individu dans le milieu, périclite et pèche, soit qu'elle ait à s'exercer sans moyen de contrôle efficace, à la suite de manifestations sensoriales émanées de centres malades

1. *Les Criminels*, p. 226.
2. *Ib.*, p. 165 (note).
3. Lire son autobiographie.
4. Tarde, *L'affaire Chambige*, *Arch. d'anthrop. crim.*, janv. 1889.

(en supposant qu'elle garde intrinsèquement sa qualité, elle ne peut que prononcer à tort et engendrer des actes insolites, quand elle élabore sans défiance et comme normales des impressions fausses, dérivées d'illusions sensoriales ou d'hallucinations, et, à la longue, elle contracte l'habitude automatique de l'erreur), soit que les manifestations sensoriales étant saines, elle les reçoive en des cellules malades, où la perception est modifiée, la délibération nécessairement troublée et l'impulsion définitive sans liaison régulière avec les impressions paraissant la solliciter. L'altération, pour être fonctionnelle, n'est pas indépendante d'une altération physique. Celle-ci, il est vrai, n'est pas toujours appréciable à nos moyens d'investigation ; mais c'est au-delà des lésions macroscopiques, qu'il faut aujourd'hui rechercher les changements matériels, sans lesquels on ne peut guère comprendre la maladie. Là où l'œil et l'analyse ne décèlent rien encore, il est permis de croire que la science, mieux armée, trouvera dans la substance des éléments histologiques la lésion perturbatrice des propriétés dites cellulaires et, par dérivation, des agencements que réclament les fonctionnalités des divers centres. Entre des rouages donnant naissance à de certaines actions, on ne saurait admettre l'arrêt subit ou la marche irrégulière, que par l'altération d'une pièce ou par la disjonction de plusieurs pièces, phénomènes d'ordre matériel autant que dynamique. Mais s'il est aisé d'apercevoir la cause d'un fonctionnement défectueux dans la machine la plus perfectionnée, il ne l'est plus de la découvrir dans un organe aussi complexe et aussi délicat que le cerveau. Où siège l'altération ? Dans le sang qui alimente la nutrition, entretient l'intégrité et l'excitabilité de la cellule psychique ? Dans cette cellule elle-même, d'apparence si simple de composition et de structure, et la génératrice d'actions si compliquées, sans doute corrélatives de détails d'organisation ignorés ? Nous ne le pouvons dire, dans un très grand nombre de cas, et cependant nous devons supposer une modification matérielle là où l'on constate une modification fonctionnelle. L'expression de maladie essentielle ne fait que consacrer une idée théorique, sans autre base que la profondeur de notre ignorance et la pauvreté de nos moyens d'investigation. Quoi qu'il en soit, l'incohérence délirante qui caractérise la folie est bien d'ordre pathologique ; elle n'est pas définissable d'après la subjectivité des images d'où les impulsions jaillissent, car la subjectivité susceptible d'aboutir à des impulsions analogues s'observe à l'état sain ; elle emprunte son cachet spécifique moins à sa forme qu'à l'état de l'organisme lui-même. Cet état, qu'on a appelé l'aliénation fonctionnelle, ne se présente pas toujours sous des dehors qui distinguent l'aliéné des autres hommes. Dans la folie des persécutés, par exemple, le délire ne s'accompagne d'aucune réaction générale ; mais il y a, dans l'enchaînement des actes, une évolution cyclique bien définie, et qui se traduit par des transformations successives du caractère absolument typiques ; les impulsions, en elles-mêmes, sont parfois indifférentes, mais elles trahissent néanmoins leur nature, quand on les étudie dans leurs relations avec la manière d'être de l'individu. Celui-ci est triste d'abord, puis les persécutions commencent avec des hallucinations auditives, et l'idée délirante continuant à évoluer, le sujet cherchant l'explication de ses persécutions dans la conscience de sa haute supériorité, la mégalomanie se dessine, grandit, enfante les colères vindicatives et pousse à l'homicide : l'acte découle fatalement du délire, mais c'est à l'état particulier du sujet élaborateur des idées délirantes qu'il emprunte sa spécificité. Plus ordinairement, la folie s'accompagne d'une réaction générale, tantôt marquée par des phénomènes d'excitation (manie), tantôt au contraire par des phénomènes de dépression (lypémanie ou mélancolie), les uns et les autres se succédant par phases alternatives dans la forme dite circulaire. — Enfin, les manifestations délirantes peuvent être associées à diverses maladies, ou se produire aux cours de certains états physiologiques, transitoires ou permanents, donnant lieu à des troubles du côté des centres nerveux, sous l'influence d'une évolution plus active ou rétrograde, d'une modification de la circulation (folie liée aux diathèses, aux maladies aiguës générales ou locales, aux névroses, aux maladies organiques cérébro-spinales; folie paralytique, de la vieillesse, de la puberté, de la grossesse, etc.). De ces états, il faut rapprocher les perturbations psychiques engendrées par les intoxications et principalement par l'alcoolisme. A un degré léger, dans la forme aiguë, la cérébration ne sort guère de ses voies ordinaires : mais déjà la susceptibilité passionnelle est plus grande et la résistance aux actes délictueux quelque peu amoindrie, chez les sujets naturellement vacillants ; à un degré plus intense, la sphère des délibérations est annihilée ou crée des conceptions délirantes, les impressions n'étant plus reçues qu'en des cellules altérées par la matière toxique ou les produits d'une désassimilation anormale : à la longue, les centres nerveux modifiés perdent leur fonctionnalité régulière, revêtent le cachet de la morbidité : le sujet est un dégénéré, un maniaque d'espèce particulière, un incohérent, que son état d'éréthisme entraîne avec facilité vers le délit et le crime.

Ainsi, dans l'enchevêtrement des impulsivités qui mènent à l'attentat anti-social, on rencontre, en perpétuel parallèle, des activités saines et des activités morbides. Mais il n'est point aisé d'établir entre elles une différenciation catégorique. On n'a un criterium absolu ni dans les conditions purement psychiques, ni dans les conditions anatomo-physiologiques. D'une part, chez les vrais fous, on n'est pas toujours à même de découvrir une lésion, de sonder l'intimité des troubles matériels qui produisent l'acte insolite. D'autre part, chez les sains, l'état passionnel s'accompagne fréquemment d'une sorte de délire, en rapport avec une perturbation de la fonction circulatoire, qui, par réflexe, succède à une émotivité intensive, et à son tour, par continuation de réflexe, détermine un obscurcissement de l'entendement, soustrait à son contrôle l'incitation impulsive et ouvre la porte aux manifestations les plus criminelles. La sexualité surtout fait virer la passion presque jusqu'aux confins de la folie. Du dentiste en pleine vogue, père de famille, honoré, qui éprouve un appétit subit devant les charmes de sa cliente et la viole pendant le sommeil chloroformique, au satyre maniaque qui se précipite sur une femme ou un enfant, pour assouvir bestialement ses désirs, quels faibles indices viennent séparer, au moment de l'action, la sanité de l'insanité! De même, quelle différence immédiate saisît-on dans les actes accomplis par l'être insuffisant, qui ne possède pas un développement anatomique complet de l'organe cérébral, et par l'être insuffisant, qui, avec un cerveau de développement normal, n'a qu'un instrument réduit, faute d'exercice éducatif, entre l'idiot qui écrase sans colère la tête de son père endormi et les parents qui se débarrassent froidement d'enfants gênants, en les privant de nourriture.... en les jetant dans un puits ou dans un four! Ces exemples nous amènent à rechercher les moyens d'une distinction nécessaire, sur le terrain de l'analyse psychologique : elle n'apporte pas la lumière autant qu'on le souhaiterait. Si les actes se ressemblent chez les fous et chez les non fous, les procédés sensorio-intellectuels qui leur donnent naissance apparaissent souvent analogues. Les notions subjectives créent, chez les sains, une perversion de l'entendement qui mériterait le nom de folie, si, par un phénomène bien propre à démontrer l'imperfection de notre nature, nous n'étions portés à la consacrer comme bonne et normale, en raison même de sa généralisation et de l'omnipotence de l'école théologo-métaphysique. Quel homme indépendant n'est pas frappé de stupéfaction à la lecture des monstruosités que les religions et les philosophies spiritualistes ont fait éclore dans les cerveaux les mieux organisés, au récit des crimes légalisés que ces monstruosités ont enfantés, presque jusqu'à nos jours! Hier, dans notre Europe civilisée, on infligeait la mort aux hérétiques; demain peut-être le cléricalisme triomphant relèverait pour eux les échafauds ; et se refuser à croire qu'un fragment de pain est la chair d'un réformateur divinisé, qu'une femme a pu devenir mère sans perdre sa virginité, avec bien d'autres billevesées, cela constitue le crime d'hérésie, de par la sagesse de certains docteurs toujours fort honorés. Les ancêtres de ces mêmes docteurs ont brûlé de pauvres fous, qui se sont présentés comme des prophètes et des saints à l'image de leurs propres saints et prophètes, mais dépourvus de leur estampille authentique. On a rêvé d'un paradis et d'un enfer, rêvé du diable et des anges, imposé le rêve comme une réalité : on rit du fou qui se dit poursuivi par le diable ; pourquoi ne rit-on pas du prêtre qui a dans son bréviaire, en réserve pour écarter le malin, l'ancien rituel avec lequel on exorcisait, à Loudun, de malheureuses hystériques et le martyr Grandier ! Si l'on prenait le subjectif comme la marque de la folie, il n'y aurait pas assez d'hommes, n'obéissant qu'à l'objectivité et aux lois du positivisme, pour tenir enfermés tous les fous, à la surface du globe. Il faut vraiment que la raison soit une plante fortement vivace ou bien accommodante, pour n'avoir pas disparu dans le flot de délirisme qui a inondé l'humanité pendant des siècles et ne s'est pas encore retiré, sous le souffle de la théologie et de la métaphysique. Le rapprochement entre le bien-pensant suivant l'école et le fou suivant la science, est plus étroit qu'on n'imagine. Les fanatiques, qui, à propos des choses les plus niaises, et les plus absurdes, soumettaient leurs semblables aux supplices raffinés, apportaient dans leur œuvre une ardeur passionnelle, une sorte de fureur frénétique... comme le fou vis-à-vis de ses victimes ; ils conservaient une conscience tranquille, et, après avoir savouré les souffrances de leurs misérables patients, non seulement ils n'éprouvaient aucun remords, mais plutôt une satisfaction béate, comme le fou après ses attentats. Pas plus que l'aliéné raisonnant, ils n'ignoraient les distinctions du bien et du mal, et d'une façon générale et dans le cas particulier, au moment de l'action ; mais comme l'aliéné ils sortaient du droit, commettaient l'attentat, en partant d'une idée aberrante, d'après laquelle ils tuaient justement, malgré que... pour les autres il fut défendu de nuire au prochain ; comme l'aliéné encore, ils niaient chez eux-mêmes la folie qu'ils poursuivaient chez leurs voisins. En dehors du fanatisme religieux, la superstition, dérivée du plus bas fétichisme et des premières terreurs de l'ancêtre, tremblant devant les phénomènes de la nature incomprise, donne subjectivement naissance à des actes, qu'on est tenté de mettre au compte de la folie et qui cependant proviennent de cerveaux très sains ; j'aurai l'occasion d'en rapporter plus d'un exemple.

Ni dans l'acte, ni même dans les rapports entre le mobile et le but (parfois aussi étonnants ou singuliers dans l'acte passionnel que dans l'acte délirant du fou), il n'est possible de trouver une différenciation nette et précise de la sanité et de l'insanité. Il y a longtemps que les médecins et les magistrats éclairés ont laissé de côté le prétendu criterium du discernement du bien et du mal, du juste et de l'injuste, du permis et du défendu, et comme notion générale et comme notion entrevue dans le cas particulier. On sait combien le discernement est réduit chez maints paysans et hommes de peine, déshérités de l'instruction et de l'éducation sociale, qui ne sont point des fous, et combien il est perspicace chez maints aliénés.

Remonte-t-on à la conception qui a déterminé l'acte ? Il faut élucider si cette conception est le résultat d'une élaboration d'idées nettes et en connexion régulière avec un sensorium sain, d'impressions saines, ou au contraire le résultat d'une élaboration d'idées vicieuses, parce qu'elle succède à des impressions elles-mêmes viciées (illusions sensoriales et hallucinations), ou, avec des impressions normales à leur point de départ, à une perception irrégulière, par le fait d'une altération matérielle ou fonctionnelle des cellules cérébrales. J'avoue qu'en bien des cas, je ne saurais comment distinguer la conception du sain de la conception du non sain. La subjectivité ne mérite, dans l'un, d'être appelée délire, qu'en raison de l'origine de l'idée au foyer de cellules malades, et, dans un autre, elle échappera à cette qualification, parce que la même idée a pris naissance en des cellules saines. Mais comment décider s'il y a ou non maladie, seulement en face de l'acte et en l'absence de tout indice somatique, physiologique et clinique? Reconnaissons franchement que nous sommes incapables de donner une définition précise du délire, d'isoler avec certitude, théoriquement et pratiquement, dans tous les cas, la conception délirante de la conception purement subjective, ou plutôt de distinguer la conception subjective du sain de celle de l'insensé ou du malade.

Reste la volonté! cette volonté qui se prétend l'alliée du libre arbitre et qui, comme lui, éprouve à chaque instant de la vie sociale et individuelle, de si piteuses contradictions! Cette fonction chère aux spiritualistes et plus encore aux heureux de la fatalité, aux satisfaits gonflés, qui s'en parent afin de justifier leurs succès et d'en tirer mérite au profit de leur vanité! Je ne crois pas plus à la volonté, énergie particulière de l'organisme, fonction indépendante de l'entendement, que je ne crois au libre arbitre. Sans doute, je possède une liberté *relative*, en vertu de laquelle je me déplace, je prends des aliments, je lis ou j'écris, etc. Mais cette liberté est mille fois contre-balancée, modifiée ou enrayée sous les influences du milieu, fléchissante devant des causes accidentelles, d'ordre sociologique ou cosmique; partie de moi-même, elle ne peut échapper aux actions qui dominent tout mon être, et l'être est peu de chose, dans ce point du monde que notre orgueil a jadis déclaré le centre du monde. Cette liberté relative a-t-elle, entre les diverses facultés qui nous permettent la vie de relation, un appui, un foyer de renforcement, dans un territoire, spécial, commandant aux appétits et à la raison, à l'impulsivité tout entière? Oui, affirme-t-on. La volonté l'exprime toujours d'intention, sinon toujours de fait. Mais l'activité qu'on nous présente sous ce nom n'apparaît souvent que comme l'appétit transformé en désir, ou comme l'instrument préposé à la gâchette des mouvements dirigés, préparés en dehors d'elle, jamais sous les modalités d'une entité psychique. Elle est simplement la condensation des opérations du jugement, conscientes ou sub-conscientes. Parfois un acte se produit sans intervention appréciable de la sphère délibérante : c'est qu'il s'exécute automatiquement, par l'habitude acquise d'un réflexe sensorio-intellectuel : l'élaboration délibérante a existé à l'origine et jamais elle ne disparaît tout à fait, puisqu'elle est en perpétuelle instance de réaction contre le réflexe. Seulement, elle est moins intensive, quand elle a une fois imprimé leur ébranlement à des organes qui ont conservé le souvenir de leur rôle. La répétition des mêmes opérations engendre à la longue une manière d'être de l'individu, qui se traduit par une décision plus ou moins rapide et tenace, plus ou moins heureuse en ses adaptations aux conditions du milieu : le *caractère* est la résultante des automatismes de relation, où persiste la note cérébrale, ou, ce qui revient au même, la résultante des jugements habituels ; la volonté s'y traduit comme l'une des formes de la délibération latente ou évidente dans une voie donnée, bonne ou mauvaise, elle ne s'y taille pas une direction fonctionnelle qui s'isole de la raison, des sentiments, des appétits. Au fond, mon opinion n'est pas aussi éloignée qu'elle en a l'air de la doctrine positiviste. Mais je n'insiste pas sur un sujet spéculatif, n'ayant aucun goût pour les discussions de ce genre. Où je m'arrête, c'est à la question de savoir si la volonté, ordonnatrice des impulsivités à un titre quelconque, peut servir de base à une distinction entre les actes des fous et des non fous. Les sains, dit-on, même sous l'idée subjective, ont conservé la volonté d'agir dans un sens ou dans un autre, de lutter contre les tentations qui les entraînent à commettre un acte injuste et condamnable d'après la morale et la loi ; les non sains, sous le coup d'obsessions qu'ils raisonnent, contre lesquelles ils combattent, avec la conscience du juste et de l'injuste, du permis et du défendu, ont perdu la volonté de s'abstenir et s'abandonnent irrésistiblement à l'impulsion. Cela est aisé à déclarer et à écrire, plus difficile à démontrer. Plus d'un passionnel honnête éclate en mouvements terribles (qu'il regrettera plus tard) avant que l'activité délibérante et pondératrice, qui est la volonté, puisse exercer son influence, et nous ne pénétrons pas assez avant dans l'intimité des phénomènes cérébraux des fous impulsifs, pour affirmer que l'élaboration intermédiaire entre l'acte et la sollicitation subisse un effacement complet au cours des réflexes les plus imprévus. Cependant, l'irrésistibilité est un caractère dont on doit tenir grand compte à l'acquit de la folie, de l'impulsivité morbide. Elle se déduit de la soudaineté de l'acte, de sa manifestation en dehors de tout mobile appréciable, de l'absence de tout rapport objectif avec les conditions ambiantes, de son but indifférent ou contraire aux tendances de l'affectivité habituelle (attentats contre des personnes inconnues ou aimées), de l'oubli qu'il laisse après son exécution, circonstance bien propre à démontrer la surprise de la cérébration, la soustraction momentanée de l'opération délibératrice. Mais tous les fous n'accusent pas l'impulsivité irrésistible.

Le fou peut conserver sa raison [1], puisqu'il sait préméditer ses actes, en assurer la réussite par des calculs savamment ourdis ; discerner le bien du mal, même dans le cas particulier où il commet le mal, puisqu'il dissimule son action, essaie de donner le change à l'opinion, par la crainte du châtiment ; il a cependant une excuse dans le point de départ d'une idée aberrante..., si bien cachée d'ailleurs qu'elle échappe souvent à l'observation la plus sagace.

Très relatif est donc, je le répète, le criterium de la folie, si relatif même que cet oubli de l'acte, dont on fait gros tapage, n'appartient pas en toute propriété à l'aliéné. L'histoire est pleine d'atrocités accomplies par des hommes

1. Voir Parant, *La raison dans la folie.*

petits ou grands, avec la plus complète indifférence, suivies de l'oubli immédiat ou des signes de la satisfaction joyeuse. Sans doute, parmi ces scélérats honorés, plus d'un présentait les stigmates du maniaque ou du dégénéré : mais plus d'un aussi ne différait point des autres hommes, sinon par la situation qui abritait ses crimes. Et aujourd'hui, avec quelle désinvolture, entre leurs distractions mondaines, artistiques ou galantes, nombre de nos prétendus régulateurs de l'opinion bavent la boue sur les honnêtes, blessent ou tuent à coups de calomnies odieuses et de diffamation !

La difficulté de séparer, avec une précision suffisante, le sain qui détonne du fou qui délire, a fait admettre une *zone mitoyenne*, où viennent se ranger beaucoup d'unités oscillantes ou indéchiffrables. Mais cette zone n'a point de délimitation et l'on est aussi hésitant pour y répartir maints sujets que pour les placer dans les catégories extrêmes. Le diagnostic de la folie se fait dans les grandes lignes ; il reste obscur dans le détail, très fréquemment sa base unique. Triste réflexion qui s'impose à tout savant d'expérience et de bonne foi et qui doit avoir une conséquence fatale : l'obligation à l'indulgence vis-à-vis des bas criminels, sortis de ces couches avilies du prolétariat, où dès l'enfance, parfois même dès le sein de la mère, tous les maux, toutes les misères se réunissent pour amoindrir ou vicier la cérébration. S'il est impossible d'établir absolument une différence entre les mêmes actes, issus de cerveaux sains et de cerveaux malades, entre maints criminels et maints aliénés, l'on est tenu à atténuer la responsabilité des uns jusqu'au degré où on accepte l'atténuation chez les autres, à la condition de concilier le bénéfice du doute avec la nécessité de la protection sociale par l'internement dans les asiles. Je n'entends pas d'ailleurs soutenir, en théorie générale, l'assimilation du criminel au fou : cette doctrine est trop exclusive ; mais il est juste de lui emprunter quelque chose et aussi de reconnaître que ses adversaires n'ont pas toujours réussi à élever contre elle des objections rigoureusement valables. Tarde, par exemple (observateur sagace et réfléchi), émet cette opinion, qu'il existe des différences catégoriques entre le criminel et l'aliéné; il déclare que la distinction repose sur des caractères physiques, physiologiques et psychiques bien précis et ainsi susceptibles d'être résumés [1]:

a. Le fou est conformé comme tout le monde.

Le fou est toujours un fou, quel que soit le milieu et l'époque : c'est un type défini.

Il est insociable : c'est un extra-social; il n'a rien d'un professionnel, il ne forme pas d'associations, il aime au contraire la solitude.

La folie est précisément l'écueil des esprits le plus portés à l'isolement, de ceux qui ont le plus de culture et se suffisent le mieux à eux-mêmes.

On devient fou; la folie criminelle peut apparaître chez l'homme le plus normal, elle n'est pas congénitale.

Le fou est souvent intelligent, autant que rusé, éminemment inventif.

Il a l'horreur de la famille, n'a de goût ni pour le jeu, ni pour l'orgie.

b. Le criminel a une conformation propre.

Le criminel n'est criminel que par rapport à l'époque et au milieu : c'est un type conventionnel.

Il est anti-social ou, si l'on veut, c'est un social au rebours; il a des habitudes professionnelles, il recherche la fréquentation de ses pareils et l'association.

Le crime est l'écueil des individus exposés aux plus nombreux contacts.

On naît criminel; la criminalité appartient à un homme de type spécial et congénitalement organisé selon ce type.

Le criminel est peu intelligent, mais rusé, peu inventif, mais imitatif.

Il aime souvent les siens, se délecte dans le jeu et l'orgie.

1. *La Criminalité comparée*, 1886, p. 25, 26 et suiv.

Que de traits, en apparence heureux dans l'ensemble, qui manqueraient de vérité dans le détail! Et combien l'application de la formule serait sujette à mécomptes dans la pratique [1]!

Je signalerai d'abord une contradiction et une erreur capitales. Voilà le criminel déclaré type de pure convention et cependant spécialisé, pourvu d'une conformation propre... que ne présentent jamais les fous. (Tarde entend parler d'une manière d'être à laquelle divers caractères dégénératifs ne sont pas étrangers et l'on ne saurait oublier que ces caractères sont aussi, très fréquemment, l'apanage des fous moraux et des épileptiques.) Voilà la condition d'innéité du crime, qui laisse bien entrevoir dans celui-ci quelque chose d'arnormal, d'opposé à la condition de non-innéité de la folie, contraste renversé par les faits de chaque jour et l'observation scientifique (si l'on devient fou, c'est en vertu d'une prédisposition et l'on peut devenir criminel sans y avoir été préparé par l'hérédité).

Que de fous très réels répondent à la caractéristique du criminel, tel que le délimite l'éminent magistrat, et que de sujets déclarés criminels et non fous, à celle de l'aliéné! — Les criminels font bon marché de la famille, aussitôt qu'elle les gêne ou les ennuie; ils ne recherchent l'association familiale, presque toujours réduite à l'union passagère et nécessairement extra-légale, que selon leurs caprices ou leurs intérêts du moment; beaucoup d'aliénés sont très attachés à leur famille et mènent la vie de foyer la plus pure, comme d'autres poussent la débauche au-delà de ce qu'imaginent les plus criminels. — Si le crime apparaît plutôt dévolu aux natures abruptes et la folie aux natures cultivées, il faut avouer que dans les

1. Cette question est revenue au dernier Congrès d'anthropologie criminelle. Des orateurs ont soutenu que la classe des aliénés-criminels n'offre pas les caractères anthropologiques du crime, que l'aliéné-criminel reste avant tout un aliéné, que la criminalité est chez lui un phénomène secondaire, etc. Je ne vois pas qu'on ait apporté là-dessus une opinion bien nette. Je partage volontiers l'opinion de Ferri, qu'on ne doit pas mettre l'aliéné-criminel en dehors de l'anthropologie criminelle.

hautes classes le premier se transforme de manière à demeurer plus fréquemment latent ou moins punissable ; d'autre part, dans les basses classes, la folie est souvent inaperçue ou récusée lorsqu'elle aboutit au délit ; les statistiques sont faussées et par l'excès des qualifications relatives à la folie d'un côté, et par le défaut des mêmes qualifications de l'autre côté. — Sans doute, le fou appartient à un type défini, invariable suivant le temps et le milieu ; mais l'important serait de fixer les caractères de l'aliéné, puisqu'ils sont indépendants de la manière d'être des autres hommes ; nous revenons ainsi à la question d'un criterium absolu et pratique, que l'on cherche toujours ! Il suffit de lire les comptes rendus judiciaires, pour se convaincre qu'on est encore loin de posséder ce criterium [1]. On oppose ce type défini... qui ne l'est pas, au type criminel, conventionnel, et, d'après Tarde lui-même, ce type conventionnel va revêtir un type défini, mais que la dégénérescence rendra bien difficile à séparer de l'aliéné.

Les traits différentiels sont en réalité très vagues. Le crime, alors même qu'il semble le mieux isolé de la folie, garde avec elle des affinités étroites. Il traduit quelque chose de spécial dans l'impulsivité qui l'engendre, un état réfractaire au milieu, à considérer en dehors des actes par lesquels il se manifeste, une modalité si bien anormale, malgré que les actes ressortissent de tendances communes à tous les hommes, au moins aux non dégrossis, aux incivilisés, qu'elle est marquée au coin d'une répétition, d'une habitude, susceptibles de comparaison avec ce qu'on observe dans la manie.

Tous les criminels ne sont pas des fous. Mais un grand nombre sont des aliénés latents, ou méconnus,

1. Doit-on l'attendre du conseil supérieur de médecine légale qu'on songe à établir au ministère de la justice, pour émettre des avis... magistraux, au sujet de la responsabilité des criminels ? J'en doute, surtout si le conseil (ainsi que la chose est probable) se recrute au sein des académies, milieux où trop ordinairement, sous le drapeau d'une orthodoxie de commande, règnent les théories routinières et où l'indépendance des opinions a peine à se produire.

dont l'attentat est peut-être la première manifestation tangible de la cérébration maladive : on est autorisé à le soupçonner d'après les indices fournis par les antécédents héréditaires. D'autres qu'on n'ose déclarer des fous, malgré qu'on hésite à les regarder comme sains, confinent de très près à l'aliénation. Beaucoup, parmi ceux que l'on condamne à la prison, sont des épileptiques, des hystériques ou des maniaques larvés, qui se révèlent trop tard, pour l'honneur des familles. La folie n'est point rare chez les détenus : pour ceux de basse couche, habitués aux plus dures privations, à la surexcitation de la débauche et de l'ivresse, on ne peut dire que le régime, plutôt calmant et réconfortant, soit la cause du développement morbide; un germe existait, qui n'a fait que donner fruit à son heure. « Il est bien certain, dit Féré, que les causes de la folie pénitentiaire, apparaissant chez les délinquants pendant qu'ils subissent leur peine, sont inhérentes au prisonnier et non à la prison [1]. »

D'une manière générale, même, on trouve assez d'affinités entre le crime et la folie, pour ne point repousser *a priori* l'idée et l'expression du crime-névrose, émises par de distingués médecins. La criminalité est soumise à des lois d'hérédité identiques à celles qu'on a depuis longtemps découvertes dans la folie. Les mêmes causes qui préparent ou déterminent les éclats de la première préparent ou déterminent aussi les explosions de la seconde. Sous l'influence de l'alcoolisme et des perturbations sociales, le crime-délit et la folie présentent une évolution parallèle, en même temps que le suicide, qui se relie fréquemment à l'un et à l'autre. Ces diverses formes de l'impulsivité aberrante ou antisociale jaillissent des mêmes sollicitations, se produisent occasionnellement dans le même milieu, en révélant des prédispositions similaires ou analogues, auxquelles il ne manquait pour se traduire que l'excitation favorable. Comme on observe des crimes collectifs sous le rayonnement imitatif et la

1. *Dégénérescence et Criminalité*, p. 59.

suggestion de l'exemple (foules), on observe aussi des folies collectives (épidémies démoniaques).

« Tout homme a en lui, la virtualité de tous les actes vicieux, passionnés, criminels et même insensés, qu'un individu peut commettre » (Maudsley)[1]. L'occasion est « la pierre de touche » de la résistance morale. « Le crime et la folie ne sont séparés que par les préjugés sociaux ; ils se tiennent indissolublement par leur caractère commun de fatalité originelle ; on ne peut guère les étudier séparément (Féré)[2]. »

Cela est très vrai pour une grande masse de criminels... qu'on renferme ou qu'on envoie à l'échafaud. Mais cela ne l'est plus précisément pour une masse non moins grande de coquins et de scélérats, qui, sans tare particulière et n'ayant d'autre lien... avec la fatalité originelle, que ceux de tout le monde, commettent le délit et le crime par calcul et réflexion, souvent même du haut des chaires et des tribunes d'où ils dirigent les autres, et loin de subir châtiment, vivent de la vie heureuse et honorée.

Une dernière remarque. Dans les écarts qu'on note, soit dans l'évolution générale, soit dans la répartition selon les catégories individuelles (âge, sexe, état civil, profession, etc.), il semble que le crime-délit, le suicide et l'aliénation accusent une sorte de contre-balancement réciproque. Lunier constate parmi nous une augmentation progressive et effrayante de la folie (la population des asiles, depuis 1835, a plus que quadruplé) ; il y a plus de paralytiques, d'alcooliques et de persécutés qu'autrefois. Par contre, il y a moins d'idiots et surtout moins de crétins[3]. La proportion des insuffisants morbides est malheureusement compensée par une augmentation formidable d'insuffisants, dépourvus de caractéristique morbide appréciable, ou de dégénérés sans marque somatique objective, qui fournissent au délit et au suicide, toujours en ascension continue.

1. *Le Crime et la Folie.*
2. *L. c.*, p. 61.
3. Mouvement de l'aliénation mentale en France de 1835 à 1882.

CHAPITRE III

LA DÉGÉNÉRESCENCE ET LA CRIMINALITÉ

« ... Quand on se trouve pour la première fois en présence d'une troupe de détenus, a écrit E. Gautier [1], on éprouve la même impression qu'en débarquant sur une terre étrangère, peuplée d'une race exotique. On jurerait que, sans les différences de taille, de corpulence, de couleur, de poil, ils se ressemblent tous, et qu'une parenté mystérieuse a imprimé sur leurs physionomies, je ne sais quel air de famille. C'est à la longue seulement qu'on parvient à démêler les individualités diverses. » Dans l'impression qu'on reçoit, il faut certainement tenir compte d'une sorte « d'illusion due à la mise en scène du milieu ». Un costume ignominieux n'embellit pas ceux qui le portent et les physionomies les plus heureuses s'altèrent sous l'anémie qui rend les figures pâles et émacie les traits, sous l'assuétude forcée à des habitudes particulières, qui rend « les allures rampantes et effarouchées, les regards sournois et insolites, » donnant à ces troupeaux de renfermés « un je ne sais quoi de félin, de lâche, d'humble, de suppliant et d'écrasé... un air de chiens battus ».

Ce *type détenu* — comme l'appelle Gautier — « plus ou moins rapidement, plus ou moins profondément inscrit sur n'importe quel visage par l'atmosphère et le régime pénitentiaire, » est bien, dans une large mesure, sous la dépendance d'influences ambiantes. « De même que la

1. *Le monde des prisons* (*Arch. de l'anthrop. crim.*, déc. 1888, p. 541).

gymnastique modifie non seulement le volume et la contractilité des muscles, mais aussi leur forme, leurs agencements respectifs dans certaines limites (témoin les fantastiques dislocations des clowns), voire même leur constitution chimique, de même la correction du régime pénitentiaire, l'importance d'une existence mécanisée par la discipline, la promiscuité des pires hideurs, la monotonie des sensations, la prédominance de la peur et de l'ennui, l'alimentation, l'obligation du silence, l'éclairage lui-même — qui sait? — cet éclairage blafard, ce faux jour spécial aux corridors et aux préaux de geôles, peuvent influencer à la longue les visages et les prunelles, comme les cerveaux et les pensées, et finalement aboutir à ces plis de bouche, à ces froncements de sourcils, à ces tics grimaçants, à ces moires du regard, à ces étrangetés de gestes et d'attitudes qui nous étonnent si fort. N'est-il pas vrai que, par une répétition fréquente, les traits mimiques passagers finissent par devenir des traits persistants et physiognomoniques? N'est-il pas vrai, d'autre part, que la mimique spontanée, qui peut s'apprendre, est dominée par les émotions ressenties? D'où cette conséquence que la physionomie, le moi visible, n'est que la projection des émotions habituelles... On acquiert, en un mot, à l'ombre des prisons et sous l'influence de la discipline, » comme au dehors, en vertu d'autres genèses, les airs professionnels.

Mais n'aurait-on sous les yeux qu'un masque à des portraits plus réels? Malgré qu'on ressente plus ou moins consciemment soi-même une influence des lieux, qui attriste et assombrit en face de leurs habitants, si différents des libres, on songe à autre chose qu'à une simple action ambiante. On se demande si l'atmosphère a tout fait, si elle ne cache pas, sous une apparente uniformité, des tares organiques qui appartiennent en propre à ces déchets de nos sociétés, certains stigmates indélébiles, qui, depuis l'enfance, ont préparé l'être à devenir ce qu'il est. On soupçonne, sous l'*habitus* général des condamnés l'intervention de facteurs intrinsèques, que le milieu doit plus ou moins dissimuler. Et de fait, si on se reporte aux dossiers d'un grand nombre, si on parvient à pénétrer dans le secret de ces existences heurtées, très fréquemment on découvre l'entraînement vers le crime-délit sous la note de l'hérédité, une impulsivité semi-automatique vers les mêmes actes, sous la marque de la récidivité, des particularités du caractère qui indiquent l'amoindrissement ou l'inégalité de la cérébration, les associations les plus singulières des sentiments, le cynisme érotique à côté de la religiosité, la férocité à côté de l'affectivité, etc., l'absence des notions morales ou leur entente à rebours, une intelligence d'ailleurs variable, mais d'ordinaire plutôt médiocre qu'élevée. Si l'on scrute les visages, si l'on examine les corps, on rencontre maintes fois la corrélation de l'état psychique avec des caractères physiques irréguliers. Le crâne est petit, court, ramassé, fuyant ou écrasé dans ses régions antérieures, renflé dans ses régions latéro-postérieures, souvent asymétrique comme la face ; celle-ci est large des pommettes et saillante des mâchoires ; les oreilles sont grandes, aplaties ou en anses, malformées, les extrémités lourdes ou trop effilées, disgracieuses ; les doigts parfois spatulés ou palmés, diversement modifiés dans leur forme, leurs dimensions, leurs attitudes habituelles. Assiste-t-on à une visite sanitaire ou de classement pour la rélégation ? La nudité étale des stigmates nouveaux : les traces de la scrofule et du rachitisme se dessinent en des cicatrices ou en des torsions bizarres du squelette ; les organes génitaux sont demesurés ou atrophiés ; les marques d'habitudes contre nature apparaissent, des tatouages obscènes ou provocateurs accusent, avec les goûts et les tendances des sujets, leur insensibilité à la douleur. Puis encore, on découvre des anomalies des sens spéciaux, de la surdité, de l'affaiblissement visuel, du daltonisme. Les constitutions sont, pour la plupart, moyennes ou chétives ; l'âge apparent ne répond pas toujours à l'âge officiel : l'évolution s'arrête et des hommes adultes ont la taille, les formes, le visage imberbe de l'enfant ou de l'autre sexe. A ces traits, on ne peut méconnaître des *dégénérés*[1].

Au plus bas degré du groupe, on ne rencontre guère aujourd'hui de spécimens dans les prisons ; car l'état d'amoindrissement est si net et si profond, que l'irresponsabilité des actes n'est plus discutée et que magistrats et médecins s'accordent pour accorder la plus large pitié à des malheureux au-dessous de l'humanité. Il s'agit, en effet, de pauvres êtres si réduits qu'ils ne possèdent qu'une faculté de discernement rudimentaire, abandonnés sans contrepoids à des appétits purement animaux, et dont les impulsions ne sont jamais dirigées par une opération raisonnante. Ce sont des insuffisants, idiots et crétins, que les aliénistes réclament pour leurs asiles.

Au plus haut rang, on remarque au contraire des sujets à l'intelligence alerte, sachant bien ce qu'ils font, jouant bonne figure dans le monde, aussi longtemps qu'ils peuvent y dissimuler leurs écarts. Ceux-ci dérivent d'une perversion du sentiment, de tendances immorales innées, qui se traduisent par des attentats contre la propriété ou les personnes (ordinairement sous la forme de manifestations de sexualité). L'intelligence ne daigne pas intervenir pour forcer à la retenue des sentiments que le mode de cérébration fait accepter comme naturels, alors même qu'elle les sait condamnables. L'appétit commande à la raison, ou plutôt se passe d'elle pour ordonner aux impulsions, qui souvent se déchaînent à l'occasion de la stimulation la plus futile, ou bien à la suite d'obsessions plus ou moins irrésistibles. Ces dépravés, dans lesquels les magistrats et le vulgaire ne veulent encore voir que des vicieux, sont cependant bien

1. On lira avec intérêt, sur la Dégénérescence et les Dégénérés, même après le livre de Morel, l'ouvrage déjà cité de Féré et divers mémoires de E. Laurent, publiés dans les *Archives de l'anth. crim.* (1888, n° de déc. ; 1889, n° de mai). Des communications ont été faites sur le même sujet au Congrès de Paris par Brouardel (*Infantilisme et féminisme*), P. Garnier (*Dégénérescence mentale et simulation de la folie*), Belmondo et Marro (*Caractères dégénératifs et anomalies biol. chez les femmes et les filles criminelles*), etc. A signaler aussi l'excellente étude de Mme Pauline Tarnowsky, *sur les Prostituées et les Voleuses*, Paris, 1889.

près d'être des fous. S'ils ne sont pas des délirants, dans le sens absolu du mot, on ne saurait affirmer que chez eux l'aberrance de l'affectivité et des sentiments n'amène pas celle de l'idéation, et que la dépravation ne mérite pas le nom de folie[1]. On ne peut, sans injustice, les frapper comme délinquants, sous le prétexte de leur faculté de discerner ; car le discernement, s'il persiste (ce qui n'a pas toujours lieu), assiste inerte et impuissant aux exigences des appétits ; mais on doit se protéger contre leur nuisance. Ces *fous moraux*, *ces demi-fous* (*mattoïdes*), fréquemment doublés d'épileptiques et d'hystériques, sont à renfermer dans des asiles et non dans des prisons.

Entre les deux extrêmes, il existe un énorme stock d'individus qu'on n'a plus à considérer comme des incapables, dans le milieu, par défaut de cérébration, ou comme des instables ou des impondérés, par anomalie morbide des activités affectives. Ceux-là n'ont pas, pour la plupart, une grande intelligence ; mais ils possèdent au moins la moyenne de jugement qu'on rencontre chez les non dégrossis des basses couches, dans les villes et dans les campagnes. Ils ont la puissance de retenue, quand ils y trouvent leur intérêt, c'est-à-dire quand ils le veulent, selon l'expression classique. Toutefois ils sont amoindris dans leurs sentiments, ont tendance à des entraînements par défaut du sens moral, sans que leurs impulsivités naissent d'obsessions irrésistibles, comme chez les fous moraux. Ils agissent consciemment, délibérément, par égoïsme, sur l'appel d'appétits qu'ils estiment bons, et emploient des moyens qu'ils estiment justes, à leur point de vue, non qu'ils soient des délirants, mais parce qu'ils ne sentent pas comme les autres hommes. Ce sont des sociaux retournés, pourrait-on dire, par notions retournées des choses de la morale. Ils se complaisent dans le

1. Prosper Despine réserve même le nom de folie à l'aliénation mentale dans laquelle les facultés morales seules sont altérées, les facultés intellectuelles demeurant intactes (*De la Folie au point de vue philosophique, ou plus spécialement psychologique*, Paris, 1875).

mal, la débauche et l'orgie, comme d'autres dans le bien, le travail et la vie tranquille. Ils font de leurs vices et de leurs défauts la base de leur existence ordinaire, à l'opposé des dégénérés impulsifs du degré précédent, qui traduisent leurs perversions par éclats ; ils s'abandonnent naturellement à leurs penchants, à l'opposé des simples pervertis, qui s'y laisent aller, au moins pendant un temps, avec honte et dissimulation. Ils diffèrent des normaux comme des vicieux, moins par l'absence de la notion morale, que par leur inaptitude à l'acquérir ou à la conserver ; des aliénés moraux, moins par la nature de leurs sentiments, que par les conditions de leur aberrance, maintenue dans les limites d'une sorte de diathèse psychique.

Mais entre les catégories du groupe, les différenciations échappent bien souvent. Il y a des organisations aux allures peu tranchées, qui tendent vers l'un ou vers l'autre extrême, en des conditions accidentelles qu'on ne saurait ramener à une formule générale. Lorsque l'intelligence existe, plus ou moins développée, à côté des erreurs du sentiment, il n'est point aisé d'établir une démarcation avec les sains. Les éclats de la perversion peuvent se produire sous les formes les plus inattendues, chez des normaux en éréthisme passionnel, et la notion du bien et du mal, celle de pitié et de probité, de charité et de justice, qui domineraient dans la cérébration de l'être humain complet, s'effaceraient chez les anormaux dégénérés et les criminels, disparaissent aussi chez beaucoup d'hommes, réputés honnêtes, surtout d'hommes supérieurs. Il semble même qu'à l'obscurcissement de ces notions, dans les déchets des sociétés, correspond un obcurcissement par contraste dans les plus hautes sommités. L'histoire, à chaque époque, en fournit des exemples. A s'en tenir néanmoins sur le domaine de l'analyse psychique, on serait autorisé à dire, que, chez les uns, l'égoïsme, incommensurable au même degré que l'orgueil, agit sous le manteau de l'intérêt commun, mais nationalisé (simple élargissement de l'idée de soli darité dans la tribu, entaché d'infériorité au point de vue de l'humanitarisme), tandis que, chez les autres, l'égoïsme, doublé ou non d'orgueil ou de vanité, s'agite dans la sphère purement individuelle. Grands et petits criminels, criminels condamnés et criminels honorés se comportent d'ailleurs d'après les modalités propres de leur organisme, où l'on découvre maintes fois des caractères communs. Il y a pourtant un repère à signaler. Chez les intellectuels, il y a excès dans la cérébration supérieure, conceptions si élevées qu'elles laissent à la dérive des sentiments susceptibles de l'entraver ; l'intelligence reste bien la maîtresse, elle ne fléchit pas ; quand elle semble dédaigner de s'exercer sur l'affectivité, c'est qu'elle interprète certaines impressions dérivées de celle-ci, dans une direction conforme à ses calculs ; elle broie le sentiment par habitude de parti pris. On ne peut rattacher ces ultra-humains à la dégénérescence : ce sont les avancés, qui entraînent les masses dans leur orbite, sans s'abaisser à leur moyenne de cérébration. Ils n'en demeurent pas moins justiciables des principes généraux qui servent de fondement au droit. Chez les autres, les intellectuels de moyenne ampleur et les sous-intellectuels, la raison reste au contraire plus ou moins soumise au sentiment, à l'appétit ; le but est tout individuel, il comporte l'isolement stérile ou la lutte corps à corps, il mène au crime banal ou au suicide.

La dégénérescence n'est pas nécessairement l'aliénation ; mais la première est une voie ouverte à la seconde, l'un de ses mode de prédisposition. Toute une catégorie de dégénérés, celle-là précisément qui peuple en grande partie les prisons, fléchit vers l'attentat délictueux ou criminel, sans atteindre à la folie : elle conserve la responsabilité des actes qui motive la peine ; mais parfois à un degré qui mériterait une atténuation proportionnelle à l'intensité des sollicitations génératrices de l'impulsivité. Ces dégénérés criminels, avec le discernement, avec la notion suffisamment nette de ce qui est permis ou défendu dans le milieu, mais avec une aptitude à préférer pour eux-mêmes le mauvais au bon, montrent, par leurs tendances et la récidivité de leurs actions, une certaine fonctionnalité cérébrale corrélative à leur organisation. Mais je leur accorde assez de résistance, pour ne leur tenir compte d'une telle modalité, qu'en des limites restreintes, variables selon les cas particuliers. Ces gens-là savent ce qu'ils font. Seulement une impression peut provoquer chez eux une réaction plus violente et moins susceptible d'être enrayée que chez d'autres. Voilà ce qu'il ne faut pas oublier. Les dégénérés ont une innervation amoindrie, une sentivité émotionnelle émoussée, mais aussi trop vibrante à la stimulation énergique, comme chez tous les affaiblis et chez les épuisés (ils sont des affaiblis, de par les tares originelles et des épuisés de par les tares acquises). Ils accumulent les excitations et n'y répondent que lorsqu'elles ont dépassé le degré d'intensité normale. En état de surcharge, l'organisme éclate en impulsions violentes à propos d'un réveil d'appétit, qui, pour d'autres, ne sortirait pas d'un besoin banal.

Assez fréquemment, des manifestations pathologiques variées se révèlent sur le fond dégénératif. Je ne parlerai pas des maladies constitutionnelles, qu'on rencontre chez un grand nombre de délinquants, malgré que la souffrance et la misère physiologique entretenues par elles doivent contribuer à maintenir le caractère oscillant. Je mentionnerai seulement des affections nerveuses qui peuvent exercer une influence plus ou moins directe sur les activités encéphaliques. Chez les dégénérés, on observe des accidents appelés *épisodiques* [1], parce qu'ils se surajoutent à l'état principal, accusant plus fortement encore l'imperfection de l'innervation. Parmi ces accidents, quelques-uns, comme les hallucinations et les vertiges, deviennent parfois les provocateurs d'actions délirantes. D'autres fois, les sujets sont atteints de *fai-*

1. Magnan, *Trib. med.* du 2 mai 1889, *état mental et stigmates psychiques des héréditaires dégénérés.*

blesse irritable, de *neurasthénie*, c'est-à-dire en possession d'une constitution nerveuse aujourd'hui reconnue franchement pathologique, qui les dote d'une aversion fâcheuse pour le travail et d'une très grosse somme de désirs à satisfaire, et qui, par le conflit des intérêts dans le milieu social, conduit trop aisément au crime (Bénédikt). Évidemment toutes les personnes chez lesquelles on constate des symptômes de neurasthénie ne sont pas des irresponsables ; mais il y a des chances pour qu'elles le soient à un degré quelconque en certaines circonstances, et chez elles il importe de rechercher si les manifestations cliniques n'ont pas eu une relation avec les impulsivités incriminées. Chez d'autres, à l'occasion d'un choc moral ou traumatique, ou bien spontanément, dans le silence et l'isolement de la cellule [1], une explosion de névroses mieux délimitées vient souvent confirmer l'existence d'une tare morbide jusque-là demeurée latente (hystérie, épilepsie, folie).

L'anomalie de l'innervation peut être le seul indice de la dégénérescence : les stigmates somatiques font défaut ou se dérobent à l'investigation de l'observateur ; ils sont réduits à des malformations très limitées. Sans doute, les caractères physiques, même les plus insignifiants en apparence, ont une valeur considérable et ils doivent être l'objet d'une étude sérieuse dans les questions de criminalité [2]. Cependant l'absence d'une altération matérielle objective ne suffit pas à faire écarter l'idée de la dégénération. On soupçonnera celle-ci, chez l'être le mieux conformé, mais souffreteux, de petite santé, d'émotivité très instable et d'allures parfois singulières, et, la plupart du temps, les antécédents héréditaires apporteront une confirmation au diagnostic. L'hérédité

1. L'encellulement est très mal supporté par les natures impressionnables. Il est « aussi funeste à la femme que la communauté absolue », car il la terrorise jusqu'à la rendre folle ou désespérée, si la promiscuité l'expose à une irrémédiable corruption. Guillot, *les Prisons de Paris*, p. 298.

2. La fréquence des anomalies des organes des sens, et en particulier de l'oreille, a été relevée, au Congrès de Paris, par Ottolenghi et Frigerio.

est en effet « le plus puissant des facteurs de la dégénérescence » (voir le chap. de l'hérédité).

Si fréquentes sont les conditions et les marques de la dégénérescence parmi le monde des prisons qu'on a édifié là-dessus une théorie connexe à celle du crime-folie. On n'a pu identifier l'acte non délirant de l'antisocial avec l'acte délirant de l'extra-social aliéné ; on s'est rabattu sur un terrain intermédiaire et l'on a cherché l'explication du crime dans l'entraînement impulsif des dégénérés. La conséquence de cette manière de voir, si elle écarte dans une assez large mesure l'irresponsabilité, est une atténuation relative des actes criminels, puisqu'on ne saurait admettre une pleine et entière intervention de l'entendement chez des incomplets, chez des irritables presque maladifs ou même très réellement maladifs.

La doctrine ne pèche que par son exclusivisme.

L'on ne peut nier la dégénérescence chez une proportion très grande des criminels : on ne peut non plus l'admettre comme la condition fondamentale, nécessaire et absolue du crime. L'école a d'ailleurs ses contradictions. Sur certains points où elle a vu très juste, elle a aussi le tort, ou plutôt le malheur, de n'ouvrir ses vérités qu'à un petit nombre d'initiés capables de les reconnaître.

Tout d'abord, elle manque parfois d'arguments extériorisés... pour le vulgaire ; il est difficile de faire accepter la dégénération à beaucoup de personnes, même instruites, même du corps médical, mais non habituées à l'investigation spéciale du domaine cérébral, quand elle ne repose pas sur des caractères d'ordre physique, quand elle n'a pour indice que l'ensemble des phénomènes fonctionnels de la neurasthénie. L'hérédité, criterium excellent, peut se dérober à l'analyse la plus sagace, et d'ailleurs, en dehors d'elle, la dégénération se produit. Brouardel, au Congrès d'anthropologie criminelle de Paris, a décrit toute une classe de dégénérés, formés sous l'influence de l'étiolement des villes ou du surmenage scolaire, à partir de la puberté : les faits qu'il resumait sous le titre :

Infantilisme et féminisme, n'étaient pas ignorés d'un certain nombre de médecins, mais ils passaient inaperçus et leurs relations avec le crime-délit étaient trop souvent rejetées ou méconnues [1]. Puis, il faut savoir deviner l'antécédent héréditaire sous des modes de transmission très divers et la dégénération somatique elle-même sous des caractères protéiformes.

Il y a enfin des objections qui reposent sur des interprétations erronées de la statistique. Colajanni, qui repousse l'étiologie individuelle du crime, pour étendre davantage le rôle des facteurs sociologiques, a cru trouver l'élément d'une réfutation de la prédisposition dégénérative dans la comparaison des relevés judiciaires avec les relevés des exemptions du service militaire, pour cause de maladie, d'infirmité, de défaut de taille. Il n'a rencontré aucune concordance entre les chiffres de répartition des accusés et des exemptés, dans les provinces italiennes, et il en a déduit une non-relation entre le crime et la dégénérescence. Je me suis livré à une recherche identique, dans l'ensemble de nos départements : je n'ai relevé que des rapports assez vagues entre les éléments rapprochés. Mais je ne tire pas d'un résultat semi-négatif les mêmes conclusions que Colajanni. Les infirmités prises en bloc n'expriment pas toutes la dégénérescence (myopie) et le défaut de taille n'est pas une tare de rétrogradation. Ce dernier vice rédhibitoire coïncide souvent avec des qualités qui le compensent ; il tient à des conditions de travail particulièrement pénible (paysans des campagnes pauvres, ouvriers de certaines professions), et disparaît avec elles ; il se rencontre à son maximum parmi des populations très vivaces et très morales (départements celtiques) et, tout au contraire, là où l'on se réjouit de rencontrer les plus gros chiffres de hautes tailles, on oublie de compter l'énorme proportion des phtisiques. J'ajouterai que les plus réelles dégénérescences passent d'emblée dans l'armée ! Tout ce qui pos-

1. Magnan a observé un cas d'idiotie acquise.

sède un *modus* conventionnel de conformation extérieure est admis dans les rangs ; on garde ceux qui lui répondent, en dépit de la découverte ultérieure de petites anomalies très caractéristiques, mais qui n'apportent aucun obstacle à l'exercice du fantassin, de l'artilleur ou du cavalier, et l'on se montre d'autant plus facile que la profession n'exige ni grande intelligence, ni grande sentivité, bien au contraire! Cependant que de tarés somatiques et de tarés héréditaires les médecins découvrent dans les hôpitaux militaires, que de pauvres diables ils sont obligés de réformer après coup pour imbécillité ou idiotie, épilepsie larvée ou convulsive ; l'hystérie elle-même est aujourd'hui observée dans les casernes ! Les impulsivités sont contenues parce que la discipline est un moyen d'intimidation et que l'intimidation réussit même vis-à-vis des fous. Mais dans quelle limite? Les conseils de guerre le pourraient dire, si l'on fouillait leurs secrets. J'ai entrepris quelques recherches au greffe du conseil de guerre maritime, à Brest. Sur un peu plus de cent photographies de condamnés, j'ai constaté presque toujours des physionomies suspectes : la plupart des visages sont larges, fortement mandibulés, avec les lèvres épaisses ou très minces, plissées et contractées ; l'expression, quelquefois agréable et féminine, est ordinairement sournoise et cynique, mauvaise ou bestiale, elle ne révèle presque jamais une intelligence éveillée ; le crâne est court et renflé aux régions pariétales (les sujets proviennent de divers départements, mais principalement de la région de l'ouest) ; il y a quelques asymétries crânio-faciales évidentes. Sur un peu plus de 200 dossiers analysés, je découvre comme antécédents : 10 fois l'existence d'un casier judiciaire plus ou moins rempli, avant l'incorporation, et un séjour plus ou moins prolongé, au cours de l'enfance ou de l'adolescence, dans une maison de correction (vagabondage, vol, coups) ; 22 fois, l'existence d'un casier judiciaire au civil et un relevé assez fort de punitions ou de condamnations au corps, pour manquements militaires ou de droit commun, surtout parmi des engagés volontaires provenant de grandes villes (Parisiens) ; 20 fois des condamnations prononcées pour la même faute obstinément répétée (désertion à l'intérieur, fréquemment sans mobile et rappelant la fugue épileptique ou hystérique). 55 pour des fautes d'inconduite, intempérance, indiscipline ou mauvaise tenue. Dans le reste des cas, les antécédents sont bons ou ne sont pas spécifiés. Je ne donne pas ces faits comme absolument démonstratifs de la dégénérescence, mais comme favorables à l'intervention de celle-ci dans un milieu où l'on est trop enclin à la nier [1]. Je puis en outre affirmer que, dans plusieurs affaires où personne n'avait même songé à ce facteur, il m'a semblé navrant qu'on ne l'ait point aperçu. Car, à l'armée comme dans la vie commune, on ne saurait appliquer, sans une révoltante iniquité, une pénalité uniforme à l'homme non taré qui commet le crime avec l'entière notion de ses actes, et à l'homme amoindri par la réduction de sa cérébration.

J'étends encore le champ de la dégénérescence. Au-delà de la puberté, des habitudes de débauche crapuleuse, l'alcoolisme, la misère, le surmenage professionnel, peuvent rapetisser les individus, leur conférer une tare tout à fait analogue à celle de l'hérédité, et qui d'ailleurs deviendra transmissible à la descendance. C'est une dégénérescence sénile anticipée et la vieillesse à son tour ramène à l'infantilisme psychique. Le docteur Charpentier, médecin de l'hospice de Bicêtre, a bien étudié les troubles mentaux qui conduisent au crime ou au suicide, sous de pareilles influences. Je n'insiste pas sur la débauche et l'ivrognerie dont il sera longuement parlé dans les autres chapitres de ce livre. Je ne dirai qu'un mot à propos de ce mal de misère, que Lacassagne incriminait si judicieusement dans un récent Congrès [2] : ce mal « laisse son empreinte et crée les anomalies ou particularités relevées par Lombroso » ; le médecin remonte

1. Lacausse, *les Dégénérés psychiques au point de vue militaire;* communication de Duponchel au cong. de med. leg. *Arch. d'anth. crim.*, nov. 1889, p. 705.

2. Cong. d'anth. crim. de Paris, c. r. in *Arch. d'anth. crim.*, nov. 1889, p. 535.

plus loin que le magistrat et que l'homme du monde, au spectacle de certains côtés de la prison : il aperçoit l'organisme dégradé, amoindri, là où Maxime du Camp ne reçoit qu'une impression de tristesse pour les souffrances d'un être conformé à la façon de tout le monde et n'ayant une excuse que dans son dénuement occasionnel[1]. Quant au surmenage, on voit ce qu'il peut produire chez l'adulte même le mieux trempé, par l'exemple du sculpteur R... Chez ce vigoureux fils de paysan, il ne respecta le corps que pour frapper l'esprit d'une atteinte plus profonde : l'artiste était bien l'homme de ses œuvres; mais l'énorme effort tenté pour acquérir très vite une instruction solide et s'élever jusqu'aux sommets d'un milieu sélecté, en firent un déséquilibré, qui, au choc de la politique, faillit devenir un assassin.

La prison enfin, qui met en relief des prédispositions latentes, engendre peut-être de toutes pièces une dégénération spéciale, traduite plus tard par la récidivité dans le délit ou bien par le suicide. Elle n'est certainement pas sans influence réductive. On est en droit de soupçonner qu'elle devient, au moins pour quelques-uns, une cause d'amoindrissement, d'incapacité pour les luttes ultérieures, à la suite de l'énervement et de la contrainte forcée, si pénible aux natures passionnelles, ordinairement coupables par accident. J'ajoute que le malheureux relâché par elle, ébranlé dans sa résistance, inconscient de son centre de gravité pyschique, brusquement déplacé, calculant les obstacles qu'il va rencontrer devant lui pour se réhabiliter et vivre de la vie stricte des besoins nécessaires, les facilités relatives trouvées dans la prison pour satisfaire à ceux-ci, sans appui, sans stimulant d'une énergie déprimée, est souvent amené à récidiver de sang-froid : cela lui assurera de nouveau l'abri, le vêtement et l'aliment. Ainsi s'explique une bonne part de la récidivité, sans qu'il y ait lieu d'en rechercher *a priori* l'origine dans une anomalie cérébrale héréditaire[2].

1. *Paris*, III, p. 273.
2. Gautier, *l. c.*, *Arch. d'anth. crim.*, déc. 1888, p. 547.

Toutes ces concessions faites, il reste des catégories de délinquants et de criminels, chez lesquels il est impossible de découvrir une marque, un indice quelconque de dégénérescence somatique ou psychique, héréditaire ou acquise. Aussi d'autres théories essaient-elles de restreindre ou même d'annihiler la doctrine de la dégénération, en criminalité. Nous aurons non plus un criminel de cause intrinsèque, mais un criminel de cause sociale. Le professionnel se substituera au dégénéré. Mais la profession suppose la vocation et l'on serait sans doute encore porté à rattacher celle-ci à des prédispositions cérébrales, susceptibles de reconduire indirectement à la précédente théorie. Au moins devra-t-on tenir compte du nombre très imposant des réfractaires, qui sortent du milieu banal, sans autre prédisposition au délit que leur non-dégrossissement éducatif ou leur éducation défectueuse, pour ne rien dire des simples passionnels. Ces paysans, trop roués, sous une rugueuse écorce, qui se font, des filouteries répétées à l'adresse des citadins, un beau titre de gloriole, vendent des chevaux réformés comme des chevaux de haras, débitent sur les marchés du lait falsifié et du beurre artificiel ; ces campagnardes, qui prennent des nourrissons à l'élevage et les laissent mourir avec une si complète insensibilité, aussitôt que la gêne dépasse pour elles les profits, tous ces gens-là et d'autres de même espèce n'ont pas la notion bien nette de la probité et de la pitié ; du délit, ils passent au crime, sous le stimulant d'une cupidité intensive. Ce ne sont pas des dégénérés... mais plutôt des non générés au point de vue social. Ce ne sont pas des rétrocédants, mais au contraire des êtres qui ont à peine commencé à se mettre en marche au sein de la collectivité. Leur cérébralité, faute d'éducation, est demeurée à une phase infantile ou atavique. Et ces titrés du grand monde, qui reconstituent au jeu, par des moyens louches, ou avec les femmes, par des moyens cyniques, la fortune si vitement dissipée, escroquent au fracas de leur nom les dupes démocratiques, trop honorés de leur contact éphémère, s'associant à des agences véreuses pour escamoter à leurs créanciers des chevaux saisis et les remplacer par des haridelles, quand ils ne brûlent pas leurs écuries pour masquer un désastre (cela s'est vu il n'y a guère longtemps), sont-ce des dégénérés? Non, pas même toujours des déclassés. Il y en a plus d'un, parmi ces gredins à belles manières, qui agissent par mépris des obligations communes : variété d'arriérés, retenus en-deçà de leur milieu par l'orgueil de la caste !

Il est très juste, il est très vrai de dire, que les dégénérés de toutes formes et de toutes origines fournissent une énorme proportion de criminels et de délinquants. Mais c'est dépasser la mesure, que de regarder le crime-délit comme une conséquence exclusive de la dégénérescence [1]. Il y a des criminels en dehors de celle-ci, qu'elle soit acquise ou héréditaire, et l'habitude elle-même, traduite par la répétition des actes ou la récidivité, trouve ailleurs des explications très plausibles. Il n'est pas étonnant que le crime soit une manifestation particulièrement fréquente de l'impulsivité, chez des individus de cérébration amoindrie et de faible résistance morale, qu'il accuse une tendance dans une voie donnée chez des prédisposés. Il y a appel des sollicitations ambiantes vers un point vulnérable. Mais comme la maladie frappe le sain et se localise fréquemment sans qu'il existe une cause de dérivation spéciale vers tel ou tel appareil, le crime peut naître d'un normal sans prédisposition. Le crime n'est pas plus exclusif à certains organismes affaiblis dans leurs réactions sensorio-intellectuelles et impulsives, que la maladie n'est exclusive aux organes déjà amoindris dans leur résistance.

1. Sergi (*Dégénérations humaines*) ne se borne pas à placer les criminels parmi les dégénérés; il va « jusqu'à affirmer qu'ils sont la synthèse de toute dégénération ». (Lombroso, l'*Anthrop. crim. et ses récents progrès*, Paris, 1890, p. 97).

CHAPITRE IV

L'ATAVISME ET L'INFANTILISME

On connaît l'œuvre de Lombroso. Elle est le développement laborieux d'une idée qui n'est ni aussi neuve, ni aussi exclusivement italienne, qu'on l'imagine parmi nous. Gall, au cours de ses travaux, a maintes fois signalé les relations du crime avec les instincts du sauvage, qu'il a cherché à localiser, comme ceux du civilisé, en diverses régions cérébrales et protubérances crâniennes. Lauvergne, dans sa curieuse étude sur les forçats du bagne de Toulon, a relevé des analogies de caractère et quelques points de ressemblance somatique, entre ces antisociaux et les races sauvages. Le même rapprochement s'est rencontré sous la plume de plusieurs romanciers, bons observateurs de la nature humaine. Mais Lombroso et ses disciples ont eu le grand honneur de mieux définir l'idée, de lui donner un corps complet, d'entasser autour d'elle une immense somme de matériaux très scientifiques, dignes de l'admiration de tous, alors même qu'ils n'apportent pas la démonstration de la doctrine [1].

La même objection générale que l'on a pu adresser à la théorie dégénérative s'élève ici. Est-il vrai que le criminel diffère des autres hommes, qu'il possède en propre des caractères psychologiques, un *habitus corporis et vultus?* Admettre l'affirmative n'a rien de déraisonnable et déjà nous avons reconnu que, même sans tenir compte

1. Voir les rapports et les comptes rendus du Cong. d'anth. crim. de Paris.

de l'influence ambiante de la prison, les condamnés avaient pour la plupart une extériorité plus ou moins susceptible d'opposition avec celle des libres. On a mis en avant la dégénérescence : en dehors d'elle, la manière d'être des criminels ne devrait-elle pas être rattachée à une sorte de rétrocession vers les types ancestraux qui ont fait preuve des mêmes impulsivités ?

Beaucoup de criminels n'ont aucun caractère qui les distingue des autres hommes. Seul, l'attentat commis les a tout à coup séparés de la moyenne commune. Mais aussi beaucoup de libres réputés honnêtes reproduisent des traits qu'on est surpris de voir multipliés dans le monde des prisons. Il y a honnêtes et honnêtes, criminels et criminels. Lorsqu'on applique la doctrine, on n'entend parler que de cette classe de délinquants presque fatalement voués à l'attentat, en raison de conditions héréditaires ou innées. Si quelques-uns, en des conditions analogues, n'ont pas abouti au crime, on est en droit de supposer qu'ils l'ont évité grâce à un redressement éducatif et précoce. Mais l'abstention, chez les prédisposés, n'est souvent qu'apparente (le délit reste occulte) ou bien elle a été la conséquence heureuse d'un défaut de stimulation accidentelle, d'occasion pour le crime. Le groupe ainsi délimité se présente bien avec un *air* d'ensemble, qui rappelle la famille, la tribu, sinon la race. Il s'accroît de nombreux sujets que semble y ramener l'habitude acquise : celle-ci, isolée de toute prédisposition héréditaire ou innée appréciable, est capable de modifier un organisme, moralement et physiquement, si elle a commencé dès un âge encore tendre. J'assimile très volontiers, dans une large mesure, le criminel d'habitude au criminel-né; mais j'accorde cependant au dernier les signes somato-psychiques les mieux tranchés, dans la masse des catégories.

L'être humain, qui se présente sous la forme à laquelle je fais allusion, sort-il réellement de son type ethnique ; est-il redevenu par atavisme le semblable de l'homme primitif? Toute la question est là.

Lombroso prétend renfermer le criminel dans un *type anthropologique* rétrogade. Il édifie sa doctrine sur de nombreux caractères, à son avis spécifiques et toujours d'ordre anthropologique.

Les caractères psychiques qu'il mentionne, corrélatifs à des modalités somatiques, sont communs aux pires criminels et aux plus bas sauvages. Mais il n'est pas nécessaire de fouiller très profondément la cérébralité des individus qu'on cite parmi les plus beaux produits de la civilisation, pour y découvrir le germe de tendances identiques. Les sentiments d'égoïsme, poussés jusqu'à l'antialtruisme le plus détestable, font partie de l'humanité entière. Nous avons tous le même lot initial d'instincts et jamais nous ne le perdons au complet. Seulement, chez les civilisés, l'égoïsme et l'antialtruisme revêtent des allures plus cachées..., plus veloutées, non moins basses peut-être que chez les incivilisés ; chez le sauvage et le criminel, où manque la retenue, ils engendrent au contraire des impulsivités violentes, qui surprennent par leur tonalité, dans un milieu conventionnellement adouci. La principale différence réside plutôt dans le mode des impulsivités, que dans la nature des sentiments d'où elles émanent. Cependant les sentiments ressortissant de l'égoïsme et de l'antialtruisme, la non-pitié et la non-probité, prédominent davantage chez la plupart des criminels, que chez la plupart des honnêtes. J'hésite à mettre ici sur la même ligne que les criminels, dans la collectivité civilisée, le sauvage, dans sa tribu. Sous le rapport de l'affectivité, surtout de l'affectivité restreinte aux semblables immédiats, il n'est pas exact de déclarer tous les sauvages inférieurs aux civilisés. Comme l'a dit Tarde, il y a des bons et des mauvais sauvages. Les bons, on les rencontre partout où l'abondance relative des ressources et la pondération des sexes écartent ou atténuent l'âpreté de la lutte pour l'aliment, les convoitises trop ardentes du combat génésique ; les mauvais, partout où il existe des conditions inverses. Mais les bons virent aux mauvais sous l'influence des premières entraves de la civilisation, qui brise des habitudes, les remplace par d'autres moins adaptables ou dégénératives, déchaîne les instincts égoïstes, soit qu'elle crée des distinctions blessantes entre les citoyens, soit qu'elle aide à l'accaparement des biens de la communauté au profit d'un petit nombre [1]. Les sauvages les plus féroces n'apparaissent qu'au contact des civilisés. Les Européens ont appris aux Indiens et aux Nègres la non-pitié et la non-probité, que leurs savants ont la singulière prétention d'attribuer en monopole à ces pauvres êtres [2]. Le criminel, lui, à quelque époque qu'on l'étudie, se montre avec les mêmes tendances : dépourvu de celles-ci, il cesserait d'être lui-même. Qu'il soit aussi la résultante d'actions perturbatrices, issues de la civilisation, je le reconnais, mais du même coup je diminue la valeur de l'hypothèse atavique. Celle-ci part d'un *a priori* discutable. Elle n'a pas les moyens d'établir la psychologie de l'homme primitif ; en la composant de sentiments mauvais, pour y ramener la cérébration du criminel, elle n'explique pas comment l'observation directe, aussi loin qu'elle remonte, a pu découvrir des ancestraux très différents de ses types. Du reste, une théorie évolutive, pour être logique, est tenue d'aller jusqu'au bout de ses inductions. Est-ce bien à l'homme primitif, que l'on doit s'arrêter ? Je ne le pense pas. L'homme primitif a lui-même des ancêtres animaux et l'extension de la ligne ancestrale conduit à généraliser les principes à toute la série zoologique. Or, que

1. L'homme sauvage, ou plutôt l'homme primitif, n'est peut-être ni bon, ni mauvais, mais, comme le croit Ch. Levesque (*L'homme moral*, Amst., 1775, p. 34), simplement indifférent. Les situations dans lesquelles il se trouve décident de ses penchants, il satisfait aux besoins de la nature sans idée de malignité, il sent et ne raisonne pas. « Le sentiment lui ordonnait de se nourrir, le raisonnement ne lui avait point appris à respecter la propriété d'autrui. Nulle relation n'existait pour lui : il ne connaissait que lui seul dans la nature, parce qu'il n'avait que la conscience de ses propres sensations. C'est ainsi qu'on voit des animaux affamés arracher à d'autres leur proie, par le seul instinct qui les porte à se nourrir. »

2. La folie, parmi les peuplades sauvages de l'Asie, de l'Afrique, de l'Amérique et de l'Océanie, a pris un développement parallèle à la méchanceté, sous les exemples de débauche et les encouragements à l'ivrognerie donnés par les blancs, sous les tortures physiques et morales et les ignobles systèmes d'exploitation mis en usage par les civilisés de toutes races.

reconnaît-on chez les animaux, même chez les fauves à l'état libre ? Un mélange d'instincts bons et mauvais, les seconds n'imposant silence aux premiers ou ne remplaçant l'indifférence, qu'à certains moments et en certaines circonstances. L'animal ne commet pas le mal pour le mal, ou rarement et seulement dans quelques espèces où les antipathies de race semblent nécessaires à l'intérêt commun. Le tigre n'attaque pas s'il est rassasié, n'entre en rivalité avec ses congénères que sous l'excitation des ardeurs génésiques ; le serpent s'éloigne sans chercher à mordre, quand il n'est pas menacé, etc. L'homme serait-il donc pire originairement que l'animal ? Cela est peu vraisemblable. Il n'a dû lâcher la bride aux intérêts mauvais, dérivés de l'égoïsme et de l'antialtruisme, qu'à une phase de groupement où ses besoins, d'abord très limités, plus tard amplifiés, ont éprouvé des obstacles à leur satisfaction. Avec la civilisation, s'il n'est point rentré en possession de sa dominante première, il a au moins dissimulé ou réprimé ses instincts de combativité, créé un balancement de sentiments qui lui a permis des contacts utiles à sa sécurité ; il a émoussé ses armes, sans toutefois leur enlever leur puissance, et même il semble avoir acquis quelque velléité de suppléer à la façon violente et brutale de s'en servir, par des procédés plus habiles, mais souvent discourtois. Le criminel serait demeuré à la période de dégrossissement : ébauche de civilisé, gêné dans le milieu, sans aptitude aux tactiques de lutte tolérées ou prescrites par l'opinion ou la loi, conventionnelles, il garde la rudesse ou la ruse peu scrupuleuse du sauvage besogneux, et se comporte vis-à-vis des honnêtes à la manière de celui-ci vis-à-vis des étrangers ou des ennemis. En ces tendances, rien qui isole pourtant de sa race le criminel ou le délinquant, rien qui traduise une rétrocession et oblige à recourir à l'explication atavique : je relève des survivances d'instincts qui ont existé chez l'homme à tous les âges et ne font que se transformer chez lui selon diverses conditions de temps et de lieux. Que l'impulsivité soit plus intensive, plus oscillante, plus soumise à de bas instincts, restés ou devenus prépondérants, chez les antisociaux, que cette modalité soit inhérente à des conditions particulières de l'hérédité, — directe ou indirecte, celle-ci offre rarement de grands écarts dans les changements qu'elle imprime aux individus, et l'on n'imagine guère qu'elle accomplisse des sauts assez formidables pour rejeter sans cesse, en dépit du progrès, l'homme au début, sinon hors de l'humanité !

Ces conditions m'obligent à n'admettre qu'avec réserves la nouvelle théorie de l'*atavisme moral*, édifiée par Colajanni [1].

Dans l'ordre psychique, la plupart des manifestations criminelles n'ont pas besoin d'une explication atavique quelconque. Je ne prétends pas nier, que, parfois, il n'y ait, dans la série des caractères attribués à la délinquance, des interruptions, de brusques anomalies, susceptibles de se prêter à la théorie. Mais, dans l'immense majorité des cas analysables, je suis aujourd'hui enclin à supposer plutôt des survivances latentes, entretenues à l'ombre de traditions ou de coutumes sociales plus ou moins vétustes. C'est bien aussi l'opinion de Tarde, et je suis toujours heureux, lorsque je me rencontre en conformité d'idées avec cet écrivain, si plein d'érudition et de finesse en ses critiques. « M. Colajanni appuie son hypothèse sur des faits tels que ceux-ci : il connaît un gentilhomme sicilien qui, d'une exquise sensibilité pour les maux des personnes de sa caste, est profondément insensible aux souffrances des roturiers. Mais je connais aussi force paysans, qui, très honnêtes avec d'autres paysans, ne cherchent qu'à *rouler* le bourgeois ; je connais force gens passionnés en politique, qui, très dévoués à leurs coreligionnaires politiques, commettraient sans scrupules toutes les indignités contre leurs adversaires. En cela, tous ces gens-là, il est vrai, rappellent les peuples primitifs, par la concentration intense de leurs affections et de leur moralité dans un champ étroit. Mais ce n'est pas

1. *Sociol. crim.*, 1e p., ch. VIII.

là de l'atavisme ; c'est chose sociale et nullement vitale, une persistance coutumière et traditionnelle, assez fréquente dans un milieu insulaire et clos, tel que la Sicile ou la Corse, des sentiments d'un autre âge » (Tarde) [1]. Il n'est pas besoin d'aller chercher des arguments parmi les populations fermées. Au sein des populations les plus ouvertes, les préjugés de famille, les coteries de toutes sortes entretiennent ou réveillent, même chez les individus les plus affinés, des sentiments de survivance aptes à engendrer la criminalité. La superstition fleurit dans les pays les plus civilisés et ses plus monstrueuses sollicitations ont été observées chez des personnes où l'on est fort étonné de les rencontrer. La marquise de Montespan a été accusée d'avoir fait dire des messes « sur le corps d'une femme nue, après l'immolation d'un enfant, » avec l'intention d'obtenir du diable la continuation de son adultère avec le roi [2], et vers le milieu du XVIIIe siècle, deux gentilshommes allemands sacrifiaient à l'Esprit des ténèbres un malheureux valet, sur la foi d'un vieux grimoire, acheté à un bohémien, et qui recommandait le procédé aux chercheurs de trésors [3] ! Dans les pays créoles, il n'est pas bien certain que de pareilles croyances, venues d'Afrique (et aussi de l'Europe des XVIIe et XVIIIe siècles), soient complètement éteintes [4], et si, parmi nous, la cupidité aux abois n'a plus recours à de si atroces pratiques, elle conseille aux joueurs de rechercher la corde de pendu, les incite à s'irriter contre les actions les plus indifférentes d'une personne à son insu *jettatore*. Le mépris du noble pour le roturier n'a plus le moyen de se traduire par les actes arbitraires d'autrefois ; pourtant l'esprit de caste offre encore des éclats surprenants, en Allemagne et en Angleterre, et, chez nous, deux ou trois affaires assez récentes, où il

1. *Arch. de l'anthrop. crim.*, mai 1889, p. 245.
2. Desmaze, d'après un manuscrit de la bibl. nat., *Hist. de la médecine légale*, p. 79.
3. *Amusements des eaux de Spa* (Londres, 1782), IV ; 243 et suiv.
4. A. Corre, *le Crime en pays créoles* (bibl. de l'avocat et du magistrat) : homicide par superstition, Vaudou, p. 192.

s'agissait sinon de particulés, au moins de privilégiés de la finance, m'ont rappelé les écarts de l'ancien droit de chasse, poussé jusqu'à la tentative de meurtre contre des paysans aperçus sur des terres gardées. Au Dahomey, le roi dispose à son gré de la vie de ses sujets et donne aux étrangers de belles revues, où il oblige ses guerrières à franchir, demi-nues, des remparts d'arbrisseaux épineux : à Postdam, l'année du centenaire de la Révolution française, un puissant monarque, en état d'insomnie, ordonnait un soudain boute-selle et lançait un régiment de cavalerie à toute bride, au travers des rues, par une nuit sombre, sans souci des bourgeois attardés. L'instinct antialtruiste n'est jamais étouffé et il s'empare de l'homme aussitôt qu'il en a l'occasion formelle : la crainte et l'éducation seules le contraignent à se dissimuler ; il se montre par éclats, précisément sous les mêmes formes et dans les mêmes circonstances qu'aux temps lointains, chez les sujets en possession d'une indépendance trop illimitée ou d'une éducation trop imparfaite, dans les milieux les plus avancés. C'est, à mon avis, une grosse objection à la doctrine atavique, que l'existence de cette masse de criminels, libres ou renfermés, où l'on découvre pour toute tare le non-dégrossissement, gens indemnes d'un vice organique, de névrose héréditaire, etc., mais qui traversent l'agglomération sociale transformée avec un bagage de notions retardataires, transmises *en suite ininterrompue*[1]. La survivance d'anciennes mœurs, dans les milieux et au contact des milieux les plus civilisés, n'apparaît pas seulement chez des individus ou des familles isolées ; elle se mani-

1. Louvel, l'assassin du duc de Berry, est un type de traditionnaire à courte échéance, un faux atavique, mais à fond d'aliéné bien probablement. Ouvrier issu d'une famille honnête, bon travailleur avaut de devenir soldat dans l'artillerie de la garde, il a pour Napoléon un culte fanatique ; il ne peut croire à la chute de son idole ; la France s'arrête pour lui en 1814, et, en 1820, il ne lit et ne connaît que les publications de l'époque impériale : les Bourbons lui apparaissent tout à coup comme des traîtres ; il frappera l'un d'eux, fera justice « pour son Empereur ». Je n'ai point lu ce détail dans l'intéressant mémoire du Dr Regis sur les *Régicides* (*Arch. de l'anth. crim.*, janv. 1890).

feste chez des races très compactes, chez des fractions de races transplantées. Les Annamites, a-t-on dit avec beaucoup de justesse, sont des adeptes de la civilisation célestiale, arrêtée pour eux au XIVe siècle ; nos créoles des Antilles et de la Réunion, sous maints rapports, sont demeurés des Français des XVIIe et XVIIIe siècles ; les habitants du Port-Mardick sont toujours des bretons de Paimpol, au cœur d'un pays flamand [1] ; les Prussiens de Friedrichsdorf sont, par les mœurs et même un peu par le langage, des Français pétrifiés de l'an 1687 [2]. Que, dans ces foyers particuliers, certains crimes se produisent avec des caractères de rudesse ou de superstition qui rappellent les façons ancestrales, sera-t-on bien fondé à parler d'atavisme et ne serait-on pas d'avantage autorisé à admettre l'effet d'une continuation d'habitudes et de croyances, parallèle à une évolution ambiante plus avancée ?

Sans doute, il surgit quelquefois, même assez fréquemment, dans les meilleures familles et sans note héréditaire prochaine, des sujets très disparates de caractères et d'instincts ; des scélérats naissent d'une suite de parents vertueux, comme aussi, mais plus rarement, des sujets très honnêtes sortent tout à coup de familles vicieuses ou criminelles, en dépit des conditions éducatives. Il ne viendra à l'esprit de personne de rapporter à l'atavisme les manifestations d'une vertu transcendante au cœur d'une famille connue pour son mépris des scrupules moraux et sociaux. Pourquoi rattacherait-t-on la délinquance à l'atavisme quand elle se montre dans une famille vertueuse ? Un lord Castelhaven (1738), un Charolais et nombre d'autres misérables, ne sont pas des ataviques, par le seul fait qu'ils ont germé sur des couches d'apparence excellente. De pareilles exceptions peuvent être le résultat d'unions consanguines entre familles usées et devenues dégénératives à un certain moment, malgré la sélection ou plutôt par la sélection de

1. Colonie fondée par ordre de Louis XIV, après la destruction du port de Dunkerque.
2. Protestants émigrés après la révocation de l'Édit de Nantes.

la caste. Mais elles peuvent avoir aussi pour cause l'action tout occulte de l'hérédité directe et du métissage : dans les familles nobles et bourgeoises, que d'adultérations cachées, que de *pur-sangs* nés de *très honnestes dames* à la Brantôme et de *vilains*, paysans ou laquais doublant un faux père, *quem nuptiæ demonstrant*, sans parler des adoptions trompeuses, altérant jusqu'aux généalogies princières[1] ! Les fils sont l'expression de tendances instables, mal équilibrées, répondant à des accumulations éducatives d'aptitudes très divergentes, comme l'a si bien remarqué Mme Clémence Royer, et ils trébuchent au contact d'un monde, auquel ils ne sont pas assouplis.

Dans quelques cas où la rétrogradation soudaine jusqu'au sauvage semble le mieux résulter d'une rupture dans la chaîne familiale ou ethnique, il est assez difficile d'écarter la folie[2]. En d'autres, elle semble le résultat forcé d'une désespérance qui a pris son origine dans le milieu civilisé, mais s'est exaltée sous l'influence d'une prédisposition maladive[3]. Enfin, l'explosion des sentiments qu'on a qualifiés d'atavisme se manifeste en des circonstances où des conditions sociales, suspendues ou interverties, poussent l'être humain à obéir aux instincts de nécessité. « Quand, par suite d'une famine, certaines classes pauvres cessent de pouvoir manger du froment, leur nourriture nouvelle, elles se remettent à manger du

1. N'a-t-on pas vu, en ces dernières années, un noble comte, dont la famille a des titres royaux, adopter un fils qui n'était point de lui et assurer à cet étranger des droits capables de bouleverser toutes les traditions d'une lignée ? Quel sera le produit de la noble dame qui *offre de donner son nom et son titre à un jeune homme majeur ayant fortune ?* (petites annonces d'août 1889), etc.

2. *Les Criminels*, p. 384. Les assassins cannibales, Ferragi (Toulouse, 1782) et Léger (Versailles, 1824) étaient des aliénés. Tous deux vivaient en sauvages, dans les bois, attaquant les femmes et les enfants isolés, se ruant sur leurs victimes avec une fureur de satyres et dévorant leurs chairs crues.

3. En août 1889, les juges de Rennes condamnaient à deux années d'emprisonnement une fille-mère de la commune d'Iffendic. Cette femme, souffrante et ne trouvant plus d'ouvrage depuis sa faute, s'était réfugiée dans les landes avec son enfant ; elle vivait sous des buissons, à la manière d'une bête fauve, sortant à la dérobée, le soir, pour tacher d'enlever, dans les fermes, du pain, de la galette et du lard. Si au lieu d'adopter une aussi misérable existence, pour conserver son enfant, elle eût tué celui-ci, elle eût été acquittée par un jury sensible, ou à peine frappée aussi sévèrement qu'au tribunal correctionnel.

seigle ou du maïs, leur nourriture d'autrefois. » Quand des naufragés, des assiégés réduits à la dernière extrémité, n'ont plus rien à se mettre sous les dents, ils jettent les yeux sur les cadavres de leurs camarades et parfois, surmontant leurs répugnances de civilisés, s'en repaissent avec avidité. Il y a, dans ces faits, ou de l'*imitation à distance* (Tarde), ou comme un rappel obligé, presque fatal, d'impulsions inhérentes à l'espèce, endiguées par l'organisation sociale et se déchaînant au travers des effondrements de la digue.

La théorie est-elle plus solide sur le terrain somatique? Non et elle me semble avoir reçu quelque ébranlement au Congrès d'anthropologie criminelle de Paris. Dans le duel scientifique entre l'éminent professeur italien Lombroso et notre distingué compatriote, le Dr Manouvrier, j'estime que les beaux coups ont été portés par celui-ci et qu'aux arguments serrés dirigés contre la doctrine aucune expérience nouvelle n'a été sérieusement opposée [1]. Les instincts, même à l'état de perversion, ne sont pas toujours traduits par une manière d'être physique de l'organisme qui les engendre. Certainement, les modalités des fonctions cérébrales sont liées à des modalités corrélatives du substratum anatomique. Mais celles-ci peuvent être limitées à un nombre relativement restreint de cellules appartenant à des territoires spéciaux, consister en des transformations moléculaires du protoplasma et ne s'accompagner d'aucun signe d'extériorité appréciable. La férocité des Malais sauvages, sous-brachycéphales, a son pendant chez les Pahouins du Gabon, dolichocéphales. Parmi les races civilisées, on rencontre les mêmes tendances sous des attributs anthropologiques différents, et des tendances similaires sous des attributs opposés. J'écarte l'influence éducative, qui harmonise et unifie ! il y a, dans toutes les races, des déchets, des unités ré-

1. Séances des 12 et 13 août, lecture et discussion des Rapports Lombroso (*Les dernières recherches d'anthropologie criminelle*) et Manouvrier (*Existe-t-il des caractères propres aux criminels? Les criminels présentent-ils en moyenne certains caractères anatomiques particuliers? Comment doit-on interpréter ces caractères?*)

fractaires à cette influence, qui sont les criminels : où les rencontre-t-on fondus dans un type extrinsèque, lui-même susceptible d'être ramené à un type sauvage, encore à déterminer d'ailleurs ? Les délinquants, russes, anglais, allemands, français et italiens, ont-ils cessé d'offrir l'*habitus* de leurs races, sont-ils les descendants immédiats — par suppression anormale et toute miraculeuse d'une longue série d'ancêtres intermédiaires — de l'homme de Canstadt et de Cro-Magnon ? Qui oserait soutenir une telle rétrocession ? et pourtant voilà bien où doit logiquement conduire l'atavisme [1].

Néanmoins, il serait téméraire de repousser *a priori* toute une doctrine dont certains côtés paraissent vrais.

Les qualités et les défauts répondent à des activités cérébrales particulières, qui elles-mêmes, se rattachent aux conditions de texture et de structure des circonvolutions. Développés à l'extrême, ils peuvent avoir comme une marque anatomique en certaines protubérances, et, dans ses lignes générales, la doctrine de Gall a trouvé sa confirmation dans les découvertes contemporaines, relatives aux localisations sensoriales, intellectuelles et motrices. Le crâne à prédominance impulsive ne sera pas le même que le crâne à prédominance pensante ; les modifications du crâne auront leur répercussion à la face et aux membres : la face sera plus ample et plus forte, les membres plus grossiers, chez les hommes d'appétits ou d'action, matériels, violents ; la première sera plus atténuée, les seconds seront plus graciles, chez les hommes d'idéation, réfléchis et calmes. Mais ces caractères sont répartis sur des fonds de races qui varient à l'infini et ils ne suffisent pas à changer le type ethnique chez les individus où ils sont le mieux dessinés.

Lombroso a l'immense mérite d'avoir appelé l'attention sur une manière d'être des criminels, souvent tout autre que celle des honnêtes. Il a eu le tort d'exagérer

1. Dans son dernier livre sur l'*Anthrop. crim. et ses récents progrès*, Lombroso reproduit une photographie composite de crânes de criminels (p. 31) : quelle relation est-il possible d'établir entre ce type figuré et les types ancestraux ?

la valeur de ses remarques et surtout de leur donner une interprétation trop exclusive.

La plupart des caractères d'ordre anatomique relevés chez les délinquants sont, non pas l'apanage d'êtres transformés sous le rapport anthropologique, mais d'êtres transformés sous le rapport pathologique. Ils ont été relevés chez les idiots et les fous par les aliénistes ; chez les dégénérés par Morel, Féré, Laurent, etc. Il faut ranger parmi eux la microcéphalie, la trochocéphalie, les asymétries crânio-faciales, les anomalies des oreilles et du système pileux, diverses malformations congénitales des membres et des organes génitaux, etc. L'on ne saurait encore établir avec une suffisante probabilité la signification de diverses variétés des circonvolutions, en l'absence d'un schéma normal bien nettement défini ; mais il est rare que l'atrophie ou l'hypertrophie de certains territoires (lobe paracentral) n'appartienne pas à des aliénés reconnus tels pendant la vie. Quant aux pigmentations de la couche corticale, aux altérations des vaisseaux et des méninges, elles sont tout en faveur d'une morbidité, souvent traduite par d'autres signes.

L'interprétation des indices crâniens et du prognathisme est un peu plus litigieuse. La dolichocéphalie et la brachycéphalie extrêmes, la saillance faciale, le grand développement de la mandibule caractérisent des races sauvages ou barbares aux habitudes cruelles, rusantes, dérobatives. La forte mandibule se retrouve dans les races civilisées, mais parfois à instincts peu scrupuleux vis-à-vis des autres races, comme chez les Anglo-Saxons. Les crânes très courts et très allongés s'observent, en Europe, chez des peuples de tendances analogues ou plus ou moins opposées ; toutefois, parmi les races les plus affinées, l'exagération de la brachycéphalie ou de la dolichocéphalie, le prognathisme facial, qu'on relève chez leurs criminels, sont aussi mentionnés chez leurs dégénérés.

Je reconnais pourtant que la prédominance du développement pariéto-occipital, la saillance prononcée du système mandibulaire supérieur. la puissance exceptionnelle du système mandibulaire inférieur — isolées de toute tare héréditaire, de toute alliance morbide ou dégénérative — confèrent, jusqu'à un certain point, une ressemblance avec les sauvages à nos criminels européens. Mais dans combien de cas ces caractères, ainsi isolés ont-ils été observés chez des délinquants? Voilà ce que je ne découvre pas dans l'œuvre de Lombroso. Et même, dans les types où on les peut admettre, personne n'a démontré qu'ils aient suffi à faire sortir ces types de leur race propre. Malgré qu'on ait prétendu le contraire, les criminels français restent des Français, comme les criminels italiens sont toujours des Italiens.

Ici encore le métissage expliquerait bien des choses. Les mélanges et les croisements, qui se multiplient à l'infini dans toutes les races, principalement dans les plus civilisées (les plus ouvertes), entraînent d'importants changements jusque dans l'ostéologie, surtout dans l'appareil crânio-facial. « La face, affirme de Quatrefages, a souvent sur le squelette une signification aussi précise que sur le vivant ; dans certains cas de croisement, on voit le crâne présenter tous les caractères d'une des deux races parentes, tandis que la face appartient tout entière à l'autre [1]. » Mais comment fixer une limite, donner une forme precise aux actions résultantes de la transmission généalogique ? Comment interpréter selon une doctrine de rétrocession, des phénomènes qui, au physique et au moral, semblent plutôt traduire la survivance de caractères accumulés ? Et même, d'après l'hypothèse de l'hérédité atavique, comment serait-on autorisé à établir un type criminel assimilable au type de l'ancêtre primitif, avec des caractères anatomiques aussi réduits et aussi disséminés dans toutes les races, incivilisées ou civilisées?

J'ai dit que la plupart des caractères signalés chez les criminels se rencontrent chez les aliénés et les dégénérés. La dégénérescence est bien une sorte de rétrocession,

1. *Homme fossile et homme sauvage*, p. 163.

mais qui n'a rien à voir avec l'atavisme. Elle ne ramène pas à un type ethnique, ni à un type spécialisé, apte à se perpétuer. Elle est une tare d'épuisement, de morbidité, qui, dans toutes les races, marque des anormaux pathologiques ; elle est un procédé naturel de sélection éliminatrice, et je ne comprendrais pas l'existence d'attributs aujourd'hui si nettement rapportés à un semblable état, chez l'ancêtre commun des criminels et des honnêtes, moins encore la transmission indéfinie de ces attributs à une catégorie d'individus, continuation d'un type flétri dès son origine.

Une objection très ingénieuse a été formulée par Tarde [1]. La femme qui, par certains côtés, présente des rapprochements avec le criminel et avec le sauvage, a cependant une criminalité très inférieure à celle de l'homme. Avec un développement cérébral antérieur au-dessous de l'autre sexe, une gracilité de formes et une faiblesse musculaire relative (qu'on observe aussi chez beaucoup de délinquants et chez les sauvages), une moindre pondération dans le jugement, une impulsivité plus ébranlable sous l'influence des sentiments d'ordre naturel, elle commet peu d'attentats. Cela jetterait quelques doutes sur le bien-fondé des caractères trop rigoureusement catégorisés au profit des théories spéculatives [2]. Lombroso prétend que la prostitution est l'équivalente du

1. *Crim. comp.*, p. 48.

2. Rien ne prouve que les différences observées entre les sexes créent pour chacun d'eux une supériorité ou une infériorité relative : ils se complètent mutuellement pour former le couple, l'unité zoologique. J'estime très risquées les opinions dans le genre de celle de Marro : « Il y a un type arriéré, féminin, et un type progressivement variable, mâle, ce qui expliquerait les tendances conservatrices générales de la femme en comparaison de l'instinct au progrès chez l'homme; tout l'appareil chez l'homme dénote l'animal carnivore; celui de la femme tout entier se rapproche de celui des animaux herbivores... » etc. (Cong. de Paris, c. r., *Arch. d'anth. crim.*, sept. 1889, p. 625). Banalité et fantaisie ! On serait fort en peine de dire pourquoi certains caractères anatomiques relevés chez la femme sont des signes d'infériorité. Chez les anthropoïdes, c'est par les femelles que l'espèce évolue souvent d'un degré supérieur et se rapproche davantage de la nôtre. Celle du gorille est plus voisine du type humain que le mâle, grâce à l'atténuation des formes d'ensemble, du moindre développement de l'appareil mandibulaire, de l'effacement de la crête crânienne. Qui sait si ce n'est pas en se féminisant un peu (en se débrutalisant) que l'homme de l'avenir se distinguera de l'homme grossier des temps présents ?

délit et rétablit l'équilibre entre la criminalité des deux sexes. Mais la prostitution n'est point assimilable au délit : elle y peut conduire, elle en écarte aussi ; dans tous les cas, elle naît d'influences sociologiques remédiables ; elle n'est point non plus un acte *ancestral*, car elle est rare et sévèrement réprimée chez les peuplades sauvages (à moins qu'elle ne soit de tradition hospitalière ou religieuse) ; elle croît en fréquence, comme en perfectibilité d'allures... et de procédés, chez les civilisés.

Je n'ignore pas qu'un certain *féminisme* s'observe assez fréquemment chez les criminels masculins ; mais il accuse chez eux une dégénération spéciale, qui se produit vers l'époque de la puberté et arrête pour ainsi dire l'individu à une phase imparfaite de son développement : les organes génitaux s'atrophient et, comme chez les eunuques, des systèmes en corrélation d'évolution avec l'appareil sexuel, éprouvent une sorte de poussée compensatrice, le bassin s'élargit, les glandes mammaires se gonflent, un embonpoint général arrondit les formes. Sans revêtir une apparence aussi aberrante, les sujets peuvent conserver celle du jeune âge ; mais l'*infantilisme* n'en garde pas moins le cachet d'une dégénérescence dont il est aisé de découvrir l'origine, soit dans le surmenage imposé à l'enfant, soit dans ses habitudes de viciation précoce ou celles de ses parents. J'ai déjà mentionné ces faits.

En dehors de l'intervention des facteurs dégénératifs, on a émis une théorie, qui a des relations assez étroites avec celle de l'atavisme. Le criminel n'est pas un rétrograde, mais il est un enrayé, un incomplet dans l'évolution. Le criminel a, de l'enfant, des caractères physiques et des caractères psychiques. Les premiers, quand on les rencontre, ne prouvent que l'existence d'une tare dégénérative. Les seconds sont plus réels, sans la présence de celle-ci. Mais la persistance, chez l'adulte, des mauvais instincts de l'enfant, ne prouve guère, à son tour, que le défaut de l'éducation ou la répercussion d'influences héréditaires, souvent pathologiques ou dégénératives elles-mêmes. Il n'est pas démontré d'ailleurs que l'enfant soit toujours et partout un méchant : comme je l'ai fait remarquer dans mon livre, *les Criminels*, il est meilleur chez les sauvages que chez les civilisés[1]. La théorie de l'infantilisme n'est qu'une variété de l'hypothèse atavique : elle remplace la rétrocession par un arrêt équivalent ; mais elle n'explique pas mieux pourquoi l'homme criminel reste en-deçà de certaines limites morphologiques. Avec l'atavisme, point de raison pour que le criminel demeure éloigné d'un type franchement ancestral, invariable, répondant au type pré-fixé de l'espèce ; avec l'infantilisme, point de raison pour que le criminel ne garde un type même fœtal, puisqu'il ne répond plus à un type fixé de l'espèce. On signale, parmi les délinquants, la fréquence d'anomalies qui remontent à la période intra-utérine, hernies, becs-de-lièvres, malformations des membres, etc. Mais ces anomalies, — qui reconnaissent pour causes, ou des accidents survenus au cours de la gestation, ou des perturbations nutritives, liées à une maladie, aux privations et aux mauvaises conditions hygiéniques de la mère, se rattachent souvent à des influences héréditaires, ou coïncident avec d'autres manifestations de nature dégénérative, — ne sauraient constituer les éléments d'un type. Elles peuvent rappeler divers états de l'évolution animale, se retrouver à l'état d'ébauche aux divers degrés de l'échelle zoologique ; elles ne sont ataviques ou d'arrêt que par comparaison avec des états qui sortent du type humain, aussi primitif et rudimentaire qu'on le suppose. On reculera jusqu'à l'ancêtre anthropopithèque, sans trouver aucune race à lèvres fendues, à doigts palmés, à œil unique, etc. Dans l'espèce, l'anomalie reste d'exception : elle est tératologique, c'est-à-dire, hors de type, incompatible avec l'existence, lorsqu'elle porte sur des organes très importants ; compatible avec la vie, lorsqu'elle est très limitée, en des organes de rôle fonctionnel secondaire.

1. P. 383.

CHAPITRE V

L'ANOMALIE PSYCHIQUE

D'après Garofalo [1], le crime est « toujours une action nuisible, qui, en même temps, blesse quelques-uns de ces sentiments qu'on est convenu d'appeler le sens moral d'une agrégation humaine ». Le sens moral s'est développé lentement, il a varié et il varie encore selon les races et les époques. Mais, « malgré l'inconstance des émotions excitées par certains actes *différemment appréciés* par les différentes agrégations, il y a un caractère constant dans les émotions provoquées par les actes qui sont *appréciés d'une manière identique*, ce qui implique une différence dans la forme, non dans le fond de la morale... [2] ». Ce caractère constant, on ne le peut déduire que de « l'ensemble des instincts moraux altruistes, c'est-à-dire de ceux qui ont pour objet direct l'intérêt des autres, quoique, indirectement, cela puisse tourner à notre avantage ». Or les sentiments altruistes se réduisent à deux, en dernière analyse, celui de bienveillance ou de pitié, et celui de justice ou de probité, qui ont successivement évolué dans l'humanité. La notion pleine et entière de pitié et de probité caractérise l'homme social, comme son amoindrissement ou son absence l'homme antisocial ou le délinquant, le criminel. L'*instinct criminel* résulte d'une *anomalie psychique*, d'un vice du sens moral, d'une altération de ce sens en ses deux modes typiques.

1. *La Criminologie* (édit. franç.).
2. Ib., p. 5.

Sur cette base. Garofalo édifie sa doctrine du délit naturel et substitue la morale au droit dans l'étude de la criminalité.

Il y a beaucoup à prendre, dans les observations du savant magistrat, mais beaucoup aussi à rejeter. Je ne crois pas, pour ma part, que les deux sentiments primordiaux de pitié et de probité distinguent aussi catégoriquement le social-honnête et l'antisocial-délinquant, d'après de simples variations de degrés. Je l'ai déjà dit : le fond psychique est le même chez tous les hommes, à quelque race qu'ils appartiennent, à quelque classe qu'on veuille les rapporter dans une race. L'égoïsme, qui vire si facilement à l'antialtruisme, existe chez le social comme chez l'antisocial. Le non criminel possède peut-être autant de non-pitié et de non-probité que le criminel, mais la forme que revêtent des sentiments identiques se modifie et, en se modifiant, entraîne des différences dans les impulsivités. Chez l'un, les instincts négatifs évitent la réprobation de l'opinion, grâce à une sorte de diffusion qui masque leurs vilains côtés ; chez l'autre, ils sont stigmatisés, parce qu'ils se spécialisent, conduisent à des attentats très individualisés, présentent plus d'objectivité. On honore les financiers enrichis par des opérations régulières, qui ont souvent réduit à la misère, à l'asile ou au suicide des centaines de malheureux ; on s'incline devant ces vertueux enfroqués qui captent le bien des familles et prêchent aux enfants l'abandon de leurs vieux parents : ces gens-là parlent haut de fraternité et de solidarité, ils se montrent même quelquefois charitables... avec l'argent d'autrui : on les déclare honnêtes, probes et pitoyables envers le pauvre monde ! J'admirerais presque autant la pitié et la probité d'autre forme de Petit, qui tue un propriétaire inhumain pour donner à sa victime le prix d'un loyer ; la justice du voleur Collet, escamotant la caisse d'un régiment, sous l'uniforme d'un général, mais profitant de l'occasion pour distribuer des croix à de vieux serviteurs, oubliés par le ministre de la guerre : car ceux-ci ne causent de mal qu'à un petit nombre, tandis que ceux-là font du mal à beaucoup de personnes, malgré qu'ils soient des moraux... et des moraux de distinction, de par le servilisme de l'opinion.

Mais ces honnêtes conventionnels sont, d'après la théorie, de véritables criminels. Comme tels, ils sont des atypiques : ils agissent en vertu d'une anomalie psychique, tout ce qui va contre les sentiments de pitié et de probité ne pouvant dériver que d'une anomalie psychique. A ce compte, il n'y aurait de normal qu'un maigre troupeau d'hommes, aptes à tout accepter, à tout subir sans réaction, même vis-à-vis de ceux qui leur causent les torts et les préjudices les plus graves. L'homme qui défend l'honneur de sa fille et devient meurtrier en cette occasion, l'homme qui tue, dans un élan de désespoir et de rage passionnels, sa femme surprise en adultère et son amant ; l'affolée qui commet un infanticide, après l'abandon d'un lâche séducteur, voilà des anormaux. Assister impassible au viol de son enfant, à la honte de sa femme, n'éprouver aucune colère à la triste réalité d'une situation sans issue, c'est faire preuve de caractère normal. S'il en était ainsi, il faudrait déclarer l'humanité bien vile et bien inerte, bien incapable d'aucune évolution progressive... Il est vrai qu'on a pensé qu'elle ne marchait que grâce aux fous et à certains dégénérés... On n'a pas osé dire grâce a des criminels plus ou moins géniaux. L'histoire ne donne que trop l'apparence du vrai à une telle opinion. Mais il serait indigne de tout esprit philosophique de recevoir la morale actuelle, avec ses conséquences fatales et ses hypocrisies, comme l'expression d'une évolution supérieure et définitive. L'humanité n'atteindra jamais à la perfection idéale ; au moins trouvera-t-elle un jour ou l'autre le *modus vivendi* sous lequel elle sortira d'une phase de civilisation à peine encore dégagée de la barbarie, et déjà elle n'est point si détestable qu'on le pourrait croire. Une certaine obscurité nous empêche d'entrevoir les différences entre le typique et l'atypique, le normal et l'anormal, nous oblige à beaucoup de théories entrechoquantes et contradictoires pour trouver une parcelle de vérité. Ces conflits d'opinions cesseraient peut-être de se produire dès l'heure présente, si l'on recherchait moins les distinctions catégoriques, là où il n'y a que des faits relatifs, l'absolu là où il n'y a que du contingent, de la fixité où il n'y a que de l'instable et du variable.

L'homme moyen, qui est l'homme normal, n'est ni trop bon, ni trop mauvais ; il sait faire aux exigences de la collectivité, le sacrifice d'une portion de son égoïsme, ou plutôt de son antialtruisme, car l'amour de soi-même n'existe guère isolé d'une tendance à la rivalité militante contre autrui ; il ne peut sacrifier tout entiers des sentiments qui sont une nécessité de son être. Il est soumis à des lois d'impressionnabilité inéluctables ; il est doué d'une capacité très relative, variable suivant les modalités qui font le tempérament et le caractère, pour résister aux sollicitations susceptibles de l'entraîner à des écarts de nuisance dans la communauté ; il n'est assuré de l'impassibilité, qu'à la condition d'une annihilation de sa cérébralité, qui précisément devient une anomalie, comme, d'un autre côté, l'absence de certains centres, ou leur réduction fonctionnelle, poussée jusqu'à la négation de certains sentiments primordiaux, constitue une anomalie opposée. L'extrême vertu, que l'on admire chez plus d'un saint, et l'extrême vice, qu'on réprouve chez le plus grand nombre des criminels, sont également atypiques... et cet atypisme, il faut bien reconnaître qu'on a presque toujours à le rattacher soit à l'aliénation, soit à la dégénérescence.

Garofalo, tout en acceptant une classe de criminels d'instinct, pourvus des stigmates dégénératifs, ne veut pas admettre une anomalie criminelle synonyme à aucun degré de maladie ou d'infirmité ; il repousse aussi la régression atavique, ou ne tolère son intervention que chez les criminels en possession d'un sentiment de pitié rudimentaire et isolé de la probité, par analogie avec ce qu'on observe chez les sauvages ; s'il consent à adopter quelque chose de la rétrocession, c'est pour la poursuivre, chez le vrai criminel, au-delà des premiers ancêtres, jusque dans l'animalité (Sergi). Il forme ainsi deux classes :

Les criminels *incomplets ou inférieurs*, qui « auraient une organisation psychique avec des traits d'atavisme les rapprochant des sauvages ». Ils sont divisibles en deux sous-classes, caractérisées, l'une par une mesure insuffisante du sentiment de pitié, l'autre par l'absence du sentiment de probité. « Les premiers, n'ayant pas une répugnance bien forte pour les actions cruelles, peuvent en commettre sous l'empire des préjugés sociaux, politiques, religieux, ou de ceux de leur caste ou de leur classe ; ou encore, ils peuvent y être poussés par un tempérament passionné ou par l'excitation alcoolique. Leur anomalie morale peut n'être qu'insignifiante, lorsque l'action criminelle n'est qu'une réaction contre un acte qui blesse lui-même les sentiments altruistes. La deuxième sous-classe est composée de gens chez qui le sentiment de probité n'existe pas, soit par défaut atavistique (c'est le cas le plus rare), soit par hérédité directe, jointe aux exemples reçus pendant la première enfance[1]. »

Les criminels *complets* ou *supérieurs*, chez lesquels il y a absence de tout sentiment moral, « véritables monstres dans l'ordre psychique, avec des traits régressifs qui les ramènent à l'animalité inférieure[2] ». « Ces criminels ont des anomalies psychiques et très fréquemment des anomalies anatomiques, non pathologiques, mais ayant un caractère dégénératif ou régressif, et quelquefois atypique, dont plusieurs traits prouvent l'arrêt de développement moral, quoique leur faculté d'idéation soit normale ; ils ont certains instincts et certaines convoitises comparables à ceux des sauvages et des enfants ; ils sont enfin dépourvus de tout sentiment altruiste, et partant agissent uniquement sous l'empire de leurs désirs. Ce sont ceux qui commettent des assassinats pour des motifs exclusivement égoïstes, sans aucune influence de préjugé, sans aucune complicité indirecte du milieu social. »

1. *L. c.*, p. 118.
2. *L. c.*, p. 105, 117.

Tout cela n'est peut-être pas d'une clarté suffisante. Mais je ne retiens de la délimitation de la dernière classe, la bonne, la typique, que le caractère attribué à l'anomalie qui la crée. L'anomalie est « absolument congénitale » ; malgré qu'elle coexiste avec « un substratum somatique », — « tout comme la maladie, » — elle ne constitue ni une maladie, ni une infirmité [1]. Voilà où j'avoue ne plus guère comprendre les arguments et les appréciations de l'auteur.

Comment ! vous reconnaissez une *anomalie fonctionnelle*, fréquemment corrélative d'une *anomalie anatomique ;* vous admettez chez ceux qui possèdent l'une et l'autre des *caractères dégénératifs ;* par le tableau que vous tracez de ces caractères, vous ne laissez aucun doute sur leur nature, car ce sont bien ceux des vrais dégénérés ; et vous soutenez que votre anomalie... n'est qu'une anomalie sans relation avec la maladie ! La dégénérescence est cependant très proche de la morbidité, si proche qu'elle se confond avec l'aliénation dans un grand nombre de cas. Ailleurs, vous avouez que l'anomalie est tératologique, qu'elle se relie à un défaut de développement de l'organe cérébral, et vous niez encore qu'en pareille occurrence, l'insuffisant psychique soit à rapprocher du malade ou de l'infirme ! Le dégénéré est-il donc parfois autre chose qu'un incomplet par atrophie des hémisphères, comme l'idiot, et si l'on ne ravale pas son état jusqu'à la maladie, en quoi l'arrêt des territoires sensorio-intellectuels qui limite les activités impulsives diffère-t-il de l'évolution aberrante, qui, dans la phocomélie, limite les moyens d'exécution des mêmes impulsivités ? Tout incomplet congénital est pour le médecin un malade ou un infirme, et si vous déclarez le criminel un incomplet, vous ne pouvez dire qu'il ne soit en même temps ou un malade ou un infirme.

La doctrine a ses raisons pour déployer de la subtilité. Le criminel d'instinct n'est point modifiable ; c'est

1. *L. c.*, p. 99.

un monstre dans la société; celle-ci pour se défendre contre lui, n'est obligée à aucun égard, à aucune pitié (un accroc à la supériorié des sentiments du social), puisque la monstruosité n'a rien de pathologique, rien de l'infirmité : on supprime l'être néfaste, comme on supprimerait une bête féroce... et tout est au mieux pour la morale et la philosophie [1].

J'admire avec quel entrain les hommes qui mettent en avant les vertus sociales de pitié et de probité appliquent vis-à-vis des amoindris, des demi-responsables de leur espèce, des principes tout opposés; avec quelle aisance ils punissent un acte immoral, par un acte exactement similaire, nous ramènent, à la barbarie des anciens temps, sous le prétexte de réagir contre la *sensiblerie!* On va plus loin en arrière. Pour ces incorrigibles, pour ces défaillants, de par leur organisation fatale, on répète que la force a du bon, qu'un mâtement par les châtiments corporels serait peut-être à rétablir dans la loi : le fouet siffle dans l'air [2]! Et l'on appelle cela des théories de progrès ! c'est l'interruption des traditions évolutives, la rupture dans l'hérédité sociale, un ressaut atavique ou un réveil de survivances sauvages. Que de telles idées se rencontrent sous la plume de divers écrivains pédantesques et réformateurs d'occasion, je le comprends; elles posent un homme devant un certain public, elles donnent à des minuscules des allures quasi-géantes, quelque chose de la rigidité de l'idéale justice, et le tour réussit à une époque où pullulent les fantoches et les faux caractères. Je nie que la tendance ait le droit de se parer du nom de scientifique, et je suis navré, lorsque j'en découvre des traces dans les œuvres

1. « Plus l'impulsion est liée à la trame entière des idées et des sentiments, plus l'homme est coupable et doit être puni. Vous nous avez montré des orangs-outangs lubriques, féroces, à face humaine; certainement, étant tels, ils ne peuvent agir autrement qu'ils ne font; s'ils violent, s'ils tuent, c'est en vertu de leur naturel et de leur passé, infailliblement. Raison de plus pour les détruire aussitôt qu'on a constaté qu'ils sont et resteront des orangs-outangs. A leur endroit, je n'ai aucune objection contre la peine de mort, si la société y trouve son profit (Taine, lettre au professeur Lombroso, *Arch. d'anth. crim.*, mars 1888, p. 186). »

2. En Angleterre, un bill vient de rétablir les châtiments corporels pour *certains* actes indécents et *certaines* injures à la reine, etc. O nation de Tartufes!

d'hommes éminents, pour lesquels je professe la plus sincère estime. L'être criminel, par cela même qu'il est moins résistant aux sollicitations mauvaises, mérite quelque pitié, et cette pitié on la lui doit, en vraie morale, d'autant plus franche, qu'à côté du réfractaire non dissimulé se dressent, audacieux, tant de scélérats de toutes tailles que la loi n'atteint pas ou ne daigne pas toucher. A défaut d'une justice égale pour tous, je réclame au moins pour les atténuables une part de commisération. On peut renfermer, adapter à certains travaux les plus incorrigibles : il n'est pas nécessaire, il est odieux de les supprimer ou de les martyriser par les supplices.

Voulez-vous quand même donner satisfaction à la doctrine ! Eh bien ! en bonne logique, en bonne morale, allez prendre les nuisibles à supprimer hors des rangs des stigmatisés. Avant de fusiller le pauvre soldat dont l'enfance s'est passée dans la misère, encore trop peu dégrossi pour comprendre toutes les exigences de la discipline, et qui aura répondu aux violences d'un caporal par un argument trop brutal, fusillez les généraux, voleurs des deniers publics et traîtres à leur patrie. Alors on se taira devant une loi de suprême prudence, implacable pour tous, parce qu'elle apparaîtra comme le salut de tous.

Les grands criminels, travestis en héros, ne sont guère réformables et ils pèsent, lourdes unités, d'un poids excessif sur des masses d'hommes : ils savent où ils vont, ils n'existent que pour le malheur des nations, et celles-ci n'échappent à leurs appétits, que ruinées ou démembrées : vis-à-vis de tels hommes, je comprendrais... la suppression, sans pourtant la défendre ou la préconiser. Mais les petits criminels, on peut s'en préserver : ils ne sont dangereux que dans une limite restreinte et même une société bien organisée les pourrait utiliser. Les états dégénératifs acquis par l'habitude ou reçus par hérédité, une fois qu'ils ont pris possession de l'être, ne sont pas sans remède ou sans moyen de dérivation. Le criminel né, comme le fou moral, est capable d'un redressement au moins relatif. La bête fauve elle-même, à laquelle on le compare, renfermée et rendue docile par la faim, s'apprivoise, et l'éducation a pu modifier jusqu'à la forme du crâne, chez quelques espèces animales [1]. Pourquoi l'homme, si puissant par l'intelligence, se refuserait-il à des expérimentations sérieuses d'amendement sur l'homme doué d'une cérébralité débile ou perverse ? On a réussi, par l'hygiène morale, par la combinaison de la douceur patiente et de la fermeté répressive, à refouler les instincts d'aliénés redoutables ; par l'usage de certains moyens thérapeutiques, à combattre l'épilepsie, à la guérir ou à l'atténuer dans ses manifestations [2], et l'on se proclamerait désarmé vis-à-vis de la maladie, de l'infirmité criminelle ! Si l'on échoue [3], ne serat-il pas suffisant d'appliquer à ces dégénérés, à ces anormaux, les mêmes mesures d'isolement protecteur auxquels on a recours pour les aliénés ? Le sang appelle le sang : l'échafaud n'est pas un moyen de correction ; il supprime une unité mauvaise en multipliant autour de lui des unités de même ordre et la destruction d'un être humain, quelque dégradé qu'il soit, marque chez les sociaux un sentiment qui tient moins de la conscience du droit de défense, que d'un entraînement passionnel (*la vindicte publique*), indigne d'une collectivité civilisée. N'est-ce pas d'ailleurs une immoralité flagrante, que l'application d'une peine irrémissible précisément aux criminels reconnus *le plus infailliblement* dominés par les aptitudes propres de leur organisation, c'est-à-dire les moins responsables, les plus rapprochés des aliénés !

Un savant, dont l'œuvre admirable n'a point eu parmi nous la notoriété qu'elle mérite (il n'est ni un étranger, ni un académicien) — le Dr P. Despine — a, comme Garofalo, rattaché l'activité psychique des criminels à

1. Arloing, *Bul. de la soc. d'anthrop. de Lyon*, I.

2. Même dans les cas où la névrose existe avec des malformations congénitales : Carrieu, *Asymétrie de la tête et de la face, épilepsie, guérison* (*Gaz. hebd. des sc. méd. de Montp.*, fév. 1882, et *Un. méd.*, 22 janvier 1888).

3. Les chiffres élevés de la récidivité constatée ne prouvent pas absolument l'irréformabilité des criminels : ils sont dus, en grande partie, à la défectuosité de l'organisation pénitentiaire.

une anomalie cérébrale. Il ne considère les délinquants « pas plus comme des malades, que les fanatiques et tant d'autres individus en santé qui extravaguent moralement, sans le sentir et sans comprendre [1] ». Pourtant, il reconnaît que le crime dérive de conditions organiques *sui generis*, d'une *infirmité* organique [2], et qu'il offre les plus grandes affinités avec la folie. « Les anomalies instinctives qui président à l'accomplissement du crime ont une parenté incontestable avec les affections pathologiques qui produisent les aliénés. » Il y a lieu de tenir compte d'une telle condition d'amoindrissement dans les responsabilités, et la conclusion qui s'impose à tout esprit juste et réfléchi, c'est l'application à un grand nombre de criminels du même système de préservation sociale qu'on adopte pour les autres fous, l'internement dans les asiles, plutôt que dans les prisons [3].

Voilà qui est sage, humain et logique.

1. *Folie*, p. 578.
2. Ib., p. 655.
3. Ib., p. 674.

CHAPITRE VI

L'HABITUDE ET LA PROFESSION. LES THÉORIES SOCIOLOGIQUES. LA QUESTION DU TYPE-CRIMINEL

Il est impossible de soutenir, en observant les faits d'un peu près et sans parti pris de doctrine, que *tous* les criminels (j'entends les mieux caractérisés d'après leurs actes, ceux-là dont la répétition des mêmes impulsivités prouve l'adaptation à une certaine manière d'être, une fixité de tendance aboutissant à l'attentat sous l'influence de sollicitations banales, négatives pour le commun des autres hommes) soient marqués au sceau d'une tare héréditaire, atavique, morbide ou dégénérative.

Il y en a qui, nés de parents indemnes de tout vice, sortis des meilleurs milieux, en possession d'instincts et de tempéraments compatibles avec la vie honnête, fléchissent sous l'empire d'un sentiment occasionnellement surexcité, se laissent entraîner par faiblesse ou ignorance à un premier acte ou seulement immoral ou déjà délictueux, et peu à peu *s'habituent* à l'action antisociale. Ces criminels se rencontrent dans tous les rangs des collectivités. Parmi eux, beaucoup de natures dépourvues d'une suffisante éducation, non dégrossies : tel le paysan ou l'ouvrier de basse couche, qui ne voit aucun mal dans une indélicatesse, passe à une autre, et arrive bientôt au délit ou au crime, par l'affaissement graduel d'un sens moral, plus ou moins réduit dès l'origine, faute d'un dressage et d'une assuétude fonctionnels. Beaucoup aussi de natures opposées, très affinées, les unes qui virent au mal et s'y abandonnent sous des formes occultes ; les autres qu'un écart de conduite jette hors de leur milieu ; ceux-ci ont dédaigné d'honorables carrières, rêvé les moyens d'arriver vite, et, chemin faisant, trompés dans leurs calculs, n'ont point reculé devant l'assassinat ; ceux-là ont préféré la vie d'aventure à la vie régulière, ont de bonne heure tâté des fausses jouissances de la paresse et de la débauche, et, incapables de réagir ont roulé de chute en chute jusqu'aux pires scélératesses. Combien de viveurs à la mode, de l'un et de l'autre sexe, ruinés par le jeu, les courses, un luxe tapageur, ne pouvant ramener leurs façons au niveau de leurs ressources réduites, prennent aisément l'habitude des manœuvres louches et ensuite celle des actes délictueux : les femmes, et quelquefois aussi des hommes, voleront à l'étalage ou à l'intérieur des grands magasins (un homme du monde aristocratique est arrêté à son second coup d'essai : n'ayant plus d'argent, il a voulu s'approprier des bijoux, destinés en cadeaux à une jeune héritière dont il convoitait la main !). Combien de particulés trafiquent de leurs titres, de fonctionnaires de leur crédit, et, s'affiliant à des compagnies véreuses, deviennent les complices des détrousseurs de l'épargne. D'autres exploitent directement les situations qu'ils doivent à la naissance ou au favoritisme. D... est un jeune homme intelligent et instruit ; il devient le protégé d'un ministre et débute... comme diffamateur salarié ; ce métier lui rapporte, mais il lui faut l'abandonner ; on crée pour lui une *place d'indicateur des fraudes commises au préjudice du fisc*, dans un département du midi : il en profite pour aider à la fraude ceux qui achètent son silence ; il commet un si grand nombre d'escroqueries, qu'il se fait révoquer, et, désormais saisi dans l'engrenage des impulsivités antisociales, il continue à agir sous le nom d'un fonctionnaire, vendant son influence, tenant marché de décorations, etc. ; il finit par un faux qui lui attire une grosse peine correctionnelle. Voici maintenant comment l'on se transforme en délinquant d'habitude, par orgueil, après avoir reçu une éducation trop au-dessus de sa condition réelle : la demoiselle R..., fille d'un petit employé de ministère, gatée dès son enfance par les adulations de la famille, élevée dans un grand pensionnat où elle contracte des goûts hors de toute proportion avec la modeste aisance de son père, rejetée brusquement dans un milieu qu'elle avait presque ignoré, risque d'abord de petits vols, puis, convaincue d'une supériorité qui exclut pour elle le travail et l'assouplissement à la morale vulgaire, se livre à des escroqueries audacieuses ; elle échoue dans une prison... (d'autres dont l'histoire est la même, au début, n'évitent celle-ci que pour tomber dans la prostitution !).

Déjà, le délit fournit à plusieurs de ces entraînés leur principal moyen d'existence ; cependant il n'est pas encore le procédé qui l'assure exclusivement. On trompe autour de soi, on dérobe, en occasions propices, sous le coup de fouet de besoins factices ; mais on n'a pas rompu tout lien avec la société régulière. Les gains illicites s'ajoutent comme supplémentaires à ceux d'une profession licite ou tolérée. Mais il arrive un moment où celle-ci s'efface, et où l'habitude du manquement devient automatique. Le sens moral s'est émoussé à la longue ou plus ou moins rapidement : il s'atrophie à mesure que l'impunité semble grandir, ou, après les premières condamnations, au sinistre contact des gredins-nés. La contagion du mal fortifie des tendances acquises et si des velléités de réaction salutaire se manifestent, un défaut d'énergie pour surmonter les mépris du milieu honnête, pour refréner les vanités premières, pour arrêter les nouvelles sollicitations de la paresse et de la débauche, ramène vers le délit. L'habitude se développe, elle est le moyen et le but : le manquement est accepté, comme une *forme professionnelle*.

Mais un grand nombre d'antisociaux, principalement parmi ceux qui présentent une tare organique, ont adopté d'emblée la *profession du crime*. Obéissant à des tendances innées ou à des assuétudes contractées dès l'enfance, ils ont choisi leur carrière, après avoir calculé ses profits et ses pertes, ses chances favorables et défavorables ; ils la parcourent de plein gré et même avec amour..., jusqu'au bout. Chez plus d'un, on ne découvre aucun stigmate, aucune influence éducative, servant à établir la prédisposition, et néanmoins celle-ci se manifeste aux premiers actes de l'adolescent. Le sujet a reçu le bon exemple, au sein de la famille, il n'a jamais manqué de rien, il a eu toute liberté d'entrer dans une vie régulière et tranquille : en dépit des circonstances apparentes, il se dirige vers une corporation qu'il a comme devinée d'instinct, à des lectures ou à des contacts suspects ; il se livre à elle, il ne veut d'autre métier que le vol ou l'assassinat.

Lacenaire appartient à des parents honnêtes ; il a une excellente instruction, tout ce qu'il faut pour arriver dans le monde, sans même y déployer grand effort de combativité ; il ne cherche pas à connaître son milieu, il s'en va droit à celui des réfractaires et y attend l'occasion de se signaler comme un distingué professionnel. L'initiation lui manque : il l'obtient à Poissy, après un vol maladroit. Il rêve alors la célébrité dans le métier, et quand il arrive au pinacle, c'est-à-dire à toucher l'échafaud, il se vante de ses crimes avec la satisfaction d'un artiste qui aurait exécuté des chefs-d'œuvre. « Je devins homme... pour moi seul, à l'âge de huit ans... L'éducation ne dut rien faire sur moi... Ce fut moi qui fis mon éducation morale, c'est moi qui me suis fait ce que je suis aujourd'hui (un assassin attendant l'heure de l'expiation !). » Il a toujours méprisé les hommes ; mais il s'étonne qu'ils ne lui aient pas témoigné le sentiment inverse, après ses débuts ! Alors il les a détestés : « La haine succéda au mépris, haine profonde, rageuse, qui s'étend à tout le genre humain, à tout l'édifice social. » Il a « choisi la nouvelle société » où il s'est acquis une brillante réputation. Lacenaire n'entend pas qu'on parle à son propos des théories phrénologiques et tératologiques : il émet carrément la doctrine du criminel, homme « fait comme tout le monde », se retournant contre la société « parce que la société a des torts envers lui et qu'il a raison vis-à-vis d'elle [1] ».

1. *Mém.*, I, 215.

Moins sinistres, mais non moins professionnels, sont A..... et C..... — A..... naît dans une famille de négociants honnêtes et très à l'aise; il a une bonne carrière assurée. Mais, dès le collège, il a conçu l'idéal d'une autre : il rêve la jouissance à tout prix, sans travail, et il commence par voler son père. Il s'engage par contrainte et, devenu sergent-major, vole l'argent de sa compagnie : il déserte, prend un titre nobiliaire, ce qui flatte sa vanité, lui ouvre les portes de salons mondains et le met à même d'exercer plus en grand sa profession d'escroc émérite. Il vit heureux, très recherché des femmes dans les villes où l'on s'amuse; il n'échappe pas aux trop justes sévérités de la loi, mais, sans aucun doute, il se promet de recommencer le métier aussitôt qu'il sera libre. — C....., arrêté l'an dernier à Paris, est le fils d'un respectable avoué, qui lui destinait son étude. Il quitte la bazoche pour le régiment, gagne l'épaulette d'officier; mais « poussé par son étoile » donne sa démission, roule de désordres en désordres, et se met à la tête d'une bande d'escarpes : c'était son rêve réalisé. Il a commis des vols innombrables, et, tout en simulant le repentir, il emploie ses loisirs forcés à composer le *Manuel du parfait voleur dans les environs de Paris*, formulaire en vingt leçons.

Sous la tare héréditaire et dégénérative, sous les influences neuropathiques, développées au cours d'une enfance surmenée ou d'une adolescence trop précoce dans la recherche de certains plaisirs, le cerveau prend avec facilité, au moindre frottement un peu douteux, des tendances qui dirigent ses impulsivités vers le crime-délit, et l'organisme des habitudes qui rappellent l'automatisme professionnel. Mais, à côté d'amoindris constitutionnels, de prédisposés à marque appréciable, des hommes se rencontrent, en possession du même automatisme, simple résultat d'une assuétude acquise dans le métier choisi. Les uns et les autres prennent ce quelque chose du milieu, qui, dans chaque profession, indique, sous des traits spéciaux, le mode particulier de l'existence et des occupations. Comme il y a un type professionnel ecclésiastique, militaire, artisan, etc., il y a aussi un type professionnel criminel ou délinquant. La profession suffit à expliquer l'habitus du criminel et il n'est plus nécessaire de l'expliquer elle-même par des hypothèses d'ordre anatomo-physiologique : elle est une conséquence de l'organisation sociale.

Cette doctrine, très habilement édifiée par Tarde [1] et reprise, avec réserves, par H. Joly [2], a ses côtés séduisants ; mais elle pèche, comme toutes les autres, par son exclusivisme. — Le délinquant, avec des instincts qui ne diffèrent pas sensiblement de ceux des autres hommes, et abstraction faite de toute prédisposition congénitale, est ce qu'il est de par les influences du foyer collectif ; le crime naît moins du criminel que du milieu social ; il n'est qu'un des modes de la carrière obligatoire, où chacun doit trouver la satisfaction de ses besoins, un procédé d'existence analogue au métier ; comme toutes les professions, il a ses tendances propres, ses formes d'association, jusqu'à son langage (argot) et à ses enseignes (les tatouages), et il confère à la longue des caractères physiques en rapport avec les habitudes qui le caractérisent. — Cette manière de voir est spécieuse et elle comprend une partie de la vérité. Je crois que le crime est, dans une large mesure, de cause sociale [3]. Mais la civilisation, qui multiplie les conditions de son développement, lui offre aussi des barrières ; elle contrebalance les stimulations antialtruistes par des intérêts propres à éveiller des sentiments contraires ; elle attise et calme tout à la fois les appétits qu'elle engendre ; elle agit de la même façon sur un très grand nombre d'hommes, et pourtant, sous des influences similaires, un

1. *Crim. comp.*, p. 41, 51, 54 et suiv.

2. *Le Crime*, ch. IV, p. 78.

3. Quand j'oppose les influences extrinsèques aux influences intrinsèques, je prends les choses, non de leur origine, mais telles qu'elles se présentent dans nos milieux ; je pars de résultats *fixés*. Je n'ignore pas que les conditions individuelles sont, en très grande partie, l'œuvre des conditions sociales accumulées. Mais, dans le conflit, les unes ont fini par s'isoler des autres, et les prédispositions individuelles, par acquérir une importance supérieure, à mon avis du moins.

contingent relativement faible préfère la délictuosité aux modes réguliers de la concurrence vitale. L'exception ne permet-elle pas de supposer *a priori* la prédisposition chez la plupart de ceux qui la représentent? Colajanni l'a si bien pensé, qu'en rejetant les doctrines trop favorables à l'étiologie intrinsèque, il ne récuse pas l'existence d'une corrélation entre les tendances criminelles et les qualités anatomiques spéciales des cellules nerveuses des territoires psycho-moteurs. J'ajouterai que la forte proportion des tarés héréditaires et des dégénérés, observée dans le monde des prisons, rend encore plus probable l'intervention fréquente, sinon ordinaire, d'une réceptivité *sui generis*, sans laquelle les actions de milieu demeureraient négatives. Selon une ingénieuse remarque de Lacassagne, la criminalité est comparable à l'infectivité bactérienne : il lui faut des bouillons appropriés ou bien elle s'épuise sur un terrain stérile.

L'habitude du délit ne crée pas les stigmates dégénératifs, qui sont en somme les marques d'extériorité les mieux caractérisées.

L'habitude professionnelle, si elle imprime, en quelques cas, des stigmates particuliers, concentre ses effets sur des régions limitées (bourse prérotulienne chez les religieux cloîtrés, qui passent de longues heures à genoux ; déformation des doigts chez les cordonniers et les fleuristes, rétraction des tendons fléchisseurs de la main chez les cloutiers, etc.), ou bien, si elle exerce une action plus étendue, elle se dérobe derrière des influences hygiéniques communes à des catégories très diverses (prédispositions morbides modifiant la constitution, chez les ouvriers d'industries insalubres ; abaissement de la taille, chez les ouvriers travaillant debout et courbés, etc.). Elle se reflète dans le geste et la physionomie (le prêtre a l'allure réservée, le visage placide ou un peu sournois ; le magistrat, l'air noble ou parfois prétentieux ; le soldat, la désinvolture dégagée ou brutale, etc.). Elle façonne jusqu'au langage (ici maniéré, là trivial, tantôt technique et tantôt conventionnel). Elle donne une direction aux goûts, aux fréquentations, etc. Mais en tout cela, rien que de superficiel. Les indices professionnels permettront d'affirmer l'identité physique de sujets, qui ont été exposés à certaines influences mécaniques ou chimiques ; ils ne découvriront pas le moindre coin de leur manière d'être psychique.

En est-il de même pour les criminels? A n'examiner que les *renfermés*, on peut répondre : non.

Le délit est, chez un grand nombre, assimilable à la profession ; il entraîne, dans le groupe, une suite d'habitudes analogues à celles que les métiers honnêtes ou tolérés peuvent engendrer ; mais, en dehors de la résultante d'effets assez vague créée par ces habitudes, *quelque chose* de physique et aussi de psychique se dégage, presque immuable, en ses modalités variées. Ce quelque chose n'efface pas d'ailleurs les caractères que les professions antérieures ont imprimés à l'extériorité et il est indépendant de l'*habitus* uniforme que la détention donne à tous les sujets : l'homme le mieux organisé, soumis à la discipline énervante et au régime amoindrissant de la prison, prendra le vernis général du milieu, et parmi ceux qui appartiennent réellement au monde antisocial, sous ce vernis, persistera l'*air* de l'ancien métier, l'ecclésiastique garde son humilité affectée (Molitor) ou son orgueil dédaigneux (Delacolonge) ; le notaire ses façons d'importance, le soldat les goûts d'ordre acquis au régiment et sa brutalité, etc. Qu'on débarrasse les personnes de ces revêtements trompeurs, et l'on découvre une énorme proportion de criminels, bien certainement désignés par un ensemble de marques qu'on ne retrouve pas ou qu'on retrouve très accidentellement dans la masse des honnêtes.

Existe-t-il donc un *type criminel ?*

On l'a nié et affirmé avec une égale ardeur, au Congrès de Paris. L'on est peut-être assez près d'une entente, malgré la divergence des opinions. Manouvrier a soutenu avec un grand talent et une conviction profonde, « qu'aucun caractère exclusif aux criminels ou à une catégorie de criminels n'avait encore été relevé ». Mais personne ne récuse qu'on rencontre ordinairement, chez les délinquants d'habitude, des particularités anatomo-psychiques, à l'état d'exception chez les non délinquants. Ces caractères ne sont point l'attribut exclusif des antisociaux : ce sont seulement des *caractères criminalisés*. Mais les caractères criminalisés, si convergents dans une classe d'hommes qui accusent une sorte d'inaptitude à la sociabilité régulière, n'acquièrent-ils pas une valeur considérable, par le seul fait de leur fréquence anormale dans cette classe? Ils manquent chez la plupart des délinquants accidentels, qui ont fléchi par hasard, dans un élan passionnel ou sous la surexcitation d'un besoin intensif; ils se retrouvent chez un certain nombre d'honnêtes, qui ont pu marcher droit, par défaut d'une occasion de mal agir ou du moins conserver l'apparence de la vertu, bénéficier aussi d'un redressement moral au cours de leur enfance; ils existent chez presque tous les criminels héréditaires ou d'habitude, plus ou moins accentués. Les magnifiques travaux de Lombroso ne sont pas à rejeter : ils réclament seulement une interprétation moins étroite que celle de l'atavisme.

Je n'ai pas à revenir sur des matières qui ont été l'objet de mon premier livre, ni à développer une discussion qui a rempli les principales séances du Congrès de Paris. Je me bornerai à résumer mes impressions et mes observations.

Je n'admets pas un type criminel dans le sens anthropologique du mot. Mais j'admets des types criminels, dans le sens psychologique ou anatomo-psychologique que l'on est en droit d'accorder à cette expression.

L'un, de cause sociale, répond au signalement de tout le monde, en chaque milieu : il comprend le plus grand nombre des criminels, que j'ai appelés *latents* et une partie des criminels d'occasion (simples impondérés, passionnels, non dégrossis des basses couches et déclassés brusquement surpris par la sollicitation délictueuse, dans un moment d'exceptionnel besoin, etc.).

Un autre, de cause sociale et, dans une mesure plus

restreinte, de cause individuelle, renferme des sujets à caractère très oscillant, très instable, chez lesquels la réflexion après un premier manquement ne suffit pas à empêcher une seconde faute ; il répond surtout aux professionnels de Tarde, c'est-à-dire aux délinquants par habitude acquise en dehors de toute tare héréditaire ou congénitale : les instincts dominants et certaines empreintes de milieu ne suffisent pas, à mon avis, à donner à la catégorie une expression physique et même physionomique, qui la distingue ordinairement des normaux ; mais le redoublement de l'acte délictueux ou criminel lui confère une marque psychique à mettre en relief particulier.

Un troisième type commence à s'affirmer par l'extériorité : c'est celui des dégénérés par habitudes vicieuses, contractées en dehors de la prédisposition héréditaire, épaves de la prostitution de métier, débauchés par tempérament ou par satiété des jouissances, alcooliques, morphiomanes, etc. : sous l'influence de l'habitude spéciale, l'habitude criminelle naît et se développe, au contact des professionnels et des tarés de naissance, mais les stigmates de la première se dessinent nettement sur les corps, se reflètent sur l'ensemble de l'être, impriment au visage un cachet de bestialité ou d'abrutissement bien caractéristique. Parmi ces délinquants, plusieurs ont reçu de leurs parents une prédisposition fâcheuse : celle-ci n'entraîne qu'à l'habitude dégénérative ; mais elle peut aussi conduire presque directement au crime, ou à l'association de l'habitude dégénérative avec l'habitude criminelle. Il y a donc des invidualités de transition entre le troisième groupe-type et le suivant et je placerais volontiers à côté d'elles les dégénérés de la puberté, qui tantôt subissent leur transformation sous la seule influence des conditions ambiantes (vice précoce, surmenage), tantôt y ont été préparés par une tare latente originelle (parents alcooliques, débauchés, séniles, névropathiques).

Le quatrième et dernier type, de cause individuelle et

sociale, mais avec prédominance de l'influence intrinsèque, rendue manifeste par une manière d'être somato-psychique héréditaire ou congénitale, quelquefois susceptible d'être rapportée à l'atavisme, mais à un atavisme très limité et ne comportant point la sortie hors du type ethnique, plus souvent et plus franchement caractérisée par des attributs d'ordre pathologique, dégénératif ou tératologique, répond à la majorité des criminels observés dans les prisons. C'est à lui qu'on peut appliquer les notions fournies par l'école italienne, que se rapportent principalement les observations de Lombroso, de Marro, etc., comme aussi les miennes. Mais le type n'a qu'une uniformité fictive : une aberrance d'ensemble, décomposable à l'analyse en plusieurs formes d'anomalies, qui tantôt paraissent s'éloigner de la morbidité jusqu'à reproduire un type ancestral plus ou moins complet, et tantôt s'en rapprocher jusqu'à se confondre avec elle (mattoïdes, fous criminels).

En n'acceptant que les faits dans leur objectivité la plus brutale, il y a lieu de reconnaître que le monde des prisons n'est pas exactement conformé comme le monde des libres, et j'estime que cette constatation, dégagée de toute interprétation spéculative, mérite d'être notée.

Lorsque j'oppose l'influence sociale à l'influence individuelle et que je les répartis proportionnellement dans la genèse de la criminalité, je n'ai en vue que leur conflit immédiat. A prendre les choses de plus loin, les conditions individuelles ne seraient guère qu'une résultante des conditions de milieu ; celles-ci font l'être des collectivités, lui imposant ses modalités actives ou passives. Mais, en considérant un groupe de sujets similaires, à un certain moment, au cours de circonstances banales pour le plus grand nombre de membres d'une même agglomération, j'établis mes catégories d'après l'importance relative du facteur intrinsèque ou du facteur extrinsèque, dans la réaction observée. — L'hérédité n'est pas toujours évidente là où elle existe, ni la marque pathologique, ou dégénérative appréciable, là où le fond est atteint d'un vice organique. Cependant, la prédisposition mise en jeu par les influences sociales n'est pas à repousser. Beaucoup l'admettent, en rejetant toute tare spécialisée chez les criminels. Comme je l'ai dit précédemment, c'est un aveu à enregistrer. Une prédisposition ne saurait s'entendre que d'une impressionnabilité *sui generis*, défavorable à l'équilibre régulier des fonctions cérébrales, et l'accorder aux criminels les plus dignes de leur nom (récidivistes), c'est avouer implicitement qu'ils ne sont pas semblables aux honnêtes, par tendance réelle ou convention. Que cette prédisposition soit ou non traduite par des caractères anatomiques objectifs, il me semble assez difficile de la séparer des conditions intimes de la cellule nerveuse élaboratrice des actes sensorio-intellectuels ; et, par analogie avec ce qu'on admet à propos du mécanisme physiologique d'actions normales ou d'entraînements anormaux, il est tout au moins permis de rattacher les plus violents éclats du crime à des mouvements moléculaires, préparés par les conditions individuelles de l'innervation et de la circulation, suivant les idées de Moleschott et de Benedikt [1]. Cela me suffirait pour persister dans ma croyance à la conformité des impulsivités avec les qualités de la matière pensante, à la responsabilité morale réduite ou annihilée chez un grand nombre de criminels, à la répartition de ceux-ci sur les confins de la morbidité, de la dégénérescence et de la folie.

L'on s'effraye de semblables déclarations, parce qu'on s'exagère leur portée. Je repousse le libre arbitre ; je ne comprends la volonté que comme une simple modalité de la raison, une résultante de jugements dictés par les intérêts du moment ou par les intérêts d'habitude ; je n'admets qu'une responsabilité morale toute relative. Mais je reconnais à l'homme un instinct social qui lui confère une certaine puissance de direction, sous l'apparence trompeuse d'une véritable liberté : il sait et doit savoir pourquoi il agit d'une manière ou d'une autre vis-à-vis de

1. Congrès de Paris.

ses congénères, parce que la conservation de son être et de son espèce se résume pour lui dans l'association collective. La nécessité de maintenir la collectivité est la grande loi. Le social ne peut exister qu'à la condition de maîtriser l'antisocial ; les questions de responsabilité n'ont qu'une importance secondaire auprès d'une obligation qui découle d'un principe de préservation générale. Toutefois le civilisé n'applique pas le principe à la façon du sauvage; il marche au but, avec des sentiments qui lui sont inspirés par la notion de l'utilité collective, autant que par la conscience d'une misère commune et d'une fatalité lourde à tous. Il cherche à redresser les tendances mauvaises, à ramener les délinquants dans la voie du bien. S'il ne réussit pas à modifier les irréductibles, il les enferme, et il hésite à supprimer violemment les pires, par pitié et par justice. Il n'est pas assuré que les plus détestables ne soient pas des malades ou des infirmes ; il sait qu'il est contraint à la tolérance vis-à-vis d'adversaires en possession de la plus large part d'entendement qui crée la responsabilité ; il lui répugne de déployer une sévérité suprême vis-à-vis d'incomplets, qui n'ont souvent aucune capacité pour acquérir la notion de la valeur des actes. S'il a recours à des peines graduées, dans l'intention de réprimer par la crainte ou de prévenir par l'exemple, c'est avec pondération et mesure. Il ne peut répondre à l'œuvre antialtruiste par des moyens similaires, sans rétrograder vers la barbarie. Il se défend, il ne combat pas haineusement... La haine est le sentiment antisocial par excellence, celui qui ravale l'homme le plus près de ses origines... et les nations qui la cultivent, malgré leurs prétentions à l'affinement, ne mériteront jamais que les flétrissures de l'histoire.

CHAPITRE VII

LE SUICIDE DANS SES RELATIONS AVEC LA CRIMINALITÉ, LA DÉGÉNÉRESCENCE ET LA FOLIE

La vie collective, on ne saurait trop le répéter, est une nécessité pour l'homme. Elle dérive d'instincts inhérents à sa nature, car, dès ses premiers pas, l'être humain a senti le besoin de l'association et du groupement, mais d'instincts qui sont amenés à s'entrechoquer par l'exagération de leur développement ou à réagir contre une compression excessive, sous l'empire de circonstances particulières, dans les milieux civilisés. Sa première condition, c'est le respect des individualités, non seulement dans la personne matérielle, mais encore dans la personne sociale. L'homme d'aujourd'hui, comme l'homme de la sauvagerie ancestrale, a bien pour obligation fondamentale de satisfaire aux sollicitations intimes qui doivent assurer sa conservation et celle des siens. Mais où l'un trouvait sa voie dans les moyens directs, l'autre ne saurait plus chercher à s'engager sans nuire aux membres circonvoisins de la collectivité : la propriété, la famille méritent protection, comme la vie des citoyens, vis-à-vis des impulsivités violentes des sujets réfractaires à l'association. La suppression d'une unité ou sa réduction, par l'amoindrissement de ses conditions de résistance, est un crime au point de vue social. En est-il de même, quand l'attentat est l'œuvre de l'individu contre sa propre personne ?

Il est très délicat d'émettre sur ce point une opinion

formelle. La morale des peuples est là-dessus variable et contradictoire.

D'une manière générale, l'homme appartient à son milieu. Il doit y vivre selon les conditions qu'il y rencontre, contribuer pour sa part à sa défense et à ses progrès. S'il n'a pas le droit de nuire aux intérêts des autres en les attaquant, il n'a pas non plus celui de les compromettre d'une façon détournée, en les privant d'un appui, qui pour être une minime parcelle de la protection réciproque, n'appartient pas moins à un système indissoluble. Mais est-il absolument tenu de se soumettre à tout ce qui froisse sa conscience et sa dignité, à tout ce qui lie ses intérêts les plus légitimes, de supporter le froid et la faim à la porte des riches, le mépris des puissants, la servitude auprès des forts, l'iniquité qui glorifie les scélérats et le terrasse, lui, honnête, ou le sacrifie aux pires égoïsmes ? J'hésiterais à répondre par l'affirmative, même s'il s'agissait d'un retour violent contre l'oppression. Les révolutions ne sont que des revendications forcées, morales dans leurs causes et moralisatrices dans leurs effets ; il serait singulier que leur réussite, inséparable de ce qu'on appelle leurs entraînements, fut assimilée aux heureuses conséquences d'un attentat criminel. J'approuve Harmodius et Aristogiton, comme j'approuverais peut-être, en certains cas, le dévoué audacieux qui frapperait avec la même sûreté de main ces pertubateurs du repos social, toujours prêts à immoler des millions d'hommes à leurs ambitions. A plus forte raison, je ne lançerai point l'anathème, en bloc, à tous ceux qui, harassés de la lutte stérile, incapables de s'assouplir à des obligations tacitement réprouvées, laissent les autres agir à leur guise et les quittent ; ils usent du peu de liberté que le sort leur accorde ; ils s'en vont dans l'au delà inconnu, comme des émigrants, encore en possession de l'espérance, abandonnent la patrie pour des régions moins ingrates. Qu'il y ait, chez la plupart des suicidés, défaut de combativité, insuffisance d'énergie, je le veux bien. Mais je proteste contre l'accusation de lâcheté qu'on jette aux plus amoindris comme aux plus vigoureux dans leur célébration. Regarder la mort face à face, accepter par avance les chances d'une agonie douloureuse ou atroce, préférer la perte d'une existence quelquefois entourée de satisfactions très réelles à la souillure conventionnelle qu'engendre une circonstance fortuite, aimer mieux mourir que vivre en lente dégradation sous l'étreinte de la misère, cela ne mérite pas l'injure, mais la pitié..., dans quelques cas plutôt l'admiration.

Le mode social n'est, après tout, que le résultat d'un contrat. Il n'engage que ceux qui le renouvellent indéfiniment. Je comprends que la collectivité se défende contre les réfractaires. Mais les suicidés sont des mécontents qui ne recherchent pas une opposition militante : ils abandonnent simplement un milieu où ils croient ne pouvoir plus habiter ; ils ne font point toujours banqueroute à celui-ci, comme le prétend Joly : c'est bien souvent tout le contraire ! Diffèrent-ils beaucoup de ces dégoûtés du monde... sans le connaître, qui, à l'âge de la virilité s'enferment dans les cloîtres, sombres tombeaux, protestant ainsi contre la forme de l'association générale ?

Au fond, j'admets pourtant que le crime et le suicide sont deux actes également préjudiciables aux intérêts collectifs. Ils représentent deux modes de l'impulsivité anti-sociale, qu'on ne saurait, d'une manière absolue, identifier ou regarder comme équivalents, malgré qu'ils émanent d'aberrations plus ou moins similaires de l'état psychique, en des conditions de milieu elles-mêmes plus ou moins analogues. L'objectivité du but les sépare, les mobiles sont parfois indifférents, la conséquence est toujours un tort occasionné à l'association. Entre les opérations psycho-motrices qui mènent au crime ou au suicide, les rapports sont d'ailleurs très étroits ; elles se confondent fréquemment dans l'aliénation [1] ou aboutissent à des incitations transformées, qui substituent un acte à l'autre. Il semble que la caractéristique de cer-

1. Cazauvieilh, *du Suicide, de l'Aliénation mentale et du Crime contre les personnes, comparés dans leurs rapports réciproques*, Paris, 1840.

taines cérébralités, inaptes à se plier aux exigences de la vie collective ou ne la comprenant qu'au profit de leurs spéculations, réside dans une anomalie de tendances nuisibles à soi-même ou à autrui, selon des modalités très voisines de l'impulsivité. Chacune de ces modalités apparaît spécialisée chez un nombre plus ou moins considérable d'individus : la prostitution reste le lot des plus dépravés ; le crime et en particulier l'homicide sont le partage des plus audacieux et des plus ignorants des scrupules conventionnels, le suicide est le triste apanage des plus timorés ou des demi-moralisés de l'éducation. Mais, chez beaucoup, il y a comme un équilibre instable des actions moléculaires, qui engendrent et dirigent les impulsivités : l'ébranlement détermine un entraînement vers l'homicide ou le suicide, d'autres fois vers la prostitution soudaine, selon les dispositions et les circonstances du moment. Pourquoi la chute se produit-elle dans une direction plutôt que dans une autre ? Cela n'est pas aisé à dire et les arguments jusqu'ici coordonnés pour répondre à la question sont loin de la résoudre [1]. Je n'essaierai pas de les discuter ; je préfère établir un groupement des faits qui montre au lecteur les affinités et les oppositions du crime et du suicide, et le conduise à formuler une appréciation.

A. *Affinités.* — Tout d'abord, je ferai remarquer que divers observateurs ont noté des caractères somatiques de même ordre chez les criminels et chez les suicidés (moindre capacité crânienne, moindre développement relatif du crâne antérieur, prédominance occipitale ou occipito-pariétale, asymétries crânio-faciales, etc.) On ne peut ici mettre en avant la théorie atavique, car le suicide, très rare parmi les races sauvages, devait être inconnu chez l'homme primitif. Mais la rencontre habi-

1. Lacassagne soutient que le suicide est le crime modifié par le milieu social (Cong. de Rome, 1887) ; Morselli, que l'un est l'antagonisme de l'autre (*Il suicidio*, Milan, 1879 et Cong. de Rome, 1887). Tarde (*Crim. comp.*, 166) et H. Joly (*le Crime*, 309) rejettent l'une et l'autre opinion, sans se prononcer très nettement sur la nature des relations observées entre les deux sortes d'actes.

tuelle ou fréquente de certaines particularités anatomiques dans les deux groupes s'explique par leurs relations communes avec la dégénérescence et l'aliénation.

Le crime, par la disproportion entre son mobile et son but, par les formes violentes ou bizarres qu'il revêt, accuse maintes fois l'acte émané d'un cerveau malade; sa récidivité elle-même a quelque chose de la répétition automatique du monomane. Le suicide, plus encore que le crime, trahit ses alliances avec la folie : il prend origine à des circonstances futiles, recherche des modes anormaux qui témoignent d'une insensibilité toute morbide ou d'une idée fixe irraisonnable et irraisonnée (nécessité de se sacrifier pour le bonheur des autres ou de se punir d'une faute imaginaire, désir d'une mort théâtrale par orgueil ou vanité excessive[1], etc.); il présente l'analogue des retours à l'attentat ou aux actes insolites, dans la persistance des essais infructueux qui précèdent souvent son accomplissement définitif. Nombre de suicidés et de criminels offrent à l'autopsie des lésions qui éclairent la nature de leurs troubles psychiques. A côté de ces renseignements, l'on a ceux de la statistique. Pour les criminels-aliénés, des chiffres précis manquent encore (il est regrettable que les tableaux judiciaires ne mentionnent pas la proportion des accusés acquittés sur déclaration médicale de leur irresponsabilité : il y aurait à en rapprocher la proportion des fous-criminels admis d'office dans les asiles) ; mais les médecins acquièrent une impression d'ensemble d'après le dépouillement des expertises confiées à leurs soins, d'après l'observation des sujets traités dans les infirmeries des prisons, impression qui les autorise à conclure à un gros chiffre de déséquilibrés maladifs ou tarés, parmi les accusés ou prévenus et même parmi les condamnés. Pour les suicidés, les indications sont catégoriques : sur 1,000 suicides de causes reconnues, 310

1. Ou même par idée de réclame! Macé parle d'un inventeur qui se tua, « pour faire réussir son produit, » en donnant de la notoriété à sa personne. *Musée criminel*, p. 122.

(près du tiers) se rattachent à l'aliénation mentale (folie, idiotie, imbécillité ou faiblesse d'esprit.)

Où le stigmate physique n'est pas entrevu, l'hérédité des tendances se découvre dans l'histoire des parents, en ligne directe ou collatérale. Nous verrons que, chez les criminels et les suicidés, il est commun de rencontrer des antécédents familiaux, qui ne sont que trop susceptibles d'expliquer leurs aberrances ; et même, tantôt le suicidé descend d'un criminel, ou tantôt le criminel d'un suicidé.

La maladie, on le sait, exerce une influence profonde sur les caractères. Elle rend les meilleurs acariâtres, soupçonneux, emportés ou impitoyables ; et, dans ces conditions de transformation, elle peut devenir la cause d'actes fâcheux. Elle porte les individus à concentrer leur attention sur eux-mêmes et à garder moins d'endurance vis-à-vis d'autrui : elle a occasionné plus d'un délit ou d'un crime contre les personnes, et, dans les statistiques du suicide, les souffrances physiques figurent pour près des 2/10 à la colonne des mobiles spécifiés (170 à 180 p. 1,000).

Enfin, nous retrouverons les habitudes dégénératives (alcoolisme, morphiomanie, débauche, etc.) parmi les causes les plus intensives de l'attentat contre soi-même et contre autrui.

Il n'est pas moins curieux de constater les rapports que présentent entre eux les deux modes impulsifs, dans leur évolution, soit vis-à-vis des influences sociologiques, soit vis-à-vis des influences cosmiques.

Dans un milieu bien observé, comme la France, voici en effet ce qu'on remarque :

Le crime et le suicide augmentent parallèlement et éprouvent simultanément des recrudescences aux périodes heurtées de la politique et des crises économiques, comme aussi après les grandes guerres. Il en est exactement de même pour la folie. Le suicide accuse avec celle-ci des relations d'évolution plus étroites : il offre une ascendance rapide, tout à fait comparable à celle de l'aliénation mentale. Le crime s'accroît plus lentement ou reste stationnaire. Toutefois l'écart est moins profond qu'on ne le suppose entre l'attentat contre autrui et le suicide. Il y a sans doute à tenir un compte particulier des analogies de ce dernier avec l'homicide ; mais il serait injuste de ne les pas étendre davantage aux formes atténuées de l'attentat contre la vie (coups et blessures, sévices graves, etc.) et même à l'ensemble du crime-délit. La désespérance, qui pousse un affamé au vol, peut aussi le pousser au suicide ; les mêmes mobiles de cupidité et de voluptuosité, qu'on trouve au point de départ de la tentative antiindividuelle, se rencontrent au point de départ de la tentative antialtruiste. Sous l'influence de causes plus ou moins similaires, les impulsivités peuvent donc se traduire par des actes différents, en singulière concordance de progression ! C'est ce qui a lieu. Dans les 50 dernières années, la criminalité générale a augmenté de 133 p. 100 et le suicide de 162 p. 100, d'après Joly [1] : l'excédent relevé dans le suicide est probablement susceptible d'être attribué à la prédominance de l'intervention pathologique dans son étiologie.

Comme le crime, le suicide subit l'influence du rayonnement imitatif et suggestif ; tous deux se manifestent par séries pseudo-épidémiques, par éclats qui rappellent les modes de la contagion.

J'ajouterai que l'un et l'autre répondent d'une façon presque identique aux influences cosmiques ; en France, on les voit s'accentuer vers le printemps et aux mois d'été, s'amender vers l'automne et aux mois d'hiver, avec quelques inégalités qui ne détruisent nullement l'évolution d'ensemble.

Les mêmes relations de cause à effet sont aussi à relever dans l'aliénation et ce phénomène, n'est pas sans intérêt, au point de vue de l'opinion qui admet une pa-

1. « Le suicide s'est augmenté plus que la moyenne de la criminalité générale, plus que la cupidité et plus que la violence. Il n'y a que l'immoralité et que la paresse et la misère, qui aient augmenté davantage. Le rapprochement n'est-il pas significatif ? Je ne veux pas dire que le suicide soit entièrement assimilable au meurtre ou au vol, je ne veux pas dire non plus qu'il en soit le contraire et qu'il serve toujours de dérivatif au crime contre les autres. » (*France criminelle*, p. 23.)

renté fréquente entre la folie et les diverses formes de l'impulsivité antisociale, parenté à laquelle la dégénérescence sert d'intermédiaire ou de préparation.

Enfin, les affinités se manifestent à leur maximum jusqu'à se confondre en des actes associés, sous des mobiles indécomposables, tantôt avec une note de réflexion et même de calcul, qui écarte l'idée d'un processus délirant, tantôt avec la note passionnelle ou celle de l'anomalie mentale dégénérative ou morbide.

Je fais allusion :

Au suicide-crime, dérivé tout entier d'une stimulation antialtruiste : une personne se tue pour se venger d'une autre, en appelant sur elle des soupçons compromettants; jadis, aux colonies, il n'était pas rare d'assister à des suicides d'esclaves, qui avaient pour but, soit de servir de base, après une perfide préparation, à une accusation d'empoisonnement ou de violence contre un rival préféré, auprès du maître [1], soit de causer un dommage à celui-ci en le privant d'*une valeur;* aujourd'hui, dans les trop nombreux suicides d'enfants que les feuilles périodiques ont à relater, il est souvent aisé de découvrir, comme principal ou unique mobile, le désir d'infliger un chagrin à des parents, de perpétuer chez eux le regret d'une réprimande ou de faveurs accordées à un frère ou à une sœur : un sentiment analogue, reporté sur la société, inspire peut-être certains dégoûtés de l'existence, incompris de la science, de la littérature et des arts ;

Au suicide qui suit immédiatement un meurtre ou un assassinat : à bord d'un navire de guerre, un aspirant a voué à l'un de ses camarades une jalousie haineuse ; il accumule pendant de longs mois de vie commune ses ressentiments ; puis, après une nuit de préméditation calme et réfléchie, profitant du sommeil de son ennemi, il le tue et se fait aussitôt après sauter le crâne ; les deux actes ont surgi de la même pensée, l'un était le corollaire fatal de l'autre; mais, en d'autres cas, le crime n'a point d'abord

1. *Le Crime en pays créoles*, p. 24, 49.

éveillé l'idée du suicide, ou celle-ci l'idée du crime : des opérations psychiques intermédiaires, nées sous l'influence de facteurs extrinsèques particuliers, ont engendré des actes distincts, bien que toujours en connexion très intime ;

Au suicide accompli après le meurtre d'une ou de plusieurs personnes, sur lesquelles le suicidé s'est arrogé autorité à un titre quelconque : mères se tuant avec leurs enfants, amants avec leurs maîtresses non prévenues, etc., dans une aberrance de désespoir occasionnée par la misère ou la jalousie érotique : le suicide apparaît comme le refuge suprême ; il accapare le meurtre, l'absorbe, comme si les victimes ne formaient qu'une seule individualité, dirigée par une fraction agissante.

Je crois encore apercevoir une tendance à la fusion d'impulsivités de natures très voisines :

Dans le *suicide à deux*, de cause ordinairement passionnelle, non sans analogie avec les formes de la *folie à deux* : l'idée de mourir ensemble est acceptée par un couple amoureux ou souffrant d'une âpre misère ; elle germe dans un cerveau, souvent assez mal équilibré, et, par véritable suggestion, se transmet à un autre, déjà plus ou moins préparé à la recevoir ; elle se concentre dans le suicide, ou bien elle trahit un côté criminel, quand l'exécuteur du projet, après avoir trouvé assez de force pour l'accomplir sur sa compagne, en manque vis-à-vis de lui-même : le misérable a été meurtrier, en ne voulant être que le moyen de suicide pour autrui ;

Dans le duel, de cause purement sociale, mais dont l'habitude laisse parfois supposer les mêmes prédispositions qui peuvent donner lieu à l'homicide ou au suicide : l'idée de tuer ou de se faire tuer est une chez chaque adversaire ; mais, comme dans le cas précédent, elle n'est pas toujours séparable d'une arrière-pensée, tantôt de suicide, quand un homme cherche l'occasion d'aller au-devant d'un tireur redoutable, sans volonté ni moyen de riposter à ses coups ; tantôt d'assassinat, quand un homme provoque, abrité derrière sa propre habileté et la faiblesse de celui qu'il insulte, ou décidé à combattre déloyalement sur le terrain.

Dans tous ces cas, les mobiles sont en quelque sorte indifférents, comme la réceptivité et l'impulsivité d'où les actes découlent : c'est par des nuances à peine saisissables que l'incitation se décompose et se dédouble, mais en conservant quelque chose de l'unité d'opération psychique de son point de départ.

B. *Oppositions.* — Le suicide n'a pas la même répartition que le crime, selon les âges, ni la même proportion de développement que celui-ci, selon les sexes. Les femmes se tuent plus qu'elles ne s'abandonnent au crime intensif, et si l'attentat contre les personnes et les propriétés a son maximum à la période adulte, l'attentat contre soi-même a le sien au-delà de l'âge mûr. La femme, moins vigoureusement organisée que l'homme pour l'exécution des grands forfaits, trouve d'ailleurs un dérivatif contre le crime-délit dans la prostitution ; mais plus timide et moins profondément démoralisée que l'homme, elle reporte aussi contre elle-même une large part de désespérance, qu'elle n'ose tourner ou répugne à tourner contre autrui. Dans les deux sexes, l'attentat criminel ou délictueux rencontre ses plus fréquentes occasions et possède ses plus sûrs moyens à l'âge des passions et de la force : l'heure des découragements et de l'impuissance vient plus tard, et avec elle le suicide. Voilà une inversion entre les deux actes, mais qu'il ne faut pas s'empresser d'interpréter comme une équivalence sur le terrain social. Il convient de jeter un regard du côté des conditions individuelles : il est permis de considérer celles de ces dernières qui sont particulièrement favorables au suicide, comme l'indice d'une nouvelle intervention des facteurs neuropathiques (femmes) ou dégénératifs (vieillards). Ajoutons que, sous l'influence de l'hérédité, la criminalité et le suicide s'accroissent simultanément et de la façon la plus attristante, chez les adolescents et même chez les enfants.

Une inversion plus nette, et qui traduit une sorte de

balancement réciproque entre les impulsivités, se manifeste en certaines conditions dérivées du milieu. On pourrait presque formuler cette loi (avec réserve de nombreuses exceptions, je m'empresse de le dire) : *sous des influences similaires de milieu, le suicide éclate là où l'impulsivité rencontre un obstacle vers le crime, et le crime se produit là où l'impulsivité au suicide se heurte à un empêchement.* L'obstacle qui détermine l'inversion est d'ordre matériel ou psychique ; il résulte d'une incapacité physique ou morale à accomplir l'acte opposé à celui que le sujet exécute.

Il y a obstacle à l'attentat contre autrui. — Le prisonnier, sans moyen de nuire autour de lui, quand il a conservé quelque énergie, ou quand il est soutenu par quelque idée particulière (honte du châtiment ignominieux et public) se laisse mourir de faim ou se fracasse la tête contre les murs de sa cellule. — Dans les maisons pénitentiaires, le suicide est d'ailleurs assez rare ; mais il est commun d'observer des éclats spontanés d'indiscipline ou de rébellion, isolés ou associés, dont la fréquence serait en raison inverse de celle des suicides, d'après Morselli. — Le crime-délit est relativement contenu chez les militaires, grâce à la discipline ; mais l'attentat contre autrui, sous ses diverses formes, est compensé par la multiplicité des désertions et des suicides : tel n'ose se venger des grossièretés d'un caporal ou des manières blessantes d'un jeune galonné, frais sorti du collège, et s'en va où il espère retrouver la liberté, ou, s'il n'entrevoit pas la possibilité d'atteindre à ce but, se débarrasse par le suicide d'une existence insupportable. — Comme je l'ai montré dans mon étude sur la criminalité créole, avant d'attenter aux jours et aux biens des maîtres, l'esclave et plus tard le coolie, désespérés, incapables même de concevoir l'idée d'une révolte contre des oppresseurs qui le terrorisaient, se réfugiaient aussi dans le suicide : ils n'ont abandonné celui-ci pour le crime qu'après avoir appris à regarder leurs maîtres face à face ; aujourd'hui, parmi les nègres émancipés, le suicide est très rare, mais l'accroissement de la criminalité générale formidable.

Il y a obstacle à l'attentat contre soi-même. — Cet obstacle est psychique : c'est la peur de la souffrance qui retient le désespéré ou le dédaigneux de la vie sociale vis-à-vis de lui-même. J'en donnerais volontiers comme exemple le suicide indirect de certains sujets, qui commettent le crime, afin d'assurer leur propre suppression par la main non défaillante du bourreau. Cela se voyait au temps des bagnes[1] et s'est aussi révélé en d'autres milieux. L'acte, chez les forçats, était bien prémédité ; il servait parfois à la satisfaction d'une vengeance et à la satisfaction d'un *appétit de mort :* mais d'ordinaire il semblait dégagé d'une relation avec la folie. Hors des bagnes, au contraire, il dénote plus habituellement une aberration mentale très caractérisée. On connaît le cas de Burton, rapporté par Maudsley[2]. J'en signalerai deux autres qui m'ont paru mériter d'être tirés de l'oubli. L'anglais J. Bruleman, « ennuyé de vivre et n'ayant pas le courage de s'ôter la vie, » entre dans une salle de billard, un fusil à la main, s'arrête devant un joueur et lui propose de lui apprendre « un coup de sa façon » ; il lui décharge aussitôt son arme dans le ventre et s'écrie : « Vous ne m'avez rien fait, je ne vous en veux en aucune manière ; je devais tuer un homme pour me faire pendre ; je vous ai rencontré, j'en suis fâché pour vous, car vous me paraissiez un fort galant homme[3]. » A Edimbourg, un jeune soldat, de caractère sombre et mélancolique, invite un jour à une promenade un de ses camarades, son ami intime, et, à peine hors de la ville, lui plonge un couteau dans la poitrine ; il se laisse arrêter et, devant ses juges, conserve le plus étonnant sang-froid : « Je suis coupable, dit-il, je dois être puni, et c'est l'objet de tous mes désirs ; il y a longtemps que la vie est un fardeau pour moi ; je n'ai pas osé m'en débarrasser parce qu'il est un Dieu vengeur, qui défend le suicide ; j'ai préféré la main d'un bourreau à la

1. *Les Criminels*, p. 204.
2. *Crime et folie*, p. 149.
3. Desessarts, *Hist. gén. des Tribunaux*, IV, 44.

mienne; c'est pour lui être livré que j'ai commis le meurtre qui m'amène aujourd'hui devant vous[1]. »

Dans les diverses races, et, chez nous, dans l'ensemble des départements, il y a tantôt prédominance du suicide ou du crime, en opposition renversée, tantôt parallélisme des deux formes de l'impulsivité (Tarde[2] et Joly[3]). La prédominance du suicide coïncide assez souvent avec un développement plus accentué de la folie, ainsi que l'avait remarqué Cazauvieilh, dès l'année 1840[4].

De tout ce qui précède que conclure ?

Le suicide et le crime naissent-ils d'une modalité unique de l'impulsivité, sont-ils identifiables de par une origine commune à une prédisposition psychique non susceptible d'être décomposée, transformée seulement dans son extériorisation, sous l'influence des facteurs de milieu ? Cela peut se soutenir, si l'on fait sortir l'un et l'autre de l'aliénation, et il est fort probable que les affinités les plus étroites des actes entre eux dérivent d'un fond pathologique ou bouleversé par des états presque morbides. Mais, en dehors des cas qui laissent entrevoir cette condition, j'ai quelque peine à accepter, comme les produits similaires d'une même cérébration, deux formes de l'impulsivité aussi opposées dans leur but, aussi différentes dans leur genèse intime, conservant chacune une évolution aussi distincte, tantôt parallèle et tantôt renversée. Le suicide émane de sentiments de moralité relative, qui, avec une idée mal comprise de la dignité et du point d'honneur, éloignent l'individu de l'attentat contre les autres ; le crime est inséparable de sentiments immoraux et antialtruistes ; tous deux se rapprochent, contractent des alliances singulières, mais ne se confondent pas, sauf dans un petit nombre d'observations d'analyse complexe, en dehors, je le répète, de l'aberrance mentale plus ou moins objective.

1. *Hist. des Trib.*, III, 414.
2. *Crim. comp.*, 167.
3. *Le Crime*, 313-314.
4. Ouv. cité.

D'autre part l'inversion, souvent compensatrice, qu'on remarque entre le suicide et le crime, n'autorise pas à déclarer leur antagonisme et leur équivalence. L'antagonisme, préparé par certaines conditions de l'éducation individuelle, n'éclate qu'à l'occasion de circonstances intercurrentes d'ordre sociologique : il n'est pas plus spécialisé, dans l'espèce, que ne l'est à vrai dire dire l'opposition banale d'une résistance vertueuse à l'attentat, ou la substitution d'un entraînement coupable à cette résistance tout à coup défaillante. L'équivalence ne se comprend qu'entre valeurs adéquates, entre éléments capables de se remplacer mathématiquement en diverses formules composites, elles-mêmes très nettement arrêtées. Certes, la suppression d'un être humain par le suicide ou l'homicide ne donne pas la même mesure, dans l'échelle des actions psycho-motrices, que le vol ou l'incendie, et le balancement qu'on observe entre le suicide et le crime doit surtout avoir sa cause en des conditions ambiantes, dont l'action s'exercerait d'une manière analogue vis-à-vis d'autres impulsivités.

Néanmoins, les affinités et les oppositions des deux actes, envisagés d'ensemble, ont un intérêt très réel, au point de vue de l'étiologie sociale. Je consentirais à désigner le suicide et le crime comme analogues ou équivalents, s'il était entendu que ces expressions ne préjugent rien sur la nature des impulsivités et qu'elles répondent seulement à la constatation brutale de relations habituelles ou fréquentes.

Je me garderai de porter un jugement catégorique sur des matières très délicates et qui réclament encore de nouveaux examens. Mais je résumerai l'opinion vers laquelle j'incline dans une comparaison.

Le suicide et le crime sont comme deux rivières qui prennent leur source sur deux plateaux d'incitabilité très voisins ; la morbidité, la dégénérescence et la folie comblent fréquemment l'intervalle et confondent les sources ; dans les conditions ordinaires, chacun de ces courants descend sa pente et va se déverser séparément dans le grand fleuve antisocial ; mais tous deux conservent des anastomoses avant de disparaître en celui-ci : l'obstacle qui entrave l'un peut déterminer une sorte de crue chez l'autre.

Le suicide et le crime ont donc leur autonomie. Ils portent l'un et l'autre un préjudice à la collectivité, mais non au même degré et de la même manière. Le premier n'occasionne pas à beaucoup près des dommages aussi graves que le second : celui-ci est punissable de droit, celui-là n'est réprouvable que dans l'ordre moral.

LIVRE II

FACTEURS INDIVIDUELS DU CRIME ET DU SUICIDE

CHAPITRE I

L'INNÉITÉ ET L'HÉRÉDITÉ

Chez un certain nombre de sujets, nés de parents sains et d'instincts normaux, les tendances vicieuses ou criminelles apparaissent de bonne heure, en corrélation plus ou moins évidente avec des modalités somatiques *congénitales*, c'est-à-dire remontant à l'époque de la naissance, et jusqu'alors inconnues dans la famille. On ne peut dire qu'il y ait, à proprement parler, dégénérescence; mais à coup sûr, il y a comme un arrêt d'évolution, une anomalie tératologique : l'être n'est pas un régulier, un complet; c'est un malformé, et l'aberrance du type a son origine dans une maladie de l'œuf, un trouble organique ou traumatique survenu à l'époque fœtale. L'altération n'a pas toujours sa marque physique extérieurement appréciable, ou bien elle se traduit par des asymétries crânio-faciales à peine dessinées : cependant elle a de grosses conséquences, que le hasard d'une autopsie permettra quelquefois de relever, chez l'un l'atrophie relative d'un hémisphère cérébral, chez l'autre, l'atrophie d'un groupe de circonvolutions, etc. Ainsi s'expliquent les propensions au délit ou au suicide, chez divers individus, qui rentrent dans la catégorie des anormaux, et qui, à mon avis, contrairement à l'opinion de Garofalo, sont de véritables infirmes. De pareils accidents trouveraient souvent leur prévention dans une meilleure entente de l'hygiène de la grossesse : une direction convenable, une protection judicieuse, étendues aux femmes gravides de toutes les couches sociales, diminueraient la fréquence d'anomalies embryonnaires, plus tard transformées en anomalies cérébrales prédisposant à l'attentat[1].

En dehors de l'étiologie tératologique, on observe, chez divers individus, des dispositions spéciales qui ne répondent pas aux qualités des générateurs. On les dit *innées*, parce qu'elles sont inhérentes à l'être, dès son origine. On les attribue à l'intervention d'une force particulière, qui n'explique rien et semble une résultante d'actions de milieu accidentelles et occultes. Mais celles-ci ne se font sentir sur le produit de la conception que par l'intermédiaire des parents ; elles peuvent se résumer, bien souvent, dans la manière d'être du père et de la mère au moment de l'acte génésique, qui doit aboutir à la fécondation. Le produit dépend des éléments appelés à le constituer et il varie selon l'état de la matière formatrice à l'instant de son emploi. On sait l'histoire de la pendule de Tristram Shandy ! Il n'en faut point rire comme d'un simple trait humoristique : elle est l'expression d'une vérité trop méconnue et qui n'a pas échappé à la sagacité de nos vieux maîtres[2]. Personne n'ignore

1. Je rapprocherai des influences congénitales les habitudes ethniques, qui, dérivées d'un idéal particulier de la beauté ou de traditions bizarres, soumettent l'enfance à de longues tortures, afin de modifier la forme du crâne. La boîte osseuse est entravée dans son développement ou obligée à l'accentuer dans un sens déterminé. Généralement, on recherche un allongement avec une dépression plus ou moins notable du front ; l'intelligence est comme sacrifiée aux instincts violents ou rusés, c'est-à-dire la cérébration antérieure à la cérébration postérieure. Nul doute, qu'en ces conditions l'impulsivité n'accuse une tendance vers les actes antialtruistes. J'attribue à de pareilles déformations la férocité de quelques tribus indiennes de l'Amérique du Sud, et je ne serais pas surpris que l'adoption persistante d'une semblable coutume dans les régions toulousaine et limousine ait contribué à y engendrer plus d'un criminel et d'un suicidé.

2. Hufeland, *l'Art de prolonger la vie*, éd. franç. de 1799, p. 221. Voir aussi *l'Homme de génie*, de Lombroso, trad. franç., p. 194-195.

combien le produit de parents sains, indemnes de toute tare organique, mais en état d'ivresse accidentel au moment de l'union, a des chances de naître avec des défectuosités constitutionnelles ou des tendances vicieuses, qui se révèleront plus tard. A plus forte raison, une certaine tournure de l'esprit chez la femme, au cours de la conception, peut-elle avoir sa répercussion sur l'œuf en voie d'évolution : tout ce qu'on dit des effets de l'imagination n'est pas à rejeter comme des contes de la mère-oie. Il y a, dans tous ces cas, quelque chose de transmis, de communiqué à l'enfant ; mais ce quelque chose n'est pas un bien ou un mal de famille ; il est la conséquence d'un ébranlement occasionnel, d'une modification passagère dans l'état des parents, et le phénomène n'a rien à voir avec l'hérédité. Tout au contraire : contingent, il peut suspendre la règle, la faire dévier et « ces dispositions exceptionnelles en bien ou en mal, au physique et au moral, » qui représentent l'innéité [1], dénotent précisément un antagonisme heureux ou fâcheux, suivant la voie qu'elle découvre, avec les tendances de l'hérédité. Cela est assez important pour que l'anthropologie criminelle recherche, d'accord avec les physiologistes, les lois intimes qui mettent en conflit les deux forces. L'hygiène morale aura à se préoccuper des conditions momentanées du milieu où l'être humain doit naître : avec plus de régularité, de conscience.... je ne dis pas d'austérité, dans l'acte génésique, on assurera davantage à l'enfant des qualités utiles ; en entourant la mère d'une atmosphère bonne et saine, on réussira parfois à corriger les malformations héréditaires, à reconstituer peu à peu par l'héridité elle-même, une lignée supérieure. Car si l'innéité combat l'hérédité, rompt sa trame, l'hérédité reconstitue sa chaîne d'après un nouveau modèle et reprend ses droits, après l'écart qui l'a surprise et suspendue.

L'*hérédité* s'entend « de la transmission des ascendants

1. *Dict.* de Robin et Littré.

aux descendants des particularités d'organisation et d'aptitude[1] ». La transmission n'est pas nécessairement similaire : elle consiste non seulement dans l'empreinte donnée à l'enfant des qualités ou des défauts déjà possédés, sous leur forme propre, par les parents, mais aussi dans l'empreinte plus générale conférée au nouvel être d'un état susceptible de reproduire les vices de ses générateurs, sous des formes analogues ou équivalentes.

L'hérédité s'exerce en des conditions multiples et variées, qui déterminent plus ou moins directement la prédisposition aux actes antisociaux.

L'enfant naît de parents non criminels et même honnêtes, mais amoindris par la sénilité, la misère ou une maladie de nutrition. Il hérite d'une tare dégénérative, qui pourra plus tard diminuer l'énergie de sa cérébration, le porter au suicide ou le pousser dans la voie du crime, s'il éprouve des sollicitations trop intenses et n'a pas été relevé par l'action éducative d'un milieu correcteur.

La sénilité ou l'extrême disproportion des âges, chez les parents, a trop souvent pour conséquence l'abâtardissement du produit de leur union. Parmi les descendants de *vieux parents*, Marro signale une proportion de 24 p. 100 chez les non criminels, une de 32 p. 100 chez les criminels (cette dernière varie selon les catégories, elle atteint 52 p. 100 chez les assassins et seulement 37 chez les escrocs, elle tomberait au-dessous de la moyenne, résultat surprenant ! chez les voleurs et chez les violateurs). Beaucoup de délinquants sont issus de pères séniles et de mères à peine adolescentes : leur impulsivité dérive parfois de névroses, qui ont leur cause dans l'impondération organique de la souche. Thouviot, qu'un assassinat dans la rue Cujas rendit naguère célèbre, et chez lequel Legrand du Saulle découvrit l'épilepsie[2], était né d'une fille à peine âgée de 14 ans et d'un père âgé de 65, juif portugais, riche, avare et violent. Je ne dis

1. *Dict.* de Robin et Littré.
2. *Les Épileptiques*, p. 164.

rien des unions consanguines, car elles ne prévalent dans la descendance que d'après les circonstances d'âge ou de prédispositions morbides, isolées ou accumulées, observées chez les parents[1].

Les générations sorties des tourmentes calamiteuses, où les parents ont pâti de la faim et du froid, des maladies de misère, etc., renferment un grand nombre de sujets affaiblis dans leurs résistances physiologiques et dans leurs capacités morales. Legrand du Saulle, examinant des enfants conçus pendant le siège de Paris, les répartit en trois catégories, d'après les stigmates, qui remontaient à une sorte de déchéance héréditaire à peu près uniforme : 1° amoindrissement physique : lymphatisme, débilité, scrofulose, rachitisme, infirmités diverses (strabisme, surdi-mutité, bégaiement, paralysies et contractures, épilepsie)[2], malformations (tête petite, front fuyant, face asymétrique, denture détestable, etc.) ; 2° amoindrissement intellectuel : manque d'activité psychique, apathie, morosité, attention flottante, défaut de discernement, imbécillité ou idiotie ; 3° amoindrissement affectif et moral : tendances mauvaises et impulsions dangereuses avec une apparence d'intelligence ; enfants à cœur sec, égoïstes, irritables, colères, bizarres, pervers, indisciplinés, extravagants, brutaux et violents. Ces malheureux ont grandi, ils ont atteint l'âge où les devoirs sociaux commencent à s'imposer : combien se retrouveraient parmi ces adolescents dont on a enregistré les suicides singuliers ou les prouesses scélérates depuis quelques années ; combien viendront, adultes, échouer sur les bancs de la Cour d'assises ou du tribunal correctionnel ?

Certaines intoxications chroniques, qui entraînent elles-mêmes une dégénérescence, sont transmissibles héréditairement sous la forme d'un état dégénératif analogue ou

1. Lacassagne, art. *Consanguinité* (*Dict. enc. des sc. méd.*), et *Actes de l'état civil*, p. 144 (bibl. de l'avocat et du magistrat).

2. M. le Dr Bertrand m'a communiqué deux observations d'hystéro-épilepsie dont les sujets (des mousses de la marine) avaient été conçus à Paris, au cours du siège.

identique [1], ou sous la forme d'états nouveaux, de tendances rappelant l'origine de l'intoxication chez les parents : on connaît la triste destinée des enfants d'alcooliques, prédisposés à une fatale appétence pour les boissons les plus pernicieuses, aux affections cérébrales, à la folie, au suicide ou au crime. J'aurai à en reparler.

Les maladies organiques héréditaires sont aussi, fréquemment, l'origine de dégénérescences qui ont d'étroits rapports avec les pires impulsivités. Virgilio, sur 266 criminels, en a rencontré 195, affligés de scrofule ou de tuberculose. D'après Moreau, l'aliénation mentale n'est parfois qu'un des modes de la transformation héréditaire de la phtisie [2].

Maints déchets qui encombrent les prisons proviennent de familles déjà marquées au sceau de la rétrocession dégénérative, ou de parents atteints de névroses, elles-mêmes héréditaires ou acquises (Morel [3], Féré [4], Laurent [5], Lombroso [6], Virgilio [7], etc.). A peine est-il besoin de rappeler les relations presque banales de la folie, de l'épilepsie, de l'hystérie, de la neuropathie, avec le suicide et le crime-délit. Tout le monde sait que ces états ne sont que trop fertiles en aberrations antisociales plus ou moins conscientes ou inconscientes [8]. L'enfant échappe quelquefois à la maladie, mais garde une prédominance de mauvais instincts, une déplorable instabilité dans leur pondération, qui l'entraînent aux actes répressibles. On méconnaît encore bien souvent ces transformations des psychopathies au cours de leur transmission héréditaire et l'on oublie que la criminalité est une variété possible

1. Legrand et Winter, cas de saturnisme héréditaire (Soc. de biol., 26 janv. 1889).

2. Cong. des soc. sav., Paris, 1888. « La phtisie chez les parents peut, en vertu de la loi d'hérédité transformée, disparaître chez les enfants et être remplacée par une affection mentale ou nerveuse. »

3. *L. c.*

4. *La famille névropathique*, *Arch. de neur. et feuil. sc. de la Rép. franç.*, avril 1884.

5. *Les dégénérés des prisons*, *Arch. d'anth. crim.*, déc. 1888.

6. *L'Homme-criminel*, édit. franç., 130, 133.

7. A propos du procès de Passanante, Lombroso, *Rec. prog. de l'anth. crim.*, p. 102 (et même ouvrage, p. 37).

8. Livre I, ch. II.

de ces transformations. Cela est regrettable, car on détruit par là jusqu'aux fondements des théories de responsabilité qu'on a la prétention de soutenir et l'on arrive à réclamer la mort des condamnés les plus dignes de pitié : une ascendance à tare pathologique devrait au moins jeter un doute de morbidité chez la descendance coupable. On peut éprouver un sentiment de répulsion profonde pour les auteurs de crimes lâches et ignobles : l'on n'est pas en droit de leur refuser la pitié qu'on accorde aux malades. Blin, l'assassin d'une servante, avait eu pour mère une femme abandonnée après sa séduction et devenue folle au cours de sa grossesse ; son père et son grand-père s'étaient suicidés, son oncle maternel avait perdu la raison pendant la guerre de 1870 : on le condamna aux travaux forcés à perpétuité ; n'aurait-on pas mieux fait, en l'enfermant dans un asile ? Mesnesclou, violateur et assassin d'une petite-fille, était né de parents aliénés ; on l'exécuta et l'on rencontra au crâne et au cerveau des lésions non douteuses de maladie : quelle moralité comporte son supplice ? L'histoire de plus d'un suicidé laisse entrevoir des relations analogues entre l'acte et les prédispositions héréditaires. Le mémorable événement qui, au mois de janvier 1889, plongeait tout à coup dans le deuil la famille impériale d'Autriche et l'Europe dans la consternation, en fournit un exemple. Par sa mère, elle-même devenue folle, à ce qu'on affirme, l'archiduc Rodolphe comptait dans son ascendance bavaroise plus d'un aïeul direct ou collatéral aliéné ou déséquilibré, et le malheureux prince, malgré son intelligence, ne passait pas pour un modèle de conduite régulière ; l'autopsie révéla chez lui l'existence d'altérations pathologiques au crâne et au cerveau [1].

1. « L'ankylose prématurée des sutures sagittale et coronale, la profondeur extraordinaire de la cavité crânienne et la dépression digitiforme des surfaces intérieures des os du crâne, le sensible aplatissement des circonvolutions cérébrales et la dilatation des ventricules du cerveau, sont autant de phénomènes pathologiques, qui, selon l'expérience, accompagnent ordinairement un état mental anormal, et permettent par conséquent d'admettre que l'acte s'est accompli en état d'aliénation. » (Procès-verbal des Drs Hofmann, Kundrat et Widerhofer).

J'ai hâte de restreindre la question de l'hérédité sur le terrain de la simple transmission des tendances anormales. Ainsi limitée, elle a été l'objet d'une sérieuse étude de la part de savants éminents. On la trouve aussi bien élucidée en divers ouvrages plus généraux, que résume et complète le remarquable livre de Ribot [1]. Ce dernier formule ainsi les lois de l'hérédité psychologique : « 1° Les parents ont une tendance à léguer tous leurs caractères psychiques, généraux et individuels, anciens et nouvellement acquis (loi de l'hérédité directe et immédiate) ; — 2° l'un des parents peut avoir une influence prépondérante sur la constitution mentale de l'enfant (loi de prépondérance dans la transmission des caractères) ; — 3° les descendants héritent souvent des qualités physiques et mentales de leurs ancêtres et leur ressemblent, sans ressembler à leurs parents (atavisme) ; — 4° certaines dispositions physiques et mentales, très nettement déterminées, se manifestent chez les descendants, au même âge que chez les ascendants (loi de l'hérédité aux époques correspondantes)... »

Nombreux sont les exemples qui prouvent l'*hérédité criminelle*, selon les lois que je viens de mentionner, et ils le seraient bien davantage, si, obéissant aux vœux de P. Lucas et de P. Despine, les administrations pénitentiaires consentaient à établir, dans les établissements qu'elles dirigent, une sorte de généalogie morale et mentale des condamnés, à rechercher l'état psychologique de leurs ascendants, en remontant au moins jusqu'à deux ou trois générations.

Si forte est l'empreinte qui relève de l'hérédité, qu'elle n'est pas effacée après une longue suite de générations, dans certaines familles, malgré le changement de ses conditions sociales. On sait ce que fut Tristan l'Hermite, sous le règne de Louis XI : il fit souche de gentilshommes et j'ai retrouvé le nom sinistre sur la liste des émigrés,

1. *L'hérédité psychologique*. Paris, 1887. Les principaux observateurs qui ont écrit sur le même sujet sont, en France, Gall, Lucas, Despine, A. Foville ; à l'étranger, Bruce Thompson, Lombroso, Virgilio, Marro.

pris et fusillés après l'affaire de Quiberon. Les intincts brutaux de l'ancêtre persistèrent durant plus d'un siècle chez les descendants. En 1595, deux Tristan furent condamnés à l'échafaud, dit Lestoile, « pour un prodigieux assassinat » ; le roi leur fit grâce, en raison des services qu'ils avaient rendus à sa cause, pendant la Ligue, et le chroniqueur ajoute à ce propros : « On remarquoit une particularité notable en la race de ces gentilshommes : c'est qu'ils estoient descendus de Tristan l'Hermite et que, de leur race, il s'en trouvoit 26 qui avoient tous passé par les mains du bourreau, comme eussent fait aussi ces deux, sans une spéciale grâce et faveur du prince. » Dans le même *journal*, je lis le cas d'un gentilhomme, Lagrange Santerre, « de grand lieu, de grand jugement et discours, mais insigne voleur, » décapité à Paris en 1603, pour « pilleries » et autres méfaits plus graves : son père avait été emprisonné pour vol, son grand-père exécuté pour le même crime et ses deux frères finirent aussi leur carrière sur l'échafaud, en compagnie d'un autre coquin, La Rivière, dit le baron du Plat.

La dame de La Mothe, la célèbre héroïne de l'affaire du collier, « cette femme faussaire et filou, » comme l'appelle l'écrivain des *Souvenirs de la marquise de Créquy*, descendait d'un fils naturel de Charles IX : la série familiale, dont elle était issue, « n'avait été qu'une suite de prodigues et d'insensés, » plus ou moins susceptibles d'être aujourd'hui qualifiés d'une façon plus sévère.

Sous Louis-Philippe, on vit s'éteindre deux familles d'assassins : les Fournier et les Lamy.

De 1822 à 1827, une autre famille de bandits, celle des Villet, se révéla par de nombreux exploits. En descendance directe ou collatérale, elle comprenait une liste considérable de forçats et de suppliciés pour divers crimes. Une seule affaire valut à 8 de ses membres la condamnation capitale. Lorsqu'on mit la main sur ses derniers représentants, on apprit des choses absolument stupéfiantes : les 14 sujets arrêtés avaient à répondre de 60 chefs d'accusations, 5 assassinats, 6 incendies, 49 vols qualifiés : mais ce n'était-là que la partie criminelle, avérée : depuis dix ans, la famille avait exécuté plus de mille vols, sans parler d'autres crimes... d'aveu plus difficile. Le père, le patriarche, était le directeur et le banquier de l'association ; un fils était préposé aux incendies; une fille, à laquelle on imputait 2 infanticides, avait été la maîtresse d'un assassin ; des collatéraux participaient aux affaires à divers titres.

Dans son roman célèbre des *Mystères de Paris*, E. Sue a brossé le vigoureux tableau d'une famille de criminels (les Martial de l'Ile des Ravageurs) : il n'a rien inventé. Il y a toujours de ces familles, qui semblent vouées au meurtre ou au vol, de génération en génération, de par l'hérédité « et une sorte de tradition misérable ». Le père a été ce que sont les fils et les petits-fils, et l'aïeul avait précédé le père dans le crime ou le délit. L'éducation s'ajoute à la tare originelle. « Dès ses premières années, l'enfant est dressé ; on lui apprend à marcher sans bruit, à voir sans paraître regarder, à ouvrir une serrure avec un clou, à cacher l'objet volé et à crier lui-même au voleur, quand il est poursuivi. Les familles Piednoir, Cœur-de-Roy, Nathan, ont fait le désespoir de la police et lassé les tribunaux. Les condamnations qui ont atteint les Nathan, père, mère, frères et gendres — en tout 14 personnes — représentent la somme de 209 années de prison... » (Maxime du Camp)[1].

Le frère du misérable agent d'affaires qui battait monnaie avec la diffamation des familles et que tua Mme Cl. H., dans un éclair d'indignation, est emprisonné pour vols répétés ; le frère de l'assassin Marchandon — chef d'une bande de jeunes gredins — arrêté après une série d'audacieux méfaits, se suicide à quatorze ans, dans une cellule de la Petite-Roquette : suspecte était probablement la souche de ces antisociaux! Le soldat Géomay, le lâche assassin d'une vieille femme, a pour mère une voleuse! etc.

1. *Paris*, III, 18.

A l'étranger, les exemples de pareilles « fonctions héréditaires » en certaines familles ne manquent pas. En Angleterre, Bruce Thompson cite une famille composée de 15 membres, dont 14 furent de faux-monnayeurs et le 15e fut condamné pour avoir mis le feu à sa propre maison, préalablement assurée fort au-delà de sa valeur ; le même observateur parle d'une autre famille composée de 8 membres, tous habitués de la prison à laquelle il était attaché, et de deux familles, qui fournissaient à l'établissement 4 frères et 2 sœurs. En Amérique, une femme du nom de Motgar aurait eu, en deux siècles, 900 descendants, sur lesquels 200 seraient devenus des malfaiteurs et 200 autres des vagabonds ou des aliénés : 7 générations, issues d'un nommé Juke, et comprenant 709 personnes, auraient donné, d'après Dugdale [1], 76 condamnés pour divers délits ou crimes, 142 vagabonds, 128 prostituées et 131 infirmes. Au mois de janvier 1889, on arrêtait à Paris, pour vol à la tire, une aventurière américaine, qui osa se réclamer de la légation des État-Unis : elle était assez jeune, jolie, élégante, très habile : elle réussit à se faire élargir ; mais M. Goron voulut avoir le fin mot de l'histoire et, sous le titre à particule de l'intéressante personne, il découvrit une voleuse émérite, fille, sœur, mère et deux fois épouse de voleurs de profession, ayant rempli les deux mondes du bruit de ses exploits, enrichie par ses entreprises, mais continuant le métier... par goût. Macé raconte les prouesses de deux sœurs, nées à Paris, de parents étrangers, et qui exploitaient avec une adresse étonnante le monde des hôtels aristocratiques, en France, en Angleterre, en Suisse, etc. : la mère tenait la comptabilité des opérations ; les trois femmes avaient continué et développé le *commerce* du père, voleur mort à la prison de Melun [2].

Toutefois l'hérédité des instincts ne jouerait qu'un rôle restreint, dégagée d'une tare dégénérative qui les fixe,

1. 3th *rep. on the Prison assoc. of N.-Y. for* 1874.
2. *Mes lundis en prison*, p. 356.

même en dépit de l'éducation. En Italie, Lombroso ne relève l'hérédité criminelle directe que dans la proportion de 11 p. 100 ; Virgilio, il est vrai, porte la proportion à 32 ; mais dans la plupart des séries étudiées, il est aisé de découvrir à la souche, soit la sénilité, soit des habitudes invétérées d'ivrognerie ou des maladies constitutionnelles. Chez le plus grand nombre des jeunes détenus de nos établissements correctionnels, on rencontre également des tares familiales de nature morbide et dégénérative ; mais il est impossible d'établir le degré de fréquence de l'hérédité des instincts, d'après les documents jusqu'ici publiés. Dans un document de l'assistance publique de la Seine, cité à la Chambre des députés par Gerville-Réache [1], la proportion des natures perverses, contre lesquelles échouent toutes les tentatives de réforme, serait de 10 p. 100 ; d'après d'Haussonville, elle s'élèverait à 25 p. 100 [2]. Les bases de ces calculs sont trop arbitraires pour qu'on soit autorisé à rapporter leurs conclusions au seul facteur hérédité. Mais j'estime que Joly va trop loin, lorsqu'il affirme, d'après des statistiques dépourvues de contrôle médical (utile en ces questions) qu' « il est bien constaté scientifiquement et pour ainsi dire expérimentalement, que, pour expliquer l'immoralité des enfants, l'hérédité n'est presque rien à côté de l'éducation [3] ». Je sais bien qu'il faut tenir compte de celle-ci, dans le milieu : de l'enfant le plus sain, le mauvais exemple peut faire un criminel. Dans l'énumération des antisociaux appartenant à la même famille, « on voit souvent citer, non seulement les membres issus d'une même souche, mais aussi les alliés, qui se sont unis à ces membres par le mariage, les gendres et les brus, les beaux-frères et les belles-sœurs. Si ceux-là commettent les mêmes crimes, ce n'est pas apparemment la communauté d'origine qui les y pousse par héritage » (Foville) [4]. En est-on toujours bien assuré ?

1. An. au procès-verbal de la séance du 19 juillet 1886.
2. *Rap. à l'as. nat. sur la situation des jeunes détenus*, 1873.
3. *La France criminelle*, p. 203.
4. *Le Criminel.*

Entre gens de même monde, les alliances sont d'ordinaire le résultat d'une sorte d'attraction d'instincts similaires, dérivés d'une double hérédité. Malgré les exceptions, d'ailleurs, il reste assez de cas où la transmission héréditaire de l'habitude délictueuse, de l'impulsivité criminelle est démontrée, pour qu'on accorde à cette cause une valeur très réelle.

La tendance au suicide n'est pas moins héréditaire que la tendance criminelle ; l'une et l'autre alternent quelquefois dans une même famille, soit en ligne directe, soit en ligne collatérale, et il n'est pas rare de les retrouver, isolément ou en association liées à des caractères qui témoignent d'un état mental anormal chez les parents. Ceux-ci étaient bizarres, défiants, inquiets, emportés, mélancoliques et taciturnes, etc., ou bien ils avaient présenté des signes non équivoques d'aliénation. Cazauvieilh, Debreyne, Esquirol, Brière de Boismont, Falret, Morel, etc., fournissent à cet égard des observations précises [1].

Fort heureusement, la transmission héréditaire n'est pas absolue. Elle n'est pas toujours l'apanage fatal et inévitable d'une descendance issue d'une source vicieuse ou tarée. Comme on rencontre des enfants pervers dans les familles les plus honnêtes, on rencontre aussi des enfants doués d'excellents instincts au sein des familles les plus détestables [2]. Héritier de mauvaises tendances, l'enfant peut d'ailleurs les perdre de bonne heure, au sein d'un milieu vertueux. Il existe des réfractaires à l'éducation ; mais en nombre relativement assez faible ; encore les échecs tiennent-ils parfois à un défaut de zèle et d'intelligence chez le maître, plutôt qu'à un défaut de malléabilité, dans un âge où l'organisme est si propre à recevoir et à conserver toute empreinte artificielle. La

1. Résumées dans le livre de Legoyt, *Le Suicide*, p. 236, et dans l'article *Suicide*, de Ritti, *Dict. enc. des sc. méd.*

2. Une famille du département de la Seine comptait trois membres sur cinq, frappés de condamnations pour vols qualifiés. Le père n'avait pas trouvé chez tous les siens les dispositions qu'il aurait désirées ; ses deux derniers enfants restèrent jusqu'à la fin rebelles à ses leçons : la mère elle aussi était demeurée honnête (P. Moreau).

société a donc l'obligation de prévenir l'influence de l'hérédité. Je ne dirai pas qu'elle doit empêcher les unions entre criminels : car elle n'interdirait que des liens dont la légitimité marquerait une tendance vers l'amendement, avec de légères chances d'adaptation sociale pour l'enfant [1]. Mais elle est amenée à surveiller les ménages légitimes et illégitimes des basses couches et à enlever leurs enfants aux parents condamnés pour certains crimes ou délits répétés. En frappant une souche pourrie, elle s'efforcera de sauver les rejetons vivaces, en prévoyante ménagère de la fortune commune et des intérêts de la collectivité. Maîtresse de l'éducation, elle a les moyens de transplanter le jeune être d'un milieu où il ne peut que s'étioler ou mûrir pour le vice, dans un autre où il pourra prendre un développement normal. Ainsi, par une sélection prudente, elle retournera l'hérédité contre elle-même, en obtenant une transformation durable et susceptible de transmission dans la race. Mais l'éternelle tendance de l'hérédité à revenir aux types primitifs commande une intervention incessante : ce serait folie d'espérer une modification indéfinie dans les familles, une progression continue vers le mieux. Les races elles-mêmes sont instables en leur moralité et tout ce qu'elles peuvent faire est de se maintenir à un certain niveau de tendances compatibles avec une harmonie moyenne entre leurs éléments.

Je rappellerai ici quelques observations, soulevées au

1. Pourtant, on a lieu de regretter l'insouciance des lois sur les conditions du mariage dans leurs rapports avec les chances de dégénération chez l'enfant. Si l'on n'ose interdire l'union entre malades (lèpre, tuberculose, etc.), au moins devrait-on l'empêcher entre aliénés et aussi entre sujets d'âges trop disproportionnés. Les anciens codes étaient mieux inspirés. Le code de Manou proscrivait certaines unions. Le code chinois oblige les familles à ne pas lier leurs enfants par les fiançailles, avant de s'être mutuellement assurées qu'il n'y a, parmi les ascendants, *ni infirmes*, *ni criminels*. Nos aïeux trouvaient plaisant d'accoupler les coquins aux filles perdues, sans doute afin de perpétuer les monstruosités sociales et d'assurer pour l'avenir rude besogne au bourreau : une coutume accordait sa grâce au voleur, qu'on menait pendre, si quelque fille le demandait pour mari ! Aujourd'hui, à la Guyane et à la Nouvelle-Calédonie, l'administration favorise, sous le prétexte de développer la colonisation, l'accouplement légalisé de mâles et de femelles, qui s'acceptent réciproquement sans se connaître, uniquement pour jouir de quelques avantages : heureusement, les rejetons ne poussent guère et disparaissent avant d'avoir atteint l'âge de la nuisance héréditaire !

Congrès de Paris par Mme Clémence Royer à propos du métissage et de l'hybridité [1].

L'être organisé, suivant la théorie de Mme Clémence Royer, n'est pas à considérer seulement comme le produit de ses parents immédiats ou de ses ancêtres prochains ; mais comme la résultante de sa généalogie totale ; il est la dernière somme d'une accumulation de caractères acquis et transmis depuis leur souche par chacun de ses générateurs. La force héréditaire ou de transmission n'est jamais égale chez les parents : elle met en présence des caractères plus ou moins convergents ou divergents, c'est-à-dire susceptibles de s'harmoniser ou de s'annuler dans des limites très variables. — Quand les caractères sont le moins dissemblables, et c'est le cas pour l'hérédité des races et des familles sélectées, le produit tend à exprimer une sorte de fusion des types individuels, tout en offrant des ressemblances de détail avec l'un ou l'autre des parents. La plus grande uniformité s'observe dans les unions consanguines : elles ne sont pas *a priori* aussi dégénératives qu'on l'a prétendu ; elles le deviennent quand il y a intrusion, chez l'un des générateurs ou chez les deux, de tares acquises qui s'imposent à la longue et entraînent l'épuisement dans les couples et leurs produits ; elles donnent des générations saines et vigoureuses, lorsque les familles ont évité toute souillure ou toute cause d'amoindrissement. On en trouve la preuve dans la supériorité habituelle des aristocraties, chez presque tous les peuples, aristocraties autrefois soutenues et perpétuées par l'union aux degrés les plus proches, et, dans notre vieille noblesse, entre familles peu nombreuses, sinon toujours de même sang immédiat ou prochain, au moins de même sang originel, unifiées encore dans une manière d'être commune, par les privilèges, l'éducation, les mœurs et même les préjugés [2]. — Quand les carac-

1. Je dois à l'obligeance de Mme Clémence Royer la communication des notes qui m'ont permis d'aborder ce sujet.

2. Les anciennes législations toléraient et même ordonnaient parfois le mariage entre très proches parents. La Bible prescrivait que l'on mariât les filles « dans quelqu'une des familles de la tribu de leur père » afin que l'héritage ne sortît pas de cette tribu

tères sont le plus dissemblables, comme dans l'hérédité de métissage ou d'hybridité, le produit apparaît tantôt comme un intermédiaire entre les générateurs, tantôt comme un être nouveau : mais dans l'un et l'autre cas, il accuse une instabilité de type, qui se manifeste dans une tendance au retour vers la race paternelle ou maternelle, à moins d'une fixation définitive, dépendante de conditions encore mal déterminées.

Le nouvel être est une sorte de composé dont la force héréditaire a fait la synthèse, mais dont elle peut aussi faire l'analyse : les caractères accumulés depuis la souche ne s'effacent jamais ; mais ils sont fréquemment masqués par d'autres plus récents ; ils reparaissent brusquement, quand ces derniers se dérobent, sous des influences momentanées : le descendant présente alors le type ancestral, et l'on dit qu'il y a hérédité atavique. Il n'y a point rétrocession dans le sens rigoureux du mot. Celui qu'on appelle un atavique met simplement en évidence, en relief particulier, l'un de ses caractères généalogiques, jusqu'alors resté latent. La rétrocession ne commencerait qu'avec la transmission exclusive ou prédominante continue de ce caractère, successivement entouré d'autres de même ordre : ce qui n'est guère facile à démontrer dans les races fixées. Je ne pense pas qu'on doive non plus confondre avec une rétrocession, le retour à la race prochaine dans le métissage ou l'hybridité instable.

L'hérédité ne comporte pas que la transmission des caractères physiques acquis sous les influences naturelles : elle s'exerce aussi, bien qu'avec moins de constance, sur certaines déformations artificielles, ethniques ou accidentelles [1]. Elle s'entend des qualités psychiques, associées

(Nomb. XXXVI), et l'on sait que partout les Juifs ne se marient guère qu'entre eux : la race est cependant demeurée l'une des plus vivaces.

1. Je signale en passant une observation curieuse, publiée dans le *Bulletin de la Soc. d'anth. de Paris* (1881, p. 632) et dans laquelle on rencontre un mélange très complexe de transmissions héréditaires (ancêtres ayant subi la déformation toulousaine du crâne, l'homme extravagant, criminel et suicidé, la femme sauvage et idiote ; les deux générations suivantes comptant des sujets bizarres ou délirants, avec un crâne normal ; la troisième un sujet extravagant dès l'enfance, avec réapparition de la déformation crânienne ancestrale).

ou non aux modalités somatiques. Dans ce brassage d'actions accumulées et intercurrentes, harmonisées et opposées, la variabilité à tous les degrés est en somme la règle, variabilité des qualités physiques, des facultés et des aptitudes physiques ou morales, des sentiments et des caractères.

L'intérêt de pareils faits grandit sur le terrain social et les idées émises par Mme Clémence Royer vont trouver leur application très directe dans les questions de criminalité.

Il y a toute probabilité pour que les métis de races très différentes, ou même les produits d'individus très différents de la même race, par leur degré d'évolution mentale ou par leurs habitudes morales héréditaires, offrent une résultante « plutôt négative que positive ». — Le mulâtre, issu de l'Européen et du nègre (races extrêmes), s'il a des qualités plastiques et même intellectuelles souvent remarquables, trahit l'incohérence de ses origines par sa médiocre moralité et son fond d'égoïsme haineux [1]. C'est un mauvais produit dans l'ordre sociologique. Mme Royer rappelle avec à-propos « l'histoire si différente, depuis la conquête, de l'Amérique du Nord, où le métissage a été presque nul, et de l'Amérique du Sud, où il a été général ; » elle se croit autorisée à en conclure, que « si le métissage est capable de donner de très beaux résultats, soit au point de vue physique, soit même au point de vue purement intellectuel, il en est autrement au point de vue des instincts moraux, et que les métis peuvent souvent paraître d'autant plus intelligents qu'ils ne sont jamais gênés par la conscience. Ce qui manque surtout chez eux, c'est cet ensemble d'instincts et de sentiments sociaux, qui, développés par l'hérédité, dans chaque race, constituent sa loi morale ethnique propre, ses mœurs, ou, si l'on veut, ses préjugés, qui ont pour sanction leur réciprocité, le consensus de l'opinion. » — Il existe quelque chose d'analogue dans les milieux qui semblent le mieux unifiés. L'impondération dans l'hérédité se retrouve non

1. Voir *le Crime en pays créoles*.

pas seulement entre races physiquement différentes, « mais entre classes sociales trop tranchées, comme éducation et habitudes ». Mme Royer « considère donc comme des métis moraux très dangereux tous ces malheureux produits des croisements vicieux de nos classes aristocratiques ou même bourgeoises avec des filles de paysans ou des grisettes urbaines ; car ils ont toutes chances d'hériter de leurs parents un ensemble de facultés incoordonnées, qui les rendront moins aptes que d'autres à remplir dans une société un rôle défini, normal, et à s'acquitter d'une des parties du travail social. Par là même, ils doivent devenir des êtres en quelque sorte exceptionnels et moralement monstrueux, qui, d'occasion, pourront être des individualités pensantes utiles ; mais qui, avec plus de probabilités, iront grossir les rangs des criminels, des prostituées et de toutes les non-valeurs sociales. Il ne faudrait peut-être pas remonter bien haut, dans la généalogie de nos assassins de 16 ans, qui tuent plutôt que de travailler, pour y trouver le sang de quelque petit-crevé, oisif, bête et vain... L'accroissement de la criminalité a certainement pour facteur principal d'abord l'entrecroisement des castes et ce qu'on a nommé avec raison les mésalliances sociales ; et enfin cette pénétration mutuelle générale de toutes les races géographiques, qui se produit aux grandes époques de civilisation et de commerce international, où les individus se déplacent beaucoup. Telle a été l'époque de la décadence romaine et celle des croisades, dont les résultats moraux se font sentir à la renaissance. Les croisements tout individuels sont plus importants que les grandes invasions définitives et par masses, car il dérive de celles-ci une résultante moyenne, qui tend à devenir constante en peu de générations, et une succession de croisements individuels entre plusieurs souches donne lieu à un *affollement du type*, qui tend à faire dégénérer les produits au niveau de la souche commune à tous les éléments du mélange, a toutes chances de ramener ces produits à un type inférieur : c'est l'analogue du fait constaté par Darwin, relativement à la réapparition du type ancestral de toutes les races de pigeons. »

L'endogénie, en conditions régulières et saines, semble donner de meilleurs produits moraux... et sociaux, que le métissage et de races et de castes. Nous aurons fréquemment l'occasion de nous convaincre de la vérité de cette opinion, au cours de cette étude.

CHAPITRE II

LE TEMPÉRAMENT, LE CARACTÈRE ET LA RACE

Tous les hommes, sous le revêtement général de l'espèce ethnique à laquelle ils appartiennent, possèdent une manière d'être qui leur est propre. Cette manière d'être individuelle, en ses tendances physiologiques, se manifeste par le *tempérament;* en ses tendances cérébrales, par le *caractère*. Le tempérament est à l'organisme ce que le caractère est aux activités psychiques. L'un est une sorte de résultante des forces physiologiques, où se dessine plus ou moins l'influence prépondérante d'un appareil ou d'un système ; l'autre, comme la résultante des forces sensitivo-intellectuelles, où se dessine avec plus ou moins de relief, dans ce qu'on appelle la volonté, la puissance de jugement et de contrôle, qui détermine l'impulsivité habituelle. Le tempérament et le caractère ont nécessairement des relations très étroites. L'organe cérébral, partie d'un tout qui a sa raison d'être dans un certain agencement de plusieurs systèmes, reçoit le contre-coup des divers modes de cet agencement : le caractère du nerveux, du sanguin, du bilieux, n'est pas le même que celui du lymphatique. Le tempérament donne au caractère sa première direction. Celui-ci éprouve l'influence des changements morbides qui altèrent les organes et les systèmes dans leur trame anatomique ou dans leurs fonctions : il n'est plus chez le malade ce qu'il était chez l'homme sain [1]. Remarque particulièrement intéressante à propos des criminels et des

1. Azam, *le Caractère dans l'état de santé et de maladie*, 1888.

suicidés ; car, chez un grand nombre d'entre eux, le médecin a souvent eu à constater les symptômes d'un état pathologique et la maladie peut expliquer l'impulsivité, sans qu'on ait besoin d'avoir recours à tout autre mode d'interprétation. Sans doute, jusqu'à un certain point, l'activité cérébrale s'isole et se concentre en elle-même ; mais, quelle que soit la flexibilité et l'indépendance acquises par l'éducation, jamais elle ne parvient à se soustraire entièrement aux influences physiologiques et morbides. L'habitude amène, grâce à la répétition des actes, les réflexes psychiques à un automatisme qui supprime l'effort intellectuel ; mais cet automatisme lui-même n'échappe pas aux perturbations, sous la sollicitation passionnelle ou l'étreinte de la maladie. Les plus rigides trébuchent même quelquefois devant l'appât banal qui vient à stimuler leurs appétits [1].

Le tempérament (la manière d'être de la constitution, d'après la prépondérance relative de tel ou tel système organique) donne aux races et aux individus, par l'intermédiaire du caractère, des tendances et des formes impulsives qui se reflètent dans leur criminalité.

Le tempérament *sanguin* répond aux conditions d'une hématose aisée : la circulation artérielle est active, le sang riche et copieux, et l'innervation se ressent des qualités tout à la fois modératrices et stimulantes de ce liquide, qui pénètre la trame de ses organes ; mais si elle est facilement impressionnable, elle ne l'est pas d'une façon forte et durable. Chez les sujets de ce tempérament, tout

1. « La vertu, dit Sully en ses *Mémoires*, doit si bien tourner en habitude par la pratique, qu'aucune action vertueuse ne soit jamais trouvée pénible, et que, réduit à la nécessité de tout sauver par un crime ou de tout perdre par une bonne action, le cœur ne connaisse pas même le combat intérieur que se livrent le penchant et le devoir. » Mais, quelques pages plus loin, le vertueux personnage raconte une aventure où sa *pratique* se montre singulièrement en défaut. Au sac de Villefranche, il estime gain fort honnête « une bourse de mille écus en or », obtenue d'un vieillard, « pour lui sauver la vie ». Voilà un homme *de caractère*, c'est-à-dire à caractère assoupli, dressé, contenu par l'éducation de famille et de caste, qui commet, sans trop en avoir conscience, une vilenie digne d'un forban. Que ne pourront donc faire des indifférents ou des honnêtes vulgaires, pressés par un besoin anormal ou aigris par une souffrance aiguë?

est moyen. La coloration est souvent indécise, le corps plus plastique que vigoureux, l'esprit brillant, mais d'ordinaire sans grande profondeur, le caractère doux, insouciant ou faible. Sans tendances habituelles à la haute criminalité, les sanguins y sont fréquemment entraînés par la suggestion de l'exemple ou par leurs passions dominantes, l'amour, le jeu, la table, et, sous l'empire d'une vanité excessive, d'une fougue éphémère, mais intensive, ils y déploient quelquefois tout le raffinement des sauvages. Ils sont d'ailleurs prédisposés à la pléthore et aux congestions, source occasionnelle d'impulsions anormales.

Le tempérament bilieux offre un parfait développement des fonctions digestives et assimilatrices, des conditions de bonne pondération entre les activités nutritives et les activités nerveuses. Il se reconnaît à une taille plutôt médiocre qu'élevée, mais bien proportionnée, à la puissance de l'appareil musculaire, à l'ampleur de la circulation veineuse, à la pigmentation souvent foncée des téguments et à l'abondance du système pileux (compensée par une calvitie précoce). Les sujets qui le possèdent ont une susceptibilité nerveuse forte et durable, ils dominent par l'intelligence autant que par l'énergie dans l'action ; mais ils ont à redouter les passions dérivées de leurs propres qualités. Impressionnables, ils réagissent avec violence et sont très colériques; doués d'une cérébralité supérieure, ils savent qu'ils peuvent beaucoup oser et s'abandonnent volontiers aux convoitises de l'ambition ; pour arriver à leur but, ils déploient l'ardeur la plus tumultueuse ou l'astuce la plus hypocrite, et, lorsqu'ils l'ont atteint, autant par orgueil que par la nécessité d'assurer leur situation, ils oublient trop la pitié vis-à-vis de leurs semblables. Ce tempérament engendre les vertus éminentes et les pires scélératesses. Il peut revendiquer la plupart des hommes qualifiés grands dans l'histoire et qui ont étonné le monde, en effet, par la grandeur de leurs qualités, de leur dédain pour l'existence ou les intérêts des personnes, quelquefois aussi de leurs forfaits.

Dans le tempérament nerveux, la vie est pour ainsi dire concentrée dans l'activité cérébrale. Celle-ci est plus vive, mais moins égale que chez les bilieux; beaucoup d'émotivité avec beaucoup de variabilité dans les déterminations, une affectivité exclusive en ses objets et prompte à dégénérer en jalousie, une prédisposition aux passions tristes et aux neuropathies, une tendance à l'imitation, une médiocre force musculaire, expliquent les causes et les modalités de la criminalité chez les personnes de ce tempérament (femmes, adolescents, etc.).

Le tempérament lymphatique parfois si atone qu'il est presque l'intermédiaire entre la santé et la maladie, caractérisé par la pâleur des tissus, la mollesse des chairs et la lente activité des fonctions, prédisposant au rachitisme, à la scrofule, à la phtisie, est l'attribut du plus grand nombre des bas criminels. C'est le tempérament des non résistants, des passifs si vite lancés dans la voie du mal, sous l'influence de l'exemple et du milieu vicieux; c'est celui qu'engendrent les unions de demi-dégénérés, qu'on retrouve chez le petit voleur et le menu fretin des prisons.

A ces tempéraments, depuis longtemps admis, Descuret [1] ajoute un tempérament génital et un tempérament musculaire ou athlétique, qui souvent confinent à la folie ou à l'idiotie. — Dans le premier, la sexualité accapare tout l'individu, au point de lui faire oublier ses plus impérieux devoirs « pour quelques instants de plaisir », use par l'érotisme le corps et l'intelligence, conduit à la dépravation et au crime. Le baron Hulot, ce type si navrant et si vrai, buriné par Balzac, le perverti qui suit les foules féminines et qu'a dépeint Macé, un Gilles de Rais, un marquis de Sade, voilà des génitaux! — Le tempérament musculaire est l'opposé du précédent : chez les sujets qui le possèdent, la sexualité est éteinte [2], tout

1. *Médecine des passions.*

2. L'immonde Héliogabale l'apprit avec un étonnement mêlé de fureur... la première nuit de ses noces avec un gladiateur fameux (Dulaure, *Des Divinités génératrices chez les anciens et chez les modernes*, 1825). Ne serait-ce pas là la véritable cause du

ce qui relève de l'innervation est d'ailleurs sans grande activité, le corps n'est que muscles, doublés d'un appareil digestif puissant, comme l'exige une aussi vigoureuse machine. Les athlètes sont rarement méchants; mais, entraînés au crime, ils ont la férocité de la brute [1]; on en a vu, par boulimie, se livrer à des actes de cannibalisme [2].

Déjà, les tempéraments déterminent des prédispositions à diverses maladies, qui, à leur tour, peuvent directement ou indirectement troubler les fonctions psychiques et sensitivo-motrices. Mais, en dehors de l'influence des tempéraments, mille causes extérieures à l'homme modifient pathologiquement son innervation, soit d'une manière permanente, soit d'une façon éphémère. Les conceptions délirantes, les perversions morales et les impulsions criminelles qui découlent des unes et des autres, succèdent à des maladies traumatiques ou traumatiquement réveillées (lésions du cerveau, hystérie et épilepsie traumatiques, etc.), cosmiques (coup de chaleur), infectieuses (fièvres graves). Les affections que l'on supposait *a priori* le moins susceptibles de retentissement sur les centres encéphaliques, exercent sur le caractère une action perturbatrice, qui, longtemps entretenue, conduit parfois à la folie ou à l'antialtruisme le plus dangereux (Azam). « Chez les hommes, les maladies des voies urinaires amènent presque toujours la misanthropie; ceux qui ont

peu d'attraction que les artistes gymnasiarques éprouvent pour la femme et de la moralité relative maintes fois signalée dans un monde, où les sollicitations et les facilités amoureuses sont particulièrement développées?

1. Après l'odieux massacre de la rue Haxo, sous la Commune, un artilleur colossal, sorte d'Hercule forain, qui, sans armes, avait frappé les otages à coups de poings, disait en montrant sa main enflée : « J'ai tant tapé dessus que j'en ai la patte toute bleue. » (Max. du Camp, *Convulsions de Paris*).

2. Le grenadier Tarare, par exemple. C'était un des plus grands mangeurs des temps modernes. Il dévorait des animaux tout vivants. Pendant un séjour à l'hôpital, « des infirmiers assurèrent lui avoir vu boire le sang des malades qu'on venait de saigner: d'autres l'avoir surpris dans la salle des morts contentant son abominable voracité. Enfin, un jeune enfant ayant disparu tout à coup, d'affreux soupçons s'élevèrent contre le misérable... » Tarare mourut en 1799, à peine âgé de 26 ans, « consumé par une diarrhée purulente et infecte, qui annonçait la suppuration des viscères abdominaux, constatée par l'ouverture du corps. » (Descuret, *l. c.*, p. 354, note.)

subi une amputation des organes génitaux portent, pour la plupart, une sorte de haine au chirurgien qui les a opérés et plusieurs prennent la vie en aversion » (Descuret). Je n'insiste pas sur ces faits d'ordre médical; mais je dois les rappeler pour montrer l'importance d'une exacte constatation de l'état sanitaire actuel ou rétrospectif, chez tout criminel dont les actes sont en désaccord avec les habitudes ordinaires de son milieu, hors de proportion avec leurs mobiles apparents. C'est une obligation pour les magistrats d'ordonner la recherche des antécédents morbides des accusés; à plus forte raison, de tenir compte des observations qui leur sont faites à cet égard par des hommes de science compétents. Si la Cour de l'Ardèche se fût souvenue de cette obligation, dans le déplorable procès du Dr L... (1887) [1], elle eût évité à la justice française le reproche d'avoir jugé et condamné un fou, c'est-à-dire un homme incapable de se défendre et d'apprécier la valeur de la répression d'un acte, — sous le prétexte qu'au moment de l'attentat, le malheureux jouissait de sa raison. Cinq médecins affirmaient cependant le contraire et avaient reconnu l'existence d'une épilepsie traumatique, remontant à l'enfance, des signes de démence progressive remontant à plusieurs années [2]! On ne saurait conclure à la culpabilité, sans la certitude de la responsabilité, c'est-à-dire de l'attentat commis en pleine intégrité des fonctions cérébrales, et cette intégrité ne peut être soutenue, qu'autant que le substratum anatomique n'a subi aucune altération avant l'acte. Il faut souvent une lésion bien minime pour occasionner de bien gros effets (les facultés d'appréciation

1. Lacassagne, *Lyon-médical* (1887), et *Arch. de l'anthrop. crim.* (mars 1888, p. 188).

2. De semblables procès jettent moins de discrédit sur les expertises médicales, qui font leurs preuves, que sur notre système de judicature, où la porte reste ouverte à tous les non-sens de l'incompétence, sur le terrain des questions spéciales. Ce jugement, cette condamnation d'un fou inconscient (et reconnu tel à l'audience) étonnent, à notre époque, à l'égal des procédures autrefois dirigées contre des cadavres, contre des animaux, déclarés les complices de sorciers,.., aussi contre les fous les plus avérés!

et de délibération, d'où naît la liberté dans la volition et dans l'impulsion, étant si étroitement liées entre elles, que l'une ne peut fléchir sans amener la perturbation de tout le système). En matière de folie, même douteuse, j'ai peine à reconnaître des responsabilités partielles. Mais j'admets celles-ci pour beaucoup de criminels, chez lesquels une maladie, d'ailleurs distincte de l'aliénation, a transformé le caractère, diminué l'énergie et la solidité des activités cérébrales. Sans aller aussi loin dans la part d'atténuation faite à l'influence des tempéraments excessifs, j'estime, qu'en certains cas, cette influence est à prendre en considération : l'homme colérique, par exemple, ou doué d'une grande nervosité, lorsqu'il commet un attentat criminel, est-il coupable au même degré, qu'il appartienne à la classe la plus inculte et la plus grossière ou au monde le plus affiné ? Je ne le pense pas. L'indulgence devrait être en proportion renversée du degré de l'éducation que le milieu a dispensée au délinquant.

L'homme dirige ses impulsions et ses actes dans une limite réduite et assez incertaine. Il n'est ni le maître de ses fonctions, ni même toujours en état de prévoir, avec leurs altérations ou leurs simples variations physiologiques, les écarts et les surprises qu'elles peuvent momentanément imprimer aux opérations du cerveau. S'il est difficile de récuser cette vérité pour un grand nombre de criminels, il l'est encore davantage de la rejeter pour le plus grand nombre des suicidés. Chez ces derniers, la perturbation psychique découle évidente de l'examen des statistiques officielles. Sur 100 suicides de causes connues, plus de 30 sont dus à des maladies ou à des infirmités cérébrales (manie, mélancolie, hypochondrie, délire de la persécution, démence, idiotie, imbécillité), près de 18 à l'excès de souffrances physiques (maladies diverses), et, si je laisse de côté ceux qui dérivent de l'ivresse accidentelle ou habituelle, la majeure partie des autres accusent, dans leurs mobiles, l'intervention de passions excitatrices (amour, jalousie, etc.) ou dépressives (dégoût de la vie, abattement à la suite de revers de fortune ou de chagrins domestiques, etc.). Dans ces conditions quoi d'étonnant si l'homme perd sa résistance et reporte contre lui-même l'impulsion non dirigée vers le crime ? Il n'est, ni dans un cas ni dans l'autre, en possession de lui-même ; il est devenu un incomplet, mais souvent par sa faute ! Comme il est un criminel d'habitude, un professionnel par choix délibéré du métier de la délinquance, il est aussi un prédisposé au suicide, de par l'adandon à un caractère qu'il n'a jamais cherché à assouplir. L'excès de la vanité, le dépit d'insuccès dans une profession ou une affaire dont les chances ont été longuement calculées, etc., poussent plus d'un normal à se séparer de leur milieu. On ne peut que les plaindre ; mais en regrettant que l'éducation ne soit pas intervenue en temps opportun pour les affermir et assurer leur participation utile aux travaux de la collectivité.

Le crime est de toutes les *races*. Il n'est le produit exclusif d'aucune forme anatomique, ni d'aucune forme sociale, car il dérive d'instincts communs aux hommes, de quelque souche anthropologique qu'ils soient issus, à quelque mode d'association qu'ils appartiennent. Mais, à mesure que l'état de collectivité se perfectionne, ces instincts se modifient : ils doivent se taire devant des obligations conventionnelles inconnues des sauvages, ou bien se réduire, dans les conditions de leur expression, au degré compatible avec la suffisante satisfaction des besoins de l'individu et les intérêts d'autrui. L'assouplissement n'est pas uniforme. Il y a dans chaque groupement ethnique, des natures réfractaires, chez lesquelles dominent, énergiques et vivaces, les instincts ancestraux, et la civilisation d'ailleurs, à côté d'améliorations qui constituent la marque du progrès, engendre mille causes de dégénérescences et de maladies, indices de la fragilité de celui-ci et d'une rétrocession plus ou moins prochaine. La proportion et le mode particulier de réaction de ces natures insoumises donnerait la tare de la criminalité dans les diverses races. Il semble aisé de l'évaluer : rien n'est cependant aussi difficile. Les influences de race sont en grande partie celles du milieu climatique, où l'homme s'est modifié selon les exigences de l'adaptation ; en grande partie aussi celles du milieu social, que le précédent a contribué à former, ou qui a pris naissance sous des conditions artificielles, sous la pression ou le rayonnement imitatif de peuples, en possession momentanée de la puissance morale ou guerrière. Mais quelque chose de la souche originelle est toujours conservé : des caractères physiques nouveaux, des tendances et des aptitudes nouvelles, s'y viennent peu à peu greffer, et une somme de qualités et de défauts, de résistances et de prédispositions à la morbidité se fixent dans un type devenu assez indépendant de son propre milieu, pour se maintenir hors de lui. Voilà ce qui fait l'élément ethnique.

Les races ont une capacité sociale très variable. Les unes ne dépassent pas l'état sauvage : elles se mélangent peu, s'usent d'elles-mêmes et plus encore au contact des races supérieures. D'autres végètent dans la barbarie, acceptant plus ou moins volontiers le mélange avec des races similaires, plus rarement avec des races supérieures, et ne se maintenant que grâce à une sorte de tolérance de celles-ci. D'autres enfin, selon des voies très différentes et à des degrés très divers, parcourent une évolution plus complète : ce sont les races dites civilisées ; elles sont à la fois pénétrantes et très pénétrables, se croisent entre elles et avec les races inférieures ; mais, en général, et contrairement à l'opinion commune, semblent valoir d'autant mieux qu'elles demeurent plus endogènes.

L'impulsivité n'est point la même dans chacune de ces catégories générales. Mais ce qu'on réprouve et châtie comme un crime dans l'une n'est pas toujours critiqué ou défendu dans une autre. On peut cependant donner à la notion criminelle un sens à peu près adaptable à tous les milieux ethniques : le crime est, dans toutes les races, l'attentat dirigé contre la personne, la famille et la propriété d'un membre de l'association. Chez le sauvage et le barbare, le même acte cesse d'être un attentat, s'il est commis sur l'étranger. Chez le civilisé, la morale n'admet pas la distinction, mais la pratique la garde, comme un témoignage de l'inanité des prétentions supérieures des races les plus avancées : le patriotisme n'est au fond que l'égoïsme et l'antialtruisme au profit d'une nationalité ; les peuples les plus forts se permettent vis-à-vis des plus faibles les actions odieuses qu'ils réprouvent entre individus, commettent le dol et le vol, en temps de paix, sous le couvert de la diplomatie, le pillage, le viol et le massacre, en temps de guerre, sous le couvert de prétendus droits traditionnels ! L'humanitarisme est un rêve ! Il est douteux qu'une génération aperçoive jamais l'aurore de sa réalisation.

On a pris le sauvage comme le type de l'être aux méchants instincts, afin de ramener au type primitif (chaque race étant directement sortie de l'état sauvage ou issue de parents sortis eux-mêmes de cet état) l'homme criminel des sociétés civilisées. J'ai eu déjà à m'expliquer sur ce sujet et je crois inutile d'y revenir. Le sauvage n'est mauvais, *dans sa tribu*, qu'autant que la pénurie des ressources ou les habitudes acquises après de détestables contacts, ont transformé ses impulsivités naturelles. Il vole ou tue par besoin, incapable qu'il est de trouver ou de comprendre un moyen plus adouci de satisfaire à ses appétits du moment. Il échappe à cette phase ou la traverse vite, s'il est appelé à une évolution supérieure ; il s'y concentre — et c'est là un phénomène caractéristique d'une dégénération que traduisent d'autre part la dégradation du type physique et la prédisposition aux maladies constitutionnelles et infectieuses les plus graves — s'il doit au contraire disparaître.

Dans l'état de barbarie, l'homme a des besoins limités, mais que la paresse et l'imprévoyance ne lui permettent pas toujours d'assouvir au gré de ses appétits. Ceux-ci, mal pondérés, n'ont de retenue que dans les vagues prescriptions d'une morale religieuse grossière et dans l'opinion dirigée par la coutume. La loi est en réalité incarnée dans l'autorité très arbitraire du chef. La force prime le droit. L'homme puissant par la vigueur de son bras, son adresse au maniement des armes ou la subtilité relative de son intelligence, par le nombre de ses serviteurs et par sa richesse, tourne vite au despote. La pitié et la probité, bien rudimentaires, sont moins habituelles qu'occasionnelles. L'hypocrisie et l'astuce sont les moyens en honneur vis-à-vis des forts, la violence et la cruauté vis-à-vis des faibles. Le sauvage n'a point d'esclaves, ou, s'il en a, finit par les absorber dans sa tribu ; le barbare fait souvent le trafic de la chair humaine, traite l'esclave comme un vil bétail, le vend ou le tue, sans éprouver le moindre sentiment émotif. L'un et l'autre pratiquent l'hospitalité, mais plutôt par vanité ou par arrière-pensée de réciprocité avantageuse, que par véritable esprit de bienveillance ou de charité envers l'étranger. La polygamie maintient la femme dans un déplorable assujettissement ; la virginité est en médiocre estime, mais cependant la prostitution n'est point commune ; la jalousie sexuelle, très intensive, est fertile en impulsivités vindicatives et féroces. Dans la vie nomade, le barbare a nécessairement plus d'indépendance ; il est aussi mieux préservé contre les entraînements antialtruistes, parce qu'il rencontre partout le gîte et la nourriture, sans avoir à déployer beaucoup d'effort : l'espace est à lui et à ses troupeaux (Tartares) ; mais cette existence a ses écueils et elle se transforme quelquefois en courses de piraterie (Touaregs). Sédentaire, le barbare peut donner les preuves de son aptitude ou de son incapacité à s'élever jusqu'à la civilisation. S'il prend goût au travail du sol ou au commerce, il s'initie peu à peu, par des contacts profitables, à des mœurs nouvelles, qui l'améliorent. Ou bien, il garde sa douce oisiveté, se contente des moindres choses, et n'emprunte à ceux qui le fréquentent que leurs vices et leurs habitudes les plus abrutissantes (nègres africains). Dans ce dernier cas, il tombe souvent plus bas que le sauvage, comme au Dahomey, où la population, inerte, est à la discrétion d'un tyran sanguinaire, d'un tigre à face anthropoïde.

En somme, on répète que, chez le sauvage et le barbare,

il n'y a ni prolétariat, ni mendicité, ni prostitution ; les hommes sont égaux et libres, ils ont l'entière satisfaction de leurs besoins : c'est l'objectif des sociétés civilisées ! Pourquoi donc ont-elles franchi des étapes qui les en ont si complètement éloignées ? Mais on oublie de dire, que la liberté est le lot d'errants, soumis à toutes les vicissitudes d'une existence d'aventures, que l'égalité est la communauté dans la misère ou le servilisme ; qu'à défaut de prolétaires, il y a souvent des esclaves ; que les mendiants manquent là où tout le monde reste dans l'alternative, grâce à une imprévoyance invétérée, de se contenter des moindres choses ou de mourir de faim ; il n'y a pas de prostitution de métier, mais la jeune fille s'abandonne à qui lui plaît, et la femme mariée n'est qu'une concubine dont le règne dure juste le temps des caprices de l'époux-maître. La vie humaine, la famille, la propriété n'ont aucune protection contre les violents...., s'ils sont forts [1].

Le sauvage et le barbare sont des réduits. Ils ne possèdent pas la sensibilité qui élargit le champ des impressions et développe les facultés intellectuelles. Les meilleurs restent des négatifs... Les autres réalisent des collectivités sans cohésion, où les scélérats font la loi.

Heureux ou malheureux, ces enrayés tiennent à leur façon d'être. Le suicide est exceptionnel parmi eux, et ils n'y ont ordinairement recours que dans la désespérance de la patrie perdue... patrie résumée dans un coin de terre aride, l'espace occupé par la tente ou le pauvre gourbi, où ils ne sont jamais assurés du lendemain, mais où ils se croient libres !

J'arrive aux races civilisées. Il serait utile d'avoir des statistiques complètes et uniformes pour établir leur criminalité comparée. Mais les relevés judiciaires sont en-

1. Tout cela est de la sociologie, je l'accorde. Mais je ne puis séparer des influences intrinsèques les actions de milieu qui évoluent à leurs côtés. Il y a d'ailleurs intérêt et profit à mener de front l'étude de facteurs unis très étroitement les uns aux autres. Je rattacherai donc aux facteurs individuels les considérations relatives aux facteurs sociologiques, toutes les fois que le sujet l'exigera. Si le plan général du livre perd, en cette méthode, quelque chose de sa rigueur apparente, la clarté de l'exposition y gagnera, et les déductions pratiques y trouveront meilleure occasion de se produire.

core en trop petit nombre et dressés sur des bases trop hétérogènes, pour qu'on soit autorisé à les regarder, dès aujourd'hui, comme l'expression vraie des tendances antisociales de chaque peuple. Il faut en tenir compte, sans leur accorder une valeur absolue. D'ailleurs, on se tromperait bien étrangement, si l'on s'imaginait que le crime-délit se concentre tout entier dans les chiffres de la statistique : ceux-ci ne fournissent que des notions de fréquence et de répartition relatives, que des aperçus très généraux sur les formes de l'attentat. Il importe de scruter les dossiers des tribunaux, de dépouiller les récits journaliers des feuilles publiques, de suivre l'évolution des mœurs et les caractères des hommes dans l'histoire, pour découvrir, à côté de l'action banale que la loi réprouve et punit, l'action de nuisance occulte, que l'opinion condamne sans la pouvoir frapper d'une sanction effective. Étudiées avec cet ensemble d'éléments, toutes les races évolutives, c'est-à-dire civilisées, apparaissent plus ou moins équivalentes dans le mal. Elles remplissent des rôles également considérables, bien qu'à des titres divers, dans les transformations successives de l'humanité. Aucune ne brille d'un éclat si lumineux, n'accuse des conditions de supériorité si manifeste, auprès de ses voisines, qu'elle soit bien venue à les déprécier pour s'exalter elle-même à leurs dépens. Le succès n'est pas la démonstration de la prééminence exclusive ; il appartient souvent aux peuples les moins scrupuleux, parfois aux plus grossiers et aux plus brutaux... et il n'est jamais qu'éphémère. La grandeur des sociétés ne se mesure pas à l'étendue des territoires qu'elles occupent, mais à la diffusion des idées moralisatrices qu'elles ont accomplie. Athènes, limitée à un coin du sol grec, a tout autant mérité du monde que Rome, rayonnant sur un vaste empire, et, de nos jours, l'Angleterre et l'Allemagne, si dédaigneuses des petits pays, y trouveraient à puiser d'excellentes leçons de moralité. Donc, je ne saurais admettre, à propos des questions de criminalité, le système de dénigrement et de calomnies que certains écrivains s'appliquent à édifier contre les races déplaisantes à leur étroit patriotisme. Je regrette d'avoir ici à rappeler à la dignité scientifique certain professeur d'outre-Rhin, qui ne s'est pas contenté de déclarer les Anglo-Germains les peuples les plus civilisés et les plus civilisateurs du globe, mais encore a osé présenter la France comme la pépinière des dégénérés et des criminels : nous serions responsables, devant l'Europe, de deux forfaits comme il ne s'en est jamais produit ailleurs d'aussi épouvantables, l'assassinat de Victor Noir par le prince Pierre Bonaparte (un attentat d'ordre passionnel, dont la qualité du meurtrier et l'animosité politique ont seules motivé le retentissement excessif) et le viol commis par le lieutenant La Roncière sur la fille de son général (affaire réduite aujourd'hui à une accusation portée contre un innocent par une hystérique à l'esprit trop précoce [1]). Nous verrons tout à l'heure si la vertueuse race allemande est bien fondée à nous jeter la pierre ! En attendant je constate une tendance déplorable et comme prise sur le fait dans le livre d'un docte médecin [2], le développement persistant des haines de races, dont le regain s'affirme dans les foyers les plus ardents à s'arroger toutes les supériorités intellectuelles, morales et sociales !

Les races civilisées, par l'intensivité de leur cérébration, leur sensibilité plus exquise, la recherche d'excitations toujours nouvelles, qui multiplient et ravivent les impressions, sont prédisposées à des maladies d'épuisement, à des affections des organes encéphaliques, susceptibles de modifier profondément les impulsivités ; elles sont en outre obligées à une cohésion, qui augmente et favorise l'extensivité des habitudes, détermine à l'infini les causes de conflits. Dans la lutte, les tarés sombrent bientôt, mais avec eux beaucoup de non tarés, qui ont conservé les instincts égoïstes et antialtruistes par défaut

1. Legrand du Saulle, *les Hystériques*, p. 410.

2. Pourquoi ne nommerais-je pas le Dr Krauss, l'auteur de la *Psychologie du Crime* (Tubinge, 1884)? Lire un compte rendu analytique de cet ouvrage dans la *Rev. d'anth. crim.* de 1886, p. 147.

d'adaptation éducative ou les ont délibérément réveillés par calcul. De là la fréquence et les modalités variées du délit-crime dans les races les plus perfectionnées ; de là aussi, quand l'impulsivité ne conduit pas à l'attentat contre les autres, les désespérances qui mènent à l'attentat contre soi-même.

Trois grandes masses ethniques se sont partagé le monde civilisé : elles résument sans doute d'assez nombreux mélanges, mais ont acquis une fixité remarquable de leurs caractères généraux, dans lesquels on doit admettre la prédominance du type originel, du rameau sorti de la souche-mère : les Chinois, cantonnés depuis des siècles dans un immense territoire de l'Extrême-Orient ; les Sémites et les Aryens, partis de l'Asie centrale et répandus vers l'Occident (Asie, Europe.)

Les *Chinois* sont harmonisés physiquement dans un type appelé mongolique : ils ont la face losangique, les pommettes saillantes, les cavités orbitaires larges et obliquement dirigées, la mandibule moyenne ou un peu forte, la tête subglobuleuse plutôt que globuleuse (sous-dolichocéphalie, mais avec brachycéphalie et dolichocéphalie plus ou moins fréquentes). Leur tempérament est lymphatique, avec une tendance à l'obésité. Ce sont les plus vieux et les plus immuables d'entre les civilisés, les plus fermés aussi d'entre les peuples et cependant l'un des plus expansifs : ils ne veulent pas que les étrangers les pénètrent, mais ils envahissent pacifiquement les pays qui les avoisinent et ont cherché à se jeter sur l'Amérique, l'attaquant à la fois par les Antilles et par les côtes du Pacifique. Leur dominante psychologique est l'esprit de scepticisme en matière religieuse, mais souvent allié aux plus grossières superstitions, l'absence de tout idéal élevé, la matérialité dans les goûts. Ils sont assez dédaigneux des vertus guerrières, très calculateurs, doués d'un sens pratique qui en fait les premiers commerçants du monde, secondé d'ailleurs par beaucoup de souplesse et de ruse, de patience dans le travail. Ils pratiquent entre eux l'assistance, mais leur solidarité s'inspire moins de la véritable charité que de l'intérêt des corporations; ils ont peu de pitié et médiocrement de probité, sont cruels jusqu'au raffinement, très fourbes. Leurs sentiments ressortissent de l'égoïsme : hors de chez eux, ils virent très aisément à l'antialtruisme, sous l'empire d'une vanité de race excessive et du mépris qu'ils ont pour les autres peuples, pour eux tous des « barbares ». — L'on sait très peu de choses de leurs immunités et de leurs aptitudes morbides; la folie ne serait point rare et même chez les émigrants, elle deviendrait fréquente (à la Guyane, sur 1.000 représentants de chaque race, les coolies hindous fourniraient 0.80 aliénés et les Chinois 1,60; ces derniers donneraient même, en d'autres régions américaines, 1 aliéné sur 150 émigrants, d'après Bordier). — Le suicide serait commun et ne soulève aucune réprobation. Les habitudes d'ivrognerie et surtout de morphinisme, importées dans l'Empire, aident sans doute au développement des affections mentales et créent une prédisposition au suicide. Elles jouent aussi un rôle important dans la criminalité, car elles contribuent, avec la passion du jeu, à l'énorme accroissement du paupérisme. — L'attentat est presque toujours commandé par la cupidité. Ce n'est pas que le Chinois ne soit un génésique : sous un certain ton de retenue et de décence, il est très corrompu; il est lascif, mais à froid (Morache) et l'ardeur sexuelle lui manque ordinairement pour le pousser au viol ou au meurtre par jalousie. Puis la prostitution est si libre! Elle l'entraîne indirectement au crime, mais par retour à la cupidité : comme il faut alimenter les lupanars de jeunes filles toujours fraîches... et même approvisionner le marché de jeunes garçons, fort appréciés de certains amateurs, on se livre au commerce de ces marchandises et l'on pirate de tous côtés pour se les procurer, les bénéfices sont gros et stimulent les convoitises. Le Chinois s'associe volontiers pour le crime : il regagne en sécurité ce qu'il perd au partage des profits ; il forme des bandes armées redoutables aux pays qu'elles visitent ou s'affilie à des sociétés secrètes qui lui indiquent les coups à risquer et lui ménagent les moyens de se soustraire aux poursuites. Il ne commettra pas ordinairement le meurtre et l'assassinat par haine ou par exaltation ; mais il y prendra plaisir, occasionnellement, savourant l'affreuse agonie de ses victimes, livrées aux plus atroces tortures[1]. Il tue pour voler et le vol, sous toutes ses variétés, est la forme principale de sa criminalité. Le vol objectif se double du vol occulte (recel, usure, fraudes commerciales, faux, etc.). Comme le Céleste est de sa nature un peu couard, s'il agit isolément, il préférera toujours la ruse à la force, et, même en bandes, il essaie de procéder par lâches surprises, guettant sa proie pendant le sommeil ou la narcotisant d'abord à son insu, dans un aliment accepté sans défiance de la main d'un serviteur complice. Le Chinois a sur la conscience assez de méchantes impulsivités sans qu'on lui en prête d'imaginaires : il a pu autrefois pratiquer l'infanticide des filles ; mais il n'est point coutumier d'un crime qu'on lui reproche à tort et peut-être par spéculation. Il aime l'enfant et son plus plus grand malheur est de n'en pas avoir dans le mariage ; il adopte alors ceux des familles pauvres ou quelque orphelin recueilli dans un hospice. Les âmes charitables, qui, de Paris et d'ailleurs, s'émeuvent au récit de l'abandon des petits Chinois, soit aux poissons des fleuves, soit aux porcs des rues, peuvent donc se rassurer et garder leur obole, inutile à tout achat de nouveau-né[2]. — Quel est le degré de tendance criminelle intrinsèque chez le Chinois ? Je ne le saurais dire. Je crois cependant que,

1. Je tiens d'un administrateur des mieux au courant des affaires indo-chinoises que, dans les premiers temps de notre occupation, l'on captura une jonque chinoise chargée de jeunes filles ; on y découvrit un pauvre diable d'Annamite, à moitié écorché et encore vivant : les pirates s'amusaient à lui arracher chaque jour quelques lambeaux de peau !

2. A. Corre, *la Mère et l'Enfant dans les races humaines* (1882), p. 263.
Nous reprochons aux Chinois, d'après quelques faits particuliers, un crime qu'ils seraient en droit de regarder comme habituel, presque comme toléré chez nous, d'après les comptes rendus de nos tribunaux. Au moment où j'écris ces lignes, on signale la découverte, à Varsovie, d'une association de sages-femmes qui se chargeaient de débarrasser les mères de leurs nouveaux-nés (*Rep. fr.*, 25 fév. 1890) : faudrait-il en conclure qu'en Russie l'infanticide est devenu pratique... à la mode ? C'est un peu de cette façon-là qu'on raisonne vis-à-vis des Célestes !

dans la race, le crime est plus intensif que fréquent. Même aux époques de famine, il n'apparaît pas très multiplié dans l'Empire ; mais sa répartition serait assez variable selon les provinces. Dans le Nord, même au sein d'immenses cités, comme Shangaï, il se commet très peu d'homicides et d'autres attentats contre les personnes [1]. Dans le Midi, à Canton et sur la ligne frontière, les attaques à main armée sont au contraire nombreuses, exécutées surtout par les soldats licenciés et les scélérats échappés des prisons. Hors de chez lui, le Chinois réprimerait moins ses instincts. Il est insolent, s'il croit avoir en face un timide ou un faible, et, avec son peu de scrupule pour s'approprier le bien d'autrui, en pays barbare, il deviendrait aisément un délinquant de la pire espèce, là où il ne serait pas mâté par la crainte. Au Tonkin, il est le principal obstacle à la pacification : mais il est juste de reconnaître qu'il est aussi le principal élément de la fortune, avec ses artisans laborieux et contents du salaire modique, avec ses commerçants et ses banquiers à gros capitaux et à larges vues, en somme pour la plupart honnêtes... au moins par intérêt bien compris. Dans la basse Cochinchine, Lorion déclare que « toute proportion gardée (avec les chiffres des populations respectives), les Chinois fournissent le contingent le plus fort à la criminalité [2] ». Sur les 772 condamnés du pénitencier de Poulo-Condor, il y a 83 Chinois (pour une population de 55,000 : 1 sur 662), contre 665 Annamites (pour une population de 1,500,000 : 1 sur 2,272). Aux Antilles on s'est plaint des coolies célestiaux : je n'ai pourtant rencontré qu'un très petit nombre de Chinois dans les affaires que j'ai étudiées au greffe de la Pointe-à-Pitre ; je sais d'autre part que dans beaucoup de cas où l'on incriminait leurs instincts de rébellion et de violence, il y avait à tenir compte d'une surexcitation causée par la mauvaise foi des engagistes à l'égard des travailleurs. Du reste, la criminalité extérieure des Chinois serait-elle très supé-

1. Lettre partic. du Dr Blanc.
2. *Criminalité et méd. judic. en Cochinchine*, th. Lyon, 1887, p. 24.

rieure à celle des milieux indigènes, dans les centres de transplantation, le phénomène ne prouverait rien de particulièrement défavorable à la race : les émigrants de tous pays sont ou des déchets de leur race ou des appauvris, dans tous les cas des besogneux, qui manquent de la retenue conventionnelle de l'opinion ethnique, ont rompu avec les habitudes nationales chez eux et n'ont point toujours contracté celles de leur nouvelle patrie ; ils éprouvent des sollicitations d'autant plus vives au délit, qu'ils ont plus de difficultés à se créer une situation.

Le Chinois, s'il n'est pas absolument un inutile, dans le mouvement évolutif de l'humanité, du moins est bien près d'être un stérilisant. Ses coutumes sont à l'envers de celles des autres peuples ; elles défendent à 300 millions d'hommes de fraterniser avec le reste du monde. Vis-à-vis des races qu'il pénètre, le Céleste est en outre un exploiteur : il met l'étranger en coupe réglée, licitement ou illicitement, et le gain obtenu, remporte chez lui l'argent pour le faire fructifier sur son propre sol. C'est un type accompli d'égoïsme national.

Avec les *Sémites*, nous entrons dans les races de civilisations plus générales, races non complètement fermées, mais encore dominées par des préjugés qui s'opposent à leur pénétration et gravitent autour de l'égoïsme : l'une, très militante dans son fanatisme, n'a point voulu s'ouvrir par un commerce régulier et continu avec les peuples de croyance opposée à la sienne ; mais, par le mépris de la femme, son abandon à la polygamie et le choix de ses compagnes parmi les esclaves de toutes races, elle s'est modifiée et comme absorbée dans un métissage dégénératif ; l'autre, très pacifique, mais plus envahissante par l'astuce, s'est infiltrée au travers de toutes les races ; captant lentement les situations avantageuses et la fortune, s'entretenant par une sélection prudente, ou n'acceptant pour ses couches nobles que des croisements de qualité, elle marche dans la voie d'un progrès presque inquiétant. Les Sémites ont, dans l'antiquité, produit les civilisations babylonienne et assyrienne

(Chaldée) : ils ont donné naissance aux Israélites, par lesquels le mosaïsme a préparé les religions modernes, et aux Arabes, par lesquels l'islamisme, après avoir failli conquérir le monde, achève la conquête du noir continent et ouvrira peut-être à l'Africain le seul mode d'adaptation relativement supérieur auquel il puisse prétendre. Ils sont en grande partie restés nomades et pasteurs, dans les pays d'Orient. Ils ont le visage oval et régulier, le profil droit, le regard fin, le crâne allongé (dolichocéphalie), les cheveux bruns et la peau plus ou moins foncée, la taille moyenne, le tempérament surtout bilieux. Ils ont longtemps pratiqué et même pratiquent encore, dans une mesure assez large, l'union consanguine, mais aussi l'union exogène, ainsi que je l'ai dit, et en des conditions sur lesquelles j'aurai à revenir. Ils sont, en divers lieux, prédisposés à la lèpre, très souvent atteints de folie (en Algérie, pour 1,000 habitants de chaque catégorie ethnique, on compterait, d'après Kocher[1], 37 aliénés chez les Français, 31,4 chez les Arabes et 34,4 chez les Israélites ; mais en d'autres régions, la proportion des aliénés Israélites l'emporterait de beaucoup sur celle des aliénés de diverses races européennes). Le suicide est rare, contrairement à une relation habituelle avec l'aliénation. Cela prouverait l'importance des facteurs sociologique, comme modificateurs des prédispositions individuelles : chez l'Arabe et chez le Juif, la religion, plus ou moins fataliste, condamne le suicide au même titre qu'un attentat sacrilège contre la loi divine et refrène dans ce sens les impulsivités[2]. Le Sémite est d'ailleurs préservé des habitudes, qui, en d'autres races, rendent celles-ci aberrantes. Il est sobre et très patient, plein de résignation dans l'adversité, jamais désespéré. Il a peu de goût pour le travail manuel, aime le déplacement, mais garde toujours et partout l'in-

1. *Criminalité chez les Arabes*, p. 79.

2. Un médecin israélite, de mes amis, explique la fréquence de l'aliénation, chez les Juifs, par les excès génésiques auxquels les entraine un tempérament déjà mis en lumière par plus d'un passage de la Bible, et la rareté du suicide, par leurs conditions de bien-être, leur alimentation substantielle, l'abstention des boissons alcooliques, autant que par leur esprit de religiosité.

fatuation de sa race, une certaine intolérance religieuse et aristocratique. Voici maintenant les traits divergents : ils s'accusent surtout dans les tendances et les formes de la criminalité.

L'*arabe*, sous l'influence de l'islamisme, et encore enivré au souvenir de ses triomphes d'autrefois, a développé à l'excès les instincts fondamentaux de sa race. Il est resté très indépendant, très militant, très fanatique. C'est un passionnel, chez lequel les sentiments contraires se livrent un perpétuel conflit. « Peut-être, dit Desvergers, le trait le plus saillant du caractère arabe est-il ce mélange intime d'ardeur pour le pillage et d'hospitalité, d'esprit de rapine et de libéralité, de cruauté et de générosité chevaleresque, qui met tour à tour en relief les qualités les plus opposées... » La pauvreté d'un sol ingrat est pour les peuples ou les tribus du nom l'excuse du pillage : ils reprennent sur des voisins plus fortunés ce que la nature ne leur a point accordé et réparent à force ouverte ce qu'ils estiment les injustices du sort. « Ne faisant pas de différence entre la guerre et le guet-apens, le vol à main armée leur semble un droit de conquête : dépouiller le voyageur est à leurs yeux aussi méritoire qu'emporter une ville d'assaut ou réduire une province. De pareilles inclinations ne mériteraient aucune sympathie si elles n'étaient rachetées par de nobles vertus. Ce même guerrier, que la soif du pillage, le désir de la vengeance, l'amour-propre offensé portent à des actes de cruauté inouïe, devient sous sa tente un hôte libéral et plein de courtoisie ; l'opprimé qui recherche sa protection ou se confie à son honneur est reçu non seulement comme un ami, mais comme un membre de la famille. Sa vie devient sacrée et son hôte le défendrait au péril de la sienne, quand même il eût découvert que l'étranger assis à son foyer était l'ennemi dont il a cent fois désiré la perte [1]. » Tel est le Bédouin, que l'union consanguine a conservé pur. Sédentaire, l'arabe vit du négoce. Partout

1. In Dr Le Bon, *Civilisation des Arabes*, p. 40.

il reste intelligent ; mais il ne cultive plus les arts et les sciences : après avoir eu son heure d'initiation sur l'Europe, il ne daigne pas même emprunter à celle-ci les moindres choses de sa civilisation ; il se fige dans l'étroit esprit du Coran et privé d'activité, achève de s'amollir dans la polygamie, qui le conduit même à la dégénération. La polygamie, je le sais, a ses partisans et le Dr Le Bon la regarde comme avantageuse aux races qui la possèdent [1], de même qu'il déclare la traite africaine favorable au noir, en tous cas moins funeste pour lui que l'importation forcée de l'opium en Chine pour les Célestes [2], car le nègre une fois converti est bien traité chez les musulmans, et l'absence du préjugé de la couleur le rend l'égal de tous. Ce sont là précisément les conditions d'un métissage, que j'estime déplorable pour l'avenir de la race arabe. L'Arabe prend ses épouses partout où il trouve une femme à acheter : il se préoccupe peu de ses origines et de ses qualités, pourvu qu'elle lui plaise ; il la recherche fréquemment parmi les négresses que lui procure la traite ; il en a des enfants qui à leur tour croiseront avec des femmes de toutes sortes, mais surtout avec des africaines. Est-il possible de soutenir, qu'en de pareilles circonstances, l'hérédité ne soit pas instable ou rompue au profit de grossiers éléments ? C'est d'ailleurs dans les tribus où les croisements sont le plus renouvelés, que la race s'est aussi la plus abâtardie : les Maures n'ont rien gardé des qualités ancestrales. Le contact des étrangers achève l'œuvre d'un métissage irréglé : la criminalité de l'indigène, en Algérie, le démontre avec évidence. Je n'ignore pas qu'une part des attentats revient aux Kabyles [3], mais c'est la plus minime, et, de l'aveu de tous les observateurs réfléchis [4], ceux-ci sont de beaucoup supérieurs à l'Arabe. L'Arabe, dans les villes, contracte les habitudes d'ivrognerie de l'Européen ;

1. *L. c.* p. 421.
2. *Civil. des Arabes*, p. 399.
3. Berbères, de la branche lybienne du groupe Khamitique.
4. Sabatier, *Essai sur les Berbères sédentaires*, *Rev. d'anthrop.*, 2e s., V, 412.

sur les bancs de nos écoles, il perd jusqu'à ses croyances, pour n'acquérir qu'un scepticisme dangereux[1] ; dans les campagnes, au sein de la tribu, il retourne au dernier degré de la barbarie. Ses crimes, toujours marqués au coin de la passion la plus effrénée, dérivent peut-être moins de la cupidité, que de la haine et de la sexualité ; les assassinats sont perpétrés à la suite de querelles futiles entre familles ; les viols et les attentats à la pudeur les plus monstrueux se répètent en des conditions de brutalité inouïe[2] ; c'est de la criminalité africaine... dans le sens négroïde. Pourtant au point de vue numérique, c'est-à-dire de la fréquence de l'attentat, si la criminalité et la délictuosité de l'indigène sont ordinairement plus élevées que chez les Français, elles le sont moins que chez les autres Européens, pour la plupart des déchets de l'Espagne et de l'Italie : sur 100,000 habitants, dans chaque nationalité, la moyenne annuelle de 1881 à 1885 est, pour les accusés de 17 chez les Français (comprenant les Israélites), de 22 chez les autres Européens, et de 21 chez les indigènes ; pour les prévenus, de 760 chez les Français, de 1,140 chez les autres Européens, et de 300 chez les indigènes[3]. Mais il faudrait tenir compte du nombre des attentats commis par l'indigène sur les territoires militaires et jugés par les conseils de guerre[4].

Le *Juif* ou israélite, avec des qualités d'extériorité moins brillantes que l'Arabe, mais avec des défauts aussi moins saillants, une intelligence mieux pondérée, un esprit de suite admirable, a conquis silencieusement sa place dans le monde. Il a opté pour la vie sédentaire, le négoce ou les professions libérales, et, dans chacune des branches qu'il a choisies, il a produit un grand nombre d'hommes supérieurs ou mêmes géniaux. Peu d'artistes cependant, en-dehors du théâtre ; car son esthétique est

1. Sergent, *les Indigènes musulmans en Algérie*, *la Réforme*, 1879, 1.
2. Kocher, *l. c.*
3. *Stat. of.*
4. De 1881 à 1884, la moyenne annuelle des indigènes jugés par les conseils de guerre a été de 370 (*C. r. de l'admin. de la justice militaire.*)

sans élévation ou est toute imitative. Si prodigieuse est sa souplesse, qu'il a traversé sans défaillance les siècles, dans les plus odieuses persécutions ; si prodigieuse sa force de travail cérébral, qu'à peine délivré des entraves par la Révolution, il a, dans moins de cent ans, acquis, chez les principaux peuples de l'Europe, les plus hautes situations, atteint aux fortunes les plus colossales. Comme on le poursuivait jadis au nom du fanatisme religieux, on le poursuit aujourd'hui par jalousie. Les accusations ineptes et féroces reparaissent contre cette race ; on lui prête des sentiments qu'elle n'a jamais connus, on lui reproche jusqu'aux tendances dont elle a pris l'assuétude forcée sous la pression des anciennes humiliations. La vérité est que le Juif commet très peu de grands crimes : ses impulsivités mauvaises se limitent à l'attentat de second ordre et presque uniquement de mobile cupide. Il ne tue guère (les sacrifices d'enfants qu'on lui attribue sont une calomnie accréditée par le moyen âge [1]) ; mais il diffame dans le journal (c'est un juif qui a trouvé ce mot épique pour la diffamation d'adversaires : *c'est de la politique cela !*). Il ne commet pas d'attentats à la pudeur ni de viols, mais la prostitution se recrute assez largement parmi ses filles, revêtant un caractère de lucre qui la rend particulièrement repoussante. Il pratique surtout le vol et tous les crimes-délits connexes. La tradition, la note héréditaire se manifestent dans la forme de cette criminalité. C'est dans la race qu'on rencontre principalement ces familles de voleurs, se livrant à des méfaits

1. Personne n'ignore le tapage que l'on a fait, depuis le XVIIe siècle, autour d'un prétendu sacrifice d'enfant chrétien par le Juif Raphaël Lévi. On peut lire le récit de cette histoire, dans le *Recueil des causes célèbres* de Gayot de Pitaval (La Haye, 1745, t. XX, p. 238) et je conseille à ceux qui voudront bien s'y reporter de consulter ensuite l'ouvrage de Maudsley « *Crime et folie* » : ils trouveront dans ce dernier (p. 153) une autre histoire d'enfant découpé en morceaux par un clerc d'avoué, qui leur expliquera la première d'une tout autre façon que le pamphlet de Drumont. En mars 1888, un chiffonier découvrait dans une rue d'Angers un sac renfermant le corps mutilé d'un petit garçon : on mit le meurtre sur le compte des saltimbanques (les forains ont aussi un excellent dos) ; ailleurs on n'eut pas hésité à l'attribuer aux Juifs (se rappeler l'affaire Esther-Solynossy, en Hongrie). Des actes aussi abominables, quand ils ne sont pas l'œuvre d'aliénés, sont quelquefois celle de superstitieux, qui, malheureusement encore appartiennent à toutes les races ! Voir p. 54.

humbles, mais incessants, dont les Nathan sont un si curieux spécimen. « Ils sont redoutables non par leur audace, car rarement ils assassinent, mais par leur persistance dans le mal, par l'inviolable secret qu'ils gardent entre eux, par la patience qu'ils déploient et les facilités qu'ils trouvent pour se cacher chez leurs coreligionnaires. Les voleurs juifs ne se mettent presque jamais en guerre ouverte contre la société ; ils sont toujours en état de lutte sourde et astucieuse ; on dirait qu'ils prennent une revanche, qu'ils sont dans leur droit, et qu'après tout, ils ne font que ressaisir, lorsque l'occasion se présente, un bien dont leurs ancètres ont été si souvent, si violemment, si injustement dépouillés par les nôtres [1]. Parfois, ils se réunissent en bande et font le vol en grand, comme on fait le négoce ; ils ont leurs correspondants, leurs entrepôts, leurs acheteurs, leurs livres de commerce. C'est ainsi que procédaient les Nathan, les Klein, les Blum, les Lévy. Tout leur est bon, le plomb détaché des gouttières, aussi bien que le mouchoir enlevé d'une poche ; le chef prend généralement le titre de commissionnaire en marchandises et fait des expéditions sérieuses vers l'Amérique du Sud, l'Allemagne et la Russie. Le jargon hébraïco-germain qu'ils parlent entre eux est incompréhensible pour d'autres et sert encore à égarer les recherches. Ils sont les premiers récéleurs du monde et cachent leurs actions secrètes derrière un métier ostensiblement exercé » (Max. du Camp) [2]. De ces brasseurs d'affaires, dérivées du vol banal et dont la police daigne s'occuper, il faut bien rap-

1. Cela n'est qu'à demi vrai. Dès leurs premières relations avec les autres races, les Hébreux montrèrent peu de scrupules des droits des étrangers. Leurs pères étaient probablement mêlés aux hordes qui ont si effrontément pillé l'Egypte dans un moment de surprise, et reçurent de leurs victimes le surnom de voleurs (*Sous*, voleurs, *Hycsous*, chef de voleurs, d'où le titre historique de l'invasion des *Hycsos* ou *Hycsous*). Jadis, ils envahissaient en masse les peuples bons à dépouiller (conquête de Chanaan, etc.). A une époque très rapprochée de nous, après l'émancipation révolutionnaire, sous le Directoire et jusque dans les premieres années de l'Empire, les Juifs d'Europe ont largement contribué à former et à entretenir des compagnies de malfaiteurs, qui, à la faveur des perturbations politiques et d'un état de guerre presque permanent, mirent à sac le Pays-Bas et l'Alsace-Lorraine (bandes de Schinderhannes et de Hessel).

2. *Paris*, III, p. 18.

procher les gros entrepreneurs de démolissage de la fortune privée et même publique, qui opèrent à ciel ouvert (sous l'œil presque complaisant d'une autorité niaise ou gangrenée, à l'abri de lois insuffisantes à la protection des faibles), à coups de bourse ou de réclame, d'articles de journaux mensongers, d'accaparements scandaleux. Mais il serait inique de rapporter seulement aux hommes de race juive tous les écroulements financiers qui se succèdent en Europe depuis une soixantaine d'années, avec une si déplorable continuité. Les banques protestantes et catholiques ont à leur acquit assez de catastrophes, pour être tenues à quelque indulgence vis-à-vis de leurs rivales israélites. En somme, la moralité du Juif et ses aptitudes civilisatrices l'emportent de beaucoup sur ses tendances antisociales et celles-ci sont de médiocre intensivité. La race n'a point varié dans ses caractères, pas plus sous le rapport physique que sous le rapport psychique : d'un bout à l'autre du monde, elle est restée la même qu'aux temps antiques, résistant aux contacts les plus variés, aux influences les plus modificatrices. Les familles sont dispersées, le peuple est fragmenté sur toute la surface du globe : la nationalité s'est perdue, la race est demeurée. C'est que nulle autre race, avec plus de faculté de pénétration n'est en même temps moins pénétrable. L'Israélite, grâce à un code religieux, qui est l'une des conceptions les plus étonnantes du génie humain [1], et qu'il a toujours fidèlement observé, s'est préservé contre la contagion des habitudes dégénératives ; il a gardé sa cohésion par la solidarité, malgré la dissémination, sa force, si nettement révélée dans une fécondité exceptionnelle et une importance croissante dans les milieux les plus civilisés, par l'union consanguine ou le croisement limité avec des éléments soigneusement choisis (il est le maître de ses alliances, par

1. Ce n'est peut-être pas le plus philosophique, mais c'est bien certainement le plus pratique, le mieux adapté aux besoins et au caractère d'un peuple : il défie tous les dénigrements, même ceux des historiens teintés d'ethnographisme (souvent fantaisiste), comme Marius Fontane.

l'argent et l'influence : les filles de financiers prennent place aux foyers de l'aristocratie, les noms de la vieille noblesse s'associent à des noms juifs). L'endogénie est si bien la raison principale de la conservation de ses énergies ethniques, qu'il s'affaiblit et périclite, seulement dans les pays où il a subi le métissage impondéré, comme en Allemagne et dans la région danubienne. Là, ce qu'on appelle le Juif, n'est plus à proprement parler de la souche sémitique originelle : c'est un produit blond, au crâne plus ou moins raccourci, au visage plus ou moins épais, aux instincts bas et rampants, qui a conservé du sémite la souplesse, du mosaïsme l'esprit d'exclusivisme, mais a pris le cynisme et l'hypocrisie germaniques, les a adaptés à ses intérêts ; dans ce milieu, on ne dira pas que la force prime le droit, mais on pense que la ruse effrontée prime la force... et le reste ; l'homme est devenu le trafiquant rapace, l'usurier éhonté, contre lequel se liguent toutes les haines populaires,... un antisocial difficile à défendre.

Les *Aryens* vont nous présenter des tendances nouvelles. Toutefois l'on aurait tort de supposer que le nom réunisse des races absolument conformes sous le rapport des caractères anthropologiques et des aptitudes sociologiques. Les dissemblances sont considérables, entre les rameaux que l'on prétend sortis du même centre pamirien, et elles ne s'atténuent même pas sous la communauté des aspirations inquiètes, de l'idéal spiritualiste, de l'esthétique épurée, qui semble l'héritage du groupe. Je ne dirai rien des peuples qui ont vécu le plus proches de leur berceau : sous la loi des castes du brahmanisme ou sous les lois d'égalité du bouddhisme et du mazdéisme, ils n'ont pu éviter les croisements dégénératifs avec les races conquises ou conquérantes, croisements encore renforcés par la polygamie et l'action de l'islamisme. Les Hindous et les Persans ne comptent plus dans les civilisés, sinon à titre de comparses, à la remorque d'autres races plus vigoureuses et plus actives. Mais parmi les Aryens d'Europe combien de divergences !

Il y a des dolichocéphales et des brachycéphales à tous les degrés, en général des blonds, à tempérament lymphatique ou sanguin, plus particulièrement répandus dans le nord, qui se rapprochent des Chinois et des Juifs par leurs instincts et les inclinations de leur esprit, par la nature de leurs actes habituels, leur conduite vis-à-vis des autres peuples. Ce sont précisément les Aryens les plus entichés de leur origine et qui affichent le plus de prétentions à la supériorité morale et intellectuelle, les *Anglo-Germains*. Je les vois assimilés dans la même passion d'indépendance, la même ténacité dans les entreprises, la même vigueur de pensée, mais aussi dans le même égoïsme national, la même ignorance de la pitié et de la probité, quand leurs intérêts les mettent en conflit avec des faibles, la même brutalité de mœurs associée à la même hypocrisie. Il semble que la Bible les ait affiliés au judaïsme, comme le mercantilisme aux corporations célestiales! Très prolifiques et très expansifs, surtout puissants par le défaut de scrupules, ces peuples visent à la domination universelle : leur triomphe serait celui de la force matérielle et la démonstration désespérante que la force morale est peu de chose dans les sélections, la négation du progrès social, avec l'effacement des idées de droit et de justice, si péniblement acquises par l'humanité.

Il est de haut goût, dans le monde philosophique et politique, d'exalter la race Anglaise au détriment de toutes les autres. Je m'empresse de dire que je lui reconnais des qualités très dignes de louange et même d'admiration. Mais je ne saurais taire des défauts et des vices qui les compensent. L'Anglais, avec cette conviction que la terre et les mers lui appartiennent ou doivent lui appartenir, arrive à absorber le droit des autres dans ses intérêts propres; son patriotisme repose sur un égoïsme féroce, doublé de l'ignorance ou du dédain des sentiments de probité : il a volé plus de provinces qu'il n'en a conquis par les voies régulières, et sa conduite récente vis-à-vis du Portugal a soulevé l'indignation de l'Europe entière : lui seul n'a rien éprouvé de troublant dans un acte d'aussi odieuse duplicité et d'aussi insigne lâcheté. Cette absence de l'idée de justice contribue à rendre stable et homogène une race qui accepte toutes les inégalités sociales comme chose naturelle, l'association de la plus noire misère aux fortunes les plus excessives, sous le leurre d'une liberté individuelle, au fond plus limitée qu'elle n'en a l'air. L'Anglais est respectueux *chez lui* du texte de la loi, parce qu'il ne trouve pas dans son cœur, selon l'expression de Clavel [1], le sentiment de la justice : « la bible, qui touche peu les populations douées du sens de la justice, » est sa lecture favorite ; elle lui dicte aussi une hypocrisie de commande, fréquemment mise à nu par les faits. Cromwell couvrait ses fourberies du manteau du puritanisme, et, dans le domaine de la sexualité, on observe fréquemment un curieux contraste entre le masque..... et la réalité. Car l'Anglais (encore une affinité avec le Chinois) affecte une retenue semi-religieuse, qu'il aime à opposer à la licence des autres races, au déchaînement des vices français, et, chez lui, le tempérament est très génital. L'appétit génésique explique la personnalité d'Henri VIII ; la jalousie de la *vierge* Élisabeth l'a conduite à ordonner le supplice d'une rivale en beauté et celui d'un amant infidèle ; l'amour désordonné pour une misérable prostituée, devenue la femme d'un noble lord, a fait de Nelson un assassin méprisable [2] ; les scandales révélés par la *Pall Mall gazette* ne sont pas encore oubliés, qu'ils menacent d'être égalés par ceux de Cleveland-street ; des procès retentissants ouvrent à tous les yeux les secrets peu édifiants de nombreux ménages aristocratiques, et les livres d'Hector France nous ont appris ceux des tavernes et même des pensionnats. Tout cela n'empêche pas les Anglais de se croire très chastes, d'applaudir aux condamnations des libraires qui ont vendu les œuvres de

1. *Les Races humaines et leur part dans la Civilisation.*
2. La mémoire de l'illustre marin ne sera jamais lavée de la mort de l'amiral napolitain Carraciolo.

Boccace et de Zola [1], à la fermeture de certains établissements où l'on admettait des femmes mariées à entendre des chansons « suggestives [2] », aux réformes de la cour, décidées par le rigide prince de Galles et par sa dévote mère, pour ramener la décence, que la mode « des corsages décolletés » avait un moment compromise [3], aux proclamations royales, invitant les magistrats « à faire progresser le respect et l'honneur dus à Dieu et à poursuivre et supprimer tout vice, profanation, débauche, immoralité, si déplaisants à Dieu et si préjudiciables au Gouvernement [4]; » même au retrait du bill de surveillance de la prostitution, sous le prétexte que la visite des femmes et des filles inscrites est un appât à la débauche par la sécurité. Il y a bien de temps à autre quelques jeunes demoiselles qui se font enlever (l'an dernier, l'on en arrêtait une, à Neuilly, enamourée d'un Peau-Rouge, et fort mécontente d'avoir à le quitter pour rentrer au bercail maternel), mais leur nombre est assez faible : l'anglaise connaît le prix de son capital et tout le parti qu'elle peut retirer du moindre semblant d'accroc qu'on lui porte. On divorce peu, chez nos voisins [5]; mais dans quel autre pays verrait-on, de nos jours, un mari vendre sa femme un shilling à un ami, épris pour elle d'une très vive affection,... par charité évangélique (l'histoire s'est passée entre deux membres de l'armée du Salut, à Sheffield) [6]. Toutefois, dans la sexualité d'outre-Manche, il y a souvent plus d'obscénité que de véritable emportement passionnel. Le chiffre des attentats aux mœurs est relativement bas, mais sensiblement plus élevé dans

1. Sept. 1888.
2. Oct. 1888.
3. Fév. 1889.
4. 20 juin 1888.
Et les magistrats de répondre à ce touchant appel, en condamnant à trois semaines de travaux forcés un garçon de quinze ans « pour avoir embrassé une servante d'auberge. » Mars 1890.
5. La procédure entraîne des frais si lourds !
6. Mars 1889.

l'Angleterre que dans l'Écosse et l'Irlande. Les coups et blessures, les meurtres et les assassinats sont beaucoup plus communs qu'on ne le croit sur le continent ; on aurait remarqué une multiplication inquiétante, depuis quelques années, des meurtres d'enfants par leurs parents, afin de toucher des primes d'assurance sur la vie des innocentes victimes. La cupidité est d'ailleurs le mobile dominant de la plupart des attentats. Dans les crimes et délits contre la propriété, les Anglais occupent un rang distingué. Leurs pickpockets des deux sexes ont une réputation européenne et très bien méritée ; le faux monnayage s'est élevé dans la race jusqu'à l'art... et au niveau d'un système : pendant la Révolution, le Gouvernement britannique n'a point reculé devant la fabrication des faux assignats, pour ruiner notre crédit et l'an dernier on découvrait, à Madagascar, une usine montée par une compagnie anglaise pour la fabrication des fausses pièces de 5 francs, afin de gêner notre commerce, tout en volant à gros profits les Malgaches [1] ! D'après une statistique publiée par la *Pall Mall gazette* et relative à l'Angleterre (avec la principauté de Galles) [2], la criminalité aurait présenté les fluctuations suivantes, de 1861 à 1884 [3]. Les crimes contre les personnes, de 2,473 en 1861, ont monté à 3,337 (max.) en 1882, et sont retombés à 3,165 en 1884 (soit pour une moyenne de 26 millions d'habitants, 1 sur 8,214 habitants ; en France, dans la même année, on compte pour une population moyenne de 37,600,000 habitants, 1,629 crimes-personnes, 1 sur 23,082 habitants) ; les crimes contre les propriétés ont été de 5,062 en 1861, de 7,112 en 1882 (max.) et de 6,078 en 1884 (1 sur 4,277 habitants ; en France, 1,647 crimes-propriétés, 1 sur 22,820 habitants) [4]. Le nombre des délits

1. *Dép.* de Brest, 8 mars 1889. A Madagascar, c'est la pièce de 5 francs (française), découpée en menus fragments, qui sert à toutes les transactions.

2. *Rép. franç.*, 14 oct. 1886.

3. Pour les périodes antérieures, voir les statistiques de Guerry.

4. Il faut tenir compte de la différence des qualifications des attentats, en Angleterre et en France ; dans l'une, il y a plus d'un crime, qui chez nous, serait reporté aux délits. Néanmoins les chiffres prouvent que la moralité anglaise n'est pas aussi transcendante qu'on s'efforce de nous la montrer.

contre la propriété est surtout considérable, et, parmi eux, celui des faux en écriture et du faux monnayage, en voie de diminution cependant, depuis ces dernières années. Voilà, certes, un bilan qui devrait atténuer l'arrogance britannique: mais elle est de telle ampleur qu'aucune démonstration n'arrivera jamais à l'entamer. L'alcoolisme exerce sur le développement du crime-délit une influence tout aussi prononcée ou même plus prononcée que chez nous, malgré que la froideur et l'humidité du climat rendent les excès de l'ivresse souvent moins impulsifs. — Les suicides seraient rares, contrairement à l'opinion répandue (à peine 8 pour 100,000 hab., en France 18 à 19). — L'émigration est pour la race une cause de dérivation du crime et du suicide; mais dans une mesure sans doute assez médiocre; elle ne draine pas seulement les déchets de la population, elle emporte un grand nombre de personnes en état de poursuivre à l'étranger des carrières commencées dans la mère-patrie et souvent en possession de capitaux. Ses résultats n'en achèvent que mieux de découvrir le fond du caractère, l'égoïsme jaloux, l'antialtruisme par cupidité insatiable. L'anglais colonise en faisant table rase de tout ce qui le gêne. Il ne civilise pas les autres races, il les supprime pour se mettre en leur place, ou les asservit. Il joue de l'humanitarisme et de la philanthropie pour mieux arriver à ses fins: ses moyens véritables en sont tout l'opposé. Nul peuple n'a revendiqué plus hautement les *droits* des pauvres nègres et aucun ne les a plus durement foulés aux pieds: ce sont des capitaines anglais, qui ont inauguré la traite africaine! En Australie, les indigènes ont disparu en moins de 50 années de contact avec leurs... éducateurs! L'Hindou n'a pas été chassé et anéanti, parce que ses bras sont nécessaires à un maître qui ne s'acclimate pas sous la zone torride; mais il est ruiné. De beaux modèles vraiment à nous offrir pour nous régénérer! L'équité m'oblige à proclamer, que, dans la race, les influences sociales, dérivées du mode aristocratique et quelque peu vieillot de son gouvernement, contribuent pour une large part à l'exaltation des défauts et à l'amoindrissement des qualités. L'Anglo-Saxon, affranchi de certaines contraintes, indépendant, rajeuni sous la forme républicaine, offre, en Amérique, le spectacle d'une race particulièrement vigoureuse et progressive: il a plus de sans-gêne, mais il s'est débarrassé de l'hypocrisie, plus de retenue en même temps dans les convoitises, avec autant d'audace et d'énergie, une étonnante puissance de travail, mieux répartie pour le commun avantage de tous les citoyens; il a devant lui un avenir que n'a plus à espérer pour lui-même son frère d'Europe.

Un autre spécimen ethnique, en grandes relations de caractère et d'amitié avec le précédent, nous est fourni par l'Allemagne, par les Germains ou Teutons. Ceux-là aussi n'ont que les mots de Dieu et de vertu à la bouche, que la bave et le venin pour leurs adversaires, à défaut de la force écrasante. Voyons à quoi se réduisent leur moralité et leur aptitude civilisatrice. Constatons d'abord, que, sous le rapport social, ils en sont toujours à la période des castes et du militarisme. Ils ont une noblesse fière et brutale, qui n'aspire à se maintenir que par la guerre; une bourgeoisie timide, parfois grossière en ses appétits et servile en sa conduite: le peuple, malgré la diffusion de l'instruction, commence à peine à deviner ses droits et à sentir sa valeur. Ce tout, rendu homogène sous une formule presque féodale, possède une puissance intellectuelle très remarquable, mais plus dissolvante que créatrice, et, avec des qualités très réelles, des défauts qui l'exposent à devenir antipathique aux contacts un peu prolongés. Le Germain passe pour doux, facile à satisfaire, laborieux. Doux, il l'est par nécessité, mais apparaît tout le contraire aussitôt qu'il se sent la force : l'instituteur bat l'élève, l'officier bat le soldat (paysan, citadin... ou instituteur), et le vainqueur ne connaît aucune générosité, aucune délicatesse vis-à-vis du vaincu. Facile à satisfaire, il l'est quand il n'a rien à prendre: il se montre insatiable, aussitôt que la porte est ouverte à ses convoitises; laborieux, il l'est aussi, mais avec une application vers le but égoïste et matériel. Le Teuton a la même hypocrisie que l'Anglais, avec plus de méfiance, le même dédain des scrupules et la même croyance à la justification des actes par le succès : on sait à quel degré il a élevé l'organisation de l'espionnage international. Avec cela, vindicatif, et encore surexcité... bien qu'à froid, par de vieilles rancunes séculaires, contre les peuples dont les intérêts viennent effleurer les siens. Le dédain des autres races ! voilà bien un autre trait du caractère : on l'infiltre à l'enfant dès ses premiers livres [1], et comme il ne suffit pas de l'enseigner dans l'école et dans la famille, comme il est profitable de faire croire en tous lieux aux vices du welche, l'ennemi héréditaire, il n'est point de basses manœuvres qu'on néglige pour atteindre à un aussi louable but. On pose soi-même pour la vertu... et l'on dessine l'autre sous les traits d'une caricature repoussante, qu'on s'efforce de présenter comme un portrait véridique. Le welche ne croit à rien : le piétiste allemand s'incline à chaque heure devant le Saint des Saints, et, entre leurs machinations pour souffler le vent de la discorde ou de la guerre, aux deux bouts de l'Europe, les plus éminentes personnalités vont humblement au prêtre, s'inquiétant des plus minces détails de la conduite religieuse des citoyens et des soldats ; tel général ajoute à la formule du serment militaire « par Jésus-Christ, en vue de mon salut éternel, » etc. [2]; tel magistrat condamne un homme à 8 jours de prison pour avoir blasphémé Dieu [3]; l'empepereur interdit de chasser le dimanche, etc. Le welche est un pourceau d'pÉicure, il se vautre dans la débauche ; l'Allemand est chaste ; cependant, l'un de ses journaux [4] constate qu'il prend goût à la littérature et aux dessins

1. Peugeot, *l'Esprit allemand*, 2e éd., p. 28. Exemples extraits de grammaires : « Nous sommes seuls un peuple, les autres sont faits pour nous servir. » — « Les Français sont des bêtes féroces. »

2. Le comte de Waldersee.

3. Le directeur de la correspondance antisémitique, Fritoch, Leipzig, déc. 1888.

4. *Gaz. de l'Allem. du Nord*, juillet 1888.

obscènes, qu'en une seule descente de police, chez les libraires de la capitale prussienne, on a dû saisir plus de 15,000 livres et plus de 3,000 photographies détestables pour les bonnes mœurs. Ce qu'on ne dit pas, c'est l'inondation des pays du Levant et de l'Égypte par d'abominables photographies, dont les explications, rédigées en français tudesque, trahissent du même coup l'origine et le but ; ce qu'on dit encore moins, ce sont les aventures arrivées à de gros individus, ici et là surpris à la recherche d'amours... garçonnières [1]. Nulle ville n'a plus de prostituées que Berlin, nulle ville n'offre plus de relâchements à tous les degrés de l'échelle sociale, et les mœurs aujourd'hui sont pires qu'avant la *grande* guerre. Elles étaient déjà belles, vers 1867, si l'on en juge par cet extrait d'un rapport de police. « L'immoralité est tellement *chose commune*, le dévergondage couvre avec tant de liberté les membres de la société allemande de ses ignobles bavures ; la femme, mariée ou non, en est arrivée à une telle dégradation, qu'un homme honnête tremble devant le mariage et se demande sérieusement si la femme qu'on lui offre n'est pas un résidu de lubricité et si réellement il n'est pas exposé à n'admettre dans sa couche qu'un amas de pourriture [2]. » Du reste on commencerait à ouvrir les yeux, au-delà du Rhin, sur certains symptômes qui indiqueraient des habitudes malthusiennes, tout comme en Normandie (province française où le vieux sang de la Gaule a été si largement mélangé au sang anglo-germain) : la population n'augmente plus ou même diminuerait sur divers points de l'Empire [3]. Ajoutons à ces mœurs des habitudes d'ivrognerie si gigantesques et si invétérées qu'elles sont demeurées proverbiales. Comment la criminalité, en de pareilles conditions, pourrait-elle être insignifiante ? Elle est énorme, et du caractère le plus violent. En 1883,

1. Un scandale de ce genre s'est produit en Grèce au mois de janvier 1890, un autre à Carlsbad, au mois de juin de la même année.

2. Citation de Louzon le Duc, *les Odeurs de Berlin*. Lire les notes de voyage de Victor Tissot, *Rev. de France*, janv. 1875.

3. *Sem. méd.*, 20 nov. 1889.

d'après Von Liszt [1], sur 100.000 habitants majeurs, au point de vue pénal, on compte dans l'Empire, 348 condamnés pour crimes et délits contre les personnes, et 510 pour crimes contre les propriétés [2]. En 1885, le nombre des condamnations s'élève à 1,047 pour 100,000 habitants majeurs : les crimes-propriétés l'emportent toujours sur les crimes-personnes, et, dans l'ensemble, la *Gazette de l'Allemagne du Nord* estime que cette situation affirme une sérieuse amélioration. Il n'y paraît guère, d'après la comparaison avec les statistiques de Von Liszt, ni d'après les relevés des années suivantes, qui accusent un redoublement dans les attentats, avec une transformation radicale de leur répartition proportionnelle suivant leur espèce. « Tandis que les crimes et les délits contre la propriété subissent une diminution sensible et graduelle, les attentats contre la vie ne cessent d'augmenter... » Une statistique prussienne avoue le chiffre de 32,511 individus au-dessous de 18 ans, condamnés en 1887 : sur 100, dans la catégorie, 21 l'ont été pour attentats à la pudeur, 27 pour incendie, le reste pour vols, escroqueries, détournements, blessures dangereuses, etc. [3]. Dans les statistiques de Bodio [4], l'Allemagne occupe, en Europe, la première place, assez près de la Belgique, dans les attentats aux mœurs ; elle n'a qne la septième, immédiatement après la France, dans l'homicide ; mais elle monte à des rangs supérieurs dans les coups et blessures et surtout dans les vols. On observe, chez nos voisins, les mêmes formes de criminalité qu'ils ont tant reprochées à notre race, les attentats de parents contre leurs enfants, les attentats d'enfants contre leurs parents, etc. La criminalité féminine est plus forte que parmi

1. *Repart. géog. des Crimes et des Délits dans l'Empire allemand*, *Arch. d'anth. crim.*, 1886.

2. L'écrivain trouve la criminalité à son maximum dans les provinces « les plus fortement mélangées d'éléments slaves » mais ces provinces sont aussi les plus misérables, et, au cœur des provinces allemandes, on découvre des îlots de haute criminalité (Brunswik, Bavière, etc.)

3. *Sem. méd.*, 4 sept. 1889.

4. On a un résumé de ces statistiques dans les *Arch. de l'anthrop. crim.*, 1886, p. 187. J. Bertillon en a tiré le tableau que je reproduis plus loin.

nous (1/5 au lieu de 1/6). — La folie et le suicide sont fréquents, plus même que dans la plupart des autres races, et en corrélation parfois assez étroite avec le divorce : en Saxe, 268 aliénés et 39,2 suicides annuels pour 100,000 habitants et 145 divorces pour 100,000 couples existants ; en Wurtemberg, 312 aliénés, 18,9 suicidés, 38 divorces ; en Prusse 16,6 suicides, etc. Le maximum des suicides s'est rencontré pourtant hors de l'Allemagne, dans une petite branche du grand rameau germanique appartenant à ces scandinaves, qui jadis ont si terriblement écumé les mers et se sont depuis si bien amendés (Danemark, où le chiffre s'est élevé jusqu'à 95 !). — Étudie-t-on la race loin de la patrie ? Sa moralité et sa rectitude de conduite sont en raison directe des résistances et des compétitions qu'elle rencontre. Aux États-Unis, où les Allemands forment des associations très denses, englobées dans le vaste territoire des rudes Anglo-Saxons, ils ont une criminalité proportionnelle égale à celle de la population indigène [1] : la plupart de leurs émigrants débarquent avec une famille et de petits capitaux, et ces conditions peuvent expliquer, jusqu'à un certain point un résultat aussi favorable. En France, où l'émigration d'outre-Rhin est plus individuelle et constituée par des éléments plus hétéroclites, elle donne lieu parfois à une augmentation du crime-délit dans les départements frontières ; mais à un degré beaucoup moindre que celle des Espagnols et des Italiens dans nos départements du midi. Où l'allemand garde son caractère, c'est en Afrique, au contact des faibles : on le juge à l'œuvre, dès ses premiers essais de colonisation ; il prétend améliorer le nègre, l'arracher aux marchands d'esclaves ; mais il le déclare un être inférieur, créé pour subir la domination du blanc : l'africain, avec sa femme et ses enfants, est rivé à la factorerie comme l'ancien serf l'était jadis à la glèbe ; il doit l'humble salut et l'obéissance au moindre soldat de l'empereur ; on lui apprend la civili-

1. R. P. Falkner, *Prison Stat. of the U.-S. for* 1888.

sation à grands coups de bâton, et, s'il le trouve mauvais, on le pend [1].

Les Anglo-Germains ont produit des hommes géniaux dans les sciences ; mais leur philosophie n'a point fait avancer d'un pas l'humanité. Ils ont affaibli la théocratie romaine, devenue redoutable pour la liberté du monde, mais pour édifier à côté d'elle des systèmes religieux, empreints de cet esprit biblique si propre à fortifier l'égoïsme et l'antialtruisme. Sans moralité supérieure, ils se maintiennent dans un état de virilité puissante, conservent une vitalité robuste, grâce à des habitudes endogènes : ils sont très envahissants, mais se laissent très médiocrement pénétrer.

Avec les races *gréco-latines*, les caractères, les aptitudes et les tendances apparaissent sous un jour tout nouveau. L'égoïsme s'efface devant l'altruisme, les sentiments de pitié et de probité se développent jusqu'à l'abnégation de soi-même, le droit est proclamé comme le maître de la force, en même temps que l'amour du vrai, du bien et du beau, la jouissance suprême. Dans les nationalités, on incline vers les formes politiques qui assurent le mieux le gouvernement de la chose commune par les citoyens eux-mêmes ou leurs mandataires immédiats. Dans l'ensemble du groupe, on se concentre dans le système religieux du catholicisme, splendide conception de spiritualisme pratique, égalitaire et autoritaire tout à la fois, éminemment propre à la direction des hommes et des peuples, et qui aurait pu conduire au bon socialisme, sans les accaparements du prêtre, l'exploitation au profit d'une caste [2]. Submergées par le flot des

1. Les Français n'ont pas été tendres, dans leurs colonies, pour l'Africain. Mais ils n'avaient pas à la bouche des paroles contraires à leurs actes. Ils estimaient le nègre un vil bétail et n'affichaient aucune prétention à le civiliser. L'on doit flétrir leurs injustices et leurs cruautés, mais avouer qu'après avoir changé d'opinion, ils ont franchement accordé aux noirs tous les droits dont ils jouissaient eux-mêmes. Ils ont dépassé le but. Cela vaut encore mieux que de ramener, tout à la fin du XIXe siècle, les procédés d'amélioration par la violence et de mentir aux promesses de la philanthropie.

2. J'admire le catholicisme dans le passé, en raison des services qu'il a rendus à la cause de la civilisation. Je le déteste, à l'époque moderne, parce qu'il est devenu la for-

invasions venues du nord, les races gréco-latines n'ont point abdiqué devant elles. Patiemment, elles ont lutté, elles ont absorbé le germanisme féodal dans leur propre civilisation, et les derniers vestiges de l'oppression brutale, créée par la conquête, ont été balayés dans l'immortelle revanche de 1789. L'esprit latin est avant tout cosmopolite et humanitaire, très idéaliste; il rayonne sur le monde, éclaire jusqu'à ceux qui le nient; et on ne saurait imaginer qu'il soit étouffé, sans entrevoir comme fin les ténèbres de la barbarie. De pareilles tendances accusent, dans la souche ethnique (d'abord très réduite) une prédisposition naturelle aux mélanges, et, de fait, les races issues de cette souche se sont formées d'innombrables et antiques métissages, qui ont été souvent heureux, parce qu'ils ont été opérés entre des éléments plus ou moins similaires, ou ont acquis une pondération du contact prolongé d'éléments dissemblables. Le Pélage, l'Étrusque, l'Ibère (dolichocéphale), le Celte et le Ligure (brachycéphales et bruns) ont constitué un fond de résistance où sont venus se perdre, sinon sous le rapport physique, au moins sous le rapport psychique, jusqu'au Gaulois ou Gaël (dolichocéphale et blond) d'origine germanique. Les races se sont fixées, et si bien fixées, que là où la dernière venue dans la fusion se rencontre en présence des représentants de l'ancienne patrie, elle conserve vis-à-vis d'eux une supériorité morale relative à côté de ses vieux alliés ou initiateurs. La criminalité de l'Écosse et de l'Irlande est remarquablement faible,

mule du plus mauvais cléricalisme, celui de la compagnie de Loyola. Une autre association de sectaires, celle-là judaïco-germanique, achève de pervertir l'esprit latin, je veux parler des Francs-maçons. Ceux-ci, depuis le dernier siècle ont pris une extension, à mon avis, très regrettable, sous l'impulsion de l'illuminé bavarois Weishaupt (un vertueux dont les mœurs furent suspectes et qui ne s'est jamais lavé d'une accusation d'infanticide). Je ne fais pas des Maçons des croquemitaines à la Léo Taxil, mais je nie qu'ils soient une simple association de secours mutuels : ils ont emprunté leurs procédés aux jésuites, pour attirer vers eux les faveurs lucratives, ils se distribuent d'une façon occulte les places et les fonctions, ils ont développé parmi nous le fléau dissolvant du favoritisme. Nous nous débattons, sans y prendre garde, entre deux sectes également corruptrices... et plus ingérées qu'on ne le suppose dans les choses de la politique contemporaine... à notre détriment.

comparée à celle de l'Angleterre, et si le suicide est un peu plus élevé dans la première que dans celle-ci, il est extrêmement rare chez les Irlandais. En France, malgré

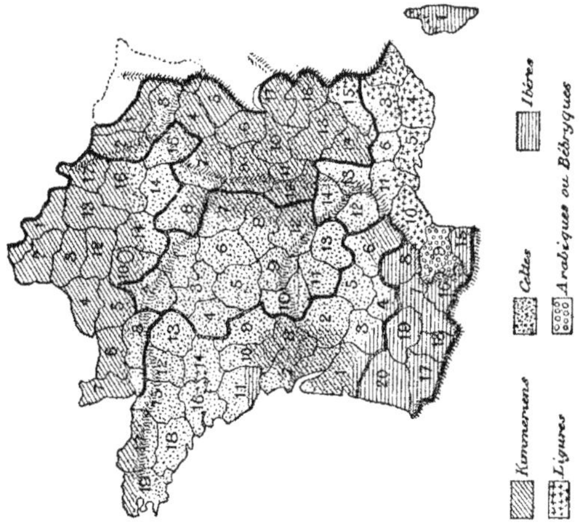

Fig. 1

Répartition des races en France

(Carte d'après Lagneau, Bordier, etc. Il existerait quelques traces de Sarmates dans la Drôme, la Charente-Inférieure, la Vendée et les Deux-Sèvres).

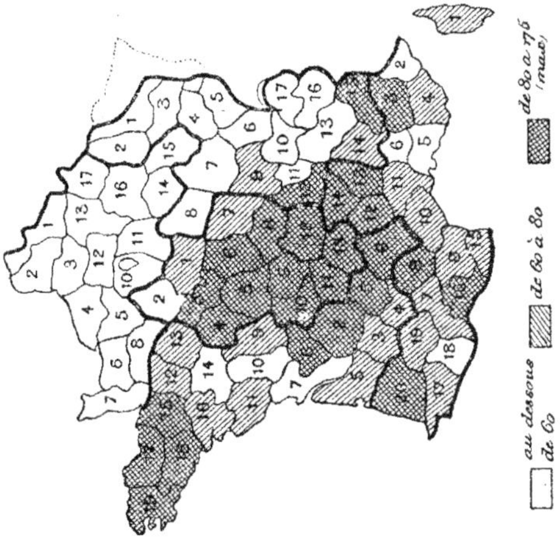

Fig. 2

Taille

Nombre des exemptés pour défaut de taille sur 1,000 sujets examinés (recrutement militaire), d'après Broca et Lagneau (pour aider à la répartition des races, particulièrement à celle des éléments kimrique et celtique).

que les éléments Kimrique et Celtique soient depuis longtemps confondus dans une communauté d'habitudes et de tendances, leur répartition prépondérante dans les départements entraîne quelques variations de l'impulsivité antisociale : le Celte, sans être un inférieur intellectuel vis-à-vis du Caulois [1], s'en distingue par plus de soumission au contrat collectif ; on remarquera une moindre proportion de crimes, de délits et de suicides, surtout dans les régions qu'occupe le premier (départements du centre et de l'ouest : Auvergne, Poitou, Bretagne, etc.). En Espagne, où l'Ibère latinisé est resté

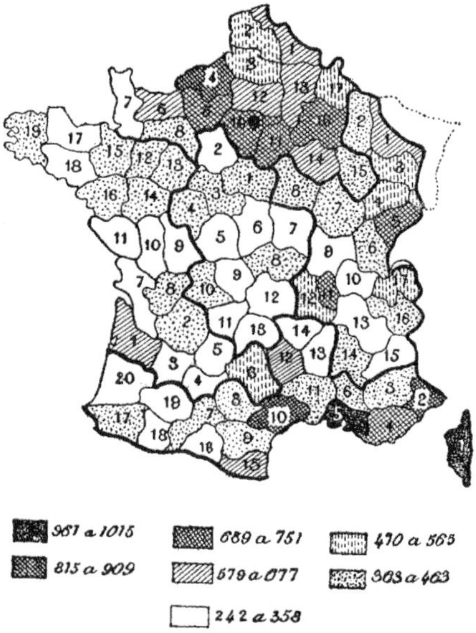

Fig. 3

Criminalité générale

En France, période 1878-1887 (d'après la carte annexée au c. r. judiciaire de 1887 ; accusés et prévenus jugés à la requête du ministère public, prop. sur 100,000 habitants).

maître de lui-même, malgré ses luttes et ses expansions, la criminalité n'est pas très considérable [2], et il est pré-

1. Comme le prétend Lombroso... d'après une certaine façon de *doser* la génialité, dont je lui saurais gré de communiquer la formule ! (*La Race et son influence sur les Révolutions*, *Rec. prog. de l'anth. crim.*, p. 138-139).
2. Jimeno Agius, *la Criminalidad en Espana*, *Rev. de Espana*, 1885.

cieux d'enregistrer que la race a acquis momentanément son exaltation fanatique et sa férocité vis-à-vis des peuples rebelles à se soumettre, à l'époque de son union avec les Germains [1] (union qui marque l'ère de son affaissement). L'Italie, qui a le plus durement éprouvé le contact teutonique, et qui semble aujourd'hui revenir aux Gibelins, dans une aberration de politique, est, de toutes les races de la grande famille, celle qui offre le plus fort déchaînement de la criminalité [2], mais avec moins de suicides que la France (4, 5 pour 100,000 habitants, 3 en Espagne, en France, 18 à 19). Même dans l'attentat, le groupe latin présente une atténuation. Sous l'influence d'un climat plus chaud, d'un tempérament bilieux ou bilioso-sanguin, le caractère devient très passionnel ; le crime est violent, sans s'inspirer toujours de mobiles bas et vils (meurtres au cours de querelles, homicides par vendetta, chez les Espagnols et les Italiens), ou bien il reconnaît pour cause une contrainte sociale maladroite à certains besoins (nombre d'attentats à la pudeur chez les Français) ; plus exceptionnellement que dans les races du nord, il se rattache, chez les méridionaux, à des habitudes d'intempérance ou à de froids calculs de cupidité. Néanmoins, je n'entends pas soutenir que les Latins soient des gens modérément peccables : ils ont de grands défauts, même beaucoup de gros vices. Seulement je trouve chez eux défauts et vices en proportion quantitative et qualitative qui ne mérite pas les dénigrements systématiques des Anglo-Germains, et même sous des formes ordinairement plus excusables par les mobiles et les conditions de leur genèse, que chez leurs charitables voisins. Par exemple, si les métissages originels ont eu des conséquences favorables, pour la formation des groupes modernes, les métissages récents de leurs diverses branches, en Amérique, ont généralement donné d'assez médiocres produits : les unions ont eu lieu entre

1. Taladriz, Cong. d'anth. crim. de Paris, Rap. sur la neuvième question.

2. Stat. crim. de Bodio, et Th. de Bournet, Lyon, 1884 (*la Criminalité comp. en France et en Italie*).

éléments ethniques trop extrêmes; les mulâtres ibero et franco-africains, s'ils valent mieux que le nègre, sont, comme aptitudes sociales et moralité, très au-dessous de de leurs parents européens.

Quelques lignes seulement à propos des *Slaves*.

Leur principale agglomération, celle qui forme la grande nation des Russes, a marché dans la voie de la civilisation avec une rapidité si vertigineuse, qu'elle n'a guère eu le temps de se dépouiller d'une grosse part de l'antique barbarie. Dans les hautes classes, l'affinement est souvent tout superficiel, et, dans les plus basses, les mœurs sont demeurées très naïves en même temps que très crapuleuses. La bourgeoisie, qui est peut-être la plus avide d'instruction et de réformes, et chez laquelle la femme se distingue par des qualités sérieuses, n'a pas elle-même abandonné les survivances d'autrefois. La superstition et le mysticisme dominent dans l'étiologie de nombreux attentats, même au sein des associations les plus révolutionnaires. « En 1879, le tribunal d'Odessa a jugé une affaire de flagellation de soi-même, une de crucifiement et une de mutilation. En 1870, un moujik reproduisit le sacrifice d'Abraham. Il y a des sectes, celles des *Philippovtsy*, des *Klysty*, des *Skoptsy*, etc., qui prêchent la rédemption par le suicide, d'autres même par des satisfactions données à la chair pécheresse, en des rites qui rappellent les priapées antiques » (J. Honcey) [1]. Le développement progressif du suicide se rattacherait à celui de l'alcoolisme.

Je suis obligé de passer sous silence des populations de haut intérêt, malgré l'étendue restreinte des pays qu'elles occupent, mais qui, d'ailleurs, se rattachent plus ou moins directement aux grands types que je viens d'examiner [2] : j'en ai assez dit pour montrer que le crime et le suicide dérivent d'impulsions communes à toutes les races, d'instincts inhérents à l'être humain,

1. *Le péché dans la littér. russe*, *Rev. pol. et lit.* du 24 mai 1890.
2. Le tableau suivant, que j'emprunte à J. Bertillon (Enc. d'hyg., *Démog.*, p. 297

mais variables suivant des conditions d'origine, de croisements, d'habitudes sociologiques, dont il est encore prématuré de risquer la synthèse.

et 299) complète mes renseignements. Les chiffres de la criminalité ont été calculés d'après ceux de Bodio. Ils n'ont qu'une valeur relative.

Pour un million d'habitants de plus de 15 ans :

	CONDAMNÉS								SUICIDÉS	
	Homicides	No d'ord.	Coups et bl.	No d'ord.	Att. a. mœurs	No d'ord.	Vols	No d'ord.	Suicidés	No d'ord.
France	21	6	87	9	141	3-4	1528	6	180	2
Belgique	22	5	2634	2	208	2	1660	5	100	4
Italie	141	1	2288	3	59	6	2444	4	45	8
Espagne	48	3	270	6	6	10	373	8	30	9
Allemagne	17	7	1934	4	218	1	3503	2	215*	1
Autriche	37	4	3494	1	141	3-4	»	»	163	3
Hongrie	116	2	520	5	95	5	1014	7	57	6
Angleterre et Galles	9	9	45	10	26	7	2608	3	75	5
Écosse	8	10	180	7	20	8	4236	1	49	7
Irlande	16	8	96	8	13	9	101	9	17	10

* Moyenne déduite des chiffres de 5 régions : Bavière 133, Prusse 166, Wurtemberg 189, Bade 198, Saxe 392.

Le chiffre des suicides, autrefois si considérable, serait tombé, en Danemark, à 251 : c'est encore le max. moyen (mais la Saxe tient la tête dans la décomposition des moyennes générales).

CHAPITRE III

LES HABITUDES DÉGÉNÉRATIVES

ALCOOLISME, MORPHINISME, ETC.

L'homme, en possession d'un tempérament et d'un caractère imposés depuis la naissance par l'innéité ou l'hérédité, ou plus tard transformés par les maladies accidentelles, n'est point toujours capable de réaction contre les tendances qu'ils lui confèrent. Au moins doit-il éviter l'abandon à des habitudes susceptibles d'éveiller ou d'exalter ses plus mauvais penchants. Sans doute, chez plusieurs, cet abandon est lui-même une conséquence de l'intervention de facteurs héréditaires. Mais, chez le plus grand nombre, il est bien le résultat d'une faiblesse coupable, de la préférence accordée aux bas appétits sur la raison. J'admets que l'ardeur avec laquelle l'homme se précipite sur les substances ébriantes témoigne d'un sentiment de souffrance intime, de vague désespérance, au milieu d'une incompréhensible création. J'admets qu'il soit porté à accepter comme un bienfait quelques parcelles de pâte à mastiquer, quelques gorgées de liqueur à boire, quelques bouffées de fumée à aspirer, quand il a appris par ces moyens à tromper sa faim, ses douleurs, l'âpreté d'un pénible sort. Mais ce qu'on pardonne au sauvage grossier, on ne saurait plus le pardonner au civilisé. Le premier a l'excuse d'une situation sans issue; il n'a pas l'intelligence de comprendre à quel prix il achète ses illusions momentanées; il vit seulement de la vie du moment; il s'achemine inconscient de l'ivresse qui l'exalte à la dégradation qui l'annihile. L'autre, qui a l'existence assurée, qui peut trouver dans le travail régulier l'oubli des misères communes, qui sait où l'entraîne une déplorable habitude, commet en s'y livrant, plus qu'une faute contre la morale, un crime de lèse-société. Le fumeur d'opium ou de haschich, l'alcoolique, perdent la dignité d'eux-mêmes et ils se placent sciemment en l'état d'impulsifs antialtruistes. D'abord, ils effacent tout contrôle de leur raison, laissent agir sans contrepoids les sentiments jusqu'alors réfrénés, et, par l'excès de la stimulation de ces sentiments, sont conduits au suicide, à l'acte délictueux ou criminel, selon les tendances de leur caractère. Celui-ci, un affectif, devient un sexuel, que son appétit pousse à l'attentat à la pudeur et au viol ; celui-là, un cruel et un violent, passe de la provocation stupide au meurtre... et quelquefois ses coups sont dirigés contre des personnes chères! La raison revient : c'est pour mieux faire apprécier l'horreur d'un moment d'abandon à une funeste habitude [1]. Tant mieux, si, en dépit de la souffrance morale que le souvenir des actes entretient, on résiste à de nouvelles sollicitations. Mais, si, de chute en chute, on persiste dans l'usage d'un poison qui s'attaque à la fois à l'esprit et au corps, c'en est fait de l'individualité. L'organisme subit une dégénération spéciale ; la nutrition réduite est insuffisante au développement des tissus, ou ne contribue qu'à celui des tissus dépourvus de propriétés actives (tissus d'union et de soutien, intermédiaires aux tissus de fonctions) ; le fumeur d'opium atteint une maigreur squelettique [2], l'alcoolique engraisse ; mais, chez l'un et chez

1. **Faits récents.** Un ouvrier pris de boisson, s'emporte contre sa femme, qui n'a plus d'argent à lui donner, lance contre elle un verre... et tue, par les éclats de ce verre, un petit enfant dans son berceau. Un cocher, dans une circonstance identique, lève la main sur sa femme : leur fils, âgé de 15 ans, veut s'interposer, le père saisit un couteau et le plonge dans la poitrine de l'enfant. Ces deux meurtriers, tout à coup dégrisés, ont montré le désespoir le plus profond. Il était bien temps! On a dû les prendre en pitié. Je gagerais qu'ils retomberont dans leurs habitudes et auront bientôt oublié et leur crime et l'indulgence accordée à leur repentir momentané.

2. J'ai donné la photographie très exacte d'un fumeur d'opium, dans le journal *Science et Nature* (1884, 2e sem., p. 197) : ce malheureux, observé à la prison de Saïgon, était réduit au dernier degré de l'émaciation et de l'apathie cérébrale.

l'autre, la matière pensante et motrice s'amoindrit, la cellule nerveuse et la cellule musculaire s'atrophient : le regard atone réfléchit l'inertie du cerveau, la démarche paresseuse et incertaine traduit l'épuisement de l'appareil exécuteur des mouvements ; l'homme n'est plus qu'un dégradé, un bestial, oscillant au gré des influences qui l'effleurent. S'il ne se tue pas dans un éclair de dégoût, il s'en va finir misérablement dans un asile, quand il ne tombe pas dans un bagne ou ne rebondit pas jusque sur la plate-forme d'un échafaud.

Au point de vue de leur action sur le cerveau et des impulsivités dangereuses qu'elles peuvent déterminer, les substances inébriantes, de quelque nom que l'hygiéniste et le médecin les décorent (stimulantes, stupéfiantes, anesthésiques, etc.), exercent des effets similaires sur les éléments nerveux : elles suspendent ou exaltent leurs propriétés, usent leur incitabilité et à la longue l'anéantissent. Je distinguerai les phénomènes observés sous leur influence en quatre classes.

a. Phénomènes immédiats. — Ils consistent dans cet état d'excitation qu'on a appelé ébriété ou ivresse. Les éléments nerveux éprouvent une stimulation directe (action propre de la substance introduite dans l'organisme et charriée jusqu'au cerveau) et indirecte (action dérivée de l'hyperémie circulatoire commune à toutes les substances de cet ordre) : en cet état, ils subissent nécessairement une exagération de fonctionnement favorable à la perturbation de leurs associations ; les impressions sont mal perçues ou avec une intensité trop vive (illusions, hallucinations) et il en résulte des conceptions délirantes ; ou bien des territoires intellectuels qui participent à l'éréthisme du système, n'ont plus la netteté convenable à l'élaboration d'un contrôle et d'une pondération. L'être est abandonné à l'automatisme de ses tendances habituelles ou à la réaction des impressions forfuites qu'il ne sait pas diriger : il agit en fou ou en demi-fou.

b. Phénomènes prochains. — Le poison suspend l'activité raisonnante, provoque le sommeil du moi conscient. Les idées emmagasinées s'éveillent, s'associent sans règle, tumultueusement ou sous l'intervention latente de sens particuliers, auxquels le toxique s'adresse peut-être d'une façon préférée (idées érotiques), des rêves agréables ou terribles se déroulent. Quand l'ivresse se dissipe, l'organisme ne reprend pas aussitôt la notion du réel : il conserve quelquefois les fictions du rêve, leur donne corps et se conduit d'après elles (on serait autorisé à interpréter ainsi les actes accomplis par les fumeurs de haschich, le prétendu *délire malais*, etc.) ou bien, dans un demi-somnambulisme, il est exposé, sous les influences qui l'entourent, à recevoir ou à engendrer facilement des suggestions dérivables vers l'attentat.

c. *Phénomènes éloignés.* — La stimulation répétée amène l'épuisement et l'épuisement réclame des stimulations habituelles de plus en plus fortes. Le cerveau ne connaît plus de normale, il est dans un éréthisme subdélirant ou dans une inertie qui laisse prédominer les appétits sur l'intelligence, leur abandonne l'impulsivité, comme chez les idiots et les déments.

d. *Phénomènes associés.* — Ils relèvent — soit de l'intoxication (quand les substances ébriantes renferment des produits spéciaux, qui surajoutent une action propre à la leur : les boissons alcooliques, tout en déterminant l'ivresse, provoquent des effets différents, selon la nature de leur composition et la proportion des huiles essentielles, matières colorantes, etc., qu'elles contiennent, et, sous ce rapport, les liqueurs les plus recherchées sont quelquefois les pires), — soit de conditions inhérentes au sujet. Ce dernier point mérite d'attirer l'attention. On s'étonne souvent de voir des buveurs invétérés se maintenir dans un assez bon équilibre, résister aux effets qu'on déplore chez d'autres. De pareils exemples servent à étayer des objections contre les dangers de l'alcoolisme. A côté de ces réfractaires, on observe des malheureux, qui au premier écart, deviennent des impulsifs redoutables (un matelot, d'excellente conduite, se grise un soir : il se lance au travers des rues, un couteau à la main, frappant toutes les personnes qu'il rencontre, hommes, femmes, enfants) ou qui, prenant d'emblée des habitudes d'ivrognerie, arrivent rapidement à la déchéance morale (un jeune homme, parvenu très vite au grade de deuxième maître, dans la marine, et qui semblait destiné à un bel avenir, se met à boire : rien ne peut l'arrêter, il multiplie les absences illégales et les désertions, accumule punitions sur punitions, jusqu'à lasser le conseil de guerre, obligé à le déclarer irresponsable, tant sa dégradation était devenue profonde et saisissante, en moins de 3 années). C'est que l'alcoolisme est fréquemment enté sur des prédispositions qui lui impriment une direction et des formes caractéristiques. Il réveille des diathèses ou des névroses jusqu'alors latentes ou assoupies, fait éclore des germes héréditaires ; ou bien même il est parfois la conséquence d'une transmission de goûts aberrants, directement issus de l'intempérance des parents, ou la transformation d'une maladie nerveuse observée dans la famille. Legrain a su mettre en relief un grand nombre d'observations de ce genre et l'on trouvera dans son livre [1] des généalogies d'ivrognes, entremêlées d'épilepsies et d'hystéries, tristement curieuses à étudier. Chez ces tarés, l'alcoolisme ne se comporte pas comme chez les autres : l'ivresse du prédisposé a des modalités d'expression très différentes de celles de l'ivresse vulgaire ; la première est plus impulsive, plus fertile en écarts qui aboutissent au suicide ou au crime, plus franchement délirante, pourrait-on dire, et la clinique isole les phénomènes associés de l'intoxication et de la névrose [2], au grand bénéfice de la médecine judiciaire. La responsabilité des actes ne saurait en effet être la même pour l'héréditaire et pour le simple habitué, dans les questions qui surgissent de l'intempérance. Ce que je rappelle à propos de l'alcoolisme s'applique aux autres habitudes dégénératives : toutes

1. *Hérédité et Alcoolisme*, 1889.
2. *Les maladies de l'esprit*, par Pichon, 1888.

peuvent, à la façon d'un traumatisme, déterminer dans le cerveau un ébranlement qui découvre des prédispositions plus ou moins cachées (hystérie chez les morphiomanes, les tabagiques, etc.).

L'histoire de la recherche des jouissances factices par l'emploi des ébriants, dans les diverses races, serait celle de l'abâtardissement des peuples. L'alcool a déjà fait disparaître des nations sauvages, il prépare peut-être la suppression de nombreuses tribus africaines, et, chez les civilisés d'Europe, les progrès de sa consommation vont de pair avec ceux de l'aliénation mentale, du suicide et du crime-délit. Cette évolution suit une marche formidablement ascendante depuis plus d'un demi-siècle. Les gens réfléchis s'en préoccupent : on dédaigne leurs avis et l'on rit de leurs prophéties. L'ivresse est tolérée dans les plus hautes couches, au point de servir d'excuse, lorsqu'elle entraîne certains personnages à des grossièretés... anti-diplomatiques [1]. Les foyers où le peuple la trouve à bon marché sont vus d'un fort bon œil par certains Gouvernements : l'on y bat monnaie avec l'alcool qui empoisonne, l'on y bat réclame électorale avec les sottes paroles que cet alcool inspire ou les suggestions qu'il permet d'imposer aux cerveaux amoindris ; leurs grands prêtres, MM. les mastroquets, partagent les bénéfices de l'abrutissement des masses avec les politiciens de la décadence, ils arrivent eux-mêmes à la situation de politiciens dirigeants [2]. On commence bien à réagir mais seulement en quelques pays et dans la plupart trop mollement. Combien sont lugubres les statistiques [3] !

1. L'empereur d'Allemagne Wenceslas, à la Cour de Charles VI, était d'ordinaire plongé dans une ivresse si profonde, qu'il ne pouvait assister à aucune cérémonie : il n'est pas besoin de désigner le buveur aristocratique, qui, de nos jours, a renouvelé ces belles prouesses auprès d'une Cour, justement effarouchée.

2. Oui ! la corporation a ses représentants jusque dans nos Assemblées ! Ses ancêtres ne remontent pas bien loin, je parle des ancêtres qui ont su transformer le métier en titres patriotiques et politiques : je renvoie à Taine (*La Révolution*, I, p. 169-170) pour un joli portrait de l'un d'eux, le cafetier Saule. Jourdan Coupe-Tête a eu aussi l'honneur d'appartenir à la profession, j'allais dire à la caste.

3. Broch, *Consom. en Europe des excitants modernes;* stat. an. du ministère du commerce; enquête du bureau fédéral de statistique (Suisse), C. r. du Congrès contre l'abus des boissons alcooliques (Anvers, 1885); J. Rochard, *Hygiène sociale*, etc.

L'on boit avec excès au nord et au midi, mais incomparablement davantage chez les peuples septentrionaux. Le froid et l'humidité d'un climat peuvent aider, chez les races qui l'endurent, au développement de l'appétence alcoolique: ils ne justifient pas un abus poussé jusqu'à l'action morbigène. L'habitude se dégage d'ailleurs du besoin, en pénétrant dans les pays les plus chauds : elle y achève de trahir le vice et de perdre toute apparence d'excuse. En Corse, l'absinthe coule à flots (Bournet)[1]; en Algérie[2] et même en Tunisie[3], elle commencerait à se répandre parmi les indigènes; dans nos colonies[4] elle se mêle aux vermouths de pacotille, aux tafias et aux rhums, sur les tables des cercles, des débits et des maisons privées. L'intempérance est partout. Néanmoins, une évaluation rigoureuse des quantités d'alcool consommées dans les diverses régions est difficile et l'on rencontre maintes discordances entre les tableaux, qui, sous des formes variées, ont la prétention de la fixer, — comme dans l'expression des rapports qu'elle affecte avec l'aliénation, le suicide et le crime-délit. C'est ainsi que la Suède et la Norwège sont encore mises à la tête des nations consommatrices d'alcool (100 litres d'eau-de-vie par tête d'adulte et par an) et que J. Rochard[5] déclare la Norwège « le seul pays de l'Europe où la consommation de l'alcool diminue, parallèlement avec le nombre des suicides ». Les calculs ramènent à un titre d'alcool uniforme la quotité dérivée de l'ensemble des boissons imposées. Ils doivent sans doute comporter plus d'une cause d'erreur. Mais il faut les admettre, en l'absence de documents très détaillés et compléter les renseignements des administrations fiscales par ceux des administrations judiciaires et hospitalières. Il y aura bien des lacunes à remplir ultérieurement : les données actuelles sont au

1. *Arch. d'anth. crim.*, janv. 1888, p. 26.
2. Kocher, *l. c.*
3. *Arch. d'anth. crim.*, juil. 1889, 413 (Bertholon).
4. *Crime en pays créoles*, p. 130.
5. *Les intoxications volontaires*, conf. du 22 juil. 1889.

moins suffisantes pour éclairer tout le monde sur les dangers de la situation.

Le Danemarck consomme par an et par tête d'adulte 16 lit. 51 d'alcool. C'était jusqu'en ces dernières années, le pays où l'on comptait le plus de suicides : une amélioration tend à se produire.

Des statistiques placent l'Angleterre et l'Allemagne immédiatement après les pays scandinaves, dans la répartition des quotités d'alcool annuellement consommées. D'autres attribuent sur elles la préséance à la Russie (10 lit. 70). Ici encore les contradictions ne manquent point. Un relevé pour 1885 fixe la production de l'alcool (réduit à 40 0/0), par tête d'habitant et abstraction faite de l'importation, à 11 litres dans la Russie propre, avec une consommation effective de 5 litres en moyenne, à 10 lit. 25 dans le Gouvernement de la Vistule, avec une consommation de 3 litres. Dans tout l'empire, on compterait 2,377 distilleries, 5.587 dépôts de vente en gros, et 132,004 établissements de vente au détail. L'ivrognerie est un des fléaux de la race; elle s'élève à un degré qui ne s'accorde guère avec les chiffres officiels de la consommation des boissons : elle existe si invétérée dans toutes les couches, qu'on a pu dire de la Russie « qu'elle était une autocratie soutenue par l'alcool ». Les premiers empereurs, gros buveurs comme chacun sait, et buveurs quelquefois doublés de fous furieux, ont pu régner tranquillement sur des masses abruties ; mais aujourd'hui les choses ne vont plus de même. Les maladies nerveuses se sont multipliées [1] ; dans les classes moyennes qui ont goûté à l'instruction, en même temps qu'elles ont continué à partager l'intempérance des classes extrêmes, l'alcoolisme et le déclassement ont engendré des sectes d'illuminés et d'anarchistes, portées à donner cours à

1. « Il résulte de renseignements recueillis par un médecin spécialiste sur les maladies mentales à Saint-Pétersbourg, que le nombre de ces maladies augmente graduellement depuis 3 ans et que, durant cette période, l'augmentation a été de 15 0/0. Le plus grand nombre des maladies mentales se produit entre 16 à 22 ans ; elles prédominent au sein des masses éclairées et surtout parmi les jeunes filles. » *Sem. méd.*, juillet 1889.

leurs impulsivités sous les formes les plus violentes. Le suicide s'est accru plus rapidement que la population, mais dans une proportion médiocre (4 pour 100,000 hab.), sans doute compensée par l'augmentation des attentats délictueux et criminels.

En Allemagne, la consommation d'alcool serait de 8 lit. 90 par tête. Outre l'eau-de-vie, on boit d'énormes quantités de bière [1]. Les brasseries, tavernes et cabarets pullulent dans les villes (1 p. 112 habitants à Berlin, 1 p. 87 à Heidelberg, à la fin de l'année 1888). Dans la capitale, l'ivresse publique est en progression continue, ainsi que le nombre des admissions aux hôpitaux pour alcoolisme chronique et délire alcoolique [2] ; l'aliénation mentale est d'ailleurs en accroissement très marqué dans tout l'empire (elle ne respecte pas les familles princières), de même que le suicide, et l'on a vu plus haut ce qu'était la criminalité (les attentats causés par l'alcool figureraient dans son total pour une proportion centésimale d'au moins 60, d'après J. Rochard [3]).

Je n'ai pas de renseignements sur l'Autriche-Hongrie [4] et la Hollande. Je constate seulement que, dans la première, le suicide est en accroissement, surtout parmi les populations de race allemande et sous l'influence des mêmes causes qui règlent son évolution dans l'empire allié (moyenne 16 pour 100,000 habitants dans l'Autriche proprement dite), et qu'il est stationnaire et assez rare dans la seconde (moyenne, 4, 5), où les habitudes de travail et de rangement laissent peu de prises à l'intempérance.

1. D'où l'ivresse particulièrement lourde et brutale de nos chers voisins. Rappelons à leur propos ce joli mot du Dr Marc : « Le Français boit parce qu'il est content, l'Allemand est content parce qu'il boit. »

2.

	1882	1883	1884	1885
Individus arrêtés pour ivresse publique	8025	7725	8803	9307
— traités aux hôpitaux pour alcoolisme chronique et délire alcoolique	537	601	709	938

3. Conf. citée.

4. On en trouvera sans doute de particuliers, sur ce pays, dans le livre de Baër, *Die trunksucht und ihre abwehr* (*L'alcoolisme et la lutte contre l'alcoolisme*), qui vient de paraître à Vienne et à Leipzig et que je n'ai pu consulter.

Pour la Suisse, l'enquête du bureau fédéral relève une consommation d'un peu plus de dix litres par tête (27 millions de litres pour 2,500,000 habitants), mais J. Rochard réduit cette consommation à 7,50. Les aliénés atteignent le nombre maximum dans les cantons allemands, où l'ivrognerie est le plus développée. Une statistique du Dr Forel donne au canton de Zurich 3,178 aliénés sur 339,000 habitants, soit près de 1 0/0, « proportion qui n'aurait jamais été observée nulle part [1] ». Sur 100 aliénés, 44 le seraient devenus par intempérance, et, sur 100 criminels, 45 seraient des alcooliques. Il y a un peu plus de 21 suicides par 100,000 habitants.

Assez contradictoires sont les renseignements relatifs à la Belgique, malgré qu'ils soient nombreux. On indique comme moyenne annuelle de consommation tantôt 8 litres 56, tantôt 9 litres 20. Mais si l'on s'en rapporte aux chiffres que produisait dernièrement, dans un discours officiel, le ministre de la justice (il y a tout lieu de les croire exacts), ce petit pays, cependant si laborieux, serait celui qui aurait accompli les plus grands progrès dans la voie de l'alcoolisme. De 1881 à 1885, la consommation de l'alcool y aurait sextuplé, et aujourd'hui elle serait de 12 litres par habitant. En 1886, il existait 140,000 cabarets, un par 43 habitants et quelques localités en compteraient un par 24 (Cauderlier [2] admet un cabaretier sur 8 hommes adultes !). Le *Petit-Journal* qui, depuis longtemps, mène une campagne contre l'alcoolisme et s'efforce de montrer ses ravages à ses nombreux lecteurs, fait remarquer que cette recrudescence coïncide précisément, chez les Belges « avec la prédominance des idées allemandes et le développement de la gallophobie [3] ».

1. *Sem. med.*, 22 mai 1889.

2. Cité par Yvernès, au Cong. intern. de l'alcoolisme, 1889 ; *Rev. sc.* du 14 sept. 1889, p. 350.

3. Dans son numéro du 1er mars 1889, la même feuille reproduit une affiche que l'on placarde dans les ateliers, les usines, les salles de conférences, etc., et qui se passe de commentaires. La voici :

L'ALCOOLISME EN BELGIQUE

Le pays boit 70,000,000 de litres d'alcool par an.

La consommation ne fait qu'augmenter.

Tandis que, depuis 15 ans, la population ne s'est accrue que de 14 0/0, la

La criminalité et le suicide sont très élevés [1].

En Angleterre, si les statistiques sont véridiques et si l'hypocrisie anglo-saxonne ne dissimule pas quelques dessous, il y aurait tendance à la diminution de l'alcoolisme et à celle des crimes *graves*. C'est du moins ce qu'affirme V. Howard, le directeur des recherches criminelles, et le créateur d'une association moralisatrice, qui prêche la tempérance et s'efforce de multiplier les écoles [2]. Le plus grand nombre des délinquants sont des alcooliques. A Londres, 20 0/0 des morts accidentelles sont dues à l'ivrognerie [3].

J. Rochard estime à un peu plus de 6 litres par tête la consommation annuelle d'alcool en Angleterre. Aux

consommation de l'alcool a augmenté de 37 0/0, et, avec elle, ont augmenté :

Les cas de folie,	de	45	0/0
La criminalité,	—	74	—
Le suicide,	—	80	—
La mendicité et le vagabondage,	—	150	—

Cet état de choses est dû en très grande partie à l'alcoolisme. Le pays dépense en boissons fortes 135 millions par an, tandis que l'État ne dépense que 16 millions à l'instruction publique. Il y a 5,300 écoles et 136,000 cabarets.

Belges, il est temps de réagir contre une situation aussi déplorable et qui mène le pays à une rapide déchéance morale et matérielle.

1. Voir le tableau (note) qui termine le chapitre précédent.

2. *The Lancet*, 13 oct. 1883, p. 647. Les choses ont donc bien changé ! En 1844, Descuret pouvait écrire, sans essuyer le moindre démenti (*Méd. des pas.*, p. 311) : « On a calculé que l'ivrognerie tue, en Angleterre, 50,000 hommes annuellement. La moitié des aliénés, les deux tiers des pauvres et les trois quarts des criminels de ce pays se trouvent parmi les gens adonnés à la boisson. Pendant les deux années 1839 et 1840, à Londres et à Middlesex, 37,774 individus ont été arrêtés en état d'ivresse sur la voie publique ; sur ce nombre, 24,615 hommes et 13,159 femmes. » Les statistiques ne parlent guère que du menu peuple : elles ne disent rien de l'alcoolisme des riches, abrité par le huis-clos ! Mais on ne dit pas tout, même sur les faits avérés. Je lis dans le *J. d'hygiène de Montréal* (1888) : « L'Angleterre dépense annuellement 130 millions de livres sterling pour les alcools ; cela suffit, paraît-il, pour tuer 50,000 personnes par an, et, sur 981,000 pauvres en faire noter 800,000 comme ivrognes. » De son côté, L. Radiguet a calculé que, dans l'ensemble du Royaume-Uni, la consommation annuelle des boissons fermentées ou distillées était de 136 millions de livres sterling, les dépenses de l'éducation ne s'élevant qu'à 11 et celles de la propagande évangélique 1 ! (*Rev. franç. des Col.* et *Arch. d'anth. crim.*, mars 1890, p. 218).

3. D'après W. Westcott (*The Lancet*, 21 juillet 1888, p. 132), sur 750 décès accidentels, à Londres, 143 se rapportent à la cause alcoolique (sur ces 143 cas, 86 fournis par des hommes et 57 par des femmes, 21 à rattacher au suicide, 23 à des accidents, 99 à des maladies, syncope, apoplexie, etc.).

États-Unis, pays de même race, mais de mœurs transformées, la consommation serait de 8,50. D'après plusieurs écrivains, le chiffre serait beaucoup moindre, ce qui étonne en face des mesures radicales proposées dans certaines assemblées [1]. Un document de 1888 porte la consommation du wiskey *seul* à 353 millions de litres, soit 5 litres 1/2 par tête, y compris les femmes et les enfants. Sur 49,423 individus arrêtés à New-York, 30,507, d'après Bruce, sont des ivrognes incorrigibles [2], et, à Albany, d'après Mayhew, sur 1,093 prisonniers on compte 893 alcooliques [3]. Les suicides sont, en général, moins communs qu'en Europe ; mais ils s'élèvent parfois, dans les villes, à des chiffres inquiétants [4].

Dans les contrées méridionales, les habitudes d'intempérance sont moins répandues que dans le nord. Mais il n'y a rien d'absolu à cet égard. Les documents sont à peu près nuls pour l'Espagne, pays sobre par excellence et l'un de ceux où l'on rencontre le moins de suicides, avec une médiocre progression de l'aliénation et de la crimi-

1. Dans Rhode-Islands, défense de vendre toute boisson enivrante ou contenant plus de 2 0/0 d'alcool, sous des peines qui peuvent aller jusqu'à une amende de 5,000 dollars et à une détention d'une année! Dans le Maine, interdiction de la vente des boissons alcooliques, sous peine d'une amende de 25 à 200 dollars et d'un emprisonnement de 1 à 6 mois, etc. *Sem. méd.*, 1887, p. 372. Dans le même journal de Montréal que je citais tout à l'heure, je lis encore : « Les Etats-Unis d'Amérique sont peut-être le pays où l'alcoolisme est le plus répandu : le whiskey, eau-de-vie de blé, de seigle et de maïs, y coule à flots dans les gosiers de toutes races et de toutes conditions sociales. Le whiskey a pour auxiliaires le brandy (eau-de-vie de patates), le rhum, le tafia, le gin, etc. »

2. *The dangerous classes of N.-Y.*, 1870.

3. Lombroso, *l'Hom. crim.*, trad. franç., p. 366. Les statistiques de Falkner (1888) fournissent des chiffres très intéressants, mais auxquels on ne saurait attribuer une valeur rigoureuse, en raison de la différence des classifications selon les États. La proportion 0/0 des intempérants parmi les prisonniers, serait de 86 à New-York, de 82 dans l'Indiana du nord, de 70 dans l'Ohio, de 69 dans le Colorado, de 66 dans le New-Hampshire, de 61 au Texas, seulement de 23 dans l'Indiana du sud, de 7 dans la Névada, etc. La proportion va diminuant chaque année dans les localités où l'on a sérieusement entrepris le traitement individuel des alcooliques, comme à Philadelphie (*L. c.*, p. 21-22).

4. Legoyt, *Suicide*, p. 143. A l'autre extrémité de l'Amérique, à Buenos-Ayres, les races, presque entièrement latines, consomment moins d'alcool; mais elles sont cependant trop adonnées à l'intempérance, et celle-ci joue un rôle important dans le développement de l'aliénation (Dr Coni, Cong. d'Amsterdam, 1883), du suicide et de la criminalité (Mendez Cassariego, *Archiv. d'anth. crim.* de juil. 1889, p. 491).

nalité. En Italie, ils sont encore insuffisants pour fixer l'état de l'alcoolisme dans le royaume; toutefois, si la consommation des liqueurs fortes reste ordinairement peu élevée, l'influence de l'intempérance est des mieux constatée chez des criminels (un grand nombre de ceux-ci sont des ivrognes ou des descendants d'ivrognes; de ces derniers, Marro a rencontré une proportion de 40 0/0 [1]).

Les chiffres sont au contraire très éloquents, pour établir les progrès de l'alcoolisme en Corse : dans cette île, la patrie de la vendetta et du meurtre passionnel « l'absinthe est devenue la poésie de la vie digestive pour la majorité des habitants, à Ajaccio surtout » ; en 1878, la consommation de cette boisson était de 8,750 litres : en 1887, elle était de 46,500 litres (Bournet) [2].

Concentrons nos observations sur la France. Les chiffres qu'on allègue, pour déterminer le degré de l'alcoolisme parmi nous, sont assez variables. Tel économiste ou hygiéniste fixe notre consommation annuelle à 3 lit., 3 par tête d'adulte; tel autre à 7 lit., 28, et les Allemands nous attribuent avec générosité une consommation supérieure à la leur. Les statistiques générales officielles établissent la consommation d'après la quotité d'alcool provenant de la distillation (elles ne tiennent aucun compte des boissons importées, aussi voit-on la Corse honorablement mentionnnée avec un chiffre négatif, alors que les eaux-de-vie et l'absinthe du continent l'envahissent) ou bien elles empruntent leurs renseignements aux octrois (toutes les communes cependant ne possèdent pas d'octrois et beaucoup, qui n'en ont pas sont loin de demeurer fermées à l'importation des liquides alcooliques); une énorme consommation de cidres, de bières, fabriquées et absorbées sur place, échappe au contrôle en diverses régions. On n'accordera donc aux chiffres de consommation déclarés qu'une valeur minimum. C'est assez pour nous faire sentir l'épouvantable ravage que l'ivrognerie est en train d'opérer chez nous,

1. Bournet, *Crim. comp. en France et en Italie*, p. 129-136.
2. *La Criminalité en Corse, Arch. d'anth. crim.*, janv. 1888, p. 27.

par les rapports que les statistiques dites de consommation montrent avec les statistiques relatives à l'aliénation, au suicide et au crime-délit.

Les progrès de l'alcoolisme se traduisent tout d'abord : — 1° par ceux de la consommation moyenne d'alcool pur ; — 2° par l'augmentation toujours plus grande du nombre des débits de boissons ; — 3° par les chiffres croissants des condamnations pour ivresse simple ou récidivée (loi de 1873). — La consommation objective ou avouée a quadruplé depuis 1830, en dépit d'impositions de plus en plus fortes et d'un prix moyen assez élevé, même dégagé de l'impôt. En 1830, elle n'est guère que de 1 litre ; en 1850, elle monte à 1,46 (l'hectolitre coûtant 87,40, y compris l'impôt de 50 francs) ; en 1870, elle est de 2,32 (l'hectolitre coûtant 147 fr., y compris l'impôt de 57 fr.) ; après une chute momentanée (1872), elle reprend sa marche ascensionnelle, arrive à 3.64 en 1880 (prix de l'hectolitre 224 francs, y compris l'impôt de 68 fr.), et, en 1884, atteint 4 litres (prix de l'hectolitre 200 fr., y compris l'impôt de 44 fr.) : le chiffre est actuellement bien dépassé. — Le nombre des cabarets, débits, cafés, etc. grossit parallèlement : au 1er janvier 1886, il y en a 1 par 95 habitants (moyenne générale pour l'ensemble des départements, supérieure à celle de Berlin !) mais les débits sont très irrégulièrement répartis selon les régions, et si certains départements vont très au-delà de la moyenne, le plus grand nombre se maintiennent très en deçà. — Quant aux contraventions et aux délits visés par la loi de 1873, c'est-à-dire à l'ivresse constatée judiciairement, il y aurait décroissance, d'après les statistiques [1], mais il ne faut accepter les chiffres de

1. Ivresse publique.

		Contraventions	Contrav. connexes à délits	Délits	Totaux
Nombres moyens annuels	1873-75	69.293	8.611	3.512	81.416
	1876-80	61.718	9.513	3.795	75.026
	1881-85	54.286	9.551	3.318	67.155
Nombre réel en.........	1886	49.735	8.375	3.236	61.346
— —	1887	47.476	8.700	2.922	59.098

celles-ci qu'avec une prudente réserve ; car les personnes les plus à même de recueillir l'opinion des magistrats, dans nos principaux centres, savent combien la répression laisse à désirer, autant par lassitude que par insuffisance de moyens. — En même temps que la marée alcoolique nous gagne, la folie, le suicide, la criminalité haute et basse prennent un développement plus considérable. Sur ce point, les documents abondent, effrayants de menaces, et on les voit résumés dans les courbes que j'ai établies [1] ; la consommation de l'alcool, la multiplication des débits, suivent une marche parallèle avec l'aliénation, montent et oscillent avec les suicides et les délits ; à partir de 1872, il se manifeste quelques écarts, les crimes semblent diminuer, mais l'ascension des suicides redouble d'intensité. Sans doute, la proportionnalité n'est pas exactement rigoureuse ; car, à côté de l'alcool, d'autres facteurs, d'ordre sociologique, interviennent dans la production des actions impulsives, délirantes et criminelles. Mais la part à faire à l'alcoolisme apparaît grosse, d'après l'ensemble des relevés généraux, et plus encore dans les relevés particuliers de quelques départements.

On connaît depuis longtemps les relations de l'alcoolisme avec la folie. Max. Parchappe [2] déclare que l'un est la cause la plus fréquente de l'autre (sur 1,000 habitants devenus aliénés, 88 par excès de boisson, en 1853) et Lunier, en constatant que, de 1835 à 1882, le nombre des aliénés a presque quintuplé, fait remarquer l'accroissement de plus en plus grand, parmi eux, des paralytiques et des alcooliques [3]. En 1883, les asiles renferment plus de 50,000 aliénés : « ce sont les paralytiques qui se sont multipliés dans la plus forte proportion et c'est parmi les paralytiques, qu'on trouve le plus d'alcooliques [4] ». Sur 35,000 infirmes de l'intelligence qui, du 1er janvier

1. Voir les tracés annexés au 1er chap. du livre III.
2. Art. *Aliénation*, *Dict. enc. des sc. méd.*
3. Com. à la Soc. d'anthrop. de Paris, *Bul.*, 1884, p. 663.
4. *An. de l'écon. pol. et de la stat.* (Maur. Bloch), 1887, p. 253.

1870 au 31 décembre 1883, ont passé par l'infirmerie spéciale du Dépôt, à Paris, 8,866 (près du quart) étaient des alcoolisés (Dalsème)[1]. Magnan[2] estime que si l'on relevait tous les cas où la boisson intervient dans la provocation des états maniaques et des autres maladies mentales, on arriverait à une proportion d'alcoolisme de 40 0/0 : « Depuis 1869-70, et le commencement de 1871, où l'alcoolisme battait son plein, donnant 26 0/0 et atteignant 48 0/0 en mai 1871, de nombreuses oscillations ont été constatées ; d'abord une diminution très sensible, après nos grands désastres, à la fin de 1871, et de 1872 à 1875, où il fut fait un effort réel vers la tempérance ; aussi la moyenne tombe à 19 et même à 17 0/0. De 1875 à 1885, la statistique révèle, sans cause appréciable, des fluctuations importantes variant entre 17 et 22 0/0 ; mais en 1886, l'augmentation s'accentue et continue jusqu'à ce moment, juillet 1887. » La sophistication chaque jour plus savante et plus méthodique, mais non moins pernicieuse, des boissons livrées à la consommation, entre pour beaucoup dans cette aggravation. Au Congrès de médecine mentale (Paris, 1889), P. Garnier, revenant sur ce sujet, établissait que la progression de la folie alcoolique (en corrélation avec la paralysie générale) est des plus inquiétantes : « Sa fréquence est deux fois plus grande qu'il y a 15 ans et les séquestrations dont elle est responsable ont augmenté de 25 0/0 dans le cours de la période triennale 1886-88 ; elle forme aujourd'hui à elle seule le tiers des cas d'aliénation mentale observés à l'infirmerie spéciale[3]. » Et ce qu'il y a de navrant, c'est que, lorsque la science commence à se réjouir de ses triomphes sur diverses formes de l'aliénation, elle échoue vis-à-vis de l'aliéné alcoolique ou n'obtient que des résultats éphémères, qui ne profitent pas au refrènement des actes antisociaux. Cet aveu échappe au

1. *L'Alcoolisme et la Folie.*
2. Note sur la *Stat. des mal. admis à l'hospice Sainte-Anne*, 1886. Rap. sur le service des aliénés de la Seine.
3. Voir aussi le *Mém.* du même médecin sur *la Folie à Paris*, *An. d'hyg.*, janv. 1890.

Dr Bouchereau [1], à propos des femmes atteintes d'alcoolisme (dont le nombre augmente chaque jour, comme celui des hommes et même des enfants) ; c'est que, dit le distingué observateur, « l'alcoolique retombe, à peine sorti : cet être, qui paraît normal, qui a dans l'asile une attitude régulière et fournit parfois d'excellents travailleurs, à la condition qu'il subisse la volonté d'autrui, ce même être est une cause de danger social ; il boit le jour même de sa sortie, et la société est obligée de le nourrir, de l'entretenir, de l'enfermer pour éviter de plus grands désordres, des crimes. »

Plus de 30 0/0 des suicides se rattachent à des maladies cérébrales, et, sans doute, dans l'étiologie d'un certain nombre de ces maladies, l'alcoolisme a dû jouer un rôle important. Mais plus de 12 0/0 des suicides sont nettement et directement attribuables à l'ivresse accidentelle ou habituelle.

Les relations de l'alcoolisme avec le crime-délit ne sont pas moins évidentes. La plupart des malfaiteurs de profession sont des intempérants, et chez eux, le vice est porté si loin, qu'ils se jettent avec avidité sur les boissons les plus répugnantes, quand ils sont privés de leurs liqueurs favorites. Au bagne, on a vu des forçats ingurgiter avec délice l'alcool servant à la macération des pièces anatomiques ; il y a quelques mois, un journal racontait la tentative d'assassinat dont le célèbre Abadie, devenu chef d'un atelier de menuiserie, à l'île Nou, avait failli être victime pour avoir refusé à un co-détenu « un peu de vernis pour boire ». Marambat a examiné les antécédents de 3,000 condamnés [2] : les vagabonds et les mendiants sont des ivrognes 79 fois sur 100, les assassins et les incendiaires 50-57 fois, les fauteurs d'attentats aux mœurs 53, les voleurs, escrocs, etc., 71 ; dans les actes de violence contre les personnes, l'ivrognerie est relevée 88 fois sur 100, et 77 dans les attentats contre les pro-

1. Rap. sur le service des aliénés de la Seine.
2. *Rev. scient.*, 14 avril 1888.

priétés. Ces ivrognes sont presque en aussi grand nombre parmi les sujets au-dessous de 20 ans que chez les adultes. Mais où l'influence de l'ivresse se traduit de la façon la plus irrécusable, c'est dans le délit connexe à sa constatation. Le compte rendu de la justice criminelle pour 1887 relève 8,700 prévenus condamnés pour ivresse, en même temps que pour divers délits, et ceux-ci se répartissent de la manière suivante : outrages aux agents

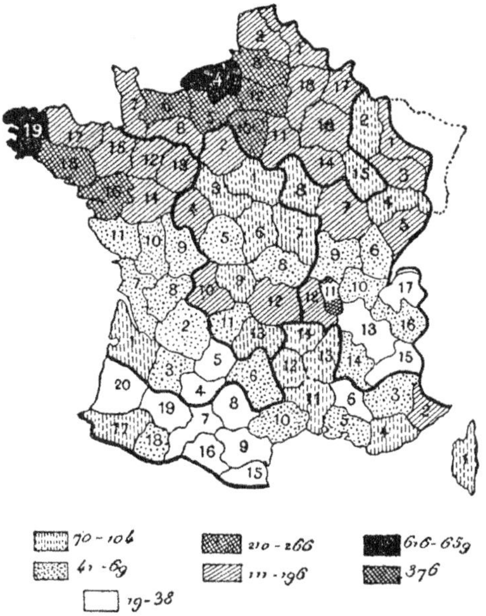

Fig. 4.

Poursuites pour ivresse.

(Loi du 25 janvier 1873, période 1878-87, d'après la carte du c. r. judiciaire de 1887. Prop. des individus poursuivis p. 100,000 habitants).

29 0/0, destruction de clôture **14**, outrage public à la pudeur **10**, coups et blessures **5**, rébellion **4**, mendicité **4**, vagabondage **3**, filouterie d'aliments **2**. Les feuilles quotidiennes se chargent d'apprendre aux plus optimistes le rôle de plus en plus prépondérant de l'alcoolisme, dans l'étiologie du crime intensif ! L'ivresse est aussi la cause des plus graves manquements que les conseils de guerre

ont à punir, celle aussi du plus grand nombre des suicides dans l'armée.

Voilà des faits bien acquis et que ne peuvent infirmer les statistiques isolées de quelques départements. Sans doute, les corrélations locales tangibles entre les facteurs de l'alcoolisme et l'évolution du crime-délit, sont fréquemment irrégulières. Cela n'est souvent qu'une apparence. Les départements du Nord et du Pas-de-Calais, par exemple, qui possèdent le plus de cabarets (1 pour 93-46 habitants, à Valenciennes 1 par 42 habitants ou 6 maisons !) et consomment de prodigieuses quantités de bière, avec une quantité d'alcool variant de 4 à 8 litres par tête, n'occupent une place d'exception ni dans le suicide (16 à 19 pour 100,000 habitants, c'est presque la moyenne française) ni dans la criminalité générale (le chiffre des accusés et prévenus dépasse à peine de 50 la moyenne française de 517 p. 100,000 hab.). Le Finistère, où l'on boit beaucoup de vin et d'eau-de-vie, dont la consommation d'alcool pur serait d'environ 6 litres et où les débits sont presque de moitié moins nombreux que dans le Nord, occupe un rang très bas dans le suicide (11) et une sorte de moyenne assez honorable dans la criminalité générale (437 ac. et prév.), malgré qu'il dispute la première place, pour l'ivresse publique, à la Seine-Inférieure (près de 700 condamnations annuelles pour 100,000 hab.); ce dernier département, dans la région normande, rentrant d'ailleurs parmi les plus chargés, sous le rapport de la délictuosité, comptant à peu près autant de cabarets que le Pas-de-Calais et consommant jusqu'à 13 litres 4 d'alcool pur. Mais les contradictions s'effacent si, au lieu de considérer les départements en bloc, on les étudie par arrondissements. On découvre alors que le suicide et le crime-délit se concentrent autour de foyers d'alcoolisme très intensifs, dans le Nord, quelques villes manufacturières; dans la Seine-Inférieure, trois villes maritimes, Rouen, Dieppe et surtout le Havre; dans le Finistère, Brest [1]. Les impulsivités dérivées de l'ivrognerie, dans ces

1. H. Joly, *la France criminelle*, p. 131; A. Corre, *le Délit et le Suicide à Brest*, *Arch. de l'anth. crim.*, mars et mai 1890.

centres détestables, grossissent le chiffre des attentats pour l'ensemble des départements auxquels ils appartiennent, et les cantons les meilleurs, prédominants par

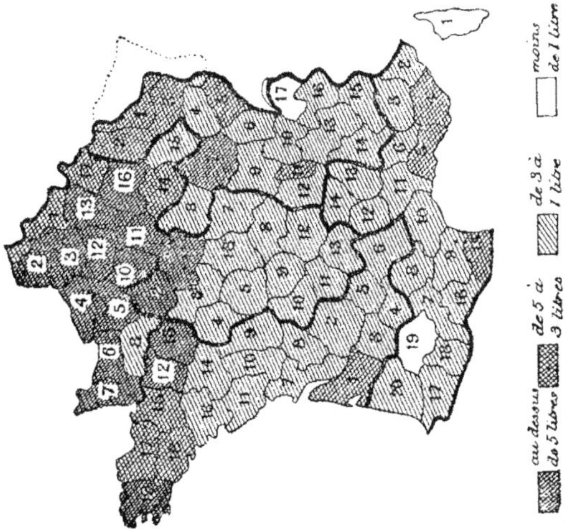

Fig. 5.

Alcool. consommé.

(Quantité moyenne par tête d'habitant, 1885).

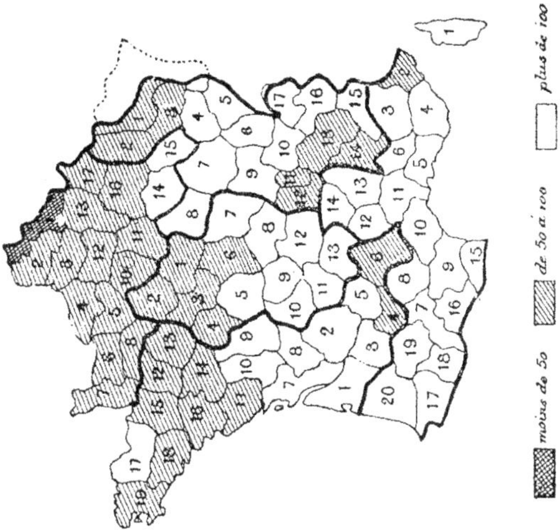

Fig. 6.

Débits de boissons.

(Nombre d'habitants pour un débit).

le chiffre de la population, noient sous une demi-teinte factice des conditions locales en réalité très dissemblables. La vérité n'est pas non plus tout entière dans les chiffres recueillis par les statistiques : on s'en convaincra à propos de la Corse, où la consommation des alcooliques est aujourd'hui si grande et le délit d'ivresse à peine mentionné : qui oserait affirmer que, dans cette île, l'exaltation du caractère et la criminalité violente n'aient pas subi quelque aggravation sous l'influence de l'alcoolisme ? Néanmoins, en se rapportant aux seules déclarations officielles et sans chercher à pénétrer trop avant dans les détails, il est impossible de n'être point frappé des relations que présentent, avec l'alcoolisme, le suicide et le crime-délit, au plus rapide coup d'œil jeté sur les cartes. Qu'on examine celles de la consommation de l'alcool et des boissons fermentées dressées d'après les *Annuaires du ministère du commerce*, celles des délits d'ivresse, de la criminalité générale et spéciale, du suicide [1], publiées par les soins de l'administration de la justice (1887) : les teintes les plus foncées ont tendance à se grouper dans les mêmes agglomérations régionales, au nord et en certaines parties de l'Ouest et du Midi ; les teintes claires et demi-claires se rencontrent principalement en d'autres parties de ces dernières régions et dans celle du Centre [2].

L'opinion de Ferri, qu'il existe une connexion très étroite entre l'abondance des récoltes du vin et le nombre des attentats contre les personnes ne semble pas très exactement corroborée par nos statistiques. On remarquera cependant que le délit et le crime sont assez élevés dans plusieurs départements vinicoles (Rhône, Gironde, Hérault [3], etc.)

L'on est surpris de l'inégale fréquence du délit et du crime comparée au nombre des cabarets. Pourtant, au

1. Voir la carte de la criminalité générale au chapitre précédent et celle du suicide au chap. IV du livre III ; consulter un tableau de L. Radiguet (*Arch. d'anth. crim.*, mars 1890, p. 219), où l'on relève, en corrélation avec le développement de l'alcoolisme dans plusieurs départements, non seulement l'augmentation de l'aliénation, du suicide et de la criminalité, mais encore une diminution de la population.

2. La répartition du divorce offre aussi des rapports avec celle de l'alcoolisme : l'ivrognerie n'est-elle pas un des plus puissants dissolvants de la famille ? Voir la carte publiée dans la *Stat. gén.* (com.) de 1885, XV, et reproduite au chap. IV du livre III.

3. Mais la situation de ces départements dépend d'influences sociologiques assez complexes ; pour l'Hérault, notamment, consulter la *France criminelle* de Joly, p. 104.

Congrès international contre l'abus des boissons alcooliques (Paris, 1889), Yvernès a réuni des documents, pour établir que, plus la multiplicité des délits était grande, plus la consommation de l'alcool par tête d'habitant l'était aussi : malgré quelques objections, la plupart des orateurs admirent cette conclusion comme habituelle (les écarts proviennent sans doute de la clandestinité de la vente en maintes localités). La consommation et le nombre des débits sont donc intimement liés dans l'étiologie du suicide et de l'attentat. L'influence du cabaret est irrécusable au double point de vue de l'excitation à l'intempérance et de l'entraînement suggestif aux plus mauvais coups. Ces lieux sont des foyers de rayonnement corrupteur par l'exemple ; le rendez-vous des déclassés et des oisifs de toutes les couches, l'école de la médisance, du vice et du crime. Là, le sujet faible ou novice subit ses premières tentations, là, il ébauche des leçons qu'il n'achèvera que trop souvent dans un autre milieu de dépravation, la prison. Là, naissent les occasions de querelles et de querelles qui aboutissent aisément aux pires violences (avant la loi sur la répression de l'ivresse, Yvernès avait déjà reconnu qu'un dixième des meurtres avaient cette origine [1]).

J'accorde une grande importance à la multiplicité des débits dans le mouvement de la délictuosité. Mais, à côté de ce facteur, il en est un autre signalé par les médecins, et qui explique en partie la recrudescence et la forme si intensive de la criminalité actuelle. Certes, nos ancêtres étaient de gros buveurs. Dans les classes privilégiées, où l'on pouvait se permettre les plus fortes et aussi les plus fréquentes incartades, il se produisait bien de temps à autre des manifestations fâcheuses ; mais, en dehors du milieu militaire, formé de mercenaires ou de troupes nationales recrutées dans les plus basses couches de la population, la masse de la bourgeoisie et du peuple, même au cours d'abandons à l'intempérance la plus grossière, ne fournissait pas à l'attentat autant

1. Cong. de Bruxelles, 1880.

de tristes héros qu'on en découvre aujourd'hui chez elle. L'ivresse restait d'ordinaire gaie, bruyante ; elle devenait assez rarement agressive. Elle est maintenant triste, sournoise ou d'emblée féroce et sanguinaire. C'est qu'autrefois on buvait des produits naturels. De nos jours, les tares héréditaires se sont accumulées dans les familles, les générations sont plus susceptibles aux stimulations anormales et l'impulsivité acquiert encore des tendances plus aberrantes par la consommation de boissons artificielles et toxiques. Dujardin-Beaumetz, Laborde, J. Rochard, à l'Académie de médecine [1], Monin, dans un excellent livre [2], Magnan, en diverses communications [3], ont jeté le cri d'alarme : on invente des liqueurs de tables ou apéritives, qui sont de véritables poisons ; les vins sont falsifiés, fabriqués de toutes pièces au moyen de matières colorantes, d'huiles essentielles (bouquet) et d'alcools inférieurs, nocifs à la cellule cérébrale. Il n'y a pas longtemps, qu'on saisissait et qu'on analysait, à Paris, un produit allemand, vendu sous l'étiquette d'*huile essentielle de lie-de-vin :* c'était une substance douée des propriétés les plus toxiques ; on l'éthérifiait avec un mélange d'alcool méthylique, éthylique et amylique, et 125 grammes de la liqueur transformaient une barrique d'alcool de betteraves en une barrique de... cognac vieux ! Diverses aldéhydes, qu'on rencontre en proportions plus ou moins considérables dans les boissons les plus répandues (vermouth, bitter, etc.) sont des convulsivants très énergiques. On connaît, surtout depuis les belles recherches de Magnan, les propriétés convulsivantes de l'absinthe. Et, chaque jour, l'esprit de lucre découvre de nouveaux poisons, avec lesquels il exploite l'appétit, chaque jour plus difficile à stimuler, des buveurs. L'armée des intempérants ne cesse de grossir, absorbant d'énormes doses de substances, qui détruisent vite et sûrement l'activité cérébrale, modi-

1. Octobre 1888.
2. *L'Alcoolisme*, 1889.
3. *Soc. de med. prat.*, 1887, etc.

fient profondément l'organisme, préparent le terrain ou ouvrent la porte à la folie ; dans ses rangs, disparaissent les unités sociales, tantôt par le suicide, et tantôt par le crime.

Il serait donc urgent d'organiser une prophylaxie de l'alcoolisme. Il est aisé d'en tracer les règles, difficile d'en espérer l'application. Dans quelques pays, de louables efforts sont tentés. Chez nous, rien... ou très peu de chose. Au milieu d'intérêts complexes, souvent inavouables ou décidés à sacrifier jusqu'à la sève de la patrie au besoin du sectarisme, l'eau-de-vie joue un trop grand rôle dans les élections métropolitaines et coloniales ; le cabaret, déclaré le club du pauvre, est le centre de réunions trop favorables aux meneurs, le déclassement lui-même, où conduisent l'abus des boissons et l'oisiveté, est trop nécessaire au recrutement des saltimbanques politiques, dirigés par les chefs de l'exploitation sociale, pour que des réformes sérieuses aient aucune chance de se produire[1]. Les vertueux dirigeants, qui tonnent contre le trafic des alcools en Afrique, ne pourraient-ils introduire chez nous quelques-unes des mesures qu'ils préconisent pour arrêter la dégénération des races noires ? C'est une utopie de moraliste, que de croire suffisante la prédication du bon exemple ou des avantages de la sobriété. Les sociétés de tempérance rendront des services, pour préserver de la rechute des sujets déjà modifiés sous le rapport de l'habitude ; elles n'auront jamais qu'une action très limitée sur les masses populaires. La raison n'a d'ailleurs que peu de prise sur les individus amoindris dans leur cérébration. Sans aller aussi loin que certains États de l'Amérique du Nord, qui ont cherché à établir la tempérance obliga-

1. Les marchands de vin sont devenus une puissance et l'on compte avec eux. Sur leur réclamation, la Chambre n'a-t-elle pas déclaré que le mouillage... même à un degré qui rappelle le miracle de Cana, par antithèse, était une opération très licite et ordonné la restitution d'amendes légalement prononcées contre des mouilleurs influents ! N'a-t-elle pas écouté avec bienveillance les protestations des mêmes citoyens contre la loi Griffe qui les oblige à indiquer si leurs vins sont naturels ou de fabrication artificielle ! C'était à prévoir après les courtisaneries de Gambetta à MM. de la Mastroque.

toire et à prohiber d'une manière absolue la vente des boissons alcooliques, au moins doit-on demander qu'on préserve les faibles et les prédisposés contre les sollicitations occasionnelles et contre les stimulations répétées d'où naîtra l'automatisme d'habitude, tout le monde contre l'empoisonnement. Pour cela, il faudrait s'inspirer de principes bien franchement dégagés des considérations de partis... et d'intérêts économiques à courte vue. Obtenir quelques ressources budgétaires, quelques brailleries approbatives et même des succès électoraux, au prix d'une déchéance du peuple, c'est mentir à la nation. C'est aussi un faux calcul. L'argent obtenu par l'encouragement tacite donné à la consommation de l'alcool ne compense pas l'amoindrissement de la fortune publique[1]; pas plus que les triomphes éphémères d'un suffrage inconscient ne compensent l'abâtardissement des esprits, l'avant-coureur de la servitude.

Une intervention de l'État est nécessaire, et je la comprends dans les conditions suivantes :

1° Endiguer les provocations à l'alcoolisme. La facilité de s'abreuver sans nécessité de liqueurs fortes, l'entraînement de l'exemple et l'excuse que la vue continuelle du vice d'autrui donne trop souvent aux faibles, sont les causes qui transforment une prédisposition en habitude dégénérative ou créent d'emblée celle-ci: elles sont réunies dans les cabarets, débits et cafés, partout trop

1. La fortune publique n'est pas moins compromise que la morale et la sécurité du pays. « Depuis 12 ans, dit Cauderlier (*les Boissons alc. en Belgique et leur action sur l'appauvrissement du pays*, Brux., 1884), Paris a certes bu pour une valeur égale à la rançon de la France. Quelle que soit l'énergie industrielle d'une ville, elle ne peut longtemps aller d'un tel train, sans aboutir à des crises... » J. Rochard (*l'Alcool, son rôle dans les soc. mod.*, *Revue des Deux-Mondes*, avril 1886) a calculé que, indépendamment de la honte et de la dégradation, comme supplément au désordre, à la ruine, aux douleurs des familles, comme surcroît à l'atteinte portée à la race, au caractère et aux forces vives du pays (les conditions du recrutement militaire sont amoindries), l'alcool coûte à la France encore plus de 1 milliard 100 millions par an! Cet écrasant budget se réglerait ainsi : prix de l'alcool consommé, 90,981,800 fr.; journées de travail perdues, 962,771,000 fr.; frais de traitement pour maladies et chômages, 70,842,000 fr.; frais de traitement pour aliénation mentale, 2,321,300 fr.; suicides (suppression de vies utiles), 3,170,000; frais de répression pour les criminels, 8,894,000: Total; 1,138,980,600 fr.

multipliés et partout aussi très imparfaitement surveillés. Il y a trop de débits et leurs teneurs ont pris trop d'importance... avec trop de licence. L'on comptait chez nous, en 1885, 333,950 débits, répandus dans les communes rurales et 269 villes non rédimées, c'est-à-dire non soumises au régime d'une taxe unique (160 villes de 10,000 âmes et au dessus sont assujetties de droit à cette taxe et 22 agglomérations de 10,000 à 4,000 âmes l'ont adoptée volontairement) ; en 1886, il y avait 422,300 de ces établissements (26,000 pour Paris !) [1]. La loi Roussel, dit-on, en exigeant certaines qualités des vendeurs, a moralisé le commerce des boissons et diminué par là l'ivresse scandaleuse ! On ne s'en douterait guère, à observer ce qui a lieu dans la plupart des villes et des villages ! N'est-ce pas l'auteur de la loi lui-même, qui, dans la discussion sur la consommation de l'alcool au Sénat [2] s'est écrié qu'il fallait arriver coûte que coûte à la réduction du nombre des débits, et que ces maisons, loin de rappeler l'ancien cabaret, si gai, si gaulois, étaient trop ordinairement des lieux de débauche crapuleuse ? Écoutons d'ailleurs le langage des chiffres. D'après un rapport de M. Renouard à la Société de tempérance, au cours de l'année 1873, les tribunaux de simple police des 25 Cours d'appel ont prononcé 54,933 condamnations, pour contravention en matière d'ivresse (sur 55,655 inculpés). En 1884, c'est à peu près le même chiffre que l'on a à défalquer d'un total de 68,072 faits intéressants la sûreté publique. Le but désiré n'a donc pas été atteint. Quelquefois, une relation directe entre le nombre des débits et celui des crimes-délits, dans une région, semble établie par les statistiques départementales ; mais des enquêtes ainsi limitée, on ne recueille souvent que des résultats contradictoires, parce que les facteurs de l'attentat sont très complexes. Il faut s'en tenir aux grandes lignes, et l'observation d'ensemble est assez

1. *Bul. de stat. du Minist. des finances.*
2. 24 juin 1887.

tristement éloquente pour imposer les plus graves préoccupations aux législateurs. Si l'enseigne du débit fait le premier appel..., l'homme ou la servante du comptoir font les invitations qui portent à redoubler les consommations. Je ne crois guère à la moralité des gens qui battent monnaie avec les vices de leurs semblables. Je n'estime guère plus le personnage qui amasse une fortune en empoisonnant ses concitoyens, que l'être qui obtient la sienne de l'exploitation de pauvres filles, condamnées à subir, de par une inique tolérance des lois, la lubricité des mâles en rut. La prostitution vient d'ailleurs en aide à l'empoisonnement patenté, dans maints établissements [1], et l'alcoolisme envoie nombre de pratiques aux lupanars de toutes catégories. Il est de ces métiers qu'on ne devrait permettre qu'à la condition de les stigmatiser : peut-être alors trouverait-on moins d'individus pour les exercer, s'ils avaient contre eux la réprobation et le mépris publics. La maison de tolérance recrute ses directeurs et directrices dans un monde relativement limité ; pourquoi les aspirants au comptoir zingué ou marbré sont-ils chaque jour plus nombreux : les patrons gagnent trop facilement de grosses sommes et sont trop honorés. Qu'on rende le métier moins lucratif, en exerçant une surveillance rigoureuse sur la qualité de la marchandise, et en exigeant des taxes de patente très élevées, qu'on le rende aussi moins miroitant, en l'astreignant à des obligations policières qui l'amoindrissent. Ce serait trop demander, que la radiation des cadres de l'électeur et de l'éligible, pour des gens cependant fort peu dignes, de par leur profession, de choisir à la patrie ses guides, de devenir eux-mêmes ses guides ! Au moins souhaiterais-je de voir le débitant et le cafetier (tout ce qui détaille sur place les boissons alcooliques aux oisifs) à peu près assimilés, pour les réglementations, aux tenanciers de maisons de débauche. Je dis là-dessous toute ma pensée et je n'ai pas à la dissimuler. Ce n'est point en

1. Macé, *Joli monde*, *Gibier de Saint-Lazare* (brasseries à filles, etc.).

faveur de métiers suspects, que je plaiderai jamais contre l'excès des tracasseries policières et administratives [1]. En Danemark, tout ivrogne trouvé dans la rue est considéré comme une victime du débitant qui lui a donné à boire, et c'est aux frais de celui-ci, que les agents le conduisent en voiture au poste d'abord, puis à son domicile. En Allemagne, les fraudes commises par les débitants sont punies avec une rigueur inflexible et la fraude s'entend même de l'addition à la boisson vendue d'une substance inoffensive (ce n'est point au-delà du Rhin qu'on admettrait le fameux droit au mouillage.) J'irais plus loin. Les pénalités que la loi prononce contre les fautes professionnelles des débitants sont absolument dérisoires. L'on rend les patrons de l'industrie responsables des accidents plus ou moins graves qu'éprouvent leurs ouvriers, le meurtrier par imprudence ou non intentionnel, de l'acte qu'il a commis : pourquoi l'homme qui a contribué à détruire la santé d'un malheureux, rempli sa bourse en vidant celle de la famille, aidé si largement à l'évolution immédiate ou prochaine des impulsivités malfaisantes, n'encourrait-il pas une responsabilité civile et criminelle vis-à-vis des victimes directes ou indirectes de sa cupidité [2] ?

2° Diminuer la comsommation de l'alcool. L'élévation du droit de licence des débitants restreindrait peut-être leur nombre (on espère ainsi, en Belgique, obtenir chaque année la disparition de 10 0/0 des cabarets). Mieux vaudrait combiner la surtaxe à un système de limitation du nombre des débits et cafés, proportionnelle à un certain chiffre de la population (ainsi qu'on l'a proposé aux États-Unis). Quant à l'augmentation des droits de consommation, l'expérience a jusqu'ici démontré qu'elle servait surtout à multiplier les fraudes sur la

1. La Régie est très attaquée. A la Martinique, on vient de l'abolir, puis de la rétablir. Elle a du bon, car la Suisse se félicite de l'avoir adoptée.

2. L'année dernière, un tribunal américain a admis la plainte en dommages-intérêts formulée contre un cabaretier par une femme, dont le mari, ivre des boissons prises avec excès chez le débitant, s'était tué net en tombant sur le trottoir.

qualité des boissons vendues et qu'elle ne diminuait guère leur détail : l'accroissement du prix d'une denrée profite plus au vendeur qu'elle n'arrête la dépense chez le consommateur [1]. Il serait cependant possible de rendre cette mesure efficace, en osant l'établir excessive pour l'eau-de-vie et les liqueurs reconnues le plus dangereuses, parallèlement à un dégrèvement considérable des vins, bières, cidres, boissons naturelles et saines, suivant un mode avantageux tout à la fois aux travailleurs, consommateurs et producteurs [2]. Ajouterai-je que ces dernières boissons seraient, en général, plutôt consommées dans la famille, tandis que l'alcool, l'absinthe, etc., sont consommés en dehors d'elle et à son détriment [3].

1. J'ai constaté le fait dans nos colonies. L'on a eu beau augmenter la patente des débitants et les droits sur le rhum, en des proportions considérables, l'alcoolisme a continué ses progrès formidables. Toutefois des résultats contraires ont été signalés : on les a exprimés dans le tableau ci joint (Flaix, *Rev. sc.* du 9 oct. 1886) :

	Consommation d'alcool (hect.)	Impôt par hectolitre	Produit de l'impôt
En Allemagne.....	2.999.934	15 fr.	38.000.000
En Russie........	2.750.000	328.45	617.000.000
En France........	1.444.342	156.25	238.000.000
En Angleterre....	954.055	477	462.000.000
En Italie.........	218.080	55	12.000.000

D'un autre côté, Ch. Grad (*Ib.*, 21 janv. 1888) a relevé une énorme consommation, en Allemagne, surtout en Alsace-Lorraine et dans les provinces prussiennes, depuis l'abaissement de l'impôt. A Strasbourg, la quantité d'alcool consommée par tête d'habitant, en 1871-72, s'élevait à 0 lit. 38, avec un impôt de 161 francs ; elle était, en 1885-87, de 1 lit. 40, avec un impôt de 75 fr. (en 1880, de 2 lit. 48, avec un impôt de 16 fr. 25).

2. Projet Peytral, 1888. Dans le projet de budget pour 1891, il est question d'une réforme de l'impôt sur les boissons : on supprimerait le droit sur le détail et l'exercice et le privilège des bouilleurs de cru ; on augmenterait le droit sur l'alcool (de 156 fr. on le porterait à 225) et le tarif des licences de débitants.

3. J'ai vu, à Brest, des familles réduites, par l'ivrognerie de leur chef, à la misère la plus noire, la mère et les enfants n'ayant pour coucher que des feuilles sèches, dans un coin de masure nue, à peine pour vêtements que de sordides loques, et pour manger que l'aliment obtenu des hasards de la charité. La femme avait-elle assez de santé pour travailler, l'homme rentrait de temps à autre pour lui extorquer son gain avec brutalité. Il y a quelques semaines, le tribunal correctionnel hésitait à prononcer une condamnation (pour vol récidivé), susceptible d'entraîner la relégation, contre une paysanne que son mari dépouillait de tout afin d'aller boire : la malheureuse avait été acculée au vol par la nécessité de nourrir au jour le jour ses trois enfants ! Et l'on aurait des égards pour un métier qui s'engraisse d'un pareil vice et d'une pareille misère !

3° Assurer la pureté des liqueurs et des boissons consommées. C'est là une mesure hautement réclamée par les hygiénistes et sur laquelle les docteurs Pouchet et Brouardel ont justement insisté dans un rapport au Comité consultatif d'hygiène [1]. Il ne faut pas seulement exercer une surveillance sur les eaux-de-vie, les rhums et les liqueurs analogues, produits de la distillation naturelle ou de la fabrication artificielle, mais encore sur les vins, si déplorablement falsifiés depuis la destruction d'une partie de nos vignobles par le phylloxéra. Aujourd'hui, beaucoup de vignobles sont reconstitués, le prix du vin reste toujours élevé et la qualité aussi douteuse. Les boissons frelatées dont l'étranger et nos propres distilleries nous inondent contribuent à donner à l'alcoolisme un caractère particulièrement aggravant.

4° Rendre la répression de l'ivresse plus efficace, en la frappant avec plus de sévérité dans ses manifestations simplement scandaleuses, et, publique ou latente, dans ses conséquences délictueuses ou criminelles. La loi de 1873 est trop indulgente pour un vice qui ne mérite pas la pitié. Si vil est ce vice, qu'on regrette presque pour lui la disparition du châtiment corporel, celui qui conviendrait le mieux à des natures privées de tout sentiment de dignité [2]. Au moins pourrait-on augmenter les chiffres des amendes et des journées de prison (avec travail forcé) suivant le nombre des récidives, et classer l'ivresse incorrigible parmi les délits susceptibles de motiver un arrêt de relégation [3]. Mais, à défaut d'une

1. mai 1883.

2. On ne saurait espérer, pour tous les ivrognes, la correction infligée à une intempérante, dans une rue de Paris, par des femmes du peuple, et c'est vraiment dommage! Le *Figaro* (12 sept. 1888) raconte ainsi la chose : Une ouvrière, bien connue dans son quartier, est rencontrée titubante par une demi-douzaine de femmes de sa classe. On l'accuse de déshonorer le sexe, on l'entoure et séance tenante on lui « applique la correction que Gervaise inflige, dans l'assommoir, à son insulteuse, moins le battoir. Et comme les hommes faisaient mine d'intervenir : — Si les hommes étaient moins lâches et moins abjects, les ivrognes seraient bientôt corrigés. — A ce moment, la force armée est survenue. Mais devant l'indignation légitime des exécutrices, la foule s'est ouverte et les coupables, qui étaient des justicières, se sont éclipsées aux applaudissements des spectateurs. »

3. L'État de Minnesota a voté une loi d'après laquelle toute personne qui s'enivrera en buvant volontairement des boissons alcooliques sera passible des peines suivantes:

loi plus rigoureuse, les magistrats et les jurés arriveraient à des résultats concluants, s'ils élargissaient le champ des responsabilités encourues par les buveurs, en diminuant celui de l'atténuation dans les méfaits accomplis sous l'influence de l'ivresse.

J'aborde ici une délicate question. Du dégénéré alcoolique, parvenu au dernier degré de l'abrutissement ou maintenu en perpétuel état de délire, je n'entends point parler: c'est un aliéné, qu'on doit renfermer dans un asile, et le plus tôt possible... Mais je prétends plaider contre un système d'excuse trop souvent édifié en faveur de l'ivrogne d'habitude et du buveur d'occasion. On le rejette, lorsqu'il s'agit d'un passionnel, qui cependant n'est le maître absolu ni d'un tempérament parfois impressionnable jusqu'à la neurosité presque maladive, ni des circonstances fortuites s'adressant à cette impressionabilité. Pourquoi reporter le bénéfice de l'atténuation sur l'homme qui s'est livré à des excès d'intempérance, sachant à quels dangers ils l'exposaient dans la collectivité, à l'homme dont l'inpulsivité dérive d'un abandon conscient à l'influence perturbatrice? Il y a, dans une semblable contradiction, quelque chose de choquant. L'ivresse n'est pas inscrite comme excuse légale; mais elle rentre dans la catégorie des accidents qui sont laissés à l'appréciation des juges, à titre d'atténuation. La justice militaire lui refuse toute valeur atténuatrice dans le manquement: le soldat, qui dans un moment d'oubli, surexcité par des libations, refuse l'obéissance ou jette l'insulte au plus humble de ses supérieurs, est puni avec la même rigueur que celui dont la faute a été commise en état normal, et la punition peut être la mort. Je ne réclame pas, pour la discipline sociale, une application répressive aussi féroce. J'estime seulement, que, si l'on s'incline devant la nécessité qui exige une pareille sévérité dans l'armée et sacrifie à la sauvegarde des in-

pour la première fois, de 10 à 40 jours de prison ou de 50 à 200 fr. d'amende; pour la deuxième fois, de 30 à 60 jours de prison ou de 250 à 500 fr. d'amende, et ensuite, pour chaque récidive, de 60 à 90 jours d'emprisonnement.

térêts hiérarchiques des sujets honnêtes et entraînés par hasard à des récalcitrances partout ailleurs souvent excusables, il est triste de voir un vice transformé en moyen d'indulgence, pour des personnages ordinairement indignes de toute sympathie, quand ils ne sont pas des gredins avérés.

Le délire de l'ivresse enlève la conscience de l'action ! Je pourrais dire, qu'il y a dans l'obscurcissement de la raison et l'entraînement aux actes, sous l'influence de l'ivresse, des degrés fort distincts et que, de la surexcitation qui rend l'impulsivité plus trébuchante et plus provocatrice à la conception hallucinante, il y a loin ! Mais, je ne chercherai pas même à formuler des distinctions, relevant des cas particuliers [1]. L'ivresse, doublée d'un attentat, qu'elle soit ou non délirante, doit laisser la responsabilité des actes, puisqu'elle est un état librement acquis. J'admets des degrés dans la responsabilité, jamais son entière suppression, à moins d'une aliénation démontrée.

Deux conditions sont à déterminer. — L'ivresse est-elle observée chez un héréditaire ou s'est-elle produite, avec ses conséquences, chez un sujet exempt de toute tare héréditaire ? — D'une manière générale, comme le remarque très judicieusement Garofalo, l'alcoolisme ne suffit pas à lui seul à engendrer l'acte criminel : il met en branle des impulsivités tout à coup déchaînées dans une direction préétablie par le caractère et les instincts individuels. « L'alcoolisme est très peu répandu chez les peuples qui occupent la place la plus élevée dans la statistique du meurtre (Italiens) et ce vice est au contraire très commun chez d'autres peuples où le meurtre est relativement rare (Anglais). » Mais, c'est surtout lorsqu'il se développe sur un terrain organique prédisposé par l'hérédité, que ses écarts sont les plus redoutables. Il

1. Le nouveau Code italien les a très bien spécifiées (ex. crit. d'Alimena, *Arch. d'anthrop. crim.*, déc. 1888, 639). Lire aussi le rapport du Dr Motet sur la *Responsabilité des alcooliques*, au Cong. de médecine mentale, Paris, 1889.

est même permis de croire qu'il n'aboutit guère à la folie et à l'épilepsie, que chez les sujets en possession d'une tare de cette espèce : il provoque les manifestations de la névrose, jusqu'alors latente, comme, en d'autres cas, celle-ci apparaît soudain à la suite d'un traumatisme. La prédisposition à l'intempérance, celle qui donne à l'ivresse ses formes les plus violentes ou les plus délictueuses, confond souvent son délire avec l'hallucination de l'épilepsie ; elle est tantôt liée à des modalités corporelles, à de véritables stigmates physiques d'ordre dégénératif, tantôt traduite par des phénomènes d'ordre exclusivement psychique (irritabilité spéciale du caractère, etc.) ; elle se rattache à une transmission directe ou indirecte, c'est-à-dire que l'entraînement à l'alcoolisme s'observe chez des sujets nés de parents eux-mêmes alcooliques ou de parents non alcooliques, mais atteints de diverses maladies nerveuses. « L'alcoolisme se transmet chez les descendants sous sa forme propre. Il y a de cette transmission des exemples frappants, qui ont été réunis par différents auteurs. On connaît le cas d'une dame, régulière et économe, qui était prise d'accès de dipsomanie irrésistible ; c'est vainement qu'elle mêlait à son vin les substances les plus répugnantes : la mère avait été dipsomane [1]. Le plus souvent, l'alcoolisme des parents devient épilepsie, folie chez les enfants, ou engendre la cruauté précoce, la paresse, le besoin du vagabondage, l'idiotie. M. Ribot cite entre autres, d'après Magnus Hus et Morel, le fils d'un alcoolique qui montra dès l'enfance les instincts les plus cruels. Contraint de s'engager, il ven-

1. Autres exemples. Un homme, déjà père de quatre enfants et jusque-là fort sobre, s'adonne à l'ivrognerie, à la suite d'affaires malheureuses ; très alcoolisé, il a deux autres enfants. Il meurt en état de démence et sa famille est recueillie par un frère, qui veille sur elle avec le plus grand soin Dès l'âge de 7 ans, les deux derniers fils montrent un penchant irrésistible pour le vin ; à peine adolescents et libres, ils consomment d'énormes quantités d'eau-de-vie et meurent alcooliques entre 25 et 30 ans (Descuret, *l. c.*, p. 337). Un journal parisien relatait, en janvier 1886, le cas d'un pauvre enfant de 15 ans, fils et petit-fils d'alcooliques, que l'on fut obligé de renfermer pour le soustraire à ses goûts déjà invétérés d'ivrognerie : l'enfant, dans ses périodes de sobriété forcé se rendait bien compte de son état, il comprenait le danger de son intempérance, mais ne pouvait résister aux entraînements de l'hérédité.

dit ses effets militaires pour se procurer de l'eau-de-vie... Michelet a bien eu raison de s'écrier quelque part : — Malheur à l'enfant qui aura été engendré par un outrage à la mère! — Des statistiques dressées en Amérique ont prouvé, d'après le Dr Despine, que les enfants d'alcooliques sont dix fois plus que les autres exposés à commettre des crimes ou des délits [1]. » Magnan, Motet, Legrain, etc. [2], ont prouvé, par des observations nombreuses, que l'alcoolisme ne se comportait pas de la même façon chez les sujets ordinaires et chez ceux affectés d'une tare héréditaire. Legrain a nettement résumé les relations que la science a découvertes entre l'alcoolisme et l'hérédité, deux facteurs si intensifs du délit et du crime : « 1° Les héréditaires sont plus susceptibles que les autres individus, en face de l'alcool ; 2° ils délirent plus facilement ; 3° leur délire spécifique porte l'empreinte de l'influence héréditaire; 4° ils présentent des accidents délirants qu'on ne rencontre jamais dans l'alcoolisme, et qui sont déterminés par l'intervention d'une cause étrangère. » Et ces faits sont aujourd'hui admis par tout le monde [3]. Si l'on consent à reconnaître que l'héréditaire mérite une indulgence relative et en quelque sorte proportionnelle au degré de la dégénération anatomo-psychique imprimée par la tare paternelle ou maternelle, il est logique d'accorder à l'alcoolique de la catégorie une plus large atténuation de la responsabilité. Chez lui, en effet, non seulement la prédisposition intervient pour diminuer la résistance aux sollicitations de

1. *Rev. sc. de la Rép. franç.* du 29 mai 1883. Voir, dans la même feuille, la *Rev. sc.* du 1er avril 1884, et, dans la collection des thèses soutenues à Montpellier, en 1888, le *Mém.* de Combemale, sur la *Descendance des alcooliques*.

2. Ouv. déjà cités.

3. Decaisne, dans une note au Cong. des soc. sav. (Paris, 1888), sur la *Dipsomanie chez la femme*, a pourtant présenté une statistique qui tendrait à restreindre leur fréquence. Sur cinquante-quatre femmes, atteintes de dipsomanie, l'hérédité n'aurait été constatée que dix fois; mais ajoute notre confrère, trente et une avaient eu leur premier accès à l'occasion de l'établissement ou de l'arrêt de la menstruation, et trois autres au cours d'une grossesse. Les manies liées à la menstruation et à la grossesse supposent elles-mêmes une prédisposition organique dont il convient ordinairement de rechercher l'origine à l'hérédité, elles traduisent celle-ci même en l'absence d'autres signes.

l'intempérance, mais encore pour augmenter l'énergie de l'action ébriante, donner à l'impulsivité une direction moins libre. — En dehors de l'influence héréditaire, des actes criminels ou délictueux sont commis par des alcooliques en état délirant ou subdélirant accidentel. Si l'ivresse est le résultat d'une surprise, je comprends qu'elle puisse entraîner l'irresponsabilité; mais je ne vois guère qu'un cas où l'excuse apparaisse aussi complètement justifiée, celui où un malheureux a été amené à boire, à son insu et en quantité modérée, des liqueurs dont il ignorait la nocivité, parfois même additionnées de substances toxiques : la responsabilité de ses entraînements, assimilables à ceux d'un délirant morbide, incombe aux personnes qui les ont provoqués, elles-mêmes assimilables à des malfaiteurs de profession ou d'occasion, ayant un intérêt à exploiter une victime sans défiance, qu'ils s'appellent ou non débitants, qu'ils aient agi par sottise, vengeance ou cupidité mercantile. Dans la plupart des autres cas, sinon dans tous, l'ivresse n'a pas été cherchée, absolument; mais le buveur avait la pleine notion des chances qu'il allait risquer de la contracter, par l'expérience antérieure de lui-même ou de ses camarades ; il s'est exposé sciemment à tomber dans l'excès, ou bien il a été au devant, redoublant ses consommations, prenant plaisir à son appétence déréglée, poursuivant enfin comme but de jouissance l'abandon de sa raison. Doit-on alors écarter et même réduire, dans une très large mesure, la responsabilité? Les opinions varient à cet égard, et, phénomène singulier, il semble que les tribunaux et les médecins soient enclins à faire plus souvent profiter de l'atténuation, dans l'attentat, l'intempérant d'habitude que l'intempérant d'occasion.

Motet [1] raconte l'histoire d'un ouvrier italien, travaillant d'ordinaire dans l'air comprimé (milieu défavorable aux conditions d'une bonne circulation et créant des prédispositions à des troubles nerveux, elles-mêmes sus-

1. *Ac. de méd.*, 15 mai 1885.

ceptibles d'aider au développement de l'alcoolisme). « L'ouvrier n'avait pas d'habitudes d'ivrognerie; mais, un soir, s'étant laissé entraîner par des camarades, il absorba d'énormes quantités de boissons alcooliques. Vers minuit, il se trouvait dans la rue, essayant de regagner son domicile, lorsque, tout à coup, sans motif, sans la moindre provocation, il se jette le couteau à la main sur un groupe de quatre personnes. Il frappe de tous côtés avec fureur et porte dix-sept coups de couteau; un homme est mort des suites de ses blessures. On maîtrisa avec peine le meurtrier, qui, une fois au poste, s'endormit profondément. Interrogé le lendemain, il ne se souvint de rien; il ne nie pas les faits qui lui sont imputés, il dit seulement qu'il ne sait pas comment ils ont pu se produire. Il n'a jamais varié dans ses réponses. » Le médecin reconnut que le meurtre avait été commis au cours d'un accès de fureur subite, causé par un état pathologique résultant de l'intoxication alcoolique; que cette intoxication avait pu être plus rapide, plus profonde, par suite des circonstances relatives au genre de vie. « Toutefois, ce n'était pas un alcoolique, un malade habituel; il s'était mis volontairement en état d'ivresse, et, depuis ce jour, il avait retrouvé la pleine possession de lui-même. » Il était responsable et fut condamné. Tout récemment, l'on acquittait, au contraire, un homme coupable d'incendie, sur cette déclaration d'un médecin, que l'accusé « n'était pas fou, mais qu'une fois ivre, il avait des hallucinations de la vue et des poussées congestives à la tête ». Il s'agissait d'un propriétaire qui s'était mis à boire à la suite de chagrins domestiques, qui avait le vin triste, et ne parlait dans ses accès d'ivresse, que de se tuer après avoir mis le feu à sa maison, habitée par de nombreux ménages d'ouvriers. Je ne parviens pas à m'expliquer les raisons d'une indulgence plus grande en faveur de cet ébriant d'habitude, qu'en faveur du précédent, ébriant d'occasion.

Lorsque la responsabilité est atténuée devant la pénalité criminelle ou correctionnelle, au moins l'action civile serait-elle à retenir. L'homme qui s'enivre mérite d'être obligé à réparation pour les dommages occasionnés aux personnes, dans leur santé ou dans leurs biens, plus encore que l'homme accidentellement coupable, par simple imprudence, d'une blessure ou d'un bris d'objet. Les personnes appelées à la surveillance d'un alcoolique, devraient être, d'autre part, assimilables à celles qui ont à veiller sur les actes d'un aliéné, et elles ne sauraient échapper aux conséquences d'une habitude devenue inconsciente chez un sujet placé sous leur tutelle morale. J'étendrais surtout la responsabilité matérielle aux débitants qui ont contribué à développer l'état d'impulsivité aberrante chez des buveurs, soit en leur délivrant d'emblée des liqueurs falsifiées, et à doses excessives, soit en continuant à satisfaire à leurs appétits désordonnés après des manifestations évidentes d'ivresse.

Enfin, il y a lieu d'admettre une ivresse volontairement acquise pour perpétrer un attentat avec plus d'audace et moins d'hésitation, ou pour se ménager plus tard une excuse. Celle-là est aggravante, ainsi que l'ont déclaré divers Codes (nouveau Code italien, Code russe, etc.)[1].

La prophylaxie de l'ivresse et de ses déplorables effets est à rechercher avant tout dans une modification des mœurs, des habitudes et des conditions économiques des milieux où on les observe. « L'alcoolisme, dit Ferri, est en grande partie le résultat de mauvaises conditions économiques et, par conséquent, psychologiques du peuple. Aussi son véritable remède ne réside-t-il pas seulement

1. Je crois très médiocrement aux « révoltes de la conscience » chez les vrais criminels, mais beaucoup à la lâcheté du plus grand nombre, au moment d'exécuter un acte où ils peuvent trouver le châtiment immédiat, avec une résistance inattendue. C'est bien sous l'empire de ce dernier sentiment, que les coolies hindous boivent de grandes rasades de tafia avant de frapper les personnes et de brûler les habitations. C'est bien aussi « pour se donner du cœur au ventre », que maints scélérats de France vont absorber « le tord-boyau » dans les cabarets, avant de risquer la surprise de leur victime. Je ne partage pas là-dessus les idées de M. Guillot. Je n'enregistre pas moins cette phrase de son livre sur *Les Prisons* (p. 150) : le criminel « cherche des sophismes pour s'absoudre lui-même ; que d'exemples je pourrais citer d'individus qui avaient besoin de boire de l'eau-de-vie avant de commettre le crime, pour ne pas se laisser attendrir ».

dans les impôts de production et de consommation (source, au contraire, de fraudes pernicieuses), mais bien dans un état meilleur des conditions d'existence des populations. » Ici, la consommation des boissons alcooliques apparaît comme une addition presque nécessaire à une alimentation insuffisante : Colajanni [1] a démontré qu'en général les consommateurs de viande ne sont pas ceux qui abusent de mauvaises boissons ; il serait utile de faciliter aux masses l'adoption d'un régime mieux approprié à leurs besoins (en Suède, on a tenté de substituer le café à l'alcool, dans la consommation normale des classes populaires) [2]. Là, l'entraînement à l'habitude qui donne l'oubli momentané des maux réels ou imaginaires, est dû à la misère : la lutte est âpre, la désespérance survient, l'on noie ses peines dans les boissons mauvaises, qui mènent peu à peu à la dégénération, au suicide ou au crime. L'amélioration des conditions physiques et morales est donc le principal objectif à poursuivre. Chez nous, il faut le répéter, le mal est surtout moral. L'ouvrier français est celui qui, dans la majorité des catégories, touche les plus forts salaires, apparait le mieux en mesure de se nourrir sainement et d'élever sa famille ; mais il est aussi le plus tourmenté par les aspirations nébuleuses, les convoitises détestables, le plus agité par les discussions de la politique, le plus gangréné par un siècle de révolutions stériles, toujours renouvelées au profit d'avocats et de marchands d'orviétan économique ; il boit parce qu'il ne peut plus se passer du cabaret où l'on pérore, parce qu'il est arrivé à une apogée de vanité et de prétentions que rien ne satisfait, et que, de plus en plus improductif, il cumule la misère des oisifs à celle des épuisés : l'alcool est son dernier stimulant. Comme un pareil état est inhérent à la constitution anormale et fausse qui nous régit, j'entrevois le remède encore assez lointain. Puisse-t-il avoir le temps

1. *L'Alcoolisme*, 1886.

2. La consommation abusive du café n'est pas non plus sans inconvénient : elle détermine la neurasthénie chez les sujets prédisposés.

le temps d'être employé, avant que la nation n'ait fait naufrage !

L'alcool n'est pas le seul poison contre lequel les peuples ont à se défendre, s'ils veulent réduire parmi eux le crime, le suicide, la folie, et prévenir leur abâtardissement. L'Orient, après ses buveurs de jusquiame [1], a ses mangeurs de haschisch et ses fumeurs d'opium. Sous l'influence du délire engendré par l'un, le Vieux de la Montagne soufflait les suggestions au meurtre, dans la secte qui a donné son nom à l'assassinat, les Hindous et les Malais se livrent à des courses frénétiques, pendant lesquelles ils frappent du poignard et renversent hommes, femmes, enfants, trouvés sur leur passage [2]. Sous l'influence des excitations créées par l'autre, une race intelligente, l'une des plus anciennes dans les civilisations, perd son énergie et sa moralité. L'Angleterre tire grands bénéfices des poisons qu'elle impose à la Chine [3] et laisse se répandre dans l'Inde [4] ; mais, par un juste retour, elle compte aujourd'hui chez elle des morphiomanes et des buveurs d'éther. Chez nous aussi, ces habitudes dégénératives ont des adeptes, surtout dans le monde féminin, même dans le meilleur [5], et déjà elles ont eu leurs délinquants spéciaux (voleuses de grands magasins, etc.) [6]. En outre, le cocaïsme menace de

1. Si bien mis en scène dans le beau livre de Salammbô.

2. On a fait de ce délire une sorte de maladie endémo-épidémique, on lui a même donné le nom de *Délire malais*. Dans l'Inde on l'a rapporté à sa véritable cause, et l'on dit de celui qui est en accès, qu'*il court un muck* (par corruption de *amok, amok*, tue, tue, que répète sans cesse le délirant).

3. L'Angleterre n'a pas hésité à soutenir une guerre pour assurer la vente de son opium aux Célestes.

4. Deux membres du Parlement anglais ont accusé les autorités métropolitaines et coloniales d'encourager la consommation des boissons alcooliques et de l'opium parmi les populations hindoues, afin de grossir le revenu de l'impôt sur ces matières. Malgré que le sous-secrétaire d'État pour l'Inde ait essayé de refuter cette accusation avec énergie, la Chambre des Communes est demeurée convaincue de son bien-fondé.

5. Sans parler d'autres mœurs relevées par Drumont (*Fin d'un monde*, p. 395).

6. La jeune duchesse de X... dont la courte existence a été remplie par des aventures si diverses, était une morphiomane. Presque vers le même temps où elle s'éteignait, les journaux rapportaient l'histoire d'une autre morphiomane de grand monde, riche, heureuse, pouvant satisfaire à tous ses caprices, mais s'injectant en secret de fortes doses de son poison favori, arrêtée un jour, encore tout hébétée, pour un vol de den-

prendre racine en divers pays d'Europe [1] et partout on commence à s'inquiéter sérieusement des dangers du tabac : une campagne très vive s'est engagée aux États-Unis [2] contre les abus de cette drogue, nauséeuse et dégoûtante, et par-dessus tout capable de produire des troubles graves chez les jeunes gens [3].

Que de moyens propres à abattre son intelligence, sous le prétexte de la stimuler, l'homme recherche et emploie ; avec quelle inconsciente ardeur il cultive des habitudes qui l'amoindrissent et mettent obstacle au développement de ses qualités sociales ! Combien il serait temps qu'une réaction s'opérât contre une dépravation des goûts fatalement appelée à amener la dépravation des mœurs, à multiplier le délit et le crime ! Sous l'action répétée et continue des poisons qui s'adressent à leurs éléments, les organes cérébraux perdent peu à peu leurs fonctionnalités régulières. La matière nerveuse subit d'importantes modifications et ses propriétés s'en ressentent profondément. L'altération est d'ailleurs facile à produire, en des cellules dont la structure est très délicate, et les causes de perturbation sont d'autant plus à

telles, dans un magasin. Hier, c'était un morphiomane de bas étage, qu'on jugeait à Lyon pour assassinat et à propos duquel le Dr Coutagne émettait les mêmes conclusions que j'ai formulées au sujet des alcooliques, que l'habitude ne saurait par elle-même constituer une base d'irresponsabilité (*Arch. d'anth. crim.*, janv. 1890, p. 58-60).

1. Sur les poisons dégénératifs, voir Morel, *Dégén. dans l'espèce humaine;* sur *les buveurs d'éther* et sur *le Cocaïsme*, lire deux revues de Reguard dans la *Rép. franç.* (14 sept. 1886, 9 fév. 1889).

2. Falkner, dans sa statistique des prisons (p. 23), note une énorme proportion de consommateurs de tabac parmi les détenus, 79 0/0 au Texas, 94 dans le Minesota, 96 à New-York, etc.

3. On a signalé la double influence de l'abus du tabac et des spiritueux sur le développement de la folie. Jolly (*Mém. sur le tabac, Ac. de méd.* 1865) rappelle à cet égard la statistique de Guislain et Hagon :

De 1818 à 1830, le produit du tabac étant de			28.000.000 f., il y avait		8.000	aliénés.
En 1838	—	—	30.000.000	— —	10.000	—
— 1842	—	—	80.000.000	— —	15.000	—
— 1852	—	—	120.000.000	— —	22.000	—
— 1862	—	—	180.000.000	— —	44.000	—

On a relevé des cas d'épilepsie chez de jeunes sujets qui avaient contracté l'habitude de fumer outre mesure et je connais un cas de monomanie-suicide qui ne reconnaissait pas d'autre cause, chez un jeune homme doué d'une intelligence supérieure et très laborieux.

redouter dans leurs territoires, que ceux-ci jouissent d'activités plus directrices. Les centres nobles éprouvent un abaissement au profit des centres sensitivo-moteurs, où l'automatisme maintient une résistance nécessaire à la conservation de l'être animal, mais, en même temps, revêt dans l'impulsivité des tendances qui le dirigent trop aisément vers l'attentat. A la longue, les dégénérescences acquises par les individus deviennent, pour la famille et la race, des tares transformables par l'hérédité, mais de plus en plus convergentes vers les états psychopathiques ou vers les instincts anti-sociaux, jusqu'au moment où l'épuisement détermine l'annihilation. On remarquera que la plupart des drogues excitatrices dites ébriantes, si elles provoquent des rêvasseries plus ou moins lascives ou amoureuses, amènent rapidement l'impuissance, avec l'anaphrodisie, et qu'en dehors même de leur action d'épuisement par dégénération, elles sont presque d'emblée une cause d'infécondité. Il est donc urgent qu'on se préoccupe de l'hygiène sociale des masses et que l'on établisse un frein contre les habitudes reconnues les plus propres à les faire rétrograder.

CHAPITRE IV

L'IMITATION, LA SUGGESTION ET LA CONTAGION

L'intelligence ou la raison n'est que la plus haute expression dela sentivité, et celle-ci n'est qu'une transformation particulière des ébranlements physiques, multiples et variés, qui s'adressent à l'organisme, en traversant de la périphérie aux organes centraux, des séries d'éléments nerveux doués de propriétés spéciales. Tout corps qui reçoit de la force, sous une forme quelconque, mouvement, chaleur, lumière, électricité, etc., l'adapte pour ainsi dire aux conditions de sa matière; la force se modifie avec les milieux qu'elle parcourt et qui l'assimilent. Le mouvement qui détermine la vibration moléculaire de la cellule nerveuse à la périphérie est transmis, sous un nouveau mode vibratoire, à des groupements de cellules, où il subit encore une *animalisation* plus profonde (*couche optique*), avant d'être renvoyé à d'autres cellules (*couches corticales* du cerveau, *sensorium*), où il achève de se *spiritualiser* (Luys). Mais l'activité mise en jeu dans la cellule périphérique comme dans celle du sensorium accuse une énergie seulement transformée et qui reparaîtra d'ailleurs en sa manifestation première (chaleur ou mouvement), quand, par la réflexion des couches corticales aux cellules motrices (*corps strié*), organes musculaires seront à leur tour sollicités. Dans cette suite d'étapes, de transmissions vibratoires et d'ondulations, l'impression — c'est-à-dire le rapport établi entre l'action physique extérieure, ou d'irritation, et l'action vitale aux centres de réceptivité (l'activité vitale est un composé d'actions physico-chimiques intimes, qui se résument dans le mode particulier de répondre à l'irritation, inhérent à chaque espèce d'éléments anatomique ou histologique, ou dans l'*irritabilité* spécifique, ici la sentivité ou la sensibilité)[1] — s'ébauche, se dessine de plus en plus, selon les exigences des territoires ébranlés, se dégage jusqu'à la perception qui donne à l'être la conscience de lui-même (*notion de la personnalité*) et du travail qu'il accomplit. En telle couche où elle s'arrête, elle reste brute, la réaction qui la suit est toute machinale, l'organisme l'ignore; en telle autre couche, elle éprouve une élaboration plus complète, elle se découvre à l'individu sous les formes de la sensibilité *émotive*; plus loin enfin, elle aboutit aux formes de la sensibilité *mentale*, et disparaît dans le dernier terme de la transformation de l'énergie, le phénomène intellectuel.

Ces degrés dans l'évolution d'une force transformée, dite vitale, parce qu'on l'observe en milieu doué de vie, dite nerveuse, parce qu'elle se développe en milieu doué d'aptitudes particulières dans l'organisme vivant, sont corrélatifs de l'intensivité vibratile aux diverses couches de l'appareil cérébral. Cette intensivité est elle-même subordonnée aux qualités des éléments cellulaires, aux conditions dans lesquelles ils se trouvent au moment de l'impression.

La cellule nerveuse reçoit et rend de la force. Mais elle déploie, dans cette fonction à double jeu, des modalités variables, selon son plus ou moins d'intégrité ou d'activité intrinsèque, et les transformations consécutives de l'énergie en éprouvent nécessairement le contre-coup. Une impression arrive dans une couche du sensorium : tantôt elle est perçue silencieusement ou ne donne qu'une notion de sensibilité plus ou moins émotive (*perception consciente*), tantôt elle l'est vivement, *avec attention* (*aperception* ou perception raisonnante). A chaque *inci-*

1. Je réserverais volontiers le mot *sensibilité*, pour exprimer l'irritabilité propre à la cellule nerveuse, en ce qu'elle a de plus général ou de sensorial, et le mot *sentivité* pour exprimer les premières transformations de l'activité spécifique, aboutissant à la notion, par l'être, de cette activité mise en jeu.

dence (ou transmission de force), il faut que l'élément nerveux, frappé dans sa sensibilité, *s'érige*, *entre en arrêt*, afin que « du conflit intime avec la vibration extérieure, il résulte en lui une manière d'être nouvelle, un ébranlement spécifique, dérivant du monde extérieur jusque dans le sensorium où il se répercute. Les réseaux du sensorium, qui représentent eux aussi une vaste surface sensible, ouverte aux incitations extérieures, sont le théâtre de phénomènes de même ordre. Pour eux, l'incitation du monde extérieur arrive sous une forme quintessenciée, *spiritualisée* par l'action métabolique des centres de la couche optique. Et dès ce moment, ils ne sont plus que l'écho éloigné, transformé d'un ébranlement qui était purement physique, alors qu'il a fait sa première apparition dans l'organisme. » Mais, en cette nouvelle incidence, l'impression doit rencontrer aux cellules de l'écorce cérébrale une certaine disposition de leur sensibilité propre, une sorte d'éréthisme qui accuse leur participation active dans la réception. C'est « l'*état attentif* des éléments du sensorium, qui reçoivent l'incitation, au moment où ils s'en imprègnent et transforment l'incitation purement sensorielle en ébranlement psychique » (Luys)[1]. — L'*attention* marque la première phase de tout processus supérieur de l'activité cérébrale. Elle est comme la mise en parfait unisson des éléments du sensorium avec les irradiations des régions périphériques, elle donne la netteté de la perception aux couches où viennent converger toutes les sensibilités, « où repose la notion de la personnalité ». Aussi les opérations accomplies en état d'attention « sont toujours des opérations conscientes par excellence, qui impliquent la participation nécessaire de la personnalité humaine tout entière » (Luys).

La cellule nerveuse emmagasine et conserve la force, sous les formes qu'elle lui a communiquées, sensation ou idée. De là les phénomènes de la *mémoire*, que l'on peut

1. *Le Cerveau et ses fonctions* (bibl. scient. intern.), p. 172, 173. Voir aussi Ch. Richet, *Essai de psychologie générale* (biblioth. de phil. contemp.), particulièrement le chap. v et les conclusions, p. 115, 188.

expliquer par une vibration moléculaire persistante, une *phosphorescence* des éléments du sensorium (Luys), consécutive aux ébranlements venus de la périphérie.

Enfin, la cellule nerveuse possède une activité automatique[1]. En vertu de cette activité, dit Luys, les éléments du sensorium « sont aptes à s'ébranler spontanément, par le fait de la mise en émoi de leur sensibilité intime préalablement sollicitée, à rayonner à distance et à projeter au loin l'expression de cette sensibilité histologique mise en émoi, sous forme de réaction complètement indépendante du système nerveux et plus tard sous forme de décharges nerveuses ». — L'automatisme ne se produit pas seulement à l'occasion des stimulations momentanément émanées de l'extérieur, c'est-à-dire à propos d'une sollicitation objective. Il peut avoir son point de départ dans les notions emmagasinées depuis un temps plus ou moins long, se traduire par des phénomènes tout subjectifs. Dans l'un et dans l'autre cas, il s'accompagne ou non d'un état d'éréthisme particulier des petites cellules de la couche corticale, celles où paraissent résider les activités transformatrices les plus avancées. — Cet état existe-t-il, rappelant à son début le mode perceptif de l'attention, mais à un degré plus complexe, parce qu'il s'allie à des conditions spéciales d'association dans les idées élaborées, l'on a les phénomènes de la *Réflexion* et du *Jugement*, dont le terme actif est la *Volition*. Je préfère ce dernier mot à celui de *Volonté*, qui tend à exprimer l'activité fonctionnelle d'un centre propre, une fonction en rapport avec un organe délimitable, alors que la volition marque simplement la résultante des activités sensitives parvenues à leur phase ultime dans la vie de relation. Les actes appelés volontaires ne sont que les actes succédant fatalement à l'appréciation d'une impression, la conséquence d'un jugement porté, d'une transformation d'énergie dans les petites cellules de la couche corticale où s'achève l'élaboration des impressions, par

1. Luys, l. c., particulièrement le chap. III du livre troisième.

leur adaptation aux besoins de l'être, de la personnalité. — Mais l'état auquel je viens de faire allusion vient-il à manquer? à être suspendu ou affaibli? Précisément, la personnalité se dérobe. Les actes succèdent-ils à des impressions objectives? Ils accusent encore une certaine adaptation, commune d'ailleurs à tous les mouvements réflexes de défense et de protection, mais résultant simplement d'un réveil de l'automatisme d'habitude ; l'adaptation ne se poursuit pas au-delà de cet automatisme, et, les volitions dirigées faisant défaut, l'individu est abandonné aux entraînements des impulsivités vagues, indifférentes ou brutalement irréfléchies, qui le conduisent trop souvent à la criminalité, sous l'influence d'un état morbide ou seulement passionnel. Ou bien, comme pendant le sommeil, les notions emmagasinées affranchies de tout lien, de tout contrôle, s'associent, bizarres en leurs accouplements: le gardien n'est plus là, qui leur donnait l'essor au moment opportun, déterminait leurs relations suivant les nécessités de l'instant ; les activités latentes se déchaînent anarchiquement, dans le cerveau livré au repos de ses parties nobles, et, dans le *rêve*, l'être subit mille transformations de sa personnalité. Les idées subjectives envahissent la sphère du sensorium, surprennent parfois les cellules qui coordonnent, en un état de langueur et d'apathie qui ne leur permet pas de comprendre ce qu'on va exiger d'elles : comme le portier somnolent, après une veille prolongée, tire machinalement le cordon au moindre appel de l'extérieur, ouvre la porte au premier venu, bien ou mal intentionné, le territoire excito-moteur réagit sans apprécier, et des actes sont exécutés follement, sans relation avec les tendances et les besoins de la personnalité (*somnambulisme*).

Des éléments qui ont puissance d'emmagasiner de la force sont exposés à réagir hors de proportion avec la sollicitation d'où naît leur ébranlement. Au choc d'une force incidente, ils renvoient cette force augmentée de toutes les énergies latentes qu'ils ont en réserve. On a justement comparé, à cet égard, la cellule vivante à un corps explosif, l'animal à un mécanisme explosif, et la comparaison est d'autant plus autorisée, que l'irritabilité, sous ses formes diverses (sensibilité pour la cellule nerveuse, contractilité pour la fibre musculaire) est « vraisemblablement d'origine chimique » (Ch. Richet). On ne saurait oublier cette disproportion entre la sollicitation et la réaction, dans l'étude des impulsivités et principalement dans celle des impulsivités criminelles. Elle n'est pas seulement un phénomène normal : elle s'accroît ou diminue sous des influences accidentelles ou morbides. Les conditions d'emmagasinement, comme les conditions d'échappement des énergies, dépendent d'actions organiques très complexes, souvent appréciables par des phénomènes physico-chimiques, qui sont bien propres à démontrer leur véritable nature. Les sujets en état d'épuisement nerveux, comme c'est le cas des dégénérés et de beaucoup de criminels, ne répondent point à des excitations d'intensité moyenne ou ordinaire ; mais ils accumulent les forces qui les viennent solliciter ; ils ont pour cette accumulation une capacité remarquable ; aussi, surchargés, éclatent-ils avec une violence inouïe, au dernier choc susceptible d'éveiller leur impulsivité. D'autres accumulent d'emblée, par le fait d'une nutrition puissante, qui fournit aux éléments nerveux large alimentation pour leur entretien : comme les sujets bilioso-sanguins, à riche circulation, souvent trop passionnels, parce qu'ils ont une suractivité en quelque sorte permanente de la cellule nerveuse. Chez les sujets qui, par excès ou par défaut, présentent ainsi des anomalies de l'impulsion, l'on a pu constater, en certaines régions du crâne répondant à des territoires cérébraux particulièrement mis en jeu, des modifications plus ou moins sensibles de la température, au cours de leurs accès d'emportement, et, chez les maniaques, comme chez les hystériques, les épileptiques et les criminels, on a constaté dans les urines la présence, en quantité anormale, de produits phosphorés, provenant d'une exagération de la désassimilation nerveuse, ou même des ptomaïnes, douées de propriétés spéciales, convulsivantes ou narcotiques, peut-être susceptibles d'expliquer certains phénomènes par une sorte d'auto-intoxication, si l'élimination est suspendue ou diminuée (Lombroso, Brouardel)[1].

Je n'entends pas en arriver, d'après ce qui précède, à étudier les états pathologiques qui, en sollicitant les impulsivités dans la voie antialtruiste, conduisent au délit-crime ou au suicide. Je ne me propose pas de décrire les modalités de l'attentat chez les fous, les épileptiques, les hystériques, etc., en un mot chez les délirants morbides : les pages que j'ai écrites sur les rapports de l'aliénation mentale avec le crime et le suicide, dans la première partie de ce livre, suffisent au but que je me suis tracé. Mais ces considérations m'ont semblé nécessaires, pour faire comprendre l'évolution de la criminalité, en certaines conditions de la cérébration individuelle et du milieu social, sa genèse sous l'influence de l'imitativité et de la suggestibilité, c'est-à-dire des aptitudes à subir l'incitation de l'exemple ou des volitions extrinsèques.

J'insiste sur quelques points. La sensibilité n'est qu'un mode de transformation de la force. C'est une résultante des modes d'ébranlements successifs et gradués, qui se produisent dans les molécules des cellules nerveuses, après les ébranlements venus du dehors. Ces ébranlements intra-cellulaires sont comparables à des vibrations plus ou moins complexes, selon leurs associations, plus ou moins amples et durables, selon les conditions de l'énergie dont les territoires cellulaires sont capables. Les lois du mouvement, comme celles de la transformation des forces, sont les mêmes pour le monde organique et vivant que pour le monde physique. Autrement dit, les forces physiques et vitales dérivent d'une énergie commune ou plutôt elles ne sont que des transformations variées du mouvement : elles s'équilibrent et s'harmo-

1. Cong. d'anth. crim. de Paris. Les recherches de Deny et Chouppe infirmeraient toutefois celles de leurs prédécesseurs, relativement à la toxicité des urines des épileptiques (Soc. de biol., 30 nov. 1889).

nisent entre elles, par des équivalences de vibrations, dans les agents qui les matérialisent, leur donnent corps, en fixant leurs activités. Comme l'ébranlement d'une corde ou d'une lame sonore appelle l'ébranlement des cordes et des lames voisines à l'unisson, le mouvement communiqué à un groupe de cellules cérébrales par une impression peut se répercuter dans les groupes similaires d'organismes environnants, ou sous l'influence de la même impression, ou sous celle d'une impression dérivée en relation harmonique avec la première. Mais il faut, pour que cette conformité d'efforts répercutés se manifeste, certaines conditions dans la manière d'être des organes encéphaliques sollicités. La vibration harmonique est en raison directe de l'amoindrissement de l'*attentivité* ou de l'aptitude à l'état d'attention, que l'on peut, d'une manière générale, confondre avec l'aptitude à l'état de réflexion ; elle est aussi en rapport avec la conformité des tendances habituelles, avec les mouvements susceptibles de les rappeler. Ces conditions se rencontrent en presque permanence, chez des sujets prédisposés, ou bien elles peuvent apparaître accidentellement chez la plupart des individus, à l'occasion d'influences forfuites, préparatrices et déterminantes.

Dans l'*imitation*, il y a vibrations harmoniques, correspondant à la répétition d'actes particuliers : le cerveau reflète, comme un miroir fidèle : il fournit une copie, rien autre chose : il a un objectif et le reproduit automatiquement, dans le moment même où il se présente, ou plus tard, d'après la reviviscence de l'image emmagasinée. Mais, dans aucun cas, il n'élabore, à proprement parler, l'incitation qu'il reçoit et n'essaie de la transformer en incitations dérivées ; il rend plus ou moins exactement ce que lui apporte l'œil ou l'oreille. La tendance à la répétition des actes trahit une paresse cérébrale, commune à un grand nombre de sujets. On en rencontre chaque jour des exemples qui stupéfient l'homme de réflexion et passent néanmoins inaperçus, en raison même de leur généralisation et de leur diversité. Les changements de la mode le démontrent. Il suffit de l'audace de quelques personnes, désireuses de se singulariser, par pure vanité ou par arrière-calcul d'intérêt professionnel, pour imposer au meilleur monde des manières de parler, de marcher et de gesticuler, dont tout homme posé rirait, s'il songeait à y prendre garde, des façons de s'habiller... et de se déshabiller, dont toute honnête femme rougirait, si elle consentait à se préoccuper de leur indécence. Les incroyables du Directoire ont un pendant dans les petits maîtres et les petites maîtresses de nos jours. Hier, il n'y avait rien de plus élégant pour la femme que l'aplatissement des formes d'un côté et l'exagération de leur rebondissement de l'autre ; aujourd'hui, il est de bon ton pour elle de porter sa montre dans un bracelet ou la pomme d'un parapluie, d'exhiber les coiffures les plus ridicules ; l'épouse ne doit plus s'appuyer sur l'époux, mais bien celui-ci prendre le bras de celle-là ; on parle de villes d'eaux, où les touristes s'attachent des clochettes à la ceinture, etc. etc. C'est bien là de l'imitation et de celle qui justifie le mieux le méchant mot de Shopenhauer à l'adresse de notre race... Elle a en effet quelque chose de simiesque, d'autant qu'elle accuse, par ses variantes, une instabilité de caractère également caractéristique chez l'animal d'où nous vient l'épithète. La même tendance conduit les individus faibles, doués d'une cérébralité inférieure, à copier les autres, pour éviter d'élaborer eux-mêmes des actes originaux : tel l'enfant des rues répète ou essaie de répéter les exercices des clowns, qu'il aura admirés dans un cirque ; tel le sauvage répète en s'amusant les traits d'extériorité qui l'auront frappé dans un étranger, comme le gamin des grandes villes, par moquerie instinctive, les manières des gens qui l'auront distrait. Que la faiblesse se double de certains instincts et l'imitativité s'exercera par le vice, le délit ou le crime avec une sorte d'entraînement semi-inconscient dans plus d'un cas. L'enfant et l'adolescent sont souvent initiés à l'onanisme et à la débauche, par l'exemple d'un camarade déjà perverti ; dans une association malsaine, le premier coup donné par un sujet, jusqu'alors indemne de toute impulsivité sanguinaire, succède aux coups portés par un sujet déjà familier avec les pires exigences du crime. Et cet entraînement de nature spéciale s'observe d'autant mieux, que les sujets possèdent quelque prédisposition, latente ou non, qui amoindrit ou annihile l'action de la sphère délibérante. Chez ceux-là, l'économie de la réflexion est plus ou moins forcée, et par suite la responsabilité atténuée. Mais il est souvent très difficile d'établir où s'arrête l'imitativité du sain, où commence celle du malade. Autour d'une convulsionnaire hystérique ou épileptique, on voit tomber des femmes qui toutes, cependant, ne sont ni hystériques ni épileptiques, mais chez lesquelles une impressionnabilité très vive laisse évoluer l'automatisme à l'unisson des mouvements que le cerveau perçoit. Gall [1] raconte qu'un idiot, « après avoir vu tuer un cochon, crut pouvoir égorger un homme et l'égorgea ». Un fait tout analogue s'est passé dans un bourg de la Haute-Loire, au mois d'avril 1888 : un jeune garçon de 4 ans voit son père égorger un porc ; ses parents ne sont pas plus tôt éloignés, qu'il répète l'opération sur sa sœur au berceau. On ne saurait trop se défier de l'imitativité chez l'enfant : il a tout à apprendre et il profite principalement... des leçons de choses : il ne reçoit que trop de ces dernières, dans la promiscuité des bas ménages d'ouvriers, comme aussi dans le sans-gêne de certains ménages bourgeois. Le délinquant, qui, par plus d'un côté, se rapproche de l'enfant, s'instruit de la même manière dans sa profession. Il s'assimile sans fatigue, en regardant : il apprend les tours de main habiles en les voyant exécuter, la bonne façon de frapper du couteau en contemplant l'œuvre du maître ; il veut faire à son tour, et bientôt l'idée émulative vient renforcer l'imitation. Avec cette idée, l'imitation n'est plus tout à fait cette vibration harmonique qui se produit automatiquement, dans une

1. *Fonctions du cerveau*, IV, 99.

sphère de la perception vague ou non réfléchie : elle demande le concours de l'intelligence et, grâce à cette alliée, elle s'élève. Elle crée les grands artistes, à la condition qu'ils choisissent leurs modèles dans la nature; car la copie des simples acteurs, de la peinture des autres, fussent-ils des maîtres, tue l'originalité et entraîne l'aptitude à un niveau de second ordre. C'est ce niveau qu'atteignent, sans le dépasser d'ordinaire, les criminels qu'on admire le plus dans leurs rôles de comédiens adroits ou de faussaires émérites : ils ne sont que des copistes, et ne sont jamais de vrais artistes, incapables qu'ils demeurent de dégager l'imitation du terre-à-terre ; aussi trébuchent-ils au moindre obstacle inattendu, qu'un léger effort de la réflexion leur aurait permis de prévoir.

Il est une autre forme d'imitation, qui joue dans la vie commune et surtout dans la vie criminelle, un rôle bien plus considérable. Je l'appellerai l'*imitation suggestive*, parce qu'elle tient à la fois et de l'imitation proprement dite et de l'insinuation psychique répondant à la suggestion. C'est certainement à elle que Tarde a pensé [1] lorsqu'il a développé si éloquemment les dangers du rayonnement imitatif au sein des mauvaises couches sociales, et je ne saurais trop insister sur une aussi grave matière. L'imitation s'entend de la répétition de certains actes objectivement reportés sur l'écran cérébral. Ici, les actes ne sont point objectivement perçus, du moins sous la forme propre qu'ils offriront à la répétition : ils sont reproduits par une incitation à demi-subjective, à la suite d'une impression d'origine extérieure qui en a donné l'idée, mais l'idée déjà bien développée et comme le tableau descriptif des actes à suivre. C'est une imitation indirecte, par identité ou par analogie, différant de la vraie suggestion, précisément par le rapport qu'elle conserve avec un modèle : elle exécute une sorte

1. Et aussi Lauvergne, lorsqu'il a rappelé l'influence de l'imitation sur l'éducation sociale et sur la genèse des habitudes criminelles (*Les Forçats*, p. 203).

de copie, mais en lui communiquant un tour propre, faute d'avoir des linéaments nettement tracés devant elle; la personnalité reste elle-même, seulement elle est sollicitée dans ses tendances intimes, elle n'est pas entièrement accaparée par une autre personnalité. Dans ce mode d'entraînement, la prédisposition, la tare qui altère l'entendement, se dessine : certaines cellules cérébrales sont préparées à vibrer avec une facilité exceptionnelle au moindre appel, l'attentivité est très amoindrie et le jugement instable ou faux ; l'individu, sans puissance d'élaboration, n'enfantant que des opérations peu compliquées, se laisse pénétrer par les influences qui lui évitent l'effort, il émet des idées déjà formées en dehors de lui, exécute des actes déjà tout déduits de ces idées; il obéit, suivant les modalités de son caractère, à une invitation qu'il reçoit sans trop sans apercevoir. Le résultat est souvent l'attentat. L'imitation suggestive est l'apanage des non résistants, des malléables, des insuffisants de l'éducation, des dégénérés et des demis-fous. Elle accuse la prédisposition idiosyncrasique par l'aisance avec laquelle elle fait éclore des impulsivités similaires en des milieux particuliers, par la tendance qui pousse à se rechercher et à s'agglomérer les sujets doués de la même faculté. Les criminels et les vicieux sont attirés les uns vers les autres, selon la remarque de Tarde[1] ; les tarés en herbe, qu'une première faute (parfois légère) amène dans la prison, sont bien vite transformés en professionnels au contact des rayonnants ! c'est l'unisson des vibratilités identiques qui se produit, ou, si l'on veut, l'infection qui se développe intense par l'apport de microbes dans des bouillons de cultures appropriés (Lacassagne). Que de prétendus honnêtes dévoilent alors leurs instincts réels, en s'harmonisant avec les plus détestables gredins ! Cela se voit parmi des catégories de condamnés politiques, déchets sociaux échoués dans la basse presse ou bandits dissimulés, qui ont réussi à pénétrer dans la

1. *Crim. comp.*, p. 82-84.

grande afin de l'exploiter, orateurs de clubs anarchistes, prédicateurs de réformes à la dynamite, etc. L'aveu, plein de désillusion, échappe à E. Gautier [1]. « Sur 50 condamnés *politiques*, pris au petit bonheur, au sein de la moyenne, sinon même de l'élite de la classe ouvrière d'une grande ville comme Lyon, il peut s'en trouver au moins une bonne demi-douzaine, qui, en prison, se sentent *chez eux, dans leur milieu* et vont de préférence vers les détenus de *droit commun*, dont ils prennent immédiatement, en vertu de je ne sais quelle prédestination équivoque, le langage, les allures, les habitudes, la tournure d'esprit et jusqu'à la moralité négative, la sauvagerie, la traîtrise, la sournoiserie, la rapacité, l'humeur chapardeuse et les appétits contre nature. » Et l'humouristique écrivain, qui a pu juger des choses par lui-même, ajoute : « Notez que je ne parle pas des *véreux* que les caprices d'un coup de filet policier peuvent ramener dans le tas ; notez que je ne parle pas de ceux qui, ayant été autrefois condamnés et emprisonnés pour des raisons inavouables, se retrouvent, une fois sous les verroux, en pays de connaissance, et *se remettent machinalement au la !* »

L'exemple est contagieux. On l'a vu pour l'exemple objectif et direct ; on va le voir pour l'exemple objectivo-subjectif ou subjectif, plus ou moins indirect.

Il y a longtemps, qu'on a reconnu la *contagiosité* dans la folie et les grandes névroses, comme aussi dans les états passionnels, sortes de névroses épisodiques dans la vie des individus les plus normaux. Elle se manifeste par un rayonnement souvent considérable, envahissant des maisons (Ursulines possédées de Loudun), des villages (il y a quelques années, on signalait une épidémie de démonomanie dans une petite commune du centre ou du midi de la France, et, en 1889, on observait à Nilsia, en Norwège, une épidémie d'extase religieuse) ou des villes (convulsionnaires du diacre Pâris), des nations et des races entières (folie des croisades parmi les peuples chrétiens

1. *Arch. d'anthrop. crim.*, déc. 1888, p. 558.

du moyen âge, épidémie morale spirite, au XIXe siècle, parmi les Anglo-Saxons d'Europe et d'Amérique). Chaque jour, la contagion nerveuse se traduit par cas isolés très caractéristiques. Depuis les travaux de Lucas [1] et ceux de P. Despine [2], bien des observations ont été recueillies sur ce sujet et tout récemment Legrain les complétait par de nouveaux faits [3]. Deux délirants réagissent l'un sur l'autre, fusionnent pour ainsi dire leurs délires dans une note commune, où le délirant le plus *actif* impose son propre délire au passif ; l'exubérance triomphe de la dépression apathique, la vibration la plus intensive renforce la vibration trop affaiblie. L'imitation est en partie directe, en ce sens qu'elle découle des allures et de l'extériorité d'un type ; mais elle est aussi suggérée, par la communication de l'hallucination du délirant qui l'emporte. Il s'agit donc bien de la forme mixte à laquelle j'ai fait allusion [4].

Le suicide se produit fréquemment dans ces conditions.

1. *De l'imitation contagieuse ou de la propagation sympathique des névroses et des monomanies*, th. doct., Paris, 1839.

2. *De la contagion morale* (1870), *de l'Imitation* (1871), *de la Folie* (1875, p. 762, 771, etc.).

3. *Archives de neurologie*, 1888.

4. Wollenberg admet une sorte d'*infection psychique*, sous 3 modes : 1° folie communiquée (un sujet B se laisse suggérer par un autre des idées délirantes, qui germent dans son cerveau troublé); 2° folie imposée (un sujet B ne se laisse suggérer des idées délirantes que de la part et au contact d'un autre sujet A ; sitôt qu'il est séparé de ce dernier, il échappe à ses idées délirantes), 3° la psychose de B n'est contingente de la psychose de A qu'au début de la maladie ; plus tard elle poursuit une évolution indépendante et personnelle ; 4° folie simultanée (les psychoses contractées isolément et d'une façon indépendante par A et par B s'influencent réciproquement). Presque toujours, la transmission du trouble mental s'effectue d'un sujet à un parent plus ou moins proche. Elle suppose des prédispositions habituelles, précisément rencontrées le plus ordinairement entre individus de même souche.

Les faits contemporains, scientifiquement observés, n'expliquent que trop les faits des temps passés, si épouvantablement interprétés dans un sens criminel, par des magistrats ignorants et fanatiques. « Et faict bien à noter qu'il ne faut que un sorcier pour en faire cinq cens. » Bodin, en écrivant ces lignes (*Demonomanie*, p. 80), ne songe pas à l'imitation, au rayonnement contagieux d'actes morbides ; il ne voit en cette multiplication... très réelle des sorciers autour d'un sujet ou d'un couple, que l'effet d'un zèle de convertisseurs « agréable au diable ». Il ne soupçonne pas davantage la transmission héréditaire d'une tare acquise... : « et ordinairement la femme y attire son mary, la mère y mène sa fille (il s'agit du Sabbat) et quelquefois toute la famille continue plusieurs siècles ainsi qu'il a esté avéré par infinis procès. »

Personne n'ignore qu'il y a de temps à autre de véritables épidémies de suicide, tantôt localisées, tantôt rayonnantes à distance par cas disséminés. Comme je n'entends pas écrire une étude spéciale du suicide, je ne saurais insister sur ces manifestations, que mentionnent et analysent tous les ouvrages classiques (Brière de Boismont, Morselli, Legoyt, Moreau[1], etc.). Je citerai simplement quelques observations. — Dans certains régiments, où la discipline est mal pondérée, où ses rigueurs excessives ajoutent aux douleurs de la nostalgie, chez les jeunes soldats, où, d'autres fois, le relâchement laisse aux hommes trop de facilité pour s'abandonner à la débauche et à l'inconduite, il est rare qu'un suicide demeure isolé. Le retentissement de l'acte suffit à donner à toute une série d'amoindris et de faibles l'idée de l'imiter et la suggestion peut venir d'un objet qui la fixe et la répercute : on cite le cas très curieux et très authentique de plusieurs militaires, qui se tuèrent successivement dans la même guérite : on détruisit celle-ci et les suicides prirent fin dans le régiment. Il y a peu d'années, je lisais dans un journal de Lorient le cas non moins singulier de cinq individus, sans relations les uns avec les autres, qui, dans une période de quelques mois, étaient venus se pendre au même poirier aux abords de la ville. A Brest, où les suicides ont été très fréquents, depuis l'épidémie grippale (1er semestre 1890), un jeune homme se jette, sans aucun motif, du haut du Pont national : au cours du mois de mai, on enregistre trois ou quatre suicides ou tentatives identiques ; au mois de juin, on découvre le cadavre d'un homme au fond d'une douve, à quelques pas de la principale entrée de la ville : cela occasionne une grande émotion dans le bas peuple ; deux jours après, on relève, presque au même endroit, un homme qui s'est précipité des remparts. — Dans le suicide à deux, l'exemple et la suggestion délirante agissent avec une intensité d'autant plus vive, que la solidarité psychique

1. *De la Contagion du Suicide*, th., Paris, 1875.

est plus étroite entre les personnes [1]. Presque toujours ce sont des amoureux très jeunes, au paroxysme de la passion, contrariés dans leurs désirs, obsédés par l'idée qu'ils ne doivent pas vivre séparés et depuis longtemps déjà soumis à une influence de rayonnement mutuel. L'homme a l'initiative du sinistre projet, la femme y accède et tous deux s'unissent avec joie dans la mort. D'autres fois, ce sont deux conjoints qui cherchent dans le suicide un suprême refuge contre la misère, ou des parents très proches, qui accusent, par la communauté de leur décision, celle d'une tare latente héréditaire : le suicide à deux offre de grandes analogies avec la folie à deux [2]. — Ces drames font d'ordinaire beaucoup de bruit et ce bruit va ébranler des impulsivités similaires chez des prédisposés plus ou moins éloignés. Après l'affaire Chambige, en Algérie, nous avons eu, à Lyon, celle de l'ex-lieutenant S... Après la tragédie de Meierling (30 janvier 1889) une série de suicides, pour ainsi dire copiés sur les récits de la presse, s'est aussitôt déroulée en Allemagne et en Italie : les uns s'inspirent de la version du suicide isolé du malheureux prince Rodolphe (à Vienne, après avoir assisté au service funèbre, un officier se tire un coup de révolver au front devant son miroir ; à Munich, un propriétaire du nom de Bauër se tue également d'un coup de révolver, après avoir écrit : « Puisque Rodolphe s'est tué, il faut que je me tue aussi... ») ; les autres s'inspirent de la version du suicide à deux (presque en même temps, le baron C... s'asphyxie, à Bologne, en compagnie de sa femme ; à Munich, un garde forestier se tue avec sa maîtresse, sur les bords du lac de Starn-

1. Cette solidarité, qui dérive souvent de la communauté des habitudes, est dans une large mesure le résultat de l'imitation, et elle s'affirme par l'expression de la mimique : l'action que deux personnes, vivant de la même vie, exercent réciproquement l'une sur l'autre transforme jusqu'à leur physionomie, et leur communique une sorte d'uniformité dans le trait, le geste et la parole.

2. Chpolianski, th. de P., 1885. Le suicide émouvant des demoiselles Cuvellier, au Vésinet (sept. 1889) est à rapprocher des cas de folie à trois. Très excentriques, les trois sœurs avaient dissipé une grosse fortune, et quand elles se virent acculées à la saisie des derniers objets en leur possession, elles résolurent de mourir, après avoir tué les animaux qui leur étaient chers.

berg, tout près de l'endroit où périt le roi Louis II) ; ces événements se déroulent au mois de février ; mais en juillet de la même année, le dernier a comme un écho, dans le suicide du prêtre catholique Pentenrieder, qui se jette dans ce même lac de Starnberg, déjà si lugubrement légendaire.

On trouve des exemples de répercussions imitatives et suggestives analogues, dans ces bouffées de meurtres d'enfants, suivis du suicide du père et de la mère, qui naissent des plus noires misères, et de duels, motivés par des causes futiles, qui éclatent aux périodes troublées de la politique [1].

Dans l'attentat vulgaire, délictueux ou criminel, la contagion n'apparaît pas moins remarquable. Après un crime bruyant, dont le récit par les journaux et la représentation par le dessin, sous les formes grossières les plus susceptibles de frapper l'imagination du peuple, ont donné comme une image matérielle, on voit fréquemment s'accomplir une sélection dans le milieu social. Des personnes en possession d'une impressionnabilité cérébrale particulièrement adaptable au genre d'idées et d'actes rappelés par le fait, et qui, jusqu'alors, ne s'étaient distinguées des autres par aucune étrangeté du caractère, tout à coup laissent échapper des manifestations d'une impulsivité imitative. Elles sont entraînées à reproduire l'action dont elles ont reçu indirectement l'ébranlement. Aussi, certains crimes se montrent-ils par séries, au sein des sociétés les plus calmes, mais surtout aux périodes de perturbations politiques et religieuses, les plus favorables à l'éréthisme passionnel et au développement des germes de la dégénérescence et de la folie chez les héréditaires. — Il est rare qu'une tentative de meurtre sur un personnage en vue demeure isolée : nous avons eu, chez nous, grâce aux excitations d'une presse dévoyée, la série des Aubertin, des Mariotti, des Perrin, etc. Jadis,

1. Ces duels, sans être absolument assimilables au suicide à deux ont avec lui des affinités. Tarde, *Arch. d'anthrop. crim.* de janv. 1889, p. 105.

avant l'existence des journaux, mais sous l'influence d'un sectarisme qui trouvait trop d'occasions de semer la haine par le pamphlet et la prédication, l'on a eu des séries analogues [1]. Combien d'assassins se dressèrent contre le roi Henri IV, même après son abjuration ! Parmi les misérables qui se sont transmis le couteau, dans l'affollement de l'exemple, on découvre des tarés incontestables à côté de simples fanatiques ; le jeune Châtel n'était peut-être qu'un exalté : à coup sûr, Ravaillac était un halluciné et, avant lui, l'on avait condamné à une mort cruelle un fou obscur, qui avait proféré des menaces contre la vie du monarque, sous le prétexte qu'il avait seul des droits au trône. Tous ces meurtriers venaient après la Ligue, époque où l'on préconisait l'assassinat comme un moyen très légitime et même très méritoire, dans chaque parti : Henri III avait trouvé habile de faire tuer le duc de Guise ; des moines trouvèrent digne du ciel Jacques Clément, qui le poignarda à son tour. Les pauvres d'esprit ne manquèrent pas plus tard aux sectaires du jésuitisme, pour les débarrasser d'un prince dont le catholicisme leur semblait douteux et qui était d'ailleurs le plus redoutable ennemi de la maison d'Autriche, leur soutien. — Personne n'ignore l'épouvantable histoire du chevalier de la Barre, mais ce que l'on sait moins, c'est qu'il fut dénoncé par un dévot, éconduit par la tante de la victime, et que l'affaire faillit avoir un triste pendant à Metz, quelques semaines après l'exécution du malheureux jeune homme : un prêtre, chanoine de la métropole, qui « avoit des vues charnelles sur une femme » courtisée par deux officiers, essaya de se débarrasser de ses rivaux, en les dénonçant au Parlement « comme impies, sacrilèges, blasphémateurs, ayant troublé l'une des processions du Jubilé et insulté à la sainte religion [2]... »

Les coquins sont partout et toujours moins inventifs

1. Laschi, *le Crime politique* (*Arch. d'anth. crim.*, sept. 1889, p. 549) ; Regis, *les Régicides* (*Ib.*, janv. 1890, p. 1).
2. *Cor. sec.*, III, 387.

qu'on ne les suppose généralement. Ils copient ou répètent : les leçons ne leur font point défaut ! La lecture est pour beaucoup de latents un dangereux écueil. Quelques-uns, les plus intelligents, y puisent l'initiation au crime savant (le domestique Roux emprunte à un roman l'infernale conception de sa tentative de chantage contre son maître : affaire Armand, Montpellier, 1863). Le plus grand nombre, les déséquilibrés, les instables, les demi-fous, la subissent comme une pierre de touche du caractère, comme le coup d'un traumatisme qui éveille leur névrose. En 1881, à Paris, après l'affaire Menesclou, un garçon de 15 ans, Lemaître, rencontre dans la rue un bébé de 6 ans qui sortait de l'école, le décide à le suivre dans une chambre d'hôtel garni, en lui promettant une chaîne dorée toute neuve, le jette sur un lit, le ligotte, lui ouvre le ventre, lui coupe la gorge et la langue, puis va tranquillement se constituer prisonnier ! Il raconte son attentat sans émotion ni regret : il avait volé 200 francs à son patron, les avait dissipés en parties de plaisir, et, à bout de ressources, avait eu l'idée de tuer un enfant pour se faire arrêter. « J'ai lu beaucoup de romans et de drames judiciaires, ajouta-t-il, et, dans l'un d'eux, j'ai trouvé une scène pareille à celle que j'ai exécutée. » Menesclou l'avait « empoigné » !

Récits écrits ou parlés, représentations de théâtres... ou de Cour d'assises, tout cela joue même rôle vis-à-vis des prédisposés, celui du réactif qui provoque la transformation, met en mouvement la cellule cérébrale jusqu'alors immobilisée, lâche les impulsivités antialtruistes.

On connaît la série de monomanes homicides (maintes fois citée dans les ouvrages des médecins aliénistes et criminalistes [1]), qu'engendra l'affaire d'Henriette Cornier. Cette jeune fille avait tué un enfant et les débats judiciaires, terminés par une condamnation à mort, eurent à l'époque (1825) un énorme retentissement. Au cours du jugement et dans les premiers jours qui suivirent l'exé-

(1) Notamment dans la th. d'Aubry, *la Contagion du meurtre*, Paris, 1888.

cution, l'on releva plusieurs cas d'entraînement similaire, chez des jeunes femmes, la plupart servantes comme H. Cornier. Une bonne âgée de 22 ans perd l'appétit et la santé, devient sujette à des crises nerveuses et finit par déclarer à son maître l'épuisement où la jettent les efforts qu'elle tente, pour résister au désir effréné de tuer l'enfant de la maison; une mère de famille vient trouver le Dr Marc, qui avait rédigé une consultation en faveur de la fille Cornier, et le supplie de la faire enfermer, pour la soustraire au besoin qu'elle éprouve de tuer son plus jeune garçon. — On remarque une multiplicité de plus en plus grande des sévices contre l'enfance, depuis les récits hypocritement apitoyants, sous les détails propres à surexciter une malsaine curiosité, que fournissent les innombrables feuilles de la petite presse à une clientèle souvent surchargée de famille et aux prises avec les insinuations de la gêne! Le drame du Puy-Imbert n'a pas été isolé et ses imitations seront à leur tour répétées! Une femme Lombard, de Genève, après avoir tué ses quatre enfants, tenta de se suicider : elle déclarait dans une autobiographie, qu'elle avait eu l'idée d'agir « comme une autre femme l'avait fait : ce qui était dans son journal » (1885). — En des milieux moins grossiers, où l'on aime la lecture des feuilles politico-galantes, les drames de l'adultère et du concubinage se renouvellent, toujours sous les mêmes couleurs, avec le même accompagnement de vitriol ou de révolver. — Il y a eu, après les affaires Pranzini et Prado, quelques ébauches d'imitation... en petit, sur des filles publiques. Mais quel exemple plus saisissant d'attentat criminel suggesto-imitatif, que la série des mutilations de femmes, commencée au mois de septembre 1888, à Londres, dans le quartier de Whitechapel! Jamais peut-être l'influence pernicieuse du *fait divers* n'a paru avec plus d'évidence. Les journaux sont remplis des exploits de *Jack l'Éventreur*, et, dans moins d'une année, jusqu'à huit crimes absolument identiques sont commis en diverses rues populeuses de la grande cité. Ce n'est pas tout : il y a répercussion des actes hors de la capitale et bientôt même rayonnement à l'étranger : à Southampton, essai de mutilation d'un enfant; à Bradford, mutilation horrible d'un autre enfant; à Glasgow, tentative analogue sur une jeune fille ; à Hambourg, meurtre avec éventration d'une petite fille ; aux États-Unis, après l'éventration de 4 nègres (Birmingham), mutilation d'une femme de couleur (Milville, New-Jersey) ; à Honduras, éventration et mutilation de la femme et de la servante du missionnaire Hobson par un homme de couleur, sans parler des fausses accusations d'hystériques, qui se croient les victimes désignées d'un émule inconnu de Jack... l'introuvable (à Manchester, en France, etc.). L'affaire Gouffé a son pendant presque immédiat à Copenhague (disparition du garçon de recette Meyer, corps expédié dans une barrique de chaux, aux États-Unis). Les épidémies infectieuses marchent avec la vapeur ou les vents : les épidémies du crime suivent la voie du télégraphe!

Autres faits qu'on laisse trop dans l'ombre. Depuis l'affaire Châtelain, qui a montré jusqu'où la débauche pouvait conduire un homme de bonne famille, d'excellente éducation, soldat courageux — quand elle a pétri ses facultés au contact de filles sans cœur — combien de militaires ont été surpris essayant de dérober des cartouches Lebel ou ont été véhémentement soupçonnés de velléités de trahison! Si, au lieu d'accorder à un scélérat l'honneur d'un jugement qui lui donnait une apparence d'homme politique et lui assurait le bénéfice d'une condamnation trop douce [1], de parler de ce personnage à outrance dans les journaux, on l'eût simplement traité en voleur..., à défaut d'une loi permettant de l'exécuter sommairement et sans tapage (son crime est le seul pour

1. On fusille un pauvre soldat qui, dans un moment d'ivresse ou d'exaspération, aura levé la main sur un caporal; et pour un misérable qui a risqué de compromettre la sécurité de son pays, livré des secrets d'où pouvaient dépendre, en cas de guerre, des milliers d'existences françaises, on prononce la détention : le condamné pose en personnage et se réjouit cyniquement d'être envoyé dans un agréable pays... où sa maîtresse le rejoindra! O l'admirable système de justice!

lequel j'admettrais la peine de mort), moins de tristes imbéciles eussent pensé à se procurer de l'argent, même sous le prétexte d'une plaisanterie, par l'offre réelle ou simulée des secrets de la patrie à ses pires adversaires.

L'insuffisance de la répression favorise peut-être l'abandon de quelques-uns aux entraînements de l'imitation suggestive. Mais, en général, ceux-ci demeurent indépendants de toute considération d'ordre pénal. Les natures qui fléchissent, sous leur tare de réduction, ne pensent point au-delà de l'acte et l'acte se présente à leur impulsivité par l'idée obsédante ou insinuante, écartant la réflexion. Les conditions d'une pondération cérébrale manquent ou sont très affaiblies chez les imitatifs. Cela est si vrai, que la peine de mort, rendue pour eux tangible, par le spectacle ou le récit pittoresque des exécutions, devient pour leur cerveau un stimulant à l'attentat. Les exécutions publiques ont le même résultat que les articles de la presse ou du roman, que la représentation graphique d'un crime, dans la contagion des actes antisociaux ; chez plus d'un adolescent, la curiosité mauvaise, qui l'a porté *à aller voir*, féconde le germe latent d'une perversion psychique, peu à peu transformée en idiosyncrasie criminelle par la répétition de l'exemple et d'impressions suggestives sur un terrain de mieux en mieux préparé. Chez d'autres, déjà plus avancés dans la prédisposition, le hideux spectacle détermine d'emblée une explosion redoutable. Telle nature abrupte ou profondément viciée n'aperçoit dans la solennité du supplice qu'un appareil pompeux, très propre à flatter la vanité d'un homme. Et pour mériter soi-même un aussi beau sort, on répète l'acte qui a valu sa récompense au condamné. Lemaire agit, dit-on, sous cette idée, dans l'admiration enthousiaste qu'il avait pour le boucher Avinain. « Il n'y a pas beaucoup d'années, rapporte Veillaud dans ses *Mariages de fer*, qu'un jeune apprenti, qui s'était échappé de l'atelier pour aller voir guillotiner, revint tellement fanatisé de ce spectacle, qu'il répondit aux reproches de son patron sur son absence, en se jetant sur lui avec une arme tranchante et sans doute avec l'espoir d'assister pour son propre compte à la reprise d'une aussi splendide cérémonie! » En Danemark, vers le milieu du siècle dernier, des gens du peuple se livrèrent à des attentats homicides, pour jouir des *mêmes soins*, de la *même pompe*, que l'on semblait accorder aux condamnés à la potence (Aubry, d'après Cotteau) : chez d'autres encore, le sang rutilant exerce comme une fascination : ils *voient rouge*, éprouvent l'irrésistible besoin de faire couler du sang, pour renouveler ou entretenir leur satisfaction; peu leur importe d'ailleurs que ce sang soit celui d'une personne quelconque ou le leur propre. Il y a des prédisposés chez lesquels l'impulsivité suggestive est dictée par une dominante indifférente de crime ou de suicide. P. Moreau raconte qu'un soldat, après avoir assisté à l'exécution d'un de ses camarades, hanté par l'idée de *se faire fusiller*, alla frapper, sans autre mobile, un officier dont il n'avait jamais eu à se plaindre.

Ce qu'il faut retenir de ces faits, c'est toujours le branle imitatif, la vibration à un certain unisson, que détermine l'idée d'un acte imprégnant la sphère excito-motrice, la captant, la forçant à déployer ses énergies suivant un mode préparé ou habituel, où le jugement n'intervient pas ou à peine. Comment comprendre, après cela, qu'on tolère, en des journaux destinés au peuple, c'est-à-dire à des lecteurs de tout âge et d'ordinaire peu susceptibles de contrôle réfléchi, des scènes descriptives [1] ou figurées des exécutions dans leurs plus répugnants détails; s'étonner des exploits des assassins, en Angleterre, lorsqu'on y autorise, les *tournées de conférence* du bourreau de Londres, sur sa façon de procéder (c'était bien la peine de supprimer les exécutions publiques)?

1. Médecin, j'ai assisté à plus d'un spectacle sanglant, eh bien! j'avoue qu'un jour, au récit du supplice de Damiens, que je venais de rencontrer dans une petite feuille, j'eus des nausées, de vraies nausées et restai quelques minutes souffrant. L'écrivain avait trouvé le moyen de dépasser l'horreur et l'ignominie du réel!

Tout ce qui amoindrit l'activité pensante réduit nécessairement la résistance vis-à-vis des sollicitations impulsives, et l'homme reçoit d'autant plus aisément l'idée d'un acte à imiter qu'il est moins en possession de lui-même. Aussi les entraînements imitatifs sont-ils fréquents et particulièrement intensifs chez les alcoolisés. L'état passionnel, qu'il dérive du fanatisme religieux ou politique, ou des plus bas sentiments de l'individualisme, met le cerveau en des conditions analogues à celle qu'il subit sous l'influence de l'alcoolisme : il paralyse la réflexion et met en liberté l'automatisme de répétition.

L'action réciproque des violents, par la parole, le geste, l'acte, sur une agglomération de sujets de même tempérament, le rayonnement intensif qu'ils exercent *en foyer* au milieu d'autres agglomérations, surprises à l'état émotionnel ou prédisposées à revêtir bientôt cet état, sont encore des conditions favorables au développement des manifestation imitatives.

Nulle part, cet ensemble de conditions n'existe au plus haut degré que dans *les foules*, au moment des grandes effervescences. Aussi, voit-on émerger bientôt des masses populaires, à côté des impulsifs qui d'emblée dessinent les actes à accomplir, par l'exemple, ceux qui secondairement sont aptes à les répéter, de par l'imitation. C'est alors qu'on assiste aux plus épouvantables expansions contagieuses du forfait. Tout frein disparaît, et les bons eux-mêmes, ignorant jusque-là quels mauvais levains existaient en eux, s'enfièvrent au bruit, subissent les suggestions et la domination des pires ; car, dans toute foule, il se glisse des coquins de profession..., apercevant plus nettement que les autres un but pratique à atteindre. On souffre d'abord le crime, puis on l'accomplit sans regret, même avec une sorte de jouissance. Le sang achève l'enivrement commencé par le tapage et la colère. « ... Du paysan, de l'ouvrier, du bourgeois, pacifiés et apprivoisés par une civilisation ancienne, on voit tout d'un coup sortir le barbare, bien pis, l'animal primitif, le singe grimaçant, sanguinaire et lubrique, qui tue en ricanant et gambade sur les dégâts qu'il fait » (Taine)[1]. Alors point d'abominations devant lesquelles on recule, point d'égards pour l'âge et le sexe, on se joue de la pudeur des victimes comme on s'amuse de leur souffrance, on arrive jusqu'à cette férocité du cannibale qui mange la chair palpitante. C'est de la folie multipliée à l'infini, et de fait l'exemple part souvent de véritables fous, dont les instincts sont brsquement lâchés.

Ce sont bien certainement des prédisposés, des prédestinés à l'asile ou à la prison, s'ils ne doivent finir un peu plus tard dans quelque bouge, tués au cours d'une rixe ou éteints par la crapuleuse misère, les meneurs qui, aux plus détestables jours de la Révolution, assassinent les Delaunauy, les Foulon, les Berthier, les Huez, etc., arrachent parfois les entrailles à leurs victimes et y portent la dent ! les odieux déchiqueteurs de la jeune princesse de Lamballe, les mêmes sans doute, qui ont déjà crié, à Versailles, dans les appartements de la reine : « Où est cette sacrée coquine? Il faut lui manger le cœur ; nous voulons lui couper la tête et fricasser ses foies. » Mâles en rut sanguinaire, à côté de femelles montées à leur diapason, précautionneuses « de baquets pour emporter les tronches des gardes du roi » (Taine)[2]. Ce sont des honnêtes gens — non pas des terrorisés sous l'empire de la peur, mais des transformés par l'exemple rayonnant — qui deviennent les complices des gredins, partagent leurs forfaits, prennent avec eux le goût du crime atroce, comme ce défenseur de l'ordre, ce garde national, sans doute, en temps ordinaire tranquille boutiquier, bon père de famille, demandant « à tuer des gardes du corps, à leur arracher le cœur et à déjeuner avec[3] ». Les mêmes associations sinistres ont enfanté les

1. *Révol.*, I, 70.
2. L. c., 134.
3. Dutard, qui, pendant la Révolution, observa si bien les foules, écrivait dans un de ses rapports de police : « Il existe dans la classe enragée une espèce d'hommes qui sortent de la Pitié, et qui, après avoir parcouru une carrière désordonnée, finissent par retomber à Bicêtre. C'est un adage parmi le peuple : *De la Pitié à Bicêtre!* Cette espèce d'hommes n'a aucune sorte de conduite. Elle mange 50 livres quand elle a

mêmes actions exécrables pendant la tourmente finale de la commune (se rappeler particulièrement le massacre de la rue Haxo et relire les pages dramatiques qu'il a inspirées à Max. du Camp). Et qui sait quelles nouvelles manifestations de la folie criminelle et contagieuse, dans les masses populaires, l'avenir nous réserve, avec les levains fermentant des haines politiques, les incitations des tarés de haute lice, des déclassés auxquels la presse ultra-libre et le suffrage irréglé ouvrent la porte des grandes entreprises..., après que l'opinion vulgaire leur a fermé celle des petites, permises aux seuls honnêtes !

En tout temps, en tout pays, les foules sont les mêmes, lorsque surexcitées, elles sont mises au point pour vibrer à l'unisson des ébranlements qu'on leur communique. Au nord comme au midi, dans les froides races anglo-germaniques comme dans les races plus chaudes celto-latines, sous le guidon du fanatisme religieux ou politique, sous le souffle de l'idée monarchique ou républicaine, hier comme aujourd'hui, la psychologie des agglomérations, soudainement formées d'une sorte de brassage des instincts les plus animaux, apparaît sans variantes. Les tourbes qui ont assassiné Coligny, déterré le cadavre du maréchal d'Ancre, ont agi sous les mêmes lois intimes que les populaces qui ont applaudi aux noyades d'un Carrier, aux hideuses tueries de la Glacière, au meurtre du général Brune, et les bandes républicaines ou royalistes qui ont ensanglanté nos départements ont eu leurs analogues dans celles des lazzarones, massacrant, à Naples, les plus dignes citoyens, sous la conduite du chanoine Rufo, de Fra-Diavolo et de Mammone, au mot d'ordre de Ferdinand et de Caroline, avec l'appui d'un Nelson !

50 livres, ne mange que 5 livres quand elle n'a que 5 livres, de manière que, mangeant à peu près tout, elle n'a à peu près jamais rien ; elle ne ramasse rien. » Cette classe, tarée et toujours en appétits, souvent aux abois faute de moyens pour les satisfaire, on la retrouve dans toutes les émeutes et dans tous les mouvements violents de la Révolution, entraînant le vrai peuple, et *jusqu'aux gens comme il faut*, « les moins raisonnables, d'après Dutard, et les plus sots, car ce sont eux qui forment le noyau des foules autour des enragés » ; sans eux « les aboyeurs » resteraient seuls et seraient contraints de s'en aller ; grâce à eux, ils ont un public, et bientôt des rassemblements où leurs passions débordent.

Il y a pourtant une différence à établir, mais qu'un heureux hasard seul révèle le plus souvent. Les foules où prédominent les honnêtes sont capables d'un arrêt subit dans leurs entraînements : comme elles ont vibré à l'appel des sollicitations criminelles, elles peuvent quelquefois éprouver une interversion de l'impulsivité communiquée, rentrer tout à coup dans le calme au réveil d'un sentiment puissant, ainsi que la corde ou la lame ébranlée s'immobilise à la pression du doigt. Il y a affaissement dans les vagues de cette houle, ou ressaut qui les renvoie contre ses maîtres d'un moment. Il est plus rare d'observer de ces revirements dans les agglomérations d'éléments suspects ; toutefois cela s'est vu. Cléry raconte ce fait [1]. La populace qui traînait le corps nu, informe, mutilé de l'infortunée princesse de Lamballe et portait triomphalement sa tête au bout d'une pique, roulait hurlante et déchaînée contre les murs du Temple ; elle voulait, dans un raffinement de cruauté, offrir à la reine, le spectacle de ces restes sanglants et insultés d'une amie chère à son cœur ; vainement les municipaux lui opposaient une courageuse résistance, la porte allait être forcée ; un des magistrats a l'idée de détacher son écharpe tricolore, de l'étendre sur le seuil et de défier cette foule, ivre de haine, de sang et de vin, d'oser une profanation de l'emblème de la patrie : et le flot s'arrêta..., puis lentement disparut. Le paroxysme de la passion a de ces brusques détentes et on les peut produire même chez les alcooliques : le phénomène est d'ordre suggestif, mais il exige une touche intensive et soudaine, qui manque trop ordinairement au cours des bruyantes perturbations. Il faut trouver l'idée, la lancer avec énergie, avec brutalité même, et avoir cette chance qu'elle sera reçue, au milieu du tapage, des hurlements et des fureurs, par un groupe de cerveaux eux-mêmes en état de la répartir, tout cela dans l'espace de quelques secondes ! Chance heureuse et rare, à laquelle d'ailleurs ne songent

1. *Journal*, éd. de Londres, 1798, 1e p., p. 43.

guère ceux-là qui ont lâché les tempêtes populaires.

Les hommes qui savent faire éclater, au moment propice, des impulsivités désordonnées chez les uns, préparer la réceptivité de l'exemple chez les autres, dans la direction de l'émeute et du massacre, sont parfois marqués du sceau génial, et c'est alors qu'on est bien obligé de reconnaître l'intime relation, si tristement mise en lumière par Lombroso, entre les criminels, les fous dégénérés et les hommes supérieurs. Mais, au milieu de constatations qui indignent ou écœurent, il est cependant une remarque susceptible d'alléger notre réprobation vis-à-vis de notre propre espèce. Si la politique entraîne aux plus détestables actes les natures les plus droites, si la surprise de la passion accouple les caractères les mieux doués avec les plus criminels, en général les grands scélérats de l'histoire restent non pas des supérieurs, des géniaux, mais de fausses célébrités, qui, à défaut du bagne, retombent à la boue. Les saturnales des foules, où se donnent pleine carrière tous les mauvais instincts — les mêmes qu'on retrouve dans les armées, après une rude victoire — demeurent l'œuvre d'exception, chez des hommes vraiment grands ; elles sont l'œuvre habituelle d'hommes médiocres et surfaits, sinon des inférieurs. C'est précisément à cause de cela que le plus grand nombre de lanceurs d'émeutes ont si beau jeu : en vertu de cette propension qui pousse les uns vers les autres les tempéraments et les caractères similaires, ils rencontrent vite les instruments capables de comprendre et d'exécuter leur pensée, des sujets à leur tour susceptibles de répercuter leurs actes au sein de foules inflammables et préparées à tout. La Commune a fini dans une orgie sinistre, parce que ses derniers défenseurs avaient disparu sous une invasion traîtreusement dissimulée de condamnés de droit commun, élargis sur les ordres secrets d'un politicien sans scrupules.

Les foules les plus hétéroclites, composées d'unités indifférentes, bonnes ou mauvaises, celles même où prédomine une masse d'individus tout à l'heure encore les représentants de la morale civilisée, peuvent dégager les explosions les plus terribles. Il faut donc qu'un levain de fermentation se retrouve au fond des agglomérations et ce levain est fourni par ces parcelles de l'ivraie sociale dont aucune collectivité n'est jamais entièrement débarrassée, les dégénérés et les criminels, parfois mélangés à des fous. L'imitativité rayonnante aide au développement de l'ivraie, qui s'infiltre dans les moindres régions du substratum fertilisable à ses germes, laissées en friche chez les cerveaux passionnels ou non dégrossis par l'éducation, et le bon grain est étouffé, c'est-à-dire la résistance aux sollicitations les plus perverses.

La *suggestion* va se dégager maintenant de l'imitation. Mais ses phénomènes reposeront toujours sur une loi harmonique d'après laquelle la cellule cérébrale actionnée par une idée tend à vibrer à l'unisson de la cellule d'où émane cette idée. La cellule d'où part la suggestion n'engendre plus d'actes à imiter : sa vibration n'en est pas moins spéciale, sous la forme de cette *touche* particulière qui sollicite l'énergie de la cellule réceptrice dans une direction donnée, et la condition de la suggestibilité réside encore dans la non-intervention des facultés centrales supérieures ou de contrôle, au moment de la réceptivité. L'idée suggérée portera d'ailleurs sur les territoires intellectuels ; mais elle s'y fixera en intruse, et quand, secondairement, elle éveillera leurs activités, c'est avec une sorte d'inconscience dans leur point de départ, que le sujet produira des idées nouvelles corrélatives, des actes qui paraîtront détonner avec les modalités ordinaires de son caractère ou les conditions actuelles de son être. Par quels enchaînements de processus intimes ces curieuses manifestations arrivent-elles à se développer ? La science a créé des mots pour l'expliquer et ces mots n'expliquent rien : la dynamogénèse, l'inhibition [1], etc., ne valent pas mieux au fond, pour découvrir le secret de relations in-

1. Le terme n'est pas nouveau. Zacchias (*de Stigmatibus magorum*, p. I, 3) rappelle ce fragment d'un vers de Perse, à propos d'une sorcière : *urentes oculos inhibere perita.*

connues, que les théories magnétiques d'autrefois. Lorsqu'on parle de vibrations, d'unisson et d'harmonie, l'on rapproche simplement des analogies d'ordre physique et d'ordre vital et l'on essaie de faire mieux comprendre les phénomènes de la matière vivante par ceux de la matière physique. C'est un procédé d'explication, par comparaison, mais qui n'a point la prétention de pénétrer jusqu'au plus reculé des choses ; il aide au moins à la clarté de l'exposition des faits et soutient l'écrivain obligé à les vulgariser ; n'eût-il que le mérite de permettre une synthèse temporaire, d'encadrer des observations déjà très nombreuses et de les rapprocher, que cela justifierait son emploi. Je n'ai donc point rejeté ces expressions[1].

Bernheim a formulé cette loi : « Une cellule centrale, actionnée par une idée, tend à réaliser cette idée : l'idée doit se faire acte ; cette transformation a lieu plus facilement, quand l'automatisme cérébral est paralysé par l'engourdissement des facultés cérébrales supérieures, attention, perception, etc.[2] » Toute la suggestion est là. La *suggestibilité* sera la manière d'être individuelle qui prédispose à cet engourdissement des facultés cérébrales supérieures, en présence d'une idée extrinsèque. La *suggestivité*, la manière d'être individuelle du créateur de l'idée, du dirigeant de sa transformation chez le sujet récepteur.

Je distinguerai deux formes dans la suggestion. — L'une, ébauchée déjà dans plus d'un fait d'imitation suggestive, où la copie des actes est à peine indiquée, peut ainsi se résumer. Une idée prend naissance à la suite d'une impression du dehors, se classe dans le cerveau et, sans que l'attention s'en mêle tout d'abord, y subit une élaboration, s'y transforme en volitions et en actes, plus ou moins contraires aux tendances habituelles du sujet. Mais celui-ci garde sa personnalité et le processus, à partir de l'impression, reste sous la dépendance de la réflexion, de l'entendement individuel. Le suggéré d'après

1. Tarde les a aussi employées dans son étude philosophique des *Lois de l'imitation* (1890).

2. Cong. de l'hypnotisme, Paris, 1889.

ce mode agit *parce qu'il croit*, il adapte ses actes à une *croyance*, qu'il raisonne à un degré quelconque. Ce n'est point un machinal, un négatif, malgré qu'il soit souvent un réduit de l'intelligence. — Dans l'autre forme, celle qui a ses types dans les suggestions expérimentales hypnotiques et post-hypnotiques, dans les suggestions obtenues à l'état de veille chez les hystériques, il y a pour ainsi dire *imposition* d'une idée-acte, substitution ou accolement d'une personnalité nouvelle à celle du sujet, double conscience, plutôt que dédoublement de conscience. Un germe étranger se développe à côté des germes propres à un certain sol, une greffe donne des fruits différents de l'espèce qui la supporte. La partie de l'individu qui lui est en quelque sorte soustraite n'agit plus d'après une croyance acceptée, adaptée par l'être à ses besoins et à son caractère, mais machinalement et comme la doublure automatique d'une individualité extrinsèque. Il y aura associations d'idées dérivées, associations d'actes, combinaisons souvent très multipliées, pour arriver à un but ; mais tout cela sera l'œuvre d'un *moi*, devenu actif pour le compte d'un étranger d'un sosie parasite installé à côté du moi propriétaire du corps et du cerveau, inactifs, sinon rebelles, pour le propre compte de ce dernier. — Il y a, dans l'une et dans l'autre forme, reliées d'ailleurs par des nuances nombreuses, quelque chose qui rappelle le phénomène de l'hallucination. De fait, au maximum de l'intensité suggestive, c'est bien d'une idée hallucinante que semblent se dérouler les manifestations cérébrales. L'hallucination reste positive, comme dans le cas où elle gouverne tout l'ensemble des actes psychiques, chez les personnes en état de simple *crédivité* ; elle est négative, suivant une expression de Bernheim, quand elle neutralise complètement certaines perceptions qui, dans toute autre circonstance, devraient avoir lieu, comme chez les personnes en état de *suggestibilité* hypnotique. — Tous les sujets ne sont pas suggestibles, ni suggestibles au même degré et en des conditions identiques ; de même, tous les sujets ne sont pas suggestifs ou ne le sont pas d'une façon similaire. D'une manière générale, la suggestibilité est d'autant mieux assurée, que la cérébration supérieure est plus indécise, plus instable, plus neuve en ses efforts, comme chez les jeunes gens et les femmes, les personnes très nerveuses, les non dégrossis des classes populaires, ou qu'elle se trouve en état de vague émotivité comme chez les passionnels sentimentaux, les ébriants légèrement excités par l'alcool ou les narcotiques, les individus sortant de l'état de sommeil ou de rêve, naturel ou provoqué ; le pouvoir suggestif appartient aux sujets susceptibles de présenter une idée sous la forme intensive que lui donne la conviction (ou le semblant de conviction), que la présentation s'effectue par insinuation ou par imposition [1]. Il n'est guère d'hommes qui ne puissent insinuer une idée à d'autres, en certaines circonstances, et la vie sociale est pleine de réactions réciproques qui procèdent de ce mode de l'énergie cérébrale, éminemment propre à resserrer les liens de la collectivité..., aussi à en déterminer quelquefois l'ébranlement. Mais je ne crois pas que les sujets capables de provoquer les effets jadis appelés magnétiques, aujourd'hui rattachés à l'hypnotisme et au somnambulisme, soient aussi communs qu'on l'imagine : il faut, pour déterminer de pareils effets, jeter soudainement une idée qui traverse et remplace la personnalité d'un autre être, fasse taire sa cérébration propre, posséder une puissance d'ébranlement en rapport avec des qualités spéciales. Je n'oserais nier qu'il intervienne des effluves parmi ces qualités : je n'entends point ce mot dans le sens fluidique des anciens magnétiseurs, mais dans celui d'une émanation *sui generis*, impressionnant d'une façon particulière certains tempéraments anor-

1. Je ne pense pas qu'on rencontre un exemple plus remarquable de suggestibilité dans le milieu, dérivant des conditions spéciales des masses au XIVe siècle, et de suggestivité chez un homme, procédant par insinuation (suggestion de crédivité) et par imposition (suggestion proprement dite), que dans l'histoire du célèbre missionnaire espagnol saint Vincent Ferrier. Elle a été fort bien écrite, au point de vue religieux, par l'abbé A. Bayle ; elle mériterait d'être reprise par un médecin, au point de vue psychologique.

maux ; j'en vois la preuve dans l'action considérable qu'ont obtenue divers hypnotiseurs, auprès de quelques hystériques, par l'émission de parfums choisis (on sait d'autre part que tout n'est pas à rejeter dans les phénomènes qu'on raconte des plus vulgaires somnambules et que, grâce à une subtilité extraordinaire des sens, elles savent découvrir, à des odeurs imperçues autour d'elles, des états physiologiques ou morbides corrélatifs, car le corps humain a ses odeurs propres, à l'état de santé comme à l'état de maladie) [1]. Mais à coup sûr, l'hypnotiseur doit posséder un ensemble de conditions, qu'on a plus ou moins heureusement désignées, sous le nom de *pouvoir fascinateur :* un œil brillant, métallique, bien immobilisable entre des paupières sans clignement, qui commande la fixation du sujet à endormir, la fatigue cérébrale préparatrice de la suggestion ; des gestes décidés, brutaux même, qui disposent le terrain psychique à l'impression lancée : la cellule en état de suggestibilité vibre d'autant mieux au mode et dans le sens précis ordonné par le suggestif, que celui-ci se montre plus intensif en ses propres vibrations. Une forte conviction dans la doctrine est un élément de succès, ce qui ne veut pas dire que le succès soit interdit aux simples charlatans..., bien au contraire, car le théâtral aide à l'action cherchée en frappant l'imagination des faibles : Mesmer et Cagliostro ont obtenu des résultats tout aussi authentiques que ceux des écoles de la Salpétrière et de Nancy.

La suggestion de crédivité est une fertile génératrice du crime. Elle suppose chez les acteurs qu'elle met en jeu une insuffisance de l'instruction, de l'éducabilité cérébrale, maintes fois atténuatrice de la faute. Ce sont les *pauvres d'esprit*, les non dégrossis, qui se laissent le plus facilement entraîner à mal par des insinuations perfides ; mais, dans cette aptitude à *croire* tout ce qui peut éveiller l'idée impulsive contre autrui, depuis la suspicion blessante et agressive jusqu'à la haine fanatique, depuis le

1. Ochorowicz, *De la suggestion mentale*, 2e p., ch. I.

vol transformé en revendication légitime de la propriété usurpée, jusqu'au meurtre décoré du nom d'œuvre de justicier, il y a souvent des prédispositions dégénératives ou héréditaires. La plupart des assassins politiques sont des fous ou des demi-fous. Les gredins de haute envergure ont belle carrière avec des *innocents* (c'est bien le cas d'appliquer ici une expression populaire qui désigne l'être peu conscient, manœuvrable au gré des habiles) et ils dirigent, aux époques opportunes, leurs clameurs et leurs coups, contre des adversaires qu'ils ont enveloppés d'une atmosphère de calomnies. Tantôt c'est la religion qui est menacée, et l'on exhume de vieux textes bibliques, où Jéhovah ordonne aux bras vengeurs de s'armer pour la défendre; tantôt c'est la patrie, incarnée dans une coterie, et l'on exalte le courage d'un Brutus. Il jaillit toujours d'une tête quelconque l'acte qu'on n'indique pas, mais que l'on souhaite et que l'on a d'ailleurs expérimentalement préparé. Jésuites et Maçons (deux sectes que je ne sépare pas dans la réprobation, car toutes deux, sous des drapeaux opposés, poursuivent des buts similaires, par des moyens analogues et inavouables), en savent quelque chose. Les uns et les autres ont armé plus d'une main homicide, par les suggestions lancées de la chaire, du confessionnal ou des loges. La plupart des attentats commis sur Henri IV gravitent autour de suggestions émanées des premiers et les seconds auront grand'peine à se laver de toutes les accusations formulées contre eux; je n'ajoute pas foi à toutes les révélations de Barruel, de Nent, de Deschamps, de Léo Taxil, de Nettancourt, de Drumont, cependant j'estime que des faits restent acquis, parmi ceux qu'on a signalés (par exemple l'assassinat du comte Rossi, en 1848). Aujourd'hui les méthodes sont perfectionnées: on imprègne les masses de racontars inouïs, on revêt les plus honnêtes d'un manteau d'ignominie, on bafoue les plus dignes... L'opinion dévoyée écrase ceux qu'elle aurait dû soutenir et honorer. La crédulité publique suffit à étouffer les ennemis des misérables qui l'alimentent: le chagrin tue lentement les désespérés ou bien tout d'un coup le suicide les fait disparaître. — Après la note fanatique, c'est la superstition banale qui éveille le plus intensivement les impulsivités mauvaises, par suggestion, chez les faibles du cerveau [1] : j'en ai fourni d'assez curieux exemples, dans mon étude sur la criminalité créole, et il me serait facile d'écrire tout un chapitre sur cet élément du délit parmi nous. Je me bornerai à citer quelques faits contemporains : ils ne dévoilent pas seulement l'exploitation suggestive des imbéciles, mais encore la direction suggestive des simples vers les attentats les plus graves, selon une adroite mise en jeu de leurs instincts ou de leurs appétits habituels ou du moment. Il y a quelques années, au village de Gallepian (Lot-et-Garonne), une paysanne, la femme Bataillh, très crédule, initiée par une prétendue sorcière et moyennant beaucoup d'argent, à maintes pratiques singulières, essaie d'utiliser celles-ci auprès de malades; elle échoue et rejette ses insuccès sur deux femmes, qui ne peuvent être que des jetteuses de sort : aidée de son mari, la guérisseuse se saisit de l'une de ces pauvresses, une octogénaire, la torture de la façon la plus atroce et elle allait la tuer, sans l'intervention toute fortuite d'un médecin. En 1886, à Bellen (Aisne) une misérable somnambule ou *dormeuse* détruisait un excellent ménage de paysans; elle entretenait la jalousie (non motivée) du mari... pour battre monnaie avec elle en de fréquentes consultations : elle réussit à persuader à cet homme, que sa femme déjà mère de quatre enfants et de conduite irréprochable, le trompait, et l'amena, dans la conviction des fautes de sa femme, à la tuer de sang-froid. En 1888, à Toulouse, sur la suggestion d'une tireuse de cartes, un autre jaloux, marié depuis quelques mois à une très jolie

1. « Les superstitieux sont ceux qui se persuadent mille visions et mille resveries, qui sont plustost songes du dormir que toute autre chose : et ne laisse le diable de se couler parmy ceste fausse persuasion, pour d'autant plus abuser les superstitieux, et finalement les perdre : car la superstition, aussi bien que la simplicité, sert de planche au diable, pour entrer dedans les cœurs des hommes... » (Pierre Le Loyer, *Disc. et hist. des spectres, visions et apparitions des Esprits*, Paris, 1605, p. 289).

femme, se voit déshonoré dans une carafe et se suicide ! Les écoles ont beau se multiplier partout, la superstition tient bon. Les entraînements auxquels elle aboutit sont d'autant plus à craindre, qu'ils dérivent plus souvent d'idées suggérées par des délinquants de profession, des échappés de prison, des libérés du bagne, couvrant leur vie nouvelle, toujours de fainéantise, de vagabondage et d'immoralité, de métiers louches, tolérés par la loi et propices à des exploitations cependant très coupables. On connaît l'affaire dite de la *Dynamite des sorcières:* une vieille fille dépose ses économies dans un tiroir où elles doivent grossir après certaines incantations accomplies par une tireuse de cartes; celle-ci disparaît un jour, et quand sa dupe se décide à ouvrir le tiroir, elle est renversée sanglante par une formidable explosion. La coquine qui avait exécuté ce coup venait à peine de purger une condamnation pour vol ! Mais les gredins qui cultivent le champ de la bêtise humaine sont d'ordinaire plus prudents ; ils se contentent de bénéfices plus maigres, mais acquis sans danger ; ils suggèrent et n'exécutent pas. A leur égard, la loi me semble inconséquente. Un pauvre diable, qui n'a point l'idée de mal faire, va consulter un filou quelconque, à barraque autorisée sur une place ou en chambre ; l'autre n'hésite pas, pour quelques sous, à caresser sa passion dominante, par l'insinuation d'une idée qui le mène fatalement au crime. Sans doute la main qui frappe est coupable ; mais la tête qui a tout préparé, tout conduit, tout provoqué ne l'est-elle pas davantage ? Néanmoins, l'instigateur du crime ou du délit en est quitte pour une mince amende, motivée par l'exercice d'une profession illégale, quelquefois, ou esquive une condamnation, et la dupe inconsciente est envoyée à la prison ou au bagne. Je dis inconsciente et c'est en effet le cas de plus d'une de ces natures abruptes, qui ont agi avec l'idée d'un bon droit : tel était celui de la femme Batailh, qui, au cours des débats, ne put jamais comprendre en quoi elle avait mal fait, ne cessa de tourner entre ses doigts les grains d'un chapelet, et accepta sa peine avec une résignation toute chrétienne..., comme une martyre de l'iniquité[1].

J'arrive à la suggestion d'imposition, que j'appellerais volontiers neuropathique, afin de la différencier de la suggestion de simple crédivité. Celle-ci n'offre rien de morbide, en son processus[2] : il n'en est plus de même pour celle-là. On ne saurait oublier que l'état de suggestibilité dont il va être question engendre des actes comparables à ceux d'un délirant. Le sujet parle, exécute, d'après une idée subjective, qui, d'une part découle d'une hallucination positive et, d'une autre, relève d'une hallucination négative, la première lui présentant un objet illusoire ou revêtu de caractères illusoires, qu'il interprète avec plus ou moins de logique; la seconde paralysant les facultés susceptibles de le ramener à une rectification, comme chez les aliénés. Ceux-ci, affirme-t-on, sont difficiles à placer dans l'état d'hypnose et de suggestion hypnotique ou post-hypnotique, parce que déjà des hallucinations définies ont jeté racines sur les territoires cérébraux. En revanche, les sujets les plus dociles se recrutent parmi les hystériques et les personnes que leur tempérament nerveux rapproche le plus de l'impressionnabilité morbide, celles qui sont dans l'âge (adolescents) ou appartiennent au

1. La police a trop de tolérance pour les bandes de somnambules, cartomanciennes et chiromanciennes, qui pullulent dans les foires, parcourent les campagnes et les villes. A Brest, deux filles, brillamment costumées, tenaient ouverte une loge (voiture) de consultation, de prédiction, etc. : l'on entrait pour 5 sous; mais l'on ne pénétrait que dans une sorte d'antichambre où l'on demeurait sans rien voir ni entendre, à moins de reverser une nouvelle obole, cette fois de 2 francs. La dupe était de bonne composition ou elle se récriait : dans ce dernier cas, si elle était timide ou faible, un solide gaillard aposté se montrait, exigeait plus ou moins d'argent et la laissait partir après l'exhibition d'une carafe ou d'un miroir. J'ai appris l'histoire d'une bonne encore honteuse de sa mésaventure. A quoi donc servent les nombreux agents à la solde des municipalités, si de pareilles vilenies se pratiquent en plein jour! Aux hommes, aux matelots, les 2 francs supplémentaires payaient probablement autre chose que le spectacle d'une carafe ou d'un miroir : la prostitution vaut-elle mieux que l'escroquerie?

2. Reymond (*Hallucinations dans l'état de crédulité*, *Arch. de psych.*, 1887) rappelle qu'elle s'accompagne parfois de phénomènes de perturbations sensoriales. Mais les sujets sont probablement alors en état psychique douteux, confinant à l'aliénation.

sexe (femmes) le mieux prédisposé à la transformation d'émotivités un peu fortes en ébranlements semi-pathologiques, où l'on observe ces extases, ces accès de somnambulisme spontané, ces rêveries vagues et singulières, non rattachables peut-être à des formes nosologiques définies [1], à coup sûr liés à des processus physiologiques anormaux. Chez plus d'un individu déclaré sain au début des expériences, la tare organique latente se dégage bientôt sous la forme d'une névrose ou d'une psychose, et chez ceux qui continuent à ne manifester aucun signe d'hérédité, des congestions céphaliques, une souffrance indéfinissable, quelquefois des tremblements, prouvent que la suggestibilité s'accompagne d'une prédisposition aux hyperémies des centres cérébraux. Les états d'hypnose et de suggestion évoluent d'ailleurs sur un processus initial de modifications vaso-motrices, qui soumet momentanément le cerveau à des conditions extra-physiologiques. Je ne prétends pas dire que l'action circulatoire soit la condition *sine quâ non* de la suggestibilité, et tout ce que je reconnais d'utile à retenir dans la théorie de la dynamogénèse et de l'inhibition, c'est précisément la possibilité d'une excitation de la cellule nerveuse sans l'intervention du facteur vasculo-hématique ; mais je constate que le processus suggestif se dessine sur un processus hyperémique et j'estime, avec Paul Janet, que ce point-là est de haute importance, surtout dans ses conséquences médico-légales. La suggestion est un phénomène physiologique, si l'on veut, mais un phénomène hors de règle, si voisin de l'état pathologique, qu'on est assez embarrassé pour l'en séparer, au moyen d'une ligne de démarcation précise. A ce propos, je ne puis m'empêcher de faire remarquer l'analogie frappante

1. On désigne pourtant ces phénomènes sous le titre d'états analogues de l'hystérie ! Skepto (*L'hypnotisme et les religions*) admet, d'après les statistiques médicales, que la proportion des sujets hypnotisables et suggestibles est de 95 0/0 parmi les personnes ayant donné des signes d'hystérie ou de troubles nerveux, et de 30 0/0 parmi les personnes bien saines de corps et d'esprit.

qui existe entre l'état d'un hypnotisé, en suggestion somnambulique, et celui d'un chloroformisé : tous les deux, mis en branle, s'abandonnent aux échappées les plus bizarres, découvrent des sentiments cachés, divaguent avec une sorte de logique, tout en demeurant plus ou moins en rapport avec le monde extérieur, répondant aux questions qu'on leur adresse ; tous les deux aussi accusent une suractivité de l'appareil vaso-moteur, par l'accélération du pouls, la coloration du visage, etc. A côté d'une hyperémie qui contribue à rendre plus impressionnable la cellule, il y a l'intervention d'une touche *sui generis :* ici l'action de la molécule chloroformique sur la molécule nerveuse, là la vibration communiquée. L'intoxication chimique a son équivalent dans l'intoxication psychique. Mais qui pourrait affirmer que cette dernière n'est pas elle-même d'ordre chimique, le résultat d'une production ptomaïque en rapport avec une émotivité de mode particulier ? N'ai-je pas rappelé plus haut, que l'on soupçonnait, chez les impulsifs criminels, hystériques et épileptiques, des perturbations de la dessassimilation, génératrices de poisons autochtones, convulsivants et narcotiques, et, par analogie, ne serait-on pas autorisé à admettre, chez les neuro-suggestifs, l'apparition de poisons susceptibles de provoquer l'hallucination et le délire, tout au moins d'aider à des manifestations anormales, en certaines conditions de leur être [1] ? L'intoxication ramène elle-même à l'hypothèse des mouvements moléculaires intimes, dont la vibratilité de la cellule, suivant un mode spécialisé, est l'expression dernière.

Nous voilà donc en face de sujets qui ne sont point marqués à la façon des sains, et qui, s'ils ne sont pas toujours à classer parmi les malades, le doivent toujours être parmi des anormaux, puisqu'ils ont une cérébralité arnormalement impressionnable, en vertu de conditions

1. Ne semble-t-il pas que l'on ait eu jadis l'intuition de ces choses ! Le Loyer parle de fascinateurs « aux yeux si pestilents et vénéneux, qu'ils rendent non seulement tabide le corps de l'enfant, ainsi font périr quelques personnes que ce soient, ensorcelées de leur regard ».

latentes encore mal élucidées, mais mises hors de contestation par l'observation d'innombrables faits. *A priori*, la suggestibilité exceptionnelle et démontrée soulèvera donc de grosses questions d'irresponsabilité. Mais il faut réprimer! Toujours cette idée fixe de la répression juridique, qui se vient jeter en travers des études positivistes de la criminalité et opposer comme une barrière aux réformes réclamées par le progrès des connaissances et de l'opinion! Il n'est pas douteux que les phénomènes révélés par l'expérimentation, depuis quelques années, n'aient profondément ému le monde des prétoires : quoi! des attentats de toutes sortes, faux en écriture, témoignages mensongers, accusations calomnieuses, vols et meurtres, peuvent-ils être l'œuvre d'automates humains, agissant à l'ordre et au profit de criminels dissimulés? Faudra-t-il déplacer la responsabilité suivant le vieux droit, la reporter de l'exécuteur connu sur l'instigateur souvent insaisissable, risquer de perdre toute proie pour la vindicte publique et l'exemple! La science cependant a accumulé des faits irrécusables. Quelques hommes d'élite les ont acceptés et même étudiés avec indépendance [1]; mais un grand nombre de juristes s'en trouvent encore embarrassés [2]. Malgré les travaux si rigoureux, les expériences et les observations si nettement démonstratives des Charcot, des Richet, des Bernheim, des Liebault, des Pitres, des Azam, des Féré et de tant d'autres savants distingués, un triple courant d'opinions persiste et, par la crainte de la lumière, par ignorance autant que par pusillanimité, chez ceux qui ont mission de diriger

1. Citons en première ligne le professeur Liégeois, de la Faculté de droit de Nancy, qui vient de résumer ses travaux dans un excellent livre, *De la suggestion et du somnambulisme dans leurs rapports avec la jurisprudence et la médecine légale*, Paris, 1889.

2. Autrefois, on abordait franchement ces questions ; on interprétait mal, mais on observait bien; il n'est guère de manifestations enregistrées par la science moderne, qu'on ne retrouve signalées dans les ouvrages de Bodin et de P. Le Loyer. Déjà, dans le livre de Zacchias, les problèmes de la fascination, de la possession, de l'extase, du somnambulisme, etc., sont discutés au point de vue médico-légal et parfois dans un sens très large.

la justice, l'on voit des malades et des irresponsables traités avec la dureté ou le parti pris d'un autre âge. Parmi ces réfractaires ou ces timides :

— Les uns nient ou mettent en doute les faits relatifs à l'hypnotisme, ou, pour peu qu'ils soient dominés par la croyance catholique, ne sont pas éloignés de les attribuer à l'intervention diabolique [1]: cela ne conduit plus à brûler les hystériques, sorcières ou possédées, comme autrefois, mais cela conduit à les traiter encore avec iniquité ;

— D'autres prétendent accorder une part égale de responsabilité à la tête provocatrice, c'est-à-dire à l'hypnotisant, et à la main qui exécute, c'est-à-dire à l'hypnotisé, car ce dernier a eu le tort de se soumettre aux pratiques de l'hypnotiseur [2] : il est certain que la répétition de ces pratiques augmente au plus haut degré les susceptibilités des personnes en expérience; j'admettrais volontiers que l'on assimilât l'hypnotiseur au débitant, complice du méfait de ses clients alcoolisés, jusqu'à un certain point, l'hypnotisé consentant, à l'ivrogne d'habitude, pour lequel je ne plaide que les circonstances atténuantes les plus réduites ; mais, comme j'ai reconnu parmi les buveurs des tarés héréditaires, certainement doués d'une prédisposition fatale à l'intempérance et dignes de pitié, je reconnais aussi des sujets hypnotisables, chez lesquels une grande faiblesse de caractère s'allie à une conscience très imparfaite des dangers encourus sous l'influence hypnotique : ce sont presque des malades, exposés à subir tous les genres d'entraînements, et parfois contraints, après une première épreuve, à en supporter d'autres, à leur insu, par suggestion, dont le souvenir est oublié ;

1. L'intervention devient divine s'il s'agit d'une sanctifiée ! Le P. Halm (Salamanque, 1882) a osé soupçonner l'hystéro-épilepsie chez sainte Thérèse, et un autre jésuite Louis de Sam (Louvain, 1886) partage quelque peu les idées de son confrère ; mais l'hystéro-épilepsie de la sainte est une maladie de bon aloi, et les extases, les visions, les révélations de la recluse sont d'origine céleste. Pour se convaincre de la persistance des idées du moyen âge dans le monde clérical, même le plus avancé, jeter un rapide coup d'œil sur les ouvrages du Dr Gougenot des Mousseaux !

2. Desjardins, *Ac. des sc. mor. et polit.*, août 1886.

— D'autres enfin, heureux de trouver un appui dans cette opinion médicale, que tout acte suggéré suppose chez la personne qui l'accomplit une certaine tendance habituelle de l'esprit, en rapport avec la nature de l'impulsion incriminée [1], admettent la responsabilité partielle des hypnotisés. Sans doute, la relation entre les états cérébraux de l'hypnotiseur et de l'hypnotisé, étant toute harmonique, s'établira d'autant plus intime qu'il y aura adaptation réciproque plus facile entre leurs activités psychiques. Mais on n'en saurait conclure, que des idées suggérées ne puissent être reçues et développées jusqu'à l'impulsion criminelle par des centres purs de toute élaboration antérieure coupable ou immorale. Ne voit-on pas d'ailleurs, dans les expériences médicales, l'idée-mère, créée d'emblée, toute fictive, dans le cerveau d'un sujet honnête, rayonner dans le cerveau d'un sujet souvent indifférent? Bien évidemment, il faut aux idées, comme aux germes morbides, un terrain convenable pour éclore; mais la prédisposition générale suffit à assurer la fertilité du sol, les instincts habituels sont comme un engrais de surcroît. La doctrine a son corollaire inattendu, pénible : c'est l'atténuation ou l'excuse pour l'hypnotiseur scélérat, qui protestera de certaines tendances du caractère chez sa victime, pour soutenir sa connivence tacite, dans le cas de viol ou de tout autre dommage supporté par elle, au cours d'un état provoqué [2]. Il est per-

1. Zacchias déclare : « Si le noctambule commet un crime dans une maison où vit son ennemi notoire, une femme qu'il a désirée, etc., il reste coupable d'actes sur lesquels son esprit a pu et dû s'arrêter durant la veille. »

1. *Peut-on violer une somnambule à son insu?* Brouardel répond par la négative. L'école de Nancy affirme que « la somnambule appartient au magnétiseur comme le bâton du voyageur appartient au voyageur », et bien des faits lui donnent raison. Brouardel prétend que « cette proposition est absolument fausse. Si un individu agréable à la somnambule lui offre des suggestions agréables ou indifférentes, elle s'y soumet; mais si ces suggestions mettent en révolte ses affections personnelles ou ses instincts naturels, elle oppose une résistance *presque* invincible. Vous arriverez *assez facilement*, après quelques insistances, à faire signer un reçu de 50 francs par exemple, mais vous n'obtiendrez jamais d'une femme, qui les a conservés, une chose contraire à ses instincts de pudeur. J'en ai vu une à qui on avait d'abord suggéré qu'elle était auprès d'une rivière, on a voulu ensuite lui persuader de se déshabiller, elle a eu aussitôt une attaque de nerfs. On peut vaincre la résistance d'une somnambule au sujet de son testament, mais on ne lui fera pas donner un bracelet qu'elle tient de son

mis d'élever des doutes et même de protester contre une opinion qui peut avoir et a déjà eu des suites très regrettables. La résistance des sujets hypnotisés, très variable (conséquence naturelle du degré de personnalité qu'ils ont gardé) n'est, je le répète, qu'une condition secondaire dans la réceptivité. Si l'on rencontre parfois, pendant l'état de somnambulisme artificiel, un mauvais vouloir évident, insurmontable vis-à-vis de certaines suggestions, d'autres fois l'acte suggéré est accompli en dépit de répugnances manifestes et au prix d'efforts inouïs[1]. L'irresponsabilité morale des sujets ne semble pas toujours absolue, parce que chez eux, des antécédents ont dévoilé quelques traits de caractère qui éveillent la suspicion d'une sorte de préparation aux impulsions suggérées, parce que, même au cours de ces impulsions, les actes conservent une sorte d'indépendance, qui éveille l'idée d'une obéissance plus ou moins délibérément acceptée. Mais dans l'appréciation de la liberté toute relative, qu'il y aurait lieu d'accorder à un certain nombre d'hypnotisés, l'analyse des faits particuliers apporte tant d'éléments de restriction, que, d'une manière générale, suivant l'opinion de Pitres, « en présence d'un crime commis par suggestion, l'expert doit s'abste-

amant. Il y a là un élément au-delà duquel la puissance du magnétiseur ne va pas, et c'est très important au point de vue médico-légal... Si au contraire les sentiments et les actes offerts par le magnétiseur à son sujet correspondent aux sentiments intimes de celui-ci, il obéit facilement. Le Dr Bellanger rapporte le fait d'une femme, séparée à l'amiable de son mari, et qui, après avoir fait à son médecin, dans des crises répétées de somnambulisme, des aveux et des déclarations, qu'elle ne lui faisait pas dans l'état de veille, parce qu'elle était honnête, se vit, à sa grande surprise, devenir enceinte. Elle a fini dans un asile d'aliénées et le Dr X... a été obligé de s'expatrier. » (*Gaz. des hôp.*, 8 nov. 1887). En quelles conditions et à quel degré s'offre appréciable la résistance aux suggestions? Personne n'est en mesure de le dire. Bien entendu, il importe tout d'abord de se prémunir contre les simulations, si habituelles chez les hystériques. Ce qui n'est pas toujours aisé : le Dr Grasset en a fourni tout récemment un très curieux exemple (*le Roman d'une hysterique*, *Sem. méd.*, du 10 fév. 1890).

1. Comme dans une observation de Pitres. Quelqu'un suggère à une hypnotisée, dans un hôpital, d'aller embrasser l'aumônier : malgré son désir d'échapper à cet ordre, la femme cherche à l'exécuter ; ni les essais de suggestion contraire, ni les obstacles matériels ne parviennent à le lui faire oublier, et, à chaque empêchement, des crises effrayantes d'hystérie se manifestent ; par pitié, l'aumônier fut obligé de se prêter à l'accolade.

nir de conclure à la responsabilité, même limitée du sujet ».

Gilles de la Tourette[1] nous fait assister d'une façon saisissante à la perpétration fictive et expérimentale d'un crime par suggestion. C'était dans le laboratoire de Charcot. W..., grande hystérique, très facilement hypnotisable, est mise en état de somnambulisme ; on lui suggère d'empoisonner G., un interne du service. Elle s'y refuse, car « il ne lui a rien fait, et après tout elle n'est pas une criminelle ». On la décide cependant à accomplir cet acte, en lui présentant G. comme la cause de sa brouille avec une amie, et on lui suggère en outre d'oublier le nom de l'hypnotiseur, « même si on l'interrogeait en l'endormant de nouveau. » W... accepte. On la réveille. Il y a sept à huit personnes dans le laboratoire, parmi lesquelles M. J. Claretie. « W... va de l'un à l'autre, suivant ses sympathies, cause, dit un mot à chacun, se rappelle au souvenir de M. Claretie, qu'elle a vu au *concert des folles*. Elle s'intéresse à une expérience de photographie médicale en cours d'exécution, et rien ne peut faire soupçonner les pensées qui l'agitent. Les assistants se regardent même avec une certaine inquiétude; la suggestion réussira-t-elle? le sujet ayant paru d'ailleurs lui opposer quelque résistance. W... n'oublie rien; nous la voyons se diriger, de l'air le plus dégagé du monde, vers M. G. — *Mon Dieu, qu'il fait chaud ici,* lui dit-elle ; *vous n'avez pas soif, vous ? moi, j'en meurs ; je suis sûre que vous devez avoir soif. Monsieur L., n'avez-vous pas encore quelques bouteilles de bière? Offrez-en donc une, s'il vous plaît.* — *Inutile*, dit G., *je vous assure, mademoiselle, que je n'ai pas soif.* — *Par cette chaleur, c'est impossible; vous ne pouvez refuser ; d'ailleurs, M. L. nous offrait de la bière, il n'y a qu'un instant et, tenez, voici un verre qui en est encore rempli* (ajoute-t-elle, en prenant un verre d'eau, que, par suggestion, durant son sommeil, on lui avait présenté comme un verre de bière,

1. *L'hypnotisme et les états analogues au point de vue médico-légal*, 1887.

et où, fictivement. l'on avait versé du poison), *acceptez-le, je vous en prie, de ma main et buvez. — Merci, je n'ai pas soif; toutefois, je veux bien l'accepter, mais pas sans un baiser.* — Ici, W... a un mouvement de révolte ; elle est obligée de sourire à celui qu'elle doit empoisonner; elle ne peut lui refuser un baiser ; elle sacrifierait tout pour accomplir l'ordre fatal. Nous restons convaincus qu'elle se livrerait tout entière si l'accomplissement de la suggestion était à ce prix. — *Vous êtes exigeant*, dit-elle, *mais enfin*... (il l'embrasse). *Buvez maintenant. Craignez-vous donc que cette bière ne renferme quelque chose de nuisible ? Voyez, j'en bois moi-même* (elle fait le simulacre de boire, se gardant bien d'avaler une gorgée du liquide). *Vous m'avez embrassée, j'ai bu dans votre verre, nous sommes quittes.* — G. boit, tombe comme mort. — *Ça y est*, dit W... d'une façon presque imperceptible, mais visiblement agitée. Un nouveau personnage entre, qu'on présente comme un magistrat pouvant ouvrir une instruction immédiate sur une mort aussi bizarre ; on interroge les assistants ; W... comme les autres : elle répond avec la plus grande netteté, déclare qu'elle ne peut croire à un crime, tire même parti de la contre-épreuve qu'elle-même a inventée : il n'existait certainement pas de poison dans le verre, et, la preuve, c'est qu'elle a pu boire dans ce verre sans être incommodée ! Mais il y a beaucoup de surexcitation, et, pour prévenir une attaque, on endort W... d'un coup de tam-tam, et on lui suggère que cette scène, « dont elle se souvenait parfaitement encore dans son nouveau somnambulisme, n'avait jamais existé ». Claretie avait eu sous les yeux tout le drame de *Jean Mornas.*

Transportons un tel enchaînement d'actes, dérivant d'une suggestion, dans le domaine du crime véritable : quel expert osera soutenir la responsabilité de l'hypnotisée ? Et il est des cas, où les choses vont plus loin, où la personnalité du sujet se dédouble successivement ou dans le même temps (Pierre Janet) [1] en deux êtres-cons-

1. *L'automatisme psychologique*, 1889.

ciences qui s'ignorent mutuellement, agissent chacun pour son propre compte... ou plutôt l'un pour le compte de l'être normal, l'autre pour celui de l'être automatisé. Peut-on, dans ces cas, décomposer l'organisme pour établir des responsabilités, et le *glaive de la loi* a-t-il trouvé, sous la direction des juristes, théologiens et médecins d'une certaine école, le moyen de couper ce qu'il lui faut d'un organisme, afin de maintenir le principe de la répression et de l'exemple [1].

Les phénomènes de l'hypnotisme et de la suggestion sont, plus ou moins, sous la dépendance d'un état neuropathique, souvent très voisin de l'hystérie, et ils ne sont jamais plus prononcés que chez les hystériques [2]. Le somnambulisme, chez les hystériques, peut se produire spontanément et c'est à cette forme qu'on rapporte aujourd'hui un grand nombre des cas de possession démoniaque, autrefois l'occasion de tragédies judiciaires si épouvantables [3]. Le somnambulisme hystérique donne

1. Si j'admets sans contestation la réalité de la plupart des faits mentionnés par les psychologues positivistes, qu'ils appartiennent ou non à la Faculté de médecine, qu'ils partagent les idées de la Salpétrière ou celles de Nancy, je dois cependant avouer que je me tiens en garde contre l'exagération de quelques-uns. Par exemple, quand je lis qu'un hypnotiseur peut si bien modifier la personnalité d'un être, qu'il transforme, selon son caprice, une femme honnête, de vie modeste et retirée, en général, en évêque, en cocotte, etc. etc., l'obligeant malgré elle à prendre le ton, le geste, les façons de parler et jusqu'à l'écriture, caractéristiques de ces professions si opposées, je me permets de sourire! La manière d'être professionnelle ne s'impose pas, elle est le résultat d'une multitude de réflexes lentement acquis par l'éducation. Je ne comprends pas qu'une femme humblement élevée puisse tout à coup, sans les avoir jamais connus ni même appris par la lecture, tirer de son clavier automatique et sur l'ordre d'un hypnotiseur, les jurons d'un général vieux style et les impertinences éhontées d'une cocotte style moderniste. De quelque façon qu'on frappe sur les touches d'un piano, on ne le fera point répondre par des sons de cornet ou de tambour, et de quelque façon qu'on souffle dans une flûte on ne la fera point beugler en ophicléide. Ou l'observateur a exagéré quelque peu dans l'entraînement de la passion doctrinale, ou il a ignoré des côtés latents du caractère et des habitudes de son sujet... ou il a été tout simplement joué par quelque rusée hystérique. Les lycanthropes s'imaginent être des loups, mais ils ne font qu'imiter de très loin ce qu'ils ont entendu rapporter des cris et des goûts de ces animaux; une femme hypnotisée peut se croire devenue général ou évêque : elle ne jouera ces rôles que d'après ce qu'elle en aura préalablement connu.

2. Noter en passant que les hystériques sont fréquemment plus suggestibles à l'état de veille qu'ils ne sont hypnotisables.

3. Il y aurait à en rapprocher les états d'entraînement extatique, avec insensibilité à la douleur, qui permettent aux Aïssaouas, à certaines sectes de derviches musulmans d'accomplir leurs étonnants et sanglants exercices. En Perse, chaque année, dans le

lieu d'ailleurs aux mêmes considérations que l'état provoqué ou artificiel. J'appellerai toutefois l'attention sur cette manifestation particulière, que l'on a décrite sous le nom d'*état second*. « Le somnambule hystérique, lorsque les accès sont assez prolongés, semble posséder, pour ainsi dire, une double vie, par le fait même qu'il se trouve alternativement plongé dans deux états, l'un normal, l'autre pathologique. Ces deux phases de l'existence sont rendues distinctes l'une de l'autre par cela seul que l'oubli existe toujours au réveil. C'est donc là une véritable double vie, mieux encore qu'un *dédoublement de la personnalité*, terme emprunté à la médecine mentale, et mal à propos dans la circonstance, car il s'applique bien plutôt aux sujets qui, en restant à l'état de veille, s'imaginent de temps en temps être une autre personne et se recommandent à eux-mêmes des actes qu'ils exécutent comme s'ils leur avaient été imposés par un individu étranger » (Gilles de la Tourette) [1]. On doit surtout la connaissance des faits de ce genre au Dr Azam, qui propose d'appeler *prime* l'état normal, et *second* l'état pathologique [2]. Pendant l'état second, dont la durée peut être plus grande que celle de l'état prime, l'hystérique est exposé à commettre ou à subir tous les attentats que l'on a signalés à propos du somnambulisme artificiel, et dans

mois de Mouharrem, pour expier le meurtre des deux petits-fils de Mahomet, Ali et Hussein, des pénitents, enivrés par le bruit des tambours et des cymbales et par leurs propres hurlements, se frappent sans merci. « Chacun d'eux, raconte le Dr Zambaco, se cramponne d'une main à la ceinture de celui qui le précède, tandis que de l'autre, armée du cimeterre, il se porte sur la tête nue et rasée, des coups violents et répétés. Le sang coule à flots et rougit les costumes blancs ; les fanatiques, les yeux hagards, la bouche écumante, la tête sillonnée de profondes entailles, le visage couvert de sang, vociférant les cris de Ali ! Ali ! s'avancent en se traînant les uns les autres dans un balancement infernal... » La cérémonie cesse, quand ils tombent épuisés, à bout de forces. On sait à quelles pratiques atroces les dévots hindous se livrent, insensibles à la souffrance, devant leurs pagodes. Dans l'Inde brahmanique, d'ailleurs, l'hypnotisme et les états analogues sont connus depuis longtemps ; des vols d'enfants sont commis pendant leur sommeil somnambulique ou leur suggestion provoquée, et Faria rapporta des antiques sanctuaires orientaux les procédés qui étonnèrent si vivement le monde européen au commencement de ce siècle, mais laissèrent la science incrédule..., comme à l'époque de Mesmer.

1. *L. c.*
2. *Hypnotisme, double conscience et altération de la Personnalité*, 1887.

les mêmes conditions d'inconscience. Il y aurait même, en certains cas et chez certaines personnes, deux existences simultanées s'ignorant l'une et l'autre, et peut-être des hystériques vont-ils au-delà de ces deux existences simultanées (Pierre Janet)[1].

L'importante question de la responsabilité, dans les états hypnotiques ou analogues, a d'autres côtés que l'on soupçonne moins. On admet généralement que les sujets perdent au réveil tout souvenir de l'état qu'ils viennent de traverser : ils conservent l'impression suggérée des actes à accomplir pendant la veille ; mais ils oublient les conditions au milieu desquelles la suggestion s'est produite, et, quand la suggestion est demeurée intra-hypnotique, elle s'efface entièrement de leur mémoire. Eh bien ! il faudrait rabattre de cette opinion beaucoup trop absolue. Le Dr Brémaud a rencontré des personnes, qui, au sortir de l'état de somnambulisme, conservaient un souvenir vague ou assez précis de leurs impressions et de leurs actes au cours de cet état ; il m'a cité le cas d'une femme hystérique, qui, mise en violent orgasme vénérien par l'attouchement d'une région quelconque du corps pendant l'hypnose, ne manquait jamais, au réveil, de se plaindre de son éréthisme et de le rapporter à un attentat coupable. Tout récemment, un jeune homme intelligent, instruit et sceptique, assistant à des expériences d'hypnotisme, demande à être endormi : on le met aisément en état de somnambulisme, on lui suggère la pensée de tuer sa mère, on l'arme d'un couteau et on lui indique un mannequin qui représente la victime à frapper : il obéit, docile et inconscient, mais après le réveil, il garde le souvenir d'un crime qu'il croit réel et, sous l'empire d'une horrible obsession, va se livrer à des gardiens de la paix. Que fût-il advenu pour ce malheureux, à l'époque des instructions sommaires, et même de nos jours, si le hasard eût amené la coïncidence de l'aveu du crime imaginaire et de la disparition fortuite de la victime supposée?

1. *L. c.* et c. r. de Perrens dans la *Rép. franç.* (*L'hypnotisme en Sorbonne*).

Des phénomènes analogues et susceptibles de conséquences tout aussi graves, s'accomplissent normalement sous l'influence du *rêve*. Cet état n'est que la vibration isolée de certaines cellules des centres psychiques, pendant le repos d'autres cellules des mêmes centres : tantôt une sorte de mise en train spontanée, synergique, de cellules en relations habituelles d'activité, donne aux idées comme un enchaînement presque raisonnable, tantôt et plus ordinairement, la dislocation des activités, privées de direction et de coordination, engendre ces idées folles de l'imagination libre d'entraves. Un rêve peut refléter les pensées dominantes chez l'individu, ou ses impressions passagères d'autrefois ; il trahit sans doute la vigueur de la touche par laquelle certaines idées ont pénétré dans les centres de réceptivité et d'emmagasinement, et l'excès de l'ébranlement, sa persistance plus ou moins latente, favorisent les échappées de la cérébration inconsciente, qui se produisent à plus ou moins longs termes. Mais celles-ci, l'individu n'en saurait être responsable, puisqu'il ne les commande pas : personne ne songerait à lui faire un crime des actes imaginaires qu'il raconterait avoir commis pendant le sommeil. Pourquoi serait-il davantage tenu pour responsable, à la suite de ceux qu'il pourrait commettre au réveil, dans certains cas où la vibration du rêve persiste, assez intense pour dominer les centres de la perception réelle ou pour tromper leur appréciation de l'extériorité par l'hallucination ? Après un sommeil agité par un rêve singulier, je me réveillai un matin profondément troublé : je ne pouvais secouer l'impression du rêve et pendant plus d'un quart d'heure, il me fallut rapprocher d'anciens souvenirs, les raisonner, pour me bien convaincre de l'impossibilité des actions que mon cerveau avait enfantées, groupées et coordonnées au cours d'une nuit, sur un théâtre que j'avais quitté depuis plus de douze ans : aurais-je, pendant cette période d'incertitude, résisté à la suggestion accidentelle d'idées plus ou moins en rapport avec mon rêve ? J'en doute. A la suite d'un rêve, un de mes confrères vit, au réveil, la personne qui avait fait l'objet de ses conceptions nocturnes, parla et agit très raisonnablement, comme s'il avait bien réellement celle-ci sous les yeux et à la portée de la main, et l'hallucination persista pendant plusieurs minutes: un pareil état cérébral serait-il sans danger, après un rêve qui aurait remué des idées haineuses de ressentiment plus ou moins justifié contre un sujet inopinément présenté? Dans le somnambulisme naturel, c'est le rêve qui continue, et ce rêve, né des impressions les plus forfuites, se développant autour des idées les plus bizarres, malgré une certaine logique dans l'enchaînement des actes, se dérobe au contrôle de l'individu. Comment celui-ci serait-il responsable des conséquences d'un état qui demeure pour lui inconscient? Sur ces questions, il est à craindre que la jurisprudence ne soit égarée par des opinions médicales un peu suspectes de complaisance. Sous le prétexte qu'on rêve le plus souvent aux choses qui sont l'objet de notre préoccupation journalière ou qui nous ont le plus impressionnés, que la direction d'esprit habituelle, chez les somnambules, donne à leurs accès une caractéristique suffisamment précise, il y aurait lieu d'incriminer les actes nuisibles à autrui, commis pendant les états somnambuliques et post-hypnotiques non provoqués! La science qui délivre de telles affirmations apparaîtra sans doute aussi admirable aux siècles éclairés, que nous apparaît à nous-mêmes celle des Chaldéens et des Mages, interprétant l'avenir d'après les songes. Encore les prédictions tirées des vagues images du sommeil... suscitées par la divinité, ne pouvaient-elles entraîner les mêmes inconvénients pour les individus [1], que les déductions tirées d'une sorte de précession mentale, laissant une part de libre arbitre aux hallucinés et aux illusionnés du rêve. Le rêve ne se commande pas: on le subit: on ne le dirige pas, aussi longtemps qu'on

1. Elles ont stimulé très heureusement l'activité de quelques personnalités, *croyant en leur étoile!*

est sous son influence[1]. Et même, en admettant qu'une personne, sujette à des accès de somnambulisme, ait pu former, à l'état de veille, des projets criminels, suivis de tentative d'exécution ou d'une exécution complète, à l'état de sommeil, il n'y aurait pas culpabilité, comme le soutiennent Briand et Chaudé[2]. Les conditions ne sont plus les mêmes que dans l'alcoolisme recherché pour aider à la perpétration d'un attentat, dont l'objectivité reste bien en rapport avec l'intention déterminatrice de l'excès d'intempérance préalable. Dans l'espèce, la relation entre l'idée et l'acte ne saurait être que fictive, le psychopathe ne disposant pas à son gré de l'occasion qui le met en état de somnambulisme, ne pouvant à l'avance dicter ses formes à l'accès. Il faudrait, pour qu'il y eût crime, l'association simultanée ou directe du fait et de la volonté (Boitard, Faustin-Hélie; — je dirais de l'appréciation nette et libre du fait — et la dissociation de ces deux éléments modifie la nature de l'acte; le fait reste le même, mais il perd sa caractéristique de répréhensibilité, pendant un état où la cérébration a cessé d'être consciente et où elle a brisé tout lien avec sa modalité antérieure. Le défaut de conscience émerge en pleine lumière, lorsqu'on voit le somnambule agir sans notion du milieu, en ignorance des lieux où il se trouve et des personnes qui l'entourent, guidé seulement par l'idée fixe spontanément éclose en certains territoires de ses centres psychiques. Le bon sens élémentaire reconnaîtra qu'un homme endormi n'est pas en condition d'activité cérébrale identique à celle de l'homme éveillé. Voilà ce qui s'impose en dépit de tous les raisonnements scientifiques ou extra-scientifiques. Je ne pense pas qu'on puisse avoir une opinion bien différente, à propos de l'homme *éveillé* qui n'a pas encore secoué l'impression de certains rêves, repris pos-

1. Et celle-ci est quelquefois très prolongée. Tissié, dans son étude sur les *Rêves* (1890), rapporte le fait d'un jeune homme qui, à la suite d'un rêve, abandonna sa famille et ses intérêts, partit et marcha à l'aventure pendant des mois entiers. Dans les cas de ce genre, la chimère a germé sur un fond d'aliénation, et elle a subitement éveillé des prédispositions jusqu'alors dissimulées.

2. Après Zacchias.

session de sa cérébration : il se dédouble, il a repris pied dans le monde extérieur, mais conserve une attache avec le monde subjectif, et il peut être hors d'état de concilier ses actes avec les sollicitations qu'il reçoit simultanément de tous deux [1].

Il devient plus difficile de dégager l'irresponsabilité de certains états cérébraux pendant la veille, états qui se peuvent produire chez toute personne et n'ont plus aucune connexion avec l'hypnose artificielle ou spontanée. Sous l'empire d'une idée, que l'attention ou la répétition des mêmes opérations psychiques rend momentanément obsédante, un centre perceptif accapare à son profit toute l'activité cérébrale ; il interprète, dans le sens de cette idée et des impulsivités qu'elle crée, toutes les impressions réelles (illusions) ou fictives (hallucinations) que lui apportent les organes sensoriaux ; il rêve éveillé, suivant une locution populaire fort juste. Ces états de cérébration inconsciente, dont l'étude est reprise avec ardeur, depuis que les faits relatifs à l'hypnotisme se sont imposés à l'examen des philosophes et des médecins, malgré les doctes sociétés et les solennels dispensateurs d'oracles officiels (toujours en retard ou à la remorque de l'opinion commune), doivent être appréciés, dans la genèse des actes criminels. Ils viennent

1. Le rêve et les actes d'auto-suggestion qui en relèvent ont souvent quelque chose du délire morbide, et je ne serais pas surpris qu'ils soient parfois déterminés par une véritable intoxication de désassimilation, dans les circonstances même les plus banales. On sait combien sont fertiles en attentats criminels les délires provoqués par l'alcool, l'opium, le haschich, etc., que l'impulsivité ait acquis spontanément sa tendance ou qu'elle ait reçu une direction préalable (c'était le cas pour les sectaires du Vieux de la montagne et H. d'Escamps accuse l'Anglais Ellis de s'en être ressouvenu, pour amener les Hovas à assassiner Radama II, un ami de la France, à Madagascar). J'ai déjà fait allusion à l'action des ptomaïnes engendrées sous diverses influences intra-organiques. A-t-on remarqué avec quelle facilité le sommeil devient lourd, inégal, agité de rêvasseries, après une digestion laborieuse, quand la langue et la cavité buccale sont enduites de saburres, quand les urines ont été longtemps retenues, etc. ? Il serait intéressant de mettre en expériences un certain nombre de sujets normaux et intelligents, de noter, chaque soir et chaque matin, les conditions de leurs excrétions, et, parallèlement, les modalités de leur état psychique pendant la veille et le sommeil, la fréquence et la nature de leurs rêves, etc., ainsi qu'on a déjà commencé à le faire pour les hystériques, les épileptiques, les criminels de profession.

ajouter à la masse déjà si considérable des observations qui tendent à limiter de plus en plus le libre arbitre, à restreindre le nombre et à atténuer la portée des impulsions susceptibles de châtiment, en nous montrant l'activité supérieure (l'*âme* des spiritualistes) moins indépendante qu'on ne l'a prétendu des conditions intimes de l'organisme matériel et des influences ambiantes, modificatrices et sollicitatrices de cet organisme. Les derniers phénomènes auxquels se rapporte l'allusion dérivent de l'auto-suggestion, d'une suggestion qui a sa source dans le cerveau de l'individu et non plus au dehors. Ils s'associent à ceux de la suggestion extrinsèque, et donnent lieu à des états complexes, dont l'analyse réclame beaucoup d'attention et de sagacité[1].

Comme il existe une auto-suggestion, il existe aussi une auto-imitation, que Tarde a fort bien mise en relief, pour expliquer la récidivité chez les malfaiteurs. Ces natures dégénérées — ordinairement peu intelligentes et très paresseuses, déjà portées par économie cérébrale, à imiter les actes d'autrui — quand elles ont commis un délit ou un crime, le répètent..., et presque toujours sur le même mode, *par copie d'elles-mêmes*. Chez elles l'automatisme réflexe de l'habitude est naturellement dirigé vers le crime professionnel ou y aboutit de par une véritable auto-imitation. C'est aussi le cas de l'aliéné, qui aime à répéter les mêmes actes et prend goût à ses hallucinations : de là ses résistances à l'hypnotisation et à la suggestion, visant à l'entraîner dans une voie nouvelle. Mais le délinquant ou le simple vicieux, s'il se plie à ces pratiques, peut être arraché à sa propre imitation, d'autant mieux qu'il est plus jeune, moins automatisé dans les réflexes d'habitude. Il y aurait donc à espérer de bons résultats d'une application des méthodes sug-

1. L'auto-suggestion persuadera à un innocent qu'il a pu commettre un crime, en état d'inconscience ou de somnambulisme, d'après des indices qui le frapperont objectivement et auront été préparés par un coupable occulte. Très vraisemblables, à cet égard, sont les données psychologiques qui ont servi de bases à quelques nouvelles ou romans (Blicher, *Une cause criminelle*; H. Rivière, *Le meurtrier d'Albertine*, etc.).

gestives à la pédiâtrie et à l'éducation mentale des enfants pervers (Guyau[1], Berillon[2], etc.).

Par contre, si l'hypnotisme offre un moyen de combattre la criminalité et les mauvais instincts en leurs germes, il ne crée que trop de dangers à leur multiplication dans les milieux où ces germes ont toute liberté de se développer. Les nerveux, ou plutôt les neuropathes, gens très suggestifs, très imitatifs sur le terrain de la suggestion, sont puissamment ébranlés par la vue des scènes qui répondent à leur vibratilité. Dans les couvents de femmes, la première extatique ou convulsionnaire est le centre d'appel pour la *possession*... divine ou démoniaque de la communauté. Dans des foyers plus vastes, mais prédisposés par le mysticisme ou le patriotisme, on voit aussi une première personne hallucinée donner le branle à d'autres : après Jeanne d'Arc, l'on eut, en France, Catherine de la Rochelle, Perrette la Bretonne et Guillaume le Pastourel[3]. Il y a donc un gros inconvénient social à mettre en présence de modèles des impulsifs déjà bien préparés pour tomber aussitôt à l'unisson. L'on doit énergiquement demander la suppression des séances publiques d'hypnotisme (déjà défendues dans plusieurs pays)[4]. Ces spectacles ne sont pas d'ailleurs que de simples occasions d'entraînements suggestifs ; ils frappent souvent l'imagination des tarés, au point de

1. Guyau, *Education et hérédité*, chap. I.

2. Cong. d'hyg., 1889.

3. On parle beaucoup de Jeanne d'Arc, en ce moment ; il fallait s'attendre à voir renaître la Pucelle : une américaine vient de relever sa bannière... à propos de l'arrestation du jeune prince d'Orléans.

4. On l'a réclamée au Congrès de l'hypnotisme et en diverses sociétés savantes. Au conseil municipal de Paris, M. Desprès s'est aussi élevé contre l'abus des expériences d'hypnotisme dans les hôpitaux. En Belgique, le ministre de la Justice a soumis à la Chambre des représentants un projet de loi dont les principales dispositions méritent d'être signalées : 1° Prohibition des séances publiques d'hypnotisme en dehors des démonstrations cliniques, qui ne devront avoir pour spectateurs que les médecins et les étudiants en médecine ; 2° Interdiction des pratiques d'hypnotisme sur tout sujet âgé de moins de 18 ans ou en état de démence, en dehors de l'exercice légal de l'art de guérir ; 3° Pénalité rigoureuse contre l'individu qui aura, dans une intention frauduleuse ou à dessein de nuire, fait écrire ou signer par une personne hypnotisée un acte ou pièce comportant des conséquences juridiques, etc.

devenir d'emblée la cause d'une psychose ou d'une névrose, dont l'hérédité était demeurée jusqu'alors latente; ils sont en outre une école d'immoralité et de crime, où les gredins peuvent s'instruire aux procédés qui leur donneront à discrétion des victimes et à eux-mêmes des moyens d'impunité ou de défense.

CHAPITRE V

LES SEXES

Les sexes traduisent leur influence particulière, dans la criminalité, par la disproportion des contingents qu'ils fournissent à celle-ci, par le mode de répartition et d'intervention de ces contingents suivant ses formes.

Les statistiques, malgré quelques divergences, exposent, à toutes les époques et chez tous les peuples, des résultats généraux assez concordants.

1° — La femme commet moins de délits et de crimes que l'homme. L'écart entre les deux sexes est considérable et les chiffres qui l'expriment oscillent autour d'une moyenne à peu près correspondante, pour l'ensemble des nations civilisées, à celle de notre pays. « D'après les comptes rendus officiels envoyés au congrès de Stockholm, la proportion des femmes aux hommes, dans les prisons, n'est guère que de 3 0/0 (3 femmes contre 97 hommes) au Japon, dans les Indes, à l'île Maurice, dans l'Amérique du Sud et dans quelques parties de l'Amérique du Nord. Dans la majorité des État-Unis, cependant, elle est à peu près de 10 0/0. Elle est de 20 0/0 dans la Chine et, en Europe, elle est comprise entre 10 et 21 0/0 environ » (Joly) [1]. En France les statistiques judiciaires donnent une proportion (sur 100 accusés-crimes) de 18 femmes et de 81 hommes, au cours de la période 1853-1859, de 16 femmes et de 84 hommes, au cours

1. *Le Crime*, p. 251.
Par 100,000 habitants, dans chaque catégorie sexuelle, la proportion des détenus

de la période 1876-1880 ; dans la période 1881-1885, on compte 14 femmes et 86 hommes pour les accusés (crimes) comme pour les prévenus (délits communs). Le rapport de 1887 constate que la femme se rend six fois moins que l'homme coupable de crime ;

2° — Il y a des crimes et des délits dans lesquels la femme n'intervient pas ou n'intervient que rarement (ceux d'ordre politique, par exemple) ; d'autres dans lesquels elle figure en des proportions très au-dessous de la moyenne générale : c'est à peine si elle apparaît dans les attentats à la pudeur sur les enfants, chaque jour plus multipliés depuis quelques années (vers 1830, on rencontre 3 femmes et 97 hommes parmi les accusés de ce genre de crime, et, vers 1880, il n'y a plus qu'une femme contre 99 hommes) ; elle se montre davantage dans le meurtre et surtout dans l'assassinat, principalement de nos jours (dans la période 1826-1880, l'on observe, en effet, parmi les accusés de meurtre ou de tentative de meurtre 4 femmes et 96 hommes, parmi les accusés d'assassinat, 11 femmes et 89 hommes, au début de la période ; à la fin, parmi les accusés de meurtres, 7 femmes et 93 hommes, parmi les accusés d'assassinats 14 femmes et 86 hommes) ;

3° — En revanche, la femme se rapproche de l'homme et quelquefois le surpasse dans certains délits de droit commun (vol domestique) et elle fournit une proportion renversée dans certains crimes, tels que l'infanticide

était la suivante, vers 1872, d'après Lagneau (*Dict. enc. des sc. méd.*, art. *France*).

France (sans les bagnes)	H. 178	F. 40.9
— (avec les forçats transp.)	210	42.2
Angleterre (sans les transportés)	202	46
Irlande (sans les transportés)	95	34.2
Italie	514	26.7
Belgique	81.4	13.9
Pays-Bas	163	20.7
Danemark	139	38.6
Saxe	244	51.2
Suède	218	17
Autriche	191	27.4
Prusse	160	29.2

(ac. hom. 6, 5, ac. fem. 93, 5) et l'avortement (hom. 25, fem. 75); on la voit aussi intervenir, à égalité presque complète avec l'homme, dans les attentats que la cupidité fait naître au sein de la famille dans la classe rurale (parricide); elle fournit enfin, dans l'empoisonnement, presque autant d'accusés que l'homme, de 1825 à 1850, et, dans la période suivante, un nombre d'accusés, qui graduellement dépasse celui des hommes jusque de moitié (pour 100 ac., 69 femmes et 31 hommes, de 1875 à 1880);

4° — Dans la récidivité générale, la femme reste très au-dessous de l'homme : sur 100 condamnés criminels, on compte en récidive 23 femmes et 56 hommes; sur 100 condamnés correctionnels, 35 femmes et 49 hommes (1881-85); la moyenne de la récidivité après libération serait de 24 0/0 chez la femme, et de 76 chez l'homme (en 1868, elle était de 26 chez la femme et de 74 chez l'homme); le maximum des récidives s'observerait en outre, pour l'homme, au cours de l'année qui suit la libération, chez la femme au cours de la deuxième;

5° — Il y a plus de condamnations graves prononcées contre l'homme, et plus d'acquittements en faveur de la femme. Sur 100 accusés (crimes), l'on a, pour la période 1881-85 :

	Hommes	Femmes
Acquittés	25	45
Condamnés à des peines afflict. ou infam.	37	28
Condamnés à des peines correctionnelles .	38	27

6° — Parallèlement à l'évolution du crime-délit, l'aliénation se montre beaucoup plus commune chez l'homme que chez la femme; mais, si l'on exclut de la statistique les cas d'idiotie et de crétinisme, si l'on élimine les cas de paralysie générale et d'alcoolisme, « on constate que la folie pure est plus fréquente chez la femme que chez l'homme; il faut ajouter que certaines affections mentales, comme celles de la grossesse, sont spéciales à la femme, et que certaines autres, communes aux deux sexes, se présentent chez elle avec des caractères particuliers » (Régis)[1] ;

7° — Dans le suicide, on retrouve presque les mêmes rapports de fréquence entre les deux sexes, que dans la criminalité ; toutefois, on y constate une légère élévation de la moyenne féminine (20 0/0). Cette moyenne est à peu près générale dans toute l'Europe ; elle est cependant très dépassée pour les Espagnoles, femmes très passionnelles (38 0/0) et au contraire à peine atteinte par les Prussiennes, moins encore par les Suissesses qui présentent le minimum des suicides. L'augmentation du suicide, dans les divers pays, s'accuse principalement dans le sexe masculin ; elle se manifeste aussi dans l'autre sexe, en Danemark, à Bade et en Prusse. En France, de 1836 à 1877, l'augmentation aurait été de 1 à 2,59 pour les hommes et de 1 à 1,94 pour les femmes (Dr Motet)[2] ;

8° — En Algérie, la proportion des accusés et des prévenus selon les sexes est de 96 hommes pour 4 femmes ; aux colonies (Antilles), elle est de 94 hommes pour 6 femmes (ac.-crimes), de 87 hommes pour 13 femmes (prév.-délits) ; en même temps, à la Guadeloupe, on a sur 100 suicidés, 89 hommes et 11 femmes.

Les chiffres apprennent beaucoup ; mais ils ne disent pas tout. L'observation doit compléter les renseignements de la statistique.

Un fait reste acquis. C'est que, dans l'ensemble des impulsivités que l'être humain dirige contre lui-même ou contre autrui, le sexe féminin joue un rôle plus effacé que le sexe masculin. Cependant, on se complaît à répéter que la femme, de par son organisation physique et psychique, est l'inférieure de l'homme, aussi bien dans les milieux civilisés que dans les milieux sauvages. On lui refuse les plus hautes aptitudes sociales..., et jusqu'aux grâces et à la beauté plastiques, auxquelles ses détracteurs sont pourtant obligés de rendre hommage, au pre-

1. *Man. de médecine mentale*, p. 34.
2. *Les morts accid. et les suicides en France*, *An. d'Hyg.*, 1880, 3e s., III, 37.

mier éveil des sentiments qu'ils ont niés, parce qu'ils les ont ignorés. « Le seul aspect de la femme, a écrit Schopenhauer, révèle qu'elle n'est destinée ni aux grands travaux de l'intelligence, ni aux grands travaux matériels. Elle paye sa dette à la vie non par l'action, mais par la souffrance, les douleurs de l'enfantement, les soins inquiets de l'enfance ; elle doit obéir à l'homme, être une compagne patiente qui le rassérène. Elle n'est faite ni pour les grands efforts, ni pour les peines et les plaisirs excessifs... Elle est affligée d'une myopie intellectuelle, qui lui permet, par une sorte d'intuition, de voir d'une façon pénétrante les choses prochaines : mais son horizon est borné, ce qui est lointain lui échappe... Les femmes ont de la pitié, mais elles sont inférieures aux hommes en tout ce qui touche à l'équité, à la droiture, et à la scrupuleuse probité... Elles ont de la vertu les qualités premières et accessoires, mais les secondaires et principales leur font défaut... aussi l'injustice est-elle le défaut capital des natures féminines. Cela vient du peu de sens et de réflexion qu'elles possèdent, et ce qui aggrave encore ce défaut, c'est que la nature, en leur refusant la force, leur a donné, pour protéger leur faiblesse, la ruse en partage ; de là leur fourberie instinctive et leur invincible penchant au mensonge, de là aussi chez elles la fausseté, l'infidélité, la trahison, l'ingratitude, etc. Les femmes se parjurent en justice bien plus fréquemment que les hommes, et ce serait une question de savoir si on doit les admettre à prêter serment... Les hommes entre eux sont naturellement indifférents ; les femmes sont par nature ennemies les unes des autres... Il a fallu que l'intelligence de l'homme fut obscurcie par l'amour, pour qu'il ait appelé beau ce sexe de petite taille, aux épaules étroites, aux larges hanches et aux jambes courtes.... » déjà si désagréable sous le rapport du caractère ! Et le philosophe allemand continue sur ce ton pendant de longues pages, pour en arriver à soutenir que la femme ignore même l'honneur : ce qu'elle appelle de ce nom n'est qu'un *esprit de corps*, un calcul égoïste, en faveur de son sexe, un principe de captation dirigé contre l'homme, un moyen de le contraindre au mariage, c'est-à-dire d'assurer par sa force et son intelligence un sort à l'être faible et inintelligent, destiné à péricliter dans l'isolement de la vie [1].

D'autres, moins véhéments, mais presque aussi dédaigneux, se contentent d'affirmer que la femme réunit tous les principaux caractères d'infériorité d'où l'on a tiré le type criminel. Ils s'étonnent d'après cela, qu'elle fournisse un très minime contingent à la criminalité et Tarde dirige cet argument contre la doctrine atavique de Lombroso, qui l'accepte avec un embarras mal dissimulé. Les femmes sont des organismes incomplets, elles gardent quelque chose du primitif ancêtre ou de l'enfant. « Elles sont plus prognathes que les hommes (Topinard), elles ont le crâne moins volumineux et le cerveau moins lourd, même à taille égale, et leurs formes cérébrales ont quelque chose d'enfantin et d'embryonnaire ; elles sont moins droitières, plus souvent gauchères ou ambidextres ; elles ont, s'il est permis de le leur dire, le pied plus plat et moins cambré ; enfin elles sont plus faibles des muscles et aussi complètement imberbes qu'abondamment chevelues. Autant de traits communs avec les malfaiteurs. Ce n'est pas tout. Même imprévoyance en elles, même vanité, deux caractères que Ferri signale avec raison comme dominants, chez le criminel ; en outre même stérilité d'invention, même penchant à imiter, même mobilité d'esprit, qui simule à tort l'imagination, même ténacité souple de vouloir étroit... » (Tarde) [2].

A ces dernières touches, que de portraits masculins répondraient, parmi les gens honnêtes ! Mais demeurons sur le terrain du sérieux.

Si le type criminel existe, ce n'est probablement dans aucune forme d'atavisme ou d'arrêt qu'il faut surtout rechercher ses principaux termes de comparaison, mais bien plutôt dans les formes dégénératives, semi-morbides ou déjà morbides, de l'espèce anormalement modifiée. Au

1. *Pensées et fragments*, trad. de Bourdeau (*Essai sur les femmes*).
2. *Crim. comp.*, p. 48.

moins peut-on d'ores et déjà soutenir, que tout le criminel n'est pas dans le type enfantin ou le type ancestral. Est-il même démontré que les caractères physiques admis par l'école de Lombroso soient exactement applicables à la femme ? La qualité d'un cerveau ne se mesure pas à son poids absolu ou relatif, mais à la complexité et à la régularité de son système de circonvolutions, et sous ce rapport la femme est fort bien partagée. En outre, d'après Manouvrier, le crâne féminin, loin de présenter le type pariétal, ainsi que l'a avancé Gratiolet, présente le type frontal et se distingue du crâne masculin précisément par un moindre développement pariétal ; la femme l'emporterait aussi sur l'homme par la prédominance de son angle facial auriculaire et par le moindre poids de sa mandibule.

Mais mieux encore que les constatations anatomiques, l'histoire et l'expérience de chaque jour se chargent de répondre aux prétentions intéressées de l'homme vis-à-vis de la femme. Xantippe a pu inspirer à Socrate le dégoût de son sexe et la mère de Schopenhauer servir de modèle aux Gretchen entrevues par lui ; d'un petit nombre de créatures plus ou moins détestables, on a tiré les lignes d'un dessin pour toutes les femmes, et les prêtres catholiques, dans leur peur des contacts de l'être qu'ils redoutent à l'égal du diable, ont *a priori*..., du plus loin qu'ils ont réussi à prendre leur retraite, imaginé des peintures que leurs dévots ont acceptées plus tard comme des réalités. La femme n'a point gardé rancune à ses dénigrateurs et même, aux plus ardents, elle a donné une clientèle, qu'oublieux de leurs méchants propos, ils proposent aujourd'hui à l'imitation des hommes, devenus mauvais en même temps que croyants trop tièdes. Ce n'est point par ce côté-là que je l'admire, mais par celui où je l'aperçois dans la vie commune. Hors du mariage, je l'ai vue, dans le monde, conserver une chasteté digne et simple ou, sous l'habit religieux, dans les hôpitaux, briller par des qualités d'ordre, un esprit de dévouement et de charité intelligente, qu'on rencontre bien exceptionnellement parmi les hommes. Dans le mariage, je l'ai vue, chez l'ouvrier et le paysan, garder pour elle, sans défaillance, la plus lourde part du ménage ; elle met au monde des enfants, elle les allaite et les élève, et il lui faut encore, bien souvent, faire face aux besoins de la famille, car le mari trouve beau d'exprimer sa supériorité par la paresse, par l'ivrognerie : pendant que celui-ci s'en va pérorant et buvant, quelquefois même oubliant sa compagne auprès d'une coquine, elle travaille et vit des moindres miettes sauvées de l'imprévoyance et des vices de l'autre ! La femme n'a inventé ni la guerre, ni la politique, et en cela elle accuse sur l'homme une supériorité immense : elle a découvert le vrai secret de l'existence heureuse dans le contentement de la vie familiale et sociale, dans l'alliance d'un égoïsme qui rayonne sur les siens, avec un altruisme qui se déverse même sur les indifférents. Elle est bonne conseillère, autant que l'homme est dominé par la passion dans les circonstances les plus ordinaires de la vie collective ; je crois fermement que le suffrage électoral vaudrait mieux avec les mères de famille, qu'avec le ramassis de désœuvrés, de piliers de café et d'intrigants de coterie, qui le dirigent et le captent, au détriment de la patrie. Et quand il s'agit des intérêts de cette patrie, où découvre-t-on la femme dépourvue des sentiments les plus vibrants ! Les Blanche de Castille et les Élisabeth ont préparé la grandeur de leurs pays ; dans la guerre, Jeanne d'Arc a révélé les qualités d'un chef de premier ordre (c'est l'opinion du colonel Hennebert) à un âge où les Hoche et les Marceau eux-mêmes ne savaient point encore commander des armées ; quels soldats, que les femmes de Beauvais avec Jeanne Hachette, que celles de Goa avec Dona Maria, que ces Siennoises, dont le courage et le stoïcisme ont fait naître l'enthousiasme au cœur d'un Montluc ! Dans les jours de tourmente, quelles leçons de dignité les Rolland et les Lucile Desmoulins n'ont-elles pas données à leurs maris !

Non, la femme n'est pas, de par sa nature, l'inférieure de l'homme. Elle est peut-être ce qu'il y a de meilleur dans l'homme. Mais contentons-nous de lui rendre sa place en rang d'égalité avec le despote qui l'a voulu reléguer trop loin de son orgueilleuse et brutale personne. Il serait temps d'en finir avec ces banalités qui courent même au travers des livres scientifiques, et d'envisager le couple humain, non pas comme formé de deux individualités opposées, représentant deux degrés de développement dans le type ethnique de l'espèce, mais comme un type unifié, composé de deux facteurs indivisibles, adaptés l'un et l'autre à un rôle commun. Les deux sexes se complètent mutuellement, chacun suit sa voie sans pouvoir se séparer de son allié, et les considérer trop isolément, c'est presque renouveler la monstruosité que produit leur éloignement dans la société. Si l'on n'accepte pas cette manière de voir, il n'est plus possible de rien formuler que de faux, et particulièrement sur le terrain de la criminalité. C'est quand, dans l'un et dans l'autre sexe, les caractères s'intervertissent, que l'aptitude criminelle commence à se manifester. Chez l'homme, elle apparaît avec les caractères de la féminité ; chez la femme, avec ceux de la masculinité, et, dans l'un comme dans l'autre, l'infériorité n'est que l'abandon ou la perte des conditions organo-physiologiques ou psychiques, en quelque sorte spécifiques, avec la conséquence de l'inaptitude à la formation du couple régulier.

J'accorde cependant que la femme est, dans une certaine mesure, au-dessous des conditions réunies dans un organisme en parfait développement. Mais les caractères d'infériorité qu'elle peut encore trahir ne sont point l'expression de sa nature propre et définitive, ils résultent d'un automatisme artificiel, dû lui-même à l'état de subordination et d'effacement où l'homme a su la maintenir jusqu'à ce jour. Trop réduite dans le champ des activités sociales, condamnée à une vie énervante dans les villes et à des labeurs excessifs dans les campagnes, ici trop affinée, jusqu'à l'hystéricisme, comme chez les civilisés, et là trop épaissie, pour ainsi dire, comme chez les barbares, la femme ne parvient qu'avec peine à évoluer dans un strict parallèle avec l'homme. Elle n'accuse pas pour cela un arrêt ou une rétrocession, qui confineraient de très près à une dégénérescence, car on ne conçoit pas qu'une race se perpétue en s'améliorant, par l'accouplement répété d'un être bien venu dans son espèce, avec un autre plus ou moins enrayé. Mais il y a tout profit pour la race à ce que les deux facteurs de son développement possèdent eux-mêmes l'entière capacité des moyens qui l'assurent. Les races supérieures de l'avenir seront celles où la femme sera devenue l'égale de l'homme, sans perdre aucune des qualités de son sexe, sans prendre à l'autre ce qui lui doit rester en propre.

Dans la criminalité, chaque sexe accuse un double mode d'intervention : l'un qui relève des conditions intrinsèques ou organiques, l'autre des conditions extrinsèques ou du milieu. Ces conditions apparaissent en corrélation si intime, qu'il est difficile de les séparer : le sexe a servi de prétexte aux différences sociales et celles-ci à leur tour ont contribué à accentuer les différences organiques.

L'attraction génésique est le résultat d'un besoin, qu'il a fallu de bonne heure soumettre à une règle sociale, afin de protéger les plus faibles contre les plus forts. La femme y apporte plus de retenue, sans doute obligée à la modération par la nécessité de satisfaire aux exigences de la grossesse et de l'allaitement. L'homme, qui n'a pas de pareilles charges, se montre au contraire ardent jusqu'à la brutalité, et, chez lui, l'appétit sexuel engendre des éclats de férocité, qu'on ne rencontre guère dans l'autre sexe [1] ; à lui reviennent la presque totalité des attentats à la pudeur commis sur des enfants. L'homme n'a guère de fixité dans l'union, qu'il recherche beaucoup pour le plaisir ; la femme y désire au contraire la stabilité en raison de sa maternité ; elle possède le sentiment de l'affectivité durable et intensif, et ce sentiment, dérivé de

1. Se rappeler les attentats monstrueux commis de temps à autre par des bandes de jeunes vauriens sur des femmes ou des filles isolées.

l'instinct d'assurer une protection efficace à l'enfant, engendre chez elle les impulsivités violentes contre les rivales qu'elle soupçonne de lui disputer un attachement égoïstement voulu à cause de son utilité. A son tour, sur ce terrain, la femme devient farouche jusqu'à la cruauté la plus inouïe [1], et le sentiment, dégagé de ses origines, persiste sous cette forme d'inimitié et de défiance que Schopenhauer signale dans le sexe. Ainsi se traduit l'influence organique, isolée d'éléments secondaires ou connexes, dans la criminalité sexuelle directe et indirecte. Mais on la retrouve associée à des influences sociales, dans les attentats qu'on pourrait appeler post-génésiques, comme l'avortement et l'infanticide, où l'affectivité crédule et déçue chez la femme, l'instabilité passionnelle chez l'homme, conduisent à la suppression d'un être à venir, ou déjà né, l'individualité qui tout à coup se voit menacée d'une charge trop gênante. La dominante génésique, celle qui permet le mieux d'apprécier l'intervention du conflit des sexes, dans la criminalité, se dessine, d'autre part, d'une façon très nette, par le parallélisme ou l'inversion compensatrice des tracés relatifs à divers actes de la vie sociale : c'est ainsi que les courbes qui expriment les oscillations de la simple débauche (naissances illégitimes et divorces), celles du délit d'adultère, celles des viols et attentats à la pudeur et des infanticides, se comportent d'une manière assez régulière dans les mêmes départements et qu'elles trahissent par leur comparaison avec celles du meurtre et du suicide, la fréquence de l'intervention dans ces impulsivités, d'un mobile de même ordre [2]..

Mais, dans l'ensemble de la criminalité ou dans les attentats qui semblent le plus indépendants de la stimu-

1. En août 1889, près de Metijo (Sicile) une femme Tiburzio, âgée de 60 ans, assistée de sa fille, tue à coups de couteau une femme Selia, mère de sept enfants et enceinte, qu'elle prétendait être la maîtresse de son gendre ; la meurtrière, après avoir abattu sa victime, se mit à la mordre férocement, en lui arrachant des lambeaux de chair qu'elle jetait à son chien !

2. Consulter les tableaux de l'appendice.

lation génésique, des différences indiquent les modes particuliers de réaction de l'un et de l'autre sexe, au sein du milieu. La femme fournit moins de prévenus et d'accusés que l'homme; d'où l'on conclut qu'elle joue, dans le délit et le crime, un rôle moins important que ce dernier. Cet enseignement des chiffres est-il bien réel, ou n'est-il qu'une partie de la vérité? Évidemment les statistiques ne peuvent révéler que les faits objectifs et elles ne portent que sur des catégories préconçues: elles ne mettent pas en lumière des actes d'équivalence, méconnus par l'autorité qui les dicte, moins encore des actes de latence, qu'il faut aller chercher sous des observations très diverses. Or, la prostitution découvrirait chez la femme une part d'impulsivités antisociales qui viendrait combler la différence entre sa criminalité et celle de l'homme. D'après cette manière de voir (admissible à la condition qu'on ne la force pas au-delà d'un contre-balancement de tendances, dérivées d'instincts seulement analogues), les deux sexes seraient doués d'aptitudes ou de prédispositions au délit-crime surtout variables dans la forme; ils partiraient des mêmes besoins, mais seraient enclins à choisir des voies souvent distinctes pour les satisfaire. Chez l'homme, l'incitation aboutit d'autant plus aisément à l'attentat franchement criminel, prévu et réprimé par la loi, que l'existence se déroule dans un milieu plus ouvert, plus fertile en occasions de contacts et de heurtements. La femme maintient davantage son impulsivité dans la limite des vices, d'une ébauche du crime, parce qu'elle s'agite dans un milieu plus fermé et avec des besoins plus réduits, contentés par les moyens immoraux, avant qu'ils ne réclament l'emploi des moyens criminels; si elle songe à ceux-ci, c'est pour se dérober derrière le mâle, gardant pour elle-même le rôle de conseillère ou n'acceptant qu'un rôle de complicité obscure; aussi la rencontre-t-on plus rarement que l'homme dans le nombre de délinquants devenus accusés et y apparaît-t-elle plus souvent entourée de circonstances d'atténuation. Chez elle d'ailleurs le crime est surtout occasionnel et rusant, en opposition avec le crime chez l'homme, surtout professionnel et brutal. Sans doute, une organisation physique moins vigoureuse peut contribuer à imprimer certains caractères à la criminalité de la femme ; mais il ne faut pas abuser de cet argument pour expliquer sa réduction apparente et ses modalités. La force musculaire fait souvent défaut aux pires malfaiteurs de l'autre sexe et même à beaucoup d'assassins [1], et si la femme semble présenter une propension particulière à tuer de préférence avec le poison, c'est moins en raison d'une force insuffisante pour employer le couteau, qui va frapper si souvent des victimes surprises ou endormies, qu'en raison de la facilité qu'elle trouve à manier des substances nocives, miscibles aux aliments, au cours de ses occupations ordinaires : chargée des soins de la cuisine, elle a dans le poison l'arme sûre par excellence, avec laquelle elle se débarrassera d'un maître ou d'un membre de sa famille, sans être exposée aux émotivités du crime retentissant, sanglant, qui répugne à sa nature trop vibrante en face des impressions intensives ; l'occasion de son milieu la fait empoisonneuse, comme d'autres fois elle la fait voleuse. Notons en passant que la plus grande fréquence du crime d'empoisonnement, chez la femme, s'accorde avec sa conformation crânienne, d'après Manouvrier ; qu'il suppose chez elle une certaine supériorité intellectuelle, bien opposée aux basses qualités relevées chez le plus grand nombre des meurtriers ordinaires, chez les assassins principalement, dont le crâne offre une prédominance pariéto-occipitale très caractéristique. Il ne faudrait pas, d'autre part, rechercher la cause d'une atténuation des impulsivités antisociales, chez la femme, dans la retenue que lui imposent les sentiments de honte et de pudeur ; elle possède ces sentiments à un très haut degré, mais puisqu'on prétend avoir remarqué qu'elle les conservait même après le

1. Le révolver n'exige aucun déploiement de force physique : c'est l'arme criminelle à la portée de tous... et que manient aujourd'hui jusqu'aux enfants !

crime, même dans la prostitution, c'est qu'ils sont compatibles avec les plus grands écarts et ne sont point capables de les prévenir ou de les arrêter. Divers sentiments d'ordre très relevé s'allient d'ailleurs aux pires, par une contradiction singulière, qui prouve la fragilité de la nature humaine : la religiosité se rencontre chez les bandits comme chez les prostituées. Mais celles-ci garderaient toujours quelque chose de la délicatesse innée de leur sexe : elles préfèrent les lectures sentimentales aux lectures grossièrement lascives, et même, dans les tatouages qui indiquent leurs secrètes dépravations, elles évitent l'obscénité, elles se bornent à reproduire des noms féminins, quand l'homme adonné aux habitudes similaires multiplie les figurations les plus réalistes (Parent-Duchâtelet). Je pense que la moindre intensivité du crime, chez la femme, repose sur la flexibilité de ses sentiments, sur la tendance de son caractère à les associer malgré leur disparité, à se plier aux exigences de son milieu sans perdre aussi profondément que l'homme ses qualités premières (sa récidivité est moindre et plus tardive). Elle accepte la prostitution comme un moyen de vivre ; ce moyen est pour elle une sorte de dérivation des impulsivités criminelles, et, quand il ne parvient pas à les étouffer, il les amoindrit : il lui procure la subsistence nécessaire et fréquemment aussi du superflu, il réduit encore davantage son intervention dans la collectivité, et par là la préserve d'un grand nombre d'occasions de manquer à la loi ; il n'écarte pas tous les sentiments susceptibles d'engendrer le crime..., mais à la longue, il écrase jusqu'à l'affectivité, détruit jusqu'au sens de la volupté génésique : divers attentats commis par la femme dérivent encore de cette sorte d'impulsivité, mais ils sont relativement assez rares, dans un monde où l'on est porté à les croire très multipliés.

Très libre ou très asservie, la femme semble se révéler avec moins de fréquence et d'objectivité dans le crime, parce que le crime, pour être un acte antisocial, ne suppose pas moins chez ceux qui l'exécutent une intervention dans la collectivité, et qu'il a peu de raison d'être ou de chance de se faire tangible chez les sujets soumis à une condition négative. L'homme, esclave ou réduit sous le despotisme, offre moins d'attentats que sous les régimes d'extrême liberté : pour lui, la licence accroît la criminalité proportionnellement aux droits qu'il s'arroge; comme chez la femme, elle n'augmente pas les droits, tout au contraire, elle transforme les impulsivités, sans les rendre plus intensives et sans les diriger plus nettement vers l'attentat. La prostitution, qui est la plus haute expression de la licence, annihile la femme presque autant que la claustration, l'use autant que cette dernière en ses énergies, empêche avec autant de sûreté ses révoltes. L'homme, en inventant deux systèmes [1] si opposés et cependant si convergents vers le même but, a fait preuve d'une habileté scélérate et d'une improbité hypocrite..., d'une imprévoyance déplorable aussi, car mieux vaudrait pour le milieu social un égal développement des combativités dans les deux sexes, même sur le terrain du délit et du crime, qu'un amoindrissement apparent des propulsions à l'attentat réprouvé par la loi, au prix d'une immoralité épuisante, susceptible à un moment donné d'avoir sa répercussion sur la race. Le crime intensif exige encore quelque vigueur ; le crime atténué, mais récidivé ou habituel, accuse la dégénération, et la prostitution conduit à la plus basse forme de cette dernière : elle n'engendre pas aussi fréquemment le crime direct ; mais elle multiplie le crime sous la forme d'attentats ébauchés et devient d'autres fois, indirectement, par l'intermédiaire de natures militantes, la provocatrice d'attentats complets et formidables. Je ne saurais donc accepter sous un jour favorable le résultat

1. N'est-ce pas lui qui a inventé la polygamie et les harems, inventé aussi la prostitution hospitalière (dans laquelle la femme rapportait au mari l'honneur d'un rapprochement avec un personnage estimé ou redouté et le profit d'un produit sélecté), puis la prostitution sacrée (pour les plaisirs et l'enrichissement du prêtre) et enfin la prostitution commmerciale (pour la satisfaction de ses appétits les plus vils) ! Par contre, il a songé à devenir un rival de la prostituée, quand il a appris à calculer le rendement des plus ignobles vices (Carlier, *Les deux prostitutions*).

des statistiques algériennes et coloniales, où la femme apparaît avec un très faible chiffre dans le crime-délit. Là où les mœurs sont le plus relâchées et l'opinion très tolérante, la femme trouve des liaisons faciles, exemptes de réprobation et qui lui assurent d'ordinaire une protection suffisante en cas d'accident, c'est-à-dire de grossesse. Elle vit sans penser à commettre d'attentats et n'a d'ailleurs aucun motif d'en commettre, puisqu'elle a ses besoins satisfaits, grâce à l'homme. Mais elle est pour celui-ci l'objet de recherches et de convoitises qui l'entraînent trop fréquemment au crime, afin d'assouvir ses exigences et ses caprices, que les femmes soient rares, comme parmi les immigrants, ou qu'elles soient très nombreuses, comme parmi nos créoles [1]. La proportion qui se traduit par une insuffisance du sexe rend l'ardeur génésique plus violente chez l'autre sexe; les faits restent les mêmes en leurs conséquences générales, avec une proportion renversée, sauf une certaine mitigation dans l'attentat de sexualité; car les appétits redoublent avec leur satisfaction trop aisée et l'homme ne connaît la satiété que par l'épuisement. J'admets cependant qu'une tolérance relative vaut mieux qu'un rigorisme affecté : en somme, la première supprime chez la femme des crimes abominables (infanticides) et elle contribue plutôt à diminuer certains attentats dérivés de la sexualité chez l'homme (attentats contre les enfants). Si la criminalité générale est élevée, dans nos populations algériennes et coloniales, il faut moins l'attribuer à l'extrême facilité des mœurs qu'à d'autres influences, sans doute appelées à s'effacer ou à se modifier.

Chez nous, les choses ne vont pas de même. On se comporte mal, avec la prétention de passer pour se comporter bien. L'esprit de tolérance accuse encore parfois de bons effets dans l'inégale répartition ou même la répartition renversée des naissances illégitimes et des infanticides. Mais l'esprit contraire domine et pousse la

1. *Crime en pays créoles*, p. 80, 149.

femme à des actes coupables, après des actes seulement immoraux, en même temps que le relâchement dissimulé développe autour d'elle une forte criminalité masculine.

La sollicitation génésique réciproque entraîne les sexes l'un vers l'autre. Quelles sont les suites d'une attraction favorisée par les mœurs réelles, trop sévèrement condamnée, sous le voile de l'opinion et de la loi, également hypocrites et maladroites? — La femme, nature émotive, crédule en son affectivité, écoute les bonnes paroles qui répondent à ses propres sentiments, fléchit à la séduction d'un premier amant : elle est abandonnée. — Ou faible, résignée, elle se laissera aller au cours des chances qui se présenteront pour elle et pour son enfant, s'il en naît un : presque toujours, ces chances aboutiront pour l'un et pour l'autre, à la misère, à la maladie, à la mort prématurée dans une mansarde obscure. L'enfant s'en ira vite! La mère, sous l'aiguillon des souffrances physiques et morales, sous les tortures du froid et de la faim, traînera plus longtemps; elle aura à supporter l'effarouchement des fausses pudeurs des honnêtes, qui marchanderont des secours dérisoires à la *coupable par sa faute* et finiront par l'envoyer à l'hôpital *créé pour ses pareilles*, à l'hôpital où elle ne trouvera pas toujours la vraie pitié pour adoucir ses derniers moments. — Ou bien, désespérée, sans point d'appui d'aucune sorte, la femme subira la suggestion d'une idée sombre : dans un éclair d'affolement, elle se tuera, ou demi-consciente des tartuferies qui l'entourent, emportée par un vague espoir qu'elle pourra regagner le chemin de tout le monde en supprimant le pauvre petit être, le témoin de sa honte, l'obstacle à sa marche dans la voie régulière, elle tuera son enfant [1]. — Enfin, si elle est déjà dépravée

1. Le crime d'infanticide traduit fréquemment l'état délirant d'une mère abandonnée. Mais peut-être est-il surtout excusable, quand il jaillit pour ainsi dire de l'idée passionnelle de l'abandon, non séparée de celle de la haine contre le séducteur. La pensée des opprobres et de la gêne qui suivront l'aveu de sa maternité illégitime est déjà un calcul chez la femme ; elle suppose le raisonnement qui diminue l'atténuation ou l'écarte. Enfin, le crime est bien délibéré, il est si nettement issu d'une conscience prédisposée, qu'il est répété ou que l'impulsivité se transforme en d'autres modes délictueux, après

par l'exemple, par l'action de son milieu, sinon par les conditions de son hérédité, elle prendra son parti de l'aventure, songera à tirer profit du vice; sa faute n'a été pour elle qu'une initiation (et souvent très précoce), d'emblée elle la jette dans la prostitution de métier, où la malheureuse coudoiera désormais le délit et le crime, sera toujours prête à y participer.

Sans doute un assez grand nombre de femmes sont tombées dans la prostitution par l'absence innée de sentiments moraux, par l'arrêt de ces sentiments au cours de l'enfance, sous la répétition du mauvais exemple dans la famille ou l'atelier. Mais un grand nombre aussi sont de tristes victimes d'une organisation trop faible, soudain mise aux prises avec des charges sociales trop pesantes [2]. Beaucoup n'ont pu résister aux étreintes de la misère; quelques-unes, parmi celles-là, ont cherché dans le bouge l'argent nécessaire à l'entretien de leur

un acquittement ou une légère condamnation, arrachés à l'apitoiement du jury. En août 1889, rue des Ecoles, à Paris, on arrêtait une jeune fille sous l'accusation d'un double infanticide : le premier remontait à plus d'une année, le second à quelques semaines; la mère pleura beaucoup en avouant qu'elle avait agi sous l'empire de la crainte de déplaire à ses parents; mais elle n'en continua pas moins de vivre avec son amant, après son double crime. Méritait-elle indulgence ? A Brest, une jeune servante accouche clandestinement et se débarrasse de son enfant : elle est condamnée à une peine minime et, au sortir de la prison, rencontre une femme assez charitable pour lui ouvrir la voie de la réhabilitation en l'admettant chez elle comme factrice : elle corrompt tous les garçons de la maison et sa patronne est obligée de la chasser. J'ajouterai que le mode de perpétration dénote chez la femme l'insensibilité de l'organisme franchement criminel (fille Rey, dans l'Ardèche, donnant son nouveau-né à dévorer aux porcs, etc.). Sur 150 femmes non aliénées, convaincues d'infanticide et n'appartenant pas toutes aux dernières classes de la société, Bruce Thompson ne rencontrait que chez 2 des marques de chagrin et de repentir. Cette insensibilité morale prouve qu'on aurait tort d'attribuer trop exclusivement à des élans de passion excusables un crime aussi lâche qu'odieux. Sur cette question, je renvoie à la lecture des intéressantes monographies de Ferriani (*l'Infanticide*, *l'amour devant les tribunaux*, Bologne, 1889).

2. D'un relevé de Parent-Duchâtelet, portant sur l'interrogatoire contrôlé de 5,183 filles soumises, j'ai tiré le tableau suivant, qui donne la proportion (p. 1000) des causes déterminantes ordinaires de la prostitution : excès de misère, dénûment absolu (par paresse ou autres motifs), 280; concubines délaissées, 270; perte de parents, expulsion de la maison paternelle, abandon complet, 245; filles amenées à Paris et abandonnées par leurs amants, militaires, étudiants, commis, 78; domestiques séduites et chassées par leurs maîtres, 56, venues de province à Paris pour s'y cacher et y trouver des ressources, 55; pour soutenir des parents pauvres ou infirmes, 7; aînées de famille pour soutenir leurs sœurs, frères, etc., 5; femmes veuves pour soutenir leur famille, 4.

famille ; d'autres y sont arrivées par surprise ou graduellement, à la suite de découragements multipliés ; d'autres encore, et moins intéressantes, parce qu'elles ont obéi imprudemment à des aspirations sans rapport avec leurs médiocres moyens d'existence et que brusquement elles se sont réveillées, après de trop beaux rêves, privées de tout, même de l'honneur, d'après le code impitoyable de l'opinion. C'est à l'âge où commencent pour elle les difficultés de la vie, et qui, pour les hommes, est encore celui de l'apprentissage ou de l'étude, où elle est obligée de chercher le plus péniblement une place lui assurant le pain, où elle sent le plus vivement l'utilité d'un appui et où elle est aussi pour l'autre sexe à son plein d'attraction, — que la femme sombre le plus ordinairement, soit qu'elle se laisse dériver vers le crime, soit qu'elle glisse dans les boues de la prostitution. Un grand nombre de prostituées se recrutent parmi les filles de 18 à 20 ans. Mais, ce qui montre bien que la débauche est pour elles une sorte de préparation au délit, comme une étape dans la vie antisociale, le maximum des femmes arrêtées pour attentats de droit commun répond à une période un peu plus avancée, de 21 à 30 ans. La proportion des mineures, dans la prostitution, est énorme : il est assez malaisé de l'apprécier d'après les statistiques générales, qui offrent trop de variations et de contradictions; Augagneur établit qu'à Lyon elle est de 33 0/0 [1] ; elle serait de 34 0/0 à Paris, d'après Lecour [2] ; Macé, bien en situation pour être renseigné, donne un tableau qui abaisse légèrement ce dernier chiffre [3] : en 1883, sur 5,378 filles arrêtées dans la capitale, pour faits de débauche, il y en avait :

6 âgées de moins de 15 ans	25 0/0
1336 âgées de 15 à 20 ans.	
3007 âgées de 21 à 30 ans.	75 0/0
1029 âgées de plus de 30 ans	

1. *Arch. d'anthrop. crim.*, mai 1888.
2. *La Prostitution.*
3. *Service de la sûreté*, p. 282.

Mais les relevés officiels ne dévoilent qu'une partie de la vérité. La prostitution clandestine est la grande pourvoyeuse de la prostitution ouverte et classée, et, dans un dénombrement complet, où l'on noterait l'âge au début de la carrière, on verrait s'accroître d'un chiffre formidable le contingent réel fourni par les mineures. C'est que la plupart des femmes qui sont appelées à vivre dans la débauche et de la débauche y sont habituées dès l'enfance; elles sont vouées au lupanar et au trottoir dès leur bas âge. Aux Indes, le prêtre reçoit comme une offrande chère à ses divinités les jeunes filles que des parents superstitieux présentent au temple, pour les besoins d'un culte lascif; le vertueux personnage leur apprend lui-même les secrets du culte et, les prémisses de leur innocence conquises, confie l'achèvement de leur éducation aux demoiselles déjà formées dans l'art de vendre très cher, au profit de la pagode, des charmes sacrés aux dévots amoureux. Dans notre Europe, c'est le prolétariat qui élève pour le riche l'enfant destiné à satisfaire sa lubricité : la virginité est sacrifiée au dieu Veau-d'or. Mais, en déplorant le triste sort de la fille du peuple, il ne faudrait pas s'empresser trop vite de rejeter la cause de ses destinées sur l'égoïsme des autres classes. C'est trop souvent d'un individu de la sienne, que la malheureuse reçoit les premières leçons du vice, parfois même d'un père ou d'un frère [1] et, aussi jeune que l'*infâme bourgeois* la rencontre, il recueille seulement des restes plus ou moins affriolants. D'autres fois, l'enfant est vendue, intacte de corps, sinon de cœur, par des parents sans scrupules, moins nécessiteux des choses que la conservation réclame, que des choses qui l'abrègent [2] : c'est de la chair fraîche, très recherchée dans certaines maisons, fréquentées par

1. Affaires Normant, Sardaigne, Sibot, etc. La corruption apprise par le père ne se retrouve pas que dans les bas-fonds sociaux. Des affaires peu éloignées l'ont révélée en de hauts milieux bourgeois, et même on a vu l'inceste se rapprocher du trône, avec le Régent.

2. Le marché n'est pas toujours direct. On cède fréquemment l'enfant à des femmes de débauche, qui, avant de l'initier, s'en servent pour couvrir leur propre commerce ou pour se donner l'apparence d'une adoption charitable. Macé, *Police de sûreté*, ch. XIX.

les vieillards blasés, le monde aristocratique et financier, tout ce qui est à même de payer les jouissances d'une dépravation poussée jusqu'au crime, avec l'impunité, le viol bestial accompli sur l'être faible, presque encore indécis dans sa sexualité (scandales dénoncés par la *Pall mall Gazette*). Tantôt l'enfant résiste et la lutte est horrible, tantôt elle laisse faire par curiosité, ou, mûre d'immoralité avant de l'être en forces physiques, elle prend goût au métier commençant pour elle et où elle sera plus tard classée. Combien de jeunes filles excercent la profession occulte avant de l'exercer avouée ! La débauche précoce est d'ailleurs presque fatale, dans la promiscuité des familles ouvrières, au milieu des contacts de la rue et de l'atelier, dans les bas milieux où l'enfance est laissée à ses vagabondages, pendant que les parents s'enivrent ou font pis. Elle a, à côté de l'exemple, sa prédisposition fréquente dans l'hérédité, et la tare se révèle, dans la prostitution ou dans le crime, par des caractères dégénératifs similaires, qui accusent les mêmes modalités de transmission. Celle-ci est directe ou indirecte : beaucoup de prostituées sont des filles naturelles, nées du vice et s'y complaisant, de par le stigmate maternel (Parent-Duchâtelet en comptait 20 0/0 dans cette catégorie, parmi les filles inscrites nées à Paris, 10 0/0 parmi les filles inscrites provenant des départements), beaucoup aussi sont issues de parents alcooliques ou aliénés, et, chez celles qui ne sont pas aussi nettement marquées au sceau d'une déplorable impulsivité, on découvre au moins le germe des tendances suspectes dans certaines habitudes de la famille [1]. La fréquence de la prostitution simultanée de plusieurs membres d'une même famille est aussi susceptible d'être invoquée à l'appui d'une hérédité

1. On connaît la spécialité des La Bourlaisière, d'où sortit Gabrielle d'Estrées. « On en compte jusqu'à 25 ou 26, dit Tallemant des Réaux, qui ont toutes fait l'amour hautement, soit mariées, soit religieuses. » Dans une famille de commerçants très à l'aise, une fille se laisse séduire par un bohême de lettres qui l'épouse ; l'autre à la veille de se marier décampe et s'abandonne à la plus ignoble prostitution ; les tantes de ces demoiselles, quoique mariées étaient toutes renommées pour leurs aventures galantes.

latente, qu'à celui de la contagion par l'exemple [1].

De quelque source qu'elle provienne, la prostituée une fois faite est partout la même. Elle a pris l'adaptation à un milieu qui ne varie point ; elle éprouve souvent les écœurements de la satiété dans le vice ; mais les hantements des visions d'un autre genre d'existence, elle les repousse, en se répétant que, travail pour travail, celui qu'elle fournit vaut encore mieux que les labeurs des métiers à petit salaire et à grosse fatigue, où l'on mange peu, où l'on ne s'amuse point. Elle finit par couler des jours indifférents, ne sentant plus ni la honte, ni le dégoût, végétative, abrutie par l'alcool avant qu'elle ne le soit par l'excès génésique, machine à plaisir animal, mise en train au profit d'un patenté (quelquefois un monsieur d'importance et de belle réputation d'honnêteté) [2], pour l'exploitation des érotiques de toutes catégories. Elle n'a plus de son sexe que les défauts. « Mobile, turbulente et bavarde par complexion, paresseuse par état, ivrognesse et menteuse par intérêt, bienfaisante sans discernement, se vendant froidement à tous les instants, mais ne se donnant qu'au misérable que son cœur a choisi, et dont elle se montre excessivement jalouse ; orgueilleuse, envieuse, gourmande, voleuse, superstitieuse, colère et surtout vindicative, » telle apparaît la prostituée (Descuret). Certes, un état qui transforme ainsi la femme est immoral, attristant et répugnant. Il n'est pas le crime cependant, et, pour quelques-unes, il n'est que l'*action de faire valoir un capital naturel*. C'est un commerce où la femme vend souvent... tout ce qui lui

1. Frégier (*Classes dangereuses*, I, 162) rappelle à cet égard une statistique de Parent-Duchâtelet. Sur les 5,183 prostituées dont j'ai parlé précédemment, 436 étaient parentes à des degrés divers ; l'inscription relevait :

164 fois	les 2 sœurs ensemble	352 sœurs.
4 —	les 3 sœurs	
3 —	les 4 sœurs	
16 fois	la mère et la fille	84 parentes autres que sœurs.
4 —	la tante et la nièce	
22 —	des cousines-germaines	

2. Macé, *Gibier de Saint-Lazare*, p. 281, 255.

reste, commerce entretenu par les exigences des appétits sexuels, et non moins tolérable que la libre vente des boissons alcooliques, entretenue par les habitudes intempérantes. La femme qui se livre de corps ne porte aucun préjudice à la société ; elle assure, au contraire, jusqu'à un certain point la sauvegarde des familles, en offrant un dérivatif aux excitations génésiques trop intenses qui, sans elle, ne respecteraient peut-être ni l'enfance, ni le foyer domestique ; elle éloigne ses impulsivités de la direction du crime, en trouvant dans son travail abject le nécessaire et quelquefois le superflu. Mais la femme de débauche est une individualité perdue pour la famille, la première unité collective. La prostitution est donc une chose antisociale. Si elle n'est pas le délit et le crime, dans le sens de l'attentat contre autrui, elle en est un sorte d'équivalence ; car elle est l'égout où aboutissent les prédispositions à l'attentat, qui tantôt s'y ensevelissent sans y subir de développement particulier, tantôt s'y modifient pour évoluer plus ou moins complètement jusqu'aux actes les plus dangereux. Je ne ferai point de distinctions : la convention n'est qu'hypocrisie et je la repousse. La prostitution ne doit pas s'entendre seulement de la manière d'être d'un certain nombre de femmes, que l'opinion range sous sa bannière et flétrit : les perversions qui l'engendrent et l'entretiennent existent chez d'autres femmes que l'opinion néglige... ou respecte par sottise, contradiction ou servilité. Elle commence avec le désir d'appeler sur soi les appétits du mâle, c'est-à-dire avec la coquetterie, et si les effets de celle-ci n'aboutissent pas toujours à la chute complète, ils sont toujours convergents vers sa préparation. La femme qui se croit honnête en son luxe ostentatoire, en sa façon de parader, sous le costume indécent des bals ou du bain, devant l'homme et des rivales, n'a point la conscience du péril, ou elle joue trop confiante avec le feu ; elle ne sait pas que plus d'une, parmi les congénères qu'elle méprise, ont débuté comme elle et elle s'indignerait si on lui affirmait que, brusquement privée des ressources qui fournissent à ses caprices, elle aurait grand'chance de tomber aussi bas ; elle ne craint pas d'initier ses filles à ses allures et la coutume, la stupide coutume applaudit [1]. Si des nuances existent, elle vont bientôt s'effacer. La femme du monde, quand elle a contracté certains goûts et n'a plus, dans le budget domestique, les moyens de les satisfaire, accepte les cadeaux ou l'argent d'un amant : en se donnant à lui, elle commet du même coup le crime d'adultère, trompe un mari, introduit dans la famille des enfants qui voleront leur place au foyer. L'autre... qui se donne souvent autant pour du pain que pour du superflu, si elle est moins délicate en ses abandons, ne fait tort qu'à elle-même. Toutes les deux se vendent, et la plus méprisable n'est pas celle à laquelle le monde jette la pierre. La première n'a plus assez d'un amant, elle en prend plusieurs, et s'ils ne suffisent point encore, elle vole aux magasins pour entretenir sa vanité [2]. La seconde fait parfois de même, tout spontanément, mais d'ordinaire, obligée à la fréquentation de gens très suspects, elle ne se laisse aller au délit ou au crime que par l'entraînement des mauvais exemples ou des mauvais conseils [3]. Toutes les deux sont des coupables, mais qui l'est davantage, de la misérable, créant l'impulsivité criminelle de toutes pièces, dans un

1. Quoi de plus inouï que le spectacle de certaines plages, l'été : des femmes du meilleur monde s'y donnent rendez-vous avec leurs filles, s'y livrent à la vue des hommes en des costumes qui ne déguisent la nudité que pour mieux en exalter les charmes, et, à leur tour, ont sous les yeux des mâles encore moins vêtus qu'elles, empressés à leur faire cortège. Chez les Spartiates, jeunes filles et jeunes garçons dansaient nus la pyrrhique sans penser à mal. Mais nos mœurs et notre éducation ne sont pas précisément celles de la Grèce antique, et le nervosisme de nos demoiselles ne leur permet pas de jouer impunément avec un sens trop en éveil, sous le voile trompeur d'une modestie affectée.

2. Parmi les voleuses de grands magasins, « on rencontre une indigente sur cent femmes à l'abri réel du besoin ; une ouvrière sur cent mondaines, et cette ouvrière aura soustrait, aux fêtes de Pâques, de Noel ou du jour de l'an, un joujou pour son bébé. L'excuse de la misère est rare et la femme qui vole est généralement sans ordre et amie du plaisir ; si l'amant n'est pas arrivé, il est en bon chemin... » (Macé, *Joli monde*, p. 257 et suiv. Voir aussi Frégier, *Classes dangereuses*, I, 246 et suiv.).

3. « Dans la nuit du 21 au 22 sept. 1846, une veuve nommée Mme Dackle, assez riche, fut assassinée rue des Moineaux, n° 10. Après bien des recherches, on finit par s'emparer de tous les coupables, parmi lesquels se trouvait une femme Dubos. Quand on lui demanda pourquoi elle avait aidé au meurtre, elle répondit simplement : Pour avoir de beaux bonnets ! » (Max. du Camp, *Paris*, III, 11).

milieu non contaminateur, ou de la pauvre fille, la recevant par suggestion, dans un milieu contagieux? Voici que l'une et l'autre vont se révéler dans la similitude de nouveaux appétits ; elles éprouvent le besoin des stimulants qui remontent leur organisme épuisé : la mondaine, qui abrite jusqu'à ses vices sous le masque de la vertu, s'alcoolise avec les saintes liqueurs, débitées sous l'étiquette des monastères, elle fait l'annonce quand elle se livre à l'ivresse, ou bien elle recherche les délices voluptueux de la morphine ou de la cocaïne, sous le prétexte d'une docile obéissance à son médecin ; l'autre ne connaît que les liqueurs fortes et elle les boit crânement, comme elle a appris à le faire en compagnie de ses mâles [1]. Ces femmes ne se sont point parlé, elles éprouvent l'une pour l'autre une sorte de répulsion... et tout à coup les voilà réunies dans un dernier vice : femme de haut parage, actrice, prostituée inscrite, avoueront la communauté de leurs perversions dans les promiscuités lesbiennes... Elles se rencontreront enfin dans les mêmes lieux de trafics [2], vendant les mêmes choses pour des prix plus ou moins gros, poussant les jeunes gens au vol, au faux, même à l'assassinat, lorsqu'elles ont épuisé leur bourse. Ainsi, de quelque manteau qu'il essaie de se recouvrir, le libertinage chez la femme engendre à tous les degrés de l'échelle sociale les mêmes impulsivités ; occulte ou extériorisée, la prostitution offre les mêmes relations avec la criminalité. D'une manière générale, on peut dire que, dans la débauche ou l'union libre, la femme évite le délit-crime de toute la quantité d'attentats qu'elle fait commettre à l'homme pour assurer ses besoins et contenter ses caprices ; mais elle

1. Il est utile de noter cette association habituelle de l'alcoolisme et de la débauche ; les mêmes lieux la favorisent ; mais les maisons de tolérance poussent moins intensivement à l'alcoolisme, que certains établissements, patentés pour la vente des boissons, ne poussent à la débauche. Les brasseries de femmes sont particulièrement dangereuses. Plusieurs, d'après Macé, « sont commanditées par des hommes politiques, mélangés à des souteneurs financiers » (*Gibier de Saint-Lazare*, p. 139). Qu'on s'étonne encore de la pourriture morale et sociale qui règne chez nous !

2. Comme chez la veuve Frétille, Macé, *Gibier de Saint-Lazare*, p. 236.

acquiert aussi des impulsivités qui la conduisent aux actes les plus coupables ou l'associent, complice docile, à ceux des malfaiteurs. Descuret, a essayé d'établir le bilan des manifestations antisociales dérivées d'une telle source ; il l'a résumé dans le tableau suivant, qui exprime les résultats d'une seule année, pour la France entière (1838) [1].

CRIMINALITÉ DUE AU LIBERTINAGE :

Enfants naturels		70,089
Outrages publics à la pudeur		437
Viols et attentats à la pudeur sur enfants		242
Attentats aux mœurs		186
Expositions d'enfants		168
Viols sur adultes		150
Infanticides (et tentatives)		129
Meurtre, incendies, assassinats, suites d'adultère.	31	69
de concubinage ou débauche.	38	
Avortement (et tentatives)		19
Bigamie		6
Tentative de castration		1

Sur 8,276 femmes accusées de crimes, de 1835 à 1841, 24 0/0 avaient eu des enfants naturels ou avaient vécu en concubinage.

Sur 39,424 accusés (de 1836 à 1840), 911 enfants naturels.

Sur 7,432 accusés (1841), 176 enfants naturels, 376 d'immoralité notoire ou vivant en concubinage.

A Sainte-Pélagie, pour 3 trimestres consécutifs, on relève : sur 100 individus renfermés pour délits correctionnels, 79 vivaient en concubinage.

Sur 100 commis de magasins emprisonnés pour abus de confiance, vol, escroquerie, etc., 75 devaient leur condamnation à des femmes.

Les choses ont progressé depuis Descuret, bien loin de s'amender [2]. On retrouve la femme de mœurs suspectes au fond de toutes les affaires véreuses ou criminelles, et, triste signe des temps, dans les tripotages, dans

1. *Médecine des passions*, p. 496-499.
2. Voir *Stat.*, 3e livre, ch. I, et graphiques annexés.

les complots où viennent se mêler les plus retentissantes personnalités politiques. On rencontre une Limousin et une Ratazzi à côté des généraux Caffarel et d'Andlau, dans les obscurs et louches marchandages où s'est engouffrée, malgré un acquittement, la fortune de certain député, et, dans le clan si pur du boulangisme, on rencontre une Schneider (osant s'affubler du nom d'une Sombreuil) à côté d'une dame Pourpe. Il faut savoir jouer de tous les appétits dans l'intérêt d'une cause quelconque : Catilina procédait de cette façon et Weishaupt savait ce qu'il faisait en cherchant à introduire le beau sexe dans ses loges d'adeptes. La femme est une force de par la suggestivité génésique, et elle le montre bien au milieu des foules, aux époques de troubles. Elle rayonne par la sexualité autant que par la violence de ses déchaînements passionnels ; elle force l'homme encore irrésolu au crime, en s'offrant comme une récompense ; elle triomphe au milieu du tumulte, des ivresses de sang et de vin. Après la Théroigne de Méricourt des sombres journées révolutionnaires, sont venues les cantinières de la Commune. Quand la grande insurrection parisienne eût dégénéré en folie criminelle, sous la direction de chefs incapables ou tarés, alors on vit ce que pouvait la femme, lancée sans frein, sans retenue, au milieu de bandes de mâles aux appétits surexcités ; de toutes jeunes filles présidèrent au massacre des Dominicains d'Arcueil et des gendarmes arrêtés comme otages, et donnèrent l'exemple des plus révoltantes cruautés [1]. Dans les associations délictueuses

1. Mais pour l'honneur de leur sexe, d'autres se comportèrent héroïquement pour sauver des victimes. Çà et là, dans ses *Convulsions de Paris*, Maxime du Camp, entre des tableaux qui sentent trop l'âpreté haineuse d'un parti sans pitié, a merveilleusement analysé l'action psychologique de la femme, de la femelle, comme il l'appelle, sur les mâles, « pendant ces tièdes journées de mai, au renouveau... Vêtue du court jupon dégageant les jambes, le petit képi ou le bonnet hongrois campé sur l'oreille, serrée dans la veste ajustée qui la faisait valoir, elle se promenait hardiment au milieu des combattants, comme une promesse, comme une récompense ; échauffée par cette vie anormale, se rappelant les actrices qu'elle avait vues galoper au cirque sur des chevaux empanachés, fière de son uniforme, de son fusil, elle surpassa l'homme en bravades extravagantes, lui fit honte de ne pas savoir assez bien tuer et l'entraîna à d'épouvantables crimes dont son tempérament nerveux la rendait peut-être irresponsable : énergie factice et morbide, qui se brisait parfois tout à coup ; celles qui avaient été

ou criminelles ordinaires, la femme, pour avoir un rôle plus effacé, ne l'a pas moins suggestif : elle sert d'amorce aux dupes à dépouiller, d'excitant aux malfaiteurs trop tièdes, et, les mauvais coups exécutés, quelquefois à son instigation, elle reprend une sorte de supériorité lâche, en se ruant contre les victimes, surtout si elles appartiennent à son sexe (la bande de la Taille). Elle met sa vanité de prostituée au service de ses élans génésiques dans l'orgie, comme elle l'utilise au profit de son métier dans le calme et le terre-à-terre de la vie banale : elle ne cherche pas seulement à briller... pour attirer, mais par pure coquetterie ; aussi est-elle facile à dominer par la flatterie, elle se montre très fière des conquêtes à noble particule et par cette faiblesse, bien connue des gredins, elle prête souvent le flanc à l'exploitation la plus large (Altmayer), parfois doublée du crime sanglant (Pranzini, Prado).

Il est difficile de décider si l'homme ne retire pas plus de profits de la prostitution féminine que la femme n'en prélève sur l'homme par la débauche. Sans doute, les mondaines, les filles en haute vogue dévorent des fortunes et causent bien des ruines ; mais combien parmi elles gardent ce qu'elles ont acquis ? Tout va d'ordinaire aux amants... de cœur, comme dans la prostitution infime tout va aux souteneurs. Le mâle cependant jalouse jusqu'au rôle de sa femelle, et il tente de l'imiter par une ignoble interversion ; il fait commerce de *ses faveurs* et cette monstruosité, renouvelée des anciens temps, semble en voie de progrès d'autant plus à craindre, que la prostitution des jeunes gens est à peu près inséparable du délit et du crime, moins un procédé de lucre immoral qu'un moyen de chantage, de vol ou d'assassinat, facile à exécuter sur une dupe absolument domptée par l'excès

les plus violentes, les plus intrépides, qui derrière les barricades avaient fait des prodiges de courage, lorsqu'elles se voyaient face à face avec un de nos soldats, se laissaient tomber, et, les mains jointes, criaient : ne me tuez pas. » Il y avait un grand nombre d'hystériques parmi ces malheureuses (Magitot, *Cong. d'anthrop. crim.* de Paris).

de ses vices[1]. Je remarque d'autre part que, dans la criminalité d'ordre génésique relevant de la vengeance et de la jalousie, la femme tend non seulement à se rapprocher de l'homme par une fréquence d'attentats plus grande, mais encore par les modes de perpétration : elle accuse bien son horreur pour le sang, en même temps que la profondeur de ses calculs dans la haine, par l'emploi du vitriol ; mais elle abandonne de plus en plus celui-ci pour le révolver, qui tue vite et n'exige pas la fermeté de main du couteau. Il est assez curieux d'observer que l'homme, de son côté, commence à se servir du vitriol. Ne sont-ce pas là des indices de la dégénération criminelle, de l'espèce de renversement des caractères particuliers à chaque sexe et dont la perte est la meilleure démonstration de l'infériorité pour celui qui l'éprouve? Et ne doivent-ils pas inspirer de noires prévisions !

Ainsi, de quelque manière que l'on étudie les impulsivités qu'engendre la débauche ou le libertinage, sous quelque jour que l'on observe la prostitution, il apparaît évident que le relâchement des mœurs a les plus étroits rapports avec l'extension de la criminalité. La prostitution reste à tous les titres un fléau social. Tout ce qui l'affaiblira diminuera les tendances antialtruistes dans l'un et dans l'autre sexe, en même temps qu'il fortifiera la race, en rehaussant la femme, cette matrice de son type. Je ne rêve pas sa disparition, avant un très lointain avenir, car elle a des racines trop solides en des sentiments humains malaisés à endiguer. Ni le fouet, ni les noyades, ni les règlements de toutes sortes n'ont supprimé ce que nos bons ancêtres appelaient les *femmes*

1. Pour la femme, la prostitution est assez fréquemment une occasion de vol, mais elle est rarement un moyen professionnel de délit, moins encore de crime : cependant on a vu des femmes se prostituer pour assassiner et dépouiller leurs amants de rencontre (la fille Manette). Le développement inquiétant de la prostitution masculine, tout en se rattachant aux progrès de l'immoralité, n'aurait-il pas aussi quelque relation avec celui de l'hystéricisme? L'hystéricisme s'étend de plus en plus sur les races civilisées, il envahit les campagnes comme les villes, et il ne se cantonne plus dans un sexe, on le rencontre aujourd'hui jusque chez les jeunes soldats : il doit être trop répandu parmi les adolescents épuisés ou demi-dégénérés des capitales, et aider à la genèse des psychoses antisociales.

amoureuses, les *filles folles de leur corps*, etc. Des esprits sérieux prétendent d'ailleurs que s'il était possible de s'en débarrasser, ce ne serait qu'au prix de dangers permanents pour la vertu des filles et des femmes honnêtes (il serait moins naïf de reconnaître que la prostitution libre effacée serait aussitôt remplacée par une prostitution clandestine, et partant plus redoutable en ses conséquences immédiates, alimentée par les familles elles-mêmes, et partant plus destructive de la base sociale). Cependant, il y a des aveux à faire et des réformes à tenter. Il n'est guère moral de sacrifier à la tranquillité des uns le bonheur des autres, et j'estime qu'on n'aurait rien à appréhender pour le foyer domestique, en l'ouvrant davantage, c'est-à-dire en réduisant le nombre des stériles vouées à la prostitution, femmes ou vicieuses par nature ou pauvres entraînées, chez lesquelles une organisation collective mieux comprise, au lieu d'être provocatrice, s'appliquerait à prévenir ou à transformer les impulsivités mauvaises. On arriverait en même temps à diminuer le crime-délit, car il est démontré que l'état de mariage le réprime et l'amoindrit dans une large mesure, et que, dans cette association, la femme « gagne plus que l'homme [1] », étant plus dégagée des combativités pour l'existence et plus fortement dominée par l'obligation instinctive de la protection aux enfants.

On s'aperçoit aujourd'hui, qu'il y a une *question de la femme*. Sa condition, dans le milieu social, est à modifier. L'œuvre de réformation à entreprendre est immense… et je ne vois pas qu'on l'engage dans une direction franchement adaptable au but.

Enfant, la femme doit être préservée des contacts impurs, aussi bien dans la famille qu'à l'école et dans l'atelier. Elle doit être soumise, de bonne heure, à une sélection, surtout quand elle est menacée d'entraînements sous l'influence d'une tare héréditaire. J'aurai à revenir sur ce sujet. Lorsque vient l'âge de la première initiation aux

1. Lacassagne, *Les actes de l'État civil*, p. 135.

choses de la vie banale, on est tenu d'écarter d'elle tout ce qui peut la porter à se méprendre sur son véritable rôle, à exalter son nervosisme, à développer des sentiments ou des aspirations susceptibles de faire naître inconsciemment les germes de l'immoralité. Ce n'est pas là précisément l'éducation qu'on donne à la jeune fille ; on ne l'enlève à l'ignorance cléricale que pour la jeter dans une science sans contre-poids, où elle s'oublie momentanément... pour se réveiller plus tard, trop souvent, prostituée. La femme doit être élevée en destination de son rôle futur de mère de famille, et ce rôle exige un esprit de sacrifice, que la religiosité pouvait certainement lui donner, que l'instruction officielle d'aujourd'hui (trop pédagogique ou sectarienne) ne lui donnera certainement pas. Qu'on l'arrache à la domination du prêtre, si dangereuse dans un état démocratique, rien de mieux ; mais qu'en détruisant chez elle les croyances qui perpétuent son servage, on n'ébranle pas sa moralité jusqu'à lui offrir pour objectif d'être en tout la rivale de l'homme. Je ne recuse pas à la femme le droit d'intervenir dans les questions sociales et d'apporter son opinion dans les discussions de la chose publique ; mais avec l'exercice de ce droit, je voudrais qu'elle restât cette *moitié de ménage*, comme disent les Bretons, qui a la charge spéciale du foyer domestique, et je déplore pour elle une instruction sottement pédantesque, appelée à la faire rougir de ce rôle modeste, à lui faire dédaigner jusqu'à la maternité, à la pousser vers les professions qu'elle est le moins propre à remplir et à amener pour elle, avec les désillusions, les chutes, la misère, la prostitution et le crime [1]. Et cette instruction si inintelligemment comprise par des hommes qui ne paraissent pas s'être un seul instant

1. Il y a des apprentissages que je ne puis tolérer pour la femme. C'est avec une surprise mélangée de dégoût, que je vis un jour une grande jeune fille d'une vingtaine d'années, occupée, dans le service de Broca (hommes) à panser gravement une orchite, au milieu des étudiants de l'autre sexe, d'ailleurs indifférents. Que la femme soit le médecin des autres femmes et des petits enfants, cela me semble tout naturel ; mais qu'elle s'initie à la profession... par les soins à donner aux hommes, cela m'a paru et me paraît encore absolument immoral et regrettable.

pénétrés de l'essence de la vraie famille, en quelles conditions la va-t-on distribuer! En imposant à la jeune fille, d'organisation si délicate, cette même promiscuité des lycées-casernes, déjà si pernicieuse pour les enfants de l'autre sexe! L'instruction au-delà de certaines limites n'est d'ailleurs utile, qu'autant qu'elle est adaptée et adaptable à l'intelligence des personnes qui la reçoivent, qu'elle leur assure une situation en rapport avec les aspirations qu'elle a suscitées, supposées corrélatives des capacités développées. Beaucoup de filles d'ouvriers, de petits bourgeois, d'officiers sans fortune et maigrement retraités visent, à l'instigation de leurs parents, à l'obtention d'un diplôme, et ce diplôme elles le poursuivent avec ardeur, moins comme le couronnement d'une culture qui rendra la tâche plus facile dans les plus humbles professions, que comme un moyen d'éviter celles où elles ont vécu jusqu'alors. On leur a fait croire qu'avec ce bienheureux brevet, elles pourraient épouser *sans dot* un officier [1], qu'elles auraient d'emblée une place dans le monde du fonctionnarisme, qu'elles deviendraient au sortir de l'école maîtresses dans le hameau ou la ville, etc. Elles ne connaîtront pas les luttes et les misères d'un ménage condamné aux durs labeurs, garderont leurs mains blanches et leur tête libre de soucis. Mais les officiers ne viennent pas rechercher la demoiselle perdue dans une obscure famille et, s'ils la remarquent, ne songent pas à la prendre pour légitime compagne..., sans dot. Il y a peu de places d'institutrices à accorder, car celles qui sont occupées ne sont pas lâchées et le flot des candidatures ne cesse de s'accroître [2]. Alors d'autres illusions surviennent: on est trop instruite pour accepter une tâche commune, on est trop au-dessus de son milieu... et l'on tombe au-des-

1. Je ne sais où cette idée a pris forme, mais elle est très répandue dans les ports militaires, en nombre de familles plus riches d'espérances que d'argent et surtout que de bon sens.

2. Au commencement de cette année, pour 54 places d'institutrices vacantes dans le département de la Seine, il y avait 6441 postulantes! Pour une place de professeur de gymnastique dans les écoles de filles, 44 femmes étaient inscrites!

sous. en s'abandonnant aux promesses captieuses de la séduction, bientôt aux promesses éhontées de la prostitution : voilà le sort que procure à maintes jeunes filles l'instruction officielle[1].

Reste-t-elle dans sa classe ? La fille pauvre se trouve aux prises avec d'autres difficultés. Malgré qu'elle produise souvent autant ou plus que l'homme, dans une même application du travail physique, parce qu'elle donne toutes ses forces, où l'autre, par intempérance ou paresse, ne déploie qu'une partie des siennes, on prend argument théorique de la faiblesse relative de son sexe pour lui imposer des salaires inférieurs. Dans les professions que l'homme ne daigne pas encore lui disputer, les salaires qu'elle touche sont absolument dérisoires... encore n'y arrive-t-elle parfois qu'après avoir subi les exigences de patrons cyniques et débauchés. C'est bien ici qu'il faut parler sans réticence. Le pire bourgeois n'est pas celui qui vit déjà grassement d'une fortune héritée ou de gains acquis dans le grand commerce ou la grande industrie : c'est l'être à peine sorti du peuple et pressé de lui rendre l'exploitation dont il a peut-être souffert lui-même ; point de maîtres plus despotiques que les ouvriers parvenus, que les marchands de moyenne taille et les gens de petit métier, qui, après avoir connu la misère, sont arrivés à l'aisance. J'ai appris jadis l'histoire d'une pauvre fille, tombée, comme beaucoup d'autres, entre les mains d'un personnage de pareille origine (aujourd'hui très riche, grâce à l'association de la four-

1. Comme aujourd'hui tout est raffinement, même dans l'érotisme, il paraît que l'institutrice est fort recherchée en certaines maisons. L'homme, immonde en ses vices, trouve plaisant d'associer la jouissance des sens à la contemplation d'une chute plus haute chez la femme..., ou bien il aime les allures d'une meilleure compagnie dans ses ébats grossiers. L'institutrice donne aux maisons de tolérance un faux air des bateaux-fleurs chinois. Elles ne manquent pas sur le marché du vice, les pauvres filles à brevet ! Les grandes écoles de Saint-Denis et d'Ecouen lui fournissent des produits supérieurs. Et quelle misère navrante accusent certains côtés du délit dans cette catégorie ! Parmi les voleuses à l'étalage, on compte un assez grand nombre d'institutrices et celles-ci ne dérobent que des gants. « Les gants les attirent plus que l'aimant attire le fer, » car c'est « l'objet de toilette indispensable pour se procurer des leçons ». (Macé, *Joli monde*, p. 257, et *Lundis*, p. 353).

niture de diverses choses... à un système de prêts usuraires aux jeunes gens qui fréquentaient sa boutique, toujours remplie de jolies ouvrières) : elle avait du courage et de la bonne volonté, qualités d'autant plus méritoires, que, née de cabotins errants, elle avait reçu moins de leçons régulières; très habile brodeuse et passementière, elle ne trouva à s'employer qu'après avoir beaucoup pleuré aux propositions déshonnêtes de plusieurs patrons et cédé par lassitude à celles du dernier. Je compterais, à Brest, par centaines les jeunes filles, qui après trois années d'apprentissage chez une couturière, plus occupée à leur dérober les secrets du métier qu'à les mettre en état de gagner leur pain avec le ciseau et l'aiguille, arrivent à obtenir de 5 à 10 sous, après 12 heures de travail journalier. Tant que les parents vivent, tout marche encore, grâce à l'apport fréquent d'une pension de retraite. Mais après eux, la fille reste seule, avec un salaire maximum de 15 à 20 sous. Si elle ouvre les yeux, si elle réfléchit à sa misère, elle est perdue : elle aperçoit des camarades d'antan qui mènent joyeuse vie, sans rien faire autre chose que de passer d'un amant à un autre, elle bannit la vertu et sacrifie au vice. C'est une nouvelle recrue pour la prostitution.

Si la femme est fautive, l'homme, qui règle les conditions de la vie collective, est-il à l'abri des plus gros reproches, dans les catastrophes de l'existence féminine? Je veux bien croire, pour l'honneur de l'espèce et pour celui de la démocratie, que les gouvernants ont parfois envie d'apporter remède à une situation inique. Mais les efforts se brisent à l'entre-choc de deux idées contraires : que la femme n'est pas l'égale de l'homme, ou qu'elle a droit à l'égalité dans une absolue similitude de rôle et d'emplois.

La femme est bien l'égale de l'homme; mais cette égalité, à laquelle elle a droit, ne comporte pas l'identité de situation dans la collectivité. Cette identité ne saurait reposer que sur celle de l'organisation, qui n'existe pas et ne peut exister. On reconnaît que la femme doit être exempte des vingt-huit jours..... en raison de ses neuf mois. Pourquoi, par une étrange aberration d'esprit, prétend-on la pousser dans une voie, par maints côtés tout aussi éloignée des aptitudes de son sexe, que le noble maniement du fusil? La femme n'est point faite pour les travaux qui l'enlèvent trop complètement au foyer, l'obligent à supporter les contacts trop multipliés des grandes agglomérations et à réagir contre eux : voyez ce que deviennent un grand nombre d'ouvrières dans les manufactures et dans les immenses ateliers, et les femmes mêlées aux foules tumultueuses? Elle n'est point faite pour les travaux rudes et grossiers qui déforment le corps, dont la première fonction est de plaire : là où elle remplit, souvent bien malgré elle, un rôle qui ne devrait appartenir qu'à l'homme, où elle est rivée à la pénible culture de la terre, quelquefois même obligée de construire le logis, de l'approvisionner par la chasse ou la pêche, comme chez les sauvages, elle se transforme en un être avili, méprisé, et avec elle la race périclite, puis s'efface et disparaît. La femme enfin n'est point faite pour les travaux qui surexcitent trop vivement l'intelligence, bien prête à étouffer les instincts maternels, quand la cérébration, devenue affinée, dévoile les ennuis, les dégoûts, les misères mêmes de la maternité, sous un jour positif et réaliste : trop au-dessus de son milieu campagnard était la Bovary, l'héroïne du beau roman de Flaubert et la personnification d'un trop grand nombre de femmes aujourd'hui en pleine vogue. Il me semble donc que, dans une société véritablement progressive, une place devrait être réservée à la femme, qui conciliât toujours ses droits d'être-fraction de la collectivité et les obligations particulières à son sexe. Il est honteux que les hommes lui enlèvent des professions où elle excelle et où elle serait assez libre pour diriger son ménage et élever ses enfants. A son tour, qu'elle ne cherche pas à se substituer aux hommes, en d'autres professions, peut-être entourées d'une brillante auréole, mais qui ne feraient que l'amoindrir en la transformant : l'individualité qui sort de son sexe, par cela seul qu'elle essaie de se soustraire à sa fonction, rétrograde et n'occupe plus dans la société qu'une place usurpée.

Il ne suffit pas de donner à la femme, par une éducation convenable, une bonne direction. Il faut tenir compte des faiblesses inhérentes à la nature humaine, et par de sages mesures empêcher que ces faiblesses ne conduisent au crime ou au vice, son auxiliaire habituel. A la femme qui succombe accidentellement, il importe qu'une porte de retour à la société soit largement ouverte et, sur ce terrain, l'idée religieuse, avouons-le, a su accomplir ce que n'a point su faire la loi civile : elle a diminué le nombre des maisons de tolérance, en multipliant le nombre des maisons de refuge[1], comme autrefois elle a contribué à restreindre le nombre des infanticides par l'institution des tours[2]. Au lieu d'un dénigrement systématique, que les adversaires d'un parti politique hostile imitent et s'efforcent de surpasser les résultats obtenus par l'indépendance de sa charité, que là où ils se montrent impuissants ils laissent au moins de côté les pitiés hypocrites et aient le courage de reconnaître la cause de la stérilité de leurs efforts. Cette cause, ils la découvriront dans l'insuffisance ou les contraditions de la loi civile. « Supprimez les lois contraires à la nature, si vous ne voulez nécessiter le crime, » écrivait Cambry à la fin du

1. Il y a des personnes qui réclament la suppression des maisons de tolérance (mistress Butler); d'autres qui se bornent à demander leur meilleure réglementation (Mme Anna Fréjac, *Des mœurs publiques*). Mais tout le monde est d'accord et depuis longtemps, pour insister sur la nécessité de la protection des femmes tombées contre le retour de leurs entraînements. Dès l'an 1226, les Filles-Dieu étaient instituées à Paris, « pour retirer des pécheresses qui toute leur vie avoient abusé de leur corps et à la fin étoient en mendicité », et, en 1497, les filles pénitentes étaient établies dans le même but charitable. Jean Simon de Champigny ne dédaigna pas de rédiger les statuts de ces dernières : « pour que les femmes de mauvaise vie n'attendent pas trop longtemps à se convertir, dans l'espérance que la porte leur sera toujours ouverte, on n'en recevra aucune au-dessus de l'âge de 30 ans »; pour qu'il ne se glisse, parmi les postulantes, aucunes femmes autres que des pécheresses avérées, on les soumet à la visite de matrones « nommées exprès » et « afin d'empêcher les filles d'aller se prostituer pour être reçues, celles qu'on aura une fois visitées et refusées seront exclues pour toujours ». Saint-Foix, *Essais sur Paris*, I, 104, éd. de 1766.

2. Socquet, *Cont. à l'ét. stat. de la Criminalité en France*, th. Paris, 1883.

siècle dernier, à propos de l'infanticide [1]. Il n'est pas un crime, en effet, qui accuse plus hautement les défectuosités de nos systèmes [2] : il proteste à la fois contre l'extrême ignorance (inculte, la femme ressent moins l'énormité de son attentat, s'abandonne plus facilement à un acte dont elle calcule à peine les conséquences : le plus grand nombre des infanticides sont commis par des illettrées), et contre l'instruction, sans l'éducation fortifiante de la morale (chez les natures trop affinées et impatientes d'une position très humble, l'espoir d'une vie facile pousse à la faute et l'affolement de la déception, au crime : après les servantes et les filles de campagne, ce sont les institutrices ou les filles de demi-instruction qui fournissent le plus d'accusées) ; il proteste non moins énergiquement contre l'opposition d'un séducteur, exempt de toute peine, et d'une femme écrasée sous la double charge de la maternité et de la réprobation (le mobile immédiat le plus habituel de l'infanticide est la crainte du scandale, qui ferme à la mère tout moyen de gagner honnêtement son existence et celle de son enfant, le désespoir qu'entraîne cette crainte, souvent combinée au regret de l'abandon) [3].

1. *Voy. dans le Finistère*, éd. de Fréminville, p. 24.

2. Aussi la répression a-t-elle perdu son efficacité, comme le remarquait M. Pringué, dans son discours à l'audience de rentrée des tribunaux, à Rennes (1888). L'infanticide rencontre trop souvent une excuse devant les jurys, et pour assurer son châtiment relatif, mieux vaudrait le transférer aux tribunaux correctionnels, sous la prévention de suppression d'enfant.

3. M. Rivet vient de reprendre, à la Chambre des Députés, le projet de loi qu'il avait présenté en 1883, sur la *Recherche de la paternité*. En principe, cette recherche est équitable. Mais elle a ses écueils : elle peut devenir une sorte de prime d'encouragement aux abandons provoqués par calcul, dans le monde de la prostitution clandestine, un moyen de chantage pour beaucoup de demoiselles vicieuses, appliquées à faire de leur capital naturel un fructueux placement. Pourtant l'homme doit contribuer à élever l'enfant né de ses œuvres, et l'on ne saurait se refuser à entendre les doléances de filles lâchement surprises, sous promesse de mariage, à se donner à l'amant qu'elles regardent déjà comme un époux. L'abandon, dans plus d'un cas, semble même renfermer les éléments du délit d'escroquerie (séduction accompagnée de manœuvres frauduleuses, de l'emploi de faux titres ou de fausses qualités, etc.). L'abandon d'une femme, amenée à succomber sous des promesses d'union formelles et prouvées, est donc susceptible de mériter l'intervention d'une loi, et dans l'intérêt de l'enfant, et dans l'intérêt de la mère, si celle-ci a toujours joui d'une bonne réputation. L'un a droit à l'assistance, l'autre à des dommages-intérêts. Mais il y a des limites à l'intervention : autoriser la recherche de *toute* paternité qui demeure latente, ou contraindre le suborneur à épou-

Il importerait surtout de mieux protéger les mineures. Les nations civilisées ont décrété l'abolition de l'esclavage, et elles ne s'aperçoivent pas qu'elles tolèrent une véritable traite de jeunes filles blanches, pour le recrutement de la prostitution indigène et exotique. Des faits scandaleux ont été révélés au grand jour : on s'en est indigné et presque aussitôt on les a oubliés. Dans un mémoire destiné au Congrès de la Fédération, à Genève, le chevalier O. van Swinderen [1] réclame avec raison que les Gouvernements s'entendent pour mettre fin à un commerce qui les déshonore, et il rapporte, entre autres exemples, le suivant, pour démontrer la nécessité d'une législation internationale. « Un individu nommé Neumann, qui se disait allemand, mais qu'on croit être originaire de Constantinople, se présenta à une agence d'émigration de Bordeaux. Il demanda des billets jusqu'à Buenos-Ayres, pour lui, sa femme et ses deux filles. Comme les actes de naissance des deux jeunes filles paraissaient falsifiés, Neumann et la femme qui l'accompagnait furent mis en état d'arrestation. Au cours de l'enquête, la femme avoua que Neumann et elle avaient pour métier l'exportation des femmes européennes, à l'usage des maisons publiques de l'Amérique du Sud. Leur racoleur ordinaire, à Munich, leur avait procuré ces deux filles moyennant 30 marks, et, sous la promesse de bonnes places et d'autres avantages, les avait décidées à partir pour Genève. C'est à Genève seulement qu'on les informa de ce qu'on voulait d'elles ; mais elles étaient alors loin de leurs parents, sans ressources et dans une ville dont elles ignoraient la langue. Les Neumann en avaient exporté des centaines de la même manière. Notez maintenant le résultat. Les filles furent cette fois arrêtées à temps ; mais Neumann

ser la subornée (Trib. de Tizi-Ouzouk, 1875), c'est s'exposer à de gros conflits, à créer même de nouveaux mobiles de criminalité, avec des liens forcés entre individus se mésestimant. Quelques Cours ont déjà prononcé des arrêts dans le sens que j'indique (Dijon, Vannes, Cour de Cassation, 1888).

1. *Rev. de morale progressive*, août 1889.

Un arrangement vient d'être conclu entre les Pays-Bas et l'Allemagne pour la protection des jeunes filles contre le proxénétisme.

avait incontestablement commis deux délits : il avait trompé des mineures pour les pousser à la débauche, et il avait falsifié des actes d'état civil. Mais comme les deux délits avaient été commis hors de France, en Allemagne et en Suisse, et bien que le faux fut incontesté, le tribunal de Bordeaux se vit dans la nécessité d'acquitter ces deux misérables, qui, sans doute, exercent encore en ce moment leur infâme industrie. » Au moins devrait-on appliquer les lois existantes avec plus de rigueur à ceux qui détournent du droit chemin les adolescentes. Malgré le nombre chaque jour croissant des mineures débauchées par des lovelaces de toutes grandeurs, c'est à peine si on relève de loin en loin de rares condamnations contre le proxénétisme ou contre les séducteurs d'occasion, même quand l'enfance a été la victime [1].

Aux filles tombées, la société ne saurait se dispenser de tendre une main secourable, car elle peut, en prévenant la suppression d'un nouvel être [2], en rendant une femme à la vie normale, accroître les forces de la collectivité. L'infanticide s'est multiplié depuis l'abolition des tours [3] ; à l'imitation de ce qui a lieu en plusieurs pays étrangers, on a bien essayé de les rétablir sous un autre nom ; mais les tentatives sont demeurées très isolées et

1. En 1887, la Cour d'Assises de la Seine avait à juger une affaire navrante d'infanticide. Une petite ouvrière, âgée de 13 à 14 ans, s'était laissée séduire par un cordonnier, père de famille, avec lequel elle travaillait. Devenue grosse, elle garde son secret, accouche clandestinement dans une cour et, après avoir lancé son enfant par-dessus le mur dans un jardin voisin, elle vient reprendre son labeur habituel. On écarta le discernement et l'on prononça un acquittement. Mais le misérable qui séduisit cette enfant, pourquoi ne fut-il point poursuivi d'office ? Je ne comprends pas les distinctions générales que le Code a établies dans la qualité d'actes similaires, d'après l'âge conventionnel des victimes féminines. Que la fille séduite ait un peu plus de 13 ans, si elle a été surprise encore innocente et pure, le fait n'en conserve pas moins tous les caractères d'un attentat à la pudeur. D'autre part, en pareille condition, comment séparer de celui-ci l'enlèvement d'une mineure au-dessous de 16 ans ? Pourquoi n'admettre une aggravation de la violence, dans le viol, que si la femme a moins de 15 ans ? Trop de subtilités arbitraires ! Les cas particuliers et la morale ne s'accordent point avec cette science juridique, issue du vieux droit.

2. Il importe d'autant plus de protéger les naissances illégitimes, qu'elles contribuent à maintenir le léger excédant de la natalité sur la léthalité dans près de la moitié de nos départements.

3. Rap. de Bérenger au Sénat, 1860 ; A. Foley, *Et. stat. de la Morgue* (*An. d'hyg. et de méd. lég.*, 1880, 22, 10) ; Socquet, thèse déjà citée.

elles n'ont pas donné les résultats qu'on espérait, parce qu'elles étaient très incomplètes. Il n'y a pas que l'enfant à recueillir. Il faudrait non seulement aller au-devant des sollicitations à l'avortement, mais encore assister la femme au cours de sa maternité, pour essayer de la relever par elle. Il est urgent tout d'abord de lui éviter la honte, mauvaise conseillère, puis la misère, au moment où le travail s'arrête et où deux existences seront à soutenir. On arriverait au but désirable par la création d'asiles spéciaux, où la femme serait assurée de rencontrer, avec le secret de sa faute, les soins nécessaires pendant son accouchement et un lieu de dépôt momentané pour son enfant, ainsi que l'a proposé Drouineau [1].

Même en dehors de la maternité, même après le délit et le crime, la femme a droit à une intervention plus équitable de la société à son égard. Qu'elle ne soit plus pour l'homme la bête à plaisir, sur laquelle il se décharge du fardeau de la famille et qu'il entretient bon gré mal gré dans le vice. La traite des pauvres filles s'accomplit dans les villes sans que la police y mette obstacle ; pour les mineures elles-mêmes, elle ne voit rien de mieux à faire qu'une inscription sur ses registres [2] et elle ferme les yeux sur les révoltants moyens qu'on emploie, dans les maisons de tolérance, pour river à leurs chaînes les pensionnaires rebelles, c'est-à-dire tentées de revenir à la vertu [3]. Les prostituées ! Il semble si bien qu'elles ne soient autre chose qu'un vil troupeau parqué pour les satisfactions du mâle, qu'on prend garde de les soumettre à l'odieuse visite, afin de prévenir chez celui-ci jusqu'au mal engendré par ses propres vices [4]. Dans les hôpitaux,

1. Cong. de l'Assist. publique, 1889. La mère, si elle abandonne son enfant à l'Assistance publique, n'a plus chance de le retrouver ; si elle le conserve auprès d'elle, la loi, qui lui interdit d'en désigner le père, autorise le premier venu à le lui arracher sur l'affirmation de sa paternité ! L'étonnant article 336 du Code civil a inspiré deux romanciers : Chavette, dans le *Comte Omnibus*, Malot, dans *Ghislaine*, ont montré jusqu'où peut aller l'abus d'une telle loi.

2. Augagneur, *l. c.*, 217.

3. Lire là-dessus le livre de Macé, *Gibier de Saint-Lazare* (5e p., maisons tolérées).

4. Visiter les filles inscrites dans un but de salubrité publique, cela peut sembler bon à la foule des intéressés. Mais pourquoi ne pas admettre, au moins en principe,

dans les prisons, nul essai de sélection en faveur de malheureuses, qui achèvent de se pourrir en ces milieux gangrenés [1]. Et cependant, il faut du temps, pour qu'une nature féminine, exempte de la tare héréditaire, termine son naufrage. J'ai dit que la femme, après le crime et le délit, retombait moins que l'homme en récidivité ; qu'elle résistait plus longtemps à de nouveaux entraînements après sa libération. Moins que l'homme aussi, elle recherche l'assistance matérielle : dans le réfectoire populaire, organisé par les notables commerçants du IXe arrondissement, à Paris (janvier 1888), et où l'on distribue gratuitement du pain et du café noir, on a remarqué une énorme différence entre le nombre des hommes et le nombre des femmes qui ont recours à cette ressource ; pour 10 hommes on ne compte qu'une seule femme. Très rares, presque inconnues même, sont les grèves de femmes. Ne verra-t-on pas là une preuve du peu d'efforts, qui seraient nécessaires pour soutenir la femme dans les circonstances critiques où elle est le plus exposée à faillir !

Mais il est écrit qu'elle sera l'esclave de l'homme, sa chose à tout faire, même dans le mariage. A quel prix y obtient-elle une protection, ou plutôt la promesse d'une protection ? Elle apporte une dot, et le mari, qui se fait acheter, la traite en marchandise acquise. Elle

la recherche des hommes qui ont communiqué des maladies aux femmes ? Je dirai que, sur ce sujet très discuté, je partage absolument les idées que M. Yves Guyot a développées dans la *Revue de morale progressive*, je suis avec lui contre l'Académie de médecine. Je ne crois guère à l'efficacité des visites des filles inscrites, parce que je sais de quelle façon ces visites sont faites à Paris comme ailleurs, et qu'elles ne sauraient guère être jamais faites d'une autre façon. Elles portent d'ailleurs sur la catégorie des femmes qui ont le plus d'intérêt à se traiter aux premiers symptômes de maladie. Les maladies vénériennes diminuent et continueront à diminuer à mesure des progrès de l'hygiène corporelle dans toutes les couches de la population et surtout dans les milieux militaires. Je mentionne seulement l'argument qui a fait rejeter le bill coercitif et de visite aux Chambres anglaises : la visite des filles est une prime d'assurance à l'inconduite des hommes. Les principes de droit et d'équité doivent prévaloir contre ceux de la morale hypocrite. La visite est odieuse, injuste, inutile : elle n'a aucune raison d'être.

1. Coffignon, *La corruption à Paris* (les dortoirs de Saint-Lazare) ; Guillot, *Les Prisons* (les femmes et les jeunes filles à la Conciergerie et au Dépôt) ; De Goncourt, *La fille Elisa*, etc.

n'a aucun droit à disposer de ses biens, sans l'assentiment de son seigneur, qui les peut engouffrer dans les spéculations véreuses ou maladroites, les dissiper avec d'autres femmes ou dans le jeu. Elle n'a aucun droit à diriger l'éducation de ses enfants, alors même, que ses vertus sont le plus notoires et que celles de l'autre sont le plus négatives. La même faute est pour l'un un simple amusement, toléré par l'opinion, pour l'autre un délit puni par la loi. Et l'on prétendrait que tout est pour le mieux et le plus juste dans la condition que nos sociétés imposent à la femme ! On la marie souvent contre son gré, et l'on s'étonne que le désespoir et la haine la conduisent parfois à l'assassinat, quand jeune, belle, aimée par un homme qu'elle aime et dont elle est séparée iniquement, elle est jetée dans les bras d'un vieillard, d'un vicieux ou d'un brutal insupportable : on applaudit au supplice de la pauvre dame Tiquet... mais on laisse échapper un scélérat comme le marquis de Ganges. Dans les basses classes, c'est bien pire ! Faire des enfants c'est le plaisir du pauvre : c'est bientôt dit ! l'homme a le plaisir et la femme la peine, et le premier n'ignore pas la différence des rôles. J'ai maintes fois entendu parler de vieux ouvriers, de maîtres et de matelots touchant à l'heure de la retraite : ils savent que, dans nos ports, les filles... même encore vertes, ne manquent pas, qui désirent se marier, avec l'espérance de bénéficier d'une légère pension en cas de veuvage ; ils font miroiter celle-ci au travers des tranquillités du ménage, promettant de continuer leurs services jusqu'à ce qu'ils aient assuré les droits de leur femme... et ils ne sont pas plus tôt mariés, qu'ils prennent leur indépendance et la consacrent à multiplier les enfants ; que leur importe ce qui adviendra après leur mort ! La femme se débrouillera et, en attendant, ils ont au plus faible prix bon foyer, bon gîte et le reste. Dans les familles où l'on a toujours connu la gêne, une petite somme apparaît souvent comme un gros bien : qu'il se présente, au retour d'une campagne, un matelot doublé de toutes les laideurs et de tous les vices, s'il a quelques écus d'économies, on lui abandonnera la plus jolie fille..., à laquelle il déléguera jusqu'à 20 francs par trimestre durant ses longues absences, après lui avoir donné un ou plusieurs enfants. J'ai vu des parents accorder ainsi une adorable enfant à un cuisinier nègre, qui lui faisait grand'peur ; elle eut la chance de tomber sur un honnête homme ; elle n'en devint pas moins presque folle de chagrin et de dégoût, honteuse de ses enfants métissés. Il y a peu de divorces et de séparation dans ce monde-là, peu d'adultères aussi, qui viennent devant les Cours. Mais le libertinage occulte n'y perd pas ses droits, bien au contraire, et quelquefois il s'entremêle d'éclats criminels. L'alcoolisme ajoute sa note, trop fréquemment. Un jour, j'assistai à une scène écœurante. Un ouvrier titubant, pourchassé par une femme déguenillée, hâve, étique, la tristesse peinte sur ses traits flétris ! elle s'efforçait de ramener l'homme au logis, après une paie, avant que tout l'argent ne fût liquéfié chez le débitant, et elle parlait de leurs enfants. Un coup de poing l'envoie rouler par terre, et la brute, d'un air de fierté qu'il estimait convenir à son sexe, de s'écrier entre deux hoquets : « Eh bien ! quoi ! est-ce que c'est ton argent, à toi ! c'est *mon* argent que je dépense, ça ne te regarde pas. » La femme finit par se dire qu'après tout autant vaut partager. Les couples retrouvent quelque union dans l'alcoolisme et la débauche complète l'œuvre de démoralisation. L'on assiste alors à des drames sanglants. On s'entretue dans les moments de discussion où l'argent fait défaut, ou bien il se déroule des préméditations dans le genre de celle-ci : un ouvrier paresseux, ivrogne et sans conduite, prétend vivre de sa femme, la pervertit si bien qu'il l'amène jusqu'à accepter sa maîtresse dans le lit commun ; les deux femmes deviennent amies, mais bientôt elles se lassent d'avoir à fournir à tous les besoins d'une brute et essaient de s'en débarrasser ; elles prennent leur personnage par son faible, le promènent toute une nuit de cabaret en cabaret, finissent par l'entraîner sur les glacis des fortifications et le précipitent dans un fossé ; comme il ne s'est fait aucun mal, les mégères lui broient le crâne à coups de pierre (1888). Ces choses-là n'ont pas lieu qu'à Brest. Partout les mêmes vices engendrent les mêmes effets. La femme est l'animal de somme, le souffre-douleur, dans le ménage, et jusqu'à la matière marchande du mari! c'est une paria, moins qu'une paria, car dans l'Inde, celle-ci rencontre mieux, dans l'homme de sa caste, que la jeune fille ne trouve souvent chez nous dans sa classe. Et le mari qui la vend a d'ordinaire à la bouche des tirades sur la nécessité des réformes sociales, il appartient parfois à quelque ligue pour l'émancipation de la femme, comme cet habitué de brasserie louche, dont parle Macé, grand péroreur, grand apôtre de la suppression de la prostitution, attablé devant une absinthe, au milieu des groupes, servis de toutes les manières par sa propre moitié. Le plus épouvantable, c'est quand la femme se révolte dans un violent accès de désespérance, et, à bout de forces, n'entrevoyant pour elle aucune issue, pour ses enfants que la même vie intolérable, tue ces pauvres êtres, avec l'idée bien arrêtée de se tuer après eux : le drame du Puy-Imbert n'est-il pas un des plus pénibles exemples de ce que le mauvais sort fait à la femme peut déterminer d'atroces résultats? Le divorce n'a pas été une solution : il délie des ménages pour en reconstituer d'autres exactement sur le type des premiers; la femme n'y a gagné l'indépendance qu'aux prix d'une flétrissure relative, en plus d'un cas, ou d'une aggravation de charges, lorsqu'elle a des enfants destinés à la suivre.

En somme, j'aperçois bien la femme en des conditions d'infériorité attristantes, mais non par le fait d'une organisation intrinsèque qui l'oblige à les supporter. Je ne découvre pas chez elle l'infériorité anatomo-psychique qui la condamne à se montrer pire que l'homme, et même en ses chutes elle ne tombe pas au-dessous de ce dernier. Malgré que, pour elle, une plus grande fréquence de l'hystéricisme, l'existence de manies particulières, liées à des phases de sa fonctionnalité physiologique, soient autant de prédispositions à des impulsivités dangereuses, elle accuse moins une tendance innée à ces impulsivités, qu'une tendance à les revêtir, lorsqu'elles viennent à se produire, d'une forme semi-aberrante, où se trahit la morbidité. Celle-ci a été longtemps méconnue et sa méconnaissance a servi à l'édification d'arguments contre la méchanceté, la bizarrerie, les contradictions de la femme. Mais sur le terrain de l'entraînement banal, le mieux dégagé de l'élément pathologique, l'homme se montre sous un jour exceptionnellement intensif. Si le crime crée par lui-même une infériorité, c'est bien chez lui qu'il en faut rechercher l'empreinte, en dépit de ses orgueilleuses prétentions et d'une prédominance acquise par la force. Je le répète, il n'y a pas lieu d'admettre entre les deux sexes une différence évolutive mal en rapport avec l'observation, étendue au-delà des limites souvent trop étroites de la théorie transformiste. Si l'on étudie la psychologie sociale de l'un et de l'autre sexe, on voit qu'ils n'ont rien à s'envier mutuellement, quant aux dons que leur a distribués la nature, et si leur situation réciproque n'apparaît pas égale, il n'en faut accuser que la constitution défectueuse de la collectivité. Nous sommes encore à peine sortis de la période de barbarie où la force prime le droit et s'en vante cyniquement ; mais le sang des grands réformateurs, martyrisés au nom de toutes les croyances et de tous les despotismes, n'aura point coulé vainement : le faible aura son tour... et à ce moment-là la femme prendra aussi sa revanche.

CHAPITRE VI

LES AGES

Comme je l'ai fait pour les sexes, j'établirai d'abord, pour les âges, un bilan de la statistique.

1. — Relativement aux crimes, les accusés sont ainsi répartis :

Nombre prop. sur 100 acc.	1841	1859	1869	1870	1871	1876-80		1881-85	
Moins de 21 ans	18	16	17	16	20	18		18	
De 21 à 30 —	58	54	54	55	50	29	53	32	56
De 31 à 40 —						24		24	
De 41 à 50 —	21	24	23	24	25	15	24	14	22
De 51 à 60 —						9		8	
Plus de 60 —	3	6	6	5	5	5		4	

En ne tenant compte que des dernières périodes, les accusations ont donné lieu à des acquittements ou à des condamnations dans les proportions suivantes :

	PÉRIODE 1876-80			PÉRIODE 1881-85		
Sur 100 accusés :	Acquittés	Cond. à peines afflictives et infam.	Cond. à peines correctionnelles	Acquittés	Cond. à peines afflictives et infam.	Cond. à peines correctionnelles
De 16 à 21 ans. .	20	32	48	26	30	44
De 21 à 40 ans. .	20	44	36	24	42	34
De 41 à 60 ans. .	24	41	35	33	34	33
Plus de 60 ans. .	27	30	43	38	26	36

Sur 148 condamnés à mort, de 1881 à 1885, 17 avaient de 16 à 21 ans, 52 de 21 à 30, 41 de 30 à 40, 20 de 40 à 50, 16 de 50 à 60 et 2 plus de 60 ans.

Le rapport sur l'administration de la justice criminelle, pendant l'année 1887, établit que le maximum de la criminalité se trouve: — pour les hommes, entre 30 et 40 ans, si l'on considère les accusés entre eux, et entre 26 et 30 ans, si l'on compare leurs chiffres avec l'ensemble de la population masculine; — pour les femmes, de 21 à 25 ans, eu égard au total des accusés comme dans le rapport de la catégorie spéciale avec la population féminine.

2. — Relativement aux délits, les prévenus se distribuent ainsi (prop. p. 100).

	1871			1881-85		
	Hommes	Femmes	Moyenne d'ensem.	Hommes	Femmes	Moyenne d'ensem.
Agés de moins 16 ans. .	4	4	4	3	3	3
— de 16 à 21 — . .	12	12	12	16	12	14
— de plus de 21 — . .	84	84	84	81	85	83

3° — Sur 100 mineurs de 16 ans, 3,4 sont poursuivis pour des crimes passibles de peines afflictives et infamantes temporaires, crimes commis sans complices majeurs (vols qualifiés 1,5, viols ou attentats à la pudeur 1,1, incendies, coups et blessures, etc., 0,8); 63 environ, qui ont agi sans discernement, sont remis à leurs parents ou placés sous la surveillance de la police, et 34 sont envoyés dans des maisons de correction.

« La prédominance du vol chez l'enfant est caractérisée par cette indication, que les prévenus âgés de moins de 21 ans forment près des $^3/_{10}$ (29 0/0) du nombre total des individus jugés pour ce délit. Après le vol, les infractions le plus souvent imputées à des mineurs de 21 ans sont l'outrage public à la pudeur (23 0/0), le vagabondage (22 0/0), la fraude au préjudice des restaurateurs (21 0/0), la destruction d'arbres, de plants ou récoltes et de clôtures (21 0/0), etc. [1]. »

1. *An. de l'économie polit. et de la stat.*, 1888, p. 108.

Ces renseignements sur la criminalité et la délictuosité chez les mineurs sont complétés par les statistiques des maisons d'éducation correctionnelle (jeunes détenus).

Le nombre des jeunes détenus présente, d'année en année, des oscillations qu'il est assez difficile de concilier avec les mouvements judiciaires, parce qu'une proportion variable relève d'admissions directement sollicitées par les parents. Il était de 8,500, en 1860 ; de 6,700 en 1870 ; de 8,900 en 1880. Il tendrait à diminuer légèrement.

En 1883, 7,473 détenus donnent lieu aux répartitions suivantes :

a. — D'après l'âge :

	Garç.	Filles	Total
Au-dessous de 8 ans	14	6	20
De 8 à 10 ans	159	37	196
De 10 à 12 —	425	117	542
De 12 à 14 —	1214	269	1483
De 14 à 16 —	1739	409	2148
De 16 à 18 —	1765	385	2150
De 18 à 20 —	714	209	923
De plus de 20 ans	3	8	11

b. — D'après les motifs de la condamnation :

	Garç.	Filles	Total
Assassinats, meurtres, incendies	232	58	290
Attentats aux mœurs	213	193	406
Vols de tout genre	4136	711	4847
Mendicité et vagabondage	1260	305	1565
Autres crimes et délits	137	11	148
Désobéissance à l'autorité paternelle	1055	278	1333

c. — D'après la situation de famille :

		Garç.	Filles	Total
Parents propriétaires et rentiers		23	1	24
Parents exerc. des profes.	libérales,	32	7	39
	agricoles,	1347	191	1538
	industrielles,	1632	357	1989
	diverses.	1946	513	2459
Parents	mendiants, vagab. ; prostituées,	540	295	835
	inconnus ou disparus	513	76	589

d. — D'après l'état civil et les antécédents des parents :

		Garç.	Filles	Total
Etat civil...........	enfants légitimes.	5131	1144	6275
	— naturels..	902	296	1198
Enfants dont les parents ont subi condam.		977	362	1339
Orphelins.........	d'un des parents...	1927	475	2402
	de père et de mère.	441	231	672
Elèves des hospices......................		130	3	133

4° La récidivité s'observe exceptionnellement avant 16 ans ; elle est déjà commune entre 16 et 21 ans ; mais elle se rencontre surtout entre 21 et 30 ans. Sur 1,000 récidivistes, Yvernès en relève :

67	ayant moins de 16 ans		
204	âgés de	16 à 21	ans
284	— —	21 à 30	—
215	— —	30 à 40	—
206	— —	40 à 60	—
24	— —	plus de 60 ans	

D'autre part, on a une idée de la récidivité d'après les âges, par la statistique de la relégation (période d'un peu plus de 13 mois). La proportion pour 100 des relégables, en chaque catégorie sexuelle, est ainsi établie :

De 21 à 25 ans............	Hom.	5	Fem.	3
De 25 à 30 —	—	15	—	9
De 30 à 40 —	—	33	—	29
De 40 à 50 —	—	32	—	36
De 50 à 60 —	—	15	—	23

Comme les vagabonds d'habitude, plus ou moins enclins à divers méfaits, seront peu à peu atteints par la loi, celle-ci finira par englober des sujets plus jeunes, plus aptes à supporter utilement l'expatriation : déjà la proportion des relégables ayant moins de 30 ans a monté de 6 à 20 0/0.

Dans les relégables, la proportion des enfants naturels est seulement de 5,5 0/0, « bien inférieure à la proportion de 7,2 à 7,6, constatée dans les naissances de 1840 à 1867, période pendant laquelle sont nés les relégables [1] ». Les auteurs de la statistique s'étonnent que les enfants naturels échappent plus que les autres à la récidive, eux « qui sont l'objet de soins moins attentifs » : cela est-il bien démontré ? Nombre d'enfants naturels reçoivent l'éducation de l'Assistance, et celle-ci vaut mieux, souvent, que la gâterie si pernicieuse aux enfants légitimes des classes aisées.

5° — L'aliénation se répartit à peu près suivant la même progression que la criminalité (la première aurait pourtant son âge max. plus reculé que la seconde). On peut admettre, d'après l'année moyenne des admissions dans les asiles de la Seine, les proportions que je vais indiquer :

	Entrées Nomb. an. moy.	Prop. p. 100 entrées
Au-dessous de 15 ans.	130	4.2
De 15 à 20 ans.	140	4.5
De 20 à 30 —.	500	16.2
De 30 à 40 —.	730	23.7
De 40 à 50 —.	700	22.7
De 50 à 60 —.	450	14.6
Au-dessus de 60 ans.	440	14.1
	3.090	100.0

La sénilité, rendue plus ou moins précoce par les excès de toutes sortes, engendre un état d'aliénation spéciale, fertile en impulsions génésiques, qui motivent l'interdiction légale ; d'autre part, l'enfance est sujette à des hallucinations susceptibles d'occasionner des actes délirants, et la puberté a son genre de folie propre, souvent la cause de mauvais entraînements.

6° — Quant au suicide, sa fréquence marcherait parallèlement à l'âge, en s'accentuant à partir de 30 ans, comme l'aliénation, c'est-à-dire vers l'âge max. de la criminalité, mais en continuant de croître au-delà de

1. *An. de l'écon. polit. et de la stat.*, 1888, p. 587.

50 ans, âge où tombe l'aliénation et plus encore la criminalité :

	Prop. p. 100
Moins de 16 ans	5
De 16 à 21 —	5
De 21 à 25 —	5
De 25 à 30 —	7
De 30 à 40 —	15
De 40 à 50 —	18
De 50 à 60 —	20
Au-dessus de 60 ans	25

Mais ce relevé, emprunté à Legoyt, ne donne pas une idée suffisante de l'évolution du suicide. D'après Lacassagne, les suicides, rares au-dessous de 16 ans, augmentent de 16 à 20, doublent de 21 à 30, éprouvent un moindre accroissement de 30 à 40, puis accusent, de 40 à 50, une fréquence très grande, qui continue de 50 à 60, pour atteindre son max. entre 60 et 70 ans; ils baissent au-delà de cet âge. La femme a plus de tendance au suicide que l'homme vers 30 ans; l'âge où elle subit le plus intensivement l'effet des illusions perdues; chez elle, le suicide a déjà présenté une ascension notable entre 16 et 21 ans, la période des passions irréfléchies; il offre une hausse marquée de 40 à 50, période des abandons définitifs ou du veuvage, de la désespérance par la misère, des premières infirmités; il a d'ailleurs son maximum dans la vieillesse, mais plus tard que chez l'homme, c'est-à-dire entre 70 et 80 ans.

Depuis un petit nombre d'années, un triste phénomène tend à se manifester : c'est la multiplicité croissante des suicides de tout jeunes gens et même d'enfants. Je relève en effet les chiffres suivants, d'après divers écrivains :

Suicides d'enfants	(Morer 1) 1871-75	(Bataille 2) 1876-80	(Macé) 1887	(Macé 3) 1877
De 7 ans	1	1		
— 8 —	3	1		
— 9 —	3	4		
— 10 —	5	4	33	34
— 11 —	11	»		
— 12 —	21	21		
— 13 —	22	40		
— 14 —	42	66	20	33
— 15 —	67	103	31	52
Au-dessous de 16 ans	175	240	84	119
A 16 ans			57	81
			141	200

Ainsi :

La criminalité, tant par sa fréquence que par son intensivité (celle-ci déduite du nombre et de la gravité des condamnations) appartient surtout à la période de la plus grande activité physiologique et sociale ; elle se dessine très fortement entre 21 et 30 ans, c'est-à-dire à l'époque des impulsivités violentes, passionnelles ; la sève déborde d'organismes en pleine vigueur ; les besoins sont impérieux, heurtés, souvent sans contre-poids suffisants et ils triomphent des résistances, que la morale apprise et acceptée, chez les uns, a soutenues pendant l'adolescence, que la raison fortifiera plus tard, chez les autres, s'ils parviennent à maîtriser les tares héréditaires ou s'ils en sont exempts ; ce fait montre, jusqu'à un certain point, l'indépendance du crime par rapport à la folie, car celle-ci a sa plus grande fréquence reportée vers l'âge où le crime fléchit, et elle continue à se maintenir élevée, quand le dernier tombe rapidement très bas.

On se tue peu, relativement, à des âges où la folie n'est pas encore très commune, ce qu'on pourrait interpréter dans le sens des relations du suicide avec l'aliénation,

1. Th. de Paris.
2. Causerie du *Figaro* (ex doc. of.).
3. *Musée crim.*, p. 134.

l'un n'étant parfois que l'expression de l'autre, latente ; très peu aussi à une période où le crime-délit est très développé (25 à 30 ans), ce qui prouve que les deux impulsivités ont bien leur évolution distincte sur le terrain social, tout en gardant entre elles des rapports de dérivation et de compensation, sous le stimulant de besoins similaires ou analogues : le suicide augmente ensuite à partir d'un âge où la folie devient plus fréquente (30 à 40) ; mais au-delà de 40 ans, il semble se dégager à la fois de la folie et de la criminalité : il continue à progresser en raison directe de l'âge, quand l'une et l'autre commencent à décliner : c'est que les sélections sont faites, soit dans la direction de la morbidité qui commande l'internement dans les asiles, soit dans la direction de l'attentat qui amène l'emprisonnement ou la transportation ; l'homme, échappé aux étreintes de la folie et aux entraînements antialtruistes, reste en face de ses désespérances, avec un courage amoindri, une philosophie non résignée, qui ne laisse entrevoir une solution que dans la mort.

A partir de 50 ans, la criminalité devient plus rare ; chez les récidivistes, elle est la marque d'un automatisme acquis plus irrémédiable que l'automatisme d'hérédité chez l'adolescent et même chez l'adulte : les attentats relèvent de plus en plus d'une réduction de la cérébration, dont la sénilité sera le dernier terme, hâtée par la misère et le vice chez un grand nombre : une tendance aux actes aberrants de sexualité traduit l'altération des facultés. Les adultes se livrent principalement à l'attentat contre les personnes, sous toutes les formes. Les jeunes sujets pratiquent surtout le crime-délit contre les propriétés. Mais, depuis quelques années, les âges extrêmes interviendraient davantage dans l'attentat de toutes formes.

On pourrait croire *a priori* d'après les chiffres fournis par les statistiques générales, que la criminalité des mineurs reste à peu près invariable : on la retrouve en 1885, ce qu'elle était en 1841. Il en est de même en d'autres pays que la France. En Angleterre et en Allemagne, avec des chiffres qui indiquent une augmentation brute, on ne saurait conclure à une augmentation réelle excessive, car, dans ces pays, la population au-dessous de 15 ans est très élevée (649 et 627 enfants pour 1,000 habitants en âge de travailler, c'est-à-dire compris entre 15 et 60 ans). Chez nous, la fixité des statistiques dénoterait déjà quelque fâcheuse évolution, car notre population au-dessous de 15 ans est faible et n'accuse guère une marche progressive (439 enfants pour 1,000 habitants en âge de travailler : par compensation, la France est la région où la vieillesse prospère le plus : c'est un profit négatif). Mais une remarque s'impose, qui va nous découvrir la réalité. La criminalité intensive diminue et le délit augmente ; l'augmentation de celui-ci se manifeste à tous les âges, avec une rapidité plus grande cependant chez les individus au-dessous de 21 ans [1] ; la diminution de celle-là, à peu près exclusivement dans la catégorie des individus entre 21 et 45 ou 50 ans : l'invariabilité apparente du crime, dans les autres groupements, trahit donc chez eux un accroissement relatif. Si les perversions morbides ou semi-morbides d'une sénilité prématurée, due au progrès des habitudes de débauche et d'intempérance, revendiquent une part de ce résultat, la dégénération précoce et les tares héréditaires accumulées en revendiquent l'autre ; la vieillesse et l'adolescence se contrebalancent même parfois dans la criminalité générale : il y a des départements où la proportion des accusés très âgés est en raison inverse de celle des accusés mineurs, comme si les stigmates de l'épuisement montraient une équivalence aux deux périodes opposées de la vie.

Un grand nombre d'enfants et d'adolescents sont arrêtés dans leur course, avant d'avoir trouvé l'occasion où les moyens de grossir l'armée anti-sociale vers l'âge

1. Dans une communication à l'Académie des sciences morales et politiques (août 1889), H. Joly établissait que, depuis 50 ans, les prévenus de moins de 16 ans ont augmenté de 140 0/0 ; les prévenus de 16 à 21, de 240 0/0 : ce ne serait donc pas l'enfance proprement dite qui aurait le plus perdu, mais l'adolescence. Dans la *France criminelle*, le même observateur consacre un long et intéressant chapitre à cette transformation de la criminalité (p. 178, chap. vi, la Précocité du mal).

adulte. Un grand nombre aussi donnent avant cet âge les preuves de leur perversité [1].

Dans les pays de civilisation à outrance, très critique est l'époque de la puberté. C'est à ce moment que l'hérédité se révèle, que les prédispositions éclatent. Une folie spéciale accompagne les premiers développements de la sexualité [2] ou bien une transformation subite du caractère et des aptitudes va marquer le début d'une dégénérescence fertile en gros écarts [3], chez le gamin de grandes villes comme chez le scolarisé des grands internats ; des habitudes solitaires ou d'émancipation trop hâtive, un surmenage hors de proportion avec les capacités psychiques ou cérébrales, sont les causes efficientes d'un changement aussi profond. Mais presque toujours le terrain a été préparé par l'alcoolisme du père, la nervosité de la mère ou un état anormal des deux parents [4]. Les exemples et les suggestions détestables font le reste. Bientôt se produisent les manquements, d'abord au sein de la famille, puis contre la société. Les filles, plus précoces en leur développement que les garçons, les précèdent aussi fréquemment dans la chute. La prostitution ne cesse d'augmenter parmi les mineures. Dans les maisons correctionnelles, on compte proportionnellement plus de sujets féminins entre 14 et 16 ans, et plus de sujets masculins entre 16 et 18.

On ne peut apprécier exactement l'impulsivité criminelle ou délictueuse de l'enfance, parce que la loi ne la veut point reconnaître au-delà d'un âge conventionnel, dit de dis-

1. Sur 26,000 malfaiteurs arrêtés dans une année à Paris, 16,000 n'ont pas 20 ans « et presque tous montrent un cynisme extraordinaire » (Macé, *Lundis*, 308-309).

2. Mairet, *Folie de la puberté. An. méd. psych.*, nov. 1888.

3. Lepage, condamné aux travaux forcés à perpétuité, après divers méfaits, pour avoir tenté, à 16 ans, d'assassiner la femme d'un ouvrier qui l'avait recueilli (1889), avoue que l'idée du crime lui vint en appliquant des cataplasmes sur la poitrine de la malheureuse. « Chaque fois que je lui frôlais la peau, déclare-t-il aux magistrats, je frémissais du désir de la posséder... Il y a longtemps que ça me tenait, et comme je voyais bien qu'elle ne consentirait pas, j'ai eu l'idée de l'égorger, puis de me satisfaire une bonne fois. Pendant que le corps est encore chaud, ça doit être tout aussi bon » (H. Joly, *Arch. d'anth. crim.*, mars 1890, p. 148).

4. 1e partie, chap. III et IV.

cernement. Cependant, bien avant cet âge, les enfants dévoilent des tendances mauvaises. L'envie, le mensonge et la ruse, la non-pitié poussent les mieux entourés à des actes parfaitement prémédités. Dans une famille excellente et attentive à diriger dans la bonne voie l'éducation morale de tous ses membres, une petite fille devint tout à coup jalouse d'un frère au berceau ; elle ne cacha pas d'abord son aversion, puis la dissimula devant la surveillance et la crainte du châtiment, elle essaya même de dérober ses sentiments sous le masque d'une amitié excessive ; mais, dans ses embrassements passionnés, on la surprit mordant et égratignant l'enfant ; elle en vint alors à une rébellion ouverte, aux menaces de meurtre, et l'on dut l'éloigner pour prévenir une catastrophe. L'enfant, du moins celui de nos milieux, naît avec des instincts méchants, et si bien en prédisposition naturelle pour l'acte antialtruiste, qu'on a comparé le criminel adulte à un être enrayé dans son évolution, qu'on l'a regardé même comme un infantile. Mais l'infantilisme qui porte à l'attentat doit se rattacher le plus souvent à des vices congénitaux ou héréditaires, sinon à des perversions éducatives. J'admets que la peur oblige quelques petites filles à soutenir les odieux mensonges, si fréquemment démasqués par les médecins et les magistrats, au cours d'affaires de mœurs : chez d'autres, l'instinct du mal et la débauche, déjà sans secrets, ont dicté toute la conduite [1]. J'accorde que, dans un moment de colère,

1. Brouardel, *Arch. gén. de méd. et an. de gynéc.*, 1883 ; Bourdin, *Un. méd.* et *An. méd. psych.*, 1883, etc. En opposition avec l'habitude ou la facilité du mensonge, chez l'enfant, je mettrai l'opiniâtreté de résistance qu'il apporte quelquefois dans l'aveu d'une faute ou sa négation. Coupable ou non, il saura se taire ou nier devant les menaces et sous les coups, avec un stoïcisme étonnant. Un fermier avait été victime d'un vol de 300 francs et les soupçons de la famille allèrent droit à un petit domestique âgé de 10 ans. L'enfant protestant de son innocence, on le suspendit par les bras au-dessus d'un puits, en lui déclarant qu'on allait le précipiter, s'il n'avouait le vol ; il continua à dire qu'il ne l'avait pas commis ; on l'attacha alors tout nu à un arbre, les pieds reposant sur des cailloux tranchants, le corps enveloppé d'orties, on tira sur lui deux coups de pistolet : le petit martyr pleura, gémit, mais ne fléchit pas : l'intervention d'un voisin lui sauva la vie, et quelques jours plus tard, l'on reconnaissait l'innocence de la victime (juillet 1881).

l'enfant frappe un camarade plus faible, se laisse aller à des entraînements lâches : j'ai peine à croire qu'il ira jusqu'au meurtre, sans l'intervention d'une tare qui a exalté le caractère jusqu'au-delà des limites de la normale plus ou moins imparfaite du milieu, et je ne saurais plus écarter cette intervention dans la plupart des cas d'attentats longuement préparés, raffinés [1].

Chez le mineur, adolescent et même enfant, le crime-délit revêt aujourd'hui toutes les formes qu'il présente chez les scélérats accomplis des autres âges. Si la force manque, elle est remplacée par la ruse, ou bien elle est rendue inutile par le choix de victimes faibles ou hors d'état de résister. Entre les mobiles et les actes, il y a souvent une disproportion qui trahit l'impondération du jeune âge; mais elle indique aussi la nature d'une impulsivité spéciale, puisqu'on l'observe à divers degrés chez beaucoup de criminels adultes. La paresse, la recherche ardente des basses jouissances, la cupidité, la haine vindicative, à propos d'une cause futile, contre les camarades, les maîtres ou les parents, les jalousies de toutes sortes, même celles d'ordre génésique, l'ivrognerie, telles sont encore les notes communes au criminel mineur et au criminel d'âge mûr. Le crime n'attend plus le nombre d'années. — L'enfant prend très vite l'habitude du vol [2]. Il ne recule pas devant l'incendie, ni même devant l'homicide. Il y a deux ou trois ans, à Lille, une petite bonne empoisonnait les deux enfants jumeaux de ses maîtres, avec le phosphore d'un paquet d'allumettes, pour avoir l'occasion de sortir et de se distraire, en allant chercher le

1. Moreau, *L'homicide commis par les enfants*, 1882; Setti, *Délit et crime chez les enfants*, *Arch. d'anth. crim.*, 1888, p. 368-369.

2. Parmi les voleurs, « plusieurs sont fils de voleurs et ont été formés dès leur plus tendre enfance aux exercices du vol. L'un d'eux, à peine âgé de 3 ans, savait déjà démonter une serrure, et plus tard, lorsqu'il sut voler, il racontait, le soir, ses prouesses de la journée à son père, qui trouvait un plaisir infâme dans l'audacieuse naïveté de ses récits. Les jeunes voleurs ont du reste le même argot que les voleurs consommés; ils montrent comme eux du penchant à s'associer pour l'exécution de leurs méfaits; on a constaté successivement l'existence de plusieurs bandes dont une était forte de 18 enfants de 9 à 16 ans et procédait avec un ensemble et une habileté peu communs. Frégier, *l. c.*, I, 197.

médecin et prendre des médicaments chez le pharmacien. L'année dernière, à Lubeck, une petite servante de douze ans, chargée de la surveillance d'un enfant de 9 mois, l'étouffait sous des oreillers, afin d'avoir plus de loisir pour jouer. Il y a souvent défaut d'appréciation suffisante des actes, malgré que le calcul existe, surtout absence de la notion de pitié : l'enfant ignore la valeur d'une vie humaine. — A mesure que la puberté se dessine, le discernement se dégage, sans que les tendances soient modifiées. A 14 ans, Drouart paraît en police correctionnelle pour coups et blessures : il a donné un coup de couteau à un enfant de son âge, parce que celui-ci lui avait adressé un reproche ; ce jeune misérable, que sa mère déclarait avoir « un excellent cœur », n'en était pas à son premier attentat, et l'un de ses plaisirs favoris était de courir après les chiens errants, de les enduire d'essence et de les brûler vifs (Paris, 1885) ! A Charlevoix, un garçon de 14 ans tue d'un coup de couteau l'un de ses camarades pour lui enlever un sifflet de 10 centimes, se réfugie sur les toits et menace de s'en précipiter si l'on essaie de l'arrêter (1889). Vers la même époque, aux environs de Vannes, un autre étrangle une petite fille âgée de 6 ans, après l'avoir violée, imagine toute une histoire pour dérouter les recherches de la gendarmerie et n'avoue son crime, que devant l'évidence des charges accumulées contre lui. L'instinct est si nettement criminel, chez tous ces adolescents, qu'ils ne tardent guère à recommencer de nouveaux forfaits après qu'ils ont échappé aux conséquences d'un premier ou subi un châtiment atténué : le 14 février 1888, on arrêtait à Paris, le nommé Jeannenot, pour assassinat de la fille Sauvageot ; il venait d'être libéré, à la suite d'un emprisonnement prononcé pour attentat à la pudeur sur cette fille, alors âgée de 13 ans, quand lui-même en avait à peine 16. Les mêmes sentiments dévoyés se manifestent dans l'enfance et dans l'adolescence : en mai 1888, au village d'Oberndorf (Wurtemberg), un garçon de 9 ans tue son frère agé de 8, pour lui enlever une paire de souliers neufs, objet de ses convoitises; à 17 ans, après de longues préméditations, Abenque tue à coups de révolver ses deux sœurs, âgées de 14 et 16 ans, par jalousie des préférences que leur accordaient ses parents (Rodez, mai 1889). — La force acquise donne plus d'audace, l'habitude accroît l'assurance, et la fréquentation des compagnies suspectes développe l'idée émulative dans les pires actions. A 17 ans, Varlet est inculpé de nombreux vols, d'incendie volontaire et d'assassinat sur la personne d'un vieillard (Mézières, 1889); à 18 ans, Kaps, après deux meurtres et une tentative d'assassinat, monte sur l'échafaud (Paris, 1889). — Comme la vigueur et l'expérience font quelquefois défaut, devant des occasions propices, on a recours à l'association. On s'unit à deux pour un gros coup à risquer (Bernard et Servant, les assassins de la rentière de la rue du Château, Jeantroux et Ribot, les assassins de la concierge de la rue Bonaparte, Paris, 1889, sont des adolescents, depuis longtemps déjà occupés à chercher de l'argent par tous les moyens, excepté par le travail, afin de s'*amuser*, *de nocer*). On se groupe en bandes, pour la mise en coupe régulière d'un quartier, d'une ville ou d'une commune. Jamais on n'a tant vu de compagnies de malfaiteurs organisées pour le délit et le crime, recrutées parmi la jeunesse : hier encore, la police mettait la main sur une association de 11 vauriens, âgés de 12 à 15 ans qui opéraient dans les magasins et aux étalages du quartier de la Maison-Blanche, nantis de tous les instruments et initiés à tous les procédés des voleurs émérites. Ici, des imberbes s'unissent pour l'exploitation des vicieux, ils emploient la plus honteuse des prostitutions comme un moyen de chantage ou comme un moyen facile de vol ou d'escroquerie. Là d'autres se livrent au pillage des maisons de campagne inhabitées, des jardins et des champs cultivés. Les bandes de précoces malandrins pullulent dans la plupart des grandes villes et, à Paris, quelques-unes ont acquis une célébrité : celle de Debuigny, par exemple, âgé d'une quinzaine d'années et personnage à tradition, se battant en duel à l'américaine, dans une carrière de Montmartre, avec son second de même âge, qui n'obéissait pas avec une suffisante ponctualité aux ordres de son capitaine. — Tout ce monde a des maîtresses, entretenues avec plus ou moins de fracas et qu'il mène à la façon des souteneurs ses aînés : il a ses souteneurs à lui, comme le jeune Desprez, âgé de 18 ans, qui frappait récemment d'un coup de couteau au ventre, sur les boulevards extérieurs, une fille assez osée pour refuser ses bons offices ! En juin dernier, la 10e chambre correctionnelle du tribunal de la Seine avait même à juger un garçon de 14 ans qui, pressé de s'affilier à l'honorable corporation, avait enlevé une gamine de 12 ans, l'avait dressée au racolage « pour apporter de l'argent à son petit amant », et vivait avec elle au fond d'une cave, au quartier de Javel. — Aux audiences on copie les anciens, on affecte leur cynisme, on insulte les magistrats.

De pareils faits, chaque jour répétés dans les journaux, ne donnent cependant qu'une faible idée de la criminalité des mineurs. Pour apprécier toute son étendue, il faudrait augmenter la somme des attentats commis au-dessous de 21 ans, de celle des attentats commis après cet âge, par des sujets qui ont débuté au cours de l'adolescence et ont alors échappé à la vigilance de la police. Sans doute, on arrive à connaître les antécédents du plus grand nombre des malfaiteurs ; on sait que beaucoup, parmi ceux qui peuplent les maisons d'arrêt et les maisons centrales, ont déjà passé par celles d'éducation correctionnelle. Mais combien ont choisi de très bonne heure la carrière du délit et qui ne se révèlent qu'à l'occasion d'un éclat tardif, d'un crime non réussi, en raison même de l'insouciance apportée dans son exécution, de par l'abandon routinier de l'habitude ?

Si les statistiques étaient plus complètes, nul doute, à mon avis, qu'on reculât effrayé devant le développement inouï des idées antisociales parmi les jeunes sujets.

Encore, le crime-délit n'est-il qu'un des modes de leur impulsivité aberrante : le suicide vient s'y ajouter avec un redoublement de fréquence, depuis quelques années. L'un a pour auteurs habituels des garçons, auxquels des filles plus ou moins livrées à la prostitution servent de complices; l'autre a pour victimes presque autant de filles que de garçons. Les motifs de la désespérance sont ordinairement très futiles : ils témoignent de l'incapacité singulière de l'enfance et de l'adolescence contemporaines à supporter le moindre effort et la moindre contrainte. Une fillette de 14 ans, uniquement occupée à surveiller un enfant de 5 ans, se tue, « parce qu'elle trouve trop pénible de faire quelque chose » ; une autre, « parce qu'on lui a adressé des remontrances ». Des garçons de même âge mettent fin à leurs jours par dépit d'une punition ou d'une espérance déçue, quelquefois par dépit amoureux : il y a quelques mois, à Brest, un jeune lycéen, épris des charmes d'une chanteuse de café-concert en pleine maturité, se tirait un coup de révolver dans une chambrette voisine de l'appartement de sa mère : « Son cœur était au désespoir, on ne l'aimait pas comme il aimait ! » Ces suicides sont accomplis avec un sang-froid étonnant : à Alger (août 1889), un garçon de 14 ans, P. C., dispose les canons d'un fusil double de telle façon, qu'il est assuré d'en recevoir la charge dans la tête au plus léger ébranlement de la gâchette ; un autre, de même âge, domestique de ferme près du Mans (avril 1888), se rend la nuit sur la voie du chemin de fer, se couche sur les rails et attend tranquillement le train qui va le broyer[1] ; un autre encore, âgé seulement de 12 ans, dans une commune de la Charente (décembre 1888), se prend de querelle avec un camarade, au sortir de l'école : il reçoit un coup de pierre qui lui brise trois dents, rentre chez lui sans proférer une plainte, vaque à ses occupations habituelles et va se jeter dans une citerne après avoir laissé sur sa table ce laconique billet : « Si je me noie, c'est parce que j'ai trois dents cas-

1. Au moment où je revois ces pages, je lis le suicide identique d'un orphelin âgé de 14 ans, près de Concarneau, au même endroit où une jeune paysanne s'est volontairement jetée sous les roues d'une locomotive, quelques jours auparavant ; un billet trouvé dans le pantalon de la victime indiquait sa résolution.

sées ! » Il y a des suicides à deux, comme celui des jeunes G. et S., âgées de 14 ans et amies intimes (l'une veut se tuer « pour ne pas causer de chagrin à sa mère » et l'autre se tue avec elle « pour ne pas la quitter » (Ménilmontant, mai 1888) ; et même à trois, comme celui de ces jeunes élèves d'un gymnase, à Berlin, qui, imprégnés de schopenhauerisme, s'allaient tuer en rase campagne, à 15 ans, « par dégoût de la vie » (octobre 1889). Ces abandons prématurés de la vie n'ont rien du suicide de lutteurs à bout de force. Ils sont la conséquence d'un état psychique anormal et maladif, l'œuvre de dégénérés, et peut-être est-il heureux que ceux-ci disparaissent avant d'avoir eu le temps de retourner contre les autres leur fâcheuse impulsivité, au contact de conseillers déjà lancés dans la voie du délit ; plus d'un, sans doute, auraient modifié leurs tendances, substitué au dégoût de leur milieu des haines accompagnées de revendications militantes. L'hérédité d'ailleurs apparaît souvent indifférente, dans la genèse du suicide ou du crime : au mois de mars 1890, le jeune frère de Marchandon (l'assassin de Mme Cornet), arrêté pour vols, se pendait dans sa cellule. Mais que la tare existe ou non, ces faits donnent lieu à une remarque attristante : ils découvrent les vices de l'éducation par leur côté imitatif : le jeune vaurien dérobe, viole, assassine, en procédant de la façon « qu'il a lue dans un roman » ; le jeune désespéré se tue en procédant de la manière « qu'il a lue dans les petits journaux [1] ».

A cet état de choses, si inquiétant pour l'avenir, il y a plusieurs raisons.

L'enfant de nos sociétés civilisées naît avec des instincts qui ne ressemblent pas à ceux de l'enfant sauvage. Celui-ci, libre de ses actions dès son plus bas âge, exempt de toute répression, de toute réprimande de la part de ses parents, mais aussi habitué à la dure existence et obligé de bonne heure à se suffire à lui-même, a des qualités

1. Par imitation encore, les écoliers d'Écosse et d'Angleterre ont organisé des grèves ; les nôtres essaient de fonder des journaux et de participer aux polémiques de leurs professeurs, fréquentent les brasseries à filles, se battent en duel, etc. etc.

que n'a pas toujours l'autre ; il s'assouplit plus aisément à son milieu très simple, que l'enfant des nôtres ne le saurait faire au sien, très artificiel, très complexe, en son organisation savante. Le dernier, avec des instincts de combativité qui sont l'héritage de sa race, rencontre mille contraintes, dont il n'apprécie l'utilité et la nécessité qu'au fur et à mesure de l'expérience acquise ; l'éducation tend à abréger pour lui la durée de l'apprentissage ; mais, en forçant la maturité, elle entraîne des dangers pour la cérébration. Aussi observe-t-on parmi nous des perversions infantiles qu'on ne rencontre point parmi les sauvages, perversions qui relèvent souvent d'hallucinations, d'états semi-morbides ou même de formes d'aliénation (hystérie, folie de la puberté, etc.). Toutefois, la manière d'être des jeunes civilisés ne constitue pas une prédisposition naturelle au crime, puisque le plus grand nombre s'adaptent aux conditions de la collectivité. Mais elle le peut devenir, si, faute d'une bonne direction, elle accentue les tendances dans la voie d'égoïsme et d'antialtruisme calculés, qu'elle découvre trop généralement. Tout dépendra de certaines influences. Les unes, individuelles, superposées chez le sujet aux qualités et aux défauts communs dans la race, se rapportent à l'innéité et à l'hérédité : la première, qui crée des aptitudes nouvelles au sein d'une famille ; la seconde qui entretient par la transmission directe ou indirecte, dans la famille, des aptitudes acquises par le père, la mère et les ancêtres. Les autres, collectives, traduisent l'action du milieu : elles perpétuent pour ainsi dire l'état infantile ou lui substituent peu à peu l'état de franc développement d'où sort l'homme social, selon que l'éducation intervient ou non pour pétrir cette pâte encore indifférente du jeune être et pour corriger les tares de l'innéité ou de l'hérédité. L'éducation dresse et redresse ; elle agit par suggestion, en sollicitant ou en entravant l'imitativité, si active chez l'enfant, selon la direction nécessaire ; elle finit par créer un automatisme d'habitude, un caractère propre à assurer les résistances contre les sollicitations à l'attentat, et telle est son importance, qu'on a pu dire, non sans grande apparence de raison, « que l'incapacité à l'éducation par défaut naturel constituait la prédisposition naturelle au crime » (Taverni)[1]. Je n'ai pas à revenir sur les influences d'hérédité. Je me borne à rappeler que la proportion considérable d'enfants nés de criminels, de prostituées et d'alcooliques, rencontrés dans les prisons, prouve surabondamment la fréquence des tares individuelles. Plus grande en ressortit l'action éducative, après cette réflexion : malgré les stigmates que leur naissance suppose, les enfants illégitimes fournissent, dans le crime-délit, un chiffre relativement assez médiocre, et, même dans la récidivité, ne semblent guère dépasser, proportionnellement à leur nombre, les contingents des enfants légitimes, les premiers recueillis par l'Assistance, bénéficiant d'un élevage approprié, que le dédain ou la faiblesse des parents n'applique pas aux autres ; la plupart des criminels proviennent des couches sociales où l'enfance est moralement le plus abandonnée, laissée le plus libre en face du mauvais exemple[2] ; chez beaucoup d'autres, si l'origine est plus élevée, le vice éducatif se trahit de bonne heure avec les tendances perverses et antisociales.

Le mal est profond et il est en partie de cause officielle, sans que l'on semble s'en douter.

Si l'on ne consent pas à s'occuper des parents, qui cependant tous les premiers auraient besoin de réforme et surtout de protection contre les habitudes dégénératives, qu'on néglige moins les intérêts de l'enfant : on ne peut arguer, à son égard, du principe de liberté, et la société, qui lui refuse le discernement, doit le diriger dans la voie de l'utilité collective, celle aussi de la vraie morale. Le nouveau-né appartient encore à la mère pendant toute la durée de l'allaitement, le complément de la gestation uté-

1. Cong. d'anthrop. crim. de Paris.

2. Raux l'a constaté dans la population du quartier correctionnel de Lyon : *l'Enfance coupable* (*Arch. d'anth. crim.*, mai 1890, p. 222, 257).

rine. Au-delà de la période où se trouve assurée sa vie végétative, l'enfant subit, entre ses parents, une sorte d'incubation de sentiments, qui l'initie à la vie sociale et à son futur rôle d'homme civilisé : sa conduite ultérieure dépendra de cette incubation. L'enfant, a dit Broussais [1], préfère en général le mal au bien. La préférence suppose une réflexion qui manque tout d'abord. Le jour où l'enfant accomplit ses premiers pas, il essaie instinctivement ses forces, il est avide de sensations ; il frappe l'objet inanimé et l'être sensible, sans distinguer entre l'un et l'autre, il s'amuse des débris d'un polichinelle et des cris de douleur d'un animal, qui lui apparaissent comme une source d'impressions nouvelles. Le jour où il reçoit du chien, qu'il a trop vivement tourmenté, la notion de la défense... et de la crainte, il commence à séparer vaguement le bien du mal ; le jour où il voit pleurer un petit camarade, qu'il a fait souffrir, il réfléchit davantage et prend sa première leçon de morale : il est mûr pour l'enseignement social. Mais il faut aider sa compréhension des choses, empêcher qu'elle ne s'intervertisse et se fausse, car il n'entre pas toujours de lui-même dans la bonne voie. En possession de centres instinctifs particulièrement exaltés, il peut leur demeurer soumis, et si l'éducation n'intervient pas, proportionnée à l'intensité d'action de ces centres, pour tempérer leur influence et rectifier leurs impulsions, l'enfant montre peu à peu des tendances susceptibles des pires transformations. C'est alors qu'il serait vrai de dire qu'il préfère le mal au bien. Il ramène tout à sa propre jouissance, n'éprouve du plaisir que dans la peine d'autrui, et, pour donner satisfaction à ses sentiments, il va essayer toutes les ressources de sa jeune intelligence. Il ne recule bientôt ni devant le délit, ni devant le crime. Je fais allusion à l'enfant placé hors des conditions héréditaires qui entraînent la propension au crime. Celle-ci même n'existerait pas, à proprement parler, d'après Ma-

1. *Irritation et folie.*

gnan[1], par le fait de l'hérédité nerveuse, de la vésanie ou de l'alcoolisme des parents. La tare pathologique ou dégénérative porte le trouble dans les fonctions supérieures : tantôt les activités modératrices sont impuissantes à réprimer des appétits et des instincts que suscitent des territoires cellulaires en état d'éréthisme morbide, tantôt ces activités mal équilibrées entre elles ne parviennent pas à fournir la pondération nécessaire à la régulation des phénomènes de l'impulsivité banale. Cela aide à pousser dans une direction déjà indiquée certaines natures, mais ne suffit pas à leur imprimer cette direction *sui generis* qui a pour aboutissant l'attentat. L'éducation négative ou mal comprise crée à elle seule la prédisposition criminelle ; bien adaptée au contraire, elle atténue ou paralyse les influences indirectes, et il n'est pas démontré qu'elle soit absolument désarmée contre les prédispositions directes. Sans doute, elle échouera quelquefois. Mais elle réussira à prévenir le crime dans le plus grand nombre des cas. Elle reste donc comme le pivot de toute tentative sérieuse d'une amélioration des mœurs. On le sent bien ; mais les choses n'en vont guère mieux ; elles vont même un peu plus mal, sous certains côtés, qu'au temps jadis, où la religion, dominant les esprits, tenant lieu d'éducation, servait de frein très utile à tous les âges et dans toutes les classes.

Dans la bourgeoisie et jusque dans le monde aristocratique, l'enfant apprend à se conduire d'après l'intérêt et la vanité. La mère enseigne à la fille les airs mignards et les miévreries des gravures et des journaux de mode, ou bien les allures effrontées des poseuses élégantes ; le père enseigne au fils la dissimulation, le calcul égoïste. A ces jeunes, on vante le succès sans penser à leur taire les moyens qui l'ont valu ; si on leur parle de travail, c'est en présentant comme unique objectif beaucoup d'argent

1. Cong. d'anthrop. crim. de Paris, 2e rap. sur la 5e question, *De l'enfance des criminels dans ses rapports avec la prédisposition naturelle au crime.*

à gagner, beaucoup d'honneurs brillants à acquérir..., beaucoup de gens à éclabousser et à rendre jaloux! On sacrifie d'emblée le fond à la surface: qu'importe aujourd'hui qu'un personnage soit vide, s'il se montre sous un revêtement bien doré... Cela est tout à fait dans les goûts de l'enfant. Pour achever de lui réduire le caractère, on le gâte, on le laisse libre en ses lectures et en ses fréquentations. Tant mieux s'il tourne à bien... Mais trop ordinairement le résultat d'une pareille éducation est de produire un adolescent vicié ou incapable d'aucun effort de combativité honnête. La demoiselle fléchira au premier éveil de ses sens, jusqu'à se vautrer dans la boue, ou, si elle évite l'amant, quelquefois recruté parmi des laquais [1], elle s'empressera d'accepter pour mari un individu facile, avec l'arrière-pensée de se livrer à l'adultère, comme à une distraction de haut ton. Le garçon, gommeux ou petit crevé, deviendra joueur ou débauché, puis escroc, voleur ou faussaire: il ira parfois finir au bagne. — L'éducation suit-elle un cours pédagogique? Elle n'est point édifiée sur des programmes convenables pour corriger l'enfance ou la former avec sûreté. Elle se réduit à bien peu et, confondue avec l'instruction, elle disparaît presque sous le développement exagéré de cette dernière. Dans les écoles congréganistes, on tient bon dans l'ancien système et la religion, si elle fausse les idées d'un côté, les fortifie d'un autre: je n'entends pas dire qu'on trouve là des modèles; mais je constate un fait. Dans nos établissements universitaires, on jette à l'intelligence une pâture abondante jusqu'à être indigeste, on enseigne même la morale laïque..., mais on ne moralise point, parce qu'on ne possède aucune règle d'élevage, d'éducation pratique: l'enfant ne se soutient que par ce qu'il a déjà acquis dans la famille, souvent un maigre bagage! Si nos lycées ne sont pas la pépinière de gredins que prétendent les vertueux cléricaux [2],

1. Affaire L..., 1859. Je m'abstiens de rappeler des affaires plus récentes.

2. Je lis dans l'*Océan* du 30 juillet 1883 (l'*Océan* est un journal brestois, clérical et monarchique, toujours à l'affût de ce qui peut jeter quelque mauvais reflet sur l'ensei-

ils ne sont pas non plus, dans une suffisante mesure, une pépinière de citoyens virils et toujours prêts pour la lutte ; à côté de vaillants, ils fournissent une proportion trop grande de médiocres ou même de mauvais. L'enseignement de la chaire ne peut suppléer à l'absence de l'enseignement par l'exemple, qui jaillit du contact familial. L'enfant saute aujourd'hui de plain-pied dans une sorte de promiscuité qui l'initie trop hâtivement à la vie sociale : il apprend... à la grosse les devoirs de celle-ci, mais non pas les délicatesses morales qui font et assurent la véritable honnêteté, la véritable indépendance, seules forces d'un pays : il sera un habile et c'est tout ce qu'on souhaite ; mais ce n'est pas sur les habiles seulement qu'une nation doit compter au jour des grands dangers. Encore, si cette vie de caserne le préservait des souillures qui étiolent le corps avec l'intelligence. Mais comment exercer une surveillance efficace, à l'époque orageuse des premiers éveils de la sexualité, sur des masses collectives trop considérables, et avec des maîtres souvent trop jeunes pour apprécier les tendances de l'enfant, ou trop vieillis dans une position précaire pour avoir le souci d'une attention active et tout intime [1]. Aussi l'élève sort-il fréquemment du collège avec une maturité trop avancée et quelquefois même absolument corrompu. Chambige est un triste produit de l'élevage universi-

gnement officiel, mais toujours muet, on le pense bien, sur les scandales des écoles congréganistes et les chutes extra-scolaires de leurs produits) : « Les fruits de l'enseignement impie, dit civique, ne se font pas attendre ; le rapport du ministre de la justice, pour 1881, constate l'augmentation d'année en année du nombre des prévenus âgés de moins de 20 ans. »

1. On ne veut plus que des répétiteurs aptes à devenir eux-mêmes des enseignants littéraires ou scientifiques. Tout en laissant la porte des hauts grades ouverte aux jeunes gens doués d'aptitudes pour la chaire, ne serait-il pas logique d'instituer une carrière honorable et bien rémunérée pour les sujets qui se sentent plus particulièrement portés vers l'éducation, aiment à vivre à côté de l'enfant et accepteraient avec lui l'existence commune ? Mieux vaudrait encore le système des bourses de famille, du placement des élèves, éloignés de leurs parents, chez les professeurs mariés, comme en Angleterre et en Allemagne : l'éducation se fait par l'exemple, on ne saurait trop le répéter, non par les théories, même appuyées sur les récits les plus pathétiques. Le lycée-caserne, issu des conceptions militariennes de Napoléon Ier, est une institution qui a vécu.

taire[1]. Avant lui, le fameux Collet s'était initié à toutes les perversions dans un lycée de l'Empire : il avoue, dans ses mémoires[2], qu'à l'âge de quinze ans et demi, il y apprit « de camarades peu édifiants sur l'article des mœurs.... des mystères dont la connaissance influe d'une manière trop funeste sur la vie d'un homme ».

Si l'éducation demeure aussi défectueuse au sein des familles fortunées et dans le giron de l'*alma mater*, que dire de celle que l'enfant reçoit dans les classes pauvres et peu aisées ! Dans la communauté des logements étroits, où les parents ne peuvent pas toujours préserver leurs actions de la curiosité du jeune garçon et de la jeune fille, éviter des discussions dangereuses que l'on croit au-dessus de leur portée et dont ils saisissent le sens vaguement, pour l'interpréter au pire de leurs instincts en éveil, que d'idées malsaines prennent naissance ! Plus tard vient la communauté plus redoutable encore de l'atelier, où la puberté sombre aux sollicitations qui l'assaillent. Et que n'arrive-t-il pas dans les ménages où l'alcoolisme et la débauche viennent ajouter l'exemple cynique aux leçons ordinaires de la vie mêlée ! J'ai vu, à la maison pénitentiaire de Landerneau, un relégable au corps grêle, au visage enfantin, mais avec le front déjà ridé du vieillard, l'œil brillant et sans regard du dégénéré ou du demi-fou : dès son bas âge, il avait assisté aux ébats de ses parents, qui étaient en concubinage ; à 16 ans, il inaugurait la série d'attentats sur les petites filles, au bout de laquelle, à 21 ans, il méritait une condamnation irrémissible. En de grossiers milieux, où il n'existe aucune discipline, comment s'étonner, que les moindres événements se dénouent quelquefois par les impulsivités les plus monstrueuses ! A Douai, un gamin de 14 ans, irrité d'une légère correction, s'arme d'un fusil et tire sur son beau-père ; à Montbellet, un jeune homme de 17 ans, rendu furieux par l'ordre que lui avait donné sa mère de ne point sortir de la

1. Tarde, *Arch. d'anthrop. crim.*, janv. 1889, p. 96-97.
2. Ed. de Melle, 1840, p. 22.

maison, la tue à coups de hache ; à Tinteniac, un autre, dans un accès de folie alcoolique, viole sa mère et lui arrache les entrailles : à Leipsig, une fille de 12 ans assassine sa mère, etc. Les parents deviennent même, dans les bas-fonds, les initiateurs immédiats de l'enfance à la prostitution et au délit ; ils vivent de l'exploitation des jeunes, de leur inconduite ou de leurs méfaits ; on vend ou on loue les petites filles à d'ignobles proxénètes ou on leur suggestionne l'art de soutirer l'argent des hommes, de pratiquer la débauche ambulante, dans le métier louche de petite bouquetière ; on applaudit aux bons tours du garçon dans les foules et on lui apprend à voler [1]. Puis, pour d'autres malheureux, c'est l'abandon complet : faibles, grelottants de froid, affamés, ils vont errants dans les campagnes et les villes, ils mendient d'abord et bientôt trouvent largement ouverts, devant eux, les chemins de la perdition ; ils rencontrent des compagnons de misère, déjà débauchés ou vicieux, qui les corrompent, ou des maîtres, dont ils subissent l'ascendant par crainte, dont ils deviennent les instruments, dans l'œuvre antisociale.

Comment on devient criminel par le défaut d'éducation familiale, Maxime du Camp l'a écrit [2]. « Tous les malfaiteurs ne sont pas voleurs de naissance, et si beaucoup sont nés honnêtes, il faut attribuer aux mauvais exemples, à la faiblesse de leurs facultés résistantes, la vie coupable où ils finissent par se complaire. Ceux qui, comme Lemaire

1. Voir plus haut une note empruntée à Frégier. J'en rapprocherai ce fait divers (*Petit Journal* du 25 mars 1888). « Un petit garçon de 12 ans, Ch. C., était conduit dans l'après-midi au commissariat de la rue Blomet, par un commerçant de la rue Lecourbe. Il avait la figure et les mains sillonnés de coupures et des éclats de verre dans les plaies. Le négociant déclara que l'enfant avait été jeté dans sa devanture par deux femmes qui avaient ensuite pris la fuite. Ch. C., interrogé par le magistrat, fit à celui-ci la curieuse et bien inattendue révélation suivante : — Maman me maltraite tous les jours comme elle vient de le faire, pour m'apprendre à voler ; ainsi, ces jours derniers, avec deux hommes et une amie de maman, nous avons dévalisé une maison du côté des fortifications. — Séance tenante, le commissaire de police ouvrit une enquête, qui confirma de point en point les dires de l'enfant. Les deux hommes ont été arrêtés dans un bouge malfamé... et envoyés au Dépôt après aveux. La mère de l'enfant et sa complice ont été également arrêtées. Une perquisition faite à leur domicile a amené la découverte d'une grande quantité d'objets volés. »

2. *Paris*, III, 19.

comme Firon, comme Troppmann, débutent par l'assassinat, représentent des cas isolés, sur lesquels il est bien difficile de baser une théorie. L'éducation est lente, successive, et l'échafaud a bien des marches qu'il faut franchir une à une, avant d'arriver sur la terrible plate-forme. L'enfant fait l'école buissonnière, il prend l'habitude de la paresse et du jeu ; il rentre tard, il est battu par son père, et jure qu'on ne l'y reprendra plus. Il recommence, car il a goûté de cette liberté malsaine qui l'éloigne des livres ennuyeux, du pédagogue importun, de la maison sévère. Il se rappelle la correction paternelle, il n'ose rentrer, il va coucher à l'abri d'une porte ; s'il échappe aux patrouilles et aux rondes des sergents de ville, il se retrouve au point du jour sur le pavé de la grande ville sans sou ni maille ; il a faim, il vole un saucisson chez un charcutier. Le premier pas est fait ; il a, tout petit qu'il est, acquis une funeste et désolante expérience ; il vient de faire tout un apprentissage, il comprend le gain sans travail et s'aperçoit qu'on peut posséder sans acquérir. Dès lors, presque toujours, il est perdu ; le vice l'a pris et le crime l'attend. L'âge vient, toutes les passions de la jeunesse le sollicitent et le poussent. Il vole de l'argent, chez son père d'abord, chez son patron, dans une boutique ouverte ; s'il est pris, il passe en jugement ; on a pitié de son âge, qui plaide pour lui ; il fait deux ans de prison, deux ans pendant lesquels il vit avec tout ce que la société a de pire, dans des préaux où il n'entend que forfanteries criminelles, car là c'est à qui se vantera des plus effroyables actions ; comme un apprenti qui veut passer maître, il se parfait en son art. Au sortir de la geôle, il retrouve ses compagnons. Les timides opérations d'autrefois sont tournées en risées. On rêve des vols avec effraction, de grosses affaires qui font courir un risque sérieux, mais rapportent du moins d'importants bénéfices. Le crime est résolu, un imprudent en est témoin par hasard, il crie au voleur, il est tué, et le petit vagabond d'autrefois, devenu assassin, s'en va retrouver sur la guillotine le monde inexplicable des Castaing, des Avril et des Norbert... »

L'enquête sénatoriale (de 1883 Th. Roussel), les récentes discussions qui ont eu lieu à la Chambre des députés [1], sur la protection de l'enfance, ont mis à nu les tristes conséquences de l'abandon et de la tutelle familiale de mauvais aloi. L'assistance publique a décuplé ses ressources et étendu le domaine de son intervention : des sociétés privées lui viennent en aide avec un admirable dévouement, et la loi du 24 juillet 1889 a enfin permis aux magistrats d'arracher leurs enfants aux parents indignes qui les maltraitent, leur donnent de pernicieux exemples et compromettent leur moralité. Mais l'effort ne produira des résultats fructueux qu'autant qu'il sera continué sans défaillance [2]. Il ne suffit pas d'ailleurs de recueillir et de protéger les épaves de toutes les basses couches, il faut encore les transformer en éléments sociaux. Pour cela, il y a l'apprentissage professionnel et l'école.

L'école bien comprise est une initiation excellente à la vie collective. L'enfant y apprend l'assouplissement aux contacts, y forme son caractère, y acquiert les habitudes qui plus tard devront régler l'existence de l'adulte, la vertu de fraternité dans la camaraderie, l'effort émulatif

1. Rap. de Gerville-Réache (an. à la séance du 13 juillet 1886). Voir aussi : d'Haussonville, *L'enfance à Paris*, 1879, et les rapports du service de l'Assistance publique.

2. On jugera de l'énergie qu'il exige, si l'on songe que le chiffre des enfants abandonnés s'élève à près de 100,000, pour toute la France. L'histoire de ces pauvres êtres est navrante. Malgré le zèle de Vincent de Paul et de Thomas Coram, malgré ceux de l'Assistance publique et privée, depuis le dernier siècle, elle est encore attristée par trop de noirs tableaux. Autrefois « entre les mains de subalternes avides, les enfants confiés à la Charité publique devenaient l'objet d'un trafic affreux On les vendait à des bateleurs, à des mendiants, et, comme disent les mémoires du temps, à des magiciens ; le prix courant était de 20 sous » (Ch. Dupin, *Hist. de l'admin. des secours publics*). On peut voir, par les révélations de Macé (*Joli monde*, 331) et par la lecture des feuilles quotidiennes, combien la loi de juillet 1889 était urgente, combien il est nécessaire qu'on l'applique avec rigueur (en septembre de la même année, à Paris, une fillette de 6 ans était vendue à un montreur de phénomènes par un allemand, qui vivait avec la mère, et pendant un séjour de celle-ci à l'hôpital ; pour 100 francs, le misérable avait livré l'enfant : l'acheteur, pris de remords, la renvoya chez elle et l'Assistance l'adopta. Le vendeur en fut quitte pour trois mois de prison !). Il y a aussi à sévir contre les loueurs d'enfants. D'après Dupont (du Nord), « le chiffre de ceux qui exercent cette industrie, à Paris, varie entre 2,000 et 3,000 », sans parler des parents qui envoient leurs enfants poser comme modèles (*Les Ouvriers*, p. 32). Les choses ne vont guère mieux à Londres qu'à Paris, s'il faut en croire les révélations de la presse (*Lanterne* du 20 juillet 1888).

dans les luttes pacifiques, la prévoyance, depuis l'institution des caisses d'épargne scolaires, etc. Il est donc nécessaire de maintenir l'obligation de l'école ; mais il faut que l'école soit plus éducative, plus soucieuse du développement moral et physique, même au prix d'un large sacrifice de l'instruction proprement dite. Tout a été dit sur les inconvénients du surmenage cérébral dans nos collèges et dans nos grandes écoles, sur l'utilité d'un entraînement physique rationnel : mais on continue à farcir les programmes de grec et de latin, à les grossir de notions si multiples qu'ils en deviennent absolument indigestes [1] ; la gymnastique et les exercices militaires restent lettre morte dans la plupart de nos lycées, discrédités sous le pédantisme hypocrite d'une aristocratie universitaire, pleine de vanité et de préjugés routiniers [2].

Je souhaiterais par-dessus tout, que l'on exigeât de chaque enfant, jusqu'à l'enseignement supérieur, la connaissance d'un métier manuel. Le regrettable antagonisme cessera entre la classe bourgeoise et la classe ouvrière, le jour où la première pourra se vanter de savoir manier un outil et la seconde faire la preuve d'une instruction solide, en dehors de ses aptitudes professionnelles [3]. Ce

1. Il y a des entêtés qui trouvent ces programmes insuffisants ! Un membre de l'Académie de médecine ne réclamait pas moins de 70 leçons nouvelles, tout récemment, pour apprendre aux futurs instituteurs les *éléments* de l'hygiène scolaire... et peut-être pour avoir le placement d'un de ses livres.

2. C'est la vieille querelle du maître d'armes et du maître de philosophie, dans la comédie du *Bourgeois gentilhomme*. Il est certain qu'on n'élèvera la gymnastique au niveau qu'elle mérite, qu'à la condition de donner à ses maîtres une situation égale à celle des professeurs d'autres cours. On le peut, en exigeant des instructeurs un savoir et une éducation convenables, en les recrutant par concours ou parmi d'anciens officiers (l'école de Joinville-le-Pont forme des moniteurs brevetés qui tous ont l'épaulette).

3. Le sentiment de défiance et de jalousie entre classes est un de ceux que combat le moins notre système éducatif. (Je ne parle pas des établissements congréganistes..., qui ont intérêt à l'entretenir et divisent pour assurer le triomphe des cléricaux. Dans l'école primaire on ne s'attache pas assez à le prévenir, et dans les écoles plus hautes, il trouve un aliment dans une déplorable inégalité. J'entendais un jour deux gamins, sortant de l'école qui discutaient avec animation la question des retraites (toujours à l'ordre dans nos ports militaires) ; l'un d'eux avait appris qu'une augmentation serait accordée *aux ouvriers* de l'arsenal, et il s'en réjouissait, mais surtout parce qu'il croyait qu'aucune augmentation ne serait accordée *aux officiers*. Il fallait voir avec quelle expression haineuse ce bambin prononçait ces mots : *pas aux offi-*

jour-là aussi verra certainement diminuer le nombre des criminels, car l'homme en possession d'une bonne instruction et d'un bon métier a moins de chances de faiblir et, en cas de chute, plus de chances de se relever. Que de désillusionnés des professions prétendues libérales, que d'inutilités sociales, jadis l'honneur des collèges et de l'Université, qui, au lieu d'aboutir à la misère honteuse et dégradante, souvent au suicide ou au crime, auraient une nouvelle voie ouverte à leur intelligence et à leurs instincts encore non pervertis, s'ils avaient été mis, dès l'enfance, en mesure de gagner leur pain, autrement que par les fioritures du vers latin, les aridités du thème grec, et autres belles choses d'origine clérico-monarchique !

J'ajouterai que l'introduction du travail manuel à l'école remédierait aux vices et à l'insuffisance de l'apprentissage dans les ateliers industriels. Les adolescents trouvent difficilement accès et plus difficilement encore l'enseignement professionnel sérieux, dans les établissements qui, autrefois, les formaient aux métiers. Les ouvriers, uniquement préoccupés de leur salaire quotidien, redoutent des rivaux dans les apprentis, s'opposent à leur admission, même sous la menace de grève, et par leur égoïsme étroit préparent la déchéance et la ruine de leurs propres enfants. Cette étrange situation, dévoilée par les enquêtes parlementaires et les rapports des inspecteurs du travail des enfants, multiplie dans les grandes villes « le nombre des adolescents destinés à être tour à tour des artisans de petits métiers faciles et inter-

ciers ! Dans les lycées et dans les grandes écoles, il est triste de voir associer, dans l'internat, la pénurie complète des uns aux richesses des autres, de rencontrer au réfectoire le pauvre diable qui n'a que le pain sec à dévorer, à côté de l'heureux qui l'assaisonne de fruits ou de confitures. J'ai cependant entendu dire que les choses étaient un peu changées et qu'on allouait un *prêt* aux boursiers. Il serait mieux de fixer un maximum d'argent de poche que personne ne pourrait dépasser. Plus tard, l'inégalité se montre plus choquante, quand l'âge des appétits met en plus ardente opposition l'élève pauvre et l'élève riche ; des vols commis par des jeunes gens, au préjudice de leurs camarades, à Saint-Cyr et à l'École polytechnique, sont venus révéler ces dangers, il n'y a guère longtemps. Assez tôt les adultes se trouveront aux prises avec les inégalités sociales, sans qu'on s'expose à faire à l'avance déclarer mensongers tous les beaux préceptes qu'on enseigne aux adolescents, par le spectacle des inégalités de l'école.

mittents, puis des camelots, puis des vagabonds, puis des souteneurs, puis des habitués de police correctionnelle ». Mais elle produit une autre conséquence. La difficulté de recruter un personnel convenable, dans quelques industries, « appelle de province à Paris des ouvriers mal préparés, qui errent d'atelier en atelier et qui travaillent un jour sur trois : c'est un déclassement universel » (Joly)[1].

L'enfant ne vit pas renfermé dans l'école et l'atelier. Comme il a l'occasion d'échappées plus ou moins fréquentes dans la vie du dehors, il importe que le rôle éducateur de l'État se poursuive en tous lieux. Si l'État prend le droit d'intervenir contre les parents et les maîtres immoraux, à plus forte raison a-t-il le devoir d'intervenir contre les empoisonneurs publics qui corrompent le jeune âge par le livre, le journal ou la gravure, les exhibitions obscènes ou malsaines de toutes natures. Je ne veux pas dire qu'on supprime tout livre et tout journal reconnu dangereux pour l'enfant : c'est aux parents à prendre garde à ses lectures à la maison. Mais j'estime que la libre vente de certaines publications, le libre étalage sur les murs de certaines annonces et de certaines illustrations, forçant la curiosité du gamin qui passe dans les rues, constituent une œuvre de démoralisation déplorable. A quoi sert l'éducation la plus attentive si, à l'époque périclitante de l'évolution, l'enfant et l'adolescent rencontrent partout de telles occasions de connaître ce qu'ils doivent ignorer !

A aucune époque, une tutelle vigilante et prolongée n'a été plus nécessaire auprès des jeunes. Avide de jouissances, trop vite initié aux secrets de la vie intensive, trop tôt émancipé, l'adolescent est exposé à des contacts redoutables, à chaque pas qu'il fait hors de l'atelier, de l'école ou de la maison paternelle. Combien j'en ai vu, appartenant aux familles qui ont été le plus soucieuses de leur éducation, perdre brusquement le fruit d'atten-

1. *France criminelle*, p. 218.

tions de plusieurs années! Une rencontre fortuite, au café, car le café et même d'autres lieux encore pires, s'ouvrent aujourd'hui pour l'adolescent, suffit à l'initiation d'un doux et d'un timide. Un garçon de 18 ans, travaillant chez son père, dans une boutique de bijouterie, fait la connaissance d'un camarade très déluré ; celui-ci veut l'entraîner dans un bal public. « Je n'ai pas d'argent. — Demande vingt francs à ton père ou à ta mère. — Ils ne me les donneront pas, car nous avons eu beaucoup de dépenses à supporter cette année. — Alors, prends-les sans rien dire ! » — Mécrant, condamné à mort à 19 ans, pour complicité d'assassinat (bande d'Auteuil, 1888), appartenait à une famille honorable et aisée : il avait reçu bonne éducation et bonne instruction, fréquenté une école de hautes études commerciales, rapidement conquis une excellente place dans une des plus célèbres maisons de commerce de Paris : il fait la connaissance d'un vaurien, Allorto, et, dès ce moment, il se transforme. « Vinrent successivement alors les courses, les paris, les femmes, les dissipations et l'idée du crime » (Joly) [1].

La vie de régiment, imposée de bonne heure à tout le monde, est une source de nouveaux dangers. Le mélange des classes, de sujets d'habitudes et de mœurs contraires, dans une promiscuité intime, profite aux moins dégrossis, que les contacts instruisent, rend service à un petit nombre d'affinés, qu'il préserve ou guérit de tendances neurosthéniques et virilise, est pernicieux pour beaucoup de jeunes gens jusque-là indifférents, qu'il corrompt. La discipline arrête les écarts ; mais au retour dans le foyer, les impulsivités transformées se déchaînent. Le militarisme est une cause puissante de dégénérescence physique et morale, par la sélection qu'il fait des plus forts pour la guerre, où ils seront détruits, et par les perversions auxquelles il expose les jeunes, à l'âge des

1. *Jeunes criminels parisiens*, *Arch. d'anthrop. crim.*, mars 1890, p. 154. La peine de mort prononcée contre Mécrant a été commuée en celle des travaux forcés à perpétuité.

passions, dans l'internat obligatoire des casernes, en temps de paix.

Si, par le défaut de l'éducation ou malgré ses efforts, le cerveau *prend le pli* des instincts criminels, de nouveaux devoirs incombent à la société. Lorsqu'il n'y a plus d'espoir de *refaire* une organisation déjà *fixée*, au moins peut-on l'entourer de tels moyens d'arrêt, qu'elle ne saurait progresser dans le mal et se perfectionner dans le crime. C'est ce qu'on oublie, en condamnant des enfants à l'isolement excessif du régime cellulaire, où le vice grandit dans la solitude et où la haute criminalité s'élabore dans le silence et la réflexion ; des adolescents, à la communauté non moins excessive des prisons et du bagne, où vice et criminalité atteignent leur apogée par la contagion de l'exemple et l'imitation. Il y a cependant de meilleurs systèmes de répression à essayer pour les jeunes, des systèmes aptes même à dompter les natures les plus réfractaires, à utiliser jusqu'à leur violence impulsive et à la diriger vers certains buts. Tout d'abord, la colonie pénitentiaire agricole, élargie, formée par sélection, avec une discipline et un travail obligatoire proportionnés aux catégories d'âges et de caractères, où l'enfant trouverait, dans la vie en plein air, rude et saine, avec l'emploi de ses forces vives, les éléments d'une amélioration physique, souvent le prélude d'une amélioration morale, à la longue peut-être un automatisme d'habitude où disparaîtraient ses premières tendances. Puis, l'enrégimentement en des conditions spéciales, qui conviendrait aux adolescents et aux jeunes adultes. Je désirerais, pour beaucoup d'entre ces derniers, avant l'abandon définitif à la prison ou au bagne, l'épreuve d'une incorporation militaire en des brigades, organisées sur le modèle des compagnies pénitentiaires de l'armée et toujours maintenues sur le pied de campagne. Ici, il n'y a plus à craindre l'effet des contacts ; j'admets que la viciation est accomplie [1] ; il y a un frein à établir, une sorte de

1. Je n'aborde en ce chapitre qu'un des côtés de la répression. J'examinerai l'ensemble dans la 3e partie (ch. VI).

change à imprimer dans leur objectif aux instincts les plus grossiers. La discipline, ferme et juste, sous des hommes exercés de bonne heure au commandement et s'imposant à tous par l'évidence des services rendus au pays, plie les plus rebelles sous le joug ; l'état de guerre permanent ou tout au moins en imminence ordinaire, comme sur la frontière algérienne ou dans nos postes du Sénégal, donne une direction aux appétits violents, et, quand la lutte éclate, si ces appétits se manifestent avec intensité, ils tournent au profit de la nation. Dans nos compagnies de discipline, il existe une masse d'individualités vicieuses et dangereuses : en tolérant chez elles quelques écarts..., que l'on peut ne pas voir, en faisant vibrer chez elles ce qui reste d'amour-propre, on les entraîne cependant à bien faire, même à aimer leur drapeau jusqu'à la mort. Pourquoi n'obtiendrait-on pas de semblables résultats avec maints jeunes gens que les tribunaux correctionnels et criminels rivent sans rémission à la criminalité, en les envoyant dans les prisons, si mal organisées pour leur réformation ? L'acte en lui-même est indifférent : à l'homme doué de l'instinct de meurtre, qui est le même que celui des combats, n'est-il pas absolument logique d'offrir un mobile susceptible de convertir une tendance mauvaise en une tendance utile, au lieu d'essayer vainement de détruire une activité devenue indélébile ? La prison et le bagne n'ont leur raison d'être que pour les criminels reconnus incapables de toute direction utile : ils sont alors les barrières protectrices de la société contre les attentats qu'elle ne peut empêcher d'une autre manière, et aussi le refuge des criminels contre leurs propres impulsions ; ils tiennent de l'asile, sont pour ceux qu'ils renferment, suivant l'expression de Lauvergne, presque une œuvre de charité. C'est au vieillard et à l'homme mûr que conviennent particulièrement ces établissements, après la constatation d'habitudes enracinées. Chez eux, il n'y a plus à espérer la moindre rectification de l'activité cérébrale, la moindre dérivation des instincts, en dehors de l'impulsion criminelle. L'âge fait du criminel un génie du mal : l'homme apporte dans son œuvre antisociale toute l'expérience des années écoulées ; quand la force manque à son bras, il s'érige en professeur du crime, et, jaloux de laisser après lui des élèves, de protester contre l'honnête par-delà le tombeau, il se livre à un prosélytisme cynique, fait rayonner le vice autour de lui, c'est le Satan toujours en quête d'âmes à dévorer des légendes chrétiennes. Rien de hideux comme le forçat vieillard... si ce n'est l'entremetteuse à cheveux blancs, que la loi, trop indulgente, laisse, sous l'épithète de divers métiers, errer dans nos grandes villes, où elle exploite les appétits naissants d'une jeunesse ignorante, au profit d'autres vieillards... de ceux-là que j'ai rangés dans les criminels latents.

LIVRE III

FACTEURS SOCIOLOGIQUES ET COSMIQUES DU CRIME ET DU SUICIDE

CHAPITRE I

L'INFLUENCE DE LA CIVILISATION ET DES SYSTÈMES POLITIQUES

Toutes les actions humaines sont la résultante des conflits de l'organisme et du milieu. L'être qu'on a appelé le roi de la création en est aussi l'esclave ; il est soumis aux influences qui l'enveloppent, mais, à son tour, il réagit contre elles, et, de cette lutte ininterrompue, des transformations réciproques se dégagent à la longue, apportant de nouveaux changements dans les rapports mutuels. Les conditions de résistance sont d'ailleurs inégales. L'homme a peu de prises sur le milieu physique, qui lui imprime des caractères de races si profonds ; il ne l'adapte à ses besoins que dans une limite restreinte ; mais il règle jusqu'à un certain point sa propre adaptation à ce milieu invariable, par la formation d'un milieu artificiel, éminemment variable, la collectivité, le groupement suivant le mode social, qui lui permet d'arriver plus facilement à la satisfaction de ses besoins. Dans l'association, les activités psychiques sont en perpétuelle réciprocité d'alliance et en perpétuelle opposition ; elles tendent néanmoins à s'équilibrer dans une sorte de moyenne, et celle-ci s'élève à mesure que les individus, mieux initiés aux conditions régulatrices de leurs intérêts, resserrent davantage les liens conventionnels d'où naît la civilisation. Des progrès s'accomplissent, l'intelligence grandit, le cerveau se développe, car si l'organe fait la fonction, la fonction contribue à donner à l'instrument, par l'exercice habituel, des qualités bientôt corrélatives de modifications intimes dans le substratum anatomique. Les acquisitions, capitalisées dans les familles, sont transmises et conservées par l'hérédité. Toutefois, l'homme ne change guère ! Il y a plus de 200,000 ans, d'après les calculs des géologues [1], que l'ancêtre quaternaire a fini de se séparer de l'ancêtre anthropopithèque, et les types actuels ne sont pas encore si bien dégagés des types primitifs, qu'ils n'en gardent les principaux caractères ou même n'en reproduisent certains traits oubliés par atavisme. Les instincts originels persistent : ils ont toujours les mêmes objectifs, la conservation de l'individu et la conservation de l'espèce, toujours les mêmes stimulants, la faim et la sexualité ; seulement, ils se sont façonnés de manière à répondre sous de nouvelles formes à de nouvelles modalités de leurs sollicitations naturelles. Le fonds des tendances et des besoins reste ce qu'il était aux débuts, chez le sauvage ; mais il s'élargit en se diversifiant, chez le civilisé. L'homme des collectivités modernes, forcé d'assouplir ses instincts dans son milieu, ne les sacrifie pas pour cela ; il ne fait que leur donner des directions plus contournées, pour les conduire en somme à des fins immuables : le criminel est celui qui, sans nul souci des heurtements, marche droit à son but c'est-à-dire à la satisfaction de ses appétits. Entre l'adapté et le non adapté, la différence n'est peut-être pas aussi profonde qu'on l'imagine, et j'en pourrais avancer comme preuve l'aisance avec laquelle, au cours de

1. G. de Mortillet, *le Préhistorisme*, p. 628.

l'histoire, les parvenus de tous degrés et de tous titres, chefs de monarchies ou de Républiques, hobereaux nobiliaires ou élus du peuple, virent à l'oppression et à la tyrannie des faibles ; à notre époque, le cynisme avec lequel se comportent les Européens vis-à-vis des pauvres peuplades de l'Océanie et des tribus africaines [1]. J'admets néanmoins que la vertu et le crime répondent à des impulsivités généralement spécialisées dans les caractères, susceptibles d'une fixation relative de par les lois de l'hérédité. Mais, dans leurs manifestations les plus excessives, les plus aberrantes, les plus nettement rattachables à des anomalies somatiques, ces impulsivités n'apparaissent point comme les dérivées de nouveaux instincts. Ce sont des instincts inhérents à l'espèce, qui se traduisent sous des formes d'exception, parce qu'ils se heurtent à des obstacles d'exception, ou sont devenus atypiques en même temps que trop outrés, non contrebalancés, ici trop amoindris, là trop exubérants, tantôt mis en jeu avec une trop grande facilité à la sollicitation la plus banale, tantôt sourds aux appels les plus intensifs. L'être humain reste toujours lui-même, sain ou malade ; seulement, quand il subit l'influence des causes appelées morbifiques, il réagit par un ensemble d'actes fonctionnels qui lui donnent l'apparence d'un autre être, vis-à-vis de ses congénères demeurés sains. Le crime, l'attentat

1. A Samoa, un consul allemand épouse la fille d'un roitelet indigène, pour servir les intérêts de ses nationaux, mais il ne se croit pas obligé à garder la femme qu'il a recherchée et il la renvoie dès qu'elle lui est devenue inutile. A Zanzibar, d'autres allemands civilisent les nègres, en se faisant accorder, par le fouet ou le fusil, ce qu'on ne leur donne pas de bonne grâce, contre toute justice et tout droit. Nous ne valons pas beaucoup mieux. Au Sénégal, j'ai pu admirer les procédés, grâce auxquels nos gros commerçants arrivent, dans la mère-patrie, à la fortune et aux honneurs : leurs traitants tondent les nègres de la belle manière, et l'on ne se gêne pas, entre Européens, pour raconter, le rire aux lèvres, les tours de passe-passe à la bascule, qui jettent chaque année dans les magasins d'énormes approvisionnements d'arachides, de gomme, de caoutchouc.., au plus bas prix d'achat. En Égypte, un blanc, marchand de toutes sortes de choses, même de chair noire, reçoit un jour la visite d'un africain ; celui-ci s'extasie devant un fusil qu'il prend pour une pipe ; l'autre de le confirmer dans cette croyance et de lui apprendre la manière de fumer avec cette magnifique pièce ; la gachette joue pendant que le nègre a l'extrémité du canon dans sa bouche et sa tête vole en éclats, à la joie expansive du misérable assassin (comte Pennazi, *Du Pô aux Deux Nils*).

contre autrui, détonne comme l'acte d'un malade au sein de la collectivité honnête, et, de fait, il est très fréquemment le symptôme d'altérations matérielles primitives ou secondaires de l'organisme cérébral : c'est la réaction d'un organisme contre une influence qui l'a modifié ou l'impressionne en état de modification déjà accomplie. Cette influence, si elle n'est pas tout entière d'ordre sociologique, l'est dans une proportion considérable.

Les conditions sociales font le plus grand nombre des dégénérescences, et elles sont les provocations habituelles, prochaines ou éloignées, des impulsivités qu'elles ont la prétention d'écarter ou de mâter, chez les demi-sains et les malades, comme chez les incomplets de l'éducation. Il est donc bien permis de regarder le crime comme le résultat de l'opposition entre un organisme et un milieu non suffisamment adaptés l'un à l'autre. L'acte, devenu plus ou moins automatique (récidivité), dépend à la fois du premier, qui n'a pas les capacités nécessaires pour suivre l'évolution du second, et du milieu, dont l'évolution est trop complexe, pour se prêter à toutes les cérébrations ; il peut, dans certains cas, être purement individuel, ou exclusivement social ; mais, en général, il n'est ni entièrement individuel, ni entièrement social ; il est plus ou moins l'un et l'autre. Observé en dehors des obligations arbitraires ou contradictoires de la loi écrite, isolé des influences politiques et religieuses, qui l'ont souvent créé de ce que la morale naturelle a loué comme vertu, le crime se montre avec ses caractères de nuisance chez des sujets exempts de toute tare différentielle. Mais cependant l'influence d'une prédisposition, qui rend les impulsivités rebelles aux exigences du milieu collectif, se dessine plus ou moins nettement sous les traits de la morbidité et de la folie, sous ceux d'une dégénération héréditaire, sous ceux enfin d'une rétrocession atavique, ramenant l'être humain à l'âge primordial où son cerveau mesurait l'effort à une somme de besoins réduits et faciles à satisfaire, entre des compétiteurs clairsemés et d'égale valeur. Par cette prédisposition, et seulement par elle, on explique comment les diverses unités d'une agglomération, sous l'empire de circonstances identiques, suivent des voies opposées, comment, par exemple, « sur 100 individus, 60 ne commettent pas de crimes, et des 40 qui restent, 5 préfèrent le suicide au crime, 5 deviennent fous, 5 n'arrivent qu'à se faire mendiants ou vagabonds non dangereux et les 25 autres commettent des crimes, » ceux-ci s'arrêtant au vol sans violence, ceux-là allant jusqu'à l'assassinat (Ferri)[1]. D'autre part, les conditions du milieu — si elles forcent les organismes prédisposés à réagir dans le sens de leurs impulsivités naturelles — jouent vis-à-vis des simples instables le rôle de causes déterminantes ou d'occasions, et engendrent de toutes pièces la criminalité chez des indifférents, avec des besoins ou des sentiments factices, qui exaltent des états passionnels (jeu, duel, vendetta politique, etc.) ou conduisent à une dégénération spéciale (alcoolisme, morphinisme, etc.).

A quelque degré qu'elle atteigne, sous quelque revêtement qu'elle se présente, la civilisation (l'ensemble des conditions sociales les plus perfectionnées, entrevues et réalisées par l'union collective) ne supprime ni les prédispositions criminelles, ni les sollicitations capables d'engendrer le crime, avec ou sans l'appoint des prédispositions. Tout au contraire ! Il semble que l'attentat se multiplie, en se transformant, à mesure que la civilisation s'élève dans un milieu ethnique, sous le double accroissement des tares organiques et des mobiles déterminants. C'est que civilisation veut dire augmentation des besoins avec le bien-être, augmentation de la liberté individuelle avec l'élargissement de la conscience humaine ; aussi, par un contre-coup fatal, développement formidable de l'égoïsme, avec l'exaltation des passions qui en dérivent (voluptuosité, cupidité, ambition, etc.), développement parallèle de l'antialtruisme (envie, haine, etc.), avec le dédain de toute gêne, de toute entrave (l'autorité s'amoindrit en se fractionnant, et, même dans les monarchies,

1. Cong. d'anthrop. crim. de Paris.

elle doit compter avec une opinion puissante par la presse et le parlementarisme. La civilisation aide en outre à la progression numérique des éléments de la population, parce qu'elle préserve mieux par l'hygiène contre les maladies, et sait mieux disposer des ressources nécessaires à la communauté, en créer de nouvelles par le commerce et l'industrie. Mais, par l'excès des facilités qu'elle procure, elle stimule les sentiments de jouissance, jusqu'à leur offrir des formes raffinées de satisfaction qui conduisent à l'épuisement : elle rend les combativités plus ardentes en même temps que les appétits plus insatiables, les contacts plus multipliés, plus serrés et plus rudes, et elle n'amène l'égalité des droits et des devoirs pour tous, qu'avec l'inégalité des répartitions dans les moyens de vivre, les uns tirant à eux plus que leurs besoins ne le comportent, les autres demeurant réduits en-deçà de ce que réclament leurs besoins. La misère coudoie la richesse, et la première ajoute aux causes de dégénération par l'excès, qu'amène la seconde, une cause intense de dégénération par défaut. On appelle cela le progrès, on décore cela de beaux titres scientifiques; au nom du darwinisme, on excuse ou l'on vante la réussite des forts au détriment des faibles, on recouvre l'odieux adage des temps barbares, le *væ victis !* du manteau de la morale sélective. Les forts, on ne dit pas qu'ils le sont de par le mépris de tout scrupule, de par la souplesse de leur hypocrisie et l'énormité même de la lâcheté. Les faibles, qu'ils ne le sont que par l'excès de leur honnêteté... confondue avec la naïveté. La probité et la fraternité ne sont plus que de vains mots de citoyen à citoyen et de peuple à peuple. Il n'est plus d'engagement dont on se préoccupe, plus de dignité dont on s'honore dans les relations. La civilisation allemande, la plus admirable des civilisations, a déclaré que la brutalité primait le droit, que le banditisme militaire, organisé sous un sceptre, était le but, le moyen, le tout d'une société moderne [1].

1. Qu'on médite, entre autres échantillons de la moralité nouvelle, proclamée à Berlin, cette effrontée déclaration, venue d'un peuple élève. L'Italie, qui nous doit son

A ce point culminant, la chute est proche. Les nations n'entrevoient pas la ruine, car elles se dissimulent à elles-mêmes leurs plaies intérieures : elles sombrent au milieu des splendeurs qui dérobaient leurs gangrènes. Qu'importe aux malheureux ! Cet écroulement, c'est leur revanche ; qu'est-ce, en effet, que la patrie, pour celui qui n'a point de foyer, point de pain assuré dans le pays où le hasard l'a fait naître ? D'autres nations s'élèveront et un nouveau cycle de civilisation recommencera, où les mêmes phénomènes se reproduiront pour aboutir aux mêmes résultats : les acteurs auront changé de costumes, la pièce n'aura changé que de style. Et l'on répète que l'évolution ne s'arrête jamais, parce que des civilisations se remplacent sans se surajouter, parce qu'elles s'accumulent,... mais les neuves à côté des débris des anciennes, qu'elles recopient moralement. L'homme s'imagine monter, quand il ne décrit que des spires invariables, tour à tour ascendantes et descendantes, sous la domination occulte de puissances qu'il ne parvient pas à pénétrer. Il s'enorgueillit de découvertes, qui ne sont ordinairement que le renouvellement sous d'autres formes d'une science oubliée ; il perd de vue, devant la tour Eiffel, les splendeurs de la Chaldée et de l'Égypte ; devant les machines, mises en mouvement par la vapeur, il ne réfléchit pas à ce que durent connaître, dans l'emploi de la force, les hardis constructeurs des monuments cyclopéens et mégalithiques ; il a le télégraphe et le téléphone : les nègres ont à leur service des systèmes de transmission plus simples et singulièrement rapides (postes échelonnés de signaux à feu ou de sonneurs de trompe), et

existence, ose se dire ruinée par nous ; aussi le *Piccolo*, de Naples, demandait-il, au mois de septembre 1889, que ses compatriotes jouassent le *tout pour le tout ;* il fallait partir en guerre contre le Français maudit : « dans le cas où la bille tromperait l'attente du joueur, qui a aventuré son dernier *Marengo*, il n'y a plus qu'à reprendre la veste du brigand... ; le tromblon et le poignard en main, le peuple devra se transporter sur les Alpes, tenant un drapeau avec cette inscription : *Dans les caisses de la banque de France, il y a 3 milliards en or vierge ! Enfants, payez-vous !* » Espérons que ces excellents enfants, les dignes descendants des bandes de Rufo, trouveront sur leur route une armée... de gendarmes, s'ils se risquent à tenter leur aimable escapade !

même avec ses armes perfectionnées, ses navires non moins perfectionnés, quelle supériorité, dans le grand art de la destruction, l'Européen montre-t-il sur ses prédécesseurs, les conquérants asiatiques ? L'homme croit vaincre le monde physique par son industrie, et le monde physique continue à l'absorber, misérable point sur un globe qui lui-même est un misérable point dans l'univers. Nous piétinons sur place, et la civilisation, qui est le lot des uns, ne transforme pas plus la nature de notre être, que la sauvagerie qui est le lot des autres. Entre les deux états, la somme des avantages et des inconvénients semble même parfois répartie d'une façon si bien compensée, qu'ils ont chacun leurs partisans parmi les gens réfléchis. Il y en a qui préfèrent l'existence du sauvage, avec ses amoindrissements de toutes sortes, ses souffrances d'ailleurs presque imperçues, mais aussi avec sa liberté individuelle sans limites. Il y en a qui après avoir examiné de très près, ce qu'un pareil état donne à l'homme, préfèrent le sacrifice d'une parcelle ou même d'une grosse portion de leur liberté à l'accroissement de leur sécurité et de leur bien-être, et s'accommodent de la civilisation. On dénigre celle-ci, mais on la garde. Peut-être a-t-on raison. Car, après tout, il vaut mieux avoir une vie plus large, même avec des oscillations troublantes, même avec des peines très vivement ressenties, que diminueront ou effaceront des manifestations contraires d'ordre sensitif aussi intensif, qu'une basse médiocrité, donnant un calme relatif, au prix du renoncement à toutes les aspirations supérieures [1]. L'homme non civilisé est un incomplet dans l'espèce. Le vice et la

1. « Le besoin engendre l'industrie, l'industrie le commerce, le commerce un gain, le gain un bien-être, et le bien-être des idées utiles. » Ainsi Balzac fait parler l'excellent docteur Benassis, cet honnête homme qui, d'un groupe de paysans misérables, a su former un centre industriel et rural important. Si l'illustre romancier nous eût décrit la suite du développement de l'humble bourgade, il nous eût montré le gain éveillant et multipliant les cupidités jalouses, le bien-être ouvrant la porte aux viles passions, l'égoïsme grandissant, et, à côté des idées utiles, les idées malsaines tournant au crime. Cependant, malgré ces ombres, le sort des nouveaux civilisés était plus enviable que celui des pauvres diables sans besoins, leurs devanciers.

vertu sont l'apanage de toute agglomération active et croissent ou décroissent chez elle en raison directe de l'évolution dont elle est capable. La phase vertueuse, dans l'humanité, est ordinairement la plus négative ; elle l'est aussi dans l'histoire des peuples. La classe qui a le moins de réactions, parce qu'elle est condamnée à réduire le plus ses besoins, à occuper la plus petite place dans le milieu social, est aussi celle où l'on enregistre le moins d'actions monstrueuses ; le crime se concentre d'abord dans les catégories privilégiées,... les plus civilisées, avant de se diffuser dans les autres couches, peu à peu appelées à partager la civilisation commune : le serf de France et l'esclave colonial valaient mieux que le seigneur et le maître, au point de vue de la morale (religieuse et même judiciaire !) ; émancipés, ils les ont égalés dans l'attentat, et aujourd'hui le renversement tendrait à se produire... du côté des masses populaires, les souveraines et les moins retenues, en même temps que les plus privées d'éducation. On est plus perverti sans doute, mais aussi plus tolérant les uns pour les autres, et l'on s'habitue si bien à vivre mieux, en des conditions très sévèrement jugées par le philosophe, mais atténuées par l'opinion, que les pires détracteurs de la civilisation hésiteraient à quitter leur milieu pourri, pour aller habiter les solitudes plus saines de l'Afrique ou de l'Océanie : ils n'auraient pas tort, ils pourraient là-bas rencontrer de bons sauvages, qui, par vertu (l'obéissance à la coutume) les tueraient et les mangeraient. Chez eux, ils risquent moins, grâce à la loi, aux magistrats et à la police, créations rendues nécessaires par le peu de vertu des civilisés.

La civilisation est une cause d'accroissement de la folie et du suicide. Ces impulsivités, satellites du crime, augmentent dans les races à mesure qu'elles progressent davantage : rares chez les sauvages, elles deviennent communes chez les peuples très affinés. Leurs causes sont similaires. Quand les besoins s'amplifient, quand les caractères s'exaltent, tourmentés par des passions nouvelles ou obsédés par des idées spéculatives, la cérébration garde plus difficilement l'équilibre; elle trébuche dans la direction des prédispositions individuelles, dominées par les conditions sociologiques du milieu, chez l'un virant au crime, et chez l'autre au suicide ou à la folie, chez la plupart offrant l'empreinte d'une certaine morbidité fonctionnelle. L'aliéné s'isole : il se redresse si haut, dans les rêves de son orgueil chimérique, ou s'annihile si complètement dans son mysticisme, qu'il n'aperçoit plus les hommes autour de lui; il reste alors inoffensif. Mais il a quelquefois des éclairs où sa fausse logique lui désigne des adversaires à frapper : il se rapproche du criminel qui tue par vengeance ou intérêt, ou bien il s'immole à l'appel de ses voix, donnant la main au passionnel, qui, à bout de force, incapable de surmonter un sentiment, trop honnête pour chercher le remède à sa souffrance dans le mal d'autrui, ou trop faible pour continuer la lutte, se supprime. L'aliénation, le suicide et le crime-délit sont les trois modes d'aberrance qui indiquent qu'une collectivité a cessé d'être passive et qui marquent l'intensité des secousses subies par l'être humain dans sa marche en avant. Ils s'associent selon des proportions variables aux diverses phases de l'évolution sociale, se substituent l'un à l'autre, ou simultanément se déchaînent. Aujourd'hui, le crime et le suicide, à leur développement maximum, prédominent peut-être sur l'aliénation, avec l'appoint des formes dégénératives; pendant le moyen âge et jusqu'au milieu du XVIIe siècle, l'impulsivité se dévoyait plutôt dans la folie mystique, l'attentat disparaissait sous le flot des démonomanes et des sorciers; puis, peu à peu, avec un hystéricisme qu'on découvre à chaque page des mémoires ou chroniques, parmi les hautes classes de la Renaissance, avec un singulier mélange de mœurs brutales et raffinées, l'impulsivité anormale a revêtu davantage la forme du crime [1]; plus tard,

1. Il est vrai que, durant cette longue période, la guerre, presque continuelle, acharnée, d'abord privée, puis politique ou religieuse, absorbait une innombrable quantité d'attentats individuels (vols, viols, assassinats, etc.).

le suicide a franchement réclamé sa place, lorsque le philosophisme et la Révolution ont brisé la barrière qui s'opposait à son irruption, avec le frein des craintes religieuses et de l'opinion. L'organe cérébral éprouve d'ailleurs l'ébranlement avec d'autant plus de violence... et d'autant plus de chance de rupture, que l'initiation aux idées a été plus brusque. Aux États-Unis, d'après le recensement de 1850, la population de couleur esclave présentait le minimum des cas de folie et d'idiotie : la population de couleur libre égalait presque la population blanche dans la folie et la surpassait dans l'idiotie (Parchappe)[1]; actuellement, dans l'ensemble des prisons, le pourcentage des détenus de couleur est beaucoup plus grand que celui de la population noire ou métisse (Falkner)[2]. En des régions voisines (Antilles et Guyane), l'émancipation a augmenté les cas d'aliénation mentale, parmi les gens de couleur, accru le crime-délit suivant des proportions formidables, mais diminué la fréquence du suicide.

L'homme n'est point indéfiniment perfectible. Son esprit ne supporte pas impunément la tension excessive et subite; mais il peut s'adapter à des conditions nouvelles par transitions ménagées. On ne saurait pousser l'optimisme jusqu'à entrevoir une amélioration qui supprime le mal et ne laisse que le bien ; il est permis d'espérer des amendements, sous l'influence d'une civilisation générale mieux appropriée aux besoins des masses et des catégories. Je ne dirai pas que l'on comprend déjà mieux la puissance réformatrice de l'éducation chez l'enfant : les anciens la connaissaient tout aussi bien que nous et la mettaient mieux en pratique. Mais une meilleure entente des droits et des devoirs réciproques, une égalité plus réelle entre les citoyens, avec une juste pondération des aptitudes et des prétentions légitimes, une liberté plus large sans licence, et surtout la disparition

1. *Dict. enc. des sc. méd.*, art. *Aliénation*, III, 41.
2. *Prison stat. of the U.-S.*, 1888.

de certaines habitudes dégénératives (alcoolisme, etc.), arriveront à diminuer le nombre et la violence des conflits d'où le crime surgit, des désespérances qui engendrent le suicide et des chocs d'où résulte la folie. Pour le moment, l'étude psychologique des milieux civilisés n'apparait pas sous des dehors très encourageants.

L'aliénation mentale (idiotie et folie) existe en proportion très forte dans les principaux États de l'Europe : elle se répartirait ainsi, d'après Parchappe, sur 1,000 habitants :

		Folie	Idiotie	Aliénation mentale
Suisse	Lucerne	0.86	7.75	8.22
	Argovie	3.14	4.75	7.89
Norvège		1.80	1.60	3.40
Wurtemberg		1.05	2.07	3.12
Saxe		0.67	2.01	2.68
Danemark		1.25	1.45	2.70
Écosse		1.64	0.90	2.54
France		0.99	0.68	1.67
Belgique		0.92	0.50	1.42
États-Unis		0.66	0.69	1.35

Et l'on ne comprend dans ces colonnes ni l'hystérie ni l'épilepsie !

Partout, en même temps, le nombre des suicides s'est accru au-delà de la progression de la population. En Prusse, de 2,900 vers 1869-70, les suicides sont de 3,278 en 1875, de 4,330 en 1877 ! Dans la Saxe, de 373 au cours de la période 1846-50, ils atteignent le chiffre de 706, au cours de la période 1871-75. Dans l'Angleterre, de 1,317 vers 1862, il montent presque à 1,700 vers 1878; en Autriche, de 1865 à 1867 ils s'élèvent de 1,464 à 3,148; en Belgique, après un arrêt momentané, ils reprennent un accroissement sensible au-delà de 1871 ; pour l'Italie, de 678 en 1865, ils sont de 1,158 en 1878, etc. Legoyt). En France la progression a été la suivante :

	Moyenne annuelle	Prop. pour un million d'hab.
1826-1830	1739	54
1831-1835	2119	64
1836-1840	2574	76
1841-1845	2952	85
1846-1850	3446	97
1851-1855	3639	100
1856-1860	4002	110
1861-1865	4661	124
1866-1869	5207	135
1872-1875	5471	150
1876-1880	6280	180
1881-1885	7320	195
1887	8202	210

En 16 années, de 1872 à 1887, le nombre des suicides s'est accru de 55 0/0 et leur proportion, eu égard à la population, s'est élevée de 150 à plus de 200 sur un million d'habitants [1].

« On a dit avec raison que la France est un des pays où on se tue le plus et où la population s'accroît le moins. Chez les nations à nombreuses naissances, comme l'Allemagne et l'Angleterre, la mortalité par le suicide ne constitue qu'une perte insignifiante : il n'en est pas de même en France, le pays le plus infécond des deux mondes (Legoyt) [2]. »

Mais les chiffres de la criminalité nous donnent une compensation relative. Nos vertueux voisins, qui s'arrogent un si haut rang dans la civilisation, nous surpassent généralement dans le crime (Voir 2e p., ch. II). La France, la pestiférée, la barbare, paraît jouir d'une situation morale moins défavorable que la plupart des nations qui la dénigrent. Néanmoins cette situation n'est pas pour cela très brillante. Voyons en effet ce qui a lieu

1. La population n'augmentant elle-même que de 1/400. Socquet, *Et. stat. sur le suicide en France.*
2. *Suicide*, p. 131.

chez nous. Qu'on veuille bien tout d'abord jeter un coup d'œil sur les chiffres et les tracés ci-joints [1].

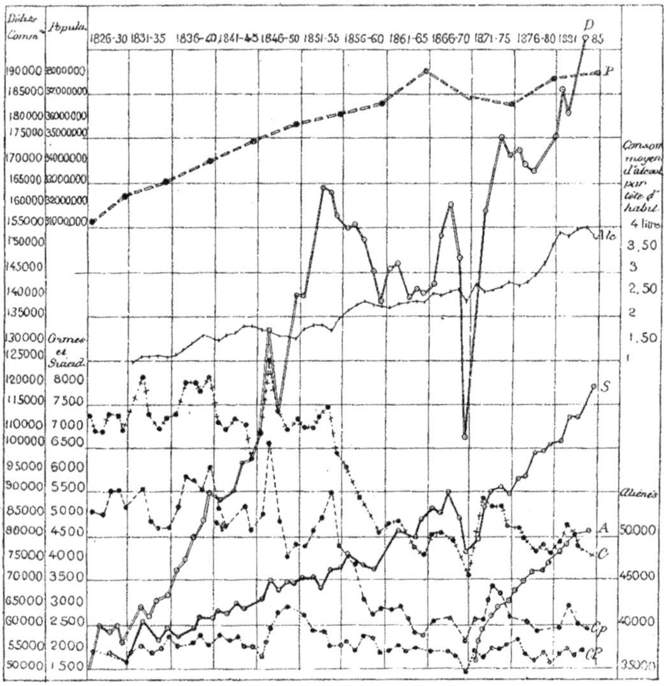

Fig. 7.

Criminalité, suicide, aliénation, consommation de l'alcool.

Évolution en France de 1826 à 1885.

P, population; — D, délits communs; — C, crimes (ensemble); — Cp, crimes-propriétés; — CP, crimes-personnes; — S, suicides; — A, aliénés internés; — Alc, consommation moyenne d'alcool par tête d'habitant.

Il y a moins de condamnations aux grosses peines, moins de renvois devant les hautes Cours. Il ne faut pas

1. J'ai dressé mes tableaux, mes graphiques et mes cartes, d'après les chiffres des statistiques publiées par l'administration de la justice et le ministère du commerce, d'après les relevés de l'*Annuaire de l'écon. pol. et de la stat.* de Bloch, et enfin, d'après les renseignements, si denses, fournis par les thèses de Socquet (Paris), de Chaussinand et de Bournet (Lyon).

PÉRIODES d'observation	POPULATION moyenne	CRIMES [1]						DÉLITS [2]		CONTRAVENTIONS [3]	
		CRIMES PERS.		CRIMES PROP.		TOTAL					
		Nombre annuel moyen	Prop. p. 1 million d'habit.	Nombre annuel moyen	Prop. p. 1 million d'hab.	Nombre annuel moyen	Prop. p. 1 million d'hab.	Nombre annuel moyen	Prop. pour 1 million d'habitants	Nombre annuel moyen	Prop. pour 1 million d'habitants
1826 — 1830	31.900.000	1900	59.5	5260	164.8	7160	224.3	38.500	1833.8	134.900	4228.8
1831 — 1835	32.700.000	2370	72.4	5070	158.1	7460	230.5	64.450	1970.9	138.190	4229.
1836 — 1840	33.600.000	2150	64.	5730	170.5	7880	234.5	80.550	2369.	198.590	5910.4
1841 — 1845	34.500.000	2180	60.2	4910	142.3	7090	202.5	93.140	2700.	262.160	7598.5
1846 — 1850	35.600.000	2430	68.2	4990	140.1	7420	208.3	125.440	3523.6	258.680	7260.7
1851 — 1855	35.900.000	2350	65.4	4750	132.3	7100	197.7	145.730	4059.3	468.650	13.054
1856 — 1860	36.300.000	2080	57.3	3300	90.9	5380	148.2	149.950	4130.9	530.310	14.609
1861 — 1865	37.200.000	1950	52.4	2620	70.4	4570	122.8	143.130	3850.2	538.440	14.474
1866 — 1870	37.400.000	1800	48.1	2450	65.5	4250	113.6	142.000	3736.7	427.000	13.967
1871 — 1875	36.300.000	1950	53.7	3150	86.7	5100	140.4	160.110	4410.7	461 850	12.723
1876 — 1880	37.000.000	1850	50.	2520	68.1	4370	118.1	171.350	4631.	463.760	12.534
1881 — 1885	37.800.000	1780	47.	2560	67.7	4340	114.7	186.680	4938.	466.710	12.346

1. Accusés. — 2. Prévenus, seulement ceux de délits communs, le total des prévenus, de 188,855, année moyenne, pour la période 1871-75, et de 212,830, pour la période 1881-85, serait de 223,120 pour 1886, et de 228,773 pour 1887. — 3. Inculpés.

trop se presser d'en conclure à une amélioration morale du pays. S'il y a moins de condamnations à mort, ce n'est pas que les crimes méritant cette peine, d'après le Code, aient diminué proportionnellement : il faut tenir compte des concessions faites au sentiment public, qui proteste de plus en plus contre une pénalité digne d'un autre âge, et des entraînements des jurys, qui s'apitoient devant l'énormité de certains actes, sous la note morbide ou sociologique rendue vibrante par l'avocat. S'il y a moins de condamnations aux travaux forcés, c'est aussi que l'opinion a conscience du rôle que des lois encore trop barbares jouent dans quelques formes de la criminalité, et qu'elle tend à contrebalancer l'exagération de leurs obligations ou leur action parfois provocatrice, par un système d'atténuation trop généralisé. S'il y a enfin moins de renvois devant les Cours d'assises, c'est que la magistrature elle-même, prise entre la conscience des vices d'un Code vieilli et du danger de l'abandon de toute répression par l'intervention du jury, a pris l'habitude, de plus en plus répandue, d'écarter de l'instruction les circonstances aggravantes de divers crimes, afin de les soumettre à la juridiction correctionnelle, où ils rencontrent une pénalité effective, tout en bénéficiant, s'il y a lieu, d'une juste pondération. « Un pareil mode de procéder viole, sans aucun doute, les principes de la compétence et déplace les juridictions, dit M. Humbert[1] ; mais doit-on le blâmer ? Ne vaut-il pas mieux, dans l'intérêt de la société, assurer une répression, si légère qu'elle soit, que d'aller au-devant d'un acquittement possible, d'autant plus qu'on y trouve le moyen d'abréger les mesures préventives et de diminuer les frais. » — Le chiffre des attentats criminels est sensiblement abaissé dans les statistiques et c'est une conséquence du système de correctionnalisation : car l'abaissement se remarque à partir de l'époque où le système a pris naissance (vers 1835) et il coïncide avec une augmentation des

1. Rap. sur la marche de la criminalité en France, en 1880.

délits communs, nécessairement renforcés de tous les attentats retenus judiciairement, mais écartés des assises. Cela est si vrai, que l'amoindrissement indiqué par les statistiques est en rapport, dans les catégories, avec les caractères d'aggravation réductibles, que chacune d'elles comporte. Il est plus difficile d'éloigner les circonstances aggravantes dans les attentats contre les personnes, plus aisé de le faire dans les attentats contre la propriété : aussi voit-on fléchir les chiffres des premiers d'une façon moins accentuée que ceux des seconds. Je sais qu'il y a quelques contradictions : d'après certains auteurs, si les crimes-propriétés continuent à présenter un accroissement, d'ailleurs médiocre, les crimes-personnes demeurent plutôt stationnaires ou rétrocèdent. L'accroissement ou la diminution se manifeste par des oscillations variables, qui, d'une période quinquennale ou d'une année à l'autre, peuvent prêter à des divergences d'opinions. Mais celles-ci n'ont plus de raison d'être, si, à notre exemple, on laisse de côté les chiffres bruts, pour les rapports proportionnels des crimes aux chiffres moyens de la population. On arrive ainsi à reconnaître, qu'il y a bien une chute de crimes-personnes, assez faiblement dessinée, et une chute des crimes-propriétés, plus nettement accentuée que la première : les deux formes combinées donnent une décroissance bien prononcée, malgré quelques redressements éphémères. Parallèlement, l'ascension des délits est constante et dans une proportion qui se maintient, en ses écarts, sensiblement au-dessus de la rétrocession des crimes en les siens : depuis le commencement de la période d'observation (1826-1830) jusqu'à sa terminaison, les crimes ont en effet diminué dans la proportion de 2,4 à 1, tandis que les délits ont augmenté dans celle de 1 à 2,6.

Les chiffres des individus jugés par les Cours d'assises et les Tribunaux correctionnels sont loin de donner une idée complète du développement général de la criminalité. Le nombre des acquittements n'est point en exacte corrélation avec la non-culpabilité réelle des sujets qui en bénéficient : beaucoup de ces derniers n'échappent à la loi que par l'excessive indulgence des magistrats ou la sottise des jurys. Le nombre des accusés et des prévenus, s'il traduit déjà mieux le mouvement antisocial, n'indique point la mesure exacte de ses progrès. Pour apprécier tout entière la hauteur de la vague, sans cesse grandissante, qui menace de nous engloutir, il faut connaître les chiffres des affaires abandonnées par force majeure, encore ne représent-ils pas toute la criminalité latente ou inconnue. Le nombre des crimes non poursuivis augmente dans une énorme proportion. En 1838, on relevait 12.682 crimes dont les auteurs étaient restés inconnus, près de 14.000 en 1842, 25.553 en 1847 (Brunet)[1]. Aujourd'hui, sur la totalité des affaires soumises à l'examen des parquets, des juges d'instruction et des Chambres d'accusation (467,701), il y a 225,680 affaires abandonnées (année moyenne, période 1881-85) : *a* — 105,714 (47 0/0), parce que les faits, bien que répréhensibles, n'ont été prévus par aucune loi pénale ; *b* — 64,112 (29 0/0), parce que les véritables auteurs des infractions n'ont pu être découverts : *c* — 23.796 (10 0/0), parce que les faits ne présentaient pas une gravité suffisante : *d* — 7.620 (3 0/0), en raison de charges insuffisantes contre leurs auteurs ; *e* — 24,438 (11 0/0), pour tout autre motif (décès, aliénation mentale, âge des inculpés, etc.). Dans l'espèce, les affaires où le crime et le délit avérés restent impunis (catégories *b* et *d*) forment le tiers (32 0/0)[2].

Au cours de l'évolution du crime-délit, il serait intéressant de rechercher la part de la récidive. Le nombre des récidivistes n'a cessé de s'accroître, depuis 1856 : à cette date, il représentait 31 0/0, et, entre 1870-1880, 43 0/0 des accusés et des prévenus réunis ; il s'élevait à 54 0/0 en 1887 ! Pourtant, il aurait diminué par rap-

1. *Stat. crim., An. d'hyg. publ. et de méd. lég.*, 1851, XLI, 235.

2. *An. de l'écon. polit. et de la stat.*, 1888, 124. Voir aussi, dans la *Revue bleue*, une réponse de M. Guillot à Marc Réville, qui prétend constater une diminution de la criminalité d'après celle du nombre des détenus de nos établissements pénitentiaires (nos du 26 avril et du 14 juin 1890).

port à la population, depuis l'application de la loi de relégation : « à Rouen, il monte de 6, 3 à 11, 5, par 100,000 habitants, de 1886 à 1887 ; et s'abaisse à 7.08 en 1888 ; à Angers, il tombe de 7, 4 à 4, 3 ; à Besançon, de 4, 2 à 1, 9, » etc. (Dislère)[1]. Mais la somme des crimes et des délits grandit toujours. Il n'est donc pas exact de prétendre que « l'unique cause de l'accroissement du mal est la récidive »[2]. A coup sûr, elle joue un rôle important dans l'évolution du délit. « Elle vient du délit plus que du crime proprement dit, elle pousse au premier plus qu'au second ; il y a beaucoup de récidivistes parmi les accusés de Cours d'assises, mais l'immense majorité d'entre eux avait débuté par des actes de moindre gravité » (Joly)[3] et la récidive s'alimente surtout par les condamnés aux peines correctionnelles. Si elle manifeste une légère tendance à la rétrocession, proportionnellement à la population, grâce à l'élimination d'un certain contingent (relégables), alors que la criminalité générale (crimes et délits) présente une marche ascendante, c'est que cette dernière recrute des adhérents non seulement parmi les vrais professionnels, mais encore parmi des initiés nouveaux : il y a formation incessante d'apprentis du délit, d'antisociaux, comme de dégénérés de toutes origines.

Il n'est pas inutile d'ajouter, que les statistiques accusent une augmentation très notable des inculpés de simple police : elle n'a un peu fléchi, depuis quelque temps, qu'en opposition avec un accroissement presque proportionnel des délits. La contravention, surtout quand elle est répétée, quand elle porte sur certaines catégories d'actes (prostitution, ivresse, etc.), est comme une sorte de préparation aux attentats véritables : elle témoigne d'une résistance aux obligations les plus banales, trop

1. Rapport au nom de la Com. de classement des récidivistes, *J. of.* du 27 mars 1889, et *Mém.* d'A. Bérard, sur les *Premiers résultats de la loi du* 27 *mai* 1885, *sur la Relégation*, *Arch. d'anthrop. crim.*, janv. 1890.

2. Rap. de M. Bérenger au Sénat, juin, 1890.

3. *France criminelle*, p. 167.

souvent transformable en résistance aux obligations d'ordre plus élevé.

En somme, si l'action antisociale perd en intensivité *qualitative*, elle gagne en intensivité *expansive*. Tel est l'enseignement général que fournissent les relevés. Mais on ne saurait se contenter de cette indication. Pour prendre une idée juste des rapports de la civilisation et des mœurs du milieu avec sa criminalité, il convient de rechercher quels sont les attentats en voie de progression ou de rétrocession dans l'ensemble.

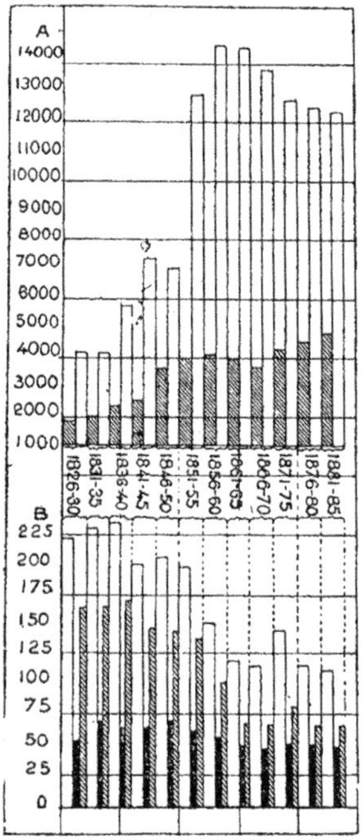

Fig. 8.

Prop. annuelle moyenne, pour un million d'habitants, dans chaque période quinquennale :

A. — Des délits (colonnes en traits) et des contraventions (colonnes en blanc).

B. — Des crimes (ensemble des crimes, colonnes en blanc; crimes-personnes, colonnes en noir ; crimes-propriétés, colonnes en traits).

Voici ce que nous apprend l'analyse des statistiques.

Je ne reproduis pas, sous la forme d'un tableau, comme je le fais pour les crimes, les chiffres relatifs aux délits ; mais j'en tiendrai compte dans l'exposé qui va suivre.

A. — *Attentats contre les personnes.*

Dans le crime, il y a : — décroissance franche pour le viol et l'attentat à la pudeur sur les adultes, l'empoisonnement, les coups et blessures graves, les coups et blessurese aux ascendants, le parricide (malgré une apparence de léger remontement au cours de la dernière période décennale) ; — décroissance peu accentuée, oscillante ou avec tendance à faible redressement, pour les coups et blessures ayant occasionné la mort (sans

	NOMBRE MOYEN ANNUEL DES ACCUSÉS DANS LA PÉRIODE QUINQUENNALE :												PROP. POUR 1 MILLION D'HABITANTS			
	1826-30	1831-35	1836-40	1841-45	1846-50	1851-55	1856-60	1861-65	1866-70	1871-75	1876-80	1881-85	1836-40 (1)	1856-60 (2)	1881-85 (3)	
a. *Crimes-personnes.*																
Meurtres (et tentatives) . . .	»	»	189	196	240	171	119	121	136	190	160	225	5.5	3.3	5.9	oscil.
Assassinats.	258	289	297	289	324	301	234	212	238	252	239	265	8.8	6.9	7.0	oscil.
Parricides	14	24	21	20	23	24	17	22	12	12	13	16	0.6	0.4	0.4	décr.
Coups à ascendants.	86	78	86	89	99	95	56	44	45	39	24	16	2.5	1.4	0.4	décr.
Coups et bl. ayant occ. la m.	»	110	180	154	158	118	92	117	136	122	121	141	3.3	2.5	3.7	oscil.
Coups et blessures graves . .	352	340	298	259	205	141	75	39	20	22	21	30	8.8	2.0	0.8	décr.
Empoisonnements	38	34	50	43	40	42	38	29	27	21	16	12	1.4	1.0	0.3	décr.
Infanticides.	127	102	156	167	172	212	252	230	209	224	219	191	4.6	7.0	5.0	oscil.
Avortements	12	14	22	40	47	87	79	61	45	54	54	52	0.6	2.1	1.3	oscil.
Viols et at. à la pud. sur adultes	166	152	182	207	217	234	224	214	153	145	122	103	5.3	6.1	2.7	décr.
— — sur enfants	139	156	249	359	431	608	702	766	755	748	809	717	7.4	19.3	18.9	accr.
b. *Crimes-propriétés.*																
Incendies.	103	142	153	190	311	214	238	230	231	200	206	219	4.5	6.9	5.7	ac.-os.
Fausse-monnaie	»	»	»	»	»	61	43	»	»	»	57	98	»	1.1	2.5	accr.
Faux divers	»	»	»	»	»	502	445	»	»	»	349	355	»	12.2	9.3	décr.
Banqueroute frauduleuse. . .	»	»	»	»	»	90	101	»	»	»	98	86	»	2.7	2.2	oscil.
Vols qualifiés divers	»	»	»	»	»	2428	1645	»	»	»	1757	1743	»	67.3	46.1	décr.

1. Population moy., 33,617,800 hab. 2. Population moy., 36,332,600 hab. 3. Population moy., 37,800,000 hab.

intention de la donner), le meurtre et l'assassinat; — l'infanticide, après un accroissement considérable, est un

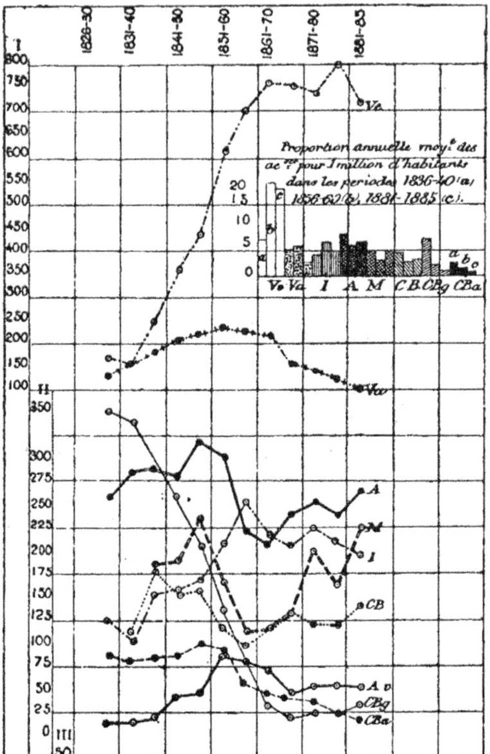

Fig. 9

Évolution de quelques crimes particuliers.

Colonne I: VE, viols et attentats à la pudeur sur enfants ; VA, sur adultes.

Colonne II : I, infanticides ; — A, assassinats ; — M, meurtres et tentatives ; — CB, coups et blessures ayant occasionné la mort sans intention de la donner ; — CBG, coups et blessures graves : — CBA, coups et blessures à ascendants ; — AV, avortements.

Colonne III : P, parricides ; — E, empoisonnements.

peu tombé, parce qu'il passe assez fréquemment aux délits sous le titre de suppression d'enfant : mais il reste très au-dessus des chiffres des premières périodes décennales ; il en est de même pour l'avortement, sous des proportions moindres ; — le viol et l'attentat à la pudeur sur les enfants ont subi une ascension formidable, à peine enrayée, et dans une assez médiocre mesure, depuis 8 ou 10 ans (l'enfance, plus vicieuse, aide peut-être à les dissimuler).

Dans le délit, « il y a notamment et d'une manière approximative, 3 fois plus de rébellions contre l'autorité, 5 fois plus d'outrages aux fonctionnaires.... 2 fois plus de coups et blessures, 7 fois plus de délits contre les mœurs (y compris le proxénétisme, qui n'a que doublé à peine, et l'adultère, qui est 9 fois plus fort)... » (Tarde) [1]. En outre, le chiffre des injures et des diffamations est devenu très gros, surtout depuis quelques années.

Cela veut dire que, sous le mobile de la voluptuosité, l'attentat sexuel est devenu plus effronté, plus lâche, en même temps sans doute qu'il prétend à plus de raffinement ; que, sous le mobile de la cupidité, des jalousies et des haines, l'attentat contre les particuliers a perdu de sa violence, en acquérant davantage d'intensité rusante : il revêt des allures moins brutales, mais plus hypocrites. Et cette tendance autorise à soupçonner que l'empoisonnement et l'avortement, qui ont à leur portée des moyens plus savants, diminuent moins peut-être, qu'ils ne se dérobent avec plus de facilité qu'autrefois. D'autre part, on redoute moins l'autorité, et l'on se gêne de moins en moins vis-à-vis des fonctionnaires qui en ont charge..., sous la double influence des progrès de l'ivresse, accompagnant fréquemment le délit de rébellion et d'outrage, et de la conscience d'une répression très mitigée.

B. — *Attentats contre les propriétés*

Il y a moins de vols qualifiés ; mais c'est qu'ils passent en plus grand nombre aux vols correctionnalisés, malgré leurs circonstances aggravantes : il y a « 2 fois 1/2 plus de vols simples (ou simplifiés), 3 fois plus d'escroqueries, et

1. *Crim. comp.*, p. 71.

au moins 6 fois plus d'abus de confiance » (Tarde). Les incendies ont diminué ; mais on relève « 6 fois plus de destructions de clôtures, près de 4 fois plus de destructions de plants et récoltes... » La propriété, comme l'autorité, est donc de moins en moins respectée.

Ce n'est là cependant qu'une partie de la vérité. Chaque jour, nous apprenons des crimes dont la police ne parvient pas à retrouver les auteurs, et qui échappent à la statistique judiciaire : le grand attentat s'élève à la hauteur de *chef-d'œuvre*, rêvée par l'un des héros de Richepin. Chaque jour aussi le délit devient plus habile ; protéiforme, il déroute les prévisions, trompe la mise en garde ; caché sous le masque du Code, il glisse entre les mailles de la loi. La nuisance a des allures moins batailleuses ; mais elle envahit nos milieux avec plus d'astuce, et, par ce qu'on découvre de ses tendances objectives, on est en droit de supposer un développement de plus en plus considérable de la criminalité occulte. A côté du méfait qui se reconnaît antisocial et essaie de se dissimuler, il se produit d'ailleurs des attentats monstrueux, qui, à force de cynisme, s'imposent comme choses licites ou même très honorables. Les affaires financières les plus véreuses, les accaparements les plus révoltants s'étalent au beau soleil ; les millions de la petite épargne vont s'engloutir dans les vases de Panama, dans les entreprises les plus éhontées, à l'appel de personnages sans foi ni scrupules, qu'on a l'audace de glorifier[1] ; les trames les plus

1. Cela fait du bien de lire et de relire des livres comme la *Dernière bataille*, du courageux Drumont, après tous ces hosannas chantés sur le *Grand Français*, qui vit si allègrement de toutes les misères, occasionnées par ses fallacieuses promesses. Mais les déboires n'arrêtent pas les gogos et les débâcles financières ne corrigent jamais les dupes. Celles-ci, après tout, sont-elles tant à plaindre? La clientèle ordinaire des sociétés véreuses se compose de petits rentiers, de vieux domestiques, de prêtres de campagne ; lorsque ces personnes accordent créances aux *annoncés* qui leur assurent 300 fr. pour 20 fr., un rapport hebdomadaire de 50 fr. pour un capital versé de 400 fr., etc., elles manquent de sens commun ou de sens moral. Beaucoup d'individus ont bien l'idée que de telles affaires, si elles sont réelles, ne peuvent donner des produits excessifs, qu'à la condition de tripotages inavouables. Ça ne les regarde pas, peu leur importent les moyens, pourvu qu'ils touchent la rente ! Les gredins font les dupes, mais celles-ci sont quelque peu les génératrices des gredins. Tout s'enchaîne dans un milieu. Les champignons ne poussent que là où il se fait au préalable un dépôt de fumier.

perfides sont ourdies et dirigées par des associations qui crieraient à la diffamation, si l'on joignait leurs noms à la Camorra et à la Maffia, malgré qu'elles ruinent ou tuent plus de malheureux que ces dernières. La presse est au service des plus vils gredins et elle couvre ses complicités du manteau de la politique ; mentir, calomnier, venir en aide à toutes les vilaines besognes, *mais c'est de la politique cela,* a osé écrire un journaliste. A de plus bas niveaux, la fraude s'organise : tromper l'État, ce n'est pas voler, et de cet adage on prend point de départ pour arriver à penser que tromper le public, ce n'est pas voler, si la dupe est confiante et si l'on évite de la faire crier. On ne sait plus ce qu'on achète, ce qu'on boit ou ce qu'on mange; on ne sait presque plus qui l'on fréquente..., moins encore qui l'on doit admirer ou mépriser même au sommet des grandeurs. L'effronterie et la friponnerie sont partout. Ce n'est plus de nos jours qu'on prendrait au sérieux le proverbe de nos pères : « Bonne renommée vaut mieux que ceinture dorée. » La renommée, l'on s'en moque..., mais on tient assez à la ceinture, si l'or en est de suffisante pureté. Chacun veut jouir vite et avec amplitude, personne n'est satisfait de son lot, en regardant celui du voisin, et l'envie transforme en ennemis des citoyens qui devraient rester des frères. On travaille moins (la mendicité et le vagabondage sont toujours en progrès), mais on désire posséder davantage ; on abandonne les professions laborieuses ou on les remplit mal, et l'on recherche des métiers parasitaires, où l'on vit des autres (la domesticité s'accroît, jetant sur les villes d'innombrables filles ; le vol augmente parallèlement pour contenter la coquetterie ; l'infanticide, avec la suppression d'enfant, monte sans cesse, car les jeunes servantes qui lâchent les travaux des champs pour courir après un gain facile et des plaisirs dangereux, après avoir fléchi, essaient de garder les apparences d'une vertu profitable, même au prix d'un ignoble attentat ; un peu plus tard, elles iront grossir les rangs de la prostitution). La paresse et la voluptuosité (ici sous la forme d'un luxe excessif, là sous la forme de la débauche et des habitudes ébriantes), mais surtout la cupidité, résument l'étiologie du crime. « La cupidité, dit Tarde, paraît avoir grandi en même temps que la fortune publique... (13 fois sur 100, elle est le mobile déterminant des crimes d'assassinat, de meurtre, d'empoisonnement et d'incendie, de 1826 à 1830; elle est aujourd'hui 22 fois sur 100 le mobile des mêmes crimes). Par contre, l'amour, qui intervenait à côté d'elle dans la proportion de 13 0/0, n'intervient plus que dans la proportion de 8 0/0 [1]. Mais l'amour, force naturelle, n'a pu diminuer, non plus que la haine, malgré sa participation également moindre aux crimes précédents. Pour preuve, notons que le nombre annuel des suicides par amour est resté à peu près le même depuis 40 ans, tandis que les suicides par revers de fortune ont beaucoup augmenté... C'est donc la cupidité qui a fait des progrès. Aussi la statistique montre que la proportion des délits contre les personnes (à l'opposé de ce qui a lieu artificiellement pour les crimes) a régulièrement décru, tandis que celle des délits contre la propriété augmentait avec une régularité égale [2]. » D'après Joly [3], dans les 50 dernières années, la violence aurait augmenté de 51 0/0, la cupidité de 69, l'immoralité de 240 ; la paresse et la misère de 430 ! Le crime féroce diminue mais il est remplacé par les actes de basse impulsivité. De même, la folie aux éclats intensifs, mais restreints, semblerait céder le pas à la dégénérescence, aux attentats plus sourds, mais plus expansifs.

Un tableau, annexé au compte rendu de l'administration judiciaire pour 1887, donne une idée de l'évolution de nos mœurs criminelles : la criminalité générale et spéciale y comprend à la fois les accusés et les prévenus, jugés à la requête du ministère public (je me borne à re-

1. L'amour vénal devient plus cupide. On voit plus qu'autrefois nombre de femmes, qui amassent dans la prostitution des rentes bien assises; la rapacité se double de prévoyance dans le vice. L'argent n'a point d'odeur, et l'on s'en aperçoit à l'empressement qu'on met à l'aller chercher, sous le titre de dot, auprès de demoiselles jadis à tout le monde, ou auprès de leurs filles sans père bien défini !

2. *Crim. comp.*, p. 71-72.

3. *France crim.*, p. 20.

produire les chiffres de chaque année décennale et ceux de la dernière étudiée) :

Accusés et prévenus : prop. p. 100,000 habitants :

	Criminalité générale	Violence (Assassinat, meurtre, coups et blessures)	Immoralité (Viols, attentats et outrages à la pudeur, excitation de mineurs à la déb., adultère)	Paresse et misère (mendicité et vagabondage)	Cupidité (Vol, escroquerie, abus de confiance)	Ivresse (Loi de 1873)	Sur 1,000 naissances illégitimes, crimes et délits envers l'enfant (infanticide, avortement, sup. ou exp., homicide involontaire de nouveau-né par la mère).
1840.	267	51	5	24	101	»	5
1850.	397	63	9	50	104	»	7
1860.	391	50	14	28	130	»	7
1870[1].	284	46	7	35	80	»	6
1880.	495	65	13	55	151	165	6
1887.	552	76	15	85	149	154	6

Mais les renseignements qui précèdent, déduits de catégories de crimes-délits dont la nature fait *a priori* supposer le mobile, n'indiquent en réalité celui-ci que d'une façon approximative : tous les vols ne sont pas inspirés par la cupidité et plus d'un assassinat relève de ce sentiment plutôt que la violence. On appréciera plus rigoureusement la répartition des mobiles d'après leur détermination au cours des débats. Sur cette base, les comptes rendus officiels ont dressé des tableaux fort instructifs, mais qui gagneraient à une synthèse plus serrée. C'est avec ceux de 1885 et de 1887 que j'ai établi le suivant, où je me suis appliqué à classer les mobiles de l'attentat criminel hors de la famille et dans la famille :

1. Année d'exception et incomplète.

	INCENDIE		EMPOISONNEM[t]		MEURTRE		ASSASSINAT	
	Total des accusés	Prop. p. 100 dans la cat. crim.	Total des accusés	Prop. p. 100 dans la cat. crim.	Total des accusés	Prop. p. 100 dans la cat. crim.	Total des accusés	Prop. p. 100 dans la cat. crim.
a. *Crimes commis hors de la famille.*								
Cupidité (pour assurer un vol ou faire disparaître les traces d'un vol, toucher une prime d'assurance ou profiter de dispositions testamentaires, etc.).	62	23.4	1	10	49	17	99	43
Haine, vengeance (souv. inspirées par questions d'intér.)	90	33.8	2	20	62	22	43	18.2
Jalousie, amour contrarié, concubinage et débauche.	7	2.6	»	»	34	12	13	5.5
Divers (querelles de cabaret, rixes fortuites, colère, etc.)	88	33.1	»	»	54	19.5	7	3
b. *Crimes commis dans la famille ou à son préjudice*								
Cupidité (vol, envie d'hériter).	»	»	1	10	3	1	3	1.2
Dissentiments domestiques (questions d'intérêt dominantes).	19	7.1	2	20	55	19.5	39	16
Haine et vengeance (sentiments reportés par des parents sur des enfants en bas âge, naturels ou légitimes).	»	»	»	»	16	5.4	8	3.4
Adultère.	»	»	4	40	11	3.6	23	9.7
	266	100	10	100	284	100	235	100

Les causes les plus ordinaires du suicide procèdent d'influences singulièrement voisines de celles qui déterminent le crime-délit. Qu'on élimine les suicides rattachés aux affections directes ou indirectes du cerveau et à l'aliénation mentale, comme on rejette de la statistique judiciaire les attentats perpétrés en état d'irresponsabilité maladive de leurs auteurs, on reste en face de mobiles très caractéristiques. Dans leur ensemble, ces mobiles dénotent, non pas de la lâcheté, — car il faut avoir un certain courage pour diriger avec assurance le revolver ou le couteau contre soi-même, pour se précipiter, après réflexion et sans effroi, dans l'eau, d'un lieu élevé ou sous les roues d'une locomotive, — mais un défaut d'énergie pour la lutte continue. Il y a là peut-être comme une opposition avec le sentiment qui pousse le criminel, las de l'existence, après avoir joué si légèrement de celle d'autrui, mais craintif de la douleur, incapable d'agir contre lui-même, à rechercher la mort par la main du surveillant ou du bourreau, et cette modalité du caractère ne témoigne-t-elle pas d'un état psychique confinant d'assez près à la voluptuosité? C'est de la voluptuosité négative, dérivée d'une appréhension de la souffrance, en certaines conditions, mais qui a sa place tout à côté d'une voluptuosité active, sous le titre « amour, jalousie, débauche et inconduite ». Celle-ci néanmoins apparaît assez faible, lorsqu'on isole les suicides par cause d'ivresse ou d'ivrognerie, habitudes néanmoins indicatrices d'une recherche de la jouissance sous l'une de ses formes les plus grossières. — D'un autre côté, il n'est pas illogique de rapprocher les suicides attribués à la misère et aux revers de fortune (misère ou crainte de la misère, embarras financiers, pertes d'argent au jeu ou à la bourse, etc.) de la criminalité due à la cupidité, les calculs trompés dans l'édification d'une fortune amenant la désespérance, comme ils peuvent amener les attentats contre la propriété. Toutefois, dans le suicide, le sentiment reste plus oscillant que dans le crime, où il se dessine de plus en plus avec exubérance. — Je trouve aussi une étroite corrélation entre les suicides consécutifs à un crime ou accomplis pour éviter des poursuites judiciaires après une faute, et l'attentat violent : on remarquera que, dans l'un et dans l'autre mode d'anomalie impulsive, il y a tendance à l'atténuation, les suicides de la catégorie accusant une diminution et le crime intensif se transformant en délit contre les personnes. — Enfin, l'affaiblissement de l'esprit de famille, qu'on découvre en divers attentats, se rencontre dans l'étiologie du suicide, sous la rubrique des « chagrins domestiques ».

Ces considérations ressortent de la décomposition des suicides d'après leurs causes, telle que je l'ai résumée dans le tableau ci-joint :

	Prop. p. 0/0 dans l'ensemble des suicides			Totalisation des suicides de *causes connues* de 3 années (1882, 1884, 1887) (3)			
	1856-60 (1)	1873-78 (1)	1887 (2)	Hommes	Femmes	Total	Prop. p. 100 d. l'ensemble
Suicides d'auteurs de crimes ou p[r] se soustraire à des poursuites ou à des peines disciplinaires.	8.68	3.38	3.21	678	94	772	3.60
Suicides par misère, revers de fortune, embarras financiers, etc.	11.48	10.50	12.91	2.447	319	2.766	13.02
Suicides se rattachant à l'amour, à la jalousie, à la débauche, à l'inconduite.	14.94	5.87 } 17.5	3.71 } 15	612	403	1.015	4.77 } 17
Ivresse et ivrognerie distinguées dans le gr.	»	11.71	11.38	2.339	264	2.603	12.25
Suicides par chagrins de famille.	11.84	13.37	13.60	2.338	788	3.126	14.71
Suicides attribués à des peines diverses, à des souffrances physiques, à des maladies mentales, ou de cause inconnue ou non spécifiée.	53.06	55.17	55.19	»	»	»	»
Décompos. du groupe { Souffr. physiques.	»	»	»	3.033	714	3.747	17.65
Peines morales, dégoût de la vie.	»	»	»	734	169	903	4.25
Maladies cérébrales	»	»	»	4.480	1.829	6.309	29.75
Causes inconnues.	»	»	»	1.470	286	1.756	»
	100.00	100.00	100.00	16.661	4.580	21.241	100.00

1. D'après les moyennes de Legoyt. 2. C. r. of. de l'adm. jud. 3. Chiffres calculés d'après les c. r. de l'administration judiciaire.

Tel est notre bilan de moralité, à l'époque du triomphe de nos arts et de notre industrie ; tel est chez nous l'anti-socialisme au moment où le pays brille au premier rang des peuples civilisés et dans la plus étonnante des expositions internationales. En présence de ce contraste, j'ai peine à me persuader que civilisation soit synonyme d'épuisement. Cette théorie, soutenue par des écrivains distingués, a son côté plausible, mais aussi son côté faux. Sans doute, à mesure que les besoins se multiplient, la lutte devient plus ardente, et la machine humaine tend à s'user par le trop d'activité de son fonctionnement ; les organismes fatigués recherchent de nouveaux stimulants, qui relèvent un instant les énergies, puis ajoutent à leur dépression et finissent par la rendre définitive. Mais les effets du surmenage ne se font pas sentir sur tous. Dans le *struggle for life*, les uns se fortifient et les autres s'affaiblissent : la gymnastique, si favorable à ceux qui ont été préparés à ses plus rudes exercices, peut tuer les chétifs, soumis d'emblée ou sans méthode à ceux-ci. On ne saurait prétendre qu'un peuple chez lequel augmente la moyenne de la vie, chez lequel la force vive s'est décuplée jusqu'à produire, en dépit des circonstances les plus critiques, les merveilles que l'univers entier a admirées, soit une race usée. Je sais que l'on objecte le mouvement aujourd'hui si ralenti de la population ; mais ce phénomène tient à des causes très complexes, sous la dépendance d'influences extrinsèques, susceptibles d'être écartées par un remaniement de notre Code et de notre système fiscal (suppression ou limitation du droit à l'hoirie, impôt sur les célibataires, dégrèvement des familles proportionnel au nombre de leurs enfants, autorisation en recherche de paternité ou pénalité sérieuse contre la séduction, etc.). Dans notre civilisation intensive, il s'opère une sélection dont la conséquence est le rapide épuisement des prédisposés et des moins résistants. La haute tension intellectuelle fait éclore la folie chez les tarés supérieurs en plus grande proportion qu'autrefois, et l'évolution des idées et des habitudes par bonds énormes laisse en arrière, aux prises avec leurs impulsivités d'un autre âge et les obstacles d'un milieu très fermé, les tarés inférieurs, qui s'accumulent et forment comme un monde d'antisociaux, au sein de la société affinée. Les triomphants ne sont pas tous des vertueux ou seulement des utiles ; mais dans leurs fléchissements, dans le choix des moyens condamnables qu'ils essaient d'exploiter au profit de leurs égoïsmes, ils gardent la marque d'une certaine élévation générale de niveau : l'attentat chez les latents est très intellectuel, et, en se découvrant, il devient tout à fait professionnel. C'est une science et un art qu'on ne rencontrait guère parmi les habiles des temps antérieurs. Chez les tarés eux-mêmes, le crime et le délit sont moins naïfs, plus souvent ingénieux et bien combinés. C'est l'époque des Prado, des Jannolle, des Altmayer, etc... Je ne nie pas qu'une civilisation à toute vapeur n'ait ses dangers pour une race. Je nie simplement que la civilisation comporte le danger par elle-même. Elle ne menace un milieu de l'abâtardissement que par le vice de ses lois, qui sont mal adaptées à des besoins nouveaux ou ne sont plus suffisamment répressives de tendances dégénératives. Le luxe, les plaisirs sans retenue, l'intempérance ne sont pas impunément tolérés et encouragés ; ils ne dépassent pas une certaine limite sans amener un amoindrissement, bientôt aggravé par l'hérédité. C'est alors que « l'incapacité pour l'effort soutenu apparaît », que les inutiles se multiplient et étouffent de leur parasitisme les producteurs, que les antisociaux se dressent en phalange serrée contre les sociaux, et que s'annonce le naufrage. Nous n'en sommes pas encore là. Cependant plus d'un indice montre que nous sommes bien près de toucher à l'écueil. Un fâcheux courant nous y porte et les nautoniers, nos gouvernants, ne prennent pas assez garde à l'éviter.

La civilisation est le bien suprême. Elle entraîne certains maux ; mais elle n'est pas coupable de tous ceux qu'on lui reproche et elle offre à la plupart des remèdes. La machine la plus parfaite ne donne pas de la force sans laisser des déchets et elle ne parvient pas à transformer en mouvement tout le calorique de son combustible : la machine sociale a ses résidus, qui s'accumulent et encombrent; mais il est permis d'espérer qu'on trouvera un jour l'emploi utile de ces résidus ou le moyen de les faire consommer au fur et à mesure de leur production. Nos civilisations modernes sont à peine dégagées de la barbarie, vaste est l'ère des progrès encore à parcourir.

Contrairement à Tarde, j'incline à accorder une importance très grande, dans les déviations du milieu, à son système politique. Le titre d'un gouvernement peut être indifférent, mais non pas son esprit. La direction des peuples devrait avant tout comporter le drainage des exubérances dangereuses, engendrées par l'état civilisé, l'assolement scientifique des couches fatiguées, l'union qui ramène la force parmi les citoyens. Et partout, ou presque partout, je n'entrevois que castes ou fausse égalité, routine, défaut d'adaptation entre les régimes et les aptitudes des majorités appelées à les supporter. *A priori*, on peut croire que l'influence du système politique est nul sur le développement du crime-délit. On voit en effet celui-ci évoluer avec la même intensité et sous des formes similaires, dans les gouvernements monarchiques et républicains. Mais cependant, il est aisé de découvrir que ce développement varie beaucoup dans les gouvernements de même nom et de même civilisation : l'Angleterre et l'Espagne sont loin d'atteindre à la criminalité générale de la Belgique, de l'Allemagne et de l'Italie, et celle de la Suisse serait loin d'atteindre à la nôtre. Si avec des conditions de civilisation à peu près identiques, les différences s'accusent aussi grandes entre les nations, c'est qu'évidemment leurs régimes, sous des étiquettes similaires ou dissemblables, répondent mal ou insuffisamment aux besoins comme aux idées de la population moyenne. L'Angleterre offre une criminalité très inférieure à celle de l'Allemagne, également monarchique ; mais la première est depuis longtemps habituée à la pondération relative des classes, à l'usage d'une liberté contenue par le respect de la loi ; elle ignore le fléau du militarisme et apprécie la supériorité du travailleur sur le parasite ; l'Allemagne reste empreinte des mœurs féodales, elle a le culte de la force ; son régime, par le dédain du droit des humbles, entretient les conflits entre les citoyens, nés doux et pacifiques. La Suisse républicaine a moins de délinquants (toute proportion gardée avec la densité de la population) [1] que la France aussi républicaine. Mais chez l'une, un intelligent fédéralisme laisse à chaque canton ses coutumes et une autonomie administrative, condition très propre à prévenir les manquements ou à les étouffer dans leurs germes ; chez l'autre, une centralisation outrée, qui ramène tous les besoins, toutes les aptitudes à une sorte de moyenne conventionnelle et subordonne à une capitale..., trop cosmopolite, tous les foyers d'énergie provinciale, est une cause permanente de rupture d'équilibre : on a beau répéter qu'ils n'y a plus en France ni Bretons, ni Provençaux, ni Picards, ni Gascons, etc., mais seulement des Français, chaque région conserve son vieil esprit et, à défaut de la coutume écrite, ses traditions ; au nord et au sud, comme à l'est et à l'ouest, les cérébrations ne se plient pas avec la même aisance à des obligations strictement égalitaires et la loi, à force de devenir banale pour tous, cesse de réprimer. La loi de 1873 contre l'ivresse a-t-elle eu des résultats sensibles ? Non. Elle était inutile pour certains départements méridionaux, elle est insuffisante pour certains départements du nord et de l'ouest : avec plus d'indépendance, l'autorité communale eût obtenu des résultats meilleurs, en attaquant le mal par des arrêtés locaux, plus capable de modifier des mœurs locales qu'aucune loi générale. Et l'on pourrait étendre cette réflexion à propos d'autres délits. En outre, avec un mode de suffrage qui rend omnipotente la masse ignorante et versatile, toute

1. Je parle ici d'impression, car je n'ai pu réunir de documents statistiques sur le crime-délit dans les cantons helvétiques.

direction supérieure échappe aux meilleurs, pour tomber aux mains des médiocres, sinon des moins scrupuleux : le mauvais exemple rayonne d'en haut et trouve en bas trop de liberté de rayonnement ; l'indécision des pouvoirs, toujours éphémères, laisse aux partis trop de facilités d'émouvoir les consciences dans les sens les plus opposés, les mœurs n'ont plus de solidité et l'on en arrive à ne plus guère distinguer entre ce qui est bon, utile, vraiment social, et ce qui est détestable, stérile, antisocial.

Mais suivons l'évolution des faits [1].

Sous la royauté de droit divin, restaurée, et sous la monarchie orléaniste, on constate que le délit éprouve une ascension rapide, que le crime est oscillant, mais autour d'une ligne de plateau qui se maintient assez haute. Cette époque a été marquée par une virilité exceptionnelle des caractères, par une renaissance puissante de la littérature et des arts. Mais au choc des idées nouvelles et des idées anciennes, de nombreux conflits ont pris naissance ; l'autorité s'est montrée parfois sévère dans la répression jusqu'à l'iniquité [2] ; la recherche des attentats a été d'autant plus active, que la défiance politique faisait souvent confondre l'indépendance des opinions et de la conduite avec la résistance aux prescriptions banales. Une partie de la criminalité se rapporte à l'attentat politique, direct ou indirect. Le crime est brutal, violent, sans défaillance, dans ses principales manifestations contre les personnes : il n'a pas peur du sang (l'assassinat est à son maximum, en même temps que le duel féroce) et quand il dérive de la sexualité, il a pour victimes des adultes, rarement des enfants. Parmi les accusés, on rencontre un grand nombre d'hommes qui ont servi au cours des guerres impériales et que le retour des Bourbons a déclassés ; beaucoup aussi d'anciens et de nouveaux guerroyeurs royalistes, qui, sous le nom de chouans, de Miquelets et de Verdets, ont pris l'habitude des pires

1. Se reporter aux tracés de la figure 7.
2. Se rappeler l'œuvre des Cours prévôtales.

scélératesses, sous le prétexte d'une défense de la bonne cause : le recrutement de l'armée antisociale explique la forme de ses exploits. Il existe encore des chauffeurs; il y a des bandes qui opèrent sur les grandes routes et des associations, dans les villes. L'affaire Fualdès restera comme l'un des plus épouvantables exemples de la convergence, dans le crime, des haines politiques et des appétits de l'ordre le plus vulgaire (Rodez, 1817). L'influence du régime ressort de ce fait, qu'impuissant à maîtriser les impulsivités fortes, au lendemain de profondes perturbations, il a su maintenir en des bornes relativement assez étroites les impulsivités moyennes, grâce à la discipline d'une magistrature plus soucieuse de conformer ses décisions à la lettre du Code qu'à son esprit, sous l'obéissance au principe d'autorité. On repousse la mitigation, même pour les fautes qui relèvent le plus évidemment des vices de l'organisation collective : point d'atténuation pour l'infanticide, pour les vols avec effraction, alors que l'aggravation découle des circonstances les plus insignifiantes, pour les banqueroutes et les faillites, etc. Un relâchement se produit après la Révolution de 1830 : la courbe du crime s'accentue, en perdant de ses oscillations : celle du délit devient plus franchement ascensionnelle.

Après les événements de 1848, et au début de la seconde époque impériale, le délit augmente dans des proportions très sensibles, le crime demeure élevé, mais avec quelques inégalités ; puis, entre 1853 et 1869, un abaissement remarquable des attentats délictueux et criminels se dessine. C'est une époque de confiance et de bien-être, de travail fructueux, surtout pour la classe agricole, aussi de dépravation excessive, a-t-on affirmé, mais avec plus de retenue cependant et moins de grossièreté qu'on n'en a depuis observé dans l'immoralité [1]. La flexion des courbes

1. Les mémoires de Mme Carrette (née Bouvet) ne montrent pas la Cour impériale sous le même jour que les mémoires de Claude, et si l'empire a vu naître des publications... d'érotisme, il faut avouer qu'il leur a toujours imposé un esprit et un voile, trop dédaignés après son écroulement. Ce n'est pas sous l'empire, par exemple, que la *Vie*

est-elle due à un amoindrissement des caractères, déjà trop énervés pour l'attentat violent, j'en doute ; j'inclinerais plutôt à penser qu'une contention pondérée des appétits, plus d'aisance dans la satisfaction des besoins, plus d'assouplissement dans les relations, moins de diffusion et partant moins de rivalités dans les ambitions, avec une répression vigilante des manquements de droit commun, ont amené cette sorte de médiocrité de la délinquance.

Après une chute toute fictive en 1870-71, qui traduit le désarroi des administrations... et de la statistique, consécutif à la guerre franco-allemande et aux événements de la Commune, le délit et le crime présentent une nouvelle évolution. L'un reprend une marche ascensionnelle rapide et bientôt formidable ; l'autre, en s'atténuant peut-être qualitativement, tombe légèrement, mais parfois avec une tendance à se relever au cours de la période actuelle. C'est à cette période, où l'édifice républicain apparaît achevé, qu'il convient surtout d'appliquer la plupart des observations très amères, mais hélas ! trop méritées, que j'ai déjà eu et que j'aurai encore à formuler à propos de la décadence de nos mœurs. Mes opinions sont républicaines, et précisément pour cette raison, je me suis bien promis de ne rien taire, de ce que je regarde comme l'expression de la vérité.

Comme, sous la République, la civilisation ne diffère point, en ses grandes lignes, de ce qu'elle était sous l'empire et la monarchie, depuis le commencement de ce siècle, il faut rechercher dans les nouvelles allures du régime politique la cause des principaux changements dans le rapport des habitudes avec le crime-délit. Jamais les temps n'ont été plus propices à la déviation et au déchaînement des appétits égoïstes et antialtruistes. La licence s'étale à côté de la liberté, les convoitises malsaines sont tolérées et même encouragées ; l'autorité est avilie, livrée

parisienne eût osé se démocratiser jusqu'à initier ses lecteurs à certaines façons de manger l'huître et l'asperge, et que d'autres journaux se fussent risqués à décorer leurs pages, sous le titre de dessins d'art, des plus révoltantes obcénités.

qu'elle est aux caprices d'électeurs non triés [1], intéressés à se donner des maîtres à leur niveau, plutôt des valets sous les apparences de maîtres ; la magistrature elle-même trébuche, donnant au Code des interprétations qui en détruisent la lettre ou en faussent l'esprit, sous la pression d'une opinion parfois irraisonnable ou par le sentiment intime d'un désaccord survenu entre des lois vieillies et des aspirations non prévues ; la justice est indécise, le vice assuré et cynique ; tout s'achète, par faveurs, appuis réciproques ou par argent ; l'élu est l'homme de coteries souvent inavouables, à son tour, il porte sur le pavoi des ministres dont le moindre souci est de plier leur caractère aux exigences de la dignité du pays. Aux plus hauts degrés de la hiérarchie sociale, on se renvoie les accusations les plus graves : on en rit et l'on s'imagine dérouter le jugement du public encore sain par le triomphe en quelques procès d'apparat, d'où les réputations sortent badigeonnées d'un mauvais blanc, mais non lavées de leurs taches. On ne crie haro sur les Morgan [2], qu'autant qu'ils n'ont point réussi à assouvir la faim de leurs meutes. Dans toutes les couches, on se gorge au plus vite et l'on se déclare un Aristide, lorsqu'au bout de quelques mois de hautes charges, on ne possède qu'un modeste capital de 2 à 300,000 francs. On estime bien sotte la vertu qui s'expose à l'isolement, aux dénigrements, voire même aux petites persécutions, souvent pires que les grosses, plus sot encore un désintéressement qui ridiculise. Pas de complaisances qui ne soient escomptées. L'intrigue et le favo-

1. Jamais je n'accepterai le suffrage universel, le suffrage brutalement numérique, comme le principe fondamental d'une démocratie civilisée. Le droit au suffrage le plus élevé, le droit à choisir les guides du corps social, les mécaniciens de la machine la plus compliquée que l'on puisse concevoir, accordé simultanément à la bête alcoolisée, à l'ignorant, au savant, au paresseux et au travailleur, ce n'est pas même de l'égalité stupide, c'est de l'inégalité au profit de la masse insociable et au détriment du pays tout entier. Ce beau système nous a déjà valu une dictature ; il a aidé à une coalition des haines clérico-monarchiques qui a failli nous en ramener une seconde, et il nous vaudra certainement quelque jour d'autres surprises peut-être plus redoutables. Une démocratie doit s'entendre du gouvernement d'un tout non par tous, mais par tous ceux, grands et petits, riches et pauvres, qui sont en aptitude de juger des besoins communs.

2. G. Duruy, *La fin d'un rêve*.

ritisme se partagent les places et les distinctions, qui devraient revenir au seul mérite ; mais le mérite est devenu si rare, si timide... ou si écœuré [1] ! Chacun brasse en proportion de ses moyens les vilenies profitables. Le rayonnement imitatif s'étend et prend mille formes, le délit occulte envahit les rares vides laissés par le délit extériorisé. Le mal se révèle si profond, qu'il commence à effrayer les fortes têtes. On songe à l'enrayer, on essaie d'un retour à l'autorité. Mais comme on est en contradiction avec des promesses... et des principes (!) on n'accomplit rien qui vaille ; comme on a partout semé la corruption, on en recueille les fruits. On prétend empêcher la presse d'être une officine de diffamation ; mais la presse, habituée aux cajoleries, traitée en pouvoir d'État, se rebiffe contre l'idée d'être soumise au droit commun. On ordonne par hasard quelque chose de juste : on n'est pas obéi, car on a pour auxiliaires des hommes sans conscience, trafiquant de leurs sentiments au gré de leurs intérêts et attentifs à calculer les chances avantageuses d'une volte-face opportune. C'est un déchaînement général de jalousies haineuses entre gens de même étiquette, mais inégalement satisfaits, de rancunes sans merci, entre gens de partis adverses, tous aussi sectariens les uns que les autres et aussi convoitants dans leur sectarisme. Un Catilina se dresserait, à la tête de bandes hardies et décidées à tenter sans tergiversation un grand coup, qu'il pénétrerait peut-

1. Pendant la guerre de 1870-71, j'ai connu bien des dévouements, surtout parmi des hommes d'âge mûr, aussi beaucoup de défaillances, surtout parmi des hommes jeunes. J'ai suivi les destinées de quelques sujets de l'une et de l'autre catégorie. Je n'ai pas rencontré aux honneurs et aux places une seule des personnes dont j'avais admiré le patriotisme ardent, sous des allures modestes ; en revanche, j'ai vu récompenser les farceurs que j'avais appris à mépriser au temps des dures épreuves, certains même toucher presque au pinacle ! Que de poitrines ornées du ruban rouge... qui n'ont jamais aperçu la fumée des canons prussiens ! Mais que d'obscurs héros sont morts, comme le pauvre commandant Foutrein, dans l'oubli et la misère ! En peut-il être autrement ! Le député tire à lui toutes les faveurs pour les distribuer à ses plus bruyants électeurs ! Le député, un ministre a eu la franchise de le déclarer, c'est l'obstacle à toute réforme économique (il aurait dû ajouter et moralisatrice) ; mais qui fait ce député, l'obstacle à tout ce que réclament la justice et l'intérêt du pays, sinon cet inepte et bas suffrage de la masse ? Le coche est traîné par des haridelles, entouré d'essaims épais de mouches bourdonnantes, il ne peut avancer.

être, sans rencontrer de barrière, au cœur de la place ambitionnée.

C'est que nous n'avons pas une République véritablement républicaine, faute de véritables républicains ; et nous n'avons pas de républicains, parce que notre race, malgré ses prétentions démocratiques, n'a été rien moins que préparée à l'avènement définitif d'un régime, désavoué jusqu'ici par la tendance de ses aspirations et de ses mœurs. Nous avons un pastiche du Gouvernement haïtien, avec des gens d'ailleurs pleins d'admiration pour le nègre et très occupés, en leurs loisirs, par arrière-pensée mauvaise, à l'opposer au blanc.... mais au loin, sous le prétexte de politique coloniale. En France et hors de France, la même sottise et la même malhonnêteté président à nos affaires. Nous avons de beaux principes, formulés par des hommes d'élite et de caractère, à une époque où notre race n'était pas encore rapetissée. Mais nous n'avons pas eu le temps de nous adapter à ces principes, et quand nous les avons voulu reprendre, nous ne nous sommes pas aperçus que nous n'étions pas de taille à les soutenir, sans une nouvelle et patiente éducation sociale. La greffe a trop de sève pour un arbre qu'on a laissé dépérir, et avant de l'unir au tronc, il eût fallu rendre à celui-ci une vigueur nécessaire. Nous ne sommes pas usés, mais nous sommes très fatigués : avant de se lancer dans la grande entreprise démocratique, il convenait d'acquérir quelques forces, en sacrifiant certains défauts chéris intérieurement, mais incompatibles avec de sérieuses tendances républicaines. On nous l'a souvent reproché : nous sommes trop enclins à jalouser les supériorités dont se parent les autres peuples, trop quémandeurs de louanges, trop vaniteux et trop avides de distinctions. Ce ne sont pas là des vertus républicaines. Je reste ahuri devant l'empressement partout témoigné aux gens parés des plumes aristocratiques, misérables geais, qui, au lieu de coups de becs, rencontrent les caresses, auprès des plus farouches apôtres de l'égalité. Jamais on n'a tant vu de noms roturiers travestis sous des titres sonores, plus de poitrines ornées de rubans de toutes les couleurs (la 3e République a inventé l'ordre du mérite agricole, dont elle honore les hommes du sol, à peu près avec le même sens d'impartialité qu'elle découvre vis-à-vis des savants et des lettrés, dans ses largesses de palmes académiques ; les ordres de l'Annam et du Cambodge, dont elle gratifie les commis de ses bureaux et jusqu'aux rédacteurs de petites feuilles parisiennes dévoués à chanter ses louanges, et elle vient de souffler à l'oreille du roitelet d'Obock qu'une croix de son nom produirait bon effet chez ses protecteurs) ; jamais non plus, au lendemain des plus retentissantes défaites, on n'a vu surgir un aussi grand nombre de héros dignes de la statuaire. Et dans ces bouffées de gloriole imbécile, perce un je ne sais quoi de mauvais, qui trahit la vile courtisanerie à la coterie, à la multitude. On a coulé en bronze le sergent Bobillot, qui, au Tonkin, a fait son devoir, mais rien de plus que beaucoup d'autres ; on n'a point songé à ériger le moindre buste à l'amiral Courbet, d'illustre mémoire. Mais celui-ci était un indépendant, qui se permettait de regarder, dans l'intimité de ses lettres violées, un tas de dirigeants incapables, comme de tristes *polichinelles ;* l'autre était un enfant de Paris, petit écrivailleur à ses moments perdus ! De métiers, on n'en veut plus : à tous les déclassés, à tous les rebuts de la presse et de l'atelier, il faut des places ; la manie du fonctionnarisme monte, monte sans cesse, avec ses eaux de plus en plus troubles. Il serait temps de couper court à de pareilles habitudes, d'étouffer un esprit si propre à développer l'abâtardissement de la race. Alors nous aurions moins de faux démocrates... c'est-à-dire moins de traîtres, prêts à se vendre pour les chamarrures et les sinécures que leur promettent tout bas les dictateurs en perspective, et nos mœurs seraient plus stables, moins ébranlées par l'âpreté des compétitions intéressées, plus mûres pour la vraie liberté ; elles se dégageraient des liens qu'elles ont contractés avec le délit occulte et objectif. Mais il importe aussi, qu'en cherchant à enjamber trop brusquement par-dessus un système d'hypocrisies et de mensonges, on ne tombe pas dans un excès d'autre espèce : il faut abattre les castes, sous quelque nom qu'elles se dissimulent..., il n'en faut pas créer une nouvelle, sous l'étiquette du socialisme. Il me déplaît d'entendre parler sans cesse de *parti ouvrier ;* il m'est attristant de découvrir, chez ceux-là qui le prétendent former, tout l'exclusivisme reproché aux anciens privilégiés, et les mêmes convoitises à peine déguisées. Dans un État démocratique, tout le monde est ouvrier, car tout le monde travaille pour la collectivité ; le travail n'est pas seulement dans la main, il est aussi dans le cerveau, et chacun doit manier, dans l'intérêt de tous, l'outil qu'il connaît le mieux, l'instrument dont il peut tirer le meilleur emploi. Je regrette plus encore l'alliance que d'autres avancés concluent très inconsciemment avec de soi-disant communistes, rêveurs de l'égalité dans l'anarchie, d'une civilisation dans l'abrutissement : le communisme est une utopie antisociale, qui, réalisée, serait le ravalement de l'être humain à l'animalité et ses adeptes de bonne foi devraient mieux reconnaître la qualité de leurs recrues militantes : les chefs peuvent avoir des intentions pures ; l'armée elle aussi affiche la pureté... d'intention, mais par des procédés qui n'ont rien d'édifiant ; le but à atteindre c'est de donner la bonne odeur à l'infâme capital, en le faisant passer, de la poche du bourgeois qui l'a gagné, dans la poche du prolétaire, ivrogne et paresseux, qui se chargera de le partager avec le mastroquet et les filles du ruisseau !

Nos mœurs sont bouleversées et le dernier frein moral qui les pouvait contenir a été l'objet de tentatives de brisement maladroites. Sans doute, il y aura une *irréligion de l'avenir*, comme il y aura un socialisme et une fédération des peuples dans le socialisme. Mais en attendant n'est-il pas inepte de détruire et de rejeter les aliments en magasin, avant d'avoir seulement constaté les premiers progrès d'une semence hasardée, dans un champ à peine défriché ou soumis à un assolement imparfait !

« A notre époque, écrit Legrand du Saulle, à propos de

l'affaire que je vais rappeler, les grandes et subites élévations grisent certains hommes et leur inspirent d'immenses ambitions d'argent, d'honneur et de célébrité, » aussi le mépris des lois et l'indépendance, poussés jusqu'au crime. Quelle autorité peuvent reconnaître des personnages, qui ont d'eux-mêmes une opinion absolument démesurée! Tel ce fils d'ouvriers Zurcher, qui s'estimait trop intelligent pour supporter « le joug d'un patron » et qui trouvait fort naturel d'arriver « à se constituer un capital, » nécessaire pour mettre en évidence ses qualités supérieures, par l'assassinat [1]. Ses parents étaient le premier obstacle, et il essaie de tuer sa mère ; son père devait disparaître ensuite. Un factum développait les théories du misérable. « Le combat de la vie est devenu hérissé de mille difficultés inconnues aux âges précédents. Une concurrence acharnée se manifeste partout où un bien quelconque est à convoiter !... Je n'avais donc pas à ma disposition le nerf de la civilisation. Je n'ai que le crime comme moyen de parvenir. Je suis une intelligence. Avec un peu de bien, j'atteindrais dans les sommets... Ma mère ne voulait rien entendre ; elle exigeait que je restasse honnête homme, malgré moi. On me faisait une vie d'enfer... Un être viril doit pouvoir tuer son père et sa mère » (1882). Que nous réserve l'avenir, si de telles doctrines continuent à s'épanouir sous la sollicitation d'un milieu dévoyé ? A quel degré de dégénérescence morale et psychique aboutirons-nous, si un régime mieux adapté n'intervient, pour couper court aux déviations qu'engendre la surexcitation des plus détestables appétits ?

1. C'est le raisonnement de Lebiez, assassinant, avec Barré, la veuve Gillet, vieille fruitière à laquelle on savait des économies, pour avoir les moyens d'acheter un microscope et de monter un laboratoire où ses aptitudes auraient trouvé à s'exercer. (Guillot, *Prisons*, 146). Les feuilles anarchistes approuvent de pareils procédés. La *Révolté* (n° 32, p. 251 du supplément littéraire !) met en scène un jeune homme qui a volé les économies d'un ménage d'ouvriers, ses parents adoptifs, afin d'aller vivre en Amérique : « Je ne suis pas un voleur de métier, voyons, dit le personnage, j'étais honnête avant, je serais resté honnête après ; une minute unique de malhonnêteté me sauvait la vie? » L'écrivain ne montre pas que son héros eût quoi que ce soit à sauver et il nous le présente agissant après mûre réflexion : il faut lui savoir gré de n'avoir point songé à doubler le vol d'un meurtre ou d'un assassinat ! Chez le *Père Peinard*, on eût été moins oublieux des conséquences extrêmes de la doctrine !

La pourriture s'est généralisée. Elle n'est cantonnée dans aucune catégorie, dans aucune classe, dans aucun parti exclusivement ; car les opinions sont devenues partout les faux drapeaux des égoïsmes et des cupidités. Seulement, les uns espèrent trouver leur satisfaction dans la renaissance d'un régime démodé, où, privilégiés à l'ancienne manière, ils seraient assurés d'une curée plus large; les autres, logés dans le gâteau de la chose publique..., comme le rat de la fable en son fromage, se contentent du morceau et le grignotent, avec la persuasion qu'ils n'auraient guère chance de rencontrer gîte et repas plus agréables, soit dans un retour en arrière, soit dans une sautée en avant. Ceux qui se parent du titre de clérico-monarchistes n'ont pas à jeter la pierre à ceux qui se parent du titre de libres-penseurs républicains : les uns valent les autres, et d'ailleurs, à l'occasion, ils savent se porter dans l'ombre des appuis réciproques, tout en s'envoyant mutuellement de perfides attaques [1].

Mais le mal, comment pourrait-on l'attribuer à une autre cause qu'au système politique intronisé chez nous depuis les événements de 1870-71 ? Pas de convictions, ou des convictions assez chancelantes pour se modifier au jour le jour, selon les intérêts du moment, et malgré cela

1. On a fermé les établissements des Jésuites, mais la Congrégation est demeurée puissante en certains ministères, elle s'est accommodée à partager maintes faveurs avec l'excellente sœur maçonne. Plus d'un démocrate à tous crins n'est qu'un réactionnaire arlequinisé. C'est à qui pervertira le mieux la nation, chacun à sa manière. Aussi quelle grâce ont nos conservateurs (?), les partisans du Roy..., un personnage mâtiné d'allemand, à tenter d'établir un parallélisme absolu entre le développement du crime-délit et le degré *de Républicanisme* dans les circonscriptions électorales ! Ce travail a été fait à propos des dernières élections; je l'ai repris par curiosité, mais je ne me suis pas rencontré en similitude de résultats avec son auteur (De Tayac, *France et France*, sept. 1889); il m'a été impossible de relever un ensemble de rapports un peu précis entre la répartition des votes aux élections de 1885 et de 1889 et celle des crimes-délits dans la période décennale de 1878-87. Il y a mieux. Un journal dévot (l'*Océan* du 4 déc. 1889) relevait ce rapprochement : la criminalité était à son minimum dans la Lozère, département où les curés et vicaires étaient évidemment à la hauteur de leur rôle, puisqu'ils comptaient le plus de privations de traitement pour ingérence politique au cours des dernières élections !!! Mais les fidèles de la bonne cause ne voient que ce qu'ils veulent voir : ils se gardent bien de reconnaître que l'un des foyers les plus intensifs de la criminalité contemporaine est aussi l'un des centres les plus conservateurs, la Normandie (voir la *France criminelle* de Joly, p. 150).

intolérance réciproque entre les citoyens, sous le souffle des sectarismes rouge et noir ; pas d'énergie pour l'effort vers l'amélioration de la collectivité et capacité étonnante pour la jouissance qui énerve ou tue ; pas d'autorité qui protège dans la liberté..., mais abandon inouï permis à la licence. Voilà le compte d'un régime que l'histoire flétrira sous l'épithète de République opportuniste. Qu'on le sache bien : opportunisme ne signifie pas adaptation sage de la direction du peuple aux besoins et aux aspirations réelles de ce peuple, selon les conditions que dicte l'opportunité des événements, mais adaptation d'un système d'exploitation aux appétits de coteries variables, selon les conditions que dicte l'opportunité des intérêts individuels ; c'est la *République-carrière* du Morgan de V. Duruy.

Dans la même période, on constate un redoublement de l'aliénation et du suicide. A partir de 1871, la montée de ces modes aberrants de l'impulsivité et de la cérébration s'accentue et elle se traduit par une ligne presque droite, qui rapidement laisse bien au-dessous de son sommet le niveau des lignes oscillantes des périodes antérieures.

Je sais qu'on oppose au crime-délit et au suicide de la France républicaine un crime-délit et parfois aussi un suicide plus intensifs, en des pays voisins de régime monarchique. La comparaison prouve sans doute que nous valons encore mieux que certains de nos dénigrateurs ; mais elle ne prouve pas que nous valons autant, vis-à-vis de nous-mêmes, aujourd'hui qu'à d'autres périodes de régimes politiques différents. Voilà tout ce que j'entends dire, sans regretter d'ailleurs des formes de gouvernement très impropres à nous ramener désormais dans la voie du progrès.

Je sais également qu'on a distingué entre le régime politique et l'idée révolutionnaire et que des écrivains d'élite attribuent à celle-ci les conséquences que je rapporte au premier. Il est certain que, dans toute l'Europe, la formule de notre immortelle Révolution est devenue le point de départ d'un droit nouveau. Les peuples ne sont plus des troupeaux d'esclaves, la chose des privilégiés gravitant autour des rois de par la grâce divine et par celle de la force : ils prétendent que leurs rapports avec les dirigeants soient réglés d'après une réciprocité d'obligations ; s'ils n'ont pas atteint partout à la liberté et à l'égalité politique ; partout ils témoignent de leur ferme volonté d'y arriver tôt ou tard. Il y a des conflits : ici, parce que le droit se heurte à des résistances maladroites ou brutales, là, parce que le droit est obscurci sous des aspirations contraires à son esprit. Mais les résultats de la fausse application d'une doctrine ne sauraient être imputables à la doctrine elle-même ; on ne peut, sans une flagrante injustice, rendre un principe hautement moral responsable des immoralités qui se commettent à l'abri de ses maximes, tronquées ou altérées. Les régimes seuls entretiennent les maux au sein des peuples, par l'oubli ou le mépris des lois qui président au *Contrat social*[1].

Je n'ai pas fait allusion aux époques transitoires, qui, par l'agitation et le bouleversement, marquent le passage d'un régime à un autre. Elles créent, parmi les masses, une excitation plus ou moins vive, grossissent outre mesure les ambitions et les convoitises chez les uns, engendrent les appréhensions et la peur chez les autres. Dans cette situation, les héréditaires et les tarés sortent de la normale. Il se produit une recrudescence momentanée de la folie. Les crimes et les délits sont aussi plus multipliés ; mais leur redoublement n'apparaît point toujours sur les statistiques, parce qu'un grand nombre des attentats échappent à l'observation d'une autorité moins vigilante ou plus timide, se dérobent sous l'étiquette de la politique ; c'est par l'histoire des foules ameutées qu'on les découvre surtout, aussi lâches et aussi hideux à l'ombre des régimes monarchiques, qu'à l'abri des régimes républicains. Quant aux suicides, on s'accorde généralement

1. Il n'est pas besoin, pour comprendre tout cela, d'avoir recours à de grands mots et d'opposer le *Misonéisme* ou la *Néophobie* aux tendances dérivées de la Révolution.

à reconnaître qu'ils diminuent, s'effacent presque au cours de ces déchaînements éphémères : les désespoirs se taisent, les esprits oublient leurs velléités troublantes, soit qu'ils attendent avec confiance des jours meilleurs, soit qu'ils éprouvent une sorte de dérivation de leurs facultés dans l'attention des événements. Mais peut-être aussi, une partie des déséquilibrés qui, en temps ordinaire, eussent dirigé contre eux-mêmes leur impulsivité, obéissent-ils à l'attraction de l'exemple et du conseil, en cherchant dans l'attentat la satisfaction de besoins jusqu'alors irréalisés. On serait autorisé à le croire, lorsqu'on étudie la marche du crime et du suicide dans certaines catégories qui ont traversé, brusquement ou lentement, une phase de transformation identique ou analogue, aux grandes périodes de heurtements de nos milieux. J'ai montré, dans mon étude sur la criminalité créole, que le suicide, très fréquent parmi les nègres esclaves, était devenu assez rare parmi les personnes de couleur affranchies, mais que le crime-délit s'était presque concentré dans leur groupe, depuis leur émancipation, si mal préparée et si mal dirigée par l'administration métropolitaine. A côté des noirs, les coolies hindous ont accompli leur petite révolution : tout d'abord intimidés, dans les pays où ils avaient été transportés par surprise, pusillanimes vis-à-vis des maîtres, ils n'avaient trouvé d'autre moyen que le suicide, pour échapper à leurs misères : mais peu à peu, ils se sont enhardis ; ils ont abandonné le suicide et multiplié autour d'eux les incendies ; ils ont même fini par risquer le meurtre et l'assassinat contre leurs oppresseurs. Ce contre-balancement des impulsivités, je l'ai déjà signalé ; mais il n'était pas inutile de le rappeler.

« Les suicides, écrit Foley, sont plus nombreux dans l'imminence des commotions politiques, parce que l'imagination, grossissant les dangers, l'esprit de l'homme succombe à la frayeur de ne pouvoir en triompher... Ils sont encore plus nombreux lorsque le calme est rétabli, parce que la cause d'excitation étant passée ou suspendue, on peut juger plus sainement des atteintes portées à nos plus chères affections, à notre bonheur. » Et l'auteur donne, à l'appui de cette thèse, la moyenne annuelle des suicides relevés à la Morgue de Paris, au cours de trois périodes, l'intermédiaire seule exempte de secousses politiques : de 1851 à 1860, la moyenne est de 141 ; de 1860 à 1869, de 152 ; de 1870 à 1879, de 194 [1]. Je ne remarque pas que ces chiffres démontrent autre chose, que la progression pure et simple du suicide, et quant à l'opinion formulée par Foley, elle n'est qu'en partie vraie. En période agitée, la peur est sans doute une cause déterminante d'une certaine quantité de suicides : mais elle n'est point si commune qu'elle suffise à accroître sensiblement leur somme : pendant la Terreur, il y a eu très peu de suicides et l'on alla bientôt jusqu'à dédaigner les moyens d'échapper aux poursuites et à la guillotine ; on mourait sans défaillance et très minime fut le nombre des personnes qui songèrent à éviter l'échafaud par le suicide. Celui-ci, loin de subir un accroissement « dans l'imminence des commotions politiques », présente au contraire une diminution très notable. Morselli a généralisé cette observation, déjà faite en France par d'éminents aliénistes. Mais le calme ramène une augmentation plus ou moins forte de suicides, sous l'influence des crises économiques qui suivent presque toujours les révolutions ou les grands changements rapidement accomplis dans un pays. Les déceptions, un moment conjurées, renaissent et ramènent les désespérances, comme elles font éclore les revendications des violents. Les uns se suppriment, à bout de force pour lutter, les autres n'hésitent pas à livrer le combat antisocial avec plus de fureur. « En 1830, année de renversement de la monarchie des Bourbons de la branche aînée, le nombre des suicides tombe, de 1,904 en 1829, à 1,756. Le premier effet de la Révolution est une diminution apparente pendant les cinq derniers mois de l'année, les mois antérieurs ayant présenté le spectacle d'un accroissement

1. *Ét. sur la Morgue, An. d'hyg. et de méd. lég.*, 1880, II, 10.

analogue à celui de la période correspondante de 1829. En 1831, malgré l'établissement d'un gouvernement régulier et le retour à une sécurité relative, le nombre des suicides s'élève à 2,084, soit 308 de plus. Voilà l'effet, clairement démontré, des souffrances individuelles infligées aux populations par la crise économique qui a suivi la crise politique. Le mouvement se calme en 1833 et 1834, les plus éprouvés (comme pendant les maladies épidémiques, les plus débiles) ayant succombé. Il reprend ensuite dans ses conditions d'accroissement ordinaire. En 1848, le nouvel établissement monarchique s'écroule à son tour, et nous voyons se produire le même fait qu'en 1830, c'est-à-dire que, dans l'année de la crise, le nombre des suicides tombe de 3,647 en 1847, à 3,301 en 1848. Ils se relèvent en 1849 (3,583) pour rester à peu près stationnaires dans les deux années suivantes (3,596 et 3,597) et reprendre ensuite leur marche accélérée. Le coup d'État du 2 décembre 1851 s'accomplit ; le nombre des suicides ne subit pas ici les mêmes influences, parce qu'on touche à la fin de l'année. Mais en 1852, année de fortes préoccupations politiques et d'une grande perturbation industrielle, on voit le nombre des suicides s'élever de 3,598, en 1851, à 3,674, pour retomber à 3,415 en 1853, quand la situation s'est sensiblement améliorée. En 1870, de 5,114 en 1869, nous descendons à 4,157 ; puis, dès 1871, le relèvement s'opère dans une forte proportion, 4,490 » (Legoyt)[1]. D'après Morselli, la révolution de 1848, qui a eu son retentissement dans toute l'Europe, y a déterminé un abaissement des chiffres de ses suicides ; l'année 1866 « a été, dans la série des suicides italiens, ce qu'ont été 1848 et 1849 en France, en Allemagne, en Autriche, en Danemarck et en Bavière » ; la même année a été marquée par une diminution des suicides en Autriche et un fait identique s'est produit en Prusse et dans la Saxe royale, pendant la guerre de 1870-71. Mais, dans les différents États, les crises économiques consécutives aux événements de la politique et de la guerre, ont relevé les suicides.

1. *L. c.*, p. 250 et suiv.

Examinons maintenant l'influence particulière des principaux facteurs sociologiques en période d'organisation régulière. Déjà, j'ai parlé de quelques-uns de ces facteurs et esquissé leur rôle, à propos de conditions individuelles sur lesquelles ils concentraient plus intensivement leur action. Je renverrai donc au chapitre relatif aux habitudes dégénératives, pour l'étude de l'alcoolisme, aux chapitres consacrés à l'âge et au sexe, pour l'étude de certains côtés de l'éducation et de la situation imposée à la femme. Mais, j'aurai soin de reprendre, dans les chapitres suivants, les questions seulement ébauchées et de relier entre elles les influences de milieu, d'après leurs connexions naturelles et leur mode d'intervention dans l'étiologie du crime-délit et du suicide.

CHAPITRE II

LA DENSITÉ, LA RÉPARTITION ET LA COMPOSITION DE LA POPULATION.

LES FACTEURS ÉCONOMIQUES. — LE TRAVAIL, LE SALAIRE ET L'ASSISTANCE. — L'ÉPARGNE ET LA PROPRIÉTÉ.

Densité, répartition et composition de la population.
L'une des conséquences les plus remarquables de la civilisation est l'accroissement plus ou moins rapide, mais continu, du nombre des unités de la population. *A priori*, on doit supposer que le crime-délit augmente proportionnellement, et présente une évolution bien en rapport avec la densité des éléments en contact, les occasions de compétitions devenant plus fréquentes et les luttes plus vives, le rayonnement imitatif plus facile et plus expansif, à mesure que les habitants se multiplient davantage, sur une étendue de territoire invariable. Mais les faits ne confirment pas absolument l'hypothèse.

Il est clair qu'une somme plus grande d'actions quelconques se manifeste en parallélisme avec l'accroissement numérique des générateurs de l'activité d'un milieu. Mais, dans la somme de ces actions, le crime-délit n'augmente pas partout dans le même rapport que la population. En Angleterre, par exemple, où la progression de cette dernière est considérable, l'attentat s'accroît dans une moindre proportion qu'en France, où la population augmente lentement et d'une façon très inégale. Les raisons de cette contradiction sont assez complexes et elles varient d'un milieu à un autre. L'Angleterre est très riche, mais sa fortune demeure concentrée entre les mains d'un petit nombre de citoyens et les classes populaires vivent pauvres, souvent misérables : les citoyens se montrent satisfaits avec une liberté individuelle, qui les préserve de l'arbitraire et s'allie d'ailleurs avec le respect des situations acquises ; leur égoïsme national les défend contre l'immigration étrangère et ils forment une masse très cohérente, presque immuable en ses mœurs et ses tendances ; le trop-plein du pays trouve aux colonies et dans le monde entier des débouchés propices au déploiement de ses énergies. Ce sont là d'excellentes conditions pour amortir la criminalité. La France elle aussi est très riche ; les ressources y sont mieux réparties entre tous et elles restent supérieures aux besoins de la population ; mais les caractères sont plus instables, moins retenus ; chez les uns, l'exubérance appelle le bien-être, la jouissance, l'insatiabilité ; chez les autres, la misère d'imprévoyance, les jalousies et les appétits non maîtrisés aboutissent aisément à l'attentat ; nous n'envoyons guère d'émigrants au loin : en revanche, avec une générosité trop légère, nous ouvrons nos villes et nos campagnes à des flots d'étrangers affamés, décidés à l'avance à nous bien exploiter, souvent tarés en leur pays. Et l'on s'étonnerait que chez nous la délinquance montât plus vite que la population ne s'élève !

Voici ce que nous apprennent les statistiques [1].

a. — *Le crime-délit n'est pas en rapport absolu, dans chacun de nos départements, avec la densité de la population.* — Là où un rapport existe, on découvre des explications très ingénieuses et surtout très rassurantes pour l'appuyer. Est-il direct ? comme dans la Seine, la Seine-et-Oise, le Rhône, les Bouches-du-Rhône, etc. ; c'est que la multiplication des contacts et le fractionnement plus grand des ressources appelle des combativités plus ardentes, déchaîne dans la voie de l'attentat les impulsivités trébuchantes, nécessairement les plus nombreuses ;

1. Voir les cartes annexées.

mais le remède est à côté du mal et l'atténuation viendra d'une éducation mutuelle, d'autant plus obligée que les agglomérations sont plus compactes. Le rapport est-il renversé? Si l'attentat est moindre, avec une population très dense, c'est que le redoublement du travail ramène au niveau des besoins la totalité des ressources (ce qu'on pourrait à la rigueur soutenir pour le département du Nord) : l'action pernicieuse est donc annihilée ou

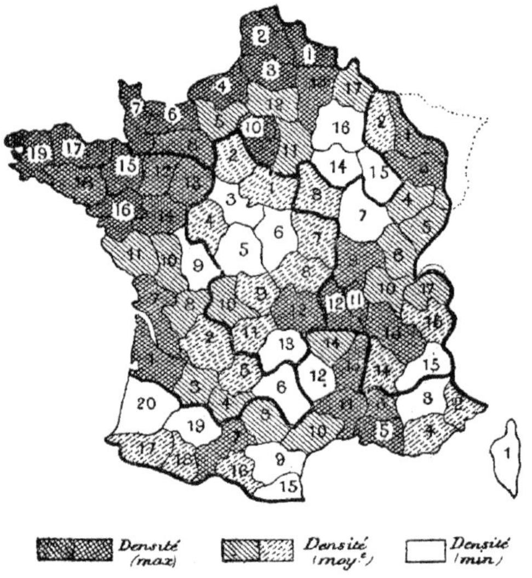

Fig. 10

Densité de la population.

(Elle ne doit pas être confondue avec la puissance de la natalité dans l'ensemble des régions).

plutôt relativement diminuée par l'action réformatrice. Si l'attentat est en progrès avec une population peu dense, comme dans quelques régions montagneuses (Jura), c'est que la rareté ou la difficulté des communications oblige l'homme à garder l'isolement du sauvage, etc. ; les écoles de hameau modifieront l'état des esprits et la création de routes ramènera les mœurs au bon point. Toutes ces explications et bien d'autres encore conviennent à certains centres, à certaines localités; elles n'ont rien d'assez général pour apporter des solutions précises. J'accorde que le degré d'industrie diminue parfois les

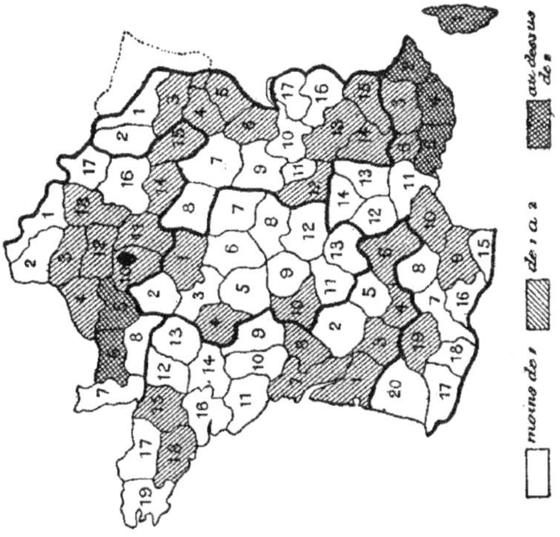

Fig. 11

Crimes

(Pr. des ac. p. 10,000 habitants, 1884).

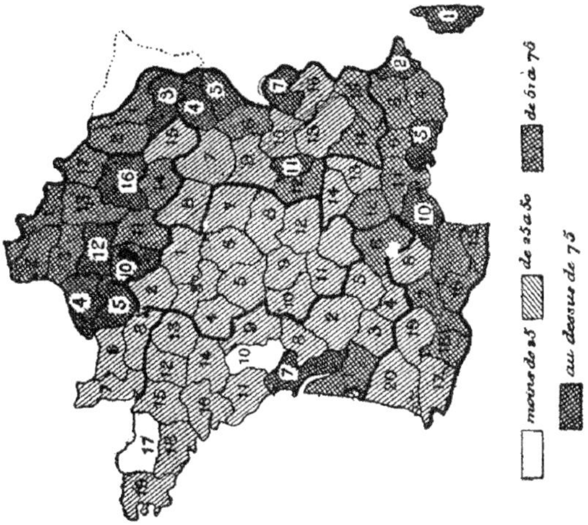

Fig. 12

Délits

(Pr. des prév. p. 10,000 habitants, 1884).

inconvénients de l'agglomération trop dense: on ne s'empressera pas trop d'enregistrer ce résultat, si l'on réfléchit à la démoralisation habituelle dans les plus grands centres manufacturiers. D'autre part, en jetant les yeux sur une carte agricole [1] et sur les cartes de la criminalité, on constate que celle-ci a souvent ses teintes les plus sombres dans les départements où la valeur des terres arables est le plus considérable, départements presque toujours aussi très denses en population (centre parisien, Basse-Seine, région rhénane, vallée du Rhône, Hérault, vallée

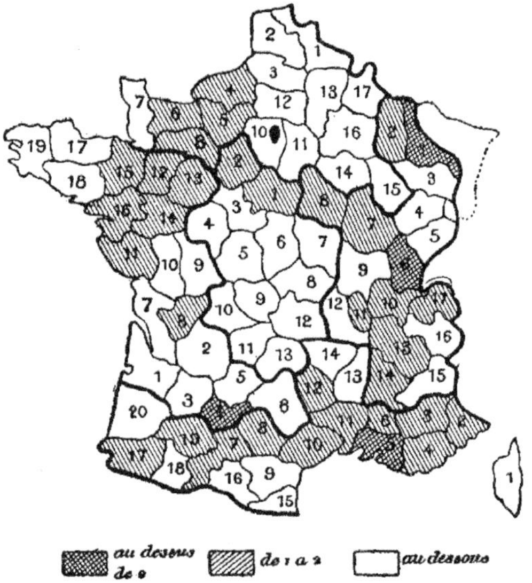

Fig. 13

Aliénés internés.

(Pr. p. 1,000 habitants, 1884).

de la Garonne) : le fractionnement des ressources ne serait donc pas compensé par leur abondance. En réalité, ce qui écarte et conjure le danger de la progression intensive et de la concentration sur place d'une population, c'est la limitation acceptée, ou, si l'on veut, la sage pondération de ses besoins. Personne n'ignore que la population française continue à s'accroître par l'appoint à peu

1. Celle de Delesse.

près exclusif des départements du Nord, du Pas-de-Calais, de la Bretagne et de quelques régions du centre : pour quelques-unes de ces populations, la montée du suicide et de la folie est peut-être corrélative d'une criminalité moyenne ; mais la criminalité est très basse, sans que le suicide et la folie s'élèvent beaucoup, parmi les rudes et patientes populations de race celtique ; dans l'ouest, on commet des excès, mais on sait aussi se contenter ; on a gardé l'idée religieuse, qui sert de frein, et l'on a médiocrement subi les entraînements de la politique excitatrice et énervante ; de là, selon moi, une sorte de retardement dans l'évolution, très favorable à une adaptation sociale sans conflits ni secousses, et la coïncidence d'une forte densité de population avec une évolution mitigée du crime-délit. Toutefois, il importe de remarquer que les mêmes départements de l'ouest et du centre, où l'on constate ce double phénomène, ont leur population très disséminée et ne possèdent qu'un très petit nombre de gros foyers d'agglomération.

Or :

b. — *Le crime-délit, dans l'ensemble de nos départements, est plus développé parmi la population urbaine que parmi la population rurale.* — On est porté à médire de la campagne, à exagérer la brutalité de ses mœurs et à forcer sa criminalité, en incriminant son ignorance. Jadis, à côté de cette dernière, la population rurale subissait l'influence d'autres causes, qui maintenant tendent à refluer vers les villes : la misère y était profonde, le gain très borné, la cupidité âpre ; la propriété, condensée entre quelques mains, enlevait le sol au plus grand nombre ou le tenait à la discrétion d'une minorité de possesseurs : beaucoup, restant sans travail, tombaient de l'oisiveté dans l'intempérance et le vagabondage, se laissaient aller à leurs mauvais penchants, non combattus par une éducation quelconque, en dehors de l'enseignement du catéchisme, insuffisant à créer toujours la retenue religieuse. Les choses ont bien changé : le fractionnement du sol, l'amélioration des cultures, la facilité des communications ont donné large satisfaction aux paysans ; le bien-être modeste et la diffusion de l'instruction primaire, parfaitement adaptée à la moyenne des intelligences rurales, chassent le crime des campagnes, et les non-valeurs, qui ont conservé les mauvais instincts devant l'appât du lucre facile, le dégoût des durs labeurs aux champs, le désir des jouissances grossières, émigrent vers les villes, où ils contribuent à l'accroissement de l'attentat. Les comptes rendus judiciaires établissent ainsi la répartition des accusés selon leur domicile (on regarde comme rurale la commune dont la population agglomérée est inférieure à 2,000 habitants, et comme urbaine, celle dont la population agglomérée est supérieure à ce chiffre) :

		NOMBRE PROPORT. SUR 100			
		1872	1876	1881	1887
Population	urbaine	31	32	35	36
	rurale	69	68	65	64
Accusés	urbains	48	49	52	53
	ruraux	52	51	48	47

« On remarquera que l'accroissement proportionnel de la population urbaine et celui du nombre des accusés faisant partie de cette population sont absolument identiques : mais si l'on prend pour bases des calculs le chiffre réel des accusés urbains et celui de la population correspondante, on relève au contraire une diminution de 22 accusés sur 100,000 habitants des villes en 1872, qui arrive à 18 en 1876, à 16 en 1881 et à 14 en 1887. Cette proportion a toujours été double de celle que donnent les accusés ruraux, et qui a été de 11 accusés sur 100,000 habitants des communes rurales en 1872, de 9 en 1876, de 8 en 1881 et de 7 en 1887 ; on peut déduire de ce qui précède cette loi immuable, que, *sur trois crimes, jugés par les Cours d'assises, deux ont été commis dans des villes*[1]. »

1. *C. r. of.*, 1887.

Les raisons de cette prédominance de la criminalité urbaine sont complexes. — 1° L'abandon des campagnes par un grand nombre d'individus de l'un et de l'autre sexe, qui, dans les villes, n'ont d'autres moyens d'existence que les plus grossiers travaux manuels ou la domesticité stérile, mercenaires attirés dans les villes par le miroitement d'un salaire élevé et longtemps assuré, par la perspective d'un plus grand bien-être et d'une plus grande indépendance. Quand les entreprises du bâtiment ou du terrassement viennent à fléchir, les hommes n'ont aucun moyen d'échapper à la misère, qui les livre à l'entraînement des mauvais conseils et les jette, recrues toutes prêtes, dans l'armée des antisociaux : quand les bureaux de placement sont encombrés, les femmes ont en perspective la prostitution, par laquelle elles contribuent directement ou indirectement à l'accroissement de la criminalité. Je ne regretterais guère la désertion des campagnes par l'élément féminin, selon moi peu fait, dans une société civilisée, pour le travail de la terre, si cet élément arrivait dans les villes avec plus de moralité et d'aspirations saines : les campagnes auront toujours assez de femmes qui pourront diriger un foyer. A celles-là qui n'ont aucune chance de sortir de la domesticité rurale, la ville offrirait des débouchés mieux en rapport avec les aptitudes du sexe. Mais il importe que l'instruction intervienne puissamment pour leur faire envisager bien en face les illusions que peut couvrir la domesticité urbaine, pour redresser leurs aspirations, en même temps pour leur donner des connaissances susceptibles d'élargir le cadre de leurs moyens d'existence par le travail honnête. Quant à l'émigration exagérée des hommes de la campagne vers les villes, je l'estime fâcheuse sous tous les rapports : elle enlève au sol des bras qui lui sont nécessaires et je viens de dire ce qu'elle donne aux villes. Le remède est tout économique et il devrait d'autant mieux être appliqué, qu'il arrêterait l'immigration si dangereuse de milliers d'étrangers suspects. Il consisterait — d'une part, à attacher le paysan déshérité au sol, en lui attribuant les terrains communaux susceptibles de culture, moyennant une redevance annuelle [1]; — d'autre part, à rompre avec une tradition que nous devons à l'Empire, et qui pousse au développement exagéré de la construction dans les villes, moins dans un but d'embellissement et d'hygiène, que pour favoriser une classe, au détriment des autres et à celui de la fortune publique, avec un but inavoué et non complètement avouable. Nul plus que moi ne souhaite avec plus d'ardeur un meilleur sort à l'ouvrier; mais je tiens à dire que l'ouvrier, tel qu'on le prétend délimiter dans l'immense agglomération des travailleurs de toutes sortes, n'est qu'une fraction minime dans la patrie, bien loin d'être la majorité qu'on affirme; qu'en encourageant chez lui des appétences exorbitantes (et qui, sur le terrain de diverses industries, ont déjà livré notre commerce aux plus rudes coups de la concurrence étrangère) on s'oblige à les satisfaire par une inique répartition des revenus de la collectivité; qu'on s'expose enfin, le jour où le budget manquera pour fournir aux dépenses de travaux inutiles ou hors de proportion avec les besoins généraux, à l'épouvantable conflit d'une lutte sociale. Et alors, qu'on y réfléchisse, le résultat sera ou le simple transfert de la propriété des mains du possesseur actuel dans les mains de celui qui la convoite, ou l'écrasement du convoiteur par le convoité, mis, par de faux calculs, dans le cas d'une légitime défense. — 2° Les villes sont les réceptacles de tous les déclassés de l'intelligence, de tous les naufragés de la société, qui, se considérant à tort ou à raison comme les victimes de celle-ci, retournent contre elle des instincts ravivés ou surexcités par la défaite et l'insuccès. Là, d'ailleurs, les tendances mauvaises rencontrent, au milieu de l'oisiveté des masses, une stimulation permanente dans la lecture de livres ou de journaux dangereux pour les cerveaux trop faiblement équilibrés, dans les audiences publiques

1. Un projet de *Ligue agraire* a été présenté dans ce sens à la Chambre des députés (1888).

du prétoire, où maintes natures insoumises devinent le secret de leur vocation criminelle, en même temps qu'elles acquièrent l'initiation de l'exemple..., avec l'assurance de la bénignité des peines à encourir. Là encore, le spectacle du luxe raffiné suscite des convoitises plus nombreuses et plus vives, les théâtres et jusqu'aux musées font appel au sens génésique, et la facilité de la débauche aide à l'entraînement vers l'attentat. Là, enfin, les compétitions et les chocs qu'engendre la multiplicité des contacts, les âpretés qui naissent des besoins réels ou factices, la la suractivité sociale elle-même, sont une occasion plus fréquente d'impulsions criminelles. Les ébranlements de la politique se font sentir à leur plus haut degré, et à côté des recrudescences dans la marche de l'aliénation, ils provoquent des explosions nouvelles de criminalité. Les périodes de révolution ou même celles d'élections sont toujours marquées par un accroissement des crimes ou des délits, soit qu'une surexcitation momentanée se juge, chez les passionnels et les prédisposés, par des impulsions violentes auxquels ils n'ont pu résister, soit qu'à l'abri des agitations publiques, les latents et les occultes essaient moins de dissimuler leurs méfaits : les crimes contre les personnes ont été particulièrement nombreux, surtout dans les foyers urbains, en 1830, 1832, 1848, 1851, 1870, 1873 (renversement de Thiers), 1876 (période d'élection), etc. — 3° Les habitudes que l'on contracte si rapidement, dans les villes, et qui fréquemment vont jusqu'à l'intempérance la moins réfrénée, les conditions défectueuses pour un grand nombre de l'hygiène physique et morale dans la famille et l'atelier, amoindrissent les énergies vitales et préparent les dégénérescences. Dans la plupart des cités importantes, l'accroissement de la population est dû à l'immigration, et les décès autochtones l'emportent sur les naissances [1].

1. Guyau a bien apprécié cette influence des milieux urbains. Trop d'intensivité dans l'existence y épuise la race, aussi la folie, le suicide, le crime sont-ils en accroissement dans les capitales. Là se concentrent les conditions d'usure les plus redoutables : « excès de la lutte pour l'existence, travail dans les ateliers malsains, alcoolisme,

On notera que les divorces sont aussi prédominants dans les villes : sur 100, l'on en compte 30 dans le département de la Seine, 45 dans la population urbaine des autres départements, et 25 dans leur population rurale. — 4° Les milieux urbains sont le refuge des récidivistes, toujours légion, malgré la loi de relégation; ces anti-sociaux incorrigibles, au sortir des maisons centrales où ils ont perfectionné leur art et leur science aux leçons des maitres expérimentés, trouvent dans les foyers de population très dense, plus de facilité à se dérober aux recherches, comme aussi à tenter de nouveaux coups profitables : ils deviennent des centres de rayonnement imitatifs pour les prédisposés et les non classés encore indécis.

c. — *Le crime-délit, dans une large mesure, est sous la dépendance des apports étrangers qui se produisent parmi nos populations.* — A diverses époques de son histoire, la France a été comme le rendez-vous des nécessiteux et des aventuriers des autres pays, et ses mœurs générales, comme ses mœurs criminelles, ont éprouvé le contre-coup de cet envahissement. Aux XVIe et XVIIe siècles, les reîtres allemands ont ramené chez nos soldats les tendances brutales et violentes du moyen âge; au contact de leurs chefs, nos grands seigneurs, officiers royaux ou partisans, sont devenus maintes fois des bandits : les d'Aubigné et les Sully n'ont pas plus de honte à reconnaître les *pilleries* qui les ont enrichis, qu'un Frunsberg à raconter les abominables cruautés de ses lansquenets au sac de Rome [1], qu'un Furstemberg à profiter de ses trahisons et de ses larcins [2]. Presque en même temps, les Italiens pénétraient à la Cour, lui apprenaient les débauches et la férocité raffinées, la façon de se débarrasser des adversaires gênants par les poisons savants, la dissimu-

débauche rendue facile, contagion nerveuse, atmosphère immonde... La vie de l'organisme social, comme celle de tous les autres organismes, se maintient par la combustion; mais ce qui brûle aux foyers les plus actifs de la vie, ce ne sont pas des matériaux étrangers, ce sont les cellules vivantes elles-mêmes ».

1. Brantôme, *Mém. sur les capitaines illustres*, éd. de Leyde, II, 5.
2. *Ib.*, 1.

lation et l'hypocrisie, l'alliance de la religion, de la superstition et du crime dans une même conscience : ils nous valaient l'éternel stigmate d'une Saint-Barthélemy. Puis sont venus les Juifs de la haute finance, qui ont ouvert chez nous école d'agiotage et se sont enrichis de nos ruines. Aujourd'hui enfin nous sommes *pacifiquement* envahis, au nord par les Belges, qui sèment la discorde et l'esprit de grève parmi nos ouvriers ; à l'est par les Allemands, qui observent et prennent notes afin de nous mieux dépouiller, au moment psychologique rêvé dans leur honnête cerveau ; au midi, par les Espagnols, mais surtout par les Italiens, les plus dangereux de tous.

La carte d'origine des accusés et prévenus, insérée dans le compte rendu judiciairede 1887, montre :

1° Que la plus forte proportion des individus jugés dans leur propre département répond, d'une manière générale, à des départements très peuplés, se suffisant à eux-mêmes, pour la plupart médiocrement ouverts sinon même fermés à l'immigration (région de l'ouest), mais avec deux max. en des départements qui sont aussi des centres actifs d'immigration étrangère (Nord et Seine) : dans les premiers, la criminalité, assez inégale, est le résultat immédiat des contacts territoriaux : dans les seconds, elle est à la fois la conséquence des contacts autochtoneset du rayonnement imitatif exercé par l'apport étranger ; mais la qualité de cet apport en fait varier la nuisance : la criminalité du Nord est moindre, avec l'immigration belge, que dans la Seine, avec l'immigration cosmopolite ;

2° Que la plus faible proportion des individus jugés dans leur propre département se retrouve : — avec une criminalité très basse, dans certains îlotsde départements intérieurs où l'immigration étrangère est à peu près nulle, mais où des relations sont établies, plus ou moins régulières, avec des départements voisins, eux-mêmes de criminalité médiocre ; — avec une criminalité élevée, dans un département intérieur où convergent, comme à Paris, beaucoup d'étrangers (Rhône), dans les départements frontières du nord-est (Meurthe-et-Moselle, Doubs), très peuplés d'Allemands, et principalement dans les départements méditerranéens (Corse, Alpes-Maritimes, Var, Bouches-du-Rhône, Hérault), trop peuplés d'Italiens. Notre frontière pyrénéenne, à ses extrémités, reçoit un assez grand nombre d'Espagnols, et les départements qui la forment ont une proportion assez faible de con-

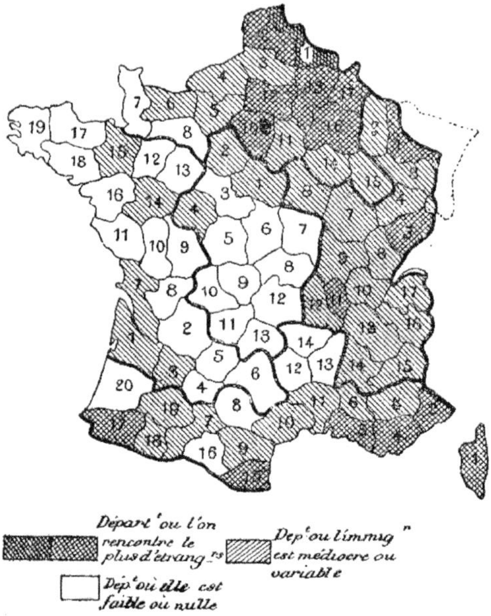

Eig. 14

Immigration étrangère
(1884)

damnés autochtones ; leur criminalité générale peu élevée témoignerait de la supériorité de l'apport qu'ils éprouvent sur les éléments qui affluent dans la région subalpine ; néanmoins l'Hérault devrait les progrès de la sienne autant aux éléments territoriaux qu'aux éléments extérieurs, Espagnols et Italiens mélangés.

Les villes maritimes, dans la plupart des départements où elles existent, relèvent plus ou moins la criminalité de l'ensemble, par leur criminalité exceptionnelle, due à l'immixtion des éléments étrangers. Le Havre, par exemple, contribue pour la plus large part à grossir le chiffre de la délinquance dans la Seine-Inférieure, Marseille celle des Bouches-du-Rhône, Cette celle de l'Hérault; dans une moindre proportion, Bordeaux exerce une influence analogue dans la Gironde, Nantes dans la Loire-Inférieure, nos grands ports militaires dans leurs départements respectifs.

Il faut tenir compte, ainsi que le remarque Joly, des conditions particulières de l'immigration. Là où celle-ci *s'adapte*, elle engendre une criminalité réduite : ce serait l'explication de la moindre criminalité (relative) du Nord, qui reçoit beaucoup de Belges, mais presque tous pourvus d'un métier, désireux de travailler, de se fixer et recherchant la naturalisation, — et de la forte criminalité des départements méditerranéens, visités par les Espagnols et les Italiens, besogneux de passage et de moralité souvent très suspecte.

Les Italiens surtout prélèvent sur nous un tribut d'exploitation néfaste, par la dispute du travail qu'ils font à nos ouvriers et par le combat délictueux qu'ils nous livrent. Bournet a mis en lumière l'influence « des localisations d'Italiens sur le classement des crimes, » dans nos départements subalpins. Quelques-uns de ses chiffres et quelques-unes aussi de ses réflexions méritent d'être reproduits. Voici d'abord un tableau de haut enseignement sur le rang que les départements en question ont occupé à diverses périodes, dans chacune des catégories de la criminalité violente : le rang s'élève à mesure que la population italienne s'accroît (en 1876, il y a déjà plus de 60,000 Italiens dans les Bouches-du-Rhône, plus de 19,000 dans les Alpes-Maritimes et de 18,000 dans le Var; je laisse de côté les Hautes et Basses-Alpes, qui en renferment plus de 3000)[1] :

1. *Crim. en France et en Italie*, Lyon, 1884, p. 125.

	BOUCHES-du-RHONE				VAR				BASSES-ALPES			
	1825-1838	1839-1852	1853-1865	1866-1880	1825-1828	1839-1852	1853-1865	1866-1880	1825-1838	1839-1852	1853-1852	1866-1880
Assassinats.	27e	9e	6e	2e	»	»	2e	6e	11e	10e	4e	4e
Meurtres (et tentat.)	13e	10e	4e	3e	»	»	3e	2e	11e	7e	2e	9e
Coups et bles. graves	30e	34e	13e	23e	»	»	20e	2e	32e	47e	36e	26e
Vols s. chemins pub., vols avec violence.	65e	16e	17e	1er	»	»	11e	2e	46e	65e	3e	6

L'immigration italienne a en même temps produit une recrudescence du vagabondage dans les Alpes-Maritimes et elle n'est certainement pas sans exercer une grande influence dans la criminalité du département du Rhône, où elle tend à devenir assez forte. Si « l'émigration est, selon l'expression de Prins, un exutoire donné à la criminalité, » il faut convenir que notre bonne sœur d'au-delà des Alpes use amplement de ce moyen d'assainissement... à nos dépens. En Corse, c'est bien pis! Non seulement des milliers de Lucquois s'abattent sur son territoire chaque année vers l'automne, pour la durée des récoltes et des défrîchements, mais encore plus de 10,000 Italiens y ont fixé leur demeure et la plupart sont des *ammoniti:* le délit qu'ils ont commis chez eux leur a valu dans leur pays la simple réprimande; mais chez nous, ils récidivent sous des formes moins atténuées et ne reculent pas devant le crime : ils habituent l'indigène à ne pas reculer lui-même devant les attentats violents, dictés par les mobiles cupides ou immoraux. Il y a là un danger des plus graves et cela est si vrai que Bournet, après hésitations, se décide à rapporter le résumé d'une conversation qu'il eût avec M. Despretis, afin d'éclairer l'opinion. Il demandait au diplomate ce qu'il pensait de l'esprit des Corses, et il en reçut cette réponse : « La différence des langues et des coutumes n'empêche pas l'union des peuples et des territoires sous la même loi. La Corse est, dit-on, française de cœur. Ce qui la ronge, ce qui la consume, c'est la fureur des emplois, et aussi cette armée d'ammoniti que l'Italie vomit chaque année sur elle [1]. »

Si l'on avait quelques doutes sur l'influence d'un pareil envahissement, il suffirait de se rappeler une déclaration récemment émise par le prussien Romel. Cet homme, après avoir constaté que nous donnions l'hospitalité à 1,100,000 étrangers, dont 250,000 Italiens, daigne s'en réjouir pour nous, « car ce qu'il y a de meilleur en France c'est l'élément étranger [2]. » Excellent Teuton ! Nos gouvernants doivent-ils rester inertes devant une semblable situation ? Une loi récente accorde assez d'avantages aux étrangers honnêtes et désireux de vivre de notre vie, pour que nous prenions enfin des précautions contre les parasites. Ce que les Etats-Unis pratiquent, afin d'éviter l'encombrement de leurs provinces par les gens sans argent et sans métier, la France a bien le droit de le pratiquer pour se défendre contre les inutiles et les tarés, qui viennent disputer le travail et le pain à ses ouvriers, contaminer ses populations laborieuses, jouer le rôle d'un mauvais ferment à côté des prédisposés aux impulsions criminelles. On protège nos troupeaux contre les pestes transalpines. Pourquoi ne protègerait-on pas notre race contre la lèpre antisociale de même provenance ? Nous ne ferions qu'imiter dans cette voie l'Allemagne et l'Autriche.

L'influence de l'immigration étrangère ne s'exerce pas seulement par une action directe des éléments venus du dehors et par une action indirecte ou de rayonnement imitatif développée parmi les éléments autochtones. Au-delà des impulsivités occasionnelles ou d'habitude, il faut craindre la perpétuation d'impulsivités de prédisposition, à la suite d'unions éphémères ou durables entre émigrants et indigènes. Le métissage est en effet une cause d'affaiblissement moral pour une race, quand elle le subit sans moyen de sélection.

1. *Crim. en Corse*, *Arch. d'anthrop. crim.*, janv. 1888, p. 24.
2. *Arch. d'anthrop. crim.*, mars 1888, p. 170.

Le suicide, sous l'influence des conditions que je viens d'examiner, présente une évolution accrescente, comme le crime-délit. Presque partout en Europe, il a augmenté plus rapidement que les populations, ainsi qu'il résulte des calculs de Legoyt pour la période 1865-1876[1]. Les mêmes causes qui poussent à l'attentat par la plus grande intensité des combativités, par la plus grande intimité des contacts et la facilité des rayonnements de l'exemple, mettent aussi en jeu les impulsivités des moins résistants contre eux-mêmes. Les auteurs s'accordent à reconnaître la prédominance du suicide dans les milieux urbains, et, toute proportion gardée relativement à la moyenne générale des pays, le rapport habituel de son développement avec l'importance des agglomérations. Pour la France, en 1877, Legoyt signale, sur 100,000 habitants 32 suicides à Paris[2], 16 dans les autres villes et 11 dans les campagnes ; en 1887, la moyenne des suicides urbains est de 27, celle des suicides ruraux de 16. En Italie, sur 100,000 habitants, il y aurait 12 suicides à Rome, 10 aux chefs-lieux de provinces, 3,2 dans les autres villes et 3 dans les campagnes ; en Angleterre, où la moyenne générale est de 7, la différence paraît moins accentuée pour Londres où la moyenne est de 8.5 ; en Prusse, il y a plus de 30 suicides à Berlin, contre 23 pour les autres villes et 14 pour les campagnes. L'émigration est une cause d'atténuation du suicide pour les pays qui s'y livrent, c'est comme la soupape de sûreté contre les éclats de la désespérance. Les suicides sont de médiocre fréquence

	Accroissement 0/0	
	des populations	des suicides
1. Angleterre	14.6	27.1
Autriche	9.2	66.5
Bavière	5.2	18.4
Belgique	7.0	64.4
France	(perte)	17.3
Italie	10.5	51.1
Prusse	6.7	49.0
Suisse	6.5	63.6

2. La ville d'Europe où l'on se tue le plus ! Son chiffre serait fort dépassé par celui des suicides à New-York.

en Angleterre d'où partent chaque jour un si grand nombre d'émigrants ; ils diminueraient en Danemark à mesure que l'émigration s'y accroît : ils présentent des rapports analogues en Allemagne et en Italie ; ils atteignent un chiffre élevé en France, l'un des pays d'où l'on émigre le moins. Mais les contrées qui reçoivent les immigrants leur doivent une part plus ou moins large de l'accroissement de leurs suicides, comme aussi parfois de leur criminalité. L'étranger quitte sa patrie soit avec l'idée de se soustraire à des peines encourues chez lui ou à la réprobation de certaines fautes, soit avec l'espoir de se créer au loin une situation meilleure ; chacun garde ses tendances, et, selon l'occasion, l'un reviendra à l'attentat, l'autre au découragement, augmenté du poids de la nostalgie ; le crime ou le suicide sera l'aboutissant de l'individu aux abois; les impulsivités ne sont que déplacées.

Si l'on étudie les cartes de l'immigration étrangère, en France, avec celles de la répartition du suicide et de la criminalité, l'on est frappé de certaines corrélations et de certaines discordances. D'une manière générale, les mêmes teintes foncées répondent à peu près aux mêmes départements. Mais en plusieurs la superposition n'existe pas. Dans ce dernier cas, presque toujours, si le suicide s'abaisse, les attentats contre les personnes s'élèvent d'autant. Par exemple, il n'y a guère de suicides en Corse, où la criminalité violente a son maximum ; le suicide est peu fréquent dans les Alpes-Maritimes et dans la Haute-Savoie, où les meurtres et les assassinats sont au contraire assez communs, et un renversement analogue s'observe, à des degrés divers, dans les départements du Nord, de l'Ile-de-France, de la Champagne et de la Normandie, dans le Rhône, dans les Pyrénées-Orientales et les Basses-Pyrénées, etc. L'Italie du nord, où la criminalité sanglante est médiocre, compte le plus grand nombre des suicidés ; l'Italie méridionale et particulièrement la Sicile, où les mœurs sont restées sauvages et cruelles et où le banditisme persiste, ont très peu de suicides. Ces faits (dégagés de toute considération relative à l'influence des facteurs si complexes de l'immigration et de la densité de la population) viendraient à l'appui de la loi de Morselli, d'après laquelle *le suicide croît en raison inverse de l'homicide*. Je ne crois pas néanmoins qu'ils autorisent à conclure à l'unité d'impulsivité psychique qui engendrerait les deux formes de l'aberrance antisociale, se traduisant indifféremment par l'une ou par l'autre, mais seulement à une sorte d'équivalence entre deux impulsivités très voisines, susceptibles d'être ébranlées en des conditions extrinsèques plus ou moins similaires. Je me suis déjà prononcé sur ce point d'ailleurs très délicat et qu'il n'est pas très facile d'élucider de manière à écarter toute controverse [1].

Travail, salaires et besoins.

Les écoles bien pensantes soutiennent que l'homme n'a pas le droit de se tuer, et jadis on sanctionnait cette déclaration par des pénalités ignominieuses qui frappaient le cadavre du suicidé, par des pénalités plus effectives qui dépouillaient les siens, malheureux et innocents, au profit du roi, le représentant de la justice et de la miséricorde divines sur la terre. Les mêmes gens, du fond des palais, des hôtels et des cloîtres, où ils vivaient grassement, ne songeaient pas à se préoccuper de savoir comment le paysan et l'artisan pouvaient vivre eux-mêmes des misérables miettes qu'ils daignaient leur laisser, si même ils pouvaient vivre, quand survenaient les guerres et les famines, quand le champ restait en friche, l'atelier fermé et la maison sans pain. Sous Louis XIV le Magnifique et sous Louis XV le Bien-aimé, l'on n'entrait en souci, que si les rues de la capitale devenaient hantées la nuit par des désespérés transformés en malandrins, et si les chemins étaient trop fréquentés par d'autres révoltés, assez audacieux pour arrêter les carrosses. Mais c'était l'affaire du lieutenant de police. On se rassurait après quelques bonnes exécutions sur le

1. 1e p., ch. VII.

gibet ou sur la roue, et l'on ne pensait pas à se demander comment des hommes privés de tout pouvaient subsister autrement qu'en arrachant aux autres plus ou moins de leur superflu.

La Révolution a passé par-dessus ces mœurs.

On répète encore : l'homme n'a pas le droit de mettre un terme à ses jours. Mais, comme on a réfléchi que pour vivre le plus humble a besoin de pain ou de travail, on reste embarrassé, pour concilier l'obligation avec sa condition primordiale. Et la réflexion aboutit à cet aveu, que la société qui oblige l'homme à demeurer dans son sein, n'a pas à s'occuper des moyens de l'y faire manger. On ne lui doit pas le travail, on ne lui doit pas le pain ; il doit se procurer toujours par lui-même l'un et l'autre, en dépit des obstacles accumulés sur sa route ; tant pis pour lui, s'il ne rencontre rien. S'il ne travaille pas, c'est un vagabond suspect, et s'il est surpris mendiant un morceau de pain, c'est un délinquant qu'on enferme. Mais on permet à un ramassis de moines qui ne font rien, sinon quelquefois des liqueurs destinées à hâter la dégénération des couches aristocratiques, de mendier de porte en porte, de recueillir victuailles, argent et le reste, au nez du pauvre diable, pris au collet pour avoir tendu la main, le vide au ventre et la douleur au cœur à la pensée des siens dénués de tout. L'on a des colonies : l'on offrira sans doute à ces inclassés d'aller là-bas utiliser leurs bras et leur bonne volonté : non pas ! les terres sont données à des gens qui ont les moyens de vivre chez eux, feront semblant de les cultiver et bientôt essaieront de les vendre. Libre au malheureux sans ressources de s'en aller où il lui plaira, quitte à crever comme un chien à sa première étape, sur une route, au pied d'un arbre, de froid et de misère. Voilà où nous en sommes après un troisième essai de République !

Le citoyen n'a droit, dans le milieu collectif, ni au travail, ni au pain ; mais il a la liberté de chercher l'un et l'autre..., sans rien exiger de personne et moins encore de l'État.

Il n'est pas d'opinion plus monstrueuse, plus révoltante et plus lâche. Elle est un crime social, autant que la plus dangereuse des sottises. Car enfin, il faut être logique. Si vous obligez l'homme à vivre, en toutes circonstances, d'après ses seuls moyens, au sein d'un milieu fermé, où les places sont distribuées à l'avance, les terres partagées jusqu'à leurs moindres fragments, si vous lui refusez le droit à l'aumône, après le droit au travail, c'est quelque chose comme l'obligation que vous lui imposeriez de ne pas rester dans la rue, après avoir barré les issues et clos chaque maison. Alors vous l'acculez au suicide... ou à l'attentat : il se tue ou prend chez d'autres ce qu'il n'a pas chez lui.

Punissez la paresse, débarrassez-vous des inutiles de parti pris, comme des délinquants professionnels.

Mais donnez à l'être utile, qui a les moyens et le désir de faire les preuves de sa capacité, le travail d'où le gain dérive, c'est-à-dire le pain, la vestiture, le logement, l'entretien de la famille ; et si vous n'avez pas de travail à lui donner, ménagez-le pour des occasions prochaines, en l'assistant, lui et les siens ; laissez aux particuliers le droit de l'assister... Son remerciement chaleureux vaudra bien les patenôtres onctueuses de la mendicité dévote, que vous n'avez pas honte de tolérer.

Et cette assistance, vous la devez encore au travailleur invalide, qu'il soit devenu infirme ou qu'il ait vieilli au service de la collectivité, sous la blouse de l'ouvrier ou du paysan, ou sous la tunique du soldat ; qu'il ait payé son tribut en labeurs manuels ou en labeurs cérébraux, car toute unité d'une société lui appartient, comme les membres appartiennent au corps, et les aliments que reçoit un organisme doivent profiter à toutes ses parties, à celles qui se reposent faute d'utilisation actuelle, comme à celles qui travaillent pour se reposer, lorsque les autres entreront en action.

Cette loi, hardiment proclamée par l'école socialiste-positiviste, on peut la repousser avec des arguments hypocrites, lui opposer des fins de non-recevoir, la déclarer d'exécution irréalisable sous le prétexte qu'elle réclamerait de la collectivité un effort supérieur à ses ressources (dans un pays qui dépense chaque année plus de 500 millions pour payer les jolis fonctionnaires que l'on sait [1], possède un budget de 4 milliards, en partie gaspillés en aventures coloniales, et a si gaillardement amené sa dette à 38 milliards !). On ne l'effacera pas du code humain, du code en germe dans les têtes qui préparent l'avenir, sans se courber devant les récriminations et les moqueries des égoïsmes retardataires et des égoïsmes non moins méprisables des faux apôtres de l'émancipation [2].

Franchement, quel lecteur honnête, catholique ou protestant, royaliste ou même opportuniste, restera froid devant ce drame, raconté par le *Petit Journal* du 21 septembre 1889 (il serait facile d'en citer beaucoup d'autres aussi navrants ; mais je choisis celui-ci, parce qu'on y voit aux prises la recherche vaine du travail et la misère désespérée au sein d'une famille, sans note d'intempérance ou d'inconduite, susceptible d'affaiblir la portée de l'horrible opposition). — « Pauvres gens ! Un ouvrier menuisier, Léon Godet, âgé de 39 ans, demeurant rue des Maraîchers, 51, était depuis plusieurs mois sans travail. Il était d'autant plus désespéré de cette situation, qu'il est marié et père de quatre enfants. Mardi, il sortit de chez lui et chercha en vain du travail. Alors affolé, il se rendit à la Villette et se jeta du pont de Flandre dans

1. Le piquant est de l'entendre dire... par un de ces fonctionnaires. On lit dans *Nos préjugés politiques*, par Yves Guyot, dont le fonctionnarisme ministériel... et ambulant n'est pas gratuit, que je sache : « Six cent mille fonctionnaires et cent mille postulants n'ont d'autre idéal que la récompense de leur servilité et n'ont d'autre morale que le zèle de la servitude ». (Cité par la *Pet. Rép. franç.* du 22 sept. 1889).

2. Je ne demande pas des ateliers nationaux. Mais je souhaite que la participation au travail soit assurée à tout le monde, grâce à une limitation convenable de la durée des labeurs, qui permettra de répartir les tâches entre un plus grand nombre, en les rendant moins pénibles pour chacun ; grâce à la défense du cumul, du petit au grand, dans les emplois de l'État et de la Commune (beaucoup sont donnés à des retraités au détriment de plus vaillants, qui n'ont rien), grâce à l'organisation d'un système de renseignements et même de placements, dans chaque municipalité, à des mesures préservatrices contre l'immigration étrangère et à des encouragements sérieux donnés à l'émigration de nos propres nationaux dans les colonies nouvelles, grâce aussi à une réforme de la transmission de la propriété (j'en parlerai tout à l'heure).

le canal. Un pontonnier se porta à son secours et réussit à le retirer sain et sauf : on conduisit le malheureux au commissariat de police du quartier, où il reçut des soins. Sa femme lui apporta des vêtements de rechange et tous deux retournèrent à leur domicile. — « Je n'ai pas besoin de te demander si tu n'as pas trouvé de travail, je ne le devine que trop à ton action. » dit tristement la femme. — Godet ne répondit pas : il restait sombre, la tête dans ses mains : il était 6 heures du soir. Les petits enfants se mirent à pleurer en demandant du pain : il n'y en avait pas dans la maison. Alors le malheureux homme se dressa tremblant, les yeux égarés et il balbutia : « C'est trop de misère, je ne puis entendre ces pauvres petits plus longtemps. » En même temps, avant que sa femme ait pu le retenir, il se précipite par la fenêtre de son logement, situé au quatrième étage. Aux cris d'effroi de la mère et des enfants, des voisins accoururent. L'ouvrier menuisier fut relevé inanimé ; des soins le rappelèrent à la vie. On manda un médecin, qui constata diverses fractures des membres, mais il crut pouvoir répondre de la vie du pauvre homme et le fit transporter à l'hôpital Tenon. Si, comme on l'espère, L. Godet, en réchappe, il restera infirme. Que deviendront la femme et les petits enfants ? » — Est-il rien de plus triste à imaginer, rien d'aussi terrible comme critique de notre organisation sociale, que ce *fait divers* perdu dans les colonnes d'une feuille populaire ? Qu'au lieu de diriger contre lui-même l'impulsivité de son désespoir, le pauvre diable l'ait dirigée contre autrui, qu'il ait commis un vol, qu'il ait été entraîné jusqu'au meurtre pour accomplir un vol, avec l'idée d'obtenir à tout prix du pain, et peut-être avec une arrière-pensée de vengeance contre une société implacable : le jury apitoyé l'aurait acquitté, ou, sans entrailles, l'eût condamné selon la loi, deux extrêmes non moins dangereux l'un que l'autre, dans une collectivité qui a si grand besoin de pondération.

Le droit au travail a pour corollaire immédiat la répression sévère de la fainéantise, sous quelque uniforme qu'elle essaie de se cacher. Le vagabondage et la mendicité professionnels doivent être frappés de pénalités, jusque dans les pseudo-métiers où on les tolère encore. Surtout l'on ne saurait avoir aucune indulgence pour les délits et les crimes commis au nom de l'anarchisme. Ces revendicateurs du travail, qui passent leur temps à ne rien faire, quand ils ne trouvent pas l'occasion de faire mal, sont en dehors de la collectivité laborieuse. Les Duval, les Pini, les Gallo, les Combette [1], etc., mériteront toujours les rigueurs d'un Code. Il ne suffit pas, en effet, de se dire *ouvrier* sans ouvrage, pour se croire autorisé, de par une morale trop facile, à mettre la main dans la poche ou dans l'armoire des autres, à détruire avec le feu ou la dynamite ce qu'on ne peut emporter chez soi, ou dépenser chez le mastroquet et les filles. Cette espèce de gredins est nouvelle. Elle est un produit de notre culture politico-sociale, une ivraie envahissante, qu'il faut se hâter de déraciner.

Il importe aux citoyens (aux vrais) d'avoir le travail assuré ; il leur faut, dans le travail, trouver un salaire adaptable aux besoins nécessaires et une protection contre

1. L'histoire de Duval est bien connue, celle de Pini et de sa bande est d'hier. — Gallo est un enfant naturel qui n'a pas trop de reproches à adresser à son milieu, car sa mère et lui-même ont trouvé des appuis auprès de personnes charitables et il a pu conquérir le diplôme d'instituteur. A 10 ans il désirait *voir crever les gueux de riches, qui font mourir le pauvre monde de faim;* un peu plus tard, il payait les bons soins d'un vieux prêtre en le traitant d'*exploiteur*, et consacrait *ses talents* à la propagation de *ses idées;* il se faisait renvoyer de l'école, devenait orateur de club et chansonnier :

Dame dynamite,
Que l'on danse vite!
Dansons et chantons,
Dame dynamite,
Que l'on danse vite!
Dansons et chantons!
Et dynamitons!

Cela finit par des coups de revolver sur un groupe de boursiers. — Combette est un ouvrier tapissier qui ne fréquente guère l'atelier; arrêté à la suite d'un vol d'une douzaine de mille francs, dans une maison de la rue Lafayette, il s'écrie : *Quand l'ouvrier n'a pas de quoi manger, il n'a plus qu'une chose à faire, jeter le gant à la société; c'est ce que j'ai fait. Aujourd'hui je dois céder à la force, mais dans trois mois nous aurons une revanche, c'est nous qui mettrons en prison les bourgeois qui affament le peuple.*

Tous affamés : très assoiffés plutôt, et l'eau-de-vie paraît cependant moins leur manquer que le reste.

Cela devient une profession.

l'exploitation au profit des habiles, afin d'éviter l'usure par surmenage, à l'âge où le corps n'a point encore achevé son développement, et même plus tard.

Il y a bien une loi promulguée sur le travail des femmes et des enfants dans les manufactures et les ateliers[1]. Mais tout le travail n'est pas concentré dans ces établissements. Je reconnais la tartuferie bourgeoise à la vue de ces pauvres petits êtres, qu'on exhibe dans les cirques et les baraques foraines, disloqués, rabougris, exténués par les mauvais traitements et les fatigues, enlevés à l'école... malgré les lois scolaires, mais fournissant au prix de leur souffrance beaucoup d'argent, assez piètrement employé, à de forts gaillards occupés du boniment. Ah! s'il s'agissait de protéger des taureaux contre l'espada d'un vigoureux combattant ! La société protectrice des animaux se lèverait comme un seul homme, prête à transformer ses réclamations saugrenues en affaire internationale ! Mais des enfants ! Réfléchit-on que ces enfants ou disparaîtront vite, ou vivront avec les attributs d'une sénilité précoce, dégénérés, qu'ils seront dans l'un et l'autre cas une perte sèche pour la collectivité ? L'adulte, principalement dans le sexe féminin, a lui-même des droits au ménagement ; jadis, aux colonies, on avait pour méthode de faire rendre à l'esclave un maximum de travail dans un temps minimum : le nègre coûtait moins cher à remplacer... qu'à entretenir avec une production modérée. C'était ignoble. Est-il plus moral, sous divers prétextes, sous diverses influences, qui enlacent aujourd'hui le travailleur ou de main ou de tête, de le contraindre à donner plus que la moyenne de la force humaine? On abrège ses jours ou on l'abrutit ; la famille en éprouve un contrecoup pénible, soit qu'elle perde prématurément son chef, soit qu'elle assiste à sa transformation stérilisante. Et celle-ci a souvent pour issue le crime, car l'épuisement du corps appelle celui de l'esprit, le dégénéré est un instable en perpétuelle imminence de conflit, et l'alcoolisme

1. Loi que l'on est en train d'améliorer et de compléter.

achève trop souvent l'œuvre du simple dégoût pour le travail qu'amène l'exagération des labeurs.

Avec le travail sagement compris et ménagé, il faut un salaire approprié aux conditions de l'entretien d'une famille. Le pain, c'est déjà quelque chose, le vêtement et l'abri aussi. Mais l'homme a d'autres besoins dans une société civilisée. Le salaire doit permettre au travailleur d'acquérir pour lui-même et de donner aux siens les moyens d'une éducation progressive, avec un peu de superflu, car le superflu, qui procure la distraction avec le repos momentané, est souvent aussi nécessaire... que le nécessaire. Toutefois, on ne saurait oublier que l'excès dans le bien-être n'est pas moins redoutable que l'excès dans la misère. Pour être moralisateur, il importe que le travail comporte par lui-même une satisfaction et ne recherche pas celle-ci dans une rémunération trop disproportionnée aux besoins. Le luxe est le fléau des sociétés, quand il s'insinue dans les classes laborieuses ; cantonné dans les hautes couches, il reste un aliment de prospérité commerciale et industrielle, mais devenu trop intensif, il rayonne au-delà des foyers où il peut se déployer sans trop de danger : l'imitativité et la vanité aident à sa diffusion, celle-ci éveille et grossit les cupidités jalouses, et bientôt les attentats se multiplient sous la double influence des stimulations artificielles et des transformations dégénératives qu'elles ont déterminées. Aussi, je déplore tout autant l'exagération des traitements que la troisième République a si imprudemment accordés à ses fonctionnaires de tout ordre et de toute grandeur (principalement aux plus inutiles), que l'incitation sourdement provoquée par elle à la réclamation de salaires maintes fois sans rapport avec la production, comme avec les besoins réels, chez diverses catégories d'ouvriers. Personne d'ailleurs n'a à lui savoir gré de ces beaux élans... trop intéressés pour être sincères.

L'ouvrier ne se doute guère, bien souvent, de la portée injuste de ses revendications. Il exige à la voix de souffleurs occultes, et par comparaison de la situation des plus humbles à celle des plus élevés. Il n'aperçoit pas ce qui est l'existence mitoyenne. S'il demande momentanément un salaire fort, c'est avec l'arrière-pensée de le tranformer bientôt en salaire excessif, sans réfléchir que d'autres travailleurs auront à pâtir de ses prétentions, et, dans cette voie, il désapprend l'honnêteté [1]. J'exerçai pendant une année la médecine dans une banlieue de Paris ; mes revenus étaient modestes et j'avais encore de temps en temps à fournir à des familles qui me paraissaient très misérables : en face du logement que j'occupais, je voyais chaque jour des ouvriers entrer boire et manger, ne se privant de rien, dans un café-restaurant très achalandé ; ils touchaient jusqu'à 6 et 8 francs par jour, quelques-uns davantage, les dépensaient pour la plus grande partie hors du ménage, et plusieurs, après avoir eu recours à mes soins, ne daignaient pas me payer, car je devais être un bourgeois, un être apte à vivre de la contemplation des réjouissances du pauvre ouvrier. J'eusse été incapable de sacrifier au superflu la moitié de ce qu'ils lui accordaient sans hésiter. Voilà un des côtés psychologiques du travailleur à outil manuel (les autres ne comptent point), que l'on est convenu d'admirer aujourd'hui. Mes observations s'appliquent principalement à l'ouvrier d'industrie, qui ne sait pas ou ne veut pas comprendre, qu'il y a des périodes de crises où

1. L'ouvrier d'autrefois ne voulait rien voir ni entendre en dehors de la Corporation, et plus tard du Compagnonnage. Comment il comprenait la fraternité, jusque vers l'époque de 1848, on peut le lire dans l'opuscule d'Agricol Perdiguier (*le livre du Compagnonnage*, éd. de 1841). Aujourd'hui, les gens de tous métiers sont unis dans une seule idée, celle d'obtenir des salaires de plus en plus forts, avec un travail de plus en plus faible. Voilà la situation. Assistance, secours mutuels, syndicats d'amélioration professionnelle, tout cela laisse l'ouvrier assez froid ; instruction technique donnée à ses enfants, cela semble même l'horripiier (l'apprenti viendra partager les salaires) : il n'a qu'un objectif, qu'il poursuit sans réflexion ni mesure, produire pour gagner beaucoup, mais en demeurant maître de la production pour ne point trop s'y fatiguer. Le consommateur ! Il s'en soucie bien ! Mais quand on daignera s'apercevoir que le consommateur est la raison première du producteur, du travailleur, de l'ouvrier !... D'où je conclus que l'on n'a pas à raisonner avec qui ne veut pas écouter la raison, et qu'au lieu de subir les prétentions d'une caste nouvelle, on la ramènera au droit commun, c'est-à-dire à se plier à l'équilibre des ressources communes..., précisément sur le terrain du socialisme, mais du socialisme autoritaire et d'État.

C'est là du moins mon opinion.

la consommation des produits, restant en deçà d'une fabrication trop grande, oblige à une réduction de la main-d'œuvre : prétendre au maintien du taux de celle-ci, invariable et basée sur le rapport des meilleures époques, c'est prétendre à une sorte d'accaparement, tout aussi inique que celui qu'on reproche aux spéculateurs capitalistes.

Cette réserve établie, je reconnais que, trop généralement, les salaires du travailleur..., sans étiquette corporative, sont très insuffisants [1].

Si je prends, comme exemples, les salaires moyens de la petite industrie, dans nos départements, je constate qu'ils ont augmenté depuis 30 ans, suivant une proportion de 60 à 72 0/0. Mais ils sont toujours trop en deçà des besoins les plus stricts du père de famille et quelquefois même de ceux du célibataire. Un ouvrier nourri gagne 1 fr. 72 par jour, soit 627 fr. 80 par an, défalcation faite des dimanches et jours fériés (52 + 7 au moins = 59) ; à la rigueur, il peut vivre, misérablement, avec une femme qui travaille un peu de son côté, si des enfants ne viennent pas trop vite. Mais sans la nourriture, les salaires min. n'arrivent pas à suffire à l'entretien de l'ouvrier marié et père de deux enfants, la mère étant obligée de se consacrer aux soins de ceux-ci, qui, pendant longtemps, coûteront au lieu de rapporter. Avec les salaires ordinaires et max., c'est encore la gêne, bien souvent, jamais en tout cas la satisfaction que devrait donner le travail assidu. Qu'on en juge :

	ordinaire		maximum		minimum	
Salaire de la petite industrie..	3 f. 15		3 f. 89		2 f. 63	
Soit, par an, après défalcation des jours sans salaire (chômage accidentel non compris)	1000	75	1360	85	900	95

1. Cela est vrai pour tous les pays d'Europe, même pour l'Angleterre où l'on vante les conditions de bien-être de l'ouvrier ! Le *Board of trade* divulgue la mauvaise situation économique des ouvriers britanniques, et un livre bleu relatif à ces questions la mettait hors de doute, tout récemment, par la publication d'un document authentique, le *Livre de raison* ou journal de dépense, tenu jour par jour pendant 37 ans, dans une honnête famille d'ouvrier ébéniste.

Prix moyen de l'unité de consommation journalière par tête (villes), d'après celui des trois éléments principaux de la ration alimentaire :

Pain, 1 livre......	0 f. 16	soit une	quotidienne de	0 f. 90
Viande, 1/2 livre..	0 44	dépense	annuelle de...	328 50
Vin, 1/2 bouteille.	0 30			

D'où, pour une famille avec deux enfants comptant pour une tête d'adulte :

Pain, 3 livres.....	0 f. 48	soit une	quotidienne de	1 f. 93
Viande, 1 liv. (min.)	0 85	dépense	annuelle de...	704 45
Vin, 1 bout. (min.)	0 60			

Que l'on calcule ce qui reste pour le vêtement, le logement, le chauffage et les mille besoins secondaires auxquels n'échappent pas les plus humbles, dans nos milieux urbains (sans parler de l'école pour les enfants, dont la gratuité répugne à l'ouvrier honnête) et que l'on dise si de pareils gains sont en rapport avec la somme de travail produite par un simple journalier, et les nécessités les plus urgentes de l'existence quotidienne [1] ! Avec beaucoup de privations, énormément d'ordre, on vit tout juste ; mais il faut songer aux chômages, qui, dans certains métiers, ont une longue saison, aux accidents et aux maladies qui suspendent le travail, aux infirmités et à la vieillesse qui l'arrêteront. Sans doute les sociétés de secours mutuels sont là ; mais le bien qu'elles font est une goutte de rosée sur d'immenses misères. Des patrons intelligents ont essayé la création de caisses de retraite : c'était une louable tentative. Mais avant qu'on ne parvienne à inspirer au plus grand nombre des ouvriers l'utilité d'un prélèvement, sur son salaire actuel, d'une somme très minime destinée à former son capital d'avenir, pour le moment où il ne pourra plus travailler, il faudra une réforme radicale des mœurs. Je suis donc partisan de l'initiative de l'État, et j'estime que les lois allemandes sur l'obligation de l'assurance, pour les

1. Je n'ose mentionner des salaires inférieurs ! A Brest, les jardiniers de la ville (des vieillards) ne touchent guère qu'un franc par jour, moins de 310 fr. par an, déduction faite des dimanches et fêtes !

ouvriers, en cas de maladie et d'accidents de travail, contre la vieillesse et l'invalidité, sont un honneur pour l'ex-chancelier de l'Empire [1]. On peut les critiquer et leur préférer les résultats de l'initiative individuelle ; mais avant que l'initiative individuelle ait donné les fruits désirables, il est à craindre que le découragement s'empare des uns et que le mauvais levain ne se développe chez les autres, pour le triomphe de l'antisocialisme. L'intervention prudente et ferme de l'État seule préviendrait une catastrophe ou un bouleversement, dont les indices se découvrent dans tous les pays européens et même en Amérique [2].

C'est l'insuffisance des salaires, autant que l'amollissement des mœurs, qui envoie vers les villes un si grand nombre d'habitants de la campagne, et enlève ainsi tant de bras au travail utile au profit de la domesticité stérile. Les salaires d'une femme sont bien faibles, dans toutes les professions. Au service de maison, ils sont un peu moins élevés que dans l'industrie ; mais la différence est plus que compensée par les conditions du logement et de la nourriture, les profits accidentels de la charge, la moindre fatigue dans le travail, avec plus de distractions et de liberté. La domesticité est pour maintes jeunes filles l'occasion de s'abandonner à la coquetterie et à la débauche : son accroissement donne lieu à un redoublement d'infanticides et contribue à l'extension de la prostitution clandestine.

La question des salaires est absolument vitale et l'on ne peut l'écarter, lorsqu'on traite de l'étiologie du délit et du crime. L'on s'en aperçoit bien, lorsqu'on étudie la question toute corrélative des taxes de consommation.

1. Les fonds sont constitués au moyen de retenues versées par le patron et par l'ouvrier et d'une allocation fixe accordée par l'État. La loi de retraite est applicable déjà à plus de 12,000,000 de travailleurs (ouvriers industriels et agricoles). Mais elle apparaît très insuffisante : elle n'assure pas une pension supérieure à 347 fr. aux plus favorisés, et elle ne donne droit à une rente qu'après une participation de 30 années aux versements et 70 ans d'âge révolus.

2. Aussi ne peut-on qu'applaudir au projet de loi sur les retraites ouvrières, élaboré par M. Constans.

Celle-ci a été fort diversement tranchée par les écrivains socialistes. En 1841, Ch. Fourier félicitait le Parlement anglais d'avoir aboli la taxe sur les céréales[1] et, depuis, des voix autorisées ont réclamé chez nous le rétablissement de la taxe du pain. Il est certain que l'élévation du

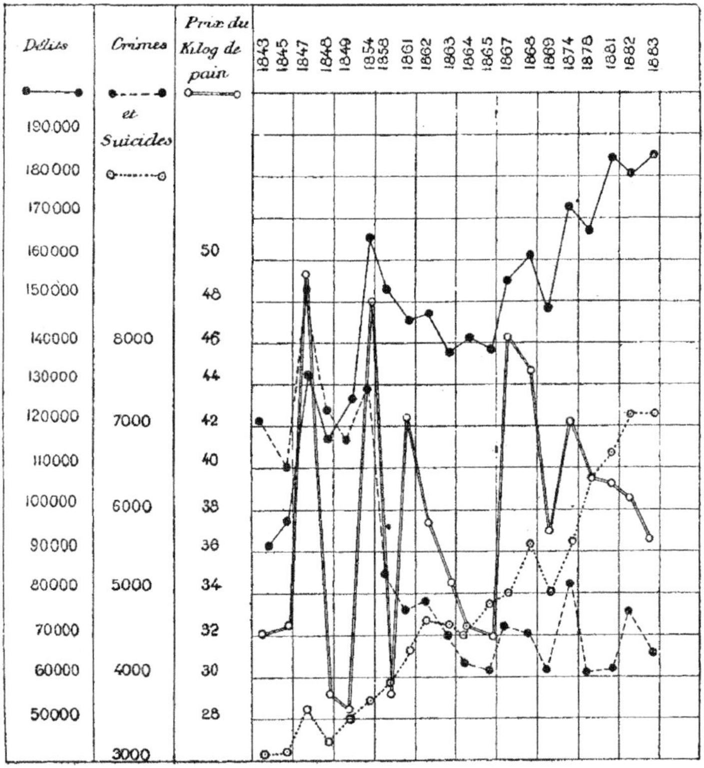

Fig. 15

Crime, délit et suicide
dans leurs rapports avec le prix du pain

prix de cet aliment de première nécessité est loin d'être en rapport constant avec le prix des céréales ; le cultivateur en profite peu, mais le boulanger beaucoup, et la

1 *Phalange* du 7 mai.

concurrence s'efface devant l'entente des intérêts associés d'une corporation [1] ? Il y a là, à certains moments, un danger réel. Il est immoral de tolérer l'enrichissement d'une catégorie au détriment du plus grand nombre et l'on remarquera en outre, qu'aux époques de la plus haute cherté du pain, il y a eu presque toujours une ascension très nette du délit et du crime (Lacassagne [2]; la relation est moins appréciable pour le suicide). Mais la liberté du commerce ! Elle ne saurait aller jusqu'à la liberté de l'accaparement. Il va sans dire que la diminution réelle des subsistances disponibles explique parfois l'augmentation du prix du pain. Toutefois, il est permis de mettre en doute, dans plus d'une circonstance, l'irresponsabilité des classes dirigeantes : dans les années de disette, la nuptialité et la natalité se réduisent chez les pauvres et les gens peu aisés, et, comme beaucoup d'entre eux n'ont pas le temps d'attendre, même au prix d'une adaptation de la famille aux conditions du moment, les satisfactions exigées par l'estomac, les attentats contre la propriété redoublent de fréquence. Mais la nuptialité et la natalité augmentent alors dans la population riche ou aisée, ainsi que W. Farr l'a remarqué pour l'Angleterre : c'est donc que les plus fortunés bénéficient de la cherté du blé qui écrase les autres [3].

Nous touchons de près à d'autres questions qui sont très agitées et dont la solution aura une importance capitale sur l'avenir des collectivités modernes, celles de la liberté d'association et de la liberté du travail.

Si les lois prévenaient et punissaient l'accaparement des matières premières, des moyens de travail, machines, outils et capitaux, soumettaient les patrons et les compagnies à une surveillance d'État, leur imposaient des

1. De même, malgré l'avilissement des prix du bétail, les bouchers vendent la viande à des prix excessifs ; malgré la reconstitution de nos vignobles, les marchands de vin continuent à nous inonder de boissons suspectes et maintiennent la hausse sur le prix des vins.

2. *Rev. scient.* de mai 1881.

3. J. Bertillon, *Démog.*, in *Enc. d'hyg.*, I, 148.

taxes de bénéfices, comme elles limitent l'intérêt des prêts, il serait possible d'accorder le principe du droit au travail avec celui de l'obligation du travail. Mais l'un n'existant pas, on ne saurait proclamer l'autre. Le travail reste libre, libre aussi l'abandon capricieux de l'atelier au mépris des contrats acceptés, et au préjudice de patrons souvent irréprochables, libres aussi les coalitions, ourdies dans l'ombre, sous les souffles mauvais d'émissaires étrangers, brutale expression d'appétits irréfléchis, de jalousies et de haines non motivées, qui ruinent parfois les plus dévoués à l'ouvrier, et compromettent les forces du pays [1]. Cependant, le même homme qui réclame le droit au travail est-il bien fondé à prétendre qu'il a aussi le droit de ne rien faire et de vivre en parasite, à ses heures, dans la collectivité? Le même homme qui s'élève contre l'exploitation du capital, revendique l'usine et la veut arracher à l'ouvrier devenu son acquéreur, grâce à l'intelligence et au labeur, est-il à écouter, quand il soulève contre un patron des demandes irréalisables... avec l'arrière-pensée de l'acculer et de profiter de sa chute? Cela est triste à dire. Mais avec la formule de la liberté pour tous, certains groupes ne visent qu'à obtenir la liberté pour eux seuls. Il ne leur suffit plus de jouer de la grève avec la même légèreté que l'enfant met à jouer d'un hochet; d'avoir la tolérance pour les pires attentats, l'amnistie après le pillage, l'incendie et l'assassinat (les meurtriers de l'ingénieur Watrin, de Decazeville, n'ont-ils pas trouvé des avocats pour justifier leur crime?); il leur faut un droit reconnu d'association illimitée. Ce sera le retour aux ligues; les corporations mettront en coupe réglée les consommateurs, s'imagineront être l'Etat, et, de fait, comme aux plus mauvais temps de notre histoire, nous aurons, sous une forme nouvelle, le spectacle de l'État soumis aux caprices de partis intransigeants dans leurs égoïsmes étroits, de

1. *Ce que coûtent les grèves*, Max. Hoffman et Turquan, Soc. de stat. de Paris, 1888-89.

petites collectivités maîtresses dans la grande collectivité impuissante[1].

Je ne fais ici que le procès de la liberté pernicieuse et de l'excitation latente aux appétits trop dévoyés et trop exubérants. Je ne nie pas que les travailleurs aient droit à un meilleur sort, que le prolétaire d'aujourd'hui ait raison de protester contre son assimilation au nègre d'autrefois[2]. L'ouvrier ne doit pas être la proie des gros capitalistes, et, dans le milieu commun, il doit avoir un salaire calculé d'après la somme générale des besoins moyens. Mais d'un autre côté, l'ouvrier des ateliers ne saurait exiger que le reste des citoyens s'incline devant son omnipotence ; qu'on le tolère comme inutile, quand il lui prendra fantaisie de se transformer en clubiste fainéant, moins encore comme délinquant et criminel, quand il poussera l'audace jusqu'à s'ériger en anarchiste militant. Pour aucune catégorie de citoyens, l'association licite n'a à dépasser les limites du mutualisme dans l'assistance, du syndicat professionnel dans la défense des intérêts corporatifs. Hors de là, elle devient une entrave à la liberté de tous et une menace pour l'Etat. Nous verrons

1. Où s'arrêtera-t-on, si l'on admet les exigences de ces minorités turbulentes, qui se réclament sans cesse de la philanthropie, pour fortifier leur égoïsme ! L'ouvrier veut la grève : qu'il la fasse, puisque les lois la lui permettent, au nom du principe de l'offre et de la demande. Mais qu'avec l'amnistie des délits commis sous ce manteau il demande à l'État des subventions pour *les victimes* de ses spéculations, voilà qui est inouï. C'est cependant ce que les mineurs des bassins houillers du Nord ont prétendu obtenir de la Chambre, par la voix du député Ferroul. Certains organes du *parti* ne cachent pas leurs visées : le rédacteur d'une feuille très répandue parmi les ouvriers les formulait recemment devant un tribunal : « nous sommes des gens égoïstes, nous voulons jouir comme ceux qui jouissent ; quand viendra le jour de la liquidation sociale, nous commencerons à nous servir d'abord, les autres partageront entre eux ce qui restera, s'il en reste ! »

2. Des Lozières écrivait : « Le nègre donne toujours à son maître 4 à 500 livres par an, n'étant occupé qu'à la culture, et il peut rapporter beaucoup plus dans d'autres fonctions ; le maçon, le charpentier, le menuisier et tous les nègres de ce genre procurent un plus grand bénéfice. » Il y a des ouvriers blancs qui rapportent davantage à maints entrepreneurs et sont moins heureux que ne l'étaient les nègres. L'esclave vivait en plein air, il ne souffrait pas du froid ni de la faim, il n'avait pas à se préoccuper de l'entretien de la famille ; le prolétaire de nos sociétés travaille dans les ateliers les plus insalubres, il n'a pas toujours de quoi se vêtir chaudement l'hiver, manger à sa faim, et il a la charge de la famille.

bien prochainement si nos législateurs le comprennent ainsi [1].

D'ailleurs, et c'est là un point qu'on oublie trop aisément de signaler, les concessions, même les plus équitables, demeurent stériles, si elles ne sont pas préparées par l'amélioration morale des intéressés. On aura beau augmenter les salaires, l'ouvrier n'en sera pas plus heureux, s'il n'apprend pas à leur donner « une direction sage et éclairée » (Frégier). Gagnera-t-il 8 ou 10 francs par jour, s'il en dépense 12, immodéré en ses désirs, sans retenue dans ses passions, il n'en sera pas plus avancé, mais au contraire un peu plus rapidement acheminé vers la misère et la dégénération. Avec l'entière liberté de travail, il ne sera point préservé de la ruine, si l'inconduite et l'oisiveté l'éloignent de l'atelier, mais il ira grossir l'armée des antisociaux. C'est là que conduisent les chômages volontaires. Il y en a de plusieurs sortes.... ayant le même aboutissant. Les gros salaires éveillent chez beaucoup d'ouvriers le désir de les dépenser en s'amusant : ils gagnent plus en travaillant moins, ils n'ont donc pas besoin de s'astreindre à un labeur trop régulier : en allant à l'atelier quatre jours sur six, ou moins encore, ils auront du profit ! Périodiquement, ils se livrent au plaisir : mais bientôt viennent les dettes, les unions de rencontre, les enfants naturels... et les enfants abandonnés. Puis il y a les chômages pour *embêter* le patron. Les ouvriers aiment mieux ne rien gagner que de ne pas gagner ce qu'ils demandent : ils s'entêtent dans la paresse, s'emportent contre les laborieux. « Alors éclatent les violences, les atteintes à la liberté de travail (la bonne), les actes de banditisme organisés sous couvert de propagande » politique, alors aussi « la misère amène

1. Heureuse en principe est l'idée de la création d'un conseil supérieur du travail. Seulement, je crains que le projet Mesureur (février 1890) ne cache une tentative fâcheuse, celle de la substitution de l'exploitation... ouvrière à l'exploitation capitaliste : Il laisse entrevoir pour but unique les questions de salariat, et écarte de la compétence du conseil les questions d'assistance, de prévoyance, d'assurance et de mutualité, que l'ouvrier semble redouter.

la prostitution des femmes et des filles » (Joly)[1]. Les écrivains et les orateurs catholiques, qui ont souvent essayé de prendre la tête du mouvement socialiste, ont parfaitement compris les dangers de la situation, et l'on peut appliquer à l'ouvrier comme au patron ces paroles de Freppel : « L'intérêt personnel, sans la justice et sans le dévouement, c'est l'exploitation de l'homme par l'homme, c'est l'écrasement des petits par les grands, des faibles par les forts[2] ». L'évolution sociale ne se mettra plus désormais à la suite d'une religion ; mais à défaut de l'autorité d'Église, elle peut marcher sous l'égide de l'autorité d'État, et il est à souhaiter que celle-ci finisse par se dégager, forte et impartiale, du chaos où l'a plongée l'opportunisme.

Assistance, épargne, propriété.

A l'homme de bonne volonté qui ne trouve pas l'emploi de ses énergies ou qui les a perdues au service de la collectivité, l'État doit l'assistance. Toutefois cette assistance ne saurait dépasser la limite du strict nécessaire, sous peine de devenir un encouragement à la paresse, d'abord contente de peu, bientôt envieuse et cupide, prête à s'allier avec la délinquance contre les laborieux. Il est inique qu'on traite le mendiant en coupable, lorsqu'on n'a pas de pain à lui accorder ; mais il serait aussi bien imprudent de prévenir toutes les mendicités par des secours trop largement distribués, qui ne profiteraient guère qu'aux moins méritants. La mutualité est à favoriser, parce qu'elle contribue à diminuer les charges de l'État et à développer l'initiative individuelle, sans laquelle il n'est aucun progrès : elle aussi a besoin de restreindre son assistance, pour éviter d'être un instrument d'exploitation au profit de quelques-uns[3] ; poussée trop loin, elle

1. *France criminelle*, p. 301-302.
2. *Disc. sur la crise économique*, Chambre des députés, fév. 1884.
3. A Brest, j'ai vu maintes fois des ouvriers de l'arsenal, membres d'une société de secours mutuels, extorquer sans le moindre scrupule, à celle-ci et à l'État, une assistance à laquelle ils n'avaient aucun droit, grâce à un procédé aussi simple que malhonnête. Ils entraient à l'hôpital maritime, à propos d'une maladie imaginaire, sous le

dégénère en cet esprit de charité irréfléchie ou indifférente, qu'on admire chez les premiers chrétiens et qu'on rencontre chez les sauvages, mais qui chez les uns a engendré tant d'inutiles et n'est chez les autres que la protection réciproque contre l'imprévoyance : la moralité du but immédiat finit par disparaître dans l'immoralité des conséquences prochaines [1].

Le développement toujours croissant de l'assistance officielle et mutuelle n'empêche pas la progression du crime-délit. Mais dans les rapports que les statistiques découvrent entre l'une et l'autre, il y a des distinctions à signaler.

a. — Les départements où l'assistance officielle est à son minimum comptent en général parmi les plus pauvres, ceux dans lesquels l'industrie et l'agriculture sont le moins avancés et où les familles sont ordinairement les plus nombreuses. Malgré que les sociétés de secours mutuels y soient assez rares, on y vit sans trop tendre la main ; on n'y repousse pas le mendiant, on ne le méprise pas : on lui donne place au foyer et à la table. Cependant la mendicité et le vagabondage semblent en voie de décroissance, le crime et le délit sont de médiocre fréquence,

prétexte d'une fatigue, etc., cherchaient à capter la bienveillance inconsciente du médecin et prolongeaient leur séjour le plus longtemps possible : ils touchaient la demi-solde de leur emploi, plus 1 fr. de secours de la société, quotidiennement, et le tout constituait pour eux un gain égal ou supérieur à leur salaire de travail.

1. Je ne résiste pas au plaisir de reproduire ce tableau de la mendicité romaine, sous la domination papale. Au moins tolérait-t-on là-bas celle des laïques à côté de celle des moines, et la seconde déversait même son trop-plein sur la première. « La mendicité, cette dégénération de la pauvreté, dont l'état précaire, partout ailleurs, est la source ordinaire des vols, n'a point ici cet inconvénient. C'est ici un état assuré. Il n'y a pas de mendiant que la mendicité ne nourrisse, et à qui non seulement elle donne le présent, mais ne garantisse aussi l'avenir. Un homme, une femme, un enfant, n'ont qu'à arborer à Rome quelque guenille dans les rues, ou étaler quelque plaie, ils trouvent tout de suite à manger. La pitié des Romains ne raisonne jamais. Et que faut-il de plus à un mendiant? Dégradé ou par la misère, ou par les infirmités, ou par la paresse, la vie animale lui suffit : dès qu'il l'a, il est heureux — comme son chien. Il y a plus de mendiants à Rome que partout ailleurs, ils abondent de tous les côtés, le pèlerinage en dépose un très grand nombre. Tout ici leur est ouvert ; il leur est permis de chercher partout la charité, de la poursuivre partout : ils entrent dans les cafés, et ils en sortent comme des animaux domestiques. La délicatesse souffre et murmure ; mais l'humanité dit à la délicatesse : ce sont des hommes. » Oui, mais tombés à quel degré d'avilissement! (Dupaty, *Let. sur l'Italie*, éd. de 1824, p. 249).

en dehors de certaines agglomérations. Les caractères sont rudes, mais les appétits restreints ou contenus : la moralité moyenne est bonne, encore empreinte de religiosité. Tels nous apparaissent plusieurs départements du centre et de l'ouest et en particulier ceux de la région bretonne (sur 10,000 habitants, moins de 100 secourus et même moins de 25 pour la Bretagne, à peine 1 accusé, moins de 50 prévenus et même seulement 35 pour la Bretagne)[1]. En Corse, où l'assistance est à son minimum (11 secourus pour 10,000 hab.), le crime-délit s'élève, mais rarement inspiré par des mobiles cupides ou engendré par la paresse.

b. — L'assistance atteint son maximum sous toutes ses formes (de 800 à 1,400 assistés pour 10,000 habitants, sans compter les assistés de la mutualité) dans les départements de l'extrême nord (région flamande), si riches sous le rapport industriel. Avec beaucoup de débauche, une grosse surcharge d'enfants dans les familles, la criminalité générale reste assez médiocre, mais elle est assez intensive en quelques-unes de ses catégories. L'influence de l'assistance, même combinée à celle des salaires plus ou moins rémunérateurs, n'apparaît pas très atténuatrice des impulsivités antialtruistes.

c. — Dans le reste de nos départements, où l'assistance est largement organisée, où le travail du sol, de l'atelier ou de l'usine permet aux bras de s'occuper, avec des salaires variables, où les charges de famille sont ordinairement moins lourdes, la débauche elle-même plus inféconde, le crime et le délit présentent leurs principales oscillations ou conservent nettement une marche ascendante. L'assistance ne prévient pas, n'arrête pas l'évolution de l'immoralité et de l'attentat ; elle les encourage plutôt, comme tendrait à le faire croire l'énorme proportion du vagabondage et de la mendicité, parfois aussi des vols, constatés dans un assez grand nombre de ces départements : l'assistance atteint ses plus hauts chiffres,

1. Appendice, T. a.

après la région flamande, dans les départements de Normandie (moy. de 590 assistés par 10.000 hab.) et dans ceux de l'Ile-de-France (moy. de 610 assistés), très riches et très suspects de réduction malthusienne, et, pour la plupart, des foyers intensifs de criminalité. Dans les départements frontières de l'est et du midi, l'on doit tenir compte de la concurrence que les immigrants étrangers font à nos nationaux, sur le terrain du travail salarié et de l'assistance.

Peut-être le suicide n'offre-t-il pas des relations aussi franchement renversées avec les conditions de l'assistance. Cependant, d'une manière générale, il est infiniment moins fréquent dans les départements du centre et de l'ouest et dans quelques départements du midi, où l'assistance est faible.

Ainsi l'assistance très réduite comporterait moins d'inconvénient que la plus large. Telle est l'interprétation que donne à l'esprit la comparaison des statistiques économiques et judiciaires. L'excès dans le secours, difficilement séparable d'une mauvaise répartition, aurait donc une influence démoralisatrice ; il énerve et stérilise et ses fruits apparaîtraient plus amers, s'il était possible de dévoiler tous les petits secrets de l'assistance, sous les mille formes qu'elle revêt. La charité est devenue politique et vaniteuse, ou elle s'inspire de la crainte et de la timidité vis-à-vis de faux pauvres arrogants ; non guidée par le dévouement et l'amour des déshérités, elle tombe fréquemment en des lieux détestables, suscite des jalousies et éloigne du travail. Elle ne se déverse pas seulement en aumônes occasionnelles, mais encore en pensions et en charges très lucratives, accordées à de prétendues victimes de l'ancienne tyrannie, aux vils instruments des coteries inavouables, en bourses d'écoles distribuées à tort et à travers, non pas aux familles les plus nécessiteuses, mais souvent à celle de fonctionnaires grassement payés, etc. [1] : autant de vols commis au détriment des

1. Un de mes amis, docteur-médecin, venait de payer la pension trimestrielle de ses 3 garçons au lycée de... L'économe lui demanda, d'un air aimable, pourquoi il continuait

plus dignes, de primes à l'intrigue, d'atteintes à l'équité [1].

L'épargne élargit le champ des besoins du travailleur, lui donne la sécurité pour l'avenir, affermit son indépendance vis-à-vis de l'Etat, sa dignité vis-à-vis des autres citoyens ; elle lui permet d'entourer sa famille d'une plus grande somme de bien-être, et par l'instruction d'élever ses enfants dans la hiérarchie professionnelle. Elle est donc utile et moralisatrice. Elle décharge la collectivité d'une part d'assistance qui souvent excéderait ses forces productives ; elle devient même pour elle comme un fond de réserve auquel elle peut emprunter dans les circonstances graves et imprévues. Pour toutes ces considérations l'épargne doit être protégée. L'est-elle comme il convient ? Non. Le Code laisse à tous les gros voleurs trop de facilités pour la piller à leur aise et le régime, en couvrant de son manteau de favoritisme un grand nombre de coquins, aide à la captation des trésors paisiblement acquis. La juiverie (et je n'entends pas sous ce nom tout ce qui est juif) la dévore par l'agiot : les lanceurs d'affaires (ceux de Panama et combien d'autres, qui ont inventé mieux que les bitumes de Judée, célèbres depuis Jérôme Paturot), les notaires (beaucoup fort bien en cour auprès de l'opportunisme) s'en disputent les miettes. Le laborieux dévalisé recommence à amasser

à payer pour 3 enfants, quand il lui était si facile de ne payer que pour 2 ; il n'avait qu'à remplir une feuille (qu'il lui présenta). La feuille était une déclaration d'indigence ! Mon confrère s'indigna et l'économe s'étonna de son indignation : bien des pères de famille, et même des plus riches, avaient signé cette feuille, de pure formalité, et obtenu la réduction prévue par les règlements.

1. L'Assistance, même en ses conditions les plus légitimes, a parfois des résultats déplorables. Rien de plus juste que d'accorder à l'ouvrier un secours ou une pension viagère, en cas d'incapacité de travail contractée au service d'un patron. Mais il ne faudrait pas forcer la note et prétendre imposer au patron les responsabilités d'accidents souvent dus à l'imprudence de l'ouvrier ou calculés par lui avec l'arrière-pensée de dommages-intérêts à obtenir. Cela s'est vu. Mieux encore : l'idée de vivre à ne rien faire hante l'esprit d'excellents travailleurs, et l'on en rencontre qui, à l'occasion des plus insignifiantes blessures, caressant cette idée, parfois sous le conseil d'un tiers intéressé ou malveillant, parfois aussi sous les excitations de compagnies d'assurances véreuses, s'entêtent à demeurer chez eux et à risquer les actions judiciaires les plus déraisonnables. Le Dr Lacassagne a cru découvrir en ces malheureux un type nouveau de dégénérés ou de mattoïdes, de prédisposés, qu'il appelle les *procéduriers* (Cong. de méd. lég., Paris, 1889). Mais pour un prédisposé, combien d'autres qui ne sont que des calculateurs imbéciles ou trop roués, produits des tristes fertilisations du milieu.

pour être dévalisé encore et les dirigeants hypocrites, qui ont toujours à la bouche les mots de protection du travail, de protection de l'épargne, se partagent les dépouilles du faible avec les habiles qu'ils ont tolérés ou soutenus dans l'ombre. Ces infamies... légalisées auront un terme; mais en attendant, elles sèment partout le découragement. L'on défend encore la peine de mort, nécessaire contre l'assassinat! J'ai vu ceci. A Brest, pays de petite épargne, une série de faillites a causé beaucoup de ruines; de pauvres diables, qui avaient amassé sou par sou un léger pécule pour l'heure de la retraite, l'ont tout à coup perdu, englouti avec la fortune de certains agents et de certains notaires: plusieurs n'ont pu surmonter leur chagrin, une vieille femme, depuis plusieurs années, attend à la gare le retour du gredin qui l'a volée (elle est folle), d'autres personnes sont mortes misérables après avoir possédé l'aisance. Je ne dis rien des suicides (les journaux se chargent d'apprendre ceux que déterminent les catastrophes financières) [1]. Et les voleurs qui ont provoqué des maux pires que la mort donnée par l'assassin, car la mort lente dans la misère est plus atroce que la mort brusque sous la balle ou sous le couteau, ces voleurs sont libres, ils sont honorés; des clans osent les défendre et ces clans arborent l'étiquette républicaine, pour garder la direction d'un parti, d'une nation! La petite épargne surtout est chose respectable, et c'est elle qu'on gaspille le plus effrontément, en abusant sans retenue de la naïveté des humbles, qui travaillent et ont confiance. La grande épargne mérite moins de sympathie: c'est précisément celle qu'on défend chez les voleurs de l'autre.

L'excès dans l'épargne a ses inconvénients. Il stimule outre mesure les cupidités et il rend improductifs, c'est-à-dire inutiles, des capitaux enlevés à la circulation générale, soit qu'ils s'accumulent dans les mains de

1. Suicides de J. Bavoux (*Figaro*, 10 avril 1889) et de Miolane (*Bataille*, 8 mars 1889), à la suite de l'effondrement du Panama. Drumont, *La dernière bataille*, p. 457.

quelques-uns, soit qu'ils se cachent dans les coins d'armoire d'un grand nombre. Je ne retiens que l'accroissement des cupidités. Il y a des appétits qui s'aggrandissent à mesure qu'on les alimente davantage, et la passion du gain, du pécule non proportionné au besoin, est un appétit de cette sorte. L'épargne alors n'est plus économie, c'est rapacité, avarice, sordidité et elle est une des causes génératrices du crime. On dit que le parricide diminue chez nous (la moindre fréquence de ce crime abominable est encore bien faiblement traduite sur les statistiques); mais il a presque toujours pour cause, dans les campagnes, le désir de se débarrasser d'une charge gênante pour ajouter un peu plus d'argent à la bourse, un peu plus de terre aux champs, tout en conservant d'ailleurs le même cadre d'existence étroite.

Le chiffre moyen des déposants aux caisses d'épargne privées se rencontre dans les régions de l'ouest et du centre, celles qui ont le moins d'assistés et souvent les plus basses proportions de crimes et de délits. En-deçà de ce chiffre, c'est-à-dire avec une trop forte dose d'imprévoyance, que ne compense point une assistance très large, comme dans la région méridionale, et au-delà, c'est-à-dire avec beaucoup trop de prévoyance... et d'assistance, comme dans la région du nord, on découvre ordinairement les plus hautes proportions du crime-délit ou de certaines de ses catégories. L'épargne d'ailleurs accuse bien le côté dangereux de son excès par la réduction de la famille dans les départements, où on la pratique avec le plus d'âpreté (Normandie); et, dans l'ensemble des départements, le sentiment d'égoïsme qui préside à son développement mal compris se manifeste par un amoindrissement de la natalité proportionnel au nombre des livrets, ainsi que Lacassagne l'a démontré[1]:

1. *État civil* (Bibl. de l'av. et du magist.), p. 40 et 137.

Nombre de depart.	Nombre de livrets	Natalité
22	de 10 à 44	19.46
20	de 49 à 72	18.76
18	de 75 à 114	17.75
10	de 115 à 144	16.20
8	de 156 à 196	15.46
8	de 203 à 256	14.05

On remarque aussi que le mouvement ascensionnel de l'épargne a pour parallèle le mouvement ascensionnel des emprunts au mont-de-piété. C'est donc que des mobiles analogues peuvent inspirer à la fois et le trop d'économie et le trop d'imprévoyance, le désir de jouir ici sous le coup de fouet de la cupidité qui trouve en elle-même une satisfaction ou la recherche dans le bien-être après une privation momentanée, là sous le coup de fouet de la voluptuosité qui dédaigne l'effort pour arriver d'emblée à ses fins. Dans les milieux très limités, où l'observation analytique permet mieux de scruter les conditions générales et spéciales des impulsivités habituelles, l'engagement au mont-de-piété suit les mêmes oscillations que le délit, avec de légères variantes, indiquant qu'avant de déterminer celui-ci, l'imprévoyance rencontre un dérivatif éphémère dans l'emprunt : à Brest, le chiffre des engagements redouble aux époques de fêtes, précédant quelque peu certaines recrudescences du délit ; puis les deux facteurs affectent une évolution similaire, dans les mêmes éléments de la population [1].

De l'épargne à la propriété, la transition est naturelle, car l'une conduit à l'autre, ou plutôt la seconde est le but ordinaire de la première.

L'on peut critiquer, du fond d'un cabinet, le mot célèbre de Proudhon : *la propriété c'est le vol!* Le réfuter serait parfois difficile. Je n'entends pas dire que toute propriété soit un vol, mais je soutiens que la propriété, dans une mesure à fixer, n'est pas autre chose. Telle qu'elle est organisée chez nous, elle est souvent immorale et l'un

1. *Le délit et le suicide à Brest*, *Arch. d'anthrop. crim.*, mai 1890.

des facteurs les plus énergiques de l'attentat antisocial, latent ou objectif.

L'homme qui possède aime la stabilité dans l'État : il est une force pour le régime à l'abri duquel il vit tranquille. Plus le nombre des *possédants* est considérable, plus une collectivité renferme d'éléments intéressés à la défendre. Mais le nombre des possédants ne peut s'accroître qu'en raison directe de la quantité divisible des biens à posséder. Il faut donc multiplier la petite propriété et l'on ne saurait arriver à le faire qu'en prenant sur la grande. Celle-ci mérite d'ailleurs de médiocres égards, et, pour s'en convaincre, il suffit de jeter les yeux sur ses modes de formation. Nous la voyons autrefois concentrée dans les familles nobles, qui l'ont acquise par les « pilleries » à main armée ou les concussions, par don royal, récompense des bassesses d'un valet titré vis-à-vis du maître, ou de la prostitution de la femme aux dispensateurs de largesses ; aux mains des gens d'église, ardents ramasseurs de fortunes temporelles, cumulateurs de bénéfices et capteurs d'héritages. Après la tourmente révolutionnaire, la propriété se transforme. Quelques parcelles vont aux petits ; les grosses parts vont aux descendants des maires *sans-culottes*..., devenus les panégyristes du trône et de l'autel, à l'époque où leur défense n'entraîne plus aucun risque, mais pose en un certain monde et achemine vers l'accaparement d'un titre sonore. Enfin la grande propriété est conquise par les financiers, la plupart d'origine cosmopolite, à coups de bourse et d'agiot, par les puissants de l'industrie, au prix des labeurs mal payés d'innombrables ouvriers. Presque jamais, la source n'est bien pure et elle ne peut guère l'être : il est si difficile d'admettre que le travail d'un seul, dans une courte période, procure des millions, sans avoir jamais heurté le code de la morale vulgaire et parfois celui de la morale écrite,... à côté du travail infructueux, franc et honnête, de milliers d'individus, tout aussi intelligents et souvent plus laborieux. Je ne fais pas plus d'exception pour les immenses fortunes démocratiques de l'autre côté de l'Atlantique, que pour les immenses fortunes bourgeoises ou aristocratiques de l'Europe continentale. Toutes sont le fruit d'une habileté ou d'un défaut de scrupule, à leur point de départ, qui n'obtiendra jamais la sanction d'une collectivité vraiment équitable : à leur éclat, qui nargue la misère, les cupidités s'allument et les sourdes colères des revendications se mettent à germer. Comment faire accepter, à des gens qui n'ont rien et s'épuisent en vains efforts pour gagner le strict nécessaire, le droit de posséder tout, chez des gens qui ne besognent guère ou s'occupent à s'amuser ? On aura beau parler de prescription, la conscience se révoltera devant une doctrine qui consacre la propriété dans le vol au-delà d'un certain temps d'impunité, et aboutit à cette déclaration cynique : tout objet, toute terre, accaparés par un crime, est la légitime possession du bandit, si pendant 5, 10, 20, 30 années, il réussit à se préserver des atteintes de la loi.

L'acquisition louche ou délictueuse de la propriété se double d'une transmission non moins immorale. L'homme n'a droit qu'à ce qu'il gagne par le travail honnête, c'est-à-dire sans causer préjudice à aucun des membres de la collectivité, mais au contraire en ajoutant à la production régulière du milieu commun. Pourquoi prétendrait-il à posséder, par l'héritage, des biens qu'il n'a pas gagnés ?

L'héritage, au temps de la monarchie, maintenait la fortune à l'héritier du nom et du titre, de par le droit d'aînesse. C'était une iniquité ; mais elle avait au moins cet avantage, que les autres enfants étaient rendus à l'obligation de faire la preuve de leur valeur, de déployer leurs activités propres, de se constituer par eux-mêmes un fonds social. L'aîné avait à cœur de soutenir son rang et les autres d'en acquérir un à leur tour. Les énergies s'égalisaient ou même elles décuplaient ; elles ne laissaient point le temps aux divisions ni aux convoitises, pas davantage aux calculs pour la réduction volontaire dans la famille. On voyait en celle-ci moins de crimes inspirés par la cupidité et la population était en accroissement continu. — L'héritage, depuis la Révolution, se répartit également entre les enfants. Il contribue ainsi au fractionnement de la propriété, ce qui est un bien ; mais il assure à l'avance des moyens d'existence égaux à des individus d'aptitudes et d'appétits très divers : il peut ajouter à l'énergie de production chez les mieux doués, il frappe d'emblée de stérilité les paresseux et les lâches ; pour un qui tire profit du bien transmis, dix en tirent seulement l'occasion de travailler moins ou de se livrer aux jouissances grossières. Le dissipateur ne s'accuse jamais lui-même, quand il est à bout de ressources ; mais il jalouse ceux qui ont mieux su conserver les leurs : les frères déclassés quémandent sans répit auprès du frère demeuré classé, l'exploitation règne au sein des familles, les divisions s'y multiplient, et, soit par calculs de nécessité, soit par calculs de prévoyance cupide, on s'y limite, et la population décroît[1]. Voilà les conséquences de l'hoirie directe. Celles de l'hoirie collatérale ne sont pas meilleures : la loi, au mépris des sentiments les plus respectables, reverse les biens d'un époux, mort intestat et sans enfants, sur des parents, qui le connaissent à peine, l'auront parfois persécuté ou diffamé, au détriment d'une compagne dévouée pendant de longues années[2]. Mais dans une société démocratique, il y a pis encore. L'héritage annule les effets de l'éducation égalitaire ; il détruit, au sortir de l'école ou du collège, les seules distinctions qu'une collectivité doit admettre, celles qui reposent sur l'intelligence, la bonne volonté et le travail. Le crétin qui a usé ses pantalons sur les bancs retombe dans le monde la cervelle vide et les poches bien garnies : il est le *fils à papa*, de suite un personnage, et il entrera de plain pied dans la catégorie des dirigeants... L'élève qui a tout appris, qui a gobé les beaux principes,

1. Les cartes publiées par Chervin, dans son *Étude sur la population française* (*Rev. sc.*, 2e sem., 1889) montrent que les chiffres des valeurs successorales par tête sont répartis entre les départements suivant des proportions rigoureusement inverses du nombre moyen des enfants légitimes vivants par ménages.

2. Une nouvelle loi règlerait les droits des époux en matière de succession.

cru de tout cœur à l'obtention des situations par le seul mérite, glisse aussitôt jusqu'à l'humble échope de ses parents : faute d'argent, il parcourt lentement une carrière, ou, s'il a de la chance, arrive vers la vieillesse au bien-être et aux honneurs conquis d'un saut par l'autre. Et l'on s'étonnera qu'il y ait chez nous tant de hautes têtes plus riches d'argent et de prétentions que de science sociale..., aussi tant de révoltés dans la rue... et dans l'ombre !

La propriété, telle qu'elle est constituée actuellement, n'est « qu'un privilège » (Dreyfus) et il n'est pas surprenant qu'elle soit aussi vivement attaquée que les autres privilèges. Beaussire [1] émet cette opinion, que la propriété doit perdre son caractère personnel ; il essaie de lui donner une base sociale, en la présentant comme la garantie des devoirs envers la famille ; l'héritage cesserait alors d'être contestable, il consacrerait et justifierait la propriété. « Les parents se sentent responsables de l'existence qu'ils ont donnée à leurs enfants : ils travaillent pour eux, amassent pour eux... Si cette responsabilité est incontestable, si l'homme a réellement le droit et le devoir de consacrer à sa famille une part de son travail, de ses soins et de sa prévoyance, il n'en faut pas davantage pour attribuer à la propriété un caractère inviolable. » Je ne suis pas de cet avis. J'estime que la propriété doit être personnelle, en ce sens que le gain étant le stimulant naturel du travailleur, et la propriété la consécration de ce gain, on ne saurait refuser le droit de posséder à celui qui acquiert au prix de services réels et directs, rendus à la société. Mais en retour de la protection et des moyens d'utiliser ses aptitudes, que celle-ci procure au travailleur, elle peut considérer le bien acquis grâce à son aide, comme son bien propre, en laisser la jouissance viagère au possesseur, en exiger la rentrée au fonds commun après sa mort. Je consentirais à ce qu'une partie de l'héritage soit abandonnée à la femme, à titre

1. *Les principes du droit.*

viager ou même la totalité aux enfants, s'ils s'engagent à continuer l'œuvre de leur père. Mais en dehors de cette concession l'héritage retournera à l'État, la grande famille qui a la charge de l'entretien de tous, pour subvenir aux besoins des individus utiles et stérilisés par la misère, pour renforcer le travail collectif. Les bons seront alors assurés contre les chances mauvaises et les déchets sociaux ne seront plus encombrants sous la livrée dorée de la fortune acquise par les parents [1]. On arrivera ainsi à prévenir les revendications du faux socialisme. Les instruments du travail seront bien aux mains du travailleur, mais du vrai, pas de celui qui hurle au seuil des cabarets : « Mineur prends la mine, ouvrier prends l'usine, paysan prends la terre, » sans se demander tout d'abord si l'homme qui a la mine, l'usine, ou la terre, n'est pas sorti du giron du prolétariat et n'a pas gagné son bien au prix de ses labeurs. Les capitaux seront à tous quand ils seront à l'État : ils ne risqueront pas de passer des coffres des capitalistes dans les poches de messieurs les anarchistes, désireux de les employer comme chacun le devine. Les associations dangereuses n'auront plus leur raison d'être, dans l'association générale des travailleurs [2]. On amoindrira de la sorte la fortune du pays, chacun se limitera dans son travail, n'étant plus soutenu par l'idée de préparer une carrière plus douce à ses enfants, etc. ! La carrière préparée plus douce à l'enfant, c'est précisément l'abaissement du caractère à l'âge adulte. La réduction de la fortune publique est une crainte chimérique : il y aura moins de millionnaires, mais il y aura beaucoup plus de moyens propriétaires ; l'épargne sera

1. Ce système serait toujours plus moral, que celui qui consiste à faire disparaître les petits héritages sous les charges du droit domanial, voire même à rendre de pauvres diables, héritiers d'un mince pécule, les créanciers de l'État... ou des avoués, de par la beauté d'une administration dont rougiraient des barbares.

2. Je développe un principe que je crois susceptible d'application Je ne dis pas que cette application soit immédiatement possible. Si elle recevait demain son exécution, elle n'aboutirait qu'à un immense escamotage de la fortune publique et privée par un syndicat occulte de gens irrassasiés. La pourriture est telle que l'on ne sait où poser une base de quelque solidité pour édifier des réformes. Il faut refaire jusqu'au sol.

plus limitée, mais elle n'ira plus s'engouffrer dans les caisses de quelques financiers; et d'ailleurs un pays, où toutes les activités productives trouveraient à se déployer dans une direction plus franchement collective, gagnerait en vigueur nationale plus qu'il ne perdrait en éducation familiale; la famille elle-même porterait plus profondément l'empreinte de l'État, le milieu se moraliserait, sa population augmenterait et sa force intrinsèque se développerait en se débarrassant d'éléments qui l'énervent. Et quand bien même il y aurait moins de richesse, où serait le mal ? Sparte ne fut puissante qu'autant qu'elle réussit à se préserver de la richesse et les peuples trop opulents sont destinés à être tôt ou tard la proie des peuples pauvres.

Le principal objectif serait d'éviter l'inégale répartition de la fortune, sa concentration dans un petit nombre de familles et même son trop grand développement individuel, au sein de l'agglomération collective. Une aisance généralisée vaut mieux que la richesse trop généralisée : l'une s'accommode de la sage raison et l'autre ne s'allie qu'à l'égoïsme ; l'une est saine, elle apaise, elle appelle la fraternité ; l'autre est dégénérative, elle divise, éveille les cupidités et pousse à l'attentat. Le morcellement de la propriété est un bienfait. Chez nous, comme l'a dit Campbell, « il sert de contrepoids à l'instabilité des idées et des formes politiques, » et, grâce à lui, la France a traversé des orages que l'Angleterre, plus riche, mais à propriété moins divisée, n'affronterait pas sans péril de naufrage. Toutefois, on ne découvre pas que ce morcellement exerce une influence atténuatrice sur l'évolution du délit et de l'immoralité [1]. Les départements les

1. On l'a même incriminé comme un des principaux facteurs de la dépopulation. Dans le département de Maine-et-Loire, Bonnemère a constaté que partout où les paysans du Bocage ne sont pas propriétaires du sol, le nombre des enfants est considérable, parce que les valets étant chers, les enfants deviennent une richesse; sur les bords de la Loire, où le paysan est propriétaire de médiocres surfaces, il vit plus heureux, mais a très peu d'enfants, car « il leur laisserait la pauvreté et plus tard ils seraient forcés de se mettre au service d'autrui » (*Discussion sur la dégénération*, *Bul. soc. d'anthrop. de Paris*, 5 mai 1889, p. 346).

plus riches, sous le rapport agricole ou industriel, sont ordinairement ceux où la criminalité se dessine avec le plus de force, soit par des attentats contre les personnes, soit surtout par des attentats contre la propriété : mais ces départements sont aussi ceux où la propriété territoriale est le plus divisée, à côté d'une condensation de la propriété usinière ou minière. Le morcellement n'est donc pas une condition suffisante de prévention dans le délit. Il ne peut l'être, tant que le système de l'hérédité n'aura pas éliminé les causes rayonnantes de convoitisité qu'il provoque. Il est à remarquer, en effet, que si les masses jalousent les grandes fortunes de quelques-uns, elles apportent moins d'âpreté active à les combattre, que les individus, dans les plus humbles couches, n'en montrent vis-à-vis des modestes propriétaires sortis de leur milieu : l'ouvrier porte son envie la plus immédiate sur l'ouvrier de maigre aisance, comme le paysan la sienne sur le paysan petit fermier. C'est là un fait d'observation psychologique curieux et qui n'est point encore en l'honneur de la nature humaine ! de même ordre d'ailleurs que cette tendance trop générale à ne pas apercevoir le gredin dans le personnage de grande envergure et à le découvrir dans le plus piètre délinquant.

Avec la suppression de l'héritage ou sa limitation bien définie, la convoitise sera réduite et la moralité publique améliorée. Il est déjà très écœurant, comme après l'assassinat de la fille Regnault par Pranzini, de voir une famille se disputer l'argent de la prostitution, sans avoir même aucun lien avec la victime (Marie Regnault avait laissé un testament en faveur de la fille naturelle de sa servante, toutes deux tuées après elle, et ses héritières successives au moins pendant quelques secondes, et des parents... plus ou moins inconnus surgirent bientôt pour revendiquer ce qu'ils appelaient *leur propriété*). Mais il est encore plus triste de constater à quels attentats, occultes ou effrontément opérés au jour, conduit le principe de l'hoirie, tel qu'il existe en notre Code et en ses similaires. Sans remonter loin, dans les annales judiciaires, on peut lire, dans les collections de procès célèbres et dans les feuilles quotidiennes, à quel degré de fréquence, à quelles variétés de formes, à quels raffinements d'astuce, d'audace et de cruauté, la passion de cupidité se développe sous l'idée fixe d'un héritage à conquérir. La chasse à la succession donne lieu, chez maints individus, à plus de calculs, à plus d'humiliantes démarches, à plus de labeurs pénibles ou répugnants, qu'il ne leur en faudrait entreprendre pour édifier régulièrement une honnête aisance. Mais le cupide réfléchit bien à cela ! Le gain ne compte pour lui que du jour où il le reçoit et ce jour-là il oublie ses peines : il possède sans avoir normalement travaillé. C'est que le cupide est très souvent doublé d'un criminel et que, chez lui, l'adaptation des moyens au but répond à des instincts particuliers.

Voici d'abord les personnages en chasse de succession. A l'un, le hasard a découvert un vieillard que la rumeur publique fait riche et isolé : on noue connaissance, peu à peu une liaison d'habitude se forme, le convoiteur prend pied dans la maison, se prodigue en soins empressés, s'insinue de plus en plus dans la confiance de sa dupe, écarte les suspects, et, le jour suprême de la délivrance arrivé, exhibe aux hommes de loi et aux parents évincés un acte authentique, extorqué à la crédulité ou à la timidité d'un sénile. Un autre, dans l'ombre d'un confessionnal, ourdit la trame qui fera tomber dans les coffres d'une sainte affiliation la fortune d'une dévote ou même d'une famille tout entière : on obtient de la veuve attristée les sommes qui devront assurer son salut... et celui de son époux, dans l'autre monde [1] ; si elle est récalcitrante et si elle a des filles, on agit sur l'esprit de ces dernières, on les entraîne au mystique sacrifice, on daigne leur ouvrir les portes d'un couvent contre le versement de leur dot, on laisse la mère seule,

1. Un des arguments que le clergé opposa, en 1889, à la confiscation de ses biens, c'est que nombre d'âmes en purgatoire seraient privées des messes payées pour elles, et rivées à tout jamais aux douleurs de ce lieu terrible. *Hist. de la Bretagne racontée à ses compatriotes par un chercheur de pain*, Brest-Quimper, 1878, p. 317.

sans appui, et l'on escompte jusqu'au chagrin qui abrègera son existence et hâtera le moment de la rentrée du reste d'une fortune aux capteurs. D'autres ont recours à la séquestration, sous le prétexte de maladie ou de folie, comme dans l'affaire Monasterio, etc. Viennent ensuite les empoisonnements et les assassinats. En 1823, c'était le Dr Castaing, qui empoisonnait froidement deux de ses amis, les frères Ballet, après avoir réussi à se faire léguer par eux tous leurs biens. Au mois d'avril 1890, c'est un professeur à l'école de médecine d'Opporto, qu'on arrête sous l'inculpation d'avoir empoisonné son beau-frère et son neveu et d'avoir tenté d'empoisonner les autres membres de sa famille, pour arriver à posséder seul un gros héritage. La poudre à succession de la Brinvilliers et de la Voisin n'est point perdue : on la délivre chez les pharmaciens, en dépit des règlements de police. Manque-t-elle, on a recours à l'assassinat. Le drame de Villemomble (1883) est encore présent dans les mémoires : une femme Mercier, sous le couvert d'une onctuosité dévote, s'insinue dans la confiance d'une demoiselle Elodie Ménétret : elle s'en débarrasse avec l'aide de parents qu'elle intéresse à son œuvre, et, par des faux, essaie de s'approprier la succession. On ne recule pas devant les attentats les plus atroces, pour se délivrer d'un père ou d'une mère qui vivent trop longtemps : on tue à coups de hache ou l'on brûle à petit feu et l'on s'ingénie à arranger les choses de manière à faire croire à un accident ; on est si heureux à l'idée de toucher l'héritage, quelquefois un pauvre lopin de terre, une somme de quelque cent francs, qu'on oublie même toute précaution : n'est-il pas naturel que des *vieux* disparaissent un jour ou un autre (Affaire Lucta, 1852 ; affaire Thomas-Lebon, 1886, etc.) ! Il y a pourtant des scélérats qui tâchent d'excuser leur forfait, sous la note d'un juste ressentiment passionnel, comme ce cabaretier de Roubaix, frappant son père de 14 coups de couteau et l'accusant d'entretenir des relations avec sa femme, alors qu'il n'avait d'autre mobile que d'entrer en jouissance de l'héritage du vieillard (1889). D'autres fois, ce sont des obligations viagères, auxquelles on a grand'hâte de se soustraire. Un exemple tout récent de la façon dont on opère en pareille occurrence : les époux Garrigues, presque septuagénaires, vivent en commun avec leur fille et leur gendre, auxquels ils ont abandonné leurs biens contre une pension modique ; celle-ci paraît encore trop lourde aux intéressés : une nuit, les misérables entourent de fagots le lit des vieillards, et, par une ouverture du plancher, y mettent le feu ; les victimes se précipitent vers la porte ; le gendre les frappe à coups de bâton, les renverse et les rejette dans les flammes, puis, les croyant morts, disparaît (Albi, 1889). Même dans le monde aristocratique, d'aussi épouvantables forfaits se produisent, sous l'aiguillon de la cupidité, de l'obsession de l'héritage : on connaît l'attentat du comte de Bocarmé sur son beau-frère (Mons, 1851), et les journaux signalaient récemment la mort, dans une prison de Styrie, d'un autre assassin particulé, H. de Tourville, condamné en 1876 à une réclusion perpétuelle, pour avoir poussé, comme par mégarde, sa femme au fond d'un précipice, pendant qu'elle admirait un paysage, afin d'hériter de sa fortune, évaluée à plus d'un million.

Tout se perfectionne. Jadis, on ne pouvait hériter que de biens réellement acquis par un autre. Aujourd'hui, sur des capitaux demi-fictifs, des maisons d'assurances (primes sur la mort !) promettent de grosses sommes aux héritiers désignés de leurs clients. Cela stimule les appetits des coquins habiles. Les plus timorés se contentent, comme le médecin Castelnau, d'une substitution de cadavre et d'un faux certificat, pour extorquer son argent à une compagnie. Un autre médecin, Lapommerais, empoisonne sa maîtresse, pour toucher la prime d'une assurance qu'elle avait contractée, quelques mois auparavant, au nom de son amant ! Un prêtre, l'abbé Martin, tente d'assassiner son frère, qu'il avait assuré sur la vie, et avec quelle préméditation ! Il avait imaginé les histoires les plus singulières pour écarter de lui les soupçons :

héritage mystérieux, invasion du presbytère pendant la nuit par une bande de malfaiteurs inconnus, etc. (Moulins, 1890). Hoyos assassine un camarade, qu'il essaie de faire passer pour lui-même, prenant sa place devant une compagnie à laquelle il a souscrit, en faveur de la victime, une très forte police (1889). En Angleterre, au mois d'août de l'année 1889, un homme empoisonnait sa fille, âgée de 7 ans, pour hériter d'une somme de 175 francs qui devait lui revenir après le décès de l'enfant. Les meurtres d'enfants se multiplieraient, chez nos voisins d'une manière inquiétante, depuis le développement des sociétés d'assurances sur la vie, qui a pris beaucoup d'extension.

Est-ce un assemblage assez horrible de malfaisances, nées à l'ombre des Codes ! Car, si les impulsivités restent sous la responsabilité des individus qui s'y abandonnent, le mobile n'est-il pas la résultante des défectuosités des lois, de l'immoralité des systèmes qu'elles protègent et des principes qu'elles défendent, contre les tendances nouvelles des collectivités civilisées ?

Mais la cupidité n'est pas seulement surexcitée par l'appât de l'héritage et des primes qui le remplacent ou en sont l'analogue. Elle l'est encore, et à un degré plus redoutable, par le jeu sous toutes ses formes. Le vrai joueur joue pour avoir les émotions violentes de la carte ou du dé, ou bien pour satisfaire à une autre passion ordinairement connexe et relevant de la voluptuosité ; il aime et recherche la femme de vie facile, avec autant d'ardeur que le tapis vert, et l'argent qu'il gagne est aussitôt dépensé en orgies ; c'est un détraqué, un malade bien souvent, qui tantôt se suicide, et tantôt se laisse aller au crime dans un moment de folle désespérance [1]. Autour de cet anormal gravitent

1. Guimbail, *De l'attitude aux jeux de société comme faculté spéciale de l'esprit*, *Rev. d'hypnologie*, janv. 1890. Il est à noter que la passion du jeu est très intensive chez la plupart des criminels, particulièrement chez les auteurs de viols et de blessures. Chez ces derniers, on la constate 66 fois 0/0 ; on la retrouve dans une proportion de 63 0/0 chez les voleurs, de 45 chez les escrocs, de 37 chez les assassins et de 59 chez les simples oisifs (Lombroso, l'*Anth. crim. et ses rec. prog.*, p. 36).

des exploiteurs de l'un et de l'autre sexe, des professionnels ceux-là uniquement dirigés par la cupidité, et vivant de la cupidité qu'ils allument, joueurs à pipeaux et à biseaux, femmes galantes d'amorce pour les naïfs, usuriers, etc. La loi, qui interdit les tripots, la police, qui les recherche, sauvegardent la moralité publique et méritent la reconnaissance des familles. Pourquoi faut-il, à côté d'une répression justifiée et digne d'approbation, relever la tolérance, ou même la connivence coupable de l'État, en matière de jeux plus à craindre, à cause de l'influence qu'ils exercent sur le sentiment des masses ! Le jeu banal ne sort guère des limites d'une certaine catégorie de personnes. Mais le jeu autorisé, c'est l'appât offert aux couches tourmentées par le désir d'un bien-être rapide, d'une curée de biens anonymes, sans effort ni travail, l'encouragement à la cupidité dans les classes où elle peut le mieux pervertir. Autrefois, c'était la loterie et la banque de Law, qui aboutirent aux catastrophes que l'on sait. Maintenant c'est, avec beaucoup de réticences hypocrites, la loterie à propos d'œuvres soi-disant charitables ou utiles..., dont l'argent va moins à l'œuvre qu'à la bourse de quelques habiles ; puis ce sont les opérations de book-makers, se déroulant aux grands jours de courses[1], celles enfin de la Bourse, en plein palais ouvert. Le contre-coup de ces tolérances c'est, d'une part, l'occasion laissée ou donnée aux gens dénués de tout scrupule d'exercer librement leurs talents criminels, aux faibles et aux inconscients, de s'abandonner aux illusions chimériques au détriment du travail, d'autre part l'accumulation de scandaleuses fortunes à côté de noires misères, la multiplication des convoitises et des haines, le prétexte offert, aux ennemis du capital, de leurs plus rudes attaques. Il y a tant de capitaux mal acquis[2] !

1. Le champ de course et la femme, voilà, d'après Guillot, les principales sources de la criminalité parisienne. On doit féliciter le gouvernement d'avoir supprimé les agences de pari mutuel. Mais on rencontre encore trop de jeux de hasard sur la voie publique.

2. Le jeu a ses défenseurs. Mercier estimait qu'il était utile, dans une capitale riche et dépravée ; il servait à « diviser les trop grosses fortunes », il « formait une circu-

CHAPITRE III

L'INSTRUCTION ET L'ÉDUCATION. — LA MORALE ET LA RELIGION

Il ne faut pas confondre l'instruction avec l'éducation. Celle-ci crée l'automatisme des habitudes, forme les caractères, adapte l'organisme à son milieu social : elle repose sur la faculté d'imitation, dépend des impressions que l'être humain reçoit dès son enfance, et comporte un entraînement spécial du corps autant que de l'esprit, dans une voie déterminée. L'instruction aide à l'éducation, ajoute à ses résultats, mais n'est rien ou n'est que peu de chose, sans cette dernière, qui, sans elle au contraire est apte à donner aux collectivités d'excellents citoyens : les Spartiates recevaient une éducation virile, avec une instruction médiocre ; les Athéniens, une instruction très raffinée, avec une éducation plus molle ; les premiers furent capables d'efforts soutenus, que ne con-

lation d'argent vivifiante, favorisait les consommations » et jamais on ne vit tant d'activité en France, tant de mouvement dans le commerce, tant de bien-être dans les masses, qu'à l'époque du système de Law. « un jeu public »... « La première loi est de vivre. Le spectacle le plus hideux est le visage de la misère qui attend la mort les bras croisés... et comme la capitale est un amas confus et incohérent d'hommes qui n'ont ni terres à cultiver, ni manufactures à diriger, ni charges à remplir, qui sont écrasés du fardeau journalier de l'indigence et qui ne peuvent vivre que d'une industrie prompte et particulière, il faut, puisque le mal est fait..., donner les moyens de subsistance à cette foule d'hommes qui pourraient faire pis... Il vaut mieux qu'un homme soit joueur que d'être un assassin, un escroc, un voleur... » (*Tableau de Paris. Le chapitre équivoque*).

Quel paradoxe et quel oubli des faits !

Au temps célébré par Mercier, Paris était devenu un coupe-gorge ; jamais on ne vit plus d'attentats dictés par la cupidité, engendrés par la fièvre de l'agiot. L'histoire du comte de Horn est un exemple des conséquences de « ce jeu public ».

nurent pas les seconds : notre vieille noblesse dut à son éducation des qualités sérieuses, une énergie, une puissance de sélection, que l'instruction n'a point encore conférées, ne conferra jamais aux classes populaires, si un système éducatif nouveau n'intervient pour les améliorer. L'une est comme un vaccin qui apporte l'immunité contre l'infection criminelle ; l'autre est seulement un système d'hygiène qui, évidemment, peut servir d'obstacle à celle-ci, mais ne lui ferme pas les terrains vierges ou prédisposés, laisse même ces terrains plus ou moins attaquables, sans l'appoint de l'inoculation éducative. L'éducation transforme jusqu'à la matière de l'être : elle est à la fois somatique et psychique, et elle m'apparaît si bien inséparable de l'évolution des jeunes (on la retrouve ramenée à une sorte de direction des instincts, même chez les animaux domestiqués), que j'en ai dû parler déjà au chapitre des influences intrinsèques, à propos des relations de l'âge avec la criminalité. L'instruction est d'ordre intellectuel ; on la comprend dégagée de la notion d'espèce, dégagée de la forme adoptée par la collectivité humaine : c'est une superfétation de civilisé, mais utile, comme un levier qui déplace, comme un instrument de mouvement ; son rôle communiqué est considérable, qu'elle se montre comme une alliée naturelle de l'éducation ou qu'elle en gêne les résultats. Car tout n'est pas brillant dans l'analyse des effets immédiats ou prochains de l'instruction : nous l'allons bien voir et essayer d'en pénétrer la cause.

L'instruction est en progrès dans l'Europe entière et le crime-délit accuse presque partout une marche ascendante. Déjà, vers 1825, on remarquait le contraste que présentaient la Prusse, si largement pourvue d'écoles, et la France, si pauvrement dotée sous le rapport des établissements d'instruction : la première, avec une moyenne de 1 écolier sur 7 habitants, comptait 1 accusé de crime-personne sur 21,000 habitants et 1 accusé de crime-propriété sur 600 ; la seconde, avec 1 écolier sur 23 habitants, comptait 1 accusé de crime-personne sur

32.000 habitants et 1 accusé de crime-propriété sur 9.300 [1]. L'instruction s'est beaucoup accrue depuis cette époque dans toute l'Allemagne et à côté d'elle la criminalité. Il en a été de même pour la France. Notre pays s'est couvert d'écoles. L'instruction primaire est devenue obligatoire. l'instruction à tous les degrés est en grande partie devenue gratuite. Je sais que l'obligation reste souvent lettre morte pour beaucoup d'enfants du peuple. dans les villes et dans les campagnes : que le principe de la gratuité est souvent un leurre pour beaucoup d'enfants pauvres, privés d'un appui (les bourses, dans les établissements scolaires et les écoles spéciales, appartiennent à l'arsenal des faveurs à déverser sur les clients des coteries politiques). Mais, en somme, on ne peut nier que, chez nous, depuis 20 ans, l'instruction générale n'ait présenté la plus ample diffusion. Cependant, si le crime s'atténue sous quelques-unes de ses formes, le délit augmente, suivant des proportions très alarmantes. Les départements qui renferment le plus d'écoles et comptent le plus d'élèves à les fréquenter, sont aussi ceux où le délit s'accentue le plus fortement (régions du nord et de l'est). Enfin l'attentat, s'il a pour auteurs les plus habituels des dégénérés et des ignorants, semble, occulte ou objectif, en voie d'accroissement parmi les mieux doués. les plus intelligents et les plus instruits. *A priori*, l'instruction n'est donc pas une barrière contre le développement du crime-délit et elle peut même apparaître comme un de ses facteurs.

L'instruction est dangereuse, quand elle n'est pas appuyée sur l'éducation. Chez l'enfant et le jeune homme qui la possèdent, sans la seconde, elle est comme une fleur de mal en terrain vierge, dont le parfum corrompt. « L'instruction qui ne consiste qu'à savoir lire et

1. D'après des *statistiques officielles*, citées par Malte-Brun, *Géogr. univ.*, éd. de 1841, t. III (Europe), p. 118, et la *Stat. comp. de l'état de l'inst. et du nombre de crimes en France*, de Balbi et Guerry. Ces résultats ne répondent pas à ceux que l'auteur de la *France criminelle* a tracés dans son livre (p. 378), d'après la *Physique sociale* de Quételet, éd. de 1869, II, p. 284.

et écrire, a dit Quételet [1], devient la plupart du temps un nouvel instrument du crime. » C'est mieux que cela maintes fois, c'est l'initiation au crime. Mais on peut étendre l'observation à l'instruction plus complète. L'instruction exalte les curiosités, toujours redoutables, chez les sujets nerveux, d'imagination ardente, comme la femme et l'adolescent. Aussi que de jeunes femmes perverties par la lecture des romans, des livres à sensation, les récits des drames judiciaires! J'ai fait allusion ailleurs [2] à cet instinct mystérieux de la sexualité, qui pousse inconsciemment des femmes bien élevées à s'éprendre d'une sorte de sympathie bizarre pour les héros du crime : après Cartouche et Cognard, Troppmann, Pranzini, Prado ont éprouvé les compatissantes... pitiés d'âmes féminines, qui ne soupçonnaient guère la nature réelle des sentiments qu'elles ressentaient. A quelles impulsivités conduiraient de pareils sentiments, exaltés par la lecture, transformés sous la séduction du style et les paradoxes de certaines écoles littéraires! Où mènent la philosophie transcendante et l'art non moins transcendant, chez les cerveaux d'équilibre douteux, on l'a vu dans l'affaire Chambige, et P. Bourget l'a montré dans une curieuse et admirable étude [3]. De quels dangers le livre n'enveloppe-t-il pas l'enfant, quand on ne songe pas à le préserver contre les leçons de vice et de crime offertes par lui à son intelligence! On laisse traîner sur une table l'ouvrage en vogue, *Nana* ou autre chose d'équivalent, certaines feuilles hebdomadaires à un sou, qui s'intitulent des suppléments littéraires, où la nouvelle croustillante alterne avec l'intrigue dramatico-érotique, des publications où les images les plus obscènes, les plus révoltantes, viennent renforcer le texte et contraindre l'imagination à bien saisir la note démoralisatrice : l'enfant s'en empare à la dérobée, ou librement, et il y puise le germe des appétits malsains. S'il a le bonheur d'ap-

1. *Phys. soc.*, II, 314.
2. *Les Criminels*, p. 232.
3. *Le disciple*.

partenir à une famille honnête et vraiment soucieuse de son devoir, il n'échappe pas pour cela à la contagion : au sortir de l'école il s'arrête devant des affiches immondes, placardées sur les murs, ou bien prend les prospectus non moins immondes qu'on distribue dans les rues : il regarde, ne comprend pas, mais a souvent auprès de lui des précoces qui l'aident à comprendre, et la souillure est accomplie. Veut-on des faits précis ? Je me trouvais un jour chez un libraire, quand un garçon d'une douzaine d'années vint demander en location le roman de Zola, *Nana* : sa mère l'envoyait chercher ce livre, et c'était lui, qui, le soir, était chargé de l'édifiante lecture. Il me tombait récemment sous la main un supplément de la *Lanterne*, feuille très répandue parmi les ouvriers : j'y observais, sous le titre l'*Armure*, l'image d'une jolie femme, toute nue, couchée auprès d'un homme en chemise, tous les deux riant de l'ébahissement d'une jeune servante en train de les regarder. J'ai ramassé, dans la rue, des prospectus d'ouvrages illustrés qu'on distribuait aux enfants comme aux grandes personnes : l'un d'eux était l'annonce d'une réédition des *Enfants du peuple* (d'E. Sue) et le frontispice représentait une ronde de femmes nues..., plus que nues, car chacune avait une pièce de costume différente, donnant plus d'indécence à la nudité et à la pose ; sur un autre, au titre de l'*Armée du crime*, on assistait à l'atroce supplice d'un gendarme, garotté sur une planche, abandonné sur l'eau et servant de cible à une bande de misérables, qui le lapidaient joyeusement du haut d'un pont. Franchement, si l'on comprend ainsi l'instruction c'est à regretter la plus noire ignorance [1]. C'est à se demander si une influence occulte,

1. Macé s'élève avec indignation contre les formes si multiples de l'initiation à la débauche précoce, qui, partout, dans les grandes villes, annihilent les efforts d'un redressement éducatif. L'enfant, au sortir de l'école, où on lui a longuement parlé de morale, rencontre dans la rue des leçons de choses d'une immoralité... trop concrète. « L'honnêteté de la rue disparaît. L'ordure n'est plus seulement sur le sol, elle s'étale autour des colonnes indispensables, aux devantures des kiosques, et monte le long des murailles par des affiches aux images coloriées annonçant des publications d'ouvrages condamnés, sous les précédents régimes, et qui n'ont rien de politique. Aux étalages des petites librairies, figurent des dessins naturalistes, expliquant les sous-entendus de

celle d'un génie malfaisant et jaloux, secondée par des traîtres, ne dirige pas une campagne en règle contre notre race, cherchant à l'abâtardir sous les moyens les plus odieux. Et je ne parle pas de ces musées anatomiques, où, sous le prétexte d'instruire l'adolescent contre les dangers du vice, on lui apprend seulement à mieux connaître ce dernier. J'ai vu, dans une ville de Faculté, un musée où toute la collection des horreurs anatomiques, celle des maladies les plus secrètes de l'un et de l'autre sexe, était ouverte à tout le monde, et j'ai surpris devant ces modèles des jeunes femmes en singulière contemplation ! Encore de la science bien moralisatrice [1] ! Je ne pense pas, cependant, que Laussédat accorde à de telles initiations une grande part d'action civilisatrice. J'ajouterai, que, pour tous les âges, la prédisposition rend particulièrement redoutables ces incitations de la lecture et de l'image. La trop grande publicité des attentats de toutes sortes a, dans l'instruction sommaire ou moyenne, l'auxiliaire qui contribue le plus puissamment à développer la contagion du crime. La presse propage, elle met le feu aux matières explosibles que la dégénération et l'hérédité ont accumulées chez un grand nombre, et il serait temps qu'on se décidât à faire moins de bruit sur les crimes journaliers, dans les feuilles populaires, afin de limiter le rayonnement épidémique, toujours croissant, de l'attentat [2].

L'instruction mal adaptée est aux cerveaux ce que la

l'imprimé, puis des photographies représentant des inconnues au costume primitif. Les crimes, les viols, les attentats à la pudeur ont leurs illustrateurs spéciaux, reproduisant sous leurs différentes phases les constatations judiciaires. C'est en face de ces horribles gravures noires, enluminées de rouge, que les enfants se groupent le matin, en se rendant à l'école. On infiltre ainsi à la jeunesse le poison intellectuel, non moins dangereux que l'empoisonnement alimentaire. Le mal est tellement grand, que le réjouissant Guignol devient pornographe ; il écœure les mères de famille et n'amuse plus les bébés. » (*Joli monde*, p. 331).

1. Dans une récente affaire d'avortements, à Lizieux, le principal accusé raconta comment l'idée lui vint de se livrer à son honteux métier, « en visitant les musées d'anatomie, dans les foires du pays ». (Joly, *Fr. crim.*, p. 148).

2. Ne va-t-on pas jusqu'à nous présenter les gredins et les gredines sous des couleurs presque séduisantes ! Quel cabotinage autour de cette Bompard, type de vraie fille, à demi-inconsciente de l'immoralité et de la scélératesse dans sa dépravation pré-

nourriture trop abondante ou trop lourde est aux estomacs délicats. L'on prétend soumettre tout le monde à la même ration intellectuelle, et l'on s'étonne qu'il y ait un si grand nombre de réfractaires et de détraqués. C'est le même système qui, aux colonies, aboutit à l'admirable résultat que j'ai exposé en d'autres livres [1]. On distribue là-bas l'instruction aux nègres, selon nos programmes, avec un zèle aussi ardent que niais. Le nègre apprend à lire, à écrire, à compter, tant bien que mal, et il s'estime aussitôt l'égal ou même le supérieur du blanc le mieux diplômé ; si, avec son maigre bagage, il arrive aux honneurs locaux, grâce au suffrage des masses, surtout composées d'imbéciles, il se gobe... et reste assez tranquille : mais comme les places, bien que multipliées, sont encore trop rares en proportion des appétits, beaucoup d'affamés demeurent en face de leurs convoitises et les dirigent dans la voie du délit et du crime ; ceux-ci s'élèvent à un chiffre effrayant ! Chez nous, les choses vont à peu près de même. On a beau exalter l'ouvrier et l'ouvrier a beau s'exalter lui-même, c'est à qui, dans les basses classes, abandonnera l'outil. Avec une instruction primaire, les péroreurs se persuadent à eux-mêmes qu'ils ont la science infuse, le persuadent souvent à d'autres, et, tout en prenant la défense des mains rudes et calleuses, on s'empresse de faire les siennes les plus blanches qu'il est possible. J'ai eu, l'année dernière, l'occasion d'assister à une triste affaire bien caractéristique de ces tendances. Un fils d'ouvrier, qui avait eu quelques succès sur les bancs de l'école des Frères, garçon intelligent, mais maladif, se pose en revendicateur *des droits* de la classe ouvrière : il est pris au sérieux ! A 22 ans, il possédait, me dit-il, sans avoir la moindre envie de plaisanter, la science

coce, comme la plupart de ses pareilles ! On la fait voyager dans un coupé de première classe, on lui choisit aux buffets des gares les meilleurs morceaux ; elle a ses gardiens-valets préférés ; on lui offre des fleurs ! Et la presse, au lieu de taire ces hontes, les détaille en ses colonnes... Pour quel peuple devons-nous passer à l'étranger, après de semblables aventures !

1. *Crime en pays créoles* (Bibl. de l'avocat et du magistrat). *Nos créoles* (Savine, 1890).

sociale sur le bout du doigt. Avec une telle science, ce n'était pas la peine de travailler de l'outil, ou plutôt il fallait s'emparer de l'outil du journaliste, de la plume. Et voilà un jeune homme qui se met à la tête d'un parti ouvrier, en ayant soin de tout calculer pour sortir de sa classe. Le résultat, ce fut, après quelques déboires, quelques actions indélicates et des tentatives pour dynamiter la maison d'un bourgeois, une tentative d'assassinat sur un autre bourgeois, qui n'appréciait pas assez certains articles de polémique, et une condamnation à 5 ans de travaux forcés. Ce sont là histoires courantes.

On commence, un peu tard, à s'apercevoir que l'instruction a ses dangers. Un écrivain républicain, Lepelletier, a jeté un éloquent cri d'alarme [1]. Il n'est pas bon pour un pays d'avoir un très grand nombre de gens instruits, car alors trop de prétentions surgissent, qui aboutissent à la négation de tout travail utile. « L'homme qui sait est un officier dans l'armée sociale, nous finirons par en avoir beaucoup plus que de soldats. » Qu'adviendra-t-il au moment des grandes luttes, avec un voisin moins civilisé, mais plus riche en natures fortes, conduites par un nombre suffisant de natures instruites ? En attendant, les déclassés pullulent. « La criminalité change de camp : jadis, en ses statistiques infâmes, les illettrés figuraient presque seuls : patience ! Les diplômés des deux sexes arrivent. Déjà Pranzini, Campi, Marchandon, possédaient une instruction au-dessus de la moyenne ; Crouzet, Castelnau, les récents voleurs à sensation, sont déjà des lettrés. Les lauréats de l'enseignement supérieur ne tarderont pas à venir. Le bagne de l'avenir ressemblera à un Congrès de sociétés savantes. En fouillant les bas-fonds de la prostitution, on y trouve nombre de filles qui, à leurs cartes réglementaires, pourraient joindre le parchemin de l'hôtel de ville. Dans les maisons de débauche, on vous propose déjà l'institutrice, comme autrefois la négresse. 53,000 jeunes filles, d'après les dernières

1. *Rev. de Paris et de Saint-Pétersbourg*, nov. 1887.

statistiques, en ce moment, postulent à la porte des écoles primaires un emploi d'adjointes : lasses d'attendre sur le trottoir, elles le feront. »

Vers 1840, la majorité des accusés sont illettrés : 54 0/0 des hommes, 76 à 80 0/0 des femmes ne savent ni lire ni écrire [1]. Dans la période 1876-1885, sur 100 accusés, 27 sont complètement illettrés, 69 savent lire et écrire, 4 ont une instruction supérieure.

L'ignorance n'est pas l'unique source des crimes : l'instruction, qui est l'opposée de l'ignorance, n'est pas davantage le panacée contre le crime, elle manifeste au contraire une influence souvent irréfutable, sur le développement général de celui-ci, et la conserve dans la répartition de certaines formes de l'attentat. Si l'on admet les quatre degrés d'instruction, habituellement acceptés par les statistiques, on remarque, avec Fayet et Lacassagne : « Que les crimes les plus fréquents sont : 1° Pour les illettrés, les infanticides, la supposition et la suppression de part, l'association de malfaiteurs, les vols, les pillages et les incendies ; — 2° pour ceux qui savent lire et écrire imparfaitement, l'extorsion de lettres de change, les menaces par écrits et sous conditions, le pillage et les dégâts de propriétés, les coups et blessures ; — 3° pour les individus d'instruction primaire, la concussion et la corruption, les faux en écriture de commerce et en écriture privée, les menaces par écrit ; — 4° pour ceux d'instruction supérieure, les faux en écriture de commerce, les détournements de fonds par fonctionnaires publics, les faux en écriture authentique, les soustractions d'actes et de pièces dans un dépôt, les complots contre la sûreté de l'État » (Chaussinand).

La science élève ! Oui, ceux-là qui sont déjà susceptibles d'élévation de par l'hérédité ou le redressement de l'éducation. Aux autres, elle apprend les moyens perfectionnés du crime : à l'un, les procédés qui assurent l'impunité après un empoisonnement ; à l'autre, la manière d'exé-

1. Benoiston de Châteauneuf, *Mém. à l'Ac. des sc. mor. et polit.*, 1842.

cuter des faux à l'abri des investigations les plus sagaces ; à cet autre, le secret de faire passer des étoffes de coton pour des étoffes de soie ou des denrées sans nom pour des produits alimentaires ; à cet autre encore, l'art de fabriquer à bas prix des œuvres d'art que l'on vend très cher comme originales, etc. Cependant, il est bien vrai que l'instruction est utile et nécessaire. Mais à certaines conditions. Comme elle doit surtout se proposer de mettre l'homme mieux à même de pourvoir à ses besoins, elle doit surtout aussi demeurer professionnelle. On le comprend et l'on a raison de le comprendre[1]. On ne peut qu'applaudir aux tentatives pour la diffusion de l'enseignement professionnel dans toutes les branches de l'industrie humaine. Grâce à lui, le jeune homme évitera les tâtonnements qui auront embarrassé la carrière de ses ancêtres ; ignorant des peines et des difficultés qui l'auraient pu trop promptement rebuter, il prendra goût à un travail raisonné, rendu plus facile, agréable, rehaussé par la science et par l'art ; il n'aura plus à rougir d'aucun labeur, car tous les labeurs deviendront dignes des mêmes égards, comme ils valent déjà aux citoyens les mêmes droits. On verra moins de déclassés, partant moins de criminels. L'instruction, en dehors de la profession, délasse l'esprit de la concentration technique; elle procure à chacun, dans le degré de son intelligence, les meilleures jouissances ; elle préserve contre les habitudes dégénératives et elle en préserverait avec plus d'efficacité, si la loi, plus soucieuse des faits que l'observation révèle, s'appliquait à diminuer les causes qui sollicitent à les contracter : le citoyen vivrait plus en famille, avec son journal et ses livres de choix, si l'on mettait

1. Montchrestien, le père de l'économie politique (1615), avait pressenti l'importance de l'instruction professionnelle, relativement à la prévention du crime dans les classes pauvres. Il demandait que l'on institua des « maisons publiques » pour recevoir les enfants pauvres, « les garçons à part et les filles à part », maisons où ils apprendraient « à travailler en toutes sortes de manufactures ». Et cela, ajoutait-il, « vous fera de belles pépinières d'artisans, qui causeront la plus grande richesse du pays. Et cela sans doute fera jeter à bas mille roues et mille potences, dont les spectacles ne sont pas moins horribles que nécessaires ».

une entrave au développement immoral et pernicieux des débits et des cafés. L'instruction enfin s'attaque corps à corps à l'ignorance, enlève aux égoïsmes de castes, aux antialtruismes professionnels le plus sûr de leurs moyens de recrutement et de duperie. J'ai parlé précédemment de la crédivité et de ses dangers : l'instruction l'atténue et empêche ses écarts; elle terrasse la superstition[1], si fertile en attentats de tous genres.

Mais l'instruction ne réforme qu'autant qu'elle s'unit à l'éducation. Elle n'est corrective, qu'autant qu'elle ajoute l'acquit du raisonnement, qui explique l'utilité des actes, à celui de l'automatisme, qui est le fond du caractère formé par l'éducation.

La morale est à la fois le produit de l'instruction et de l'éducation. Chez tous les peuples, elle se résume en un petit nombre de préceptes, eux-mêmes confondus dans cette formule du Christ : « Ne faites pas aux autres ce que vous ne voudriez pas qu'on vous fît à vous-même ; aimez-vous les uns les autres. » Elle a : — un côté naturel, qu'on rencontre à peu près immuable dans le temps et dans les lieux, parce qu'elle s'inspire des besoins primordiaux et des rapports nécessaires auxquels l'être humain est partout soumis : c'est celui qui demeure le plus éducatif, il se fusionne en quelque sorte avec les instincts et comme eux jusqu'à un certain point se fixe par l'hérédité ; — un côté variable, très conventionnel, selon les races et les nationalités, ne visant que les besoins et les rapports particuliers d'une collectivité ou d'un groupement de col-

1. Ce n'est pas absolument vrai, hélas ! Le courant singulier qui se dessine actuellement parmi nous vers le retour à l'occultisme, tendrait à prouver que la superstition peut trop bien s'allier même à la grande instruction. L'ésotérisme a ses défenseurs ardents jusque dans les revues les plus littéraires ; Drumont croit aux intersignes, à la chiromancie, etc. Boulanger, comme Wallenstein, croyait à son étoile et faisait, dit-on, tirer son horoscope, à Paris. Les livres de magie reparaissent. Le spiritisme est plus que jamais pris au sérieux : des savants, comme le Dr Crookes, affirment la réalité des apparitions spirites et l'on en prend acte pour déclarer la certitude de la doctrine. Pascal voyait bien un précipice à ses côtés et Malebranche un gigot suspendu à son nez : je ne sache pas que ces aberrations aient contribué à ajouter quelque poids à la valeur des œuvres de ces hommes illustres. Signes d'époque troublée, inquiète, ignorant où elle va, aussi d'une multiplication du nombre des déséquilibrés cérébraux même parmi les mieux doués... du moins en apparence.

lectivités : c'est celui qu'on apprend par l'instruction et qui sert de base aux Codes ; il ne répond pas toujours à l'autre, il contrarie souvent les inspirations de l'homme et l'expose à de nombreux conflits.

Comme il est assez difficile de concilier les deux formes de la morale entre elles, on a cherché à les absorber dans une dominante supérieure. Jusqu'ici, cette dominante est restée subjective et plus ou moins abstraite, parce que, dans l'ordre des faits matériels, la raison n'a découvert que faiblesse et contradiction. L'homme, en reconnaissant son isolement dans l'immensité du monde, a pris peur ; il s'est abandonné, lutteur impuissant contre des forces ignorées, aux conseils d'une imagination bientôt endiguée par les habiles, sous la forme de systèmes qui le devaient préserver des désespérances. La morale s'est pour ainsi dire effacée dans la religion. Celle-ci est devenue éducative et l'instruction générale a évolué sous son égide. Il est certain que l'idée religieuse a joué un rôle utile au sein des collectivités. Elle a appris des devoirs de relation, qui, parfois, ont touché de bien près à la formule socialiste, par l'exaltation des principes d'égalité et de fraternité entre fils d'un même père. Elle a, dans notre Europe, dompté la barbarie, sauvé du naufrage la civilisation latine, aidé plus tard au développement des civilisations nationales. Partout elle a contribué à maintenir quelque discipline entre les citoyens, par la crainte d'un châtiment aux mauvais et l'espoir d'une récompense aux bons, dans un au-delà où règne l'impartiale justice. Nul doute que les masses fussent autrefois plus aisément dirigeables dans le sens d'une organisation collective, exempte de heurtements, avec l'appoint religieux, qu'aujourd'hui sans cet appoint. Mais à aucune époque et chez aucun peuple, la religion n'a suffi à prévenir le déchaînement du crime dans les diverses classes de la société, ni à modifier le plus grand nombre des criminels. Elle ne transforme pas le vrai délinquant et elle ne peut le transformer, malgré tout ce que disent les aumôniers des prisons ; car son enseignement n'est pas adaptable à des cérébrations constituées à l'envers du type ordinaire. Elle aide à refréner les violences des scélérats déjà isolés des honnêtes et hors de puissance nocive, soit qu'elle leur offre les espérances d'un adoucissement, au prix d'une humilité dans laquelle on se refuse à découvrir l'hypocrisie d'un bas intérêt, soit qu'elle réussisse à déterminer chez quelques-uns un effort réel, mais tout momentané : on ne saurait nier les résultats signalés à la suite de *missions* ou de *retraites* prêchées dans nos anciens bagnes; seulement, on ne saurait nier non plus que les dociles agneaux d'un jour redevinssent des loups au bout d'un temps fort court et d'incorrigibles récidivistes après libération. La religion a plus d'action sur les criminels non tarés : elle peut les arrêter sur la pente des entraînements du mauvais exemple ou au moment d'une impulsion occasionnelle, prête à se traduire par un attentat : si elle n'a pas empêché le crime, elle amène parfois chez les coupables de cette catégorie, le remords qui épure et prépare la réhabilitation, et jusqu'à la réparation matérielle des dommages causés, sous la forme de restitutions directes ou indirectes de biens volés à l'Etat ou aux particuliers. J'incline à penser que la moindre criminalité de nos départements du centre et de l'ouest, tient pour une large part à la conservation des sentiments religieux, et l'on remarquera que le peuple juif, le plus tenace en ses croyance, est celui qui fournit le moins de crimes et de suicides en quelque endroit du monde où il forme agglomération.

Tout cela est-il une raison suffisante pour que les sociétés modernes ne recherchent pas les moyens d'une amélioration dans un autre système de direction morale? Le bien que l'idée religieuse a produit a-t-il dépassé la somme des maux qu'elle a engendrés, et doit-on se réjouir, au point de vue de la moralité et de la répression du crime, de l'apparition de certains indices de renaissance spiritualiste, au moment où l'on entrevoyait la grande réforme par le positivisme et le matérialisme, appuyés sur la science et la notion de l'utilité commune? Je ne puis me le persuader. Le catholicisme cherche trop tard un *modus vivendi* pour se faire accepter, c'est-à-dire pour reprendre son omnipotence au sein des masses, profondément remuées par les principes révolutionnaires. Les sectes protestantes continuent à se diviser, à s'émietter et elles deviennent aussi intolérantes que le catholicisme, avec plus d'hypocrisie. Le spiritisme, non dégagé des thaumaturgies charlatanesques de ses premiers temps, affiche des prétentions doctrinaires [1]. On sent que, dans la tourmente de cette fin de siècle, les consciences cherchent un guide et que les timorés n'aspirent à le trouver que dans la vieille notion d'une vie future et de la soumission à un Dieu, créateur et maître. Mais implicitement, ici par des concessions adroites ou par d'audacieuses revendications, là par une direction mystique donnée à une propagande qui est déjà presque un culte, on reconnaît qu'une religion ne se passe point de prêtre, et le prêtre est l'ennemi de toute société qui désire le progrès et la liberté. Le prêtre pétrit à son gré les idées subjectives sur lesquelles reposent tous les systèmes religieux; il étouffe la morale naturelle sous les préceptes destinés à assurer la domination de sa caste et, comme il ne vit que par l'ignorance des masses, il écrase la raison sous les dérèglements de l'imagination ou la passivité de l'obéissance fataliste. Au fond de toutes les religions, on découvre des principes élémentaires qui sont de tous les temps et de tous les milieux, mais ensevelis sous le fatras des lois et des obligations les plus monstrueuses, et celles-ci sont l'œuvre ténébreuse que l'homme sacerdotal a lentement édifiée pour asseoir sa domination. Sans le prêtre, une religion resterait utile ou indifférente; avec lui, elle devient un danger, quand elle ne détermine pas la chute d'un peuple, comme le catholicisme en Espagne. Mais une religion est-elle possible sans prêtre ? A ses débuts, oui. Seulement les débuts sont courts, et pas une n'échappe à un

1. Congrès spirite de Paris, 1889. — Rob, *Le Spiritisme et les mœurs*, *Rev. lit. et pol.* du 7 sept. 1889.

accaparement, sous le prétexte d'une direction orthodoxe. La croyance en un Dieu qui nous a formés du limon et déposés sur cette terre pour y accomplir une mission (assez incompréhensible), nous a donné le libre arbitre (si problématique), en nous réservant dans une autre vie la récompense ou le châtiment, selon nos actions, ordonne le bien et réprouve le mal, cette croyance, si elle n'a aucune base certaine, n'a pas un grand inconvénient à se développer dans les cerveaux faibles. Mais le prêtre lui confère sa tournure antisociale en la transformant : elle devient entre ses mains une arme de division par l'intolérance, de corruption, par le revêtement de superstitions qu'il lui impose. Les purs, les simples d'autrefois, ceux qui ont gardé la foi et les mœurs des ancêtres, comme les Vaudois, on les traite en criminels et on les extermine [1]. Avant comme après la persécution dirigée contre ces malheureux, à l'instigation du clergé catholique, combien d'horreurs et d'abominations ont été exercées au nom de la religion ! L'histoire des papes n'est qu'une suite ininterrompue d'attentats révoltants contre les particuliers et contre les peuples. L'inquisition tant qu'il y aura des hommes sur la terre, indignera les consciences, à l'éclat des sinistres lueurs de ses bûchers. Mais les réformateurs, en prenant l'esprit du prêtre, commettent les mêmes iniquités : Calvin, dans son fanatisme, est aussi méprisable qu'un Dominique dans le sien. Même en ce siècle, le sectarisme sacerdotal a continué à fausser les esprits et les cœurs, à dérober les pires impulsivités sous le masque d'une religion aux préceptes fraternels et charitables. Vers 1820, on brûlait un juif à Valence, et, en 1845, on exécutait une femme à Madère pour crime d'hérésie [2]. En 1864, un évêque espagnol lançait une excommunication contre un instituteur, équivalant pour cet humble à une condamnation à la mort lente dans la misère ou au bannissement, puisque le fanatique prélat ordonnait qu'on

1. Cette navrante histoire est très impartialement racontée dans un opuscule de Muston, sous le titre assez bizarre des *Lys d'Israël abattus par l'orage*, Paris, 1850.
2. *Les Débats*, *le Siècle*, etc., de sept. 1845.

refusât à sa victime, l'abri, le pain et l'eau, avec le regret sans doute de ne pouvoir plus lui accorder le feu [1] ! L'année précédente, un évêque français avait trouvé détestable que l'on eût toléré et protégé, en Algérie, la religion des Arabes et celle des Juifs, qu'on n'eût pas fait à ces mécréants « la guerre sainte, la guerre d'extermination, même au prix d'un sacrifice de quelques centaines de mille de soldats [2] » ! C'était l'époque des premières tentatives du spiritisme et des gens, qui en étaient arrivés à abriter leur puissance derrière les pratiques du plus grossier fétichisme, osaient tonner contre... les concurrents avec une violence inouïe, jusqu'à dire..., après un éloge de la « très sainte inquisition », « qu'il n'y aurait pas de mal à brûler les nouveaux hérétiques [3] ». De l'autre côté du Rhin, les choses sont tout aussi édifiantes ; on se dit religieux, très religieux, l'on a toujours à la bouche le nom de Dieu, l'on punit le blasphème comme une injure au ciel (à la grande admiration de nos feuilles catholiques [4]) et l'on s'arme à outrance pour détruire les peuples amis de la paix, déchaînant par passe-temps les haines populaires contre les Juifs, comme au beau temps du moyen âge. L'Angleterre n'est pas en reste, mais elle est moins féroce, on punit d'une amende les jardiniers coupables d'avoir arraché des oignons un dimanche [5] ! La religion, de quelque nom qu'elle se désigne, peut aider à la formation des sociétés aux époques d'ignorance. Mais les premiers pas accomplis dans la voie du progrès, elle se montre sous son véritable jour. Elle cache les méchants instincts plus qu'elle ne les détruit ; la soumission qu'elle prêche à l'abstraction divine est la perpétuelle abnégation de l'homme pensant vis-à-vis de sa propre intelligence, comme aussi devant toutes les tyrannies ; le libre arbitre qu'elle sou-

1. *Correspondancia* (de Madrid), juin 1864.
2. *Lettre circ. et ordon. sur la superstition dite spiritisme* (de l'évêque d'Alger, août 1863).
3. *Entretiens sur les Esprits*, par le P. Xavier Pailloux, 1863; lire la réponse de L. Salgues, *Désarroi de l'Empire de Satan*, Angers-Paris, 1865.
4. Sup. au *Pèlerin* du 8 sept. 1889.
5. Le fait s'est produit l'an dernier.

tient est le prétexte des persécutions dirigées contre les faibles et les irresponsables. Si elle est la fiction consolatrice des souffrants vaincus, des déshérités et des asservis, elle est l'obstacle aux revendications des collectivités, à l'égale répartition entre tous des droits et des devoirs en ce monde, et, malgré ses principes, la pierre angulaire des inégalités et des iniquités. Elle a cependant un côté noble et moral qui commande le respect... Mais si, pour cela, on la doit tolérer en ses dernières manifestations, c'est à la condition qu'elle perde toute influence sur l'évolution sociale de l'avenir. Les nations ont à se préserver des maux qu'elle a jadis occasionnés ; elles ont à se dégager des faux principes qui facilitèrent leur tâche d'accaparement despotique aux anciens clergés, à arborer hardiment ceux qui apprennent à l'homme à ne compter que sur lui-même, à n'agir que d'après les réalités terrestres et sans l'appoint d'un au-delà problématique, terrorisant, énervant et stérilisant. La société moderne n'a pas à prendre appui, pour refréner le vice et le crime, sur des préceptes autrefois adaptables à la cérébration moyenne des masses encore barbares ou à peine dégrossies ; elle n'a pas à se déclarer l'auxiliaire des partis immobilisés et rétrogades qui voudraient lui imposer la consécration d'une épithète religieuse. L'État doit respecter les consciences, s'abstenir de persécutions inutiles et maladroites, tirer même parti de ce qui reste debout de croyances sincères, mais être indifférent entre toutes [1]. C'est dire qu'il ne saurait accepter, au nom d'une prétendue « liberté des pères de famille » l'obligation d'*ordonner*, dans ses écoles, l'enseignement d'un subjectif dangereux, qui ne profite qu'à des sectaires et ne convient qu'à des retardés. Il a au contraire la mission d'apprendre aux jeunes générations ce que le prêtre et l'idée religieuse exploitée par lui ont coûté de peines et de sang à l'huma-

1. « La Société est une chose de nécessité ; elle a ses avantages, qu'elle fait payer par des inconvénients... La religion est tout autre chose ; elle n'intéresse point la société, encore moins l'État, dont les destinées sont toutes terrestres. Imposée par le hasard, acceptée par force, professée par habitude, aussi n'a-t-elle nulle valeur » (de Rémusat).

nité, de mettre virilement les futurs citoyens en face des rudes nécessités de l'existence, de les initier à une morale basée sur la notion matérielle de l'utilité sociale, fortifiée par la science[1], ayant pour objectif la sauvegarde de la nationalité et de la race, mais préparant l'heure où elle pourra lui substituer la grande notion de la solidarité universelle. Nous traversons évidemment une phase d'indécision pénible, très fertile en conflits, parce que les idées nouvelles, encore vaguement formulées, s'entrechoquent aux vieilles idées, nettes et précises, dans leur métaphysisme routinier. Le redoublement d'immoralité et de criminalité qui la caractérise était inévitable, les impulsivités n'étant plus aussi énergiquement comprimées par le frein des dernières, trop usés, et ne rencontrant pas une barrière assez forte, dans des prémisses encore trop peu fixées. Il serait puéril et même insensé d'espérer un remède dans un recul en arrière : le remède viendra de lui-même... au bout de quelques étapes plus en avant : il est dans une instruction et une éducation franchement civiques. On ne supprimera jamais le délit et le crime, mais on les atténuera par l'amélioration des individus et des races sous l'action raisonnée et persévérante de l'école bien comprise[2].

Quel rôle jouent les facteurs précédents dans l'étiologie du suicide?

Celui-ci, quand il n'est pas lié d'une manière formelle à la folie et la conséquence d'un délire pathologique, laisse entrevoir assez fréquemment, dans sa cause occasionnelle, l'influence de sentiments plus ou moins relevés.

1. Laussédat, *Infl. civilisat. des sciences*, *Rev. sc.*, 31 mars 1888. La science, c'est le concret opposé au subjectif théologique.

2. L'enseignement moral *par le livre* est entré dans une excellente voie; mais il est fâcheux qu'on n'ait pas cherché le progrès parallèle dans l'éducation proprement dite. Il ne suffit pas d'apprendre des préceptes, il faut acquérir et conserver des habitudes en rapport avec ces préceptes, au rayonnement continuel de l'exemple et de la suggestion. J'ai déclaré ce que je pensais de l'éducation dans nos écoles et nos lycées : elle est à peu près nulle. Je ne tairai pas ce que je pense de la forme théorique donnée à l'enseignement moral; tout le bien possible. Il faut vraiment être dominé par le plus étroit esprit de parti pour trouver critiquable et même immorale la collection de nos manuels, signés par les noms les plus honorables et les plus estimés, P. Bert, Compayré,

L'homme qui se tue, après une faute, par remords ou par honte de l'action commise, pour éviter une condamnation susceptible de rejaillir en opprobre sur les siens, n'est pas assimilable au criminel vulgaire, cynique, indifférent ou lâche devant le châtiment. Le sacrifice de soi-même à une collectivité qu'on dédaigne de combattre, la mort préférée aux revendications antialtruistes, ne mérite pas la flétrissure d'une défaillance coupable. On doit l'admiration à l'acte d'une Lucrèce, d'un Caton, d'un Beaurepaire, etc., se frappant du couteau, de l'épée, d'une balle, pour échapper à la souillure d'un tyran ou au déshonneur d'une soumission contraire à de hauts principes, comme on ne l'a pas marchandée aux femmes Souliotes, se précipitant de leurs rochers afin de ne pas devenir les trophées vivants des soldats turcs, à un Besson brûlant son navire plutôt que de le rendre à des pirates et sautant avec lui, etc. L'histoire eut peut-être mieux compris Napoléon Ier, s'empoisonnant à Fontainebleau et disparaissant, lion indompté, de la scène du monde [1], que livré, prisonnier rapetissé, aux vexations d'un geôlier anglais sur l'îlot de Ste-Hélène. Les sentiments réfléchis qui mettent l'homme face à face avec la mort, triomphent de ses répugnances physiques et parfois de ses plus puissantes attaches affectives et morales, ne sont pas d'une nature ordinaire, et ils témoignent d'un affinement de civilisé. Le sauvage qui se laisse mourir de faim plutôt que d'accepter la captivité, le nègre esclave plutôt que de subir la loi capricieuse et cruelle d'un maître,

Laloi, etc. Je reconnais qu'il n'y est point question du prêtre, moins encore des édifiantes histoires qu'on nous faisait lire autrefois, l'ivresse de Noé et la vilaine conduite de ses filles, l'adultère du roi David, les massacres de peuples au nom de Jéhovah, etc., etc. Mais il y est un peu plus souvent question de la patrie et c'est de bonne imitation allemande. Ce n'est pas chez nos voisins, qu'on lirait un pendant à cette déclaration d'un écrivain français (un catholique, plein de mansuétude) : « J'affirme bien haut, bien haut, qu'il vaut mieux être annexé par un ennemi farouche comme l'est le Prussien... que de végéter en France, sous la tyrannie qui s'étend du garde champêtre au président de la République... » (P. de Cassagnac, *Autorité* du 28 sept. 1889).

1. De Norvins dit que l'Empereur porta toujours sur lui, depuis les événements de 1812, un poison inventé par Cabanis « pour soustraire ses amis aux supplices de la Terreur », et qu'il essaya de s'en servir avant la signature des préliminaires de Fontainebleau (1814). *Hist.*, éd. de 1838, IV, 160.

avec les tortures de la nostalgie, obéissent aussi à une idée supérieure. Je ne comprends pas le suicide par désespérance comme l'acte d'une brute ou d'un irraisonnant. Mais je reconnais qu'il y a lieu de distinguer entre les désespérances. C'est ainsi qu'on peut apprécier la mesure réciproque des influences dérivées de l'instruction et de l'éducation.

Si l'on examine les mobiles les plus habituels du suicide, on est amené à établir deux catégories : il y a des suicides qui éveillent en faveur des victimes, un sentiment de regret ou de sympathie, quelquefois de respect ; il y en a d'autres qui soulèvent contre les victimes un sentiment de répulsion ou laissent l'esprit froid. Les suicides de la première catégorie appartiennent à l'histoire, et, pour une certaine proportion aux drames de la vie courante, engendrés sous l'étreinte de la misère imméritée, ou sous la passion de violents chagrins domestiques : ils procèdent d'instincts que la civilisation exalte, mais ils demeurent si bien indépendants du degré de culture intellectuelle, qu'on les observe dans les classes de citoyens les moins dégrossies, comme dans les plus instruites. Les suicides de la deuxième catégorie ne sortent pas du domaine de l'existence banale, dévoyée, qui se déroule plutôt dans les classes intermédiaires ; ils relèvent indirectement de la cupidité ou directement de la voluptuosité ; ils accusent les déceptions des vanités gonflées outre mesure ; ils sont bien le propre d'amoindris, d'irrésistants dont les capacités cérébrales n'ont pu s'adapter aux conditions de leur milieu, des demi-lettrés, des gens sachant tout juste assez lire pour prendre leçon d'appétits et de convoitises dans les romans, tout juste assez écrire pour prétendre à diriger les autres en écrivaillant dans les petites feuilles. Ici l'influence de l'instruction..., de l'instruction sommaire ou indigeste, apparaît évidente, et elle accroît ses ravages par le même rayonnement suggestif qu'elle détermine à propos du crime. Comme celui-ci, le suicide se répète sous des formes identiques, par séries, à la suite d'un fait divers publié dans les journaux. Telle est l'impression qui résulte de l'analyse des suicides bien étudiés.

L'instruction serait donc incriminable, dans les mêmes conditions qu'elle l'est pour le crime, c'est-à-dire dans une mesure relative.

On a essayé de le démontrer en comparant la fréquence des suicides, dans un pays, une province ou un département donnés, avec le nombre des élèves qui vont aux écoles, ou celui des illettrés du recrutement. Je m'abstiens de répéter les critiques formulées contre ce mode d'appréciation. Il me paraît très suffisant, le suicide étant moins observé parmi les individus d'extrême ignorance ou de grande instruction, que parmi les individus de savoir moyen, et celui-ci ne devant pas s'entendre uniquement des notions sommaires apprises à l'école, mais aussi des notions supérieures entassées, non digérées, par maints sujets de professions libérales. Je devance d'ailleurs une objection qu'on pourrait élever à propos de ces dernières : elles comptent la plus forte proportion de suicides ; mais le plus grand nombre de ces suicides ne saurait probablement être séparé de l'aliénation, qui, dans le groupe, atteint son maximum ; cette relation laisse supposer un défaut d'adaptation trop commun entre les facultés cérébrales et l'aliment intellectuel forcé, véritable équivalent de la culture insuffisante, dans l'ensemble des effets attribués à l'instruction. Le seul reproche sérieux à adresser à la méthode c'est d'être inégale et parfois contradictoire en ses résultats. Par exemple si je compare le chiffre des élèves admis aux écoles (sur 100 habitants) [1] à celui des suicidés (par 100,000 habitants) [2], dans les principaux pays de l'Europe, je relève bien une corrélation pour quelques-uns (Suisse, 15,5 élèves et 21 suicidés ; Allemagne, 15 élèves et 26 suicidés ; Danemark, 14 élèves et 25 suicidés ; France, 13 élèves et 16 suicidés), mais aussi une sorte de

1. Levasseur, rap. sur l'Exposit. intern. de Vienne, 1873.
2. Legoyt, *l. c.*

renversement ou d'expression indifférente pour d'autres (Suède : 14.5 élèves et 9 suicidés. Hollande : 14 élèves et 4.5 suicidés, Angleterre : 13 élèves et 6,9 suicidés, Espagne : 9 élèves et 1,7 suicidé, Italie : 9 élèves et 3,7 suicidés). En France, la statistique de Blanc met tantôt en rapport et tantôt en opposition, dans les départements, le nombre proportionnel des suicidés et celui des illettrés, et, dans mes recherches, je suis arrivé à des résultats analogues (voir le tableau de la statistique morale de la France par département moyen des anciennes provinces et par régions, appendice A). Morselli, qui a serré la question de très près, a réuni des chiffres un peu plus concluants : dans les provinces italiennes, le nombre des suicides est généralement en raison inverse de celui des illettrés et dans l'ensemble du royaume le nombre des suicides s'accroît avec celui des élèves des écoles publiques.

Il n'est pas surprenant que l'influence de l'instruction soit aussi difficile à déterminer d'une manière catégorique : elle n'est guère séparable de l'influence éducative et celle-ci échappe à toute appréciation par les chiffres. Dans le suicide, comme dans le crime-délit, l'éducation joue un rôle capital, mais plus étroitement lié, sinon même confondu, avec l'action latente ou objective de la morale religieuse. Dans l'antiquité, la philosophie stoïque apprend à mépriser la mort et à la préférer à tout ce qui avilit ou dégrade l'être humain ; la philosophie épicurienne la proclame plus douce que la vie misérable et méprisée : le suicide est en honneur et les meilleurs citoyens y ont recours, pour trancher les situations désespérées [1]. Le judaïsme, le christianisme et le mahométisme, tous les trois fatalistes à leur manière, ordonnent la résignation aux volontés du Créateur divin et proscrivent le suicide comme une lâcheté et une désobéissance à la loi : le suicide est toujours rare, parmi les Juifs, fidèles à leurs traditions ; il l'est encore parmi les musulmans qui n'ont pas subi le contact trop intime des Européens ; parmi les chrétiens, son évolution a suivi

1. G. Garrisson, *Le suicide dans l'antiquité et dans les temps modernes*, Paris, 1885.

les phases de l'émancipation religieuse. Dans l'ancienne société française, si profondément catholique, le suicide n'était pas commun, et il soulevait à ce point la réprobation, qu'on vit quelquefois le peuple s'opposer tumultueusement à l'inhumation régulière de malheureux, auxquels le clergé consentait à l'accorder, après avoir acquis la certitude de leur état de maladie ou de folie. Il devient plus fréquent à l'époque du philosophisme (même dans la noblesse et la magistrature : déjà, en 1784, l'on n'osait plus faire d'enquête, après certaines morts suspectes, comme celles d'un neveu du président Le Rebours). A partir de la Révolution, il se multiplie davantage et l'on sait quel accroissement il marque à notre époque, où sombrent les croyances. Dans les pays protestants, de libre examen dans la doctrine, le suicide serait plus souvent observé que dans les pays catholiques, de foi soumise et aveugle : malgré que l'éducation religieuse paraisse se maintenir en vigueur dans les premiers et qu'elle tende de plus en plus à s'affaiblir dans les seconds, on constate encore des différences très remarquables, susceptibles d'être rapportées à des survivances traditionnelles, plus ou moins isolées déjà, parmi nous, de l'idée-mère ; il y a plus de suicides, proportionnellement au chiffre de la population, en Allemagne qu'en France, et, en Prusse, parmi les évangélistes et les dissidents, que chez les catholiques. Morselli explique ce fait par la plus grande culture intellectuelle de l'élément protestant ; mais je ne saurais admettre son interprétation : l'Anglais, qui n'est pas moins instruit que le réformé d'Allemagne, se tue moins que ce dernier ; mais il est aussi moins ébranlé que lui dans sa foi biblique, malgré la dissidence de ses innombrables sectes ; le Juif, en France, n'est pas plus illettré que le catholique, et il offre un nombre de suicides beaucoup plus restreint que celui-ci : il a d'autre part mieux gardé la fermeté de ses croyances [1].

1. Notons qu'autrefois chez les Juifs (prophètes) et de tout temps chez les catho-

La religion n'arrête guère l'impulsivité criminelle et elle semble contribuer à enrayer celle du suicide. Pourquoi cette espèce de contradiction? Celui qui s'abandonne à l'attentat par accident ou habitude professionnelle est souvent un dévot à sa façon : les bandits italiens et espagnols s'estiment très bons catholiques (les prostituées de mêmes races ont souvent l'image de la madone en tête de leur lit) ; si l'on ne pratique pas, on s'amende au moment critique : on a toujours gardé sa croyance en réserve et l'on a commis les plus graves manquements en pensant tout bas... qu'ils étaient rémissibles pour la justice d'un autre monde. Mais pour celui qui se tue, pas de rémission possible, puisque sa suppression est le dernier acte de sa vie et qui ne laisse aucune issue pour la repentance. La morale, doublée d'une crainte salutaire de la damnation éternelle, retient dans leur impulsivité contre eux-mêmes les individualités qu'elle serait incapable de réprimer dans leur impulsivité contre autrui.

L'éducation d'ailleurs, en large mesure toute traditionnelle, ne s'oppose pas seulement au suicide par l'idée morale issue de l'ordre religieux. Elle perpétue certains sentiments d'analyse très délicate, des répugnances souvent dérivées d'une vague pudeur ou d'une terreur demi-superstitieuse, mais d'ordre tout matériel. On raconte qu'un magistrat mit fin à une épidémie de suicides, parmi les femmes de Millet, en faisant annoncer que les cadavres seraient exposés nus sur la place publique. Autrefois, chez nous, l'appréhension d'être traîné nu sur la claie a sans doute préservé plus d'un sujet contre ses entraînements. Actuellement encore, quelques condamnés à mort sont moins effrayés à la pensée de la guillotine qu'à celle d'être livrés, après leur exécution, au scalpel des médecins ; la même crainte a servi à enrayer le suicide dans l'armée anglaise.

liques, l'esprit de mortification et de sacrifice a été exalté, poussé même jusqu'à des limites qui confinaient au suicide. Le Brahmanisme va jusqu'à vanter le suicide holocauste : les dévots, par fanatisme, se précipitaient sous le char de Junggernah ; les veuves, par obéissance aux rites, se brûlaient à côté du cadavre de leur mari, aux applaudissements des prêtres, avant que l'autorité anglaise n'intervint pour empêcher ces atrocités.

CHAPITRE IV

LE CÉLIBAT ET LE MARIAGE. — LE MILIEU FAMILIAL

En traitant des influences que l'âge et le sexe paraissent exercer sur la criminalité et sur le suicide, j'ai fait ressortir l'action connexe de certains facteurs d'ordre sociologique. J'ai à compléter ici l'étude de ces facteurs, à propos des rapports que la statistique dévoile entre l'*état civil* et les modalités de l'attentat. Ces rapports sont à peu près invariables. La proportion moyenne des diverses catégories est établie de la manière suivante :

	Proportions pour 100 dans l'ensemble des suicidés	Proportions pour 100 dans l'ensemble des accusés	Prop. p. 100 des accusés dans chaque catégorie d'après l'espèce de crimin.		Prop. p. 100 des accusés dans chaque catég., dans les principales formes de la crimin.-personne :				
			cr.-pers.	cr.-prop.	meurtres	assassinats	viols et at. à la pud. s. adult.	viol. et at. à la pud. s. enf.	infanticides
Célibataires	32.5	58	35	65	50	47	63	42	41
Mariés — ayant des enfants	48.2	28	42	58	32	34	26	35	12
Mariés — sans enfants		8	44	56	8	9	7	11	
Veufs — ayant des enfants	1.2	5	57	43	7	8	3	9	42
Veufs — sans enfants		1	52	48	3	2	1	3	

Il ne faut accorder une valeur rigoureuse à la répartition, qu'autant qu'on la compare aux chiffres moyens de la population dans les diverses catégories de l'état civil. Or, en France, vers 1880, sur 1,000 habitants de plus de

15 ans, J. Bertillon compte 342 célibataires, 549 mariés et 109 veufs, de l'un et de l'autre sexe. La criminalité des célibataires apparaît donc encore plus prononcée, si l'on rapproche le chiffre de leurs accusés de celui de leur population ; celle des veufs ne serait pas très éloignée de celle des gens mariés. D'après Joly [1], sur 100.000 habitants de chaque classe, il y aurait eu :

en 1860 :	depuis 1880 :	
32 accusés,	35 accusés,	chez les célibataires,
11 —	14 —	— — veufs,
18 —	11 —	— — gens mariés.

Le suicide des gens mariés ne saurait conserver le premier rang, qu'il occupe dans la statistique brute, puisqu'il n'atteint pas la moitié de l'ensemble de ses groupes, pour une population qui la dépasse dans l'ensemble des siens. Les veufs se relèvent dans le suicide, où ils prennent la tête à longue distance des célibataires.

Dans le crime comme dans le suicide, la disproportion est très forte entre les deux sexes, mais ordinairement moindre pour les gens mariés que pour les autres catégories : le mariage reste bien le meilleur préservatif contre l'impulsivité antisociale, cependant la femme y rencontre des occasions de désespérance et d'entraînement qui expliquent l'augmentation relative de ses contingents à côté de ceux de l'autre sexe. Dans la criminalité, le veuvage rapproche davantage les sexes :

Sur une population de 100,000 individus adultes (Legoyt, Joly) :

	SUICIDÉS		ACCUSÉS	
	Hommes	Femmes	Hommes	Femmes
Célibataires.	42.2	8 »	61	3
Mariés.	27.1	8 »	18	8
Veufs.	73.7	12.1	23	18

1. *France criminelle*, p. 226-227.

Les célibataires tiennent franchement la première place, pour la criminalité, et la seconde pour le suicide. Ils donnent aussi une forte proportion d'aliénés. Chez eux, la femme semble mieux protégée que l'homme contre les impulsivités extrêmes, peut-être parce qu'elle trouve souvent un dérivatif dans la prostitution. Les célibataires commettent plus de crimes contre la propriété que de crimes contre les personnes, du moins d'après les statistiques récentes ; car, en d'autres relevés, il y a pour le groupe une sorte d'équilibration entre les deux modes de criminalité. Dans la répartition des principales formes de l'attentat contre les personnes, les célibataires l'emportent d'ailleurs, presque toujours, sur les gens mariés ou veufs, notamment par le nombre de viols exécutés ou tentés sur des adultes. Le groupe est surtout composé d'éléments jeunes ou adultes : il renferme la plus grande proportion d'individus à l'âge des passions violentes, sans retenue suffisante hors de l'état de mariage, ardents dans la combativité et dans l'espérance de ses résultats. C'est là ce qui motive ses emportements plus accentués vers le crime. Dans le milieu, se déroulent les drames du concubinage et de la débauche, naissent et se développent avec intensité les habitudes d'intempérance et de paresse qui conduisent le plus vite et le plus fréquemment l'homme au vagabondage et au délit, la femme à la prostitution. La désespérance ne vient que par éclats ; elle est comme étouffée dans l'indifférence, chez les plus amoindris. Le célibataire a jusqu'à un certain point l'excuse de ses tendances dans le défaut d'appui moral : c'est un isolé, qui souvent trébuche faute d'un tuteur pour l'arrêter dans sa chute, et si l'on a le droit de lui reprocher l'égoïsme de son isolement, on est obligé de reconnaître que maintes fois il le subit sous l'influence d'une tare organique, d'une prédisposition, tôt ou tard mise en évidence selon la nature du caractère individuel ou celle des sollicitations ambiantes. Il réagit par l'attentat, quand il échappe au suicide, ou reste un stérile. Son existence coûte au milieu plus qu'elle ne lui rapporte, car sa période utile est très limitée un célibataire de 25 ans a autant de chances de mourir qu'un homme marié de 30) et il ne laisse personne après lui pour tenir meilleure place. Le catholicisme exalte une pareille condition jusqu'à prononcer l'anathème contre les audacieux qui nient sa supériorité (concile de Trente) et il donne en cela la mesure de l'esprit sacerdotal, des dangers que cet esprit fait encourir aux collectivités asservies sous ses dogmes. Nous devons, nous, protester contre une doctrine antihumaine et réclamer des lois qui diminuent le célibat à l'avantage du mariage. L'influence moralisatrice de ce dernier n'est plus à démontrer. Il y a lieu de favoriser les unions légales dans la plus large mesure. Il importe — de supprimer les formalités inutiles et tracassières qui les entravent au profit des illégitimes (réduction du nombre des pièces à exiger des contractants, abolition du consentement des parents à partir de la majorité des enfants ou de l'âge de 25 ans : réclamer d'un homme ou d'une femme, en pleine maturité, le consentement écrit du père et de la mère, parfois très éloignés ou de domicile inconnu, est ridicule : autoriser la célébration du mariage entre adultes, après sommation respectueuse aux parents non consentants, est une hypocrisie après un ridicule) [1] ; — de rendre le mariage plus ouvert à un grand nombre de jeunes filles, grâce à une éducation moins mystique (il y a plus de filles non mariées dans les pays catholiques que dans les pays protestants : les couvents se peuplent de ce qu'ils enlèvent à la famille) [2] et aussi grâce à une instruction moins prétentieuse (il y a trop de filles d'humbles maisons qu'un savoir outré condamne par vanité au célibat, quand il ne leur indique pas le chemin du vice),

1. La loi récemment votée par la Chambre, sur l'initiative de M. Thellier de Poncheville, donne à ce sujet une satisfaction... modeste à l'opinion.

2. Il n'est pas exact que le nombre des entrées en religion ait progressé parmi les femmes, depuis 1789, mais il n'a pas notablement diminué. En 1789, on comptait en France 37,000 religieuses (chiffre de Taine), soit 284 pour 100,000 femmes (la population féminine étant estimée à la moitié de la population totale = 26,000.000). En 1889, on compte 86,000 religieuses (chiffre arrondi de L. Giraud), soit 226 pour 100,000 femmes (la population féminine étant estimée la moitié de la population totale = 38,000,000).

enfin par le remaniement du système d'hoirie (l'hérédité des biens limitée, l'homme recherchera des compagnes mieux préparées pour leur rôle, le sentiment gagnera au-delà de ce que perdra la dot, et la famille n'en vaudra que mieux) : — d'infliger au célibataire les plus lourdes charges dans la collectivité (loin de céder aux exigences d'un clergé hostile, qui voudrait se dispenser de contribuer de sa personne à la défense du pays, après avoir longtemps possédé la plus grosse part de sa fortune, sans payer aucun des droits de possession et d'exploitation réclamés aux travailleurs laïques).

Un fait semble attester *a priori* l'influence préventive du mariage sur le crime-délit et le suicide : c'est l'accroissement de l'une et de l'autre forme d'impulsivité anormale, presque parallèle à la diminution des mariages, non seulement en France, mais aussi en Allemagne, en Angleterre, en Belgique et en Italie. En Hollande et en Norvège, où les mariages ont augmenté, si je ne puis rien dire de l'évolution du crime, je relève du moins un état stationnaire ou rétrograde du suicide, d'après les statistiques de Legoyt et de J. Bertillon.

Les gens mariés sont les mieux partagés sous le rapport des chances de mortalité et de protection contre la maladie [1], l'aliénation et le suicide. Ils fournissent une criminalité très inférieure à celle des célibataires, mais quelquefois plus élevée que chez les veufs. Ces derniers accuseraient la proportion maximum de mortalité, d'aliénation et de suicide. C'est que l'influence de l'âge s'ajoute à l'influence de l'état civil : le veuvage est généralement atteint à une période plus ou moins avancée de l'existence et la criminalité décroît avec les âges où augmentent les autres aptitudes. L'état de mariage est la condition par excellence : il n'assure pas seulement l'entretien de la

1. Excepter certaines maladies transmissibles, que l'intimité des contacts permanents développe avec plus de facilités chez les personnes mariées que chez les célibataires, la phtisie pulmonaire principalement. Cette affection sévit encore avec plus de rigueur parmi les veufs, qui, l'ayant contractée pendant le mariage, ont, dans leur isolement pénible, moins d'énergie physique et morale pour y résister.

race, par la plus forte survivance des adultes devenus conjoints, et par la multiplication des enfants, qui reçoivent la meilleure assistance au sein de la famille légitime : il est un grand moyen de sociabilité ; il utilise un besoin naturel, il lui enlève tout prétexte d'obéir à des sollicitations malsaines, assouplit les caractères, développe les sentiments altruistes, attache plus solidement les individus à la vie collective, en leur faisant mieux comprendre les avantages de la solidarité.

La criminalité se répartit inégalement chez les gens mariés et chez les veufs, selon qu'ils ont ou non des enfants. Elle est plus forte dans les catégories avec enfants que dans les catégories sans enfants et la différence est surtout prononcée chez les sujets mariés. C'est probablement un résultat de l'impondération des charges familiales dans notre système économique. Dans les hautes classes et dans la classe moyenne, où l'on est souvent prévoyant à l'excès, on évite l'encombrement par l'application des principes malthusiens, déplorable au point de vue moral comme au point de vue national ; les basses classes cherchent moins à limiter le nombre de leurs enfants ; mais, abandonnées à leurs propres moyens, peu soutenues par l'État, malgré le service qu'elles rendent à la population en contribuant le plus à son accroissement, elles éprouvent le contre-coup de l'insuffisance des ressources ; la misère augmente à mesure que celles-ci se fractionnent entre un plus grand nombre de bouches à nourrir, et nous nous retrouvons en face des influences créées à la longue par les privations ou amenées à la suite du désespoir, par l'intempérance. Les gens qui souffrent sont durs aux autres comme à eux-mêmes ; ils oublient la pitié, même vis-à-vis de leurs enfants, et s'ils échappent aux défaillances d'où le crime dérive, hors du milieu familial, ils n'évitent pas toujours celles où les conduit le découragement, à l'intérieur de ce milieu. Plus d'un attentat lâche, exécuté par des parents, par une mère devenue veuve, contre de pauvres enfants, est attribuable à ce triste sentiment. Toutefois, il est juste de reconnaître que le plus grand nombre des sévices graves relevés sur les enfants sont accomplis en des familles tarées, où l'affectivité et la raison ont disparu sous des habitudes de débauche et d'ivrognerie. Je me bornerai à ces exemples typiques. Il y a quelques mois, presque en même temps, un misérable décapitait froidement une petite fille de 10 ans, devant ses sœurs terrifiées (Épinal), et un autre broyait la tête de son enfant contre une muraille, sous les yeux de la mère (Paris) : tous les deux étaient des alcooliques abrutis. L'année dernière (février 1889), la Cour d'assises de Limoges condamnait au travaux forcés à perpétuité une femme Rougerie, qui avait écrasé contre une huche à pain sa petite fille âgée de 11 mois ! La mégère ne cacha pas son crime et n'en ressentit aucun remords ; mariée à un forçat libéré, elle en avait eu deux enfants, dont la justice ne parvint pas à retrouver les traces ; lâchée par son mari, elle avait vécu des produits de la prostitution et du vol, subi 8 condamnations, quand elle vint à nouer une union illégitime ; embarrassée d'un dernier enfant, elle l'avait tué. En de pareils milieux, l'enfant n'évite les traitements brutaux que pour être initié à des mœurs coupables ou immorales. La loi est non seulement tenue d'apporter des limites à la puissance paternelle [1], mais encore d'atténuer les conditions qui, dans les familles, amènent ou la stérilité par la crainte de la surcharge, ou, avec celle-ci, l'attentat contre les faibles trop gênants. Il est peu probable que l'exemption d'impôt votée pour les familles ayant plus de 7 enfants, à l'imitation d'une ancienne loi de la monarchie, remplisse actuellement le but désiré [2] : l'exemption sera insignifiante pour les riches et, pour les pauvres, elle

1. Voir la 2e p., ch. VI, pp. 230 et suiv.

2. La loi Javal, dans l'idée de son auteur, devait amener à faire payer l'impôt de ceux qui ont 7 enfants par ceux qui en ont moins. Mais au lieu d'une répartition, établie sur l'ensemble des départements (elle eût alors porté sur les départements qui se réduisent le plus, comme ceux de la région normande), on a voté un impôt en quelque sorte spécialisé, qui pèse lourdement sur certaines localités et dans les départements les plus féconds (Bretagne). L'interpellation du Dr Clech au ministre des finances était juste et méritait d'être prise en considération (janv. 1890) : quand lui donnera-t-on une solution ?

est trop reculée, car, chez l'ouvrier et le menu monde, l'encombrement survient avec son cortège des privations, dès le 3e ou le 4e enfant. Il serait plus logique de proportionner les redevances envers l'État et la Commune en raison inverse du nombre des enfants, en partant d'un maximum supporté par les célibataires et les familles sans enfants, d'alléger les obligations militaires pour le père de famille, mais avant tout, d'encourager le mariage et la fécondité dans le mariage par une répartition réellement équitable des faveurs susceptibles de donner accès aux écoles professionnelles et aux grands établissements d'instruction, des diverses places sédentaires et faciles à remplir par les plus humbles de l'intelligence, entre les ménages les plus chargés d'enfants et les moins favorisés de la fortune.

Un phénomène qui a lieu de surprendre, c'est le gros chiffre des viols et des attentats à la pudeur, principalement des attentats commis sur des enfants, dans le groupe des gens mariés, et le chiffre des infanticides, plus formidable encore, dans le groupe des veufs [1]. Faut-il voir en cela l'influence d'une contrainte morale persistante même après la rupture du contrat familial, d'une retenue mal en rapport avec les instincts génésiques de l'un des conjoints et aboutissant à des éclats soudains d'impulsivité après une compression très énergique? Je ne le saurais dire. Peut-être aussi, chez certains sexuels, les libertés du mariage engendrent-elles une secrète licence, dont les limites, sans cesse reculées par la satisfaction, arrivent à se confondre avec celles de la dépravation, ou bien l'assuétude à des joies répétées pousse-t-elle à des recherches fertiles en trébuchements.

Il est certain que l'état de mariage n'a pas aujourd'hui

1. Néanmoins, par rapport aux chiffres proportionnels des catégories, les viols et les attentats à la pudeur sur les enfants demeurent fort au-dessous, chez les gens mariés, du nombre qu'ils atteignent chez les célibataires et les veufs. Sur un million d'individus, dans chaque catégorie d'état civil, on compte pour ce crime, 1,002 accusés chez les veufs (en général âgés, souvent des dégénérés séniles), 922 chez les célibataires, 462 chez les mariés (Garraud et Bernard, *Arch. d'anthrop. crim.*, 1886).

la force moralisatrice d'autrefois [1]. On y veut davantage rencontrer le plaisir et l'on y accepte moins délibérément les obligations du devoir. Ce que le vicieux n'a pas chez lui, il le va prendre au dehors : il évite ordinairement l'attentat, grâce à la prostitution, mais non toujours le délit. L'adultère est de plus en plus fréquent sur les statistiques et les tribunaux n'interviennent que dans un très faible minimum de cas particuliers! La tromperie conjugale est devenue si banale, que l'opinion ne s'en émeut pas : les intéressés se taisent et s'accommodent d'une liberté réciproque. L'homme surtout use et abuse de cette facilité des mœurs. Nous avons bien encore une monogamie de principe, nous ne l'avons plus de fait : le chef de ménage a une femme en titre, mais trop souvent aussi une ou plusieurs maîtresses, sans parler des liaisons passagères à la suite de rencontres fortuites. La femme s'émancipe à son tour et prend des amants. Que peut produire une union légale en de semblables conditions, sinon la dégénérescence ou la stérilité qui menacent de compromettre jusqu'à l'avenir de notre race ? Et que de drames sombres, d'attentats par jalousie au vitriol ou au révolver, de meurtres et d'assassinats naissent de ce libertinage! Le relèvement du mariage est une nécessité. S'il n'est plus à obtenir avec le regain d'une foi religieuse expirante et d'ailleurs inconciliable avec d'autres intérêts sociaux, au moins devrait-on punir avec sévérité les atteintes portées à un contrat respectable. Est-il une action plus lâche que la séduction d'une femme, jusque-là heureuse et satisfaite en son foyer, unie à un époux laborieux et fidèle (il y en a), que l'apport dans la famille d'un enfant conçu en dehors d'elle ? Ce n'est pas seulement une souillure à l'honneur d'un hon-

1. On s'en doute, rien qu'à la lecture des annonces-réclames, chaque jour plus nombreuses et plus cyniques, des maisons dites de confiance ou des individus à la quête de grosses dots : « Un monsieur âgé de 30 ans, belle position, bien de sa personne, 70,000 francs, épouserait fille jeune ou âgée, infirme ou ayant tache, ayant fortune. » — « Une demoiselle jeune, jolie, riche, épouserait jeune homme ayant position. » Jolie collection à réunir pour l'histoire future de nos mœurs!

nête homme, mais encore un vol matériel commis au préjudice de cet homme et de ses enfants légitimes, qui auront à partager les communes ressources avec un étranger. Et cependant la loi frappe ce crime comme un petit délit !

On a cru trouver un dérivatif dans le divorce. En principe, rien d'immoral et de dangereux comme l'union forcée à perpétuité entre gens qui se méprisent ou se haïssent. La séparation de corps condamnait deux personnes, en âge et en goût de rechercher l'union sympathique et féconde, à demeurer des isolés improductifs ou bien des débauchés, pour un moment d'erreur dans le passé, et la faute d'un seul valait à l'innocent la même peine irrémissible qu'au coupable. Le divorce apparaît plus logique et la loi civile a bien fait de l'admettre chez nous, à l'exemple des nations voisines, sans s'arrêter aux criailleries de l'intolérance cléricale [1]. Mais on peut déjà se demander s'il a rempli son but. En Angleterre et aux États-Unis, où la femme est l'objet d'une déférence générale, le mariage en grand honneur, le divorce s'est acclimaté, sans que les mœurs en aient éprouvé de l'ébranlement ; les divorcés, même dans les catégories mondaines, sont mal vus, et l'espèce de stigmate qui les atteint sert de retenue contre les tentatives d'imiter leur conduite avec trop de facilité. En France, pays de la légèreté, la femme est plus ou moins la créature aimée pour la jouissance qu'elle procure, le mariage une institution dont on se rit au théâtre et dans les livres, qu'on accepte souvent avec désinvolture et comme peu sérieuse ; comme on l'a contracté on le défait maintenant, et les époux d'hier redeviennent demain les colonnes plus ou moins fragiles d'un nouveau foyer, sans que personne émette un mot de blâme ou de critique ; l'adultère est couvert par une seconde union et même il devient un moyen de rompre une chaîne aussitôt qu'elle embarrasse ; les attentats aux

1. Qui cède pourtant devant l'argent ! La Cour de Rome n'accorde pas le divorce au premier venu ; mais elle consent à le vendre à un principicule..., comme elle l'a prouvé tout récemment.

mœurs ne diminuent pas, bien au contraire, et la natalité continue son mouvement à peine ascensionnel : le divorce augmente chaque année ! Où donc sont les fruits attendus de la loi de 1884[1] ? Je n'ose formuler un jugement catégorique ; mais n'est-il pas à craindre qu'en raison de nos mœurs spéciales, cette loi ne les réforme guère ou n'offre plutôt comme une prime au libertinage ? Les divorcés sont quelque peu dans la situation des veufs, dira-t-on. Non, pour diverses causes. Ils sont fréquemment dans l'âge où les impulsivités sont vigoureuses et quand on aura des statistiques établissant leur criminalité particulière, à côté des catégories ordinaires de l'état-civil, ils occuperont sans doute une place très voisine des célibataires. Le veuf a des souvenirs qui sont pour lui un frein : le divorcé des aspirations qui maintiennent ses passions en éveil. L'un sait qu'il est bien près d'avoir terminé son rôle en ce monde, l'autre estime qu'il le continue en le transformant. Les conditions ne sont donc pas les mêmes dans leurs rapports avec l'étiologie de l'attentat.

Le divorce a ses désenchantements et ses affolements, faits de regrets et de la perte de nouvelles espérances, parfois aussi de la honte et du dégoût : son influence sur le suicide serait considérable, et J. Bertillon l'a mise en lumière [2] ; cependant, je n'accepte pas comme formelles

1. D'après les études statistiques de V. Turquan (*Rev. pol. et lit.* du 23 nov. 1889), il y a eu 4,227 divorces pour 1885 (dans cette année, les tribunaux ont eu à régler sans doute un grand nombre de comptes arriérés !), 2,949 pour 1886, 3,636 pour 1887, et 4,708 pour 1888. La proportion est de 23 pour 10,000 couples dans l'ensemble de la France. Sur 100 divorces, 58.5 sont prononcés à la demande des femmes et 41.5 à la demande des maris ; le plus grand nombre (75 0/0) reconnaissent pour causes les injures, les sévices graves ou les excès ; un peu plus du quart, les adultères (22 0/0 ; l'adultère de la femme, plus facilement constaté que celui de l'homme, apparaît dans le groupe étiologique, 71 fois sur 100). Pour 1,000 divorces, chez l'homme le max. d'âge est compris entre 35 et 40 ans (235,1), chez la femme entre 30 et 35 ans (220.5). La durée moyenne des unions terminées par le divorce, de 16 ans en 1885, s'est abaissée à 12 en 1888. « C'est dans le nord, le nord-est et le sud-est de la France qu'il y a le plus de divorces ; le reste du pays, à l'exception de Lyon, de Bordeaux et de Toulouse, en compte fort peu. C'est en Bretagne, en Savoie et dans le massif central, que l'on en a compté le moins. » On remarquera les analogies de cette répartition avec celle du crime-délit, du suicide et de l'immigration étrangère !

2. *Ét. démog. sur le divorce et la sépar. de corps.* Voir aussi, du même écrivain, *Influence du mariage sur le suicide* (*Nature*, 21 février 1880).

les conclusions de ce distingué savant. Dans beaucoup de pays, mais *non dans tous*, le chiffre proportionnel des suicides à la population est en rapport avec celui des

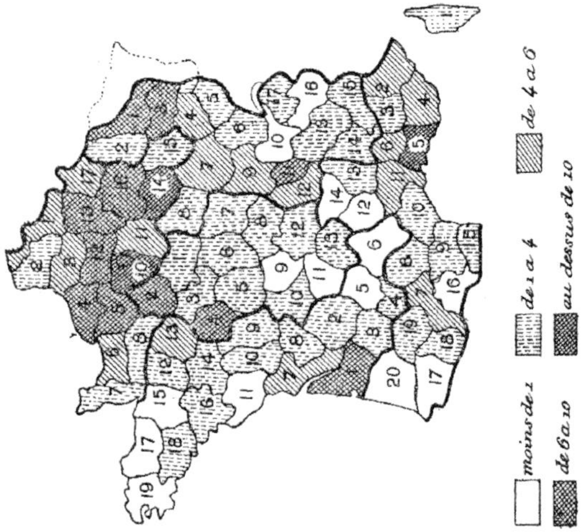

Divorces

Fig. 16

(Pr. sur 10,000 ménages, stat. gén. 1885)

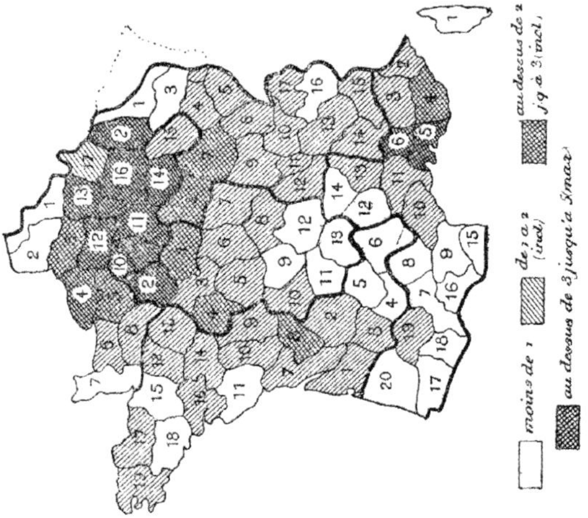

Suicides

Fig. 17

(Pr. p. 10,000 habitants, 1884)

divorces et des séparations; dans quelques-uns, le suicide chez les divorcés atteint un taux qui dépasserait du double celui des autres catégories (en Saxe, pour

100,000 habitants. Legoyt mentionne 14 suicides chez les divorcés, 1,7 chez les séparés, 3,5 chez les veufs, 3,1 chez les mariés et 1,4 chez les célibataires : les suicides sont particulièrement nombreux parmi les divorcés du sexe masculin. Si l'on compare entre elles les différentes parties d'un même pays, comme les cantons de la Suisse et les départements français, la distribution des divorces et des séparations est, dans l'ensemble, mais *non dans tous ses détails*, corrélative de la distribution des suicides. Là où l'on compte peu de divorces, on compte peu de suicides. « Dans le sud de la France, les séparations de corps sont rares, rares aussi les suicides; au nord de la Loire, les séparations sont fréquentes, aussi les suicides. Mais dans le nord, la Bretagne, la Flandre et l'Artois font exception et comptent peu de séparations; mêmes exceptions pour les suicides! Les deux cartes se ressemblent *même dans leurs détails.* » Je m'élève contre cette dernière assertion, et il me suffira, pour démontrer son exagération, de renvoyer au premier tableau de l'appendice, et aux cartes ci-jointes; sur ces dernières, on découvre bien une tendance des mêmes teintes sombres à se grouper dans les mêmes régions ; mais les concordances, qui d'ailleurs n'existent pas uniquement pour le suicide et le divorce [1], ont pour l'un et pour l'autre des ruptures indéniables : par exemple, dans les départements de Seine-et-Marne, du Rhône, du Vaucluse, de la Bretagne. Il faut autant se défier des statistiques trop précises que des conclusions trop catégoriques, et trop d'influences interviennent, qui se mêlent ou se contrecarrent, dans l'étiologie du crime et du suicide, pour que l'on accorde sans réserve, à l'une exclusivement, une prépondérance que viendront peut-être démentir les observations de demain.

Le divorce laisse à résoudre tout entière la grave ques-

1. Elles se retrouvent avec le crime-délit. Rectifier ainsi les cartes ci-contre : le département des Landes appartient à la deuxième catégorie dans le divorce (trait ponctué); les départements du Nord et du Pas-de-Calais appartiennent à la deuxième catégorie dans le suicide (trait simple).

tion des enfants. Sur ce terrain, il apparaît plus redoutable que la séparation. Il expose des enfants à supporter les malveillances ou les haines d'une personne chagrine ou jalouse, dans le cas où le parent qui les garde vient à se remarier. La séparation les confiait au parent le plus digne, obligé à leur consacrer des soins exclusifs et elle les préservait contre les effets d'une rivalité ultérieure [1].

Les veufs avec enfants ont une criminalité très légèrement inférieure à celle des mariés sans enfants, mais 4 ou 5 fois supérieure à celle des veufs sans enfants. L'enfant est un obstacle au renouvellement d'une union et peut ainsi devenir une entrave à une amélioration de position propre à effacer ou à mitiger de mauvais instincts, assoupis plutôt que domptés. Cela est rendu probable par la prédominance des femmes accusées, dans la catégorie à laquelle je fais allusion, la femme mère éprouvant toujours plus pesamment la charge d'un enfant et trouvant avec elle plus difficilement à renouer une association conjugale susceptible de l'alléger. On pourrait aussi soutenir la thèse contraire et admettre que l'existence d'un enfant est parfois un préservatif contre les mauvais entraînements, principalement chez la femme; toutefois, on ne le remarque guère, même à propos du suicide. En France, la proportion pour cent des suicides est ainsi établie dans chaque groupe sexuel (Legoyt).

	Hommes	Femmes
Mariés sans enfants	32.4	39.0
— avec —	67.6	61.0
Veufs sans enfants	34.2	40.6
— avec —	65.8	59.4

Dans les statistiques prussiennes, il y a moins de suicides parmi les divorcés avec enfants (surtout chez les femmes) que parmi les divorcés sans enfants.

J'ai déjà eu à parler des vices de l'organisation familiale, dans l'état de nos mœurs, mal dégagées des vieilles croyances et des vieilles coutumes, et cependant dominées par le courant des idées émancipatrices de 1789.

1. Sur 100 ménages divorcés, 51,8 ont des enfants (Turquan).

Nos lois, malgré le principe démocratique, sont remplies d'inégalités comme de contradictions. Elles consacrent l'excès des droits de l'homme vis-à-vis de la femme (jusqu'à laissser au premier les moyens de dissiper en débauches ou en opérations irréfléchies le patrimoine de la seconde, de la transformer en véritable bête de somme, d'en abuser à chaque heure et dans les buts les moins moraux), l'excès d'autorité du père et de la mère vis-à-vis de l'enfant (jusqu'à laisser ce pauvre être à la merci des plus détestables gredins, qui l'initieront à la prostitution ou au crime). La puissance paternelle, jadis, était une servitude acceptée : l'habitude la rendait naturelle et la religion tolérable ; les révoltes étaient rares contre ses rigueurs (on vit cependant des drames éclater, même au sein des familles nobles, occasionnés par l'autorité trop rude du père : famille de Sauveterre, Marseille, 1714), une loi de répression atroce contribuait d'ailleurs à les prévenir. Aujourd'hui, un excès se combine à un relâchement et la famille subit une dissolution lente entre deux influences sans contrepoids. L'excès n'a plus ce caractère despotique qui indiquait un maître dans tout chef de famille, mais un maitre pénétré de ses devoirs sociaux vis-à-vis des siens ; il a revêtu le caractère bas et vil, avec le tyranneau abruti par l'ivresse, qui se croit fort en face d'êtres faibles et quelque chose en sa qualité d'électeur, de parcelle de pouvoir souverain : on ne chasse plus un fils récalcitrant, on ne le maudit plus, on n'enferme plus la fille au couvent : on force l'un et l'autre à suivre les pires exemples, on les dresse à rapporter vite et gros par le vol et la prostitution, et s'ils sont par trop gênants ou inhabiles, on essaie de s'en débarrasser par les plus odieux sévices, les tortures prolongées, sous le prétexte de correction et de redressement [1]. Mais tout en même temps, l'enfant ne connaît plus d'autre autorité que la brutalité ; là où celle-ci s'efface, comme dans la famille bourgeoise, il prend de bonne heure les allures

1. Une loi s'est interposée. Mais combien limitée sera son action, faute d'une surveillance *réelle* de la famille par l'État ?

les plus libres et il entre dans la vie sans éducation, sans moralité, déjà gâté par les lectures et les fréquentations. D'un pareil milieu, il ne sort rien que de stérile ou d'antisocial. Les parents sont mauvais et les enfants ne vaudront pas mieux: ils seront des non classés ou des déclassés; inéquilibrés, ils oscilleront entre la vie d'aventure et celle de la prison. La meilleure graine se développe difficilement sur un terrain trop aride et y parvient-elle à germer, le plant subit les influences du milieu, il s'étiole ou reste rabougri, donne des fruits de qualité inférieure.

L'enfant, en supposant qu'il ait affaire à des parents prudents, est exposé à d'autres dangers. Qu'un divorce sépare le père et la mère, que la mort enlève l'un et l'autre. De nouvelles questions surgissent. — Dans le premier cas, à qui reviendra l'éducation d'un enfant également aimé des deux côtés? La faute évidente, notoire, n'est pas toujours égale aux fautes dissimulées, et le manquement occasionnel cache souvent moins de perversité que la vertu trop farouche; on a vu des attentats commis, dans un affolement d'amour familial révolté, par des pères ou des mères légalement privés de leurs enfants, sur la constatation d'une défaillance qui valait à l'autre conjoint un triomphe souvent peu mérité. Le Code, en semblable circonstance, ne devrait-il pas ordonner une adoption de l'enfant par l'État, mais avec faculté de le rendre à celui des parents dont la conduite persévérante aurait le mieux témoigné d'une bonne moralité? — A défaut du père et de la mère, que valent la plupart des tutelles? Il ne faut point compter sur une assistance effective et dévouée, dans la famille, en dehors de la ligne directe, réduite aux grands-parents, eux-mêmes trop âgés pour mener jusqu'au bout l'éducation d'un orphelin. Dans la ligne collatérale, où l'exploitation réciproque et intéressée règle trop habituellement les rapports, l'assistance est un leurre; la charge d'un enfant, donnée soudain à un parent qui ne l'a jamais vu ou n'en a cure — enfant souvent élevé déjà dans une direction qui répugne aux idées ou froisse les sentiments de la nouvelle famille — peut avoir les plus graves inconvénients. L'enfant est abandonné à lui-même, quelquefois dépouillé avant d'avoir atteint sa majorité, quelquefois corrompu par ceux qui ont l'obligation de le former, et il arrive à l'âge d'homme sans éducation, déjà plein de rancunes ou de vices, presque mûr pour l'attentat. Je sais bien que les magistrats ont surveillance de tutelle. Mais, en conscience, comment s'en acquittent-ils ? Leur intervention se fait-elle, ordinairement, avant que le mal soit accompli et irrémédiable ? Belle avance, vraiment, qu'un juge de paix ou un procureur ouvrent une enquête, après qu'un mineur a été perdu ou spolié par un tuteur immoral ou indélicat ! Ici surtout, je préconiserais l'adoption par l'État, déjà assurée aux plus pauvres par l'assistance officielle et qui serait à étendre à nombre d'orphelins en apparence fortunés.

L'enfant vient où le hasard le jette. Le hasard ne lui donne pas toujours une famille légale. Non seulement, il n'est pas responsable des aventures de ses parents, mais il a droit à une protection d'autant plus attentive, que le milieu familial lui fait plus complètement défaut, ou que ce milieu lui offre plus de chances de périclitation. L'enfant naturel, d'ailleurs, est devenu une force : c'est avec son appoint et celui des étrangers, que notre population progresse... péniblement, dans plusieurs de nos départements, au lieu de décroître, et négliger cette force serait un crime de lèse-patrie. Toutefois, il ne suffit pas de sauver une unité numérique : il faut lui conférer une valeur sociale. Qui fait un enfant à une pauvre fille et l'abandonne est d'ordinaire un gredin, ne méritant guère l'honneur d'une paternité ; je ne demande pas qu'on le recherche dans tous les cas (la question est grosse de difficultés), mais qu'en présence de preuves témoignant de sa lâcheté et de l'honorabilité de la femme, on l'oblige à prendre dûment en charge le produit de son œuvre : qu'il paie l'entretien de l'enfant et que l'enfant reste à la mère, sous une surveillance d'État, qu'une prudente suspicion impose vis-à-vis de celle-ci, après une défaillance même occasionnelle. L'enfant naturel, en dépit de tous les beaux prétextes mis en cause par les moralistes cléricaux[1], est citoyen du même pays que les autres ; il a droit à une situation civile plus nette, à tous les avantages découlant de cette situation, alors même que le père reste inconnu ou ne le peut adopter (comme dans le cas de mariage régulier contracté par lui avec une femme ignorante de ses fredaines passées).

La natalité illégitime offre avec la criminalité des relations plus ou moins immédiates ou éloignées. J'ai fait allusion précédemment aux drames du vitriol et du révolver, qui prenaient leur origine dans la séduction sous promesse mensongère de mariage, le déshonneur et l'abandon de la femme mère. Chez celle-ci, tôt ou tard, la désespérance, l'embarras d'un enfant qui est un obstacle à de nouveaux liens, réguliers ou irréguliers, peuvent inspirer des impulsivités mauvaises contre l'innocente victime d'une faute. Le compte rendu de la justice criminelle pour 1887 établit la relation étroite qui existe entre le chiffre des naissances illégitimes et celui des crimes et délits envers l'enfant[2]. Mais cette relation ne se traduit pas par le résultat qu'on serait porté à supposer *a priori*. Ce n'est pas dans les départements où la proportion des naissances illégitimes aux légitimes est le plus considérable, comme dans la région du nord, que les attentats contre l'enfant (sévices graves) sont le plus fréquents : c'est plutôt dans les départements où la proportion des naissances illégitimes aux légitimes est le plus faible, comme en certains départements du midi, du centre et de l'ouest, que ces attentats sont le plus nombreux. Ainsi, dans les départements du Nord, du Pas-de-Calais, de la Somme, où les naissances illégitimes s'élèvent de 110 à 125 pour 1,000 naissances totales, les attentats contre l'enfant ne dépassent pas 2 p. 1,000 des

1. Lors de la discussion de la dernière loi militaire, des orateurs, au nom de leur pieuse morale, ont prétendu refuser à l'enfant naturel les dispenses accordées aux soutiens de famille.

2. Appendice, t. B.

naissances illégitimes et dans la Seine, grand centre de débauche, le chiffre tombe à 1. Au contraire, dans l'ensemble des départements bretons, où l'on compte en moyenne une dizaine de naissances illégitimes p. 1.000 naissances totales, on voit les attentats contre l'enfant monter à 13 et 16 p. 1,000 des naissances illégitimes : et, dans les Basses-Alpes, le Lot-et-Garonne, le Gers, départements à très faible natalité illégitime, les attentats contre l'enfant vont à 26-29 p. 1,000 des naissances irrégulières. Il est impossible de trouver une démonstration plus péremptoire de l'influence exercée par les mœurs sur le sort de l'enfant naturel : la pauvre créature est surtout menacée dans les pays où le libertinage est le moindre, mais aussi où il est le plus flétri par l'opinion, et la même urgence qui s'impose pour la prévention de l'infanticide s'impose ici pour la protection de l'enfant naturel jusque vers l'adolescence. Celui-ci est mieux accepté, mieux toléré, là où la débauche a moins l'opinion moyenne contre elle, où elle est l'objet d'une tolérance relative : ce qui confirme en France l'observation que j'ai faite pour les pays créoles. Je ne réclame pas qu'on encourage la débauche comme un remède; mais qu'on adopte des mesures qui permettent d'enlever à la mère l'enfant naturel menacé, soit à la naissance, soit plus tard, en attendant qu'une tolérance de l'opinion se manifeste en faveur de l'être innocent. Ce que l'enfant naturel gagne du côté de la sécurité, il le perd ordinairement du côté moral; dans les départements où l'opinion le reprouve, son existance a des risques à courir; dans les départements où l'opinion demeure indifférente, son éducation est souvent compromise, il garde l'empreinte de son origine, et, né dans un milieu vicié, il en conserve les instincts, il est ce que l'ont fait l'exemple et l'hérédité [1]. Aussi la proportion des jeunes détenus fournis par les enfants

1. L'hérédité affirme quelquefois chez l'enfant naturel des qualités d'exception, qui triomphent même du milieu. La lutte pour la place sociale décuple les énergies chez les mieux doués jusqu'à les conduire aux situations les plus hautes et les mieux méritées. D'Alembert, Cardan, La Harpe, A. Dumas, E. de Girardin, Dupanloup, etc., étaient des illégitimes. Mais pour la plupart de ceux-là, l'abandon n'a pas été aussi complet que pour les autres, ni la couche maternelle toujours aussi basse.

naturels est-elle assez forte : elle est de 190 p. 1.000, quand la proportion de la natalité illégitime à la légitime est de 62 p. 1.000 : ce résultat est relativement satisfaisant néanmoins et on le doit attribuer à l'intervention de l'assistance officielle ; mais il pourrait être meilleur, si cette dernière étendait plus largement son système d'adoption préservatrice. Dans la criminalité adulte, il ne semble pas que l'écart soit si grand entre les accusés et les prévenus de l'une et de l'autre source originelle : beaucoup de prédisposés ne se dévoilent qu'après l'adolescence ; partie des tarés de l'illégitimité connue s'amendent sans doute ; mais partie plus considérable des tarés de l'illégitimité occulte se déclarent sûrement, à côté des contingents que le métissage social a créés, sous le lien régulier, selon l'heureuse théorie de Mme Clémence Royer : l'équilibre est la conséquence d'un abaissement de la légitimité officielle presque au niveau de l'illégitimité.

En général, la criminalité des enfants naturels ne se distingue pas par des formes spéciales. Elle témoigne d'un manque d'éducation autant que d'une tare héréditaire, qu'on rencontre chez la plupart des délinquants. Néanmoins, dans quelques cas, elle présente des caractères navrants qui n'appartiennent qu'à elle. Dans l'affaire P... (1876), c'est un abandonné parvenu jusqu'à l'école militaire de Saint-Cyr et volant pour soutenir bien humblement le ton de camarades plus favorisés ; dans l'affaire F... (1888), ce sont deux frères, qui, devenus grands, vont réclamer pour eux et pour leur mère, séduite après une promesse de mariage et très vite oubliée, le secours ou l'appui d'un père, riche, fonctionnaire important, et qui, indignés de son impitoyable égoïsme, tirent sur lui des coups de révolver. Des juges militaires prononcèrent une condamnation dans la première, le jury n'hésita pas à prononcer un acquittement dans la seconde : l'opinion, dans l'une et dans l'autre, ne ménagea pas la plus large indulgence aux malheureux entraînés et la plus grande sévérité à ceux qui demeuraient les vrais coupables de leur défaillance.

CHAPITRE V

LES PROFESSIONS ET LES CLASSES

La famille est la première unité collective. Elle constitue le milieu le plus propre à former l'homme suivant les exigences sociales de la race : car elle dirige son influence sur un organisme malléable, en des conditions d'intimité et de permanence, qui rendent plus féconds les rayonnements de l'exemple, plus certains les résultats de l'imitation, c'est-à-dire l'acquisition des habitudes automatiques, l'empreinte du caractère. Elle maintient les qualités du groupe, redresse les défauts individuels, assure le produit de la sélection et de l'éducation d'une génération à l'autre, grâce à l'hérédité. Le milieu professionnel est, en quelque sorte, une seconde unité collective. Il continue ou contrarie l'œuvre de la famille, selon qu'il possède une action moralisatrice ou engendre des facteurs susceptibles d'affaiblir les sentiments d'altruisme au profit de sentiments opposés [1]. Il exerce ordinairement son influence sur des sujets arrivés à l'âge critique de la puberté, sur des adolescents, qui reçoivent profondément les impressions, apportent dans

1. Toute association professionnelle a un esprit d'individualisme qui la porte à caresser les sentiments égoïstes et même antialtruistes. Chaque métier tire à lui et, concentré dans ses intérêts, fait bon marché de ceux des autres. Le cultivateur se réjouit de la disette, qui l'enrichit et réduit à la misère l'ouvrier. Celui-ci ne rêve que hauts tarifs et prohibitions dans l'industrie, au détriment des consommateurs, et réclame la taxe des céréales contre l'agriculture. Le médecin souhaite inconsciemment l'apparition des épidémies, trouve excellentes les saisons de forte mortalité, détestables les saisons salubres, etc. Il y a là un côté dangereux qu'il importe de surveiller... à plus forte raison de ne point contribuer à développer par certaines mesures irréfléchies, telles que le droit illimité d'association.

l'imitation une véritable ardeur émulative, commencent à s'instruire, mais sans discernement suffisant, et peuvent dévier vers le mal aux contacts nouveaux, avec plus de facilité qu'ils n'évolueraient vers le bien sous les meilleures sollicitations. Le jeune homme gagne lentement en vertu, et sa vertu reste souvent chancelante. Les premiers ébranlements des sens, les premiers conflits qui le viennent surprendre, dans l'état de raison encore si imparfaite, de liberté relative encore si peu comprise, ont grandes chances de l'abattre ou de le transformer. Aussi très redoutable est l'initiation dans le milieu professionnel. C'est là que se nouent les fréquentations suspectes, où s'effacent les enseignements de la famille, où naissent les tendances qui plus tard conduiront au délit-crime, la paresse, l'intempérance, la débauche,... avec les convoitises, les poussées vaniteuses, les révoltes contre la société. C'est là aussi que les faibles et les prédisposés donnent la révélation de leur tare par les impulsivités violentes, soudainement déchaînées à l'occasion des plus légers heurtements ou des sollicitations les plus insignifiantes. Là enfin que la contagion du vice grandit...., car, sous une surveillance indifférente, les mauvais se rapprochent et se serrent, ils rayonnent avec intensité sur les bons et acquièrent plus de puissance nocive, en formant foyer de contamination. Et quand arrive l'âge d'homme, les plis sont si bien pris, qu'on ne saurait les détruire : on reste ce qu'on est. Le milieu d'ailleurs ne modifie pas seulement le caractère ; il modifie aussi le corps, il peut amoindrir celui-ci comme il amoindrit celui-là, soit par le surmenage, la fatigue et l'usure précoce, conséquences d'un travail impondéré et non en rapport avec le salaire, la rémunération réconfortante, soit par l'imprégnation des poisons maniés dans l'atelier. Les *stigmates professionnels* ne doivent pas s'entendre uniquement de quelques caractères physiques, dérivés d'un automatisme fonctionnel d'action très limitée ; ils comprennent aussi ces dégénérescences que le défaut d'hygiène, l'insalubrité de certaines manipulations, les privations forcées avec des gains insuffisants, infligent à diverses catégories d'ouvriers ; ils sont parfois des causes d'acheminement vers l'attentat et ils apportent dans la famille des germes d'abâtardissement, susceptibles de se traduire par de nouvelles tares héréditaires (dégénérations consécutives au saturnisme, aux maladies de misère, etc.). D'autres professions au contraire aident au parfait développement des individus, en écartant d'eux certaines conditions de lutte, en leur conférant une résistance particulière, grâce à l'adaptation d'une instruction élevée et qui achève le perfectionnement éducatif. D'autres encore, si elles ne perfectionnent guère, maintiennent en bonne ligne les impulsivités récalcitrantes, sous l'inflexible système d'une discipline vigoureuse. Le rôle des professions agit donc dans le sens d'une véritable sélection, bonne ou mauvaise, et cela est si vrai que l'on a depuis longtemps remarqué les modifications qu'elles imprimaient même au crâne, au volume de la tête [1], que l'admission du type criminel, établi professionnellement, a réuni des arguments sérieux en sa faveur [2].

L'influence professionnelle se manifeste sous différents modes, tantôt directement et tantôt indirectement. — Elle intervient bien en propre dans la criminalité, soit à longue échéance et comme prédisposante, soit à brève échéance et comme occasionnelle, par les transformations semi-morbides ou morbides qu'elle fait subir au corps, par les transformations psychiques qu'elle imprime à la fonction cérébrale, aux contacts matériels insalubres ou aux contacts antimoraux non moins dégénératifs, par la facilité des occasions qu'elle procure à certaines impulsivités, et enfin elle laisse sa marque, dans l'accomplissement de l'attentat, par le choix des moyens ordinairement employés. — Elle intervient en second plan, d'après le

1. Manouvrier, *Le volume de la tête suivant les classes et les professions*, *Rev. sc.*, 2 juin 1882.
2. Tarde, *Crim.*, p. 51 et suiv. Voir la 1re partie.

degré d'éducation qu'elle développe et le degré d'instruction adaptable qu'elle permet d'acquérir.

Ce sont là des éléments qu'il serait très intéressant de mettre en relief dans chaque profession. Mais pour cela, il faudrait procéder à l'analyse de nombreux dossiers et l'œuvre exigerait de longues années. On ne peut donc encore qu'entrevoir les grands côtés de la question. L'on est réduit, pour le moment, à se contenter des statistiques officielles, très insuffisantes et cependant très utiles à méditer.

Aussi loin qu'on remonte, les résultats de ces statistiques sont à peu près les mêmes, avec quelques variantes.

Dans nos anciens bagnes, c'étaient les professions du sol, de l'industrie et du commerce qui fournissaient le plus grand nombre de condamnés. Ce sont aussi ces professions qui comptent le plus grand nombre de détenus dans les maisons centrales et les pénitenciers : l'état moyen de l'ensemble de ces établissements (transportation non comprise) donne en effet pour 15,000 détenus :

90 propriétaires et rentiers ;
350 sujets de professions libérales ;
150 employés des services publics ;
550 employés de banque, de commerce, etc ;
500 commerçants ;
400 ouvriers des professions alimentaires ;
1640 ouvriers d'ateliers ou de fabriques ;
2270 ouvriers de l'industrie du bâtiment et du mobilier ;
7350 sujets de professions agricoles, journaliers, bergers, etc., ou ouvriers de sol.
500 sujets de professions nomades ;
500 militaires ou marins ;
200 vagabonds, mendiants, filles publiques ;
500 individus à la charge de leurs familles ou sans profession.

D'après les comptes rendus judiciaires annuels, la proportion pour 100 des accusés (crimes) se répartit ainsi dans les divers groupes professionnels :

	Période 1856-1870	Année 1871	Période 1876-1880	Période 1881-1885
Professions du sol (cultivateurs, journaliers et domestiques de ferme, bûcherons, mineurs, etc.)	37	41	36	36
Professions de l'industrie et des arts et métiers (ouvriers des métaux, du bois, des matières textiles, du bâtiment, de l'ameublement, de l'habitation, de l'alimentation, etc.)	34	30	30	30
Domestiques attachés à la personne et gens de maison	7	7	7	6
Commerçants, fabricants, banquiers, etc	10	11	14	14
Professions libérales, propriétaires et rentiers..................	7	7	6	7
Gens sans aveu ou de profession inconnue....................	5	4	7	7
	100	100	100	100

Les professions du sol se maintiennent en tête, avec un chiffre proportionnel à peu près invariable (si l'on excepte l'année 1871) ; l'industrie conserve le second rang, avec un léger amoindrissement depuis 1871 ; le commerce occupe le troisième, avec une certaine tendance à l'accroissement ; les domestiques et les professions libérales se disputent le quatrième, avec des chiffres presque similaires ; les gens sans aveu sont au dernier rang, mais avec tendance à l'accroissement.

Ces chiffres ne sont pas l'expression véritable de la criminalité professionnelle. Pour qu'ils fournissent un enseignement complet, il est nécessaire de les rapprocher du dénombrement proportionnel des catégories de la population.

D'après un mémoire d'E. Bertrand [1], Lagneau [2] a pu répartir suivant leurs professions 148.357 accusés de la période 1835-1854, et calculer les rapports de leurs grou-

1. *J. de la soc. de stat. de Paris*, 1871-72.
2. Art. *France* (démog.), *in Dict. enc. des sc. méd.*

pements aux nombres moyens des groupements professionnels : la première place, dans la criminalité, appartient alors aux gens sans aveu, aux vagabonds et au monde de la prostitution : la seconde aux ouvriers d'arts et métiers : la troisième aux ouvriers des grandes manufactures : la quatrième (qui suit de très près) aux professions non ouvrières, commerciales, administratives, libérales, etc. : la dernière à la population agricole avec un très bas chiffre d'accusés :

	Population professionnelle : proport. p. 1000 habitants	ACCUSÉS p. 1000 accusés de toutes profes.	ACCUSÉS p. 100 000 habit. de chaque gr. professionnel
Ouvriers du sol	526	364	14
Ouvriers des arts et métiers	121	193	33
Ouvriers des grandes manufactures	97	108	23
Professions non ouvrières (commerce, administration, arts libéraux, etc.)	249	273	22
Gens sans aveu, vagabonds, prostituées	7	62	192

Pour la période 1876-80, Yvernès a reconnu que, sur 100,000 habitants de la classe professionnelle correspondante, il y a : 8 accusés (crimes) dans l'agriculture, 14 dans l'industrie, 18 dans le commerce, 29 dans la domesticité, 9 dans les professions libérales (avec les fonctionnaires, les propriétaires, les rentiers), 405 dans la catégorie des vagabonds et gens sans aveu. Joly reproduit une autre statistique du même savant, pour 1882, qui offre une décomposition plus précise, mais seulement relative aux accusés du sexe masculin :[1] sur 100,000 individus dans la profession, il y aurait 6 accusés chez les propriétaires et rentiers, 12 chez les agents de la force publique, 16 chez les cultivateurs, 24 chez les domestiques d'agriculture, 25 dans l'industrie, 28 dans les professions libérales, 35 dans les trans-

1. *France crim.*, p. 255.

ports et la marine marchande, 38 dans le commerce, 49 chez les domestiques attachés à la personne, 54 dans les professions non classées ou inconnues (vagabonds non compris).

Il n'est pas inutile de remarquer, avec Coutagne [1], que la variation des statistiques professionnelles à chaque dénombrement, la délimitation arbitraire et confuse des catégories (par exemple, l'écrivain ou le musicien de génie et « la courtisane inculte qui cherche la réclame par son exhibition sur une scène » sont réunis sous la même estampille officielle d'artistes) rendent encore trop approximatifs tous ces calculs de répartition. J'ajouterai que je ne m'explique pas leur discordance avec les résultats immédiats de la comparaison des tableaux en réduction centésimale des catégories professionnelles de la population et des catégories professionnelles des accusés, au cours d'une même période. Par exemple, qu'on jette les yeux sur les tableaux de ces catégories en 1886 : la proportion pour 100 est la suivante :

	Dans l'ensemble de la popul. (2)	Dans l'ensemble des accusés (3)		
		crimes-personnes	crimes-propriétés	Ensemble
Agriculture..................	47.8	50	50	34
Industrie....................	25.2	37	63	30
Commerce, transports, etc....	14.2	22	78	16
Domestiques..................	» »	41	59	6
Professions libérales, fonctionnaires, rentiers, etc........	12.8	40	60	7
Gens sans aveu.............	» »	29	71	7
	100.0			

L'agriculture représente près de la moitié de la population, l'industrie un quart, le commerce un septième, les

1. *Mémoire* lu au *Cong. d'anthrop. crim. de Paris.*
2. A. de Foville, *La France économique en* 1889, p. 57. Négligé, dans le calcul, sur 37,000,000 de classés, un chiffre moyen de 900,000 hab. non classés.
3. *C. r. of. de l'adm. jud.*

professions libérales (avec les fonctionnaires, les propriétaires et les rentiers) un peu moins de 1/7, les gens sans aveu et non classés une minorité qu'on peut évaluer à 1/37. Ces derniers donnent 1/14 des accusés, le commerce un peu plus de 1/6, l'industrie un peu plus de 1/3, et l'agriculture à peine un peu moins d'un autre tiers. Je n'ai pas de chiffre de comparaison pour les domestiques. Dans l'ensemble, voilà qui ne concorde guère avec les résultats des précédents calculs !

Je reste donc très indécis pour formuler une appréciation rigoureuse sur la valeur morale réelle des catégories professionnelles, d'après la proportion numérique de leurs unités dans l'ensemble de la population à celle de leurs unités dans l'ensemble des accusés. La fréquence de l'attentat n'est pas en rapport avec le nombre des individus dans les divers groupements ; mais en quels groupements cette fréquence a-t-elle son maximum, son minimum, sa moyenne intermédiaire, cela me semble difficile à établir, avec les éléments actuels de nos statistiques.

Dans l'ensemble des catégories, la criminalité masculine l'emporte de beaucoup sur la criminalité féminine. Dans quelques-unes cependant, à ne considérer que la proportion des sexes au chiffre général des accusés, les femmes fournissent un contingent très élevé, presque la moitié des accusés parmi les domestiques, près d'un quart parmi les travailleurs du sol ; elles seraient peu nombreuses dans les groupes industriels et non ouvriers. Les rapports changeraient sur la base de la répartition proportionnelle des accusés d'après les chiffres de chaque population sexuelle : la criminalité féminine atteindrait alors son max. dans les professions non ouvrières (où il se produit pour la femme le plus de déclassements et d'entraînements à la prostitution après le déclassement) et dans les professions ouvrières d'arts et métiers et de manufactures (milieux de débauche et de contacts malsains), son min. dans la classe agricole. Dans l'analyse de la criminalité spéciale des catégories, j'aurai soin d'indiquer la proportion moyenne des sexes, en m'appuyant sur les calculs de Chaussinand.

L'enfance coupable doit fatalement se développer au sein des catégories, qui, à l'âge adulte ou à la maturité, présentent le plus grand nombre des accusés. C'est une conséquence de l'éducation et de l'exemple. On pourrait donc *a priori* supposer que la répartition des jeunes détenus sera parallèle à celle des détenus adultes, dans les groupes professionnels. Mais, faute d'éléments suffisants de statistique, on n'a aucune observation précise à l'appui de l'hypothèse. Sur 7,473 jeunes détenus des maisons dites d'éducation correctionnelle (1883):

				Prop. p. 1000
24	Appart. à des parents		propriétaires ou rentiers .	3
39	—	—	exerçant prof. libérales. .	5
1538	—	—	ex. professions du sol. . .	205
1989	—	—	ex. professions indust. . .	266
2459	—	—	ex. des professions div. . .	328
835	—	—	vagabonds, mendiants, etc.	111
589	—	—	inconnus ou disparus. . .	82

J'ai exposé plus haut (année 1886 prise comme type) la répartition des crimes d'après leur espèce, dans chacune des grandes divisions professionnelles. La criminalité contre la propriété s'accentue dans les professions où les sollicitations à la dérobation sous ses diverses formes sont rendues les plus fréquentes et les plus intenses, par les besoins occasionnels d'ordre professionnel (commerce) ou extra-professionnel (impulsivités dérivées des contacts en milieux de goûts et d'habitudes factices, ouvriers d'industrie, domestiques, etc.). Je ne dis rien des gens sans aveu, dont le vol est le moyen d'existence trop ordinaire. La criminalité contre les personnes s'élève à l'égal de la criminalité contre la propriété, dans le groupe où les mœurs sont les plus incultes, et, à un moindre degré, dans les professions où les mœurs deviennent plus affinées, comme chez les individus de carrières libérales ; chez les uns, la violence éclate sans apprêt : chez les autres, il semble au contraire que l'attentat soit calculé d'après les moyens les plus propres à en assurer l'impunité. Entre les deux catégories, la domesticité occupe un rang qui témoigne à la fois du caractère de la provenance (rurale) et du caractère acquis dans le milieu d'adoption (urbain). Le crime contre les personnes décroit dans les professions d'arts et métiers et industrielles. On prendra encore mieux une idée générale des criminalités particulières, dans leurs relations avec les professions, en étudiant le tableau suivant, résumé de la période 1881-1885 : il donne la proportion centésimale des accusés des principaux groupements professionnels pour chaque genre de criminalité :

	Attent. contre la vie : assassinats, meurtres parricides, infanticides, empoisonnements.	Coups et blessures graves	Crimes contre les mœurs : avortements, viols, attentats à la pudeur, bigamie, etc.	Fausse monnaie, banqueroute.	Vols et abus de confiance	Incendie
Agricult. et trav. du sol.	48	51	39	15	32	54
Industrie	24	31	35	23	33	20
Commerce	8	9	8	40	14	9
Domesticité	10	3	4	2	8	3
Professions libérales, etc.	5	3	11	14	4	4
Gens sans aveu, etc.	5	3	3	6	9	10

Les attentats commis *en masse*, sous couleur politique, répondent-ils aux conditions ordinaires de la répartition professionnelle, dans la criminalité banale ? Cette question n'est pas sans intérêt. Les mouvements populaires servent toujours de prétexte à quelques-uns pour acquérir d'un coup et par audace, ce qu'ils ne sauraient prendre en détail et en brusquant des lois bien appliquées ; ils couvrent beaucoup de sentiments inavouables, d'ambitions scélérates. Dans les entraînements des foules, comme dans les entraînements de la passion et du fanatisme, il n'est pas difficile d'apercevoir des instruments marqués au sceau de la folie ou de la dégénération demi-inconsciente, et dirigés par la gredinerie de latents, qui se décident à sortir de l'occultisme ou restent dans la pénombre. La Révolution a été féconde en admirables résultats; mais, dans les émeutes qu'elle n'a point su prévenir ou arrêter, elle a fait surgir l'écume des éléments tarés, héros du meurtre, les prédécesseurs des pourvoyeurs et des *lécheuses* de guillotine. La Commune de 1871, après avoir groupé quelques honnêtes autour d'une idée juste et patriotique, a sombré dans une saturnale d'appétits immondes, parce qu'elle s'est abandonnée à d'autres tarés, libérés de prisons, femmes hystériques, etc. Il n'y a guère de révolutions sanglantes qui ne soient l'œuvre d'antisociaux, et, pour la Commune, il est aisé de le démontrer avec l'aide de la statistique. Un relevé de l'administration de la marine permet de classer ses tristes épaves, suivant des catégories, qui, dans la criminalité courante, renferment le plus grand nombre de déclassés ou d'entraînés. Sur 3,388 condamnés (dont 1,280 repris de justice) il y a : 1,036 sujets de professions diverses (artistes dramatiques 5, bijoutiers 35, chapeliers 16, coiffeurs 29, cuisiniers 28, bouchers 12, charretiers 37, cochers 40, journaliers 270, etc.), 1,371 ouvriers d'industrie (des métaux, du bois, du bâtiment, etc.), 235 employés divers, 211 individus au service d'autrui, 189 militaires en désertion, 128 ouvriers (travaux du sol), 108 commerçants, 38 individus appartenant aux professions libérales 72 sans profession ou de profession inconnue.

Les professions n'offrent pas, avec le suicide, les mêmes rapports qu'elles affectent avec le crime. Entre les deux formes de l'impulsivité, il semble même exister un renversement qui serait très favorable à la théorie de leur compensation réciproque, si la répartition du suicide n'accusait une relation très étroite avec celle de la folie. Toutefois, il y a aussi des concordances. Si le crime atteint son max. dans les professions inconnues ou non classées (gens sans aveu), il en est de même pour le suicide : « Ce sont les individus sans profession, comme dit Legoyt, et par suite dont la situation sociale est des plus douteuses (nous appellerions volontiers cette catégorie celle des *misérables*), qui commettent et de beaucoup le plus grand nombre de suicides. » Les professions libérales viennent immédiatement après, avec les ouvriers de l'industrie ; les professions du sol, le commerce et les domestiques en derniers, dans un relevé de 1876 [1].

Sur 100,000 habitants le suicide est ainsi réparti :

	Hommes	Femmes
Professions inconnues	440	275
Professions libérales (avec les propriétaires et rentiers, les fonctionnaires, etc.)	76	19
Industrie	85	13
Agriculture	23	6
Commerce	20	2
Domestiques	18	9

En rapprochant le pourcentage des populations professionnelles dans l'ensemble de la population classée, et celui des suicides professionnels dans l'ensemble des suicides de professions déterminées, ainsi que j'ai procédé à propos de la criminalité, on arrive à des conclusions générales assez analogues :

	SUICIDES (période 1881-1885) (2)			Population proportionnelle au 1er janvier 1886 (3)
	Hommes	Femmes	Sexes réunis	
Agriculture	33	44	38.5	47.8
Industrie	32	30	31	25.2
Commerce (et transports)	13	6	9.5	14.2
Prof. libérales (fonctres, rentiers)	16	11	13.5	12.8
Domesticité	6	9	7.5	répartie dans les professions qui la font vivre
	100	100	100.0	

1. Legoyt, *l. c.*, p. 179. Ce relevé ne diffère pas de celui que Ritti donne du Suicide *vers* 1880.
2. *An. de l'écon. pol. et de la stat.*, pour 1888, p. 136.
3. A. Foville, *l. c.*

On notera le chiffre élevé des suicides féminins de la période 1881-85, dans les catégories agricole et domestique, où il surpasse proportionnellement celui des hommes, et dans la catégorie industrielle, où il l'égale presque.

La profession militaire donnait 37 suicides par 100.000 hommes d'effectif en 1876, d'après Legoyt, mais je trouve le chiffre réduit à 27 dans la thèse de Mesnier[3], probablement par erreur, car, dans les statistiques des hôpitaux, je relève 32 suicides par 100.000 hommes en 1881 et 46 en 1882, avec une proportion d'entrées aux hôpitaux, pour aliénation mentale, de 166 et de 188 pour 1000! Cette profession comporterait, d'après Régis, le max. de prédisposition à l'aliénation. Toutefois dans la statistique de Parchappe, elle reste fort au-dessous des professions libérales et médiocrement au-dessus des domestiques :

PROPORTIONS, SUR 1000 HABITANTS, DES ALIÉNÉS ENVOYÉS DANS LES ASILES :

Professions libérales	3.10
Militaires et marins	1.99
Domestiques et journaliers	1.55
Rentiers et propriétaires	1.01
Ouvriers de l'industrie et de l'agriculture	0 66
Commerce	0.42

Je terminerais cet exposé général, en reproduisant une répartition des divorces que l'on pourra rapprocher des précédentes : sur 100.000 titulaires de professions, il a été prononcé, d'après Turquan, 25 divorces chez les agriculteurs, 73 chez les ouvriers et domestiques agricoles, 128 chez les industriels (patrons) et 191 chez les ouvriers d'industrie, 234 chez les fonctionnaires, 227 chez les propriétaires et rentiers, 294 chez les commerçants, 366 chez les employés de commerce et d'industrie, 433 chez les titulaires de professions libérales. La proportion moyenne des divorces pour l'ensemble de la population est de 230 pour 100.000 ménages.

1. Lyon, 1881.

Pénétrons plus avant dans l'examen des impulsivités professionnelles et recherchons quels enseignements fournissent, sur leurs modalités, le dépouillement des journaux, des dossiers d'assises et des statistiques judiciaires.

a. *Professions du sol.* — Elles comprennent la grande masse de la population qui vit du travail manuel, les groupements les moins agglomérés, les catégories les plus rudes de caractère et les plus rebelles à l'assouplissement de la civilisation, parce qu'elles demeurent les plus ignorantes et les plus attachées à leurs vieilles traditions. Elles ont une assez faible proportion de suicides, même en Italie, où la pellagre est cependant pour les cultivateurs une cause puissante d'attentat contre soi-même (Morselli, Lombroso). Elles fournissent en bloc une très forte criminalité, mais qui se réduit considérablement (jusqu'à occuper le dernier rang), lorsqu'on la ramène aux chiffres proportionnels à l'effectif de la population spéciale, et qui varie d'ailleurs selon les subdivisions de celle-ci. Les bûcherons et les charbonniers, qui vivent retirés dans les bois, en familles très unies, habituées à la dure et sans convoitises, ont très peu d'accusés : ce sont de bons sauvages au cœur des milieux avancés. Les mineurs, carriers et terrassiers comptent aussi un assez médiocre nombre d'accusés : gens dociles, adaptés à leur tâche dès l'enfance, plus négatifs qu'impulsifs, ils deviennent cependant redoutables en leurs explosions de révoltes et capables de tuer comme la brute, une fois déchaînés contre un ennemi réel ou imaginaire ; dirigés par des meneurs de mauvais aloi, ils assassinent comme à Decazeville [1] ; dirigés par des chefs prudents et modérés, ils savent supporter la grève patiente, comme en Westphalie ; leurs mœurs sont brutales, assez relâchées, mais leur esprit de solidarité préserve les individus, dans une large mesure, contre les sollicitations à l'attentat. La criminalité du groupe se concentre presque

1. Se rappeler les scènes si réalistes de *Germinal* (E. Zola).

entièrement chez les cultivateurs, journaliers, manœuvres et domestiques de fermes, c'est-à-dire dans la catégorie qu'on désigne d'ordinaire sous le nom de paysans. Elle n'y apparait pas très considérable. Maitres et valets vivent à peu près de même et leur tendance à l'entrainement antisocial se traduit par des chiffres presques similaires (pour 100,000 individus, dans chacune des subdivisions, 12 accusés chez les premiers et 16 chez les seconds). Mais la note étiologique est, dans le milieu, bien spécialisée.

Parmi ce monde, la lutte est isolée, l'existence âpre, le travail pénible, le profit maigre ou incertain : on apprécie la valeur de l'argent d'après la peine qu'on a à le gagner, et l'on est naturellement porté à l'égoïsme cupide. On ne repousse pas le mendiant, qui ne fait que passer, par l'obéissance aux vieux préceptes religieux ; mais, en dépit de ces préceptes, on n'aime pas à pratiquer l'assistance prolongée : on endure avec peine dans la famille, les bouches inutiles, on calcule de très loin les moindres chances du plus piètre héritage, et l'on prend aisément l'habitude d'être peu scrupuleux dans le choix des moyens susceptibles d'un bon rapport, surtout vis-à-vis du citadin, qu'on méprise. Comme la terre est une maitresse exigeante, elle laisse peu de loisirs : on n'a point le temps ni le goût de s'instruire, les fils en savent assez, quand ils connaissent les coutumes et les traditions de leurs pères ; aussi l'ignorance et la superstition jouent un grand rôle dans les actions du campagnard. Dans les classes rurales, l'alcoolisme et la prostitution n'ont point pénétré aussi profondément que dans les classes urbaines. Ce n'est pas à dire que chez les premières la tempérance et la pudeur soient beaucoup respectées. Mais, au village, on boit par occasion, et, par occasion aussi, on cueille les joies de l'amour illicite : les ivrognes et les filles débauchées ne forment point d'agglomération, les vices ne se mêlent qu'au jour de fête ou de marché, et, le reste du temps, perdent leurs dangers de contagiosité par l'isolement, sauf à se manifester par quelques éclats dans le silence des champs ou de la ferme. La criminalité des paysans ressortit de ces conditions, elle a pour mobile ordinaire la cupidité, pour conseillère l'ignorance, et, dans l'exécution, elle est marquée au coin d'une insensibilité, qui, fréquemment, tourne à la férocité la plus inouïe. La femme qui partage les travaux de l'homme prend à la longue une partie de ses tendances, et jusqu'à ses qualités physiques; elle est plus virile en général que celle des villes, elle ose davantage et elle fournit, dans la catégorie une assez grosse proportion d'accusées, soit qu'elle agisse pour son propre compte, soit qu'elle accepte la complicité des actes de l'autre sexe (en 1887, sur 1,097 accusés, 207 femmes, parmi les cultivateurs, journaliers et manœuvres; sur 223 accusés, 46 femmes, parmi les domestiques de ferme).

Les crimes contre les propriétés sont un peu plus fréquents que les crimes contre les personnes. Mais un assez grand nombre de ces derniers (et des pires, comme le parricide et l'empoisonnement) ont pour cause un motif de cupidité, c'est-à-dire pour objectif la propriété. Les vols qualifiés sont fréquents, mais les attentats qui exigent un certain degré d'instruction (faux) assez rares. L'incendie est à son maximum : il reconnaît surtout pour cause le désir de se tirer d'une mauvaise situation aux dépens des compagnies d'assurances et de leur extorquer d'emblée une grosse somme (Normandie); c'est aussi un moyen de se venger d'une injure ou d'un préjudice, de masquer un attentat d'un autre ordre : il vise indirectement les personnes; il est souvent exécuté par des enfants ou par des jeunes gens, quelquefois avec l'intention de nuire à leurs parents. Dans le groupe, les attentats contre la vie (coups et blesures graves, principalement) et les crimes contre les mœurs sont nombreux. La religiosité n'en préserve pas la famille, parce qu'elle est ordinairement dominée par la superstition, et plus encore par l'intensité des cupidités : le parricide est un crime presque exclusivement rural; mais l'infanticide, par un bizarre contraste, est la conséquence de l'exaltation des sentiments d'honneur dans la famille et hors de la famille, de la crainte d'une réprobation que ces sentiments recommandent, maintenus tout puissants par l'idée religieuse. La débauche, dans les campagnes, est ordinairement plus occasionnelle que dans les villes, ainsi que je l'ai dit : il n'est pas impossible que le milieu n'apporte aussi sa caractéristique dans les actes qui en ressortissent : l'histoire de la Coliche[1] doit se renouveler assez fréquemment aux champs: la belle nature, surtout au moment des effluves printanniers, est le plus vertigineux des aphrodisiaques, et ses effets se font sentir avec intensité, entre individus jeunes, souvent très court vêtus, excités peut-être par le spectacle des ardeurs de leurs bêtes, et laissés seuls au bois ou à la ferme ; les viols et les attentats à la pudeur sont commis avec une rudesse tout animale sur des enfants, plutôt que sur des filles et des femmes adultes, la plupart bien taillées pour se défendre vigoureusement : ils ont pour auteurs des bergers, des journaliers, des domestiques. La femme ne succombe guère qu'autant qu'elle y consent : mais si la faute a des suites, elle essaie de la cacher, sans grande hésitation, par un infanticide, quand elle ne réussit pas à le faire par un avortement, confié à des matrones ou à des guérisseuses.

Toute cette criminalité repose sur un fond d'ignorance pseudo-atavique. L'attentat n'est pas, comme dans les catégories urbaines, carrément entrepris par une sorte de déviation des sentiments de droit social ; mais naïvement, brutalement à la fois, comme en pays barbare ou sauvage ; la force alliée à l'intérêt apparait comme une survivance des antiques milieux. Si la conscience parle, on la calme au moyen de neuvaines et de messes, et, par quelques finasseries presque enfantines, on croit échapper à la répression, défier les magistrats les plus retords, aller même au-devant des soupçons. Les moyens sont fréquemment hors de proportion avec le but à atteindre ;

1. *La Terre* (E. Zola).

ils sont particulièrement odieux, c'est-à-dire susceptibles de provoquer plus d'activité dans les recherches, alors qu'on les estime plus adroits, mieux combinés pour appeler le silence sur l'attentat. Une ancienne fermière du duc de Polignac, séparée de son mari et dépossédée d'un bail, parce qu'elle ne payait pas, imagine un stratagème bien simple pour se procurer de l'argent : elle vient à Paris et organise un système de chantage, avec menaces de vitriol et de révolver, d'abord contre le duc et la duchesse, puis, après une condamnation, contre leur homme d'affaire ; elle reste fort surprise à une seconde arrestation (1888). Quel type de cynisme grossier, ce Dumollard, paysan paresseux, qui va recruter des servantes aux alentours des bureaux de placements, les amène à travers champs vers son village, et les tue pour leur voler de misérables hardes ! Il ne songe pas un instant à dissimuler ses vols, à donner une apparence de raison à ses allures suspectes, convaincu qu'en niant l'évidence il déroutera la justice et il garde jusqu'au bout la placidité d'une brute (1855-62). L'enfant qui vient à la fille, elle le coupe en morceaux et le donne à manger aux porcs : il faut vraiment jouer de malheur, si des voisins ont l'attention éveillée par la disparition soudaine d'une hydropisie, longtemps déclarée incurable, et s'ils découvrent, au lendemain d'une guérison inattendue, quelques lambeaux de chairs et quelques ossements de nouveau-né, traînés par des animaux devant la porte d'une étable (1889). Pour un lopin de terre, pour un sac de quelques écus, on dépêche au plus vite de vieux parents inutiles, et, s'ils sont à charge on hésite encore moins. Ce n'est pas chose difficile. On s'arrange de façon à leur fendre la tête, lorsqu'ils sont tranquillement assis devant le feu et à les y pousser, pour laisser croire qu'ils y sont tombés d'eux-mêmes (époux Lucta, 1852) ; ou bien, s'il s'agit d'une aïeule paralysée et à demi-idiote, on l'arrache un soir de son lit, on la jette sur des fagots arrosés de pétrole et on la brûle toute vive, « bourrant le corps au fond de la cheminée à coups de talons de bottes et de sabots » (époux Thomas, 1886) :

une attaque d'apoplexie est chose si commune et les vieillards sont si frileux! Ils s'abattent sur le brasier, personne n'est là pour leur porter secours : qui pourrait mettre en doute un accident banal et préférer aux déclarations larmoyantes d'excellents enfants les déclarations atroces des experts! La conscience n'a pas trop de remords : ces vieilles, elles sont toutes plus ou moins sorcières et faire sentir le feu à des réprouvées, c'était jadis méritoire. Car la férocité s'allie à des croyances superstitieuses, qui renaissent à point pour pallier l'attentat ou pour le conseiller. Dans un village de Normandie, une femme Aveline allume des cierges en l'honneur de la Vierge, pour qu'elle la débarrasse de son mari, et, après maintes prières, aide l'œuvre du ciel en assassinant le malheureux avec la complicité d'un amant très dévot (1884). A Hengoat, en basse Bretagne, deux jeunes gens qui ont à regret abandonné le cloître pour le mariage, tuent un de leurs proches, après avoir imploré l'assistance de saint Yves, et le crucifient sur un brancard de charrette, comme pour donner au meurtre le cachet d'une exécution permise, sinon même ordonnée par le Très-Haut (1883). Il n'est pas bon encore dans les campagnes d'avoir la réputation de jeter des sorts. A la foire de Saint-Philibert (Loire-Inférieure), des vaches piquées par des mouches rompent leurs liens et une panique se produit parmi les animaux ; on parle de maléfices, un nom est désigné et une victime allait succomber sous les coups, quand la gendarmerie se montra (1881). Au pays basque (deux hommes aperçoivent une *sorcière*, étendue ivre sur une route : ils amassent autour d'elle de la paille et des branchages, et *s'amusent* à la regarder rôtir à petit feu (1880)[1].

Mentionnons enfin le braconnage, et, en Corse, la vendetta, qui s'exercent à peu près exclusivement dans les campagnes et contribuent à pousser vers le crime certains tempéraments.

En somme, la criminalité de la profession agricole est

1. Voir page 241.

d'expression basse, grossière, arriérée. Elle accuse la survivance des habitudes, une copie du vieux temps, plutôt que l'atavisme, car le milieu ne rétrograde pas ; il évolue lentement, avec des arrêts individuels. C'est peut-être à cette paresse dans la progression de l'ensemble, qu'on doit attribuer sa moindre criminalité par rapport au chiffre de sa population. La civilisation n'a pas encore créé, chez les paysans, la multiplicité des occasions de conflits qu'elle enfante chez d'autres catégories, tout urbaines, et l'ignorance, l'insensibilité native amortissent, chez des natures à besoins restreints, les impressions qui stimulent à l'excès des natures plus vibrantes, à besoins plus complexes.

On a vu plus haut comment se comportait le suicide dans la catégorie : il y reconnaît souvent pour cause l'extrême misère ou bien l'alcoolisme.

b. *Professions de l'industrie et des arts et métiers.* Ce sont les professions ouvrières où l'on utilise les produits ou les matières du sol (industries des métaux, du bois, des textiles, etc.), où on les adapte aux différents besoins de l'homme social (professions du bâtiment, de l'ameublement, de l'habillement, de l'alimentation, etc.). Les mœurs apparaissent en opposition fréquente avec celle du groupe précédent et la criminalité occupe un rang moyen dans l'ensemble des professions classées. L'ouvrier, vit surtout dans les villes et son existence porte l'empreinte d'un milieu plus ou moins affiné ; mais il éprouve d'une façon particulière le contre-coup de la civilisation. Initié à ses meilleures choses, il travaille plutôt pour en donner la jouissance aux autres qu'à lui-même ; ses aspirations dépassent souvent ses moyens ; une instruction sans pondération ni direction convenables exalte ses vanités et n'aide qu'à le faire plus aisément trébucher devant les sollicitations de ses appétits. Il est exposé à des contacts multiples dans l'atelier et hors de l'atelier, rencontre dans le cabaret trop d'occasions de rompre la tempérance et dans la rue trop d'occasions de s'abandonner à la débauche. Les ménages, ébranlés déjà par la misère et les surcharges d'enfants, achèvent de se dissoudre par l'alcoolisme et la prostitution. La fainéantise et le vice recrutent de nombreux adhérents à la revendication antisociale, le crime revêt une certaine allure militante avant de prendre l'allure dégénérative. L'anarchiste précède de très près le voleur, l'incendiaire et le meurtrier, l'un prépare les autres ou tous se confondent dans la même impulsivité dérivée des basses convoitises. La classe ouvrière est aujourd'hui souvent en possession de capitaux qui lui permettent de former à son profit des sociétés industrielles; elle est maîtresse de ses salaires par l'association... toute de coalition, qui lui permet la grève : elle connaît la valeur de l'épargne. Mais elle est hantée par un détestable levain, qui, si l'on n'y prend garde, la transformera en caste tyrannique[1] et déjà, sous l'influence de ce levain, les tarés qu'elle renferme fournissent un assez notable contingent au délit et au crime.

L'ensemble du groupe a un chiffre brut d'accusés à peine inférieur à ceux des professions du sol. Les femmes représenteraient environ le vingtième de ce chiffre. Les adolescents tendent à rivaliser de plus en plus avec les adultes, dans la lutte par l'attentat : la loi du 19 mai 1874, relative au travail des mineurs dans les ateliers industriels, a diminué le nombre des apprentis, mais non la délinquance des jeunes, appartenant par eux-mêmes ou par leur famille à la catégorie ouvrière ; il y a moins d'enfants à fréquenter des milieux de travail, où certainement ils n'avaient pas toujours que d'excellents exemples à glaner ; mais faute d'une autre direction éducative, il y a plus d'enfants qui vagabondent, frôlant seulement l'école

1. L'ouvrier français a des qualités éminentes. Il a le sentiment du devoir, l'esprit de solidarité, celui de sacrifice aux idées qui lui semblent justes, un cœur charitable. Mais toutes ces qualités ont un exclusivisme qui en atténue la valeur. Elles se concentraient jadis dans la corporation (entre gens de même métier, mais de *compagnonnages* différents, c'étaient des rivalités sans fin, des luttes parfois sanglantes à propos des intérêts les plus futiles). Aujourd'hui, *enfants de Salomon, du père Jacques et du père Soubise*, et enfants libres de toute paternité symbolique forment un tout compact, incapable de transaction sérieuse avec qui n'est pas de métier... Résultat bizarre... des doctrines fraternelles et égalitaires !

et en ignorance d'un métier [1]. Autant de futures recrues pour les maisons de correction.

Dans le groupe, les crimes-personnes sont moins fréquents que les crimes-propriétés : en 1887, il y a 353 accusés pour les premiers et 609 accusés pour les seconds. Les crimes-personnes les plus communs et qui suivent de près leurs analogues dans les professions du sol, sont les viols et les attentats à la pudeur sur des enfants (ils sont parfois accomplis dans la famille : l'exiguité des logements appelle une promiscuité dangereuse pour les mœurs et l'ivresse découvre à l'impulsivité de cyniques occasions d'abandon à l'attentat ; en juin 1888, la Cour d'assises de l'Oise condamnait aux travaux forcés à perpétuité un scieur de long, convaincu d'une série innombrable de viols et d'attentats à la pudeur sur ses sept filles mineures) ; les coups et blessures et le meurtre (souvent consécutifs à des rixes ou à des discussions de cabaret, ou bien le résultat de jalousies professionnelles ; dans ce dernier cas, le crime emprunte au milieu des moyens spéciaux d'exécution, qui le rendent très caractéristique : à Tourcoing, dans un établissement industriel, un ouvrier essaie de faire sauter le générateur de la machine à vapeur, au risque de déterminer des dégâts effroyables, « avec l'intention de compromettre un aide-chauffeur, son ennemi, » 1889) ; l'assassinat, (drame de la haine ou du concubinage, épilogue d'une surexcitation de la cupidité, etc.) : l'avortement est presque aussi fréquent que chez les paysans ; mais l'infanticide l'est de moitié moins : on redoute plus accidentellement les suites de la débauche et l'opinion, sans grands effarouchements, tolérante par indifférence, prévient les actes de désespoir chez les mères, après une séduction. Je relève un détail intéressant à signaler. Dans certaines catégories, comme celles de l'habillement et de l'ameublement, on découvre une assez forte proportion d'attentats à la pudeur sur des

1. Aveu contenu dans le *Bulletin municipal officiel de la ville de Paris*, 1889. Le projet de loi sur le travail des femmes et des enfants, adopté par la Chambre des députés en juillet 1890, amènera-t-il une amélioration ?

enfants : peut-être la fréquentation de nombreux apprentis de l'un et de l'autre sexe, en des conditions qui favorisent les tentatives coupables, contribue-t-elle à développer cette forme de criminalité parmi les ouvriers de semblables catégories ; mais je me demande si les professions où l'on travaille accroupi (tailleurs) ou assis, les membres inférieurs serrés l'un contre l'autre, les organes génitaux exposés à des ébranlements répétés (cordonniers) ou à des frottements incessants (personnes se servant de la machine à coudre), n'éprouvent pas à la longue une tendance à la congestion de la moelle inférieure et des organes pelviens, avec une prédisposition à la facile excitation génésique. Les mêmes professions occupent un rang élevé pour le même crime dans les statistiques de nos anciens bagnes [1]. Les crimes-propriétés, beaucoup moins communs que dans le groupe des accusés de professions agricoles, sont marqués au coin d'une audace et d'une habileté plus grandes (fausse monnaie) ou d'une instruction assez avancée (faux en écriture). L'incendie est rare ; mais il a son remplaçant dans l'attentat à la dynamite, qui ne sort guère de la catégorie.

Quant au suicide, il n'est que trop fréquent, et il se produit généralement en trois conditions, sous l'influence de l'alcoolisme ou sous celle de la misère par chômage, incapacité de travail, etc., parmi les ouvriers ; sous l'influence des déceptions, de la perturbation des affaires, parmi les chefs d'ateliers et les patrons.

Suicide et criminalité dans le groupe témoignent donc très nettement de l'intervention des facteurs sociologiques. La révolte se dresse menaçante, sous le développement de ces facteurs, si mal dirigés ou contenus à

1. Il est curieux de retrouver, chez les cordonniers et les tailleurs, un nombre exceptionnel de suicides : le Dr Motet (*An. d'hyg.*, 1880) explique ce fait, non par une prédisposition fâcheuse, créée par la profession, mais par la mauvaise conformation et la constitution défectueuses ordinaires des individus qui ont choisi celle-ci par nécessité. « Le sentiment de leur infériorité physique, ajoute notre éminent confrère, la solitude dans laquelle ils vivent sont des causes actives qui les atteignent directement et ne frappent pas dans la même proportion les ouvriers du même état travaillant dans des ateliers. »

notre époque d'indécision. Toutefois, il ne faut rien exagérer. L'attentat brille surtout par son intensité qualitative. Si l'on compare le nombre des crimes à celui de la population professionnelle, on constate que les ouvriers d'arts et métiers et de la petite industrie occupent, il est vrai, le deuxième rang, à la suite des gens sans aveu, mais avec un chiffre d'accusés près de 6 fois moindre, dans la statistique de Lagneau, les ouvriers des grandes manufactures le troisième rang, avec un chiffre d'accusés à peu près égal à celui des professions commerciales et libérales, réunies dans la même statistique : que l'ensemble des catégories ouvrières, d'après les calculs d'Yvernès, tombe enfin à un taux relativement bas, très inférieur à celui des domestiques et même au-dessous du chiffre proportionnel des commerçants. Il y aurait donc une amélioration sensible de la moralité dans le groupe, malgré une apparence contraire, due à la bruyance de sa criminalité. Les relevés judiciaires bruts donnent une fausse notion des tendances antisociales chez les ouvriers ; mais l'étude des conditions ordinaires de l'attentat parmi eux, découvre les causes du mal et partant son remède : moins de concessions à l'esprit frondeur et turbulent des moins bons dans la classe ; moins de flagorneries aux citoyens électeurs qui désireraient limiter tout leur rôle social au labeur du vote ; meilleure et plus franche entente des conditions du travail et, par-dessus tout, éducation professionnelle soigneusement et libéralement donnée à l'enfant et à l'adolescent.

e. Professions domestiques. — Il ne sera pas question ici des domestiques de l'agriculture, dont les conditions d'existence ne diffèrent pas assez de celles des maîtres, pour motiver une classe à part, hors des professions du sol : mais seulement des domestiques attachés à la personne et des gens de maisons. Ces professions sont quelque peu parasites et se recrutent parmi des sujets qui n'ont aucune aptitude pour un travail nettement spécialisé[1].

1. Féré, en relevant l'énorme développement de la criminalité dans le groupe, semble regarder les professions de domesticité comme marquées au sceau de la dégénérescence,

Aussi ne faut-il pas s'étonner qu'elles présentent, parmi les professions classées, le plus haut chiffre d'entraînements criminels par rapport au chiffre de la population (Yvernès) : le parasitisme est une forme de l'exploitation sociale et toute exploitation dissimule des appétits faciles à dériver vers l'attentat. La fréquence du suicide est au contraire assez faible.

Je crois devoir rapprocher du groupe une catégorie de même essence, à mon avis, celle des aubergistes, logeurs, hôteliers, etc., les serviteurs de tout le monde. Sur ce milieu, il y aurait beaucoup à dire ! L'aristocratie de la classe, par intérêt autant que par l'habitude de frottements sélectés, se comporte honorablement. La portion moyenne est déjà plus fléchissante : on y commet surtout des abus de confiance, des vols par détournements, etc., mais encore en assez petit nombre. Tout en bas, les attentats se multiplient et la profession tend à se confondre avec la prostitution et la délinquance : les teneurs de maisons garnies, de maintes brasseries ou tavernes, par exemple, sont bien souvent les auxiliaires de l'une et de l'autre (la police ne l'ignore pas et elle tolère pour mieux surveiller, toujours prête à intervenir au moment opportun et le plus favorable aux razzias de malfaiteurs). Dans cette catégorie, les crimes contre la propriété sont deux fois plus communs que les crimes contre les personnes et les femmes forment presque la moitié du nombre des accusés.

Les domestiques proprement dits viennent de la ville ou de la campagne. Dans le premier cas, ce sont d'anciens militaires ou des déclassés de petites professions industrielles ou commerciales, des filles et des veuves d'ouvriers ; dans le second, des paysans madrés qui ont su de bonne heure établir la comparaison entre la vie dure et grossière des champs, l'existence aisée, fertile en distractions et en gains, sans trop lourds labeurs, de la

et il n'a peut-être pas tort ; l'inaptitude au travail défini, individualisé, cache probablement une prédisposition dégénérative chez un grand nombre, prédisposition dont e rôle est à rechercher dans l'attentat.

cité : des jeunes filles coquettes ou simples d'esprit, des campagnardes séparées de leur mari ou veuves, sans métier. Le courant toujours grossissant, établi des localités rurales vers les villes, apporte beaucoup de bonnes volontés, mais plus encore d'appétits. Pour les femmes, dans les conditions actuelles, il est particulièrement redoutable. Combien, jusqu'alors tranquilles et satisfaites aux champs, éprouvent la fascination d'une ancienne compagne qui, de temps à autre, revient bien attifée parader au village, se laissent entraîner au récit des aubaines et des plaisirs qu'on trouve à profusion au chef-lieu ou dans la capitale! Quelques-unes sont indignement trompées par les agences de placement ou les racoleuses de la prostitution ; un grand nombre trouvent un emploi de servantes, mais sans que la débauche y perde ses droits, et bientôt les impulsivités délictueuses se dessinent, au contact de mauvaises fréquentations, aussi devant l'acculement à certaines fatalités, que l'ignorance, le désespoir ou l'insensibilité du vice empêchent de surmonter. La criminalité domestique est énorme et les femmes lui apportent un contingent formidable (111 accusées contre 137 accusés de l'autre sexe, en 1887 ; dans la répartition moyenne des accusés, d'après les sexes, la femme l'emporterait même sur l'homme). Jadis, les choses n'allaient point de même. Moins de gens répugnaient à faire eux-mêmes mille besognes d'intérieur : les serviteurs n'existaient qu'en des familles aisées où ils étaient bien traités, et dont ils étaient rarement abandonnés, lorsque venaient pour eux l'âge du repos ; le serviteur acceptait volontairement l'espèce d'annihilation que l'esclave subissait par force, et, comme ce dernier, mais par un mobile différent, l'annihilation le maintenait dans une sorte d'état négatif où le crime n'avait guère l'occasion de se manifester ; l'esclave était prévenu autant que retenu dans ses impulsivités, par la limitation de ses besoins et par la crainte de châtiments rigoureux ; le serviteur était lié par l'intérêt autant que par la religion du dévouement éducatif; on servait d'ailleurs de génération en génération au sein des mêmes familles et l'hérédité continuait l'assouplissement. Aujourd'hui les conditions ont bien changé! Il n'est pas de si mince ménage qui ne prétende au serviteur: on ne peut se montrer difficile dans les choix, les gages étant minimes; mais, dans les meilleures familles, à part quelques exceptions [1], la vie n'a plus la cohésion, l'intimité et la simplicité qui relevaient le serviteur en l'absorbant. Le maître paie et se tient quitte de toute reconnaissance; le domestique reçoit une rémunération, sait qu'il n'a rien à attendre au-delà de son salaire et que personne ne lui saura gré de l'attachement poussé jusqu'à l'abnégation [2], il agit en conséquence. Deux jouisseurs vivent l'un de l'autre, et le plus humble se dédommage de ses ennuis par la recherche des profits extra-licites. Il faut dire que l'état de domesticité, par le contraste qu'il oppose de la richesse à la pauvreté, souvent convoitante et envieuse, est une source de sollicitations bien dangereuses pour les faibles: il éveille des besoins détestables, suggère des idées de chantage et de cupidité qui peuvent aboutir aux machinations les plus scélérates. Des Ruy-Blas de bas étage séduisent par surprise la fille de la maison (affaire L., Tours, 1859) ou bien se vengent des résistances de la femme en l'enveloppant dans leurs plus abominables crimes (affaire Cassan, Albi, 1889). Dans l'affaire Armand (Montpellier, 1863), le domestique Roux exploite avec un art infernal la réputation de violence d'un maître opulent, pour simuler une scène de tentative d'assassinat dont il aurait été la victime: il espère du même coup perdre un homme qu'il jalouse et obtenir une fortune sous la forme de dommages-intérêts: le maître était perdu, sans l'intervention de Tardieu et, mal-

1. Là où la maison est honnête, la domesticité l'est aussi. Comme il y a encore d'excellents maîtres, il y a encore d'excellents domestiques; dans la dernière liste des prix de vertu décernés par l'Académie, près du tiers revenait à des domestiques.

2. Je sais des maîtres qui ont laissé sur la rue, après 30 ou 40 ans des plus dévoués services, payés à raison de 15 à 20 fr. par mois, des femmes devenues impotentes; d'autres qui affectent de croire qu'avec d'aussi maigres gages, une bonne peut se former une caisse de retraite, caressent même l'arrière-pensée d'hériter de ses économies... et jettent les hauts cris quand ils apprennent leur placement à fonds perdus.

gré l'évidence, les magistrats cédèrent à l'opinion, déconcertée, en accordant au coquin de valet une partie de l'argent qu'il réclamait pour remédier aux suites de ses blessures ! Hier, c'était une femme de chambre, qui dans une affaire de divorce, entre personnes très aristocratiques, se vendait au mari et venait effrontément débiter sur le compte de sa maîtresse les plus odieuses calomnies. Puis viennent les hystériques, doublées de haineuses, qui torturent les enfants de la maison, sous le voile d'un amour hypocrite, les frappent à la dérobée, les contraignent à avaler des épingles, les empoisonnent à petits coups (Hélène Jegado), ou, comme dans l'affaire des scandales de Bordeaux, les livrent la nuit aux ardeurs impudiques de misérables vieillards (1881). Enfin, dans la domesticité, au contact des sexes, des intrigues se nouent qui bientôt s'accompagnent de grossesses clandestines et se terminent par des tentatives d'avortement ou par des infanticides.

L'amour contrarié, la débauche interviennent aussi fréquemment parmi les causes de suicide dans la catégorie.

d. *Professions commerciales*. — Elles occupent une place assez basse dans le suicide, mais assez élevée dans le crime. Elles sont fertiles en circonstances graves, en combats acharnés, où les hardis jouent le tout pour le tout, où ceux qui ont de l'honneur se débarrassent de leurs soucis et effacent un moment d'oubli par la mort, où les autres essaient de faire disparaître les obstacles dans l'attentat. Ces derniers sont les plus nombreux : on se trouve en présence de gens rassis, calculateurs, raisonnant froidement, et ne s'emballant guère ; ils ne songent pas à se supprimer eux-mêmes, ayant toujours bon espoir de revenir à flot aux dépens de leur milieu. La criminalité commerciale s'accroît et elle apparaîtrait plus considérable, si l'on y faisait rentrer bon nombre de faillites, d'après les conditions dans lesquelles elles sont closes (Tarde, Coutagne). Dans l'ensemble des accusés du groupe, la femme figure pour 1/15 (25 femmes pour

376 hommes, en 1887 ; dans l'ensemble des accusés de toutes catégories, répartis d'après les sexes, ceux du groupe donneraient 1 ac.-homme sur 13 et 1 ac.-femme sur 20 (Chaussinand). Les crimes contre les personnes sont relativement peu fréquents : les crimes contre la propriété atteignent le maximum et présentent ordinairement le cachet d'une instruction plus ou moins avancée : ils consistent en vols prémédités et exécutés avec un froid calcul, en faux d'écritures et en abus de confiance ; la banqueroute appartient à la catégorie. La criminalité commerciale garde la marque du milieu : elle est directement ou indirectement en rapport habituel avec la nature des occupations. Résulte-t-elle des sollicitations vraiment professionnelles ? Elle s'explique par les occasions de gains excessifs, susceptibles d'être acquis très vite, au prix d'une affaire un peu risquée ; par les contre-coups qu'entraînent, avec la hausse et la baisse des marchandises et des valeurs, la moindre négligence et la moindre maladresse de conception. Les demi-honnêtes vont au-devant des chances même douteuses, les plus honnêtes par irréflexion passionnelle ; on se grise à la pensée d'arriver haut, comme tant de gens, pauvres hier et inconnus, aujourd'hui les maîtres du commerce et de la banque ; mais pour quelques imitateurs, qui trouvent dans l'exemple des Rothschild et des Boucicaut un stimulant heureux, combien d'autres inférieurs à la tâche et destinés à sombrer dans la lutte ! La concurrence effrenée déchaîne les impulsivités dans la voie des rivalités jalouses, met aux abois les plus faibles ou les plus imprudents, découvre bientôt les tares de l'hérédité latente ; elle pousse à l'attentat sous toutes les formes ; elle accroît l'armée des lançeurs d'affaires louches, des falsificateurs éhontés des marchandises et des denrées les plus usuelles. Le commerçant éprouve d'ailleurs l'influence générale du milieu collectif. Ainsi que tout le monde, il a grande confiance en lui-même et rêve d'emblée d'occuper les situations brillantes. Les plus petits ne doutent de rien et veulent d'un coup se montrer gros

et forts : on emprunte largement, sans songer aux moyens de rendre, on brasse les affaires, comme on jouerait une partie de cartes sur un tapis vert, on perd sans nul émoi : la faillite et la banqueroute ne déshonorent plus un homme devant l'opinion. La multiplicité des sociétés de crédit, les facilités qu'elles offrent aux plus humbles de mener rondement les entreprises, à côté de résultats favorables, causent aussi bien des ruines, déterminent des délits trop réels ; et la bienveillance exagérée de la dernière loi sur les faillites contribuera, j'en ai peur, à soutenir les mauvais dans leurs desseins, plus qu'à relever les bons dans leurs déveines imméritées. Voici des faits observés. Un mince commis de magasin, absolument dépourvu de ressources, épouse une ouvrière aussi pauvre que lui, coquette et peu laborieuse ; le couple loue une boutique, la remplit de marchandises obtenues à crédit, et sans hésitation prend pour enseigne : « Maison X.... » Le comptoir est abandonné à des commis, l'intérieur à des servantes ; Monsieur et Madame se promènent. Au bout d'un an le naufrage, après les courses aux fonds sentant l'escroquerie ! *On liquide*. Le ménage en est quitte pour aller recommencer un peu plus loin la même aventure. Un négociant qui, pendant plus de dix années, avait tenu la corde en sa partie..., grâce à l'argent des autres, sombre un jour, aux sommations de son principal prêteur, une maison de banque, toujours appelée à fournir et jamais à recevoir. C'est à qui le plaindra, lorsqu'il dit en larmoyant : « Que voulez-vous ! J'ai eu du malheur ! Je n'aurais pas été réduit à une liquidation judiciaire, si l'on avait voulu continuer à m'avancer des fonds. » Un autre, appelé par la faveur populaire à diriger la fortune publique..., dirige si mal la sienne, qu'il est obligé de déposer son bilan ; on se hâte aussitôt de lui procurer une bonne place, qu'on eût refusée à un travailleur plus sérieux. De pareilles mœurs sont à modifier, et, à mon avis, par des moyens précisément contraires à ceux qu'on a préconisés. L'on a trop d'indulgence pour beaucoup de non-valeurs ou d'escrocs latents ; on accorde la prime de l'impunité à un trop grand nombre de véritables banqueroutiers : le public ne s'inquiète pas de savoir, si, d'après la loi, tel personnage était en droit d'obtenir la liquidation judiciaire ou d'être mis en faillite, à la suite d'affaires périclitantes : il constate souvent que cet homme est resté riche, est devenu même plus riche qu'auparavant, sous le couvert d'une femme à dot fictive ou sous le manteau de créanciers commodes, à côté de maints pauvres diables qu'il a compromis ou ruinés : il formule d'après cela ses conclusions : comme il n'a plus d'énergie pour la réprobation, il se borne à penser... qu'après tout la finesse est chose excellente à imiter, et les incitations se répètent à l'infini. Les honnêtes, ce sont des imbéciles ! C'est l'axiome de la nouvelle morale.....

L'ardeur déployée pour arriver aux succès rapides, tantôt inspirée par la cupidité, tantôt par la cupidité associée au désir de jouissance, mène fréquemment au délit le mieux caractérisé, ou au crime. La voluptuosité conduit à l'attentat beaucoup d'employés, qui éprouvent la suggestion du vol à l'idée de la facilité des moyens de l'accomplir sans grands risques. Il faut que les appétits soient parfois bien intenses, pour qu'au lendemain des libéralités princières faites au personnel de sa maison par Mme Boucicaut, une société de 6 jeunes gens se soit organisée au cœur de l'établissement du Bon-Marché, avec l'intention de mettre une caisse et certains rayons en coupe réglée ! Le principal coupable touchait cependant 6,000 francs d'émoluments annuels et sa patronne venait de lui léguer une somme de 10,000 francs (1889). La femme, le jeu, un goût pour la pose, peut-être engendré par l'obligation professionnelle de plaire aux clientes, tels sont les causes habituelles des entraînements qui envoient aux tribunaux correctionnels ou devant les cours d'assises nombre d'adolescents et d'adultes, dans la catégorie des employés de commerce.

Aux professions commerciales, on peut rattacher celles des transports (mariniers, voituriers, commissionnaires, etc.) : la criminalité en est presque exclusivement masculine, et surtout constituée par des attentats contre la propriété (vols, détournements, quelques faux). Dans une subdivision du groupe, que les mœurs et les tendances rapprochent davantage des professions ouvrières (chemins de fer), des crimes contre les personnes, inspirés par des causes banales, sont quelquefois accomplis avec un raffinement de calculs et de moyens, qui dérivent des conditions particulières du milieu (déraillements provoqués pour se venger d'un rival, même au prix de nombreuses existences humaines indifférentes, sacrifiées avec la personne détestée).

e. *Professions libérales.* — On réunit sous ce titre des professions sans autre lien connexe qu'un certain dégagement des intérêts matériels de chaque jour, et par la substitution d'un système de gains moins aléatoires[1] que le salaire ou le produit de la vente, et par une éducation d'ordinaire affinée. Comme leur nom a la prétention de l'indiquer, elles sont plus dignes d'un homme libre, malgré qu'elles obligent souvent au sacrifice de la liberté, et au vulgaire elles semblent particulièrement honorables, en raison du clinquant qu'elles font miroiter. Les statistiques joignent à ces professions les propriétaires et les rentiers, gens libres entre tous, honorés (sinon toujours honorables) entre tous, puisqu'ils ne dépendent de personne et tiennent la dragée haute à chacun, de par l'argent de leurs coffres, acquis licitement ou illicitement, grâce à leurs opérations ou à celles de leurs parents, peu importe ; il faut croire que l'argent remplace en effet bien des choses, car, dans ce petit groupe, l'éducation et l'instruction font souvent défaut, et néanmoins la criminalité ne détonne pas, à côté des catégories où ces facteurs de moralisation sont le plus développés. C'est que, chez les uns, les besoins sont prévenus dans leurs écarts par une sorte de satiété d'habitude, et, chez les autres, retenus par l'intervention d'une intelligence maîtresse. Toutes ces professions (à quelques

1. En apparence

exceptions près) comptent beaucoup de suicides et elles présentent en bloc la plus forte proportion d'aliénés ; par contre, elles ont un nombre assez restreint de délinquants et de criminels. Néanmoins, relativement au chiffre de la population dans l'ensemble du groupe, le degré de leur criminalité est litigieux. D'après une statistique d'Yvernès, elles occupent un rang très légèrement supérieur à celui de la classe agricole (9 accusés p. 100,000 individus), singulier rapprochement dans le *modus vivendi* collectif, aux deux extrémités de l'échelle sociale, triste identité des résultats donnés par l'ignorance, entichée de ses traditions ataviques, et par la science, toujours en quête de nouveaux progrès ! Mais dans une autre statistique, les professions libérales prennent position entre l'industrie et les transports (25 accusés p. 100,000 individus) : expression probablement plus vraie, qui est encore loin de répondre à l'affirmation de Fayet, d'après laquelle ces professions posséderaient « la plus forte criminalité spécifique ». D'une manière générale, la criminalité ne varie guère dans le groupe : elle est surtout urbaine et surtout masculine (dans la répartition des accusés d'après les sexes, 1 ac. sur 14 hommes et 1 ac. sur 48 femmes, Chaussinant ; en 1887, sur 309 accusés, il y a seulement 23 femmes) ; d'après Lacassagne, elle offrirait, avec un chiffre élevé de crimes-personnes, le minimum des crimes-propriétés : il semblerait que, dans les dernières statistiques, les deux formes tendraient à se rapprocher, et même, dans la dernière (1887), les crimes-propriétés l'emportent de beaucoup sur les crimes-personnes (192 contre 117). La criminalité se ressent d'ailleurs de la culture du milieu : elle est plus intellectuelle, c'est-à-dire qu'elle s'inspire de mobiles en eux-mêmes moins avilissants et qu'elle emploie des moyens plus propres à l'atténuer ou à la dissimuler. Ses oscillations et ses modifications, parfois très accentuées, sont à rechercher dans les conditions professionnelles des catégories secondaires.

Les influences qui paralysent le plus sûrement les impulsivité antisociales, sous les formes de la croyance religieuse, du devoir et de la discipline, du sentiment idéal et esthétique, apparaissent le mieux dessinées dans le clergé, la magistrature, l'armée, chez les professeurs, les hommes de lettres et les artistes. Mais quelques unes de ces catégories ont en elles-mêmes les germes de sollicitations dangereuses ou possèdent une criminalité spéciale, qui évolue distincte de la criminalité ordinaire, même dans le milieu partiel, et d'autres fournissent au délit banal par le nombre des déclassés qu'elles engendrent.

Le clergé trouve, en sa foi religieuse, un abri contre le suicide, mais non toujours contre l'attentat. Soumis à l'obligation du célibat, il compte parmi ses membres les moins instruits, les moins dégrossis, fils de paysans, restés des paysans d'allures et d'habitudes, un certain nombre de criminels, tombés par l'excès d'une continence peu en rapport avec le tempérament. Chez les femmes, la privation sexuelle mène à l'hystérie mystique; chez les hommes, quelquefois à l'oubli d'un vœu trop lourd et à la recherche d'une maitresse, que les confidences du confessional rendent facile, quand elle n'entraîne pas au viol; il faut cacher la faute : l'attentat forcé visera des enfants, chez lesquels il demeurera stérile et qui se tairont sous l'intimidation des menaces; s'il survient une grossesse révélatrice après un rapprochement plus naturel, librement obtenu, l'infanticide supprimera l'enfant ou l'assassinat la mère (affaire Delacolonge, etc.). Les mêmes causes déterminent les mêmes effets dans la classe des instituteurs laïques, eux aussi, pour la plupart, sortis du milieu rural et continuant à y vivre : sans doute, ils sont autorisés à se constituer une famille; mais trop pauvres pour en supporter les charges, ils hésitent à se les imposer; ils préfèrent se soumettre à une restriction contre nature et celle-ci les conduit à imiter l'exemple de leurs confrères congréganistes [1]. Une différence très caractéristique est

1. Autrefois, les attentats contre les enfants pouvaient paraître beaucoup plus nombreux parmi les instituteurs laïques que parmi les congréganistes (dans les statistiques du bagne de Brest, pour 1847 et 1853, sur 13 condamnés ecclésiastiques, j'en trouve 7

à relever entre les criminalités cléricale et laïque, identifiées dans l'espèce. Toutes les professions ont leurs déchets, qui vivent en état d'impulsivité indifférente ou fléchissent vers l'attentat. Dans le clergé, où l'on a des prétentions à l'infaillibilité, on défend les plus coupables contre l'opinion et même contre l'évidence. l'hypocrisie est encouragée et l'on voit, après des scandales comme celui de l'affaire Herchoux, des prêtres continuer leurs petits trafics, comme s'ils étaient de la plus pure nature : la soutane abandonnée, l'esprit de secte n'est point perdu avec elle : c'est avec une touchante onctuosité que maints défroqués se livrent à des quêtes et à de saintes escroqueries, qui les amènent devant les tribunaux correctionnels, sans leur enlever quoi que ce soit de leurs allures d'habitude automatique. Rien de semblable dans le milieu laïque; là au moins, on ne récuse pas la responsabilité des actes, et si l'on tâche de donner le change sur les mobiles, on n'essaie jamais de les revêtir comme de raisons extra-terrestres, qui soulèvent et révoltent. La profession sacerdotale n'échappe pas d'ailleurs aux influences communes; son fanatisme se réveille dans la lutte des partis et se traduit, sous des formes délinquantes, par des excitations coupables ou des diffamations lancées de la chaire. Elle subit malgré tout le rayonnement de

avec la mention de crime contre les mœurs, et sur 83 instituteurs ou maîtres d'études, 48 sous la même rubrique), parce qu'on n'apportait aucune réticence vis-à-vis des premiers et que l'on taisait avec complaisance les écarts des seconds. Aujourd'hui, les rôles sont renversés; on tendrait plutôt à pallier les fautes des laïques et à exalter, par passion politique, celles des congréganistes. A propos des scandales de Cîteaux, M. Freppel n'hésita pas à déclarer que, dans les attentats contre les mœurs, les laïques donnaient une proportion de 33 accusés pour 100 du nombre des professionnels, et les congréganistes 72 pour 10,000, dans la période 1867-81 ; mais M. Faure lui répondit à la Chambre par d'autres documents statistiques, recueillis au cours des 12 dernières années : condamnations par contumace 32 0/0 chez les congréganistes et 8 chez les laïques, condamnations contradictoires 83 0/0 chez les congréganistes et 43 chez les laïques. La question de prépondérance dans l'un ou dans l'autre groupe est secondaire ; elle est dominée par ce fait, qu'une influence sociale remédiable est la cause d'une criminalité spéciale en deux catégories professionnelles : on peut supprimer la criminalité chez l'une, sans combattre le principe religieux, en supprimant l'occasionnalité avec les écoles enfantines confiées à des éléments masculins ; chez l'autre, en mettant l'instituteur laïque mieux à même de participer à la vie commune par l'élévation de son salaire.

l'exemple, au détriment de l'antique discipline : les défections sont assez fréquentes, et même on assiste à des grèves de religieuses... contre leur aumônier (Annecy, oct. 1888).

Chez les militaires, le haut développement des sentiments d'honneur et de patriotisme, l'esprit de corps, dicté par l'émulation, maintiennent dans la bonne voie jusqu'aux hésitants, la discipline mate jusqu'aux tarés. On n'a peut-être pas assez remarqué la puissance de refrènement que de pareils facteurs possèdent dans un milieu en somme très mélangé. Les impulsivités qui aboutissent aux crimes ou aux délits spéciaux, comme aux crimes ou aux délits communs, chez les soldats, émanent d'une résistance amoindrie, qui, dans la vie ordinaire, se traduirait par des attentats de diverses sortes ; elles ont d'autant plus de chance de se montrer, que les contacts et les imitations sont plus intenses dans la vie de caserne, de se manifester par de violents éclats, que l'armée attire et renferme des bons et des mauvais ; et cependant le nombre des condamnés par les conseils de guerre est minime. Sur un effectif de plus de 550,000 hommes, il n'y a guère plus de 5,000 accusés annuels, dont 700 à peine sous l'inculpation de crimes et de délits communs, 1 sur 785 hommes, quand la criminalité générale, dans la population non militaire, donne un accusé ou prévenu pour moins de 200 habitants en moyenne. A Brest, les conseils de guerre maritimes, qui ont à juger les manquements commis par les marins et les troupes de la marine (soit une moyenne d'effectifs de 8 à 10,000 hommes) ne prononcent pas plus de 50 condamnations annuelles pour crimes et délits de toutes qualifications. Ce sont là des résultats trop ignorés et qui démontrent l'heureuse influence du facteur autorité, non pas de l'autorité brutale, lâche, impitoyable de l'autre côté du Rhin, mais de cette autorité à la fois paternelle et ferme qui est si bien dans les habitudes françaises. On tolère des écarts sans importance, chez le soldat et le marin, et rarement ces militaires abusent de l'indulgence, retenus qu'ils sont par les conditions que j'ai mentionnées ; la plupart du temps, quand les éclats se produisent, méritant la répression sévère, ils ont pour auteurs des malheureux, ivrognes d'occasion ou incorrigibles, ou des tarés héréditaires. En dépouillant les dossiers du greffe maritime, j'ai en effet relevé, sur la photograhie d'un grand nombre de condamnés, l'empreinte de caractères dégénératifs et reconnu, dans les antécédents des plus tristes victimes du jeu et de la débauche, l'éducation de la maison correctionnelle au cours de l'enfance. L'armée n'est pas un centre de sélection psychique : on en rejette les infirmes du corps, mais non ceux de l'esprit ; on laisse passer dans ses rangs une foule de dégénérés dont les stigmates apparaitront seulement après l'incorporation, dévoilés par des impulsivités anormales : combien de fugues incompréhensibles, punies comme désertion, doivent être rattachées à l'épilepsie et à l'hystérie larvées ! Combien d'attentats violents prennent leur origine en ces états, méconnus, ou en d'autres conditions de dégénérescence congénitale tout aussi méconnues ! La faible proportion des manquements met d'autant mieux en relief l'excellence de l'action disciplinaire, qui maîtrise et redresse avec succès les impulsivités, chez les sujets les plus sains et chez les sujets les plus instables. Mais le milieu a des influences propres, qui aident à l'explosion accidentelle de divers attentats. On range, parmi les délits militaires, certains délits qui empruntent leur qualification seulement aux circonstances de leur accomplissement ; par exemple, les vols au préjudice d'un camarade dans la chambrée, les soustractions et les ventes d'effets, etc. Ces délits ont bien les mêmes mobiles que leurs analogues dans la population civile ; mais au régiment, il se produisent avec une intensité particulière, chez quelques individus, au contact de camarades, ou peu scrupuleux, ou inconscients des passions qu'ils éveillent par l'étalage de ressources hors de la portée de leurs voisins. L'agglomération est mauvaise pour l'homme, à l'âge de certains besoins, qu'il n'a aucun moyen de satisfaire. Celui qui n'a rien et voit les autres s'amuser auprès de lui, celui qui souffre de la restriction génésique et entend le soir résonner à ses oreilles les histoires grivoises du don Juan à la bourse garnie, est entraîné à rechercher dans un manquement la misérable somme avec laquelle il espère arriver au contentement d'un appétit impérieux. Il m'a toujours semblé que l'État faisait preuve de haute imprévoyance, en ne ménageant point, chez le soldat, un accord entre le tempérament d'adultes vigoureux et les conditions du milieu, qui comprime et exalte à la fois des élans naturels. Il est rare que l'entraînement se traduise par des viols ou des attentats à la pudeur, mais fréquemment il donne lieu à des dérobations, quelquefois à des transactions attristantes (affaire Châtelain) destinées à fournir aux exigences tarifées de filles de basse prostitution. Les plus vicieux deviennent des pédérastes; les timides résistent aux tentations perverses pour s'abandonner aux joies solitaires de l'onanisme : on ne se doute pas des victimes que cette habitude terrasse, dans nos colonies lointaines (poste de l'Afrique occidentale, etc.), avec son auxiliaire ordinaire, la nostalgie [1]. Le suicide, dans toutes les armées européennes, est fréquent. Chez le soldat, il est la conséquence du dégoût de la profession, qui apparaît à quelques-uns sous les mêmes couleurs que l'esclavage, avec son cortège de regrets de personnes et de lieux affectionnés perdus ; chez les sous-officiers, il est le refuge contre la dégradation à la suite d'une équipée de jeu ou de femme, doublée de faux en écritures ou de vols au préjudice de la compagnie ; chez l'officier il est trop souvent dû au culte de l'absinthe, s'il ne se rattache à la paralysie générale, remarquablement commune dans le groupement [2].

1. Le général Bugeaud, qui fut un grand hygiéniste, ne dédaignait pas de s'occuper de ces questions, en Algérie.

2. Je ne suis pas un admirateur du militarisme et de la discipline passive et illimitée. Si je me suis abstenu d'écrire sur ces matières tout le mal que je pense, c'est par sentiment patriotique : la France est peut-être le seul pays que les circonstances obligent à maintenir haut l'esprit militaire, même avec ses pires inconvénients. Au moins ai-je liberté pour faire ressortir certains côtés du milieu professionnel, que l'on peut

Le magistrat tient du prêtre et du soldat. C'est encore, assez généralement, un croyant par conviction, et, à défaut de la religion d'église, il a celle du devoir professionnel au plus haut degré : c'est aussi un militant, sous la discipline du Code qu'il est chargé de faire partout respecter. Mais il est homme, et, à toutes les époques, les emportements du fanatisme et de la politique ont pu l'ébranler, quelquefois aussi ceux de la passion vulgaire. Très isolées cependant sont les chutes parmi cette classe rigide, dont notre pays a quelque droit d'être fière. Et il ne faudrait pas s'imaginer que l'extrême rareté des attentats relevés dans la catégorie soit fictive, en raison du voile jeté sur les individus pour l'honneur de la corporation ; l'opinion publique ne s'égare pas ainsi et même

mettre en relief sans danger, et même avec utilité. L'heureux effet d'une discipline pondérée se traduit par une amélioration continue de la moralité dans l'armée française, alors que la criminalité générale augmente dans le milieu civil ; mais, en même temps, les répugnances s'accentuent de plus en plus fortes, vis-à-vis d'un état si contraire à des habitudes très civilisées, par une augmentation des manquements militaires proprement dits. Le tableau ci-joint, dans lequel j'ai isolé les crimes et délits militaires proprement dits (désertion, insubordination, etc.), et rattaché aux crimes et délits communs leurs analogues militarisés dans le milieu (vols au préjudice d'un camarade, vols et dissipation d'objets appartenant au corps, etc.), exprime très nettement cette double évolution : les chiffres traduisent le rapport des manquements à la moyenne des effectifs, ils marquent le nombre d'hommes répondant à *un* accusé : soit un ac. pour les nombres suivants d'hommes au corps :

		1839	1849	1865-66	1885-86
Dans les	Crimes et délits militaires proprement dits..	317	296	222	180
	Crimes et délits militarisés et de droit com..	90	75	135	248

Il est à remarquer que l'amélioration s'accentue davantage parmi les soldats que parmi les officiers et sous-officiers. Une catégorie conserve un assez mauvais rang à peu près invariable, celle des engagés volontaires.

Le suicide se maintient élevé. Il tendrait cependant à diminuer. Je relèverai ici une erreur répétée dans tous les livres : il n'est pas absolument vrai que le suicide augmente en raison directe de la durée du service. Dans les premières années, sa fréquence est en raison inverse (elle diminue avec un assouplissement relatif aux obligations nouvelles) ; dans l'armée prussienne, par exemple, sur 1,000 décès, il y a 72,5 suicides pour la 1re année d'incorporation, 29 pour la 2e, 24,8 pour la 3e, 11.8 pour la 4e (période 1881-82). Mais au-delà d'un certain temps, le suicide remonte et marche parallèlement à la durée du service (dégoût d'une profession à laquelle on ne peut plus se soustraire, habitudes alcooliques devenues invétérées, etc.) : au-delà de la 4e année, sur 1,000 décès, il y a 35,2 suicides dans l'armée prussienne ; dans l'armée française, sur 1,000 hommes d'effectif, il y avait 0,3 suicides chez les soldats comptant moins de 3 ans de service, et 0,9 chez les soldats en comptant 14 (1862-67). Dans l'armée anglaise, le suicide augmente avec l'âge des soldats : sur 1,000 suicides, Millar en note 0,2 chez les sujets de 20 à 25 ans, et 0,7 chez les sujets de 35 à 40.

à notre époque elle a tendance à poursuivre avec une énergie particulière les moindres écarts qu'elle découvre dans les milieux les plus sélectés. J'estime que la criminalité négative est ici le résultat d'une éducation souvent acquise dès la famille, tout au moins contractée de bonne heure dans un foyer traditionnel, et la preuve est aisée à en donner : quand il se produit des écarts, presque toujours, ils ont pour auteurs des intrus glissés dans la classe par le favoritisme officiel ou occulte (je n'ai pas besoin de rappeler des exemples). — Je n'ai rien à dire de saillant des agents de la force publique, les auxiliaires immédiats de la magistrature, si ce n'est que leur recrutement laisse souvent à désirer. J'insisterai sur les catégories d'hommes de loi qui vivent à l'ombre des prétoires ou en sont plus ou moins rapprochés. — Dans ces sous-groupes, celui qui a l'intimité la plus grande avec la magistrature est aussi celui qui présente le moins de trébuchants : je veux parler des avocats. Mais il se pourrait que la moralité de la profession fût plus apparente que réelle : 1° l'avocat disparaît de sa classe à la première faute susceptible de la compromettre trop ouvertement et on le retrouve en d'autres catégories dont il accroît la criminalité (hommes d'affaires véreux, journalistes louches, etc.) : 2° l'avocat qui reste échappe souvent aux conséquences de faits commis par lui et méritant pour d'autres la qualification d'attentats, en vertu de prérogatives indignes d'un Code civilisé [1] : sous le prétexte de défendre les coquins les plus ignobles, il se permet contre d'honnêtes gens les injures les plus outrageantes et jusqu'à la calomnie, il distille la diffamation devant des centaines de spectateurs, déshonore et tue en toute impunité ; ce n'est pas un motif pour que l'opinion ne stigmatise pas des infamies de cette sorte du vrai nom qu'elles comportent et ne renvoie pas leurs auteurs dans

1. Maurice Faure a repris un projet de loi tendant à la suppression du privilège des avocats et à la liberté de la défense, à la suite des manifestations scandaleuses de quelques stagiaires, lors du jugement du jeune duc d'Orléans (février 1890).

les séries de la délinquance auxquelles ils seraient dignes d'appartenir plus effectivement[1]. — Dans la catégorie des notaires, la criminalité objective et tangible est très prononcée depuis quelques années. Les fuites ou les tentatives de fuites à l'étranger, les arrestations et les condamnations après détournements de fonds, abus de confiance, faux en écritures authentiques, etc., deviennent de jour en jour plus fréquentes dans la corporation et cette situation réclame, dans l'intérêt de la protection de l'épargne comme dans l'intérêt de la dignité d'une profession nécessaire et jadis très honorée, une intervention énergique de l'État, puisque les Chambres locales ne suffisent plus à prévenir les actes malhonnêtes et criminels. On a rappelé aux notaires qu'ils n'avaient pas le droit de jouer sur les fonds publics avec l'argent confié à leurs soins ; on vient même de leur interdire de conserver chez eux des capitaux, d'accepter des sommes de quelque importance à charge d'en servir l'intérêt, de les employer même temporairement à d'autres usages que ceux spécifiés par les déposants, etc. (loi de janvier 1890) ; il faut en outre augmenter les pénalités pour les attentats dirigés contre l'épargne et surtout mettre fin aux compromissions douteuses, aux écœurantes alliances de la politique avec le banditisme en

1. Dans le procès Jeufosse (Eure, 1857), on vit un avocat, pour soutenir la défense d'un coquin de haute finance, flétrir l'innocence d'une jeune fille que ce lâche avait voulu séduire ; dans l'affaire Cassan (Tarn, 1889) un autre avocat essaya la défense d'un vil assassin, sur l'hypothèse de la complicité d'une mère de famille devenue la maîtresse d'un bandit pour le pousser au crime ! Dans cet ordre d'idée, où l'acte s'étale trop cyniquement au grand jour des audiences pour être rapporté à la criminalité latente, je mentionnerai la conduite de certains magistrats, dont le zèle est parfois bien maladroit ou pervers : au cours d'un procès célèbre, le président des assises apprit à la femme de l'accusé que sa propre mère était l'amante de son mari, révélation épouvantable et sans connexion nécessaire ou utile avec la cause ! De temps à autre aussi, il est question de procédés d'un autre âge mis en avant par des juges d'instruction, sans doute les admirateurs d'un Bodin. On a ouï parler de poucettes appliquées avec une brutalité inqualifiable sur l'ordre de l'un d'eux, pendant un interrogatoire. L'an dernier, presque coup sur coup, les journaux nous apprenaient l'histoire d'un pauvre diable, faussement accusé par une femme et si violemment interpelé par le juge, qu'il se suicida au sortir du cabinet ; celle d'un autre malheureux arrêté comme coupable d'un vol, sur mandat d'un magistrat qui avait en pleine confiance aux déclarations d'un saltimbanque hypnotiseur ! Ah ! le progrès !

habit noir et cravate blanche : trop fréquemmunt l'on a rencontré chez les notaires véreux des favoris de députés influents et de ministres, surpris en de vilaines affaires les efforts de défenseurs occultes pour donner le change à l'opinion, assurer la conservation de leur honneur et de leur fortune à des misérables, empêcher les cris de détresse des pauvres diables dépouillés de parvenir jusqu'aux tribunaux. — Des huissiers, il y a aussi des attentats contre le bien d'autrui à réprimer, mais beaucoup plus rarement que chez les notaires : la gent s'engraisse de ce qui occasionne autour d'elle la ruine et la misère... mais légalement [1].

On peut médire de l'art et des artistes, répéter que les peuples les mieux doués sous le rapport des instincts esthétiques sont aussi les plus corrompus, rêver avec Platon une république sans arts et avec les Pharisiens de toutes les civilisations une république sans luxe, cette expression générale des tendances esthétiques dans la race. Mais alors, il faut aller jusqu'au bout et admettre que l'idéal humain, c'est la négation absolue de toute jouissance, en dehors de celles de la bête, c'est le paysan grossier, le sauvage, l'ancêtre à peine sorti de l'animalité. L'art adoucit les mœurs et par là il est un grand facteur dans l'évolution morale ; il est la sincérité dans la contemplation de la nature et dans l'expression des beautés qu'elle engendre. Ceux-là qui le possèdent, les artistes, sont les supérieurs entre tous, et l'on ne rencontre guère parmi eux (je parle des vrais) de délinquants ou de criminels, car ils ont la religion qui préserve le mieux des impulsivités mauvaises, éprouvent des besoins trop dégagés des sentiments ordinaires pour entrer en conflits avec ces derniers. Ils sombrent dans la folie ou le suicide, assez fréquemment ; dans l'attentat contre autrui,

1. On rencontre, dans ces professions, aux mauvais jours de la Révolution, des types particulièrement insignes par leur férocité : Carrier, le sinistre proconsul de Nantes, avait été notaire ; Maillard, le président des massacres de septembre à l'intérieur des prisons de Paris, Carpentier et Ganguery, les guillotineurs de la Guadeloupe, etc., étaient des huissiers

très rarement. Mais ils ont des imitateurs.... grimaciers et décadents du théâtre et de la littérature, du pinceau et du ciseau, qui suivent une voie précisément contraire à la bonne. Les masses ont tout à redouter des entraînements à la suite des uns, tout à gagner de l'élévation à la suite des autres. Et, dût un brassage difficile à éviter, jeter dans un peuple quelque corruption, le goût du beau, qui a pour corollaire le goût du luxe et du bien-être, n'en reste pas moins pour ce peuple comme la marque d'une civilisation de progrès : la vie plus intensive vaut mieux que la vie négative, même au prix d'un accroissement momentané de ce qu'on appelle le délit. Les frottements sont moins rudes, la criminalité s'atténue et la multiplicité du délit trouve à un moment donné son arrêt, dans une réforme de l'opinion, devenue plus clairvoyante. Dans cette réforme, j'estime que le développement esthétique de la race doit jouer un rôle important, et voilà pourquoi je place à un haut rang les professions artistiques, déjà libérées elles-mêmes, dans une ample mesure, des impulsivités criminelles, de par l'aveu brutal des statistiques.

De ces professions, je ne sépare pas les littérateurs. Mais parmi les gens de plume, il est une catégorie sur laquelle il importe d'admettre des réserves. Elle renferme certainement des écrivains émérites, mais aussi beaucoup d'autres, dont les productions n'ont rien à voir avec l'art, et, chez tous, les obligations militantes du métier impriment à celui-ci des tendances souvent dérivatives vers le crime-délit. Je fais allusion aux journalistes, dont le rôle est devenu si considérable. Ils interviennent dans la criminalité de deux façons : — indirectement, par les incitations qu'ils provoquent autour d'eux et jusque dans les recoins les plus reculés des masses, au moyen de l'exemple malsain, rayonnant, offert aux imaginations de tout âge et de l'un et l'autre sexe, école volante de vice pour ceux qui l'ignorent et de perfectionnement pour les tarés ; au moyen de la suggestion perfide, de l'habile travestissement des choses et des actions, qui, sous couleur politique, habituent l'opinion à se familiariser avec les circonstances atténuatrices des pires attentats, sèment la défiance entre les citoyens, exaltent les haines contre quelques-uns jusqu'à leur susciter des assassins (Mariotti, Aubertin, etc.) ; — directement, par la diffamation nettement préméditée pour nuire aux personnes, non seulement dans une lutte de partis, mais encore dans un intérêt d'ordre privé : on a vu des journaux se constituer en entreprises de chantage ! Encore cette criminalité objective est-elle doublée d'une très forte criminalité occulte et rencontre-t-elle, dans ses manifestations les plus intensives, une sorte de mitigation, grâce à la survivance du duel, coutume barbare, idiote, mais susceptible d'empêcher quelquefois de très graves attentats, et à la mode parmi des hommes avides de notoriété, connaissant d'ailleurs la manière de l'acquérir sans trop de risques (très anodins sont la plupart des duels de journalistes). La presse cependant est un formidable levier d'amélioration sociale et la garantie de la liberté, et même avec les conséquences fâcheuses qu'elle entraîne, elle est une nécessité. Elle réunit un grand nombre de personnes distinguées et honnêtes dans le même but de progrès à poursuivre ; mais elle est un terrain de bataille, et, dans la lutte active, il est difficile que tous les sujets restent maîtres d'eux-mêmes et se gardent d'impulsivités réprouvées par la morale. Elle est compromise, depuis longtemps déjà, par la facilité regrettable avec laquelle elle s'ouvre à tout le monde, et principalement aux trop habiles et aux trop violents sans conscience. Ses bas-fonds semblent devenus l'asile de tous les déclassements. Un fils d'ouvrier a acquis une bonne éducation primaire, il a fréquenté des sociétés tapageuses où l'admiration va droit aux phraseurs les plus incompréhensibles, il a cueilli des applaudissements : il se croit appelé à réformer la société, rougit du métier de son père, en se targuant bien haut de son origine, jette le maillet au cri : de « Vive l'ouvrier ! » et saisit la plume, pour vivre aux dépens de l'ouvrier ; il écrit de verve, bave l'envie et la haine : voilà un premier type de l'écrivasserie sans scrupules. Un déchet de profession quelconque, professeur renvoyé du collège, militaire chassé du régiment, architecte ou médecin sans clientèle, avocat douteux, prêtre défroqué, acteur sifflé, etc., est déjà sur le pavé ou tout près d'y glisser ; il se souvient à point de l'instruction reçue et la met au service de la première feuille qui consent à l'utiliser ; aucune besogne ne lui répugne et même il prend goût pour les plus sales, qui lui apparaissent comme une vengeance contre les heureux, ses ennemis naturels : voilà un second type de basse et moyenne presse. Il y a mieux ! Les révélations d'E. Gautier nous l'ont appris : le journalisme a des recrues parmi les tarés, prédisposés à rechercher le délit comme le principal ou l'unique moyen de leur existence. Pour ces gens-là, une feuille est l'abri où ils combinent à froid et exécutent le forfait lucratif [1] : l'attentat se transforme en acte politique, la condamnation infamante est exploitée comme un titre d'honneur ; mais, dans la prison, l'homme se révèle au choix des compagnons les plus vils, à ses sympathies pour les délinquants et les criminels de droit commun, à son abandon le plus complet aux habitudes immorales du milieu. On parle toujours, malgré l'échec de certaines propositions devant la Chambre, d'en revenir à des lois restrictives de la liberté de la presse, sous le prétexte de mettre un frein à la diffamation. Sans doute, il importe d'arrêter des écarts monstrueux, tout en respectant les droits de l'opinion et de ceux qui la dirigent ou la représentent. Mais ne serait-il pas aussi très utile d'amener le journalisme à surveiller lui-même, de plus

1. Pour quelques-uns même, la mauvaise action est un jeu. Exemple : un non classé du journalisme, un socialiste de ton, mais employé à rédiger le fait divers et la chronique judiciaire à scandale dans une feuille opportuniste, un ami déclaré du pauvre peuple et du prolétaire, qu'il bafoue tous les jours de correctionnelle, glisse un matin dans les colonnes une histoire banale d'adultère, doublé d'outrage public à la pudeur ; il y a eu condamnation de la femme et de l'amant et les noms sont publiés. L'écrivain (!) rédigea l'affaire sur un mode grivois et fut surpris le lendemain occupé à mettre sous bande un numéro du journal, à l'adresse du mari, qu'il ne connaissait pas, honnête et très modeste serviteur de l'État, alors occupé dans une colonie lointaine.

près, les membres qu'il accepte [1] ? La presse est redoutable, moins par l'excès de la liberté qu'on lui laisse et qu'elle doit posséder dans un pays démocratique, que par les gens souvent appelés à la servir : entre les mains d'un journaliste digne de ce nom, les armes les plus acérées sont maniées avec honnêteté et si elles blessent quelquefois par erreur, elles ne tuent guère que des adversaires fort peu dignes de pitié ; mais entre les mains de criminels latents, les mêmes armes sont principalement dirigées contre les plus respectables : c'est à cette catégorie de mauvais qu'il serait urgent de fermer les portes de l'institution ; on les retrouverait sûrement en d'autres places... plus ou moins rapprochées de la patrie commune à tous les antisociaux, la prison.

La culture esthétique moralise et réprime les écarts de l'impulsivité par l'épuration des sentiments. La science assure le même résultat par le positivisme qu'elle impose à la raison. L'art élève par l'idéal, la science en montrant l'utilité et la nécessité des choses, le danger de leurs contraires. Comme il y a peu de vrais artistes, il y a aussi très peu de savants parmi les criminels. Chez les artistes, les crimes contre la propriété l'emportent sur les crimes-personnes, sans doute parce que des goûts de luxe ou des exigences professionnelles les exposent davantage à subir la suggestion de certains moyens occasionnels d'y satisfaire, sans doute parce que la femme, la maîtresse aux caprices dispendieux, joue dans leur existence un rôle plus ou moins prépondérant. Chez les savants, on observerait l'inverse. Les crimes contre les personnes sont plus fréquents que les crimes contre les propriétés. Ce renversement est dû à l'intervention de la catégorie spéciale des médecins et pharmaciens ; mais, dans la catégorie, l'attentat devient en grande partie féminin, par l'immixtion des sages-femmes. La profession

1. « La seule façon d'arrêter les scories du journalisme, tant qu'on n'aura pas trouvé celle de les empêcher de s'y mêler, semblerait être de les rejeter dès qu'elles salissent, » écrit G. Robert à propos du projet de loi Reinach (*Rev. bleue*, 30 nov. 1889). J'eusse préféré que le journalisme commençât lui-même le triage.

médicale est une de celles où se traduit le plus nettement l'influence du milieu sur la genèse du crime. On y souffre en silence, on y vit souvent avec peine, sous l'obligation de concilier les apparences de la fortune avec la réalité de la gène, conséquence de l'ingratitude du client et des iniquités du régime légal : après des études coûteuses, il faut supporter la concurrence du charlatanisme, donner des soins à maintes personnes sans espoir de rémunération, obéir aux réquisitions des magistrats au prix d'honoraires dérisoires, et pour lutter contre une exploitation systématisée, on ne peut avoir recours à des syndicats reconnus, quand l'association est permise aux commerçants et aux ouvriers. Un grand nombre de jeunes gens embrassent une carrière où leur imagination ne découvre que de brillants côtés. Les désillusions viennent tôt. Les philosophes se contentent des plus minces situations (des docteurs-médecins protègent de leur titre des rebouteurs et des marchands d'orviétan)[1], les moins résistants se révoltent quelquefois, ou d'emblée se laissent aller à l'attentat. Celui-ci ne naît pas toujours du besoin matériel immédiat. Dans la profession, les vanités sont grandes et les rivalités très intenses, elles peuvent se transformer en mobiles criminels : Castaing empoisonne deux de de ses amis pour arriver, grâce à leur fortune, dont il devait hériter, à la représentation du praticien en vogue ; un jeune médecin pour se débarrasser d'un confrère gênant, essaie de l'empoisonner au moyen d'un plat de grives, qu'il lui adresse amicalement (1885). Mais, sous les sollicitations de la misère cachée, la pire de toutes, celle qui doit dérober les privations douloureuses derrière l'aisance des manières et les recherches de la tenue, afin de ménager à l'homme l'espérance d'une amélioration, l'appât d'une somme plus ou moins forte a pu triompher de scrupules aux abois ! c'est par l'avortement... bien payé, que la criminalité médicale est surtout grossie, en

1. Une des gloires de la chirurgie française, qui a eu le malheur de survivre à ses succès, a longtemps servi et sert peut-être encore, dans sa vieillesse besoigneuse, à couvrir de son titre un vulgaire *guérisseur* de maladies plus ou moins incurables.

se concentrant d'ailleurs plus particulièrement dans la catégorie des sages-femmes. La profession est en outre exposée à des contacts occasionnels, qui développent soudainement des appétits très intensifs et éveillent l'idée du crime chez les prédisposés [1] : des femmes ont été violées par des praticiens pendant le sommeil chloroformique. Par contre, plus d'un médecin de mœurs irréprochables a été la victime d'embûches ou de calomnies préparées sous l'empire de l'hystérie ou par les calculs d'un chantage.

On est autorisé à soupçonner, d'après des faits nombreux, révélés par l'histoire ou signalés chaque jour dans les feuilles publiques, sans rencontrer nulle part l'atténuation ou la dénégation, que la statistique est loin d'être l'expression de toute la criminalité, au sein des diverses professions. La criminalité objective se double en effet d'une criminalité latente, et celle-ci semblerait s'accroître en raison inverse du développement de la première, du moins dans certaines catégories. Le crime et le délit ont d'autant plus de chances de demeurer occultes, qu'ils éclosent dans un milieu plus intelligent, plus sociable, plus affiné ; la tare héréditaire peut y conduire, mais aussi le calcul savant, et l'habileté des coupables, qui n'est pas toujours inséparable d'une prédisposition anormale, qui s'allie même parfois à des états semi-morbides (on sait les affinités du crime, de la folie et du génie), est encore secondée par l'appui conscient ou inconscient que leur apportent les relations familiales, mondaines ou politiques. Les professions libérales, avec celles du commerce et de la finance, sont probablement celles ou l'attentat dissimulé est le plus fréquent, mais souvent par fausse appréciation du devoir ou du déchaînement d'instincts qu'on tolère, sous les noms de vocation,

1. Jusqu'où peut aller l'influence de la tare héréditaire ou acquise dans la profession : le chirurgien Palis, membre du tribunal révolutionnaire, à Brest, condamnait à mort les femmes aristocrates, par haine de leur caste, et quand elles étaient jeunes et jolies, par instinct ignoble et tendance de métier, violait leur cadavre et puis le disséquait.

de foi, de conviction, etc. Que de crimes a fait commettre, en tous lieux et dans tous les temps, le fanatisme religieux et politique, et quelles incitations peuvent encore aujourd'hui prendre origine à l'ombre du confessionnal, semence de division dans les ménages, préparation à l'adultère ou à l'abandon moral des enfants, etc.! Dans l'état militaire, que d'impulsivités mauvaises, stimulées sous l'égide de la discipline ou du prétendu droit de la guerre! Pendant la paix, les abus d'autorité qui poussent les plus doux à la révolte et les jettent quelquefois, pour la défense d'un misérable, devant le peloton d'exécution; les notes secrètes, qui diffament les meilleurs et leur enlèvent toute espérance d'assurer dignement leur carrière, selon leurs services et leurs mérites [1] : dans la guerre, le viol, l'assassinat des femmes et des enfants, l'incendie et le pillage, passe-temps ou récompense du soldat aux goûts brutaux et sanguinaires [2]. Même à l'intérieur des prétoires, que de dénis de justice prémédités ou cachés sous de vains prétextes, quelle indulgence pour certains scélérats bien en cour, quelle sévérité pour de pauvres diables, souvent bien excusables, quelle indifférence à trancher des affaires peut-être insignifiantes en elles-mêmes, mais de grosse conséquence pour des humbles : des coups de désespoir sont parfois le résultat d'une telle ironie du droit et leurs auteurs sont punis par ceux-là qui ont été la cause de leur entraînement. Combien d'avocats, s'ils rentraient en eux-mêmes, auraient à reven-

1. Si un ministre de la valeur de Decrès a osé, pour perdre dans l'esprit de Napoléon le contre-amiral Nielly, si honnête et si vaillant serviteur, faire disparaître des pièces susceptibles de justifier la conduite de cet officier (*Rev. bretonne*, 1844, III, 96), que ne peuvent tenter, du haut au bas de l'échelle hiérarchique, mille potentats au petit pied, vaniteux et nuls, souvent jaloux des mérites de leurs subordonnés, prêts à sacrifier les ennemis de leurs amis, instruments dociles de la coterie! J'aurais à cet égard plus que des souvenirs à rapporter...

2. Tilly, ex-jésuite devenu général impérial, laissa commettre les plus abominables atrocités à ses troupes, dans Magdebourg : il fallait bien payer de quelques distractions les bandes de sauvages que le trésor soldait assez mal. L'honnête chef n'intervint que lorsqu'il ne resta plus de la ville qu'un millier d'habitants et des ruines fumantes. Dans la dernière guerre, des villes ont été menacées par les civilisés allemands du sort des villes prises d'assaut, d'après le Code barbare d'autrefois, toujours en honneur de l'autre côté du Rhin; l'histoire n'oubliera pas l'incendie de Bazeilles!

diquer une part de ces déplorables événements, à l'aveu de leurs dédains pour le client dont ils ont accepté la défense, du sacrifice d'une cause juste à leur vanité ou à leur passion politique! Parmi les fonctionnaires, sous tous les régimes, que de persécuteurs d'honnêtes citoyens, dénoncés à leurs tracasseries ou à leurs haines par une vile police ou une coterie plus vile encore! Dans les professions les plus philanthropiques, pour un Castaing qu'on découvre, combien de misérables qui se dérobent dans le forfait[1]! Mentionnerai-je les négligences ou les tromperies voulues des architectes, qui restent impunies, malgré qu'à un certain moment elles puissent entraîner la ruine d'un homme, la mort de plusieurs familles, par l'écroulement ou l'incendie d'une maison mal construite; les falsifications des marchandises et des denrées, si habituelles chez les commerçants, les pourboires et les cadeaux acceptés par les employés de toutes sortes d'administrations pour fermer les yeux sur des marchés honteux, etc. etc.? Rappellerai-je l'agiot et l'accaparement, devenus la science fondamentale de la haute finance, multipliant les dupes et les désespérés, sans que l'opinion s'émeuve et moins encore la loi! Mais, dans les mêmes classes, fleurissent à côté de l'attentat caché des vertus secrètes. Que de dévouements ignorés chez d'humbles membres du clergé; au milieu du carnage des luttes guerrières, que d'actions admirables chez le soldat, pour protéger les faibles! Combien de magistrats ont sauvé l'honneur des familles par une intervention sage et honnête et combien d'avocats ont poussé l'abnégation et le sacrifice juqu'à leurs dernières limites, pour la défense de déshérités dont la cause était juste! Dans la profession médicale enfin, que d'aumônes faites silencieusement par des hommes obligés aux plus durs privations vis-à-vis d'eux-mêmes! L'occultisme du bon efface l'occultisme du mauvais dans les professions libérales. — Il doit en être ainsi

1. Lire dans le *Journal* de Michelet, p. 92, les attentats cyniques de certain médecin, « homme supérieur à la fois par les idées, l'exercice du raisonnement et la place qu'il occupait dans le monde, » sur les pauvres filles d'hôpital confiées à ses soins.

en d'autres professions moins affinées, mais sans doute avec une rupture plus fréquente de l'équilibre vers l'attentat dissimulé. L'intensité des conflits, l'âpreté du *struggle for life*, dans les milieux où la cérébration s'habitue davantage à l'adaptation exclusive du métier, développe certaines facultés de l'intelligence au détriment de la contrainte morale. Chez les commerçants, il y a plus de restitutions tardives que de charités franches dans les générosités, et, chez les princes de la finance, les explosions d'altruisme sont ordinairement trop bruyantes, pour traduire autre choses que le boursoufflement de la vanité. — Chez les ouvriers, un caractère plus exempt de retenue diminue le champ de l'attentat occulte. Cependant celui-ci se rencontre sous des formes nouvelles, la simulation ou la provocation d'accidents qui demeureront à la charge d'un patron, l'organisation de grèves dans le but intentionnel de nuire aux intérêts d'un maître ou d'une société, etc. — Chez les paysans, s'il y a beaucoup de sournoiserie et de grosse finesse, qui peuvent *a priori* faire supposer dans le groupe un développement assez considérable de la criminalité latente, une ignorance profonde, la naïveté des moyens déjouent la plupart du temps les calculs de la dissimulation et rendent à l'attentat son objectivité : je pense que les tendances de la classe sont bien exprimées par les proportions statistiques de ses crimes et si mon opinion est plus tard corroborée par des observations précises cela achèvera de démontrer la supériorité d'une évolution lente sur l'évolution hâtive, dans la civilisation. Je ne saurais admettre que la moindre criminalité des professions du sol soit entièrement le résultat d'un état cérébral et social négatif. Il y a bien, dans le fait, quelque chose de cela, rappelant ce qui avait lieu autrefois pour l'esclave ou le serf : mais ce quelque chose se réduit de plus en plus chaque jour, sans que le phénomène soit modifié. Le paysan est émancipé, il est libre, il dirige sa conduite d'après ses intérêts, mais il ne prend aux idées rénovatrices que la portion adaptable à sa capacité ; il envoie ses enfants à l'école, parce qu'il a reconnu par lui-même le besoin d'une certaine instruction. rarement il se décide à les envoyer au lycée ou au collège, sinon pour les préparer au notariat, à la médecine, à l'état ecclésiastique, et les ramener par ces carrières au village; il n'a plus peur de son curé et se passe de ses avis aux époques d'élection, mais il continue à fréquenter l'église et à garder plus ou moins des croyances de ses ancêtres; il se donne quelques commodités. ne rejette pas quelques adoucissements dans sa rude vie, apprécie même les inventions qui amoindrissent la peine et augmentent le rendement, mais il ne perd pas l'habitude du travail et ne préfère qu'à bon escient les nouveaux procédés aux anciens. Ce n'est pas un avancé, comme l'homme des villes, mais ce n'est pas un rétrograde: c'est un lent qui marche à coup sûr. Peut-être vaudrait-il mieux qu'il en fût ainsi pour d'autres professions!

Tout ce monde, à place marquée dans la société, se groupe en faisceaux professionnels ou extra-professionnels, d'après la similitude ou l'analogie des besoins. des tendances et des mœurs. L'association, pour être tacite, n'en est pas moins réelle et solide. Les *classes* ont remplacé les castes, ou plutôt elles les continuent. Nous avons toujours une aristocratie, une bourgeoisie, une plèbe, dont l'opinion stupide sanctionne les privilèges ou les démérites, en dépit du principe égalitaire des lois. — L'aristocratie s'appelle aujourd'hui comme hier le *haut monde;* mais elle n'est plus la même qu'autrefois; elle a conservé d'ailleurs le monopole du bon ton, du bien penser, du bien dire, etc., elle se déclare l'élite et on la prend au sérieux, même dans les ministères à façade républicaine. Aussi, c'est à qui s'empressera de se faufiler dans ses rangs: la particule est si bien portée! Le Celte et le Juif démocratisés tonnent contre la tyrannie des antiques preux au sang teuton, qui furent leurs oppresseurs, et à ce sang ils mêlent avec satisfaction le leur: la noblesse s'engloutit dans les coffres-forts de la finance; mais la roture, à défaut d'alliances, a d'autres moyens pour se parer de titres sonores, elle les achète à prix réduits dans certaines boutiques, quitte à gratter l'étiquette du comptoir l'affaire une fois réglée, ou bien elle les invente; jamais on n'a tant rencontré de comtes... à noms très plébéiens, et de Dandins de la Dandinière! Ce brassage engendre un milieu d'homogénéité fictive, dont les mœurs ne répondent pas aux prétentions. Même dans les régions sélectées, les habitudes sont devenues singulières. Si l'on doutait de la réalité des peintures de Drumont, il suffirait de se rappeler maints épisodes de l'aventure boulangiste! que dis-je, d'ouvrir la *Gazette des Tribunaux;* l'on y verrait de temps à autre des noms très authentiques, suivis d'exposés peu susceptibles d'ajouter à la gloire de leur maison. La caste a même presque le monopole de certains genres de délit : le vol des objets de toilette dans les grands magasins, l'escroquerie gantée, l'agiot louche des champs de course, etc. ; mais elle n'a plus d'assassins ni de violateurs. Est-ce progrès? C'est plutôt affaiblissement des caractères : l'attentat lui-même se rapetisse à la taille de ses exécutants. L'éducation n'est plus virile, dans les meilleures familles ; même chez les *bons pères*, elle n'a rien de régénérateur ; elle donne, pour quelques hommes de valeur, des centaines de cerveaux vides et vaniteux, elle a créé la race abâtardie des cocodès ou petits crevés. Il est vrai que tout près de chez nous, l'éducation par trop virile..., à l'imitation des temps heureux où la brutalité primait l'intelligence, a remplacé le cocodès par l'athlète : l'aristocratie anglaise n'y aurait pas gagné grand avantage, si l'on s'en rapporte aux récits de la *Pall mall gazette* et du *Truth* [1]. — La bourgeoisie se compose des gens de métiers, qui vivent plus ou moins grassement de profits décorés d'un autre nom que celui de salaire, des propriétaires et des rentiers, qui n'ont point accès dans le haut monde [2]. Elle oublie volontiers qu'elle

1. Wilkie Collins et Matthew Arnold, cités par Guyau, *De l'Éducation*, p. 87-88.
2. Ne pas confondre absolument l'homme de la classe bourgeoise... avec le bourgeois de l'ordre moral et politique. Ce dernier n'appartient pas exclusivement à la

est sortie du peuple et après avoir fait la Révolution avec celui-ci, elle a été assez adroite et assez égoïste pour l'accaparer à son seul bénéfice. C'est la classe louvoyante et ondoyante, où la coterie domine : elle revendique une large part de la criminalité occulte et une très large part de la criminalité extériorisée, avec les professions commerciales et libérales. — En bas, la plèbe, avec le paysan et l'ouvrier, qui reçoivent au jour le jour le prix de labeurs manuels ou vivent du produit direct de ces labeurs. Ici l'on aspire à devenir bourgeois, ou à se substituer d'emblée à l'aristocratie qui a des capitaux, quand on ne travaille pas. C'est le milieu violent, que la misère, autant que l'excitation des déclassés de la bourgeoisie, rend âpre aux convoitises ; mais c'est aussi le milieu patient et résistant, qui représente le plus pur de la race autochtone : sa criminalité se dessine franchement et dans les proportions où elle se montre par rapport au nombre de la population, elle permet d'entrevoir une amélioration morale qu'on ne distingue pas aussi nette dans les autres classes.

Les classes ont leurs déchets, qui vont s'unir aux individualités héréditairement dévolues à l'existence stérile ou antisociale, pour former une catégorie immense, celle des *gens sans aveu* et sans habitude de travail régulier, du monde de la mendicité, du vagabondage et de la prostitution de métier, où le crime-délit devient bientôt professionnel à son tour.

Sur un peu plus de 220,000 délinquants annuels, il y a 17 à 19,000 prévenus de vagabondage et 10 à 14,000 prévenus de mendicité. Sur 7,400 jeunes détenus, dans les établissements d'éducation professionnelle, plus de 830

catégorie du nom ; il se rencontre dans la classe d'au-dessous et dans la classe d'au-dessus, plus ou moins fréquemment. Pour sa définition, je m'en tiens à l'opinion d'Eugène de Mirecourt. « Ce que nous appelons le bourgeois est un être myope, incomplet, rempli d'amour-propre et de prétentions ; une créature maladive et boiteuse au point de vue moral, qui a voulu du premier coup marcher sans béquilles et qui s'est jetée maladroitement dans toutes les ornières .. On peut compter jusqu'à 50 espèces différentes de bourgeois » (*Biog.* de Dupin). E. de Mirecourt ou Jacquot représentait lui-même une de ces espèces.

sont fils de mendiants, de vagabonds ou de prostituées. Dans cette catégorie, où n'existent ni le goût, ni quelquefois les moyens physiques ou intellectuels d'un travail suffisamment rémunérateur, l'habitude devient très vite une manière d'être irrémédiable et les tares dégénératives, très communes, la font aisément virer en d'autres délits plus caractérisés ou en véritables crimes. La récidivité est surtout remarquable dans le vagabondage et la mendicité ; mais il est rare qu'elle se maintienne en ces modes : chez un grand nombre de sujets, elle arrive à se transformer par le vol et, dans quelque cas, par des attentats pires. Toutefois la plus grande fréquence des crimes contre les propriétés, moins encore des crimes contre les personnes, ne s'observe pas parmi les vagabonds et mendiants de profession. On la rencontre chez les gens sans aveu, qui ont abandonné ou perdu une profession antérieure, exercé des métiers louches, subi l'initiation à l'attentat au sein de la famille ou dans tout autre milieu pendant l'enfance ou l'adolescence. La dominante générale est d'ailleurs la paresse invétérée, « la mère de tous les vices », et aussi celle du crime-délit [1].

Alliée à un bas sentiment de besoins, non toujours isolée du calcul et qui plus est d'un singulier esprit de prévoyance, la paresse engendre la mendicité. Celle-ci est déjà une plaie sociale, parce qu'elle multiplie les inutiles, ente des parasites sur les travailleurs, dérive une partie de la sève fécondante sur un sol où elle est stérilisée. Elle ne saurait donc être encouragée ni même tolérée, comme habitude. Mais il y a mendiants et mendiants : il y en a d'involontaires, victimes imméritées de la misère, ouvriers sans travail ou acculés sous la charge familiale : à ceux-là si l'État ne peut procurer ni travail ni pain, il ne saurait sans iniquité infliger le traitement des malfaiteurs. Mais, plus ordinairement, les mendiants sont volontaires et bien professionnels : il n'y a pas alors

1. Garofalo, *l. c.*, 115.

à les ménager, car ils sont de mauvais exemples et des exploiteurs. A Paris et dans les principales villes, on en voit se partager des postes déterminés; beaucoup ont même un domicile fixe; ils vivent de l'aumône comme d'autres du travail: ils s'unissent entre eux, mais ne dédaignent pas d'admettre dans la confrérie certains nouveaux venus, tombés là de plus ou moins haut; la capitale est leur paradis, ils y comptent jusqu'à 172 familles dans la seule rue Sainte-Marguerite (la rue pouilleuse) et le commissaire Le Jaïn a découvert parmi cette population des gens de toutes nationalités comme de toutes conditions antérieures, des Hongrois, des Russes, des nègres, jusqu'à un ancien notaire, qui, à toutes les questions, affectait de répondre en latin classique [1]. Le métier semble bon, car plus d'un mendiant a laissé après lui de très gros pécules, et tel que l'on croyait coucher sur des haillons fangeux couchait littéralement sur un trésor amassé sou à sou [2]. Personne n'ignore ce que la mendicité rapporte, sous le manteau religieux; avec leurs aumônes prélevées sur la bêtise humaine, grâce à la tolérance ou à la complicité de l'autorité, certains ordres, qu'il est inutile de désigner, édifient partout des établissements magnifiques et vivent grassement... des deniers du pauvre autant, sinon plus, que de l'or du riche [3].

Le vagabond double souvent le mendiant; mais plus souvent il constitue une variété d'antisocial particulièrement dangereuse, parce qu'elle est portée à prendre ce qu'elle ne demande pas ou ce qu'on lui refuse, et que, d'allures plus indépendantes, de conscience plus large, d'appétit plus ouvert, elle est moins hésitante à profiter des occasions d'attentat. Le vagabondage a quelque chose d'atavique; il rappelle, chez certains individus,

1. *Rép. franç.* du 5 juin 1888.

2. Le mendiant Puccialeri, condamné, à 70 ans, par la 8ᵉ Chambre correctionnelle de la Seine, pour vol de papiers à une femme à laquelle il avait promis mariage, était un spéculateur à la Bourse et possédait 70,000 francs! *Rép. franç.* du 1ᵉʳ avril 1888.

3. Le métier n'est pas mauvais pour les isolés: un mendiant-ermite mourait, il y a trois ans, dans la commune de Puech et l'on trouvait une dizaine de mille francs dans sa grotte.

le besoin de déplacement des hordes sauvages. avec cette différence, que le gibier dont il est en quête, c'est aujourd'hui le social. Si la mendicité accuse une impuissance cérébrale relative, en dehors de toute incapacité corporelle, le vagabondage traduit un instinct anormal, qui confine de très près à certaines formes de l'aliénation, qui tantôt reste inoffensif. comme on le remarque chez divers vagabonds de la légende sacrée proposés à notre admiration [1], tantôt couve des impulsivités criminelles. On connaît aujourd'hui les fugues auxquelles sont sujets les épileptiques et les hystériques : maintes équipées de matelots et de militaires incorrigibles, qualifiées et punies comme absences illégales et désertion, relèvent des mêmes influences morbides, et j'estime que celle-ci sont à rechercher, au moins dans un certain nombre de cas, chez les vagabonds de profession. Toutefois, la grande masse, avec ou sans tare, appartient bien aux paresseux invétérés. C'est une catégorie suspecte, fréquemment alliée à d'autres de tendances plus dangereuses, où l'on rencontre des complices et des fauteurs d'attentats contre les personnes et surtout contre les propriétés.

Il est assez difficile de pénétrer les influences locales ou générales qui règlent la répartition moyenne des

1. On ramassait au mois d'août 1889, à Bordeaux, un mendiant vagabond extraordinaire, qui parcourait la région vêtu d'un costume de cuir et portant dans une hotte tout son ménage, y compris un lit ; il n'acceptait jamais d'aumône supérieure à un sou. J'aime encore mieux ce type singulier que le *bienheureux* Gezelin, qui vivait au temps de Louis le Gros, dans les bois entre la Moselle et le Rhin : il ne voulait se couvrir d'aucun vêtement, vivait d'herbages broutés à la façon des bêtes, couchait à la belle étoile, ici ou là, et, dans les derniers temps, forcé de se rapprocher des maisons de paysans, acceptait sans mot dire un haillon, non pour se protéger.... mais pour protéger les femmes contre la vue de sa personne, avec un morceau de pain ; on ne le trouvait jamais deux jours de suite dans le même endroit. On offre cet exemple à l'admiration des fidèles, mais franchement si tous les fidèles se mettaient en l'esprit de l'imiter !... La sainte fainéantise, le religieux vagabondage des solitaires et des moines ne répond guère cependant à ce précepte de l'apôtre : « Celui qui ne veut pas travailler ne doit pas manger. » ni à ceux des premiers Pères de l'église chrétienne. Après les âpres censures de saint Jérôme, les éloquents discours de saint Augustin s'efforcèrent d'arrêter le flot envahisseur « de tant d'hypocrites parcourant les provinces, sans mission, sans résidence, les uns sous le prétexte de montrer des reliques, les autres sous couleur de visite à des frères, tous demandant, tous exigeant qu'on leur donne, ou pour subvenir aux besoins de leur pauvreté lucrative, ou pour récompenser leur feinte vertu » (Cité par Villemain, *Tableau de l'éloquence chrétienne au* IVe *siècle*. p. 453).

mendiants et des vagabonds sur notre sol. Le nombre des prévenus poursuivis sous ces deux titres n'apparaît en corrélation absolue ni avec les conditions de densité ou de composition de la population, ni avec celles de la richesse ou de la pauvreté, du travail industriel ou agricole, etc. Il n'est pas davantage en rapport, dans la plupart des départements, avec la proportion des prévenus poursuivis pour ivresse, des prévenus et des accusés poursuivis pour les autres délits ou pour crimes, sauf peut-être avec les incriminés jugés pour attentats de cupidité (vols). Le maximum des délits de mendicité et de vagabondage se rencontre dans les Bouches-du-Rhône, le Rhône et l'Hérault, départements très ouverts à l'élément étranger, le premier maritime et commercial, le second industriel et le troisième vinicole ; puis dans la Seine-et-Oise, la Seine-et-Marne, la Seine, départements surtout industriels, la Seine-Inférieure, département maritime et industriel, et les Pyrénées-Orientales, département vinicole ; mais les mêmes délits sont rares dans le Nord et dans l'Est, en des départements très populeux, souvent très mélangés d'étrangers, les uns industriels, les autres agricoles. C'est encore dans le Centre et l'Ouest, pays pour la plupart de médiocre richesse et de mœurs rudes, que la mendicité et le vagabondage atteints par la loi sont à leur minimum. Je dis atteints par la loi, parce qu'il est possible que la loi n'intervienne pas toujours, en raison de l'œuvre de la charité privée, qui, infiltrée dans les vieilles mœurs, masque le délit. En Bretagne, par exemple, la mendicité est honorée et a comme autrefois sa place au foyer du paysan, l'assistance même dans le mariage, car les mendiants ont un état et se marient entre eux. Ce ne sont pas pourtant des métiers à encourager ! Outre que la paresse est immorale, elle est aussi un prélèvement parasitaire sur le milieu qui travaille et doublée de l'impulsivité vagabonde elle n'engendre que trop souvent l'acte antisocial. On arrête chaque année, à Paris seulement, plus de 18,000 de ces inutiles en perpétuelle imminence d'impulsivité militante : leur nombre s'élevait à 18.752. en 1885.

Hommes	vagabonds	11.583
	mendiants	4.933
Femmes, mendiantes et vagabondes		2.236

Un remède est urgent. La loi sur les récidivistes entraîne la relégation pour le vagabond qui a subi des condamnations antérieures, pour le mendiant jamais. On ne comprend pas bien le motif de cette différence. « Un paresseux aussi dangereux qu'incorrigible, ne vivant que de la charité publique, en n'exerçant ni métier, ni profession, n'ayant jamais eu de domicile, pourra être condamné cinquante fois, passer les 5/6 de sa vie en prison, grever d'autant le budget de l'État. » et la collectivité ne s'en débarrassera point ! Est-ce logique ? Mais il ne suffit pas que la loi frappe un délit répété. Il importe qu'une réforme des mœurs le prévienne désormais. Une entente maladroite de l'assistance entretient à la fois le vagabondage et la mendicité (vagabonds et mendiants sont attirés vers les villes qui leur accordent un asile, ils pullulent aux environs des grands couvents où ils obtiennent des distribution de pain, etc. ; il conviendrait que les secours fussent mieux pondérés, qu'ils n'allassent qu'à ceux qui les méritent, c'est-à-dire aux travailleurs sans emploi, aux invalides, aux infirmes et aux vieillards. Sur les 18,752 délinquants de la catégorie, arrêtés à Paris, il y en a beaucoup de cette dernière sorte, mais on en compte 8,957 aptes au travail et âgés de 18 à 45 ans. Pour ceux-ci la répression énergique est une nécessité, à moins qu'il ne soit démontré que leur bonne volonté a fléchi devant une impossibilité matérielle. A l'ouvrier qui n'a pas trouvé l'emploi de ses forces, le secours est dû, à défaut du travail, et, d'autre part aux infirmes et aux séniles l'hospice doit être ouvert au lieu de la prison. Mais comme il est assez rare qu'un indigent digne de pitié soit absolument incapable de toute occupation, comme il est redoutable d'entretenir en oisiveté des hommes ou des femmes encore en la maturité de l'âge, il y a mieux à faire, en revenant à l'idée des *colonies d'indigents*, réclamées par L. de Bellaing (1829) et par Descuret, et dans lesquelles les pauvres recueillis pourvoiraient eux-mêmes à leurs besoins par le défrichement des terres incultes, avec l'adjonction d'ouvriers valides.

Je distingue du vagabond le rôdeur de barrières, tel qu'on le rencontre dans les grandes villes et leur banlieue. Celui-ci est un bandit véritable, qui guette ou recherche les occasions de donner plein essor à ses instincts criminels. C'est d'abord un voleur professionnel, puis un assassin professionnel. Aujourd'hui, le nombre de ces dangereux coquins est énorme; à Paris, ils sont légions et se recrutent de plus en plus parmi de tout jeunes adultes ou des adolescents, qui, de bonne heure ont abandonné l'apprentissage ou sont devenus des déclassés presque au sortir de l'école ou du collège. Ils s'organisent en bandes pour le pillage des villas dans les environs de la capitale, arrêtent les passants attardés, brutalisent et violent les femmes isolées, au voisinage des fortifications, risquent le vol avec effraction dans les maisons désertes et au besoin préparent le vol par l'assassinat. On n'a pas oublié les exploits des *capitaines* Dubigny et Chamberlant, deux imberbes, qui ont essayé de faire revivre à notre époque l'intéressante figure de Cartouche. Les rôdeurs vivent un peu partout et de diverses manières, un grand nombre presque en sauvages; la police les ramasse dans les carrières, mêlés à de simples vagabonds (souvent les razzias comprennent des personnages que leur origine et leur éducation n'ont point réussi à préserver de la chute, des professeurs, des notaires, des avocats, jusqu'à des nobles ruinés par le jeu et les femmes) [1], dans les bals publics ou les garnis, mêlés aux souteneurs et aux filles.

Le monde de la prostitution forme un milieu spécial,

1. Au mois d'août 1889, une descente de police à Pierrefitte amenait l'arrestation d'une bande de vagabonds, parmi lesquels un ancien avocat et un ex-millionnaire, le comte de B., âgé de 50 ans.

mais en relation très intime avec toutes les catégories louches ou déjà criminelles. On y distingue deux éléments, l'un exploité, l'autre exploitant, qui sont d'ailleurs unis pour rançonner les vicieux et les dupes en ruptures d'entraves honnêtes. L'élément exploité, c'est la femme : j'en ai parlé précédemment. L'élément exploitant, c'est le souteneur. Jadis celui-ci se contentait de vivre du rapport immédiat de la prostitution ; aujourd'hui, il essaie de réaliser avec elle des bénéfices plus gros, en l'utilisant comme un appât pour le chantage lucratif, comme un moyen d'attentats plus criminels, le préambule du vol ou de l'assassinat. Les souteneurs n'opèrent pas isolément. Ils forment une association malfaisante, qui rayonne dans chaque quartier, dans chaque rue de Paris. L'on aurait tort de croire que l'unique but de ces gredins est de *ratisser leur marmite*, c'est-à-dire de faire produire aux misérables femmes attachées à leur sort, moitié par crainte, moitié par habitude, les meilleures recettes possibles, et que leurs démêlés avec la police et le Code restent dans les limites de la contravention ou du délit. Ils sont devenus plus entreprenants. La femme, la *largue*, est leur principal outil. C'est d'ordinaire une maîtresse, quelquefois une légitime épouse, une sœur ou une parente à divers degrés, initiée par la persuasion, les cajoleries cyniques... et les coups, à ce qu'on exige de sa bonne volonté ; dans les jours de petit travail, elle n'est que la marchandise courante, qui doit donner le revenu banal de chaque soir ou de chaque nuitée : mais elle est aussi l'amorce ou l'indicatrice des grands coups à tenter, où l'on espère vider mieux que la bourse de quelques passants et où l'on est décidé à bien jouer du couteau, s'il est nécessaire ou seulement divertissant. L'honorable corporation se partage les centres d'observation et de mise en coupe : chaque *largue* a son *tas*, c'est-à-dire sa longueur de trottoir d'un numéro de maison à un autre, et il lui est défendu d'empiéter sur celui de sa voisine ; elle raccole sous la surveillance de son seigneur et maître, qui se tient toujours prêt à défendre *ses droits*, à la protéger contre l'intervention de la police ou les récalcitrances des dupes, à recueillir les moindres indices d'une opération profitable à risquer ; des inspecteurs de quartier et des inspecteurs ambulants ont l'œil sur les couples ; des chefs jugent les différends entre les membres de l'association et des conseils ourdissent les attentats qui réclament la participation des plus habiles ou des plus audacieux. Ces attentats sont vulgaires, souvent accomplis en complicité avec des rôdeurs ou des repris de justice, ou bien se spécialisent dans le milieu : il s'agit de tirer vengeance d'un traître ou d'un policier trop zélé, à propos d'une affaire de rue quelconque ; les souteneurs compromis n'auront point à paraître, d'autres auront la mission d'agir, au moment opportun, dans un quartier plus ou moins éloigné et la victime succombera sans qu'elle se doute des causes de l'agression[1]. Mais la défiance est une vertu dans cet ignoble monde, le vice en est une autre. Nombre d'apprentis souteneurs le comprennent, et, laissant de côté la femme, se font tout à la fois l'amorce à plaisir et les récolteurs des profits, auprès des débauchés invertis qu'ils rencontrent. Une prostitution masculine se dresse à côté de la prostitution féminine, nouvelle école de crime pour les adolescents.

Tout au-dessus ou à côté de cette tourbe, s'agite une armée de faux professionnels, qui, sous l'étiquette de métiers fantaisistes, cache ses relations avec les vagabonds, les rôdeurs, les agents de la prostitution. Là, on découvre plus d'une espèce originale d'antisociaux militants : une bohème du commerce et de la finance, toujours au guet d'affaires véreuses, les soulignant à leur clientèle de bandits, quand elles exposent à de trop gros dangers et se contentant des profits du recel, entre deux opérations

1. Je dois ces renseignements à M. V..., directeur de la maison d'arrêt de Landerneau, qui a particulièrement étudié la catégorie des souteneurs. Au conseil municipal de Paris (11 juillet 1890), M. Levraud constatait que, depuis plusieurs années, le nombre des souteneurs s'était considérablement accru, et il reprochait au Préfet de police, de ne pas sévir avec assez de rigueur contre cette catégorie d'individus : le magistrat fût obligé de répondre, que son administration était désarmée, faute d'une loi suffisamment repressive contre les souteneurs.

d'usure ; des philanthropes en placement de jeunes servantes, doublés de proxénètes, des complaisants en renseignements, qui, pour rendre service, inventent la calomnie et traînent dans le ruisseau l'honneur des individus et des familles [1] ; des amis et des amies de la jeunesse, qui, pour la distraire, la dépouillent sur les tapis verts de leurs tripots clandestins ou l'abrutissent tout en la volant dans leurs brasseries suspectes ; des savants de laboratoires occultes, où l'on fabrique le lait, le beurre, toutes les denrées de l'alimentation avec des ingrédients inavouables, des ramasseurs de bout de cigares, des ouvreurs de portières, des gratteurs d'affiches, etc. ; des forains montreurs de phénomènes féminins, teneurs de voitures à somnambules ou de barraques de tir desservies par des filles ; des camelots dont les occupations objectives dérobent souvent d'autres occupations moins légitimables, etc. Dans ces pseudo-professions viennent aboutir des gens de toute origine et surtout se dissimuler les vrais professionnels de la délinquance. C'est la catégorie des professions non classées, douteuses ou inconnues qui fournit, avec celle des vagabonds et des gens sans aveu, le plus haut chiffre dans l'attentat. Pour mettre un frein au développement de ces couches dangereuses, qu'avons-nous ? L'obligation de l'autorisation municipale est un maigre obstacle à la pullulation de quelques métiers erratiques [2] et contre l'extension des pires, au sein des grandes villes, aucune loi ne permet une prévention

1. Un monsieur demande une avance sur créance à date éloignée, dans une maison de banque ; on lui promet les fonds ; mais au jour fixé pour la remise, on lui refuse tout argent, en lui mettant sous les yeux ce renseignement fourni sur son compte par une agence : « M. X..., marié, séparé de sa femme, dont il a mangé la dot, a hypothéqué tous ses biens ; son loyer est sous un faux nom ; nombreuses dettes impayées dans Paris ; insolvable. » Or ledit M. X... n'était pas marié, logeait sous son nom, possédait un immeuble exempt de toute charge et n'avait pas la moindre dette dans Paris. *Figaro*, 12 sept. 1888.

2. Une circulaire du ministre de l'intérieur (Constans), du mois de déc. 1889, ordonne aux préfets de sévir rigoureusement contre les catégories d'individus qui, ouvertement ou sous le couvert de diverses professions, se livrent à la mendicité ou vivent en vagabondage ; de généraliser une mesure déjà prescrite, de refouler jusqu'à la frontière du département (et de département en département jusqu'à la frontière française) les bandes nomades d'étrangers qui s'installent dans les villes et les campagnes.

suffisante. Aussi de temps à autre, c'est la dupe qui se rebiffe, la victime qui se fait justice (comme dans le cas de Mad. Cl. H.....) au détriment des principes. Si encore de pareils exemples effrayaient les coquins! Mais ils continuent leurs habitudes sans émoi : pour un Morin de tué, vingt d'empressés à occuper sa place!

Il est assez surprenant de rencontrer dans le groupe des non classés une aussi forte élévation du suicide. Ce monde est peu scrupuleux vis-à-vis d'autrui, mais en général trop bien disposé vis-à-vis de lui-même, pour préférer le suicide à l'attentat, qui lui donnera souvent l'objet de ses convoitises,... ou la prison, facile à supporter, et même reposante. Mais on s'explique les résultats de la statistique en décomposant le groupe. Une partie renferme des éléments bien réellement tarés et dépourvus de toute moralité ; elle se compose précisément des catégories criminelles ou délinquantes que je viens de passer en revue ; le suicide s'y produit, de temps en temps, mais presque toujours sous l'influence de l'alcoolisme ou dans un éclat de jalousie crapuleuse. Une partie dont je n'ai pas eu à m'occuper, car elle s'efface, est formée par les pauvres diables demeurés honnêtes, pour une raison ou pour une autre les victimes de la mauvaise chance, les acculés de professions avortées, surpris en désespérance au cours de nouveaux essais encore infructueux : ceux-là ne se révèlent que par le suicide et c'est à eux, sans aucun doute, qu'il convient de rapporter la haute proportion des suicides inscrits sous la rubrique des professions inconnues ou non classées.

CHAPITRE VI

IMPORTANCE RELATIVE DES PRINCIPAUX FACTEURS SOCIOLOGIQUES DE LA CRIMINALITÉ ET DU SUICIDE INSUFFISANCES ET CONTRADICTIONS DES CODES RÉPRESSION DU DÉLIT ET DU CRIME

Importance relative des principaux facteurs sociologiques de la criminalité et du suicide. — Qu'on admette, dans l'impulsivité aberrante, une prédisposition passionnelle, morbide ou dégénérative, ou seulement une prédisposition du caractère dégagée de toute tare sous-physiologique, résultant, chez les plus intelligents, du dédain calculé pour les entraves sociales, et, chez les plus grossiers, de l'ignorance des devoirs réciproques, l'influence du milieu collectif n'en apparaît pas moins considérable. Les conditions de ce milieu ici préparent l'ensemble des actions psychiques qui lentement aboutiront à l'attentat, là déterminent d'emblée l'entraînement au crime. Sans doute l'être humain possède une cérébration dans laquelle le bon et le mauvais occupent une place variable, mais que l'on ne peut jamais complètement revendiquer pour l'un aux dépens de l'autre ; sans doute aussi l'on n'imagine pas cet être sans une association d'activités qui font partie inhérente de sa nature propre. Toutefois, d'après l'expérience et l'observation, il est permis de rechercher par quels moyens l'on est à même de donner plus de développement et de fixité au bien, de réduire et de dominer davantage le mauvais. Les centres sensitivo-intellectuels qui commandent aux impulsions sont comme un clavier conçu sur un plan uniforme, mais dont les cordes possèdent, selon les individus, des résonnances inégales ; pour que l'ensemble des instruments produise une harmonie moyenne satisfaisante, il importe que des joueurs habiles les manient avec tact, évitent même de toucher certaines notes qui éclateraient très discordantes ; ces joueurs, ce sont les hommes éminents chargés de l'adaptation des masses à leur milieu, et qui doivent éviter, dans une sage organisation, de donner à certains facteurs une intensité trop grande, susceptible de rompre trop fréquemment et trop violemment l'accord nécessaire.

D'après les considérations émises aux chapitres précédents, il n'est pas difficile d'apercevoir quels sont les facteurs ordinaires de la discordance.

a. — Je n'hésite pas à signaler tout d'abord l'*excès de la liberté* laissée aux individus, aux catégories professionnelles et aux associations dans l'État. L'indépendance absolue crée le droit des plus forts et ramène les forts à la vie sauvage, où ils s'affaiblissent, éprouvent une sélection rétrograde et finissent à leur tour par disparaître. Avec une liberté sans contre-poids, il n'y a point de collectivité civilisée possible. Une société ne se fonde, a dit Beccaria au début de son admirable ouvrage, qu'au prix de l'abandon mutuel d'une portion de la liberté de chacun de ses membres ; ce sont les portions de liberté individuellement sacrifiées qui, en composant la souveraineté de la nation, assurent à tous leur sécurité. L'on ne peut reprendre sa part sans commettre un attentat vis-à-vis de ses semblables, ni la faire trop grosse, sans entamer iniquement celle d'autrui. Grâce à un tel sacrifice, les esprits se disciplinent. Mais la restriction n'est pas l'annihilation. Celle-ci peut, il est vrai, masquer des impulsivités, les mater par la crainte ou même les corriger : ce ne sera que sous l'action temporaire d'une contention qui a ses côtés redoutables, ou sous une action transformatrice de l'être qui le rabaisse au niveau des brutes et l'enlève à son milieu. L'esclave semble avoir eu, dans tous les temps et dans tous les lieux, une moindre criminalité que les maîtres : c'était un négatif. Mais ce négatif, quand il s'est multiplié au point de submerger numériquement les libres, tantôt les a corrompus et entraînés dans une déchéance où la nation a sombré, tantôt a réagi par des révoltes où il a montré des instincts avilis, atroces, ceux du fauve en rupture de chaîne. Une liberté trop bridée est dangereuse : autant l'est une liberté excessive, qui dissout par la viciation et la diffusion des exemples, amène le triomphe des plus osés et des moins scrupuleux. Les conflits qu'engendre l'impondération apparaissent à chaque page de l'histoire des peuples.

A la période des castes privilégiées, si l'attentat banal se répartit dans les masses populaires, il n'est pas très fréquent dans la population classée, et même le monde du vagabondage et du crime se recrute, en bas, à peu près exclusivement parmi les soldats licenciés ou déserteurs, les étrangers et les laquais, à la solde des chefs de guerre et des grands seigneurs. Les milieux habitués à la liberté restreinte se comportent mieux que le milieu qui s'est arrogé la liberté complète : l'attentat saillant semble l'apanage des catégories dirigeantes, à l'ombre de l'autel et du trône. Je ne puis, dans un livre déjà très chargé de détails, développer ce point déjà plusieurs fois effleuré. Je rappellerai seulement, à partir de l'époque d'affranchissement relatif de l'intelligence et de la conscience qui a marqué l'ère moderne, ce que fut la noblesse vis-à-vis du reste de la nation. Au XVIe et au XVIIe siècles, l'élite du royaume, en dépit de sa culture, doit à sa toute-puissance, à l'ignorance de tout frein, de compter dans ses rangs les pires scélérats. Les plus honnêtes, les d'Aubigné, les Sully n'éprouvent aucune honte à raconter qu'ils ont amassé leur fortune par les rançonnages et les pilleries ; Brantome admire le jeune Strozzi, dérobant à sa mère de la vaisselle d'argent, sur le conseil d'un *bon rompu* d'allemand, maître expert en voleries, pour s'en aller batailler en Piémont : le père estima que le but rendait l'action *honorable* et *glorieuse*. il pardonna et déclara qu'il pardonnerait à son fils, « quand il en pourrait prendre davantage, mais que ce fût pour un si valeureux sujet ». Dans ce monde si affiné, malgré la brutalité de ses mœurs grossières, on trouve plaisantes les aventures d'adultère et de viol ; grandes dames, grands seigneurs, curés et moines s'agitent dans un tourbillon de débauches et d'infamies, qui ne soulèvent jamais le dégoût, mais appellent quelquefois le regret des occasions manquées parmi les écouteurs de nouvelles : évêques incestueux, enfroqués apprenant l'impudicité aux religieuses et séquestrant les femmes dans leurs couvents, tuant les maris gêneurs et vendant en se riant les indulgences, femmes s'abandonnant à leurs valets, demoiselles allant se faire fouetter *toutes nues* par de prétendus sorciers, qui leur promettaient de leur obtenir ainsi des maris, hommes mariés prenant par force leurs servantes, amours cantharidées, tricheries au jeu, vols, simonie et concussion, assassinats lâchement prémédités et atrocement exécutés, voilà le fond des mœurs que découvrent les récits, en apparence si badins, de la reine de Navarre et de Tallemant des Réaux [1]. Et dans ce milieu, où la bravoure est réputée si belle, reconnue comme la seule vertu, que de guets-apens terminant les querelles, que de duels où le stylet du laquais se cache à côté de l'épée du maître ! Si l'on eût possédé, dès cette époque, l'art de recueillir et de grouper des chiffres, quel bilan de criminalité la statistique impartiale eût révélé, presque entièrement concentré dans les hautes couches ! La royauté d'ailleurs, avec les François Ier, les Charles IX, les Henri III donnait l'exemple. Avec Louis XIV, elle confisque l'État à son profit : la criminalité de la noblesse et du clergé diminue, surtout après les grands jours d'Auvergne et les séances de la Chambre ardente, de toute la part de liberté que le despotisme

1. Les mœurs sont encore plus abominables en Italie. Voir, après les histoires de Machiavel et de Guichardin, celles de Varchi, de P. Jove, de Bembo, etc., et les mémoires de Benvenuto Cellini.

leur enlève. Le roi seul peut tout et ose tout : il mène de front la dévotion et la débauche, fait massacrer dans les Cévennes ou envoyer aux galères, à l'instigation des jésuites, les sujets de tout ordre... et de tout âge, qui ne pensent pas correctement! La réaction se produit avec la misère et le mécontentement, encore bien timide, et l'intolérance amène le règne des idées philosophiques. Un prince indifférent et voluptueux, après un Régent sans principe, rend à quelques seigneurs, qui n'ont pas oublié les vieilles mœurs, une liberté dont ils abusent : pour un de Horn qu'on laisse mourir sur la roue, peut-être en souvenir de certaines rivalités amoureuses[1], on laisse impuni un Charolais, « qui a tué sa sœur naturelle avec un couteau de chasse » et s'amuse à tirer comme lièvres et moineaux, à Chantilly, ses paysans, à Paris, les maçons et les couvreurs! Le roi a son parc aux cerfs, le beau Fronsac, duc de Richelieu, a, chez la Gourdan, son fauteuil à secret mécanisme, où il fait asseoir les innocentes, levées pour ses plaisirs, et où il savoure les jouissances du viol[2]. Les financiers commencent à porter haut la tête : ils ouvrent une ère d'agiot et d'accaparement fertile en débacles et en vilenies : la roture entre en scène avec eux, et, dans le courant des cupidités, émergent les bandes plébéiennes de Cartouche et de Mandrin. — La Révolution bouleverse l'ancien monde, elle détruit les castes; mais les intrigues des politiciens et les coteries bourgeoises édifient des classes d'après les conditions acquises à coups de savoir-faire et d'argent. L'aristocratie d'hier n'est plus rien, et l'on n'entend plus parler d'elle à propos de grands forfaits, sauf à l'époque de la Restauration, où ses velléités de retour au privilège s'accompagnent de quelques éclats retentissants. Les citoyens de la finance et du commerce sont tout et leur intervention dans les affaires de la collectivité a sa répercussion dans la multiplication des

1. L'auteur des mémoires de la marquise de Créquy donne à entendre qu'il aurait eu les faveurs de Mesdames de Parabère et de Prie, favorites du Régent.

2. *L'Espion anglais*, éd. de Londres, 1782, t. II, p. 415.

attentats de convoitise. La plèbe s'émancipe et son crime-délit va croissant. Aujourd'hui, la liberté est devenue licence et l'on a vu quel brassage des catégories, dans l'œuvre antisociale, le régime du laisser-faire et de la flagornerie des masses électorales avait accompli chez nous. Les groupes demeurés les plus réfractaires à l'attentat sont justement ceux qui ne repoussent pas tout frein contre les entraînements de la liberté excessive, les hommes des carrières libérales ou hierarchisées, préservés par la foi religieuse, le culte de la science, la discipline, les hommes du sol, préservés par leurs rudes labeurs et la conservation de leurs traditions. Les groupes les plus ouverts à l'attentat sont au contraire représentés par les professions où l'on dédaigne le plus la retenue... pour soi-même, soit qu'on l'avoue carrément, comme chez les ouvriers d'arts et métiers et d'industrie, soit qu'on le démontre occasionnellement, sans le déclarer à tout propos, comme chez les commerçants et les domestiques.

Avec la multiplication du crime-délit, par l'excès de la licence, l'opinion subit une transformation malheureuse : elle s'habitue à l'immoralité et finit par ne plus découvrir la faute en des actes qu'elle voit chaque jour si naturellement se produire et si faiblement réprimer. Après avoir reconnu les droits de l'individu contre l'État il devient nécessaire qu'on délimite un peu mieux ceux de l'État, c'est-à-dire de la collectivité, vis-à-vis des individus, c'est-à-dire des éléments qui menacent de substituer leurs égoïsmes aux intérêts réels du plus grand nombre.

Mais il ne faut pas non plus que les activités humaines soient par trop enrayées : la compression excessive appelle l'attentat avec la même énergie que l'absence de toute entrave, au moindre signe de fatigue d'une autorité que la tension suffit à rendre tôt ou tard impuissante. On le voit bien en Russie, par le développement de plus en plus considérable des sectes antisociales, et, chez nous, par la fréquence de certains crimes au sein de catégories dont les obligations s'accordent mal avec les besoins et les tempéraments.

Le suicide comme le crime, est fréquemment le résultat des mêmes oppositions dans la liberté. Là où la croyance religieuse, le patriotisme, le raisonnement font défaut pour imposer la résignation devant des situations qui répugnent aux instincts naturels, l'amoindrissement excessif de la liberté, s'il n'engendre pas la réaction criminelle, détermine le suicide, comme chez les militaires. Là où la liberté n'apporte aucun contrepoids aux appétits, les convoitises outrées, les habitudes dégénératives, etc., n'écartent du crime qu'au prix de l'attentat contre soi-même, comme chez maints ouvriers de l'industrie. Les professions les plus affranchies de toute retenue psychique, celles où l'on cultive le plus amoureusement l'idéal aux larges envolées, où l'on méprise le plus la banalité des conventions courantes évitent l'action antialtruiste, parce qu'elles conservent leur intelligence épurée, la conscience de l'honnête, mais elles fournissent peut-être le maximum des suicides.

b. — Une autre opposition de contraires, dont l'influence est évidente, ressort du *trop de bien-être* et du *trop de misère*. Le premier corrompt et le second dégrade; tous les deux poussent à l'attentat par l'amoindrissement des résistances vis-à-vis des sollicitations qui promettent la satisfaction des besoins fictifs ou réels, et, quand ils s'exaltent face à face, dans le même milieu, donnent plus de vigueur momentanée aux impulsivités mauvaises, plus de violence aux conflits. Le repu par la satiété des jouissances vit dans l'immoralité; renforcé dans son égoïsme, il l'étale et ses dédains redoublent les convoitises et les haines jalouses chez l'affamé.

La catégorie où l'équilibre des appétits se maintient sous la formule de la moyenne aisance, celle des paysans est celle qui fournit la moindre criminalité proportionnelle. Mais là où elle se laisse envahir par l'esprit de gain excessif et rapide, elle périclite presque aussitôt. Le département de l'Hérault en serait un exemple frappant (H. Joly) : il occupe actuellement un rang élevé dans le crime-délit, depuis que la fortune s'est abattue sur ses campagnes; enrichis par la fabrication et le commerce des vins de raisins secs, à la suite des ravages occasionnés dans nos vignobles par le phylloxéra, les paysans ont redoublé de convoitises; l'insatiabilité a décuplé les jalousies et les haines, et, dans une région où l'argent abonde, où la propriété est devenue accessible aux plus humbles, les doctrines anarchiques sont en plein essor! les attentats en accroissement continu et formidable! C'est cette tendance à la jouissance facile, hâtive, qui jette partout la corruption et la désorganisation; c'est elle qui entraîne au méfait un si grand nombre d'ouvriers et de petits commerçants, détruit l'effort au seuil de la carrière, contribue à développer si tristement le délit et le crime chez les adolescents. Et nos gouvernants inconscients inoculent eux-mêmes ce virus destructeur, en écoutant comme sérieuses les plaintes intéressées des moins méritants, en attirant les appétits malsains jusque dans les rangs du fonctionnarisme et de l'armée, par un système de favoritisme scandaleux, où les énergies sombrent, où le dégoût terrasse ceux qui ne défaillent point.

L'extrême bien-être aurait des conséquences moins directes et moins immédiates que l'extrême misère, mais aussi plus profondes et plus graves pour l'avenir de la race. L'un prépare la déchéance des caractères et amène occasionnellement à commettre le délit objectif ou occulte (le délit plutôt que le crime) sous l'ébranlement des privations relatives; mais il façonne surtout des antisociaux pour l'avenir, en abâtardissant les familles. L'autre agit tout de suite, d'emblée fait des révoltés, ou, par les découragements qu'elle provoque, rive les individus à l'intempérance et à la débauche, les rend à la sauvagerie ancestrale, où le crime devient habitude, et ses produits dégénérés iront plus tard s'allier aux épuisés de l'abondance. L'armée de la délinquance et du crime est en très grande partie formée des déchets de cette double origine.

Dans l'étiologie du suicide, les deux facteurs n'apparaissent pas en corrélation aussi tranchée. Le suicide est rare parmi les catégories qui n'ont pas à souffrir des privations (classes riches) ; il offre des oscillations parmi celles qui sont le plus exposées à manquer du nécessaire.

Il est plus aisé de diminuer le bien-être que de supprimer la misère. Celle-ci même ne disparaîtra jamais ; on ne peut rêver son extinction, qu'en imaginant l'utopie de la perfectibilité humaine, l'hypothèse d'une égalité des intelligences, assurant à tous les moyens d'acquérir la fortune, de la préserver des chances de perte ou de dissémination, l'hypothèse non moins hasardée d'une égalité des sentiments, inspirant à tous l'esprit de charité et d'altruisme, qui permettrait de renouveler le partage de la propriété à chaque période de grand surcroît de la population ou en faveur des victimes des catastrophes imprévues. Tout ce qu'on est en droit d'espérer, d'accord avec la raison et l'expérience de l'histoire, c'est que le progrès arrivera à limiter la misère et à la resserrer de plus en plus dans le champ des conséquences de la conduite individuelle : sans doute alors on réduira d'autant la criminalité, et les méfaits occasionnés à l'instigation d'appétits aux abois deviendront moins excusables. D'ailleurs, une remarque s'impose. Les classes dangereuses sont les plus misérables. Mais la misère n'intervient dans la criminalité qu'en certaines conditions. L'indigence imméritée reste ordinairement stoïque, ou, si elle entraîne à la faute, elle conseille plutôt le suicide ; les attentats les plus révoltants qu'on lui peut attribuer dérivent même très fréquemment de l'idée de débarrasser de maux insupportables ceux que l'on aime d'abord et puis soi-même : entre la mort lente par la faim, on préfère la mort rapide par un moyen quelconque. Car on meurt encore de faim, même au cœur des capitales luxueuses, au voisinage des palais où l'on s'amuse, des maisons où le superflu déborde en vaines inutilités, ou en primes distribuées au vice. Il y en a qui se laissent tomber doucement [1], s'éteignent comme une lampe sans huile : d'autres, subissant la folie de l'inanition, le délire du cerveau privé de son combustible, obligé à brûler sa propre matière et bientôt encombré de ses résidus, accomplissent des actes inconscients, tantôt le vol et tantôt le meurtre [2] ; d'autres enfin, à la dernière lueur d'un raisonnement ou dans un soudain vertige, se retournent contre eux-mêmes et contre leur famille [3]. Ces derniers sont les plus à plaindre, quand, après avoir suffi à leur tâche horrible, vis-à-vis de leurs enfants, une défaillance physique entrave l'intention bien arrêtée pourtant de l'achever sur eux-mêmes. Quel drame plus triste que celui du Puy-Imbert et plus mal compris : une femme voit partir son mari, un pauvre terrassier, condamné à deux jours de prison pour avoir dérobé un peu de plomb ; il n'y a pas un sou à la maison et il y a cinq enfants à nourrir ; l'espérance d'une amélioration s'efface même, devant l'idée du déshonneur du père qui rejaillit sur la famille ; la mère envisage sa situation avec un apparent sang-froid, elle vend tout ce qu'elle possède pour procurer une dernière joie à ses petits enfants, leur prépare un bon repas et, après les avoir rassasiés, les couche et les étrangle ; elle allume ensuite un réchaud, se coupe une veine du poignet gauche, essaie de s'égorger avec ses grands ciseaux de couturière : la mort ne veut pas d'elle. On arrête la malheureuse, la foule hurle contre elle, un magistrat qualifie de comédie sa tentative de suicide, affirme l'intégrité de sa cérébration au mo-

1. On les ramasse quelquefois comme ivrognes ! C'était le cas ordinaire pour une vieille mendiante de Montmartre dont le mari était mort d'inanition, et qui était elle-même si bien habituée à vivre de rien, qu'elle mourut un jour au milieu d'un repas copieux (2 francs de dépense !), le seul peut-être qu'elle ait fait dans son existence. *Lanterne* du 8 juillet 1888.

2. Du simple vertige stomacal aux hallucinations causées par la faim prolongée, que de nuances ! Follet, *Troubles intel. imputables à la faim*, *An. d'hyg. et de méd. lég.*, 1877, II, 473.

3. Il n'y a pas longtemps, c'était le père Deux qui se tuait. Déjà bien éprouvé depuis le crime commis par Menesclou sur l'une de ses filles, il était devenu phthisique et incapable de subvenir aux besoins de sa femme et de ses sept enfants : il se supprimait... pour les débarrasser d'une charge ! Mais combien plus souvent des parents affolés essaient de quitter la vie en compagnie des leurs !

ment du crime, et un jury prononce une condamnation à la peine des travaux forcés à perpétuité. De pitié, nulle part, si ce n'est auprès d'un avocat socialiste dont on ose presque rire (août 1889) ! A Clermont-Ferrand, une femme, abandonnée par son mari et dans le plus absolu dénûment, étrangle ses deux enfants et s'asphyxie : près de Soissons, un ouvrier reste veuf avec deux petites filles et n'ayant plus ni pain ni travail, s'asphyxie avec elles ; en Allemagne, la femme d'un marchand de houille, pour échapper au supplice de la faim, coupe la gorge à ses deux enfants et se frappe à son tour, après avoir enduit de pétrole les murs de sa chambre et allumé l'incendie qui devra consumer les cadavres. La tragédie ne varie guère ! Mais une fois, une femme échappe malgré elle au sort qu'elle a cherché, et cette circonstance lui enlève la pitié qu'on accorde aux autres : c'est un événement si propice à cacher sous la dénomination de crime irrémissible, l'attentat né de la misère désespérée, honte pour le milieu qui n'a point songé à prévenir ses éclats par l'assistance, et une si belle occasion pour un orateur bien pensant et bien pourvu de toutes les douceurs de l'existence, de flétrir la lâcheté... aux dépens d'une femme dont la force physique est restée inférieure à la sensibilité animale [1] !... Ne vaut-il pas mieux pour tout le monde que la vérité soit franchement reconnue, si navrante qu'elle apparaisse ? Oui, la misère, dans ce qu'elle a de plus hideux, se montre dans nos sociétés les plus civilisées [2] et l'on doit s'étonner qu'elle n'engendre pas

1. Par contre, on se livre à des apitoiements désordonnés, à propos du suicide de ce dessinateur, qui, sans emploi dans sa profession, par orgueil, plutôt que de rechercher un travail quelconque ou d'avoir recours à l'assistance, s'asphyxie avec sa femme et ses six enfants (drame de la rue d'Avron, à Paris) : la femme survit, on propose de lui voter des rentes ! Lire là-dessus un excellent article du *Petit-Journal* (24 juillet 1890).

2. Ce n'est même qu'en celles-là qu'on voit des malheureuses se tuer parce qu'elles sont brutalement expulsées par un propriétaire, absolument dénuées de toutes ressources à la suite d'un long chômage (Ve Bonnet, à Belleville, avril 1889, Ve Silas, à Ivry, oct. 1889, etc.), d'autres, parce qu'elles n'ont pas la somme nécessaire pour payer à l'administration des hospices le prix de la reddition du corps de leur mari (Dame Leleu, Paris, 28 juin 1889), etc. etc.

un plus grand nombre de crimes, lorsqu'on réfléchit à la promiscuité qu'elle impose à des familles surchargées d'enfants, à l'obstacle qu'elle apporte à l'éducation et à l'instruction de jeunes êtres, chaque jour exposés aux contacts et aux exemples de la perversité, au fond de rues immondes et à population si mêlée, plus tard destinés à tenir leur place dans la collectivité sans autre initiation que celle de la mendicité et du vagabondage ou la profession de délinquant. A Berlin comme à Paris, les mêmes détresses coudoient les mêmes dédains de la fortune [1]. Mais à Londres, si regorgeant de richesses, le tableau s'assombrit encore. A deux pas des hôtels confortables, au milieu des quartiers les plus aristocratiques, voici que s'étiolent et végètent des milliers de misérables. « Des ruelles, des cours, des impasses étroites, où les maisons se touchent presque d'un côté de la rue à l'autre : l'air n'y pénètre pas. Les maisons sont petites, basses, et une atmosphère méphitique s'en dégage, une odeur de moisi et d'humide qui saisit à la gorge. Les ordures sont entassées devant les maisons, sur les escaliers à moitié pourris ; qu'il fasse sec ou qu'il pleuve, le sol est toujours boueux. Dans les chambres, la saleté des générations successives s'étend en couches épaisses du plafond au parquet ; elle suinte le long des murs. L'ouverture qu'on décore du nom de fenêtre est bouchée avec des haillons pour empêcher le vent et la pluie d'entrer. Chaque chambre abrite une famille, souvent deux. Dans

1. Il y aurait peu à retrancher, dans le tableau des *Nécessiteux* à la fin du dernier siècle et à la veille de la Révolution, tel que l'a dessiné Mercier, pour lui donner la marque contemporaine, telle qu'on la retrouve en diverses capitales. « Il n'est presque pas possible, dans la situation actuelle de notre gouvernement, qu'il ne se trouve pas un grand nombre de coupables, parce qu'il y a une foule de nécessiteux qui n'ont qu'une existence précaire et que la première loi est qu'il faut vivre. L'horrible inégalité des fortunes, un petit nombre ayant tout et la multitude rien..., le fardeau de la misère, la dureté insolente du riche qui marchande la sueur et la vie du manouvrier, les entraves mises à l'industrie, les impôts multipliés, le déplacement et l'incertitude des états..., le haussement prodigieux des denrées..., tout précipite l'infortune dans un inévitable désordre. Arrivent les lois pénales...; mais on corrige rarement le mal qu'on n'a point su prévoir... Les mêmes délits recommencent, parce que la source n'en est pas fermée. Il en est de même de ces plaies qui versent toujours du sang corrompu, parce qu'on n'attaque point la masse infectée... » (*Tabl. de Paris*, CCLXVIII.)

une cave, un inspecteur de la salubrité a trouvé le père, la mère, 4 enfants et 3 porcs. Dans une autre pièce, un prêtre voit un homme malade de la petite vérole, sa femme qui vient d'accoucher pour la huitième fois, les enfants courant à demi-nus. Ici 7 personnes vivent dans un ancien souterrain, le cadavre d'un petit enfant au milieu d'elles. Ailleurs, une veuve et 3 enfants, le cadavre d'un quatrième git là depuis 13 jours. Voici une pauvre veuve qui occupe le seul lit de la chambre et qui loue le plancher à un couple moyennant 3 francs... Pêle-mêle dans ces bouges vivent des voleurs, des assassins, des filles et d'honnêtes ouvriers avec leur famille. La moralité et la décence sont inconnues: peu de gens sont mariés; personne ne s'en soucie. Le relâchement des mœurs est si grand que rien n'est respecté, l'inceste et pire encore y sont péché mignon. Dans une rue de 35 maisons, 32 sont des lupanars: dans une autre, 43 maisons sont habitées par 428 filles perdues dont beaucoup n'ont pas plus de 12 ans... La misère et le crime sont activés par la quantité des cabarets... Enfin, la pauvreté de ceux qui essaient de gagner leur vie honnêtement dépasse toute mesure. Un enfant de 7 ans peut facilement apprendre à voler pour 10 shillings par semaine. Mais que gagne-t-il à fabriquer des boites d'allumettes? Deux demi-pence la grosse. Avant de gagner autant qu'un petit voleur, il doit faire 56 grosses d'allumettes par semaine, ou 1,296 boites par jour, ce qui est impossible. Des femmes qui cousent des pantalons reçoivent 2 demi-pence par paire et doivent fournir le fil: à quoi peuvent-elles arriver? Au maximum à 1 schilling par douzaine. » (Raffalovich)[1] Comment, en de semblables conditions, le crime n'arriverait-il pas à se développer? Avec la misère seule, il se limite. Mais à un tel degré, la

1. *Journ. des économistes*, ext. publié par la *Rép. franç.* du 24 fév. 1884. D'après Mearnes, *Bitter cry of outcast London*; G. Sims, *How the poor live*. — Pour l'Allemagne, voir l'ouvrage de Johannes Scherr (trad. franç. de V. Tissot, *La société et les mœurs allemandes*): rapprocher des pages relatives au paupérisme (436 et suiv.) celles relatives à la criminalité (445 et suiv.), ces dernières très-propres à compléter les indications que j'ai données au ch. II du second livre (p. 154-159).

misère se double de stimulants particuliers, qui lui impriment la tendance antialtruiste. L'attentat se concentre en effet dans les catégories où l'indigence est aggravée, perpétuée ou déterminée par l'intempérance et la débauche, où la pauvreté, primitivement honnête, s'abandonne aux habitudes vicieuses et s'ouvre insensiblement par elles la voie des impulsivités dangereuses. C'est presque dire que la misère délinquante suppose une prédisposition individuelle, une tare héréditaire ou acquise, poussant au crime-délit par l'entraînement à des besoins, susceptibles d'achever l'œuvre d'une dégénération physiologique déjà commencée. Raison de plus pour prévenir des associations d'influences aussi redoutables. Le remède est complexe : il n'est pas tout entier dans la solution des questions de salaire ; il est surtout dans un meilleur système de moralisation des masses, dans la réduction des influences qui les sollicitent à l'imprévoyance et à la paresse, les conduisent à l'ivrognerie et à l'alcoolisme.

c. — Avec une liberté restreinte ou presque illimitée, dans les états de bien-être ou de misère les plus extrêmes, un troisième facteur de perturbation est à rechercher dans l'insuffisance ou la mauvaise direction de l'éducation, ce que j'appellerai l'*éducation négative*.

L'on sait que l'éducation demeure distincte de l'instruction. Celle-ci, dans la formation de l'homme social, est un moyen de perfectionnement accessoire. L'autre est un moyen de dégrossissement de toute nécessité. J'en ai déjà parlé et je ne trouve pas inutile d'en parler encore. L'éducation assouplit les caractères aux exigences des milieux. Elle est compatible avec l'ignorance des choses intellectuelles, elle n'est pas toujours associée au savoir même le plus vaste. Elle est une simple résultante des traditions et des exemples dans la famille, la profession et la race ; elle se fait lentement, par une sorte de gymnastique sociale et elle se conserve par l'hérédité.

Chez le paysan-cultivateur, qui fournit une proportion si médiocre de criminalité, par rapport au chiffre de sa catégorie professionnelle, la persistance des idées religieuses, l'esprit de soumission à tout ce qui rappelle l'ancien maître, mais transformé en une espèce de discipline hiérarchique très conciliable avec la dignité individuelle, aussi l'esprit de travail et de prévoyance, sauvegarde de la tranquillité au cours d'une vie rude, mais fortifiante, en plein air, constituent les éléments d'une éducation très apte à réfréner les mauvais instincts. Chez l'homme, des professions libérales, des conditions presque inverses, qui élèvent très haut l'intelligence, subordonnent les sentiments à un idéal puissant ou les domptent par la raison, forment les bases d'un autre système éducatif également propre à commander aux impulsivités antialtruistes. Mais dans son évolution plus lente, le paysan conserve un calme relatif qui l'éloigne en même temps du suicide, et, chez les sujets cultivés, une évolution rapide s'accompagne d'une inquiétude, d'une instabilité psychique, aussi parfois d'une usure des énergies cérébrales, qui compensent la proportion moyenne ou faible du crime par une grande fréquence des suicides. Entre les deux modes éducatifs, on pourrait désirer quelque chose de moins terre-à-terre que le premier et de plus accessible aux masses que le second. Ce quelque chose est encore à trouver. Dans notre pays, il n'existe point de soudure, qui, de l'éducation naïve à l'éducation très affinée, retienne avec une force suffisante les entraînements antisociaux d'un grand nombre, au sein des professions les plus militantes. Chez l'ouvrier, l'enfant, souvent engendré sous l'action dégénérative de la misère et de l'intempérance, grandit dans une promiscuité malsaine et sans presque connaître le dressage éducatif ; il s'initie de lui-même à la vie, trop libre dès son bas-âge, prenant la voie que le hasard lui montre et l'école n'est pour lui, dans plus d'un cas, que l'occasion d'achever une perversion déjà commencée ou le lieu d'éclosion de vanités précoces et troublantes. Chez le bourgeois, petit industriel ou commerçant, manieur d'affaires et remueur d'argent, le jeune être est entouré de meilleurs soins à son berceau, mais non toujours préservé, au premier éveil de son intelligence, des sollicitations les plus susceptibles de lui former un caractère instable ou trébuchant : si les parents sont pauvres, ils le laissent vaguer ou le relèguent à l'école, puis ils se hâtent de chercher pour l'adolescent quelque place de commis, où s'éveilleront ses convoitises, avec les feux des passions faciles ; si les parents sont riches, ils confient l'enfant à des serviteurs dont la moralité ne ne vaut guère mieux quelquefois, que celle des plus détestables, jusqu'au moment de l'envoyer subir cet internat de collège, si dangereux pour un grand nombre, et, quand ils le reprendront, plus ou moins instruit, ce sera pour lui donner l'initiation de l'intérêt égoïste, du gain âpre, des habiletés côtoyant la loi, des scélératesses honorées à la condition de réussir. Aussi relève-t-on une forte criminalité dans les professions ouvrières et commerciales. Enfin l'attentat atteint son maximum chez ceux qui n'ont reçu aucune éducation, ou qu'une organisation spéciale rend incapables de recevoir ou d'élaborer aucune éducation dans la voie du bon et du sociable. Parmi ces réfractaires, on rencontre précisément, isolés ou réunis, les caractères d'anomalie ou de dégénération, somatique et psychique, avec lesquels on a essayé de constituer le type criminel. Voilà ce qu'apprend l'observation.

Les conditions éducatives sont aujourd'hui profondément modifiées, et l'on ne se préoccupe pas assez de les amener au niveau des besoins transformés. La famille et l'école restent les deux grandes unités éducatives ; mais l'une n'est plus en accord avec les tendances nouvelles, et l'autre n'est pas suffisamment adaptée à celles-ci. Dans la première, le relâchement et les conflits naissent d'un inique partage de droits et de devoirs entre l'homme et la femme, d'un odieux assujettissement de l'enfant aux parents les plus indignes, d'une annihilation de la communauté au profit d'un père omnipotent, quels que soient ses démérites, système autrefois tolérable et même fortifiant sous l'égide de la foi religieuse et des principes autocratiques, maintenant dangereux et fertile en réactions déplorables : le vaisseau vieilli, qui naviguait fièrement dans une mer fermée et sans orages, craque et se disloque sur les flots agités de la mer libre. La famille, plus équitablement distribuée entre les deux *moitiés de ménage*, assurerait leur union et l'union des parents, le bon exemple à l'enfant. Mais l'État doit se ménager une intervention directe et formelle au sein du milieu qui prépare les citoyens ; il est tenu d'exercer une surveillance efficace, même sur le foyer domestique, comme de venir en aide aux familles trop surchargées, afin d'éviter aux enfants le contre-coup de la dégénération par la misère. Il a surtout l'obligation d'avoir l'école ouverte, non pas seulement pour instruire, mais encore pour éduquer : or, c'est là le grand mal, l'école, le collège et le lycée ne savent pas éduquer, parce qu'ils n'ont pas à leur tête un personnel façonné à son rôle..., celui de *pères de famille d'État*. On choisit les maîtres d'après leur capacité intellectuelle, mais sans aucun souci de leur capacité morale : je ne veux pas dire qu'on tolère parmi eux des corrupteurs, mais je prétends qu'on admet auprès de l'enfant trop de négatifs au point de vue de l'élevage, du dressage, de l'adaptation au milieu social. L'éducation périclite et le délit monte, en dépit de l'instruction. Cela n'a pas lieu que chez nous !

L'Europe entière souffre d'un mal secret, dont elle voudrait bien ne pas reconnaître les causes : celles-ci pourtant sont tangibles, elles naissent du conflit des idées nouvelles, issues de la Révolution française, avec les idées anciennes, inhérentes au vieux despotisme. De quelque race et de quelque religion qu'ils soient, de quelque forme politique dont ils se révêtent, avec les oppositions les plus variables dans leur bien-être et leur misère, les peuples subissent une phase de transition, au cours de laquelle les actes antisociaux se multiplient, parce que les obligations réciproques sont plus indécises, les moyens de prévention morale plus chancelants ; l'adaptation n'est franche nulle part et les résistances, plus ou moins objectives dans les monarchies et les républiques, augmentent les heurtements. Les classes persistent en leurs oppositions d'intérêts et leurs haines, sous la liberté comprimée et sous la licence, et, à tous les degrés, la discipline sociale fait défaut.

Les réformes à poursuivre doivent embrasser jusqu'à nos Codes, car la loi, par ses insuffisances et ses contradictions, devient elle-même une cause d'attentat.

Insuffisances et contradictions des Codes[1]. — L'homme ne vaut pas bien cher, sous le vernis des plus brillantes civilisations comme dans la vie sauvage. A quelque état et à quelque époque qu'on l'observe, il trahit les bas instincts dont l'espèce est incapable de se dépouiller. Les Athéniens forçaient Socrate à boire la ciguë et chassaient Aristide, parce qu'ils étaient trop vertueux : un clan de monarchistes multicolores, de purs à tous crins, déclare chez nous que l'honnêteté de M. Carnot est « embêtante » et réclame le divertissement d'une autre honnêteté, égayée par les paillasseries de ses arlequins. Le Christ, ce premier apôtre du socialisme universel, était mis en croix ; de prétendus disciples ont brûlé en son nom ceux qui représentaient le mieux sa doctrine, et, au nom de la liberté, les Terroristes ont coupé le cou à ceux qui la défendaient : de part et d'autre, on n'a respecté ni l'âge, ni le sexe, et pour un gredin suspect, on a immolé dix innocents avérés. Aujourd'hui, sous l'invocation du droit des opprimés, des anarchistes essaient de détruire à coups de dynamite hommes et choses qu'ils ne peuvent ramener sous leurs appétits. L'on est tenté de s'écrier, avec Louvet proscrit, plus ému par le spectacle des abominations commises autour de lui, que par ses propres maux : « Oh ! pourquoi ne m'a-t-il fallu rien moins que cette expérience, pour être convaincu de cette vérité funeste, que, sans distinction d'opulence ou de misère, de grandeur ou d'obscurité, je dirai même, en général, d'un vain savoir ou d'une ignorance complète, et sous la seule exception

1. Sur cet objet, je renvoie particulièrement au livre de Garofalo. *Criminalogie*, 3e p., ch. III, *Lois protectrices du crime*, etc.

de la vertu, qui n'appartient qu'à quelques philosophes privilégiés, les hommes doivent être esclaves, puisque les hommes sont méchants et rampent devant les méchants »[1]. Esclaves, non! car l'esclavage avilit à la fois ceux qui le supportent et ceux qui l'exercent. Mais réprimés par une autorité de forme et de nom quelconques, oui! Le socialisme lui-même ne saurait exister sans une autorité qui plie la collectivité sous la règle et l'anarchie n'est que l'autorité de quelques violents sous une nouvelle consécration de la force brutale en possession de la puissance.

Comment pourrait-il en être autrement? Dans le camp des honnêtes, la vertu n'est qu'une habitude que les circonstances ébranlent trop aisément, ou le résultat d'une indifférence apte à subir les transformations inverses au souffle des intérêts ou des entraînements: la crainte, sous la suggestion des idées religieuses ou sous la suggestion plus immédiate de la loi, est le mobile ordinaire qui la maintient dans la droite ligne. Dans le camp des coquins, l'attentat est la conséquence d'un automatisme fréquemment lié à des conditions dégénératives de l'organisme cérébral, et l'impulsivité, si elle n'est pas toujours modifiable, n'est enrayée que par la compression énergique des instincts: on dompte le fou, comme le sauvage, et le dégénéré, qui tient de l'un et de l'autre, ne reste négatif, dans le milieu social, que s'il est maté par la peur du châtiment. La loi répressive doit donc intervenir pour empêcher les actes que l'expérience a démontrés nuisibles à la collectivité comme aux individus: c'est la condition fondamentale des sociétés. Je ne reprendrai point la question de la responsabilité. J'estime qu'on se perd trop souvent en digressions inutiles et en considérations sans valeur pratique sur ce terrain quelque peu fictif. Je n'admets pas que l'homme ait un libre arbitre; je lui refuse la possession d'une volonté, maîtresse indépendante, maîtresse absolue du moi; il jouit seulement d'une faculté relative de raisonner l'utilité des choses, en

1. *Mémoires*, éd. Aulard, 1889, I, 123.

vertu de laquelle il aboutit à l'impulsion, comme à la conséquence du rapprochement d'un appétit ou d'un sentiment avec son objectif. Il en sait assez pour apprécier jusqu'où ce qui lui paraît utile peut devenir préjudiciable à autrui, pour s'arrêter à la réflexion que son propre intérêt lui commande de ne pas faire à ses semblables ce qu'ils pourraient lui rendre. En état de perpétuelle instabilité, il a dû accumuler les résultats de ses observations à cet égard : la loi les a fixés et condensés; elle offre à tous l'allègement de nouveaux raisonnements, en formulant des préceptes qui résument les obligations et sous-entendent les conséquences mauvaises de leur non-exécution. Il y a la notion de nécessité, qui suffit à la direction d'êtres soumis à la même cérébration défectueuse ; mais cette notion et celle de l'obligation corrélative sont obscurcies chez un grand nombre, sous l'influence de la maladie, chez d'autres par un amoindrissement héréditaire ou inné de la raison : pour ceux-là, sans aucun doute, il y a des modalités spéciales à apporter dans l'application de la loi, ou plutôt de la répression. Néanmoins, si, dans l'intérêt de tous, il est démontré qu'il importe de réagir contre les impulsivités mauvaises, la société doit se protéger contre les appétits militants des mauvais, qu'ils soient des malades ou de simples abâtardis ; elle n'a qu'à constater que, chez les uns et chez les autres, à défaut de raisonnement, la conscience du manquement ou la seule intimidation d'une peine à encourir, enraye les impulsivités. Si l'on retient par la crainte, même les fous, on retiendra aussi par elle le dégénéré, et mieux encore le normal en oubli de ses devoirs. Mais la répression sera comprise et graduée suivant le degré d'adaptabilité des cérébrations. Aux irraisonnants et aux délirants, idiots et fous, on ne saurait refuser la pitié et l'on se défendra contre leurs actes en les internant dans un asile, où ils recevront les soins dus aux malades. A certains demi-fous et aux dégénérés, s'il y a lieu d'accorder une plus ou moins large part de commisération, il y a aussi lieu de faire sentir qu'on n'a pas à tolérer leurs méfaits, pour peu qu'ils aient manifesté du discernement dans leurs attentats : ils sont à renfermer dans des asiles mixtes, où ils seront soumis à une hygiène physique et morale s'adressant à leur morbidité, et à une discipline pénale judicieuse, capable de les retenir ultérieurement, par intimidation, hors de la voie de la délinquance et du crime. Pour les autres, il n'y a point de ménagements à garder, en dehors de l'atténuation des circonstances déterminantes de l'attentat : ils ont à supporter un châtiment, une *affliction*, qui gravera dans leur esprit la notion de la culpabilité, mais sera combinée de manière à les moraliser et à profiter indirectement à la collectivité et aux individus lésés par eux. Je reviendrai sur ces questions. Demandons-nous d'abord si, avant de sévir, la loi n'a pas à prévenir, et si, loin de prévenir, elle n'est pas quelquefois la génératrice des fautes qu'elle reprouve et qu'elle condamne.

Les lois, quintescence de la pauvre sagesse humaine, ne peuvent être que boîteuses : la perfection n'existe pas plus pour elles que pour tout autre expression de l'activité d'un être très limité en ses moyens. Au moins doivent-elles demeurer simples, c'est-à-dire, accessibles à tous ou au plus grand nombre, franches, c'est-à-dire exemptes de duplicité, bien pondérées, bien faites pour répondre à leur but, sans lasser ni tracasser, sous peine d'amener le dégoût et bientôt après l'oubli ou la révolte. Elles doivent surtout évoluer parallèlement aux conditions du milieu : l'immutabilité d'un Code, pour tout peuple civilisé, c'est bientôt sa négation devant l'opinion, la vraie régulatrice, mais qui elle-même a besoin de se fixer dans la loi pour éviter des oscillations très dangereuses. Tout cela est élémentaire, jusqu'à paraître naïf, et cependant on commence seulement à le reconnaître ! Nos lois sont en grande partie inadaptées aux conditions actuelles de leur milieu ; elles sont maintes fois hypocrites et même sollicitatrices des attentats qu'elles prétendent empêcher, maintes fois aussi insuffisantes, erronées, contradictoires.

On sait l'axiome : « Nul n'est censé ignorer la loi, la loi est égale pour tous, donne la même justice à tous. »

Jadis, quand la loi consistait en quelques préceptes, en quelques coutumes, gardés par la tradition dans la mémoire de tous, elle était réellement connue de chaque citoyen. Mais il en a été de la loi civile, comme de la religion : les préceptes ont grossi, se sont multipliés, au profit de certaines catégories intéressées à les dérober à la masse. Aujourd'hui, droit romain, droits coutumiers, droits monarchique et républicain se sont donnés rendez-vous dans un Code volumineux, et toujours accrescent, où les gens de métier eux-mêmes éprouvent quelque difficulté à trouver un accord. Dans cet entassement de pièces, qui visent les moindres actes de la vie privée et de la vie publique, la loi se dresse comme un monument si formidable, que les humbles n'osent pas le regarder ; ils n'en peuvent compter les pierres..., les feuillets, et tout ce qu'ils en savent et peuvent savoir, c'est le frontispice ou le titre. Aussi combien d'individus, dans les basses couches et même en de plus hautes, pèchent par ignorance ! Cela sert de prétexte à conserver des professions qui datent d'un autre âge, avoués, huissiers, etc., et qui s'engraissent de l'argent des malheureux obligés de recourir à leur intermédiaire, pour arriver jusqu'à la loi, demander protection de leurs intérêts, sous les formes vétustes sans lesquelles on leur dénierait toute justice. Et comme ces gens-là, en amis de la maison, tirent avantage des moindres recoins obscurs des textes et de l'ignorance des parties, pour éterniser les affaires..., leur pâture, quelquefois, il faut le dire, grâce à une coupable indifférence des magistrats ! Au vieux temps, on a vu des procès se perpétuer au-delà d'une ou de deux générations, des fortunes s'engouffrer dans les sacs des procureurs. Les choses ont-elles vraiment changé ? Le procès Bauffremont autoriserait à répondre par la négative et plus d'un autre à déclarer que l'intervention légale de l'officier ministériel n'est souvent qu'un vol légalisé. Un Code... civilisé sera toujours assez explicite, réduit aux grandes lignes, laissant à une magistrature *soigneusement* choisie et armée de textes précis, libre de se mouvoir sur le terrain de la conciliation et de l'interprétation des mobiles et des conditions intrinsèques des actes, d'après sa conscience et son expérience, la lourde charge de prononcer sur les détails, dans une relation immédiate et directe avec les citoyens intéressés. Le Code est trop compliqué pour être connu de tous, ainsi qu'il devrait l'être et ainsi qu'il prétend l'être : la justice est entourée de trop d'*impedimenta* et de frais pour être accessible à tous, malgré qu'on la dise égale pour tous.

Cette hypocrisie provoque parfois l'attentat sous la forme de protestation violente, ou bien lui sert d'excuse. Il n'y a pas longtemps, c'était une pauvre vieille fille, qui tirait des coups de révolver sur un avoué, devenue enragée par l'attente d'un règlement de compte de plus de sept années, pendant laquelle elle avait épuisé toutes ses ressources (Affaire Litoux, 1888). Hier c'était un enfant naturel... sans le savoir, tout à coup privé d'un nom sous lequel on l'avait cependant astreint au service militaire, non informé du jugement de déchéance, l'apprenant au moment où il réclamait des papiers pour se marier, n'ayant aucun moyen de plaider ni de réagir contre une situation aussi étrange, et, acculé devant une désespérance farouche, se faisant voleur ; il dit avec colère au magistrat : « L'État a trouvé que j'avais un état civil suffisant pour m'obliger à cinq ans de service ; il m'a ensuite volé mon nom ; je l'ai volé à mon tour, parce que, avec 120,000 francs, je n'aurai besoin de nom nulle part. » (Affaire Laffont, 1889.)

La loi abonde en subtilités iniques ! Elle distingue du vol des escroqueries pires que le vol, admettant que la soustraction directe d'un objet est plus répressible, que l'enlèvement indirect du même objet par la captation rusante et lâche de la confiance d'une dupe ; elle aura des mitigations singulières pour le coquin qui, sur de belles paroles, se sera fait délivrer par un domestique ou un voiturier un dépôt dont il connaît seul l'origine et la valeur, elle le traitera en simple comparse et réservera pour l'instrument de sa vilaine action toutes les sévérités ; elle permet l'attentat en grand, mais punit sans miséricorde l'attentat en petit : elle laisse des financiers, des agioteurs, des accapareurs escamoter des millions, ruiner les familles et les individus, sucer la nation jusqu'en ses moelles, mais elle arrête et saisit dans ses mailles l'affamé aux abois qui brise une vitre pour dérober un pain. Que de révoltes ont été amenées par de mauvaises lois fiscales ! Mandrin lui-même n'a-t-il pas été plutôt un dénonciateur du monstrueux système de son époque, que le vulgaire bandit de la légende ? Et de nos jours, qui exalte les haines du prolétariat contre les riches, entretient le mouvement antisémitique, si digne d'un autre âge, sinon un système de Codes à l'abri duquel les plus scandaleuses fortunes peuvent s'édifier à côté des misères les plus noires ?

La loi protège, chez les fonctionnaires qui la représentent, jusqu'à l'arbitraire le plus odieux ; elle consacre leur infaillibilité dans l'erreur. Elle défend aux citoyens de s'opposer par la force aux violences de ses agents : Raspail fut condamné à la prison pour avoir menacé d'un pistolet un huissier, qui avait voulu saisir ses meubles dans des conditions illégales. C'est à grand'peine que cette loi si parfaite a fini par consentir à la réhabilitation des victimes condamnées injustement..., encore se refuse-t-elle à réparer les dommages matériels causés par la négligence ou la sottise de ses plus minuscules satellites[1]. Elle ose persister dans le principe de la non-responsabilité des hommes auxquels elle confie son application, alors qu'elle exagère parfois si grandement la responsabilité des défaillants occasionnels. Au mois d'octobre 1889, en Espagne, on exécutait un homme gracié depuis deux jours et l'on ne poursuivait pas le fonctionnaire dont l'incurie entraînait la perte d'une existence ; chez nous, l'on a bien, il est vrai, condamné Genouille, oubliant sur un

1. La Suisse est là-dessus plus avancée que nous. Elle a récemment élaboré un projet de loi pour indemniser les victimes des erreurs judiciaires. L'affaire Borras a provoqué chez nous un courant d'opinion dans cette voie.

îlot désert trois nègres qui y mouraient de faim : mais combien d'autres méfaits, souvent de conséquences aussi graves, sont demeurés et demeurent encore cyniquement impunis, malgré qu'ils soient commis dans l'exercice de droits si larges, qu'ils se confondent avec la criminalité[1] ! Puis la loi a laissé une porte d'échappée, celle de la prescription ! Elle a bien quelque peu honte de ses tolérances, quelque rougeur pour ses propres abominations : mais elle les couvre, jusqu'au moment fixé par elle, où elle prétend les transformer en choses de droit commun. Elle est d'ailleurs si malléable, si élastique, entre les mains des coteries politiques et des gouvernements ! Gêne-t-elle? Elle permet elle-même d'ériger à côté de ses principes des déclarations de nécessité qui autorisent tout : ici l'état de siège, là les cours prévôtales, etc. La terreur impose le silence et quand la réflexion et l'honnêteté blessée la surmontent, il est trop tard : il y a prescription. Il y a quelques mois, c'était la famille Arbinet, qui échouait dans ses revendications (exécution sommaire d'un négociant bon patriote, à Lyon, en 1870, sur l'ordre du général improvisé Cremer). Et sous la Restauration, qu'ont obtenu les familles de tous les innocents cruellement assassinés par les tribunaux d'un Canuel et d'un Chabrol, à l'ombre du drapeau blanc[2] ! Si la justice est immuable, elle est aussi imprescriptible, et toute atteinte portée à ses principes fondamentaux, inséparables du droit naturel, est à poursuivre froidement, fermement, d'une génération à une autre, si cela est nécessaire, jusqu'à la réparation des dommages causés à autrui. Je ne ne demande pas que les fils d'un misérable qui a tué, par abus d'autorité, soient à leur tour mis à mort, si le père s'est soustrait au châtiment, mais je soutiens qu'ils doivent rendre gorge, s'ils ont été enrichis par les méfaits du père, aux descendants des victimes que celui-ci a immo-

1. Surtout dans nos colonies ! Se reporter à l'affaire du notaire Richard, à Nouméa, et à la communication dont elle a été l'objet à la Chambre des députés (Nov. 1883).

2. Bérenger (*De la Justice criminelle en France*, 1818) n'hésite pas à qualifier d'*assassinats judiciaires* l'œuvre de ces tribunaux d'exception.

lées. Cet admirable système de prescription a pour but d'arrêter les haines avec les revendications ! Mais au profit de qui, sinon des gredins ? Est-on bien sûr d'ailleurs que l'obsession d'une iniquité supportée, sans moyen de réparation légale, n'ait pas souvent armé le bras d'un meurtrier ? Il y a quelque chose de cela, dans plus d'un attentat récent qui semble au premier abord tout banal. L'individu demeuré dans le milieu où sa famille a souffert injustement se croit en aussi bon droit de combativité, que les descendants des huguenots, chassés de France par le fanatisme jésuitique, et aujourd'hui devenus pour nous de redoutables adversaires dans les rangs d'un pays où leurs ancêtres ont trouvé un asile. La prescription assure aux habiles leurs acquisitions les plus scélérates et c'est grâce à elle que l'on peut surtout répéter que la propriété est le vol. Aux époques de perturbations sociales, les gens sans scrupules surgissent ; ils s'enrichissent de la dépouille des faibles et des persécutés : tels personnages, dont les pères sans-culottes ont acquis avec des chiffons d'assignats les biens d'émigrés condamnés par eux, posent en seigneurs de vieille roche..., exactement comme maints petits hobereaux, au temps de Louis XIV, se transformèrent tout à coup en gros seigneurs, en obtenant les terres des protestants qu'ils avaient dénoncés : tels autres personnages ont accumulé dans leurs coffres des fortunes aux origines les moins avouables, fruit de la trahison ou de la spéculation sur les malheurs de la patrie, et leurs enfants trouvent avec un argent... sans odeur le moyen de s'allier aux familles les mieux posées. Pour ceux-là, la prospérité n'a qu'un temps : la conscience publique se charge de réparer les lâchetés de la loi : mais les violentes secousses de la politique n'arrachent à des immméritants que pour donner à d'autres imméritants. Le Code mieux compris préviendrait ces déplacements stériles et détruirait tout prétexte aux clabauderies anarchiques, s'il enlevait aux criminels et aux simples malhonnêtes l'assurance d'une sauvegarde dans le succès. Mais il va plus loin : il permet à des escrocs émérites, à des notaires véreux, à des banquiers fourbes et rusés, de dépouiller les individus, et, après quelques années, il leur accorde la possession non litigieuse des biens obtenus par le vol, le dol ou le faux, s'ils ont réussi à les dissimuler jusque-là, tout au moins à suspendre une intervention judiciaire ; il défend aux victimes jusqu'à la plainte et condamne sans pitié l'apostrophe stigmatisante à l'adresse des coquins : elles iront en prison et paieront une amende, eux ils pourront entrer dans les conseils de leurs départements et dans les Chambres de leur pays, où ils élaboreront des lois.

On a vu comment la loi protégeait la femme, comment elle délimitait ses droits dans la famille et dans la société, comment elle se montrait dure à l'indigent et au prolétaire timides, indulgente vis-à-vis des plus arrogantes et des plus illogiques réclamations des faux travailleurs. Elle ment encore lorsqu'elle déclare qu'elle est égale pour tous. J'ai dit ce qu'elle était pour les fonctionnaires chargés de l'appliquer : elle consacre des privilèges, même en dehors de ce monde si bien placé pour se maintenir dans l'exception. Pourquoi l'évêque qui, du haut de la chaire et dans ses mandements se livre aux attaques furibondes contre le gouvernement de son pays, n'encoure-t-il qu'une censure anodine, quand d'autres citoyens, pour des actes analogues, risquent la perte de leur situation, l'amende et l'emprisonnement ? Pourquoi le soldat qui maltraite ou assomme un pékin relève-t-il du conseil de guerre, où l'on excuse ordinairement ce genre de récréation, quand le pékin qui blesse ou tue un soldat passe en Cour d'assises, où on lui octroie généreusement la réclusion ou le bagne ? Vieux restes des préjugés de castes, qui, avec tant d'autres, ont surnagé dans le flot révolutionnaire.

La loi reconnaît l'utilité, la nécessité de la peine capitale, pour réprimer certains crimes, qui causent un préjudice majeur aux individus (incendie volontaire d'une maison habitée) ou d'emblée visent à leur suppression assassinat, empoisonnement) : elle n'admet pas de différences entre les crimes professionnels et les crimes passionnels, elle n'a point modifié ses articles les plus féroces, vis-à-vis des entraînements commis sous des influences sociales qu'elle a parfois aggravées (infanticide). Je sais que l'institution des jurys tempère ses exagérations, mais au prix d'oscillations troublantes pour la morale : les jugements rendus à propos d'actes similaires varient à l'infini d'une Cour à une autre, et, dans une même Cour, d'une session à une autre, subissent l'action des saisons, jusqu'à celle des digestibilités plus ou moins heureuses des censeurs improvisés. Ce n'est point à cela que je prétends faire allusion. Je ne critique que les textes, dans leurs rapports immédiats avec les principes de la sauvegarde collective. Eh bien! la mort est conservée pour le meurtrier vulgaire, et contre les misérables qui divulguent les secrets de leur patrie, compromettent pour une somme d'argent la vie de millions d'hommes à laquelle ces secrets sont rattachés, même si de tels misérables appartiennent à l'armée, la loi ne prononce que la peine dérisoire de l'emprisonnement ou de la détention ; pas même le stigmate du bagne, encore trop honorable pour eux ! On fait un sort au traître Châtelain : c'est lui-même qui le reconnaît dans une lettre cynique à sa maîtresse ; on lui concède un petit nid dans l'île des Pins et on lui donne l'auréole du condamné politique : il n'a cherché qu'à vendre son pays, qu'à tuer tout un peuple ! Mais on jette en prison le soldat, qui, le jour où lui apparaît trop maigre le sou gouvernemental, vend un pantalon frippé, et l'on fusille le souffre-douleur d'une escouade, qui, dans un moment de révolte passionnelle, soufflette un brutal caporal.

La loi défend un gredin très réel contre les titres mérités que lui lance l'indignation publique ; en revanche, comment protège-t-elle l'honneur des personnes honnêtes? Personne ne l'ignore. Si elle punit... très légèrement la calomnie verbale, quand elle émane d'un individu quelconque, elle la tolère quand elle s'étale dans les colonnes d'un journal, répercutée aux quatre coins du monde. La réputation la mieux assise, l'impeccabilité la plus nette, sont piétinées, livrées à la risée ou au mépris de tous : le citoyen, la femme, la famille ont leur honneur à la merci des déclassés échoués dans les rangs de la basse presse : on pratique en grand le chantage à la diffamation. Se plaindre, c'est peine inutile : la loi accorde à l'écrivain le bénéfice d'un jury qui l'acquitte par peur ou par sottise [1] : ou bien, si l'on obtient une condamnation, elle est si bénigne qu'elle ne compense point le mal occasionné. Et d'ailleurs on hésite devant une publicité nouvelle, où l'on risque toujours quelque salissement inédit, sous l'éloquence, encore privilégiée dans les pires écarts, d'un avocat en quête de succès faciles. Alors, on s'abandonne parfois à une explosion de colère mêlée de dégoût, on brûle la cervelle à l'insulteur... et l'acquittement du meurtrier ajoute un scandale à un autre scandale.

La loi, par tolérance ou réticence, laisse aux individus un moyen de se défendre eux-mêmes ! Le moyen vaut la peine qu'on en parle, d'autant qu'il est en grand honneur parmi ce même monde du journalisme où l'on réclame le plus violemment la liberté de la diffamation. Je le crois bien ! Il permet aux habiles d'obtenir du même coup et la tranquillité, en se débarrassant de leur victime, et un brevet de valeur chevaleresque, qui flatte leur vanité et leur ouvre plus large la voie de nouvelles opérations. J'ai désigné le duel, coutume digne d'un autre âge, la honte d'une société civilisée. On ne le peut soutenir, en principe, qu'en avouant la nécessité d'une réforme profonde

1. La loi Marcel Barthe a tenté de modifier cet état de choses, en renvoyant aux tribunaux correctionnels (de droit commun) les délits d'injure, d'outrage et de diffamation à l'égard des fonctionnaires, avec droit à la preuve dans le cas de diffamation. Il ne faut pas se dissimuler qu'une revision des lois sur la presse est de très haute gravité. Il importe de protéger l'honneur des citoyens, en quelque situation qu'ils occupent ; mais sous ce prétexte, il est dangereux de bâillonner le journal : ce serait interdire au public la connaissance de vérités, qu'il doit être à même de dégager des calomnies, assurer l'impunité complète aux coquins officiels et à leurs coteries, trop débordants ! C'est dans cet esprit que la Chambre des députés a rejeté la loi votée par le Sénat et d'autres projets similaires. Cependant, il est indéniable qu'il y a quelque chose à faire pour réprimer les licences de la presse.

de la loi relative à la diffamation, à l'injure grave, à certains attentats qui portent un préjudice intime à la famille, etc. On ne le peut soutenir, en fait, car il ne se distingue point de l'assassinat dans un grand nombre de cas : celui qui provoque un homme avec l'arrière-pensée qu'il le saura blesser grièvement ou tuer, grâce à la science acquise dans une salle d'armes, et c'est le cas de maints écrivailleurs, celui-là, je le demande, vaut-il mieux que l'assassin, frappant au coin d'une rue le passant à dépouiller ? Non [1]. Et qu'on ne vienne pas arguer de courage à propos de ces rencontres : elles couvrent très souvent un véritable fonds de lâcheté. Il n'y a qu'à applaudir aux trop rares sévérités des parquets qui l'ont compris [2].

De tout ce qui précède et de bien d'autres observations que j'ai dû semer au travers de mon livre ou que je suis obligé d'omettre, afin de ne pas donner trop d'extension à une étude d'étiologie générale de l'impulsivité criminelle, il y a une conclusion facile à tirer. La loi, inégale, oscillante, touffue jusqu'à l'exubérance, en même temps que trop discrète sur divers points, manque du prestige nécessaire à son but. Elle n'a plus l'autorité de la lettre, et s'efface devant l'interprétation qu'on appelle son esprit, et qui est celui de tout le monde. On ne la respecte ni dans ses textes, ni dans ses représentants. On s'attaque

1. Certains journaux ont même des gérants... qui endossent la responsabilité des attaques les plus ignobles contre les individus, personnages ignorant l'art d'écrire, mais connaissant l'art de manier l'épée, ne reculant pas plus devant un meurtre que devant la prison.

2. En Angleterre, aux États-Unis, en Russie, etc., le duel est l'objet de poursuites criminelles et civiles. Chez nous, la loi conserve à son propos un vague, que l'intervention des jurys achève de transformer en formule négative vis-à-vis des revendications des parquets et des familles. Il y a pourtant quelques exemples de condamnations, qui sembleraient indiquer un revirement heureux dans l'opinion saine et dans les tendances du corps judiciaire. Des textes précis viendraient à point. Mais ils rencontrent un obstacle et dans la presse, où l'on a fait assez mauvais accueil au projet Cluseret, et dans la Chambre des députés, où l'on a déjà rejeté le projet Freppel, c'est-à-dire dans les milieux où les vanités battent réclame avec la coutume. Ne pourrait-on seulement interdire les comptes-rendus de rencontres ? Cela suffirait presque à les supprimer.

Sur la question des « *attentats à l'honneur* », voir le récent ouvrage du professeur E. Worms.

avec une passion insolente même aux personnages les plus hautement placés et les plus dignes de la considération commune. Les magistrats sont exposés chaque jour à l'insulte, vilipendés dans les journaux, bafoués ou calomniés. Comment s'étonnerait-on que les rébellions contre les agents de la force publique augmentent chaque année, comme aussi les injures et les menaces adressées aux juges dans l'enceinte des tribunaux ! Les malfaiteurs ne font qu'imiter... en petit les jolis exemples que leur offrent... en grand l'armée des réformateurs honnêtes, dans les colonnes des journaux, dans les réunions politiques, même dans la Chambre législative.

Les mêmes vices de la loi qui contribuent à la genèse du crime-délit contribuent également à celle du suicide. Combien de malheureuses filles, séduites et abandonnées, sans recours contre l'homme qui leur a dérobé l'honneur et leur a imposé le fardeau de la maternité, ne résistent aux suggestions de l'avortement et de l'infanticide, que pour demander à la mort un refuge contre leur désespérance ! Combien de pauvres gens ruinés par des agioteurs et des financiers bien en cour, sans moyen de refaire une modeste aisance, trop vieux pour travailler, honteux et effrayés de l'indigence, se tuent dans un moment d'affolement ! Mais il est, dans notre législation pénale, certaines dispositions qui favorisent plus directement encore le suicide. « Citons notamment la publicité donnée aux répressions judiciaires, publicité sans inconvénients pour les malfaiteurs obscurs ou récidivistes, fatale pour ceux qui portent un nom jusque-là honoré. Si les journaux n'ouvraient pas de préférence leurs colonnes aux jugements qui frappent ces derniers, la plupart se relèveraient et répareraient une faute souvent amoindrie par des circonstances atténuantes, que, *pour faire un exemple*, des juges impitoyables ont volontairement méconnues. Mais le pilori auquel une presse toujours en quête des moyens de satisfaire la curiosité malsaine de ses lecteurs, les a attachés, ne leur permet plus de songer à une réhabilitation devenue impossible. Dans ce cas, ou ils meurent de chagrin, ou ils se tuent. » L'éclat qui entoure les actions en diffamation et qui fait redouter aux plus honnêtes le recours légal contre la calomnie a son contrecoup analogue. Jamais la calomnie n'a frappé avec autant d'audace et d'acharnement que de nos jours : « Elle s'attaque aux individualités les plus marquantes, à ce point qu'on peut dire qu'elle est devenue comme la consécration nécessaire du talent et du mérite sous toutes les formes. Mais ceux qu'elle atteint ne la considèrent pas sous cet aspect, et plus d'un a cherché dans le suicide un remède aux intolérables douleurs provoquées par ses morsures. » (Legoyt [1]).

Répression. — Nous ne sommes plus au temps où l'on prétendait... punir les suicidés, en traînant leur cadavre sur la claie et en confisquant leurs biens. Mais les questions de la répression du crime-délit sont toujours agitées ; il semble qu'elles commencent à entrer dans une phase de solution rationnelle et scientifique. Toutefois elles sont encore singulièrement embarrassées d'hésitations, de préjugés et de routine.

Il y a d'abord une classe de criminels contre lesquels on doit se protéger, mais non chercher une réparation sociale, puisqu'ils n'ont aucune notion ou seulement une notion très incomplète des nuisances qu'ils ont occasionnées. Je veux parler des criminels-aliénés. L'école qui soutient l'utilité et la nécessité de la suppression du criminel-né ou d'instinct, en l'assimilant à la bête fauve ou enragée, immaîtrisable, devrait aussi, logiquement, réclamer la suppression des fous-criminels. Elle n'a point osé le faire... et c'est une pudeur dont il faut lui savoir gré. Jadis, les partisans de l'*exemple* se montraient moins soucieux de la distinction : un homme en tuait un autre, on abandonnait au bourreau le meurtrier, maniaque ou bandit vulgaire, afin d'*effrayer* ceux qui auraient été tentés de l'imiter. Je lis dans les *causes célèbres* de Lebrun [2] l'ef-

1. *L. c.*, p. 323.
2. Introd. à l'affaire Fournet.

froyable histoire d'un jeune Espagnol, qui, dans un accès de délire ambitieux (il voulait être roi de France), avait menacé Henri IV, et que l'on supplicia cruellement, malgré la constatation de sa folie : on lui couvrit la tête d'une couronne de fer ardente, on le tenailla et on le rompit tout vif sur un échafaud. Damiens, exécuté avec des raffinements de barbarie si écœurants, pour une égratignure faite à l'excellent roi Louis XV, était-il autre chose qu'un monomane? Naturellement ces exemples n'ont point diminué le nombre des fous, ni empêché nombre d'autres attentats de même sorte de se reproduire à diverses époques. L'on est aujourd'hui plus humain et tout le monde s'accorde à demander purement et simplement qu'on interne les aliénés criminels. Mais les divergences se multiplient sur la façon de comprendre la mesure. Chez nous, l'accusé déclaré aliéné est renvoyé des fins de toute plainte et signalé à l'administration départementale, qui le fait ou non renfermer, et pour un temps qui reste à l'appréciation du médecin de l'asile. Il n'y a, dans cette manière d'agir, aucune garantie contre le retour d'impulsivités dangereuses. Puis, à côté de ces fous bien caractérisés, il y a des sujets que le médecin légiste ne peut déclarer aliénés avec une certitude absolue, des demi-fous, des automatiques bizarres ou abrutis, des dégénérés épisodiques ou à éclats neuropathiques anormaux, chez lesquels l'observation serait embarrassée de démontrer la non-conscience des actes et ne découvre pas cependant la saine notion de ceux-ci : de pareils individus sont plus ou moins redoutables, on ne sait où les caser! Rarement l'asile les acceptera; les parquets indécis tantôt les acquittent (et ne tardent guère à les revoir), ou les envoient dans les prisons (où souvent la folie ou l'épilepsie se décèlent). Dans l'intérêt général, il serait opportun de prendre une décision. Une seule donnera satisfaction à l'opinion, la création d'asiles spéciaux, comme il en existe déjà en Angleterre. Là seulement on pourra organiser un système de refrènement qui ne sera ni une souffrance pour de véritables malades, ni une honte pour les familles, imprimer à l'intervention, auprès des criminels irresponsables, une direction franchement thérapeutique, qui n'exclura pas pour quelques-uns les moyens de contrainte et de discipline correctives, assurer la guérison aux modifiables, conserver indéfiniment les incurables, et, du même coup, on délivrera les magistrats et les experts médicaux d'un poids énorme, on ne les obligera plus à faire pencher leurs conclusions dans le sens d'un acquittement préjudiciable au milieu ou d'une condamnation douteusement motivée, également répugnants à leur esprit [1].

Pour les autres, il faut une répression. Mais de quelle nature?

Aux incorrigibles, qui violent et qui tuent, encore la peine de mort! Cela évite à la société les frais d'entretien de méchants stériles, la préserve radicalement contre les retours de leurs impulsivités, et, par l'*exemple* réduit au silence celle des latents qui seraient tentés de les répéter. Je ne suis pas un partisan de la peine de mort. Je la repousse non par sensiblerie, mais par sentiment d'équité, et par conviction de son inutilité. Je l'estime injuste, tant que la loi ne frappera que le menu frétin de la grosse criminalité... et elle ne pourra jamais atteindre qu'un très faible contingent de l'élite antisociale! tant qu'elle ne possèdera pas un moyen certain de distinguer l'attentat d'habitude ou d'occasion commis par l'homme sain, de l'attentat similaire commis par l'homme malade ou l'héréditaire, et elle n'obtiendra jamais de la science un criterium catégorique à cet égard; tant qu'elle n'aura pas pour interprètes des magistrats doués de l'infaillibilité, seule préservatrice de l'erreur judiciaire, et l'on sait que l'infaillibilité ne sera jamais le propre de notre nature. J'estime cette peine inutile: les plus épouvantables supplices n'ont pas empêché la progression du crime [2]:

1. Question longuement discutée au Cong. de méd. mentale de Paris, 1889.

2. Quelle lenteur l'Europe civilisée a mise à s'en convaincre! Vers 1830, l'on rouait à Cologne, si mes souvenirs de lecture ne me trompent, deux jeunes filles qui attiraient chez elles des hommes pour les dévaliser et les faisaient enterrer vivants par leurs amants. En 1837, à Schweidnitz, on brûlait vif un incendiaire (*Figaro* du 27 août 1887).

l'échafaud simplifié ne l'a pas diminué davantage, et, après les séries de grâces inaugurées par le Président Grévy, la série des rejets inaugurée par le Président Carnot n'a guère modifié la situation. J'ajouterai que les exécutions capitales, loin d'être un exemple salutaire, éveillent plutôt des sentiments détestables, parmi la tourbe des tarés et des prédisposés, qui recherchent le plus ordinairement leur spectacle. *Ce n'est que cela !* disent les uns, en observant la rapidité de l'œuvre de suppression, après avoir entendu supputer à leurs oreilles toutes les bombances qui ont égayé la vie du misérable : le marché semble bon à reprendre, les connaissances se nouent au bruit du couteau et de nouvelles recrues sont dès ce moment conquises à l'armée du crime. *C'est bien ! cela !* disent les autres, en admirant la contenance plus ou moins assurée du condamné : leur vanité s'exalte et ils rêvent d'avoir eux aussi une telle apothéose ; ils lâcheront le simple délit pour l'attentat sanglant, ils marcheront délibérément sur les traces de Lemaire, de Lacenaire [1], de Lebiez, etc., jaloux de compter plus tard parmi les héros de la guillotine [2]. Je n'insiste pas sur cette objection que l'on a souvent faite, parce que l'on a réclamé la suppression des criminels dans les prisons. A mon avis, ce serait un progrès, si progrès pouvait s'entendre d'un pur changement de forme, dans une mesure de préservation sociale aussi critiquable.

Il faut réprimer cependant. Mais pour rendre la répression efficace, il faut deux conditions essentielles :

1. *Autobiographie*, I, 215, et II, 138.

2. La plupart des criminels sont lâches devant l'échafaud. Ils sont terrorisés. Mais c'est vraiment d'une grande utilité pour la société, qu'une crainte qui se révèle au dernier instant chez l'homme à châtier et soulève seulement les huées et les lazzis ignobles chez les observateurs à frapper par l'exemple ! Chez les autres, le sentiment provoqué va droit contre le but. « Lorsqu'on voit cet homme, qu'on mène à l'abattoir, conduit comme le bœuf gras par des sacrificateurs, il devient, ne fût-ce qu'une minute, intéressant au même degré que le taureau amené dans l'arène sous les piques, les banderilles et finalement l'épée de toute une escouade de picadores » Cette remarque de Rochefort, au lendemain de l'exécution de Champi, est très juste et elle a bien sa valeur morale. Et que penser des spectacles qui peuvent donner lieu aux scandales révélés par le *Figaro* et l'abbé Crozes à propos de l'exécution de Tropmann ? (L'abbé Moreau, *la Petite et la Grande Roquette*, II, 235).

d'abord qu'elle ne soit ni hésitante, ni impondérée ; ensuite qu'elle repose sur des principes nettement dérivés de l'état psychique particulier des sujets sur lesquels elle doit agir.

La première condition, personne ne l'ignore, n'est pas remplie. Les circonstances atténuantes qu'on accorde si largement, même dans les tribunaux correctionnels, sont une conséquence des vices de notre Code. Les mœurs ont profondément changé depuis un siècle ; déjà nos lois révolutionnaires étaient fortement imprégnées de réminiscences monarchiques, peu en rapport avec les aspirations et les besoins de la population émancipée. Les habitudes, les relations de citoyen à citoyen se modifient avec une intensité croissante. Les fondements de la loi restent toujours les mêmes ! On ne peut remonter le cours de l'opinion. Jurés et magistrats le sentent et ils sont presque forcés à une indulgence fatale à l'action judiciaire [1].

Si certaines actions sont régies par des influences externes, d'ordre sociologique, il faut s'appliquer à diminuer le rôle de celles-ci, avant de proclamer l'irresponsabilité des sujets qu'elles ont plus particulièrement sollicités à l'attentat. Tout est convention dans une collectivité, et l'on n'assure l'obéissance générale à la somme des obligations, qu'autant qu'on ne laisse pas entrevoir l'inutilité et l'iniquité de quelques-unes ; le doute

1. Les accusés bénéficiaient des circonstances atténuantes dans une proportion de 73 0/0 jusqu'à ces dernières années. Mais en 1887, le c. r. officiel signale un redoublement dans l'admission de l'atténuation, à ce point que toute pénalité disparaît pour certains attentats. La proportion atteint 76 0/0 en matière d'attentat à la pudeur, 79 en matière de viol, 82 et 83 en matière d'assassinat et de meurtre, 86 en matière de parricide, 85 à 88 en matière d'abus de confiance, de fabrication de fausse monnaie, de faux en écriture commerciale ou privée, 91 en matière de faux en écriture authentique, 98 en matière d'incendie de maison habitée, 99 en matière d'infanticide, 100 0/0 en matière d'avortement ! « Il est certain que, dans le plus grand nombre des cas, les conditions particulières aux crimes ou à leurs auteurs justifient l'indulgence du jury ; mais il est aussi permis de penser que l'admission des circonstances atténuantes a quelquefois eu pour but de protester contre la sévérité de la loi pénale, notamment en matière d'infanticide, d'incendie et de fabrication de fausse monnaie. Par contre, on peut regretter la proportion élevée dans laquelle les circonstances atténuantes sont accordées aux accusés de viol et d'attentat à la pudeur. »

Si le mouvement continue, autant vaudra biffer d'un trait tout notre Code criminel.

appelle la résistance ; une pierre arrachée à l'édifice donne aux irraisonnants l'idée d'en arracher d'autres, et l'intervention oscillante de l'autorité qui a charge de la conservation, encourage à la démolition, plutôt qu'elle n'y met obstacle. Le propre de l'homme social est de se plier aux exigences de son milieu, quelles qu'elles soient, lorsqu'elles ne sont pas d'exception trop au-dessus des instincts naturels. Pourtant, le législateur doit ne jamais perdre de vue l'imperfection de la nature humaine, la résistibilité très inégale des tempéraments et des caractères devant l'appel des besoins contrecarrés, et la justice la plus élémentaire lui ordonne de distinguer entre le trébuchant occasionnel, que la passion a momentanément affaibli vis-à-vis d'une excitation trop intensive, et le criminel d'habitude, qui, avec une impressionnabilité très amoindrie, exploite professionnellement les honnêtes au profit de ses plus brutaux appétits. D'une manière absolue, l'utilité commune réclamerait qu'on écartât le principe de l'irresponsabilité ; mais, sans compromettre celle-là, on peut et l'on doit même mesurer celle-ci au degré des conditions individuelles, exposées au conflit des influences sociologiques. La responsabilité est en raison directe de la délibération volitive apportée dans la perpétration du délit-crime. Elle commence à partir de l'âge où l'être humain acquiert une suffisante expérience des rapports sociaux (nulle ou très réduite chez l'enfant, elle s'accentue chez l'adolescent et augmente proportionnellement à la précocité moyenne des caractères dans les milieux très civilisés[1]).

1. L'étude de la criminalité chez les mineurs, à notre époque, loin de venir à l'appui des propositions émises par Drill au Congrès pénitentiaire de Saint-Pétersbourg (Juin 1890) tendrait plutôt à les infirmer. Le savant rapporteur demande que, jusqu'à l'âge de 18 ans, le mineur soit, au point de vue pénal, doté d'une irresponsabilité absolue, et, de 18 à 20 ans, soumis à une coercition atténuée. Si je trouve absurde et immorale la condamnation d'un enfant de 13 ans à 7 années de maison correctionnelle, malgré les supplications de parents honnêtes, pour le vol d'un gâteau de trois sous (Bourges, 1890), je crois utile le renfermement pour maints petits scélérats, qui savent fort bien ce qu'ils font et donnent la preuve attristante d'une maturité hâtive. J'inclinerais à abaisser vers 15 ou 14 ans l'âge dit de discernement, tout en admettant des mitigations dans la pénalité, selon les cas, pour les sujets entre ces âges, et 18 ans : au-delà, les faits d'observation courante démontrent une précocité d'évolution qui ne comporte plus l'atténuation, du moins l'atténuation à déduire à priori et exclusivement de l'âge.

Elle diminue chez les tarés, proportionnellement au degré de la tare qui les rapproche des morbides et des fous ; elle est atténuable chez le délinquant accidentel, qui a commis une action nocive par imprudence (la non-intention ne saurait supprimer les conséquences de l'acte, elle lui enlève seulement sa note réprobative) ou a subi l'ébranlement d'un choc de vraie passion (circonstance plus rare qu'on ne l'imagine chez beaucoup de sujets présentés à la bienveillance des jurés). Elle est aggravée chez les autres, gredins d'habitude ou de profession, proportionnellement à l'évidence du calcul des intérêts (intention et préméditation), à la méchanceté des procédés mis en jeu pour les satisfaire (force ouverte, guet-apens, etc.), à la persistance dans la répétition des forfaits (récidive).

La peine qui s'adresse à la condition individuelle de la criminalité (Toïnitzky [1]) sera donc variable comme elle.

Mais elle doit aussi exercer une influence rayonnante et préventive sur les membres de la collectivité, qui, par impulsivité naturelle ou imitation, seraient portés à l'acte antisocial. Dans ce but, elle ne sera ni trop intensive, ni trop objective. Plus le spectacle est atroce et répugnant, plus il éveille certains sentiments détestables, comme la non-pitié et la cruauté ; plus il s'offre à la curiosité, plus il use la fibre de la réaction honnête, en affaiblissant la crainte, en familiarisant avec l'idée de la souffrance et de la honte. Voilà pourquoi le pilori et l'échafaud ont si peu contribué à la réforme des mœurs. Pondérée, la peine appelle la réflexion au lieu de l'écraser ; entourée de quelque mystère, elle maintient les imaginations dans un meilleur équilibre ; puis le châtiment prolongé apparaît plus redoutable à un grand nombre, que celui qui, même très rigoureux, dure seulement un instant. Aujourd'hui, si la prison et les travaux forcés n'ont plus la même puissance que jadis sur l'esprit des masses, ils sont loin d'avoir perdu toute valeur répressive, et l'amende en frappant la corde si vibrante de la cupidité, peut encore

1. *Arch. d'anthrop. crim.*, mai 1889, p. 324.

ajouter à l'efficacité des moyens dont la loi dispose.

Relativement aux coupables, la peine doit remplir plusieurs conditions.

1° — Elle doit constituer un châtiment bien réellement effectif. Le châtiment a pour but de fixer, chez le coupable, le souvenir d'une souffrance morale ou matérielle, que la société estime équivalente au dommage causé. Le rapport entre la peine et la faute sera d'autant mieux compris que la répression aura été plus immédiate, l'impression d'autant plus profonde que la peine aura frappé plus juste à l'endroit psychique particulièrement ébranlable chez l'individu. Chez l'un la peine morale du *blâme* ou de l'*admonition* suffit à laisser l'âpre repentir du manquement ; chez un autre, la *suspension du jugement*, la *condamnation conditionnelle*, comme elles étaient jadis autorisées en France et aux colonies, et comme elles le sont toujours en des pays voisins, peut, en ménageant certains caractères foncièrement honnêtes, mais dont l'exubérance a besoin d'une retenue énergique, assurer contre le retour d'un entraînement fâcheux[1] ; chez un troisième, l'obligation de payer une *amende* ou d'accomplir une *réparation pécuniaire*, prévaudra sur la prison elle-même ; enfin, chez les délinquants et les criminels bien caractérisés, une bonne application des *systèmes pénitentiaires* sera l'*affliction* nécessaire. Je dis une bonne application des systèmes pénitentiaires ! Nous en sommes un peu éloignés actuellement, grâce à l'intervention d'une philanthropie très maladroite et surtout trop ignorante de la nature réelle des antisociaux d'ins-

1. La loi Bérenger va modifier très heureusement de notre code criminel. Elle est comme l'envers de la loi contre les récidivistes, et la sauvegarde des défaillants honnêtes. Elle admet : 1° le sursis à l'exécution de la sentence, pour les condamnés à l'emprisonnement qui n'ont encouru jusque là aucune autre condamnation de droit commun ; 2° le rachat complet de la peine au bout de 5 années, si la conduite des sujets a été irréprochable ; 3° dans le cas d'un nouveau manquement avant l'expiration de ce terme, l'exécution immédiate de la première peine, non susceptible d'être confondue avec une seconde. « Pour la conscience qui a conservé intact le sentiment de l'honneur et le salutaire effroi de la prison, dit l'éminent auteur de la loi, la menace de la peine peut produire des effets aussi sérieux, aussi efficaces que la peine elle-même. Il peut même arriver qu'elle soit plus salutaire que la peine. »

tinct et d'habitude. Ces gens-là sont des paresseux, et des jouisseurs, mais des jouisseurs grossiers ; ils ont une sensibilité très émoussée, le suprême dédain de la gêne vis-à-vis d'autrui, l'indépendance et le caprice pour règle de conduite, l'appétit à satisfaire pour but. En France, avant 1789, on les matait par un ensemble de moyens qui contrariaient durement leurs goûts et leurs tendances ; mais on dépassait la note que l'équité prescrit et l'on avait le grand tort de confondre dans la même sévérité les diverses catégories de délinquants. En Allemagne et en Angleterre, où la loi ne s'embarrasse guère des considérations d'humanité et garde une si large part de l'influence barbare, au sein de la civilisation, les choses n'ont pas beaucoup changé : les prisons sont mieux tenues, sous le rapport hygiénique, mais presque aussi lourdes à leurs populations qu'au dernier siècle, et l'on y tolérerait encore les corrections les plus rudes et les plus humiliantes, sans distinction entre les détenus [1]. Mais aujourd'hui, chez nous, les conditions ont été très modifiées. L'on a amélioré et défini la situation des détenus politiques, et l'on a bien fait [2], seulement on accorde à trop d'individus, qui ne la méritent pas, la qualification susceptible de leur valoir un bon traitement, malgré de très vilaines actions. L'on a aussi beaucoup amélioré le sort des pires gredins de droit commun... et l'on a même été souvent trop loin dans la voie de l'adoucissement [3]. Pour les plus notables, les condamnés aux travaux forcés, on s'est preoccupé de choisir un séjour salubre et agréable : à la Nouvelle-Calédonie, plus de chaîne, plus de renfermement (sauf la nuit), plus de *grande fatigue ;* on vit à la campagne, sous le prétexte de travaux agricoles, ou dans la capitale, sous le pré-

1. Rapprocher de la description de nos anciennes prisons (Max. du Camp, *Paris*, III, 251), les révélations sur les prisons irlandaises de Shaw-Lefèvre, à la suite des mauvais traitements qui amenèrent la mort de l'infortuné Mandeville. Quant aux prisons allemandes, les rares victimes qu'elles nous ont rendues après la guerre, et même longtemps après la guerre, sont là pour témoigner de leur régime.

2. Régl. du 11 nov. 1885, complété par ar. min. du 4 janv. 1890.

3. Voir les enquêtes et les rapports parlementaires sur le régime pénitentiaire de 1872-73, 1875-76 (d'Haussonville, Bournat).

texte de travaux industriels, commerciaux ou bureaucratiques ; l'on est presque accepté, là où l'on s'empresserait de mettre à la porte un pauvre immigrant ; on le prend même de haut avec les petits fonctionnaires, et si un officier répond à une provocation blessante par l'épithète de forçat, M. le transporté (qu'on appelle aussi *ouvrier de la transportation*) obtient contre lui une punition sévère, quelquefois le renvoi à la disposition du ministre de la marine ! Les Abadie, les Fenayrous et bien d'autres sont des personnages ! Cette existence de Cocagne, qui atteignit son apogée sous l'inénarrable gouvernement d'un capitaine de vaisseau très médiocre psychologue et tout aussi médiocre administrateur, serait devenue moins gaie. Mais elle est demeurée fort enviable, puisque les simples condamnés des maisons centrales frappent des camarades et des gardiens, uniquement « pour se faire envoyer à la Nouvelle ». Pourtant, de quoi les détenus ordinaires ont-ils à se plaindre ? Quand nos soldats réservistes n'ont pour abri que des halles ouvertes à tous les vents, pour couche que de minces paillasses ou de la paille, ces intéressants vauriens logent en d'excellentes maisons, se promènent à heures fixes sous de belles rangées d'arbres, se reposent sur de bons lits. Quand des centaines d'ouvriers honnêtes crèvent de faim ou pâtissent, avec leurs femmes et leurs enfants, n'ayant pour se réconforter après une pénible journée de travail, sous le soleil et la pluie, qu'un pain noir et un bouillon de graisse rance, ces protégés de la société s'attablent devant une ration chaude, abondante, accrue des suppléments de la cantine. Aussi plus d'un regrette de s'en aller ! Les vagabonds, il est vrai, aspirent à la liberté ; les habiles utilisent leurs loisirs à la préparation d'entreprises futures qui leur procureront argent et plaisirs à la sortie ; mais beaucoup, après un petit tour au dehors, s'empressent de se faire réintégrer dans un aussi doux gîte. Et l'on s'étonne que la prison, que le bagne ne viennent plus en aide à la réformation des mœurs, n'arrêtent plus le délit et le crime ! c'est du contraire qu'il faudrait s'étonner.

Sans revenir aux conditions d'autrefois, sans prendre exemple sur des voisins qui opposent à notre excès de philantrophie un excès de sévérité, au moins incompatible avec les nécessités du refrènement dans notre race, l'on a des réformes à introduire dans notre système pénitentiaire.

La privation de la liberté est déjà un châtiment pour des natures essentiellement indépendantes et à goûts erratiques. Elle est bien imposée aux détenus des prisons, mais dans une limite très relative aux déportés. A la Nouvelle-Calédonie, l'on devrait cesser d'autoriser la location des condamnés aux particuliers, soumettre tous les travailleurs à la même discipline rigoureuse de l'ancien bagne, qu'ils soient employés, selon les défrichements et les exploitations à entreprendre, en des ateliers fixes ou en des ateliers mobiles. On a déjà compris que la relégation des récidivistes, avec la liberté d'allures et de travail laissée à ces incorrigibles, était une source de dangers ; mais il est fâcheux qu'on ait cherché un remède à l'insuffisance de la loi qui les concerne, dans une iniquité : les récidivistes ne sauraient être assimilés aux condamnés aux travaux forcés, et, sous plus d'un rapport, ils sont plus mal traités que ceux-ci ; ils sont envoyés à la Guyane, pays très insalubre, et ils sont obligés à certaines occupations sur des territoires désignés [1]. Je crois que la loi dite des récidivistes est entièrement à reprendre et j'ai la conviction que, pour cette catégorie d'individus, le mieux serait de créer des corps militarisés, où les aptitudes seraient utilisées selon leur voie ; on donnerait à ces hommes le choix entre le travail agricole, en colonies d'exploitation (les Antilles et la Réunion, à partir d'une altitude moyenne de 4 à 500 mètres, se prêteraient d'autant plus aisément à des établissements de ce genre, qu'elles sont à peine défrichées dans leurs régions cen-

1. Le choix de la Guyane et l'obligation de certains travaux pourraient bien avoir pour véritable motif... le désir de favoriser des entreprises privées, avec la main d'œuvre peu coûteuse d'émigrants forcés ! Je sens de ce côté... l'odeur opportuniste, c'est-à-dire je soupçonne quelques compromis soigneusement dissimulés.

trales) ou les occupations dévolues aux disciplinaires, la percée et l'entretien de routes, pendant la paix, la participation aux petites expéditions de guerre, à la côte occidentale d'Afrique. Les disciplinaires bien conduits, en dépit de leurs mœurs et de leurs impulsivités, qui sont à peu près celles de récidivistes de droit commun, sont d'excellents soldats : pourquoi les incorrigibles des prisons, optant pour une existence qui leur laisserait entrevoir quelques chances d'une vie relativement facile, avec des échappées conformes à leurs instincts aventureux, ne le deviendraient-ils pas aussi sous une direction convenable [1] ?

Avec la liberté, le criminel prise au plus haut degré son bien-être, qu'il fait consister dans la paresse et la grossière satisfaction des sens. Il s'accommode d'une existence misérable, mais oisive, accidentée de quelques orgies ; à plus forte raison, arrive-t-il assez vite à s'adapter au régime de la prison, où il ne travaille guère, où il est bien nourri, où même, dans la promiscuité des dortoirs, il trouve le régal de ses plus hideux appétits. La cellule a restreint ses joies ; elle le trouble et le terrasse à la longue,

1. L'Odyssée de J. Colin me fournit la preuve que la récidivité dans le délit n'est pas incompatible avec la vertu d'abnégation et de sacrifice qui fait le soldat. Ce J. Colin est bien un type de récidiviste ; les crimes qui lui ont mérité à plusieurs reprises la peine de mort, dans les rangs de l'armée, n'auraient mérité, dans la vie banale, que le nom et la peine du délit. Voici son histoire, d'après la *République française* du 23 nov. 1889. « La nuit dernière, des agents, sous les ordres de M. Obers, commissaire de police, ont opéré une râfle dans le quartier des Halles ; 43 vagabonds ont été arrêtés ; parmi eux se trouvait un individu dont le passé n'est pas ordinaire. Son casier judiciaire ne porte pas moins de 40 condamnations, dont 3 à mort. J. Colin, âgé de 48 ans, étant soldat, fut une première fois condamné à mort ; sa peine commuée, il fut envoyé au pénitencier de Bougie où il encourut sa seconde condamnation à mort. Ayant à son actif de nombreux sauvetages, on lui fit grâce et il fut envoyé à la Nouvelle-Calédonie, où trois fois de suite il opéra les sauvetages les plus périlleux. Son naturel brutal ne tarda pas à reprendre le dessus, et pour la troisième fois il fut condamné à la peine capitale. Le Président de la République ne voulut pas laisser exécuter cet homme qui compte plus de 30 sauvetages à son actif et de nouveau il fut gracié et envoyé au Sénégal. Il ne tarda pas à s'échapper et se réfugia à Paris. Après avoir vécu d'expédients, il vint échouer aux Halles ; c'est là qu'il a été arrêté. » Le matelot du commerce, Nebel, guillotiné en des circonstances si dramatiques, à Saint-Pierre (décembre 1889), à la suite d'un meurtre commis sous l'influence de l'ivresse, était aussi un homme vaillant et dévoué ; il avait accompli plusieurs sauvetages courageux : n'est-il pas inouï que des magistrats aient omis de signaler de pareils faits dans l'exposé du recours en grâce !

par le silence et l'isolement ; elle l'amène à tenter un effort, à solliciter le travail comme une faveur. Mais après avoir reconnu les inconvénients de l'encellulement absolu, on l'a transformé en un moyen de répression douteux, plus moralisateur peut-être pour quelques-uns, trop doux et très inefficace pour le plus grand nombre : le travail reste une récréation, quand il devrait être imposé comme une peine. La fatigue est le meilleur châtiment des natures lâches et molles, elle est aussi le meilleur garant de l'assoupissement des vices réveillés par le solitarisme comme par la promiscuité, chez les sujets tarés. Les Anglais ont conservé le *hard-labour*, mais nous n'avons plus la *grande fatigue*. Il y aurait à reprendre quelque chose du système. Dans les colonies, on emploie bien les condamnés aux défrichements, aux déboisements, aux mines, mais en les abandonnant comme serviteurs ou ouvriers à des compagnies ou à des particuliers qui n'ont aucun souci d'être les collaborateurs de l'œuvre judiciaire. Dans nos prisons, on n'oblige pas toujours les détenus au travail ; celui qu'on permet ou qu'on ordonne ne répond nullement au but de la répression : il est trop léger pour beaucoup de condamnés, et s'il donne en même temps de gros gains à des entrepreneurs, il est la source d'une concurrence désastreuse et inique pour l'ouvrier du dehors, forcé de diminuer ses maigres bénéfices, jusqu'à ne plus pouvoir suffire à l'entretien d'une famille et aux charges du milieu social [1]. Il y a des métiers plus rudes et moins susceptibles d'occasionner de graves dommages aux ouvriers libres de même compétence, que le rempaillage des chaises, la fabrication des brosses et des chaussures, celle des registres et cartonnages, la confection des paniers, etc. : la taille des bois et des pierres, par exemple, pour le compte de l'État ou du service des ponts et chaussées. Et même je ne vois pas pourquoi les plus mauvais ne seraient pas embrigadés pas escouades, sous la direc-

1. Le travail des prisonniers a été la cause d'une grève sanglante des vanniers, dans l'Aisne, en 1890.

tion de surveillants d'élite, comme le personnel pénitentiaire en possède beaucoup, et soumis, sur les routes, au dur labeur jusqu'ici confié, contre une rémunération si minime, à ces parias qu'on appelle les cantonniers (ceux-ci disparaîtraient en d'autres métiers plus profitables).

2° — Si la peine doit être *sentie*, afin de n'être jamais oubliée, elle doit aussi être assez prudemment ménagée pour contribuer au redressement des natures encore capables d'éducation, pour fournir au délinquant un moyen de résistance contre lui-même après sa libération.

Tout d'abord une sélection est nécessaire entre les condamnés. Il y en a qu'un hasard fâcheux ou une défaillance accidentelle a jetés dans la faute pour la première fois et qui n'ont rien de l'impulsivité antisociale acquise ; d'autres qui, malgré une tare suspecte, malgré une tendance déjà manifestée à la répétition du manquement, ne sont pas encore gangrenés. Il ne faut point pousser ces malheureux à la désespérance, les river définitivement au crime par une rigueur maladroite, les exposer à l'irrémédiable contagion du vice endurci, par le mélange avec les délinquants d'habitude ou de profession. Il importerait donc d'établir, dès l'entrée, et d'après les notes rédigées par les magistrats, des divisions, qui serviraient elles-mêmes à multiplier des sélections, à mesure qu'une observation intelligente et avisée en reconnaîtrait l'utilité [1]. Aux indécis, le système cellulaire mitigé, avec le travail obligatoire, mais réglé d'après les aptitudes ou les choix individuels. Aux meilleurs, l'isolement moins rigoureux et le travail adouci. Aux plus rebelles et aux incorrigibles, toutes les sévérités : la ration strictement alimentaire, le dur travail, l'embrigadement et la répartition par petites escouades (chez ceux-là, les contacts n'ont plus les mêmes inconvénients, car la viciation est faite ; mais on peut diminuer les dangers de la promiscuité,

1. Il existe bien des divisions administratives, mais elles ne répondent guère à celles que réclame l'opinion des personnes réfléchies et compétentes. On peut voir, par la lecture du dernier livre de Guillot (*Prisons*), combien il reste à faire dans cet ordre d'idées.

prévenir les complots en masses redoutables, par le fractionnement), enfin la cellule nue, le retranchement d'avec le milieu pendant un temps plus ou moins long, dans le cas d'insoumission entêtée. Déjà, l'on a admis des tempéraments au régime des prisons; mais en faveur de certains privilégiés qui ne les méritent pas toujours. Peut-être serait-il plus de ne plus prendre la nature du délit comme un criterium définitif de classement, et de lui substituer, comme élément de répartition, le caractère réel dont les condamnés font preuve, après une période d'observation, quel qu'ait été le motif de l'incarcération : un soi-disant journaliste, qui, de propos délibéré, en dehors de toute considération politique, aura sali la réputation d'un honnête homme, causé sa ruine ou son suicide, et qui se comporte dans la prison avec cynisme et immoralité, vaut moins, à mon avis, que le voleur et le meurtrier par accident ou passion, et ceux-ci, mieux que lui, ont droit au bénéfice d'une sélection atténuatrice de la peine.

Le directeur de notre service pénitentiaire a imaginé un système de notes et de *bons points*, qui permet de constater et de suivre la conduite des prisonniers, une sorte de *compte moral* pour chacun d'eux. Je ne sais si cet ingénieux système a été l'objet d'une application générale; mais il est très propre à rendre moins ardue l'œuvre d'une répartition des détenus par catégories, d'après leur degré d'aptitude à la réformation.

Enfin, comme encouragement suprême, comme prime aux intentions de mieux faire, on a la *libération anticipée et conditionnelle*, la *grâce*.

3° — A tout condamné qui offre les apparences de l'amendement, il faut assurer les moyens d'y persévérer, donner un soutien à l'effort, nécessairement privé d'énergie et de direction par le manque d'habitude, enlever jusqu'au prétexte de la rechute.

On ne saurait supprimer, d'une manière absolue, le *casier judiciaire*, qui aide aux recherches de la police et à la découverte du crime. Mais ce stigmate a-t-il sa raison d'être à propos de certains délits, comme les délits de chasse ou de pêche, des fautes militaires, de maints péchés de jeunesse ? Il est permis d'en douter, et même de soupçonner qu'en dressant un obstacle entre le travail honnête et l'adolescent bien intentionné, l'institution ne porte celui-ci à l'adoption du délit professionnel [1].

La *protection du libéré* s'impose comme une nécessité. A l'homme qui ignore le milieu social, il convient de tendre une main qui le guide ; à l'être hésitant, qui, aux premiers écueils, peut se laisser tomber, il convient de procurer des moyens d'existence suffisamment préservateurs contre les conseils de la misère. Il faut surtout écarter du converti, peut-être encore bien instable, les mauvaises fréquentations : le vice et le délit guettant le jeune homme dès la porte de la prison ; la prostitution, la femme. L'œuvre des *asiles de nuit* a sans doute empêché plus d'une chute et plus d'une récidive. Mais l'œuvre des sociétés de *patronage* est à même d'exercer une influence plus immédiate et plus continue : on ne saurait trop l'encourager [2].

L'État agirait sagement en se montrant moins désintéressé du sort des libérés. Pour la libération conditionnelle, il se réserve bien quelque droit à une intervention, vis-à-vis de l'homme qui ment à ses promesses, mais toute coercitive. Cette restriction est juste d'ailleurs, car on n'est jamais sûr d'un amendement véritable : pas plus qu'on n'oserait affirmer la douceur à l'état libre d'un animal féroce apprivoisé en cage, on ne peut affirmer la vertu d'un libéré d'après les façons qu'il aura revêtues au cours d'une détention. « L'homme est saisi dans les mailles d'une discipline très tempérée, mais de forme rigoureuse ; toute action étant prévue, il est très difficile de s'éloigner de la

1. Au Congrès des soc. sav. de 1888, Advielle a demandé la suppression, au casier judiciaire, des condamnations encourues avant l'âge de 20 ans. On s'occupe actuellement de la revision des prescriptions de 1850 sur la matière.

2. Voici le bilan des résultats obtenus par la Société générale pour le patronage des libérés, en 1887 : 1.652 individus des deux sexes secourus, dont 1,229 recueillis dans les asiles de la société pendant un délai de 15 jours environ pour les hommes, de plusieurs mois pour les femmes ; 362 libérés engagés au service militaire, 151 placés dans des ateliers ou munis d'emplois, 29 dirigés sur les colonies, 64 renvoyés dans leur pays d'origine, 39 réconciliés avec leur famille.

route tracée : aussi les détenus qui ont été graciés, parce qu'ils n'avaient encouru aucun reproche, ou que leur aptitude avait fait nommer contre-maîtres, sont sujets à récidiver comme les autres » (Max. du Camp)[1]. Pourquoi l'État ne viendrait-il pas en aide aux sociétés privées dans une mesure plus large? Il croit avoir rempli son rôle en combinant les choses de telle sorte, qu'un libéré puisse avoir un pécule et même posséder les instruments d'un métier appris dans la prison ou autrefois exercé. Mais ce pécule est maigre. Max. du Camp a calculé qu'un détenu, à la sortie d'une prison de Paris, a amassé 42 fr. 50 au bout d'un an de travail. « Rejeter un homme sur le pavé d'une grande ville dans de telles conditions, c'est l'exposer presque inévitablement aux sollicitations de la misère et du vol. » Les sociétés sont là, dit-on ; mais elles ne disposent pas toujours et à tous les instants de réserves suffisantes ou de moyens de placement[2]. Un asile départemental, destiné à recevoir et même à héberger, moyennant une rétribution très modique ou gratuitement, pendant le temps nécessaire, les libérés qui ne trouvent pas l'appui immédiat des sociétés, ne serait-il pas une institution prévoyante ?

La sauvegarde la plus sûre contre le retour des entraînements délictueux et criminels, c'est le travail. J'ajouterai le travail en de bonnes conditions de rémunération, de continuité et de facilité. Prépare-t-on bien dans cette voie les détenus des maisons pénitentiaires ? Je ne le pense pas. Ceux qui possédaient une profession manuelle, avant leur jugement, obtiennent parfois de l'exercer, en des limites plus ou moins restreintes, mais qui leur laissent l'habitude de l'outil : à leur sortie, ils sont à même de reprendre le travail dans des conditions qui leur sont déjà familières, et, s'ils sont habiles, s'ils ont de la bonne volonté et de la persévérance, ils se refont une place

1. *Paris*, III, 320.
2. Leurs maisons de refuge sont rares (à Paris, une d'importance moyenne ; en province, les asiles agricoles de Saint-Léonard et de Sauset, près de Lyon, voilà à peu près tout).

parmi les gens classés. Mais le plus grand nombre des détenus, principalement des jeunes, n'ont point de profession : on leur apprend ou des métiers qui ne peuvent leur assurer un emploi prochain (fabrication des sacs en papier, des queues de boutons, des objets de vannerie, etc.), ou qui ne trouvent pas même une utilisation au dehors, parce qu'ils sont précisément accaparés au profit des entrepreneurs du travail dans les prisons (chausonnerie) ; ou bien encore on les initie, par la nécessité de garantir de gros bénéfices à ces entrepreneurs, en des industries qui réclament une extrême division de la main d'œuvre, non plus à des métiers, mais à des parties de métiers, les privant de la sorte de toute chance de travail isolé lorsqu'ils rentreront chez eux. L'on arrive ainsi à des résultats négatifs. Le détenu n'éprouve pas de répugnance au travail qu'on lui impose ; mais, sous le prétexte de l'amener au travail en évitant de lui inspirer du dégoût, on l'amuse ou on essaie de l'amuser, au lieu de le châtier, et loin de lui fournir une arme défensive contre les entraînements ultérieurs, on le rejette dans le milieu commun aussi dépourvu d'éducation professionnelle qu'à son entrée.

4° — La peine devrait enfin, au lieu de constituer une charge pour la société, tourner sinon à son profit, du moins à son utilité. Le condamné est un homme à châtier et à réformer : c'est aussi un homme à maintenir dans l'obligation de subvenir par son travail à l'entretien de sa personne pendant son séjour forcé dans la prison et même au remboursement des frais de justice qu'il a occasionnés, des dommages-intérêts dont il a été déclaré responsable envers la partie civile. S'il ne s'acquitte du tout, qu'on s'applique à lui laisser croire qu'il aura à s'en acquitter : la remise d'une part, coïncidant avec l'obligation à des travaux moins pénibles ou choisis, sera la récompense de ses efforts vers l'amendement. Mais l'État est-il en droit de supprimer la réparation des dommages causés aux individus et de déclarer quitte de toute redevance vis-à-vis des particuliers un coquin, souvent bien pourvu d'économies dissimulées, après une condamnation semi-platonique? On pouvait avoir pitié du prisonnier pour dettes, que les circonstances empêchaient de s'acquitter envers un prêteur, après tout libre d'avancer ou non son argent et agissant avec l'entière connaissance des hasards à courir. Mais les misérables qui ont volé, ruiné des familles, en abusant de leur confiance, au moyen de faux habiles, etc., ne sont pas assimilables au simple débiteur : je ne verrais que justice, à ce qu'on leur imposât un travail obligatoire et continué jusqu'à l'acquittement des dommages fixés par les tribunaux.

Telles sont les grandes lignes, d'après lesquelles une répression efficace me semblerait assurée. Des modifications importantes et incessantes sont apportées à notre système pénitentiaire. Mais je constate qu'elles ne produisent pas tous les fruits désirables, à cause d'une dominante ultra-philanthropique. Qu'on ne perde pas de vue ceci : le condamné n'a rien à exiger de la société au-delà du strict nécessaire et la société a à exiger de lui la réparation d'un dommage. Partant de ce principe, et sans que l'on s'écarte de l'humanité, l'on devrait s'efforcer de mieux faire sentir au détenu la portée de sa faute, tout en le moralisant et en le préparant à ne la point renouveler. Plus de sévérité est nécessaire en face de l'opinion devenue trop tolérante : si la prison ne flétrit plus, qu'elle effraie davantage !

CHAPITRE VII

INFLUENCES TOPOGRAPHIQUES ET GÉOLOGIQUES
ENDÉMIQUES ET ÉPIDÉMIQUES
CLIMATOLOGIQUES ET SAISONNIÈRES

Si le crime et le suicide ont avec la morbidité et la folie des rapports si étroits, qu'on est souvent amené à regarder les premiers comme la conséquence immédiate ou prochaine des secondes, il ne faut pas s'étonner, que, dans un grand nombre de cas où celles-ci restent dissimulées, elles assurent aux impulsivités antisociales leurs propres relations avec les influences physiques du milieu. Les mêmes influences qui modifient l'être humain jusqu'à transformer ses activités en phénomènes pathologiques, ne peuvent-elles aussi leur imposer des directions et des formes particulières, sans les faire sortir du consensus de la fonction normale ? La nature du sol et sa configuration obligent l'homme à chercher la satisfaction de ses besoins dans une adaptation de ses capacités aux moyens de subsistance que lui offre la terre ; ici, tel groupement, cantonné en pays plat, deviendra et restera pasteur ou agriculteur, selon qu'il aura devant lui la prairie naturelle ou le champ fertile ; là, tel autre, resserré en des lieux stériles, mais bien placé pour servir d'intermédiaire aux échanges, s'adonnera au commerce ; ailleurs, tel autre encore, isolé dans quelque coin de côte inabordable ou dans quelque maigre oasis d'un désert brûlant, essaiera de vivre de l'industrie de voisins plus fortunés, il aura pour lot la rapine et la guerre. Le climat ajoute aux conditions du sol de nouvelles causes de changements dans les habitudes. L'ensemble de ces influences continues a créé les races, déterminé les alliances des races entre elles, formé, d'après des intérêts communs, les nationalités ; il a dicté les formules des lois, selon les tendances qu'il a engendrées, et c'est avec raison que Napoléon Ier déclarait l'homme « un produit de l'atmosphère physique et de l'atmosphère morale », simple résultante de la convention collectiviste, elle-même dérivée de la première et plus tard son associée.

Les actions ambiantes, qui ont façonné les masses d'une certaine manière d'être générale, mettent en relief les aptitudes les plus caractéristiques de celles-ci dans leurs individualités les plus impressionnables ; elles contribuent au développement du génie, comme à celui de la criminalité (Lombroso). Toutefois, il ne faut rien exagérer. L'influence très complexe exercée sur l'homme par le milieu physique se manifeste sous une forme diffuse, qui lui enlève le cachet d'un modificateur spécifique dans l'évolution des impulsivités antisociales. Elle déprime ou excite, mais elle ne donne aucune direction *sui generis* à la dépression ou à l'excitation : celles-ci sont communes aux sujets d'une même région et elles ne produisent une dérivation des instincts vers l'attentat, que si elles viennent s'ajouter à la prédisposition héréditaire, congénitale ou acquise, chez quelques-uns de ces sujets ; elles ébranlent mais elles ne rompent l'équilibre psycho-moteur que dans le sens où l'impondération des actes a été préparée par les tendances du caractère. D'un autre côté, l'action physique se dérobe souvent derrière l'action sociale qu'elle a contribué à développer et qui s'en est isolée. Parfois enfin la coïncidence de certaines habitudes, importées dans un pays ou conventionnellement répétées à des époques précises, donnent le change sur l'intervention des facteurs, qui, à leur occasion, semblent diminuer ou augmenter les attentats.

Malgré ces restrictions, l'importance des agents physiques reste grande dans l'étiologie du crime-délit et du suicide ; leur influence explique, dans une large mesure, l'évolution de ces impulsivités dans les diverses régions et nous verrons comment elle se sépare des influences de race et sociologiques dans la répartition saisonnière de la criminalité générale et du suicide. Preuve nouvelle et saisissante du défaut de libre arbitre chez la créature soumise aux conditions cosmiques et de l'obligation de transporter les théories de la défense sociale sur un terrain pratique, où la responsabilité, élément relatif, tout en demeurant atténuable, s'efface devant le principe de la nécessité de la préservation des intérêts du plus grand nombre. Seulement (je ne le répéterai jamais assez) la préservation doit employer des moyens différents, selon qu'il s'agit d'impulsivités normales en rupture de discipline, ou d'impulsivités mal dégagées de la morbidité.

Influences topographiques et géologiques, endémiques et épidémiques.

Les lieux exercent quelquefois un rôle tout suggestif[1]. Tel champ, tel coin de forêt, tel ravin ont gardé comme un stigmate le souvenir plus ou moins dramatique d'un suicide ou d'un crime; ils deviennent des centres de rayonnement qui invitent ou provoquent à la répétition d'un acte similaire les prédisposés. J'ai rappelé précédemment des faits qui le démontrent[2] et j'en pourrais sans doute rapprocher la série des quatre assassinats les plus retentissants de ces dernières années, accomplis, selon la remarque d'un journal, dans le même quartier de Paris (assassinat de Mme Cornet par Marchandon, rue de Sèze ; assassinat de Marie Regnault et de sa bonne par Pranzini, rue Montaigne ; assassinat de Marie Aguetant par Prado, rue Caumartin ; assassinat de Gouffé par Eyraud et la fille Bompard, rue Tronçon-Ducoudray).

1. A rapprocher l'étrange action qui semble émaner de certains objets, saisis après un crime. Macé a été frappé de la réapparition fréquente des mêmes instruments de meurtre, parmi les pièces à conviction déposées au greffe à la suite de divers attentats, et d'ordinaire vendues à des fripiers, quand les affaires ont été jugées (*Musée crim.*, p. 16).

2. Pages 221, 222.

Des localités qui n'ont été le théâtre d'aucun événement sinistre éveillent cependant des idées tristes ou criminelles, chez des sujets appelés occasionnellement à les fréquenter : leur silence et leur isolement, leur aspect sombre et sauvage trouvent un écho dans la cérébration de l'homme morose et chagrin, déjà hanté par le désir de quitter le monde, et, s'ils ne l'encouragent à adopter la vie monastique, lui conseillent le suicide ; chez un révolté ou un délinquant d'habitude, soufflent le plan d'un meurtre facile à exécuter. Mais ce ne sont là que des influences très indirectes. J'en dirai tout autant, à propos des conditions orographiques, d'altitude, etc., auxquelles on a attribué un rôle trop exclusivement local. Dans les pays de montagne, les communications sont plus difficiles que dans les pays de plaine ; les populations forcées à la solitude conservent mieux leurs mœurs que les populations exposées à de nombreux contacts ; mais l'impulsivité dépend de l'état psychique fondamental des unes et des autres : la Corse gagnerait certainement à un rapprochement plus intime entre l'élément rural et l'élément urbain, et surtout à des relations plus étroites avec le continent français ; la Bretagne au contraire perd à la fréquentation normande et à l'immixtion des étrangers dans ses départements ; en Italie et en Espagne, si la vie industrielle et commerciale développe, comme partout ailleurs, des instincts fertiles en écarts particuliers, le brigandage règne sous la forme la plus violente là où la civilisation s'arrête, c'est-à-dire dans les endroits les plus impénétrés.

L'influence des lieux se double quelquefois d'une action pathogénique. Les conditions topographiques et géologiques règlent l'endémicité, et celle-ci n'est pas sans relations avec divers états dégénératifs, susceptibles d'engendrer l'attentat. Néanmoins, les hypothèses que l'on peut faire *a priori* à cet égard ne sont pas absolument confirmées par l'observation. — Dans les localités montagneuses, ravinées et encaissées, où les eaux manquent d'iode, où l'air est mal renouvelé, le goître est fréquent, en même temps que l'idiotie: celle-ci est la cause d'impulsivités dangereuses, mais très accidentellement, et je ne remarque pas que les départements où l'endémie est le mieux dessinée soient les plus chargés dans la répartition du suicide et du crime. D'après la carte de Bordier[1], les départements qui renferment la plus forte proportion de goitreux (de 153 à 50 p. 1,000 hab., en moy. 73) sont : dans la région nord, l'Aisne, qui occupe un rang moyen sous le rapport de la criminalité générale, mais un rang un peu plus élevé sous le rapport des suicides ; dans la région de l'est, les Vosges, le Jura, la Haute-Savoie, la Savoie et les Hautes-Alpes, où la criminalité générale et le suicide n'offrent rien d'intensif ; dans la région du midi, les Basses-Alpes et les Alpes-Maritimes, où le suicide ne s'écarte point de la moyenne française et où le crime-délit ne s'élève que sous la dominante de l'immigration italienne ; l'Ariège et la Haute-Garonne, placées dans les dernières catégories du suicide et de la criminalité. — Dans les localités marécageuses, les fièvres palustres déterminent à la longue une dégénération spéciale, qui se traduit dans la population par un amoindrissement de sa natalité, l'accroissement de sa mortalité, la proportion plus grande des infirmités exonératrices du recrutement militaire (défaut de taille, hernies, varices, etc.)[2] ; mais je ne découvre aucune relation entre l'endémie et l'évolution des actes antisociaux. Les arrondissements répondant à la Sologne, dans le Loir-et-Cher (Romorantin), à la Bresse et aux Dombes, dans l'Ain (Bourg et Trévoux) ne se distinguent pas de leurs limitrophes, sous le rapport de la fréquence du crime et suicide. Dans les Romagnes, le banditisme s'exerçait et s'exerce encore au-delà de la zone marematique. On ne saurait toutefois méconnaître que des troubles psychiques, passagers ou plus ou moins persistants (délire au cours d'accès pernicieux, délire de

1. *Géog. méd.*, p. 206.
2. Morel, Monfalcon, etc. ; Magnin, *Le paludisme dans les Dombes*, th. P., 1876.

l'anémie cérébrale, irritabilité et impondération du caractère dans la neurasthénie consécutive aux fièvres) ne soient engendrés sous l'action du paludisme [1], seulement ils apparaissent à l'état d'exception, chez des individus probablement atteints d'une susceptibilité idiosyncrasique favorable à la concentration des effets morbides sur un point de moindre résistance. — Par contre, en des localités basses, souvent inondées, où sévit la pellagre, le suicide serait très commun. Que la maladie soit de nature infectieuse et rattachable à des foyers telluriques, ou de nature toxique et d'origine alimentaire (maïs altéré), elle serait la principale cause d'un grand nombre de morts volontaires, dans la Lombardie, l'Emilie et la Vénétie (Morselli, Lombroso, Sormani, Bournet) ; dans ces provinces italiennes, la moyenne des suicides varie de 4 à 8 p. 100,000 habitants, alors qu'elle est de 2 dans la Napolitaine, où la pellagre est inconnue.

Les épidémies deviennent parfois la cause d'une recrudescence du suicide et du crime. Elles déterminent des localisations infectieuses au cerveau ou aux méninges, qui modifient le caractère, le rendent chagrin sans motif, délirant ou semi-maniaque : c'est probablement sous une influence de ce genre, que des bouffées de suicides se sont produites à New-York, à Saint-Pétersbourg et en d'autres villes, pendant la dernière épidémie grippale, en même temps marquée par une assez grande fréquence de paralysies de sièges divers [2]. L'appréhension d'un mal qu'on redoute pour lui-même ou pour ses conséquences enfante aussi des perturbations psychiques susceptibles d'aboutir à l'attentat. En 1887, les populations ignorantes de la Sicile attribuent l'explosion du choléra aux dispositions malveillantes du Gouvernement et des autorités : sous cette croyance, éclatent partout des incendies, se

1. Lemoine et Chaumier, *Troubles psychiques dans l'impaludisme*, *An. méd. psych.*, 1887.

2. L'épidémie grippale a laissé derrière elle, à Brest, une influence qui s'est traduite par une élévation exceptionnelle du nombre des suicides, au cours du 1er semestre de l'année 1890. Je remarque que ces bouffées de suicides, enregistrées pendant et après l'épidémie, ont eu lieu en des centres d'alcoolisme particulièrement intensifs.

produisent des meurtres, des assassinats, des rencontres sanglantes avec la gendarmerie et la troupe. l'île est comme en état de révolution [1]. Sous l'impression de la peur, on a vu des individus s'abandonner au découragement, se jeter par la fenêtre de leur logis, se pendre ou se brûler la cervelle, au cours des épidémies cholériques. La crainte d'être défiguré après une atteinte de variole a été le mobile de plus d'une détermination fatale chez des jeunes femmes et même chez des hommes : j'ai connu un officier de marine qui songea très sérieusement à se tuer, parce qu'il avait aperçu deux ou trois gros boutons sur son visage, en se regardant au miroir ! A leur déclin, les épidémies dérivent tantôt dans le crime et tantôt vers le suicide, selon la nature des prédispositions individuelles ; les impulsivités, déjà violemment ébranlées, sont rendues plus trébuchantes sous l'influence de la misère, qui suit ordinairement les grandes catastrophes ; l'assistance publique et l'assistance privée, prises au dépourvu en face de besoins immédiats trop multiples, laissent déborder le flot des désespérances dans les classes pauvres, aussi les plus dangereuses, à l'appel des suggestions antialtruistes.

Influences climatologiques et saisonnières [2]

Le cerveau ne fonctionne pas avec la même activité ni de la même manière dans les climats extrêmes et dans les climats mixtes.

Dans les premiers, des conditions opposées, mais

1. Fayrer, *The nat. hist. and epid. of cholera*, London, 1888, pp. 55-56.

2. Boudin, *l'Homme dans ses rapports avec le mouvement de la terre*, *An. d'hyg. et de méd. lég.*, 1851 ; -- Lombroso, *Pensiero e meteore*, *l'Homme de génie* (tr. franç.) ; — Ferri, *Var. thermometriques et criminalité. Arch. d'anthrop. crim.*, 1887 (voir aussi *Sociol. crim.* et rap. au Cong. de Paris, 4e question : *Des conditions déterm. du crime et leur valeur relative*) ; — Colajanni, *Oscil. thermom. et délits contre les personnes*, *Arch. d'anthrop. crim.*, 1887 (et *Sociol. crim.*) ; — Rossi, *Arch. de psych.*, VIII ; — Lacassagne, *Rev. scient.*, 3e s., XXVII ; — Chaussinand, th. de Lyon déjà citée ; — Tarde, *Crim. comp.*, p. 156, et div. trav. anal. in *Arch. d'anthrop. crim.* ; — Tolnitzky, *Et. sur l'infl. des saisons sur le dévelop. du crime* ; — A. Corre, *Le crime et le suicide à Brest*, *répartition saisonnière*, *Arch. d'anthrop. crim.*, mai 1890 ; *Crime en pays créoles*, p. 109.

excessives, engendrent une torpeur de l'esprit, qui s'allie à des habitudes de paresse et de vie vagabonde ; l'élevage des troupeaux, la chasse ou la pêche, sont les occupations régulières de prédilection ; la civilisation reste infantile, sauvage ou barbare. L'existence est terne, réduite, mais uniforme comme le climat lui-même. Toutefois des différences s'accusent entre les races soumises à l'extrême froid, et les races soumises à l'extrême chaud. — Vers les pôles, le caractère est doux, paisible, la pénurie des ressources et la dissémination des familles obligent les individus de chaque groupement à une solidarité qui éloigne les causes de conflit ou les atténue ; les vols sont peu communs et sont moins dictés par la cupidité que par le besoin de se procurer des provisions ; les attentats contre les personnes sont à peu près inconnus. Pourtant des querelles éclatent, à propos d'enlèvement de filles ou de femmes, surtout à la suite d'excès alcooliques. Le suicide ne serait pas très rare. Les habitants du Kamtchatka, d'après le professeur Kracheninnikow [1], regardaient l'ennui et les embarras comme les plus grands des malheurs et ils avaient pour principe qu'il vaut mieux mourir, que de ne pas vivre à son aise : aussi avaient-ils fréquemment recours au suicide quand ils ne trouvaient pas un meilleur moyen de se rendre heureux. « Cette coutume devint même si commune parmi eux, lorsqu'ils furent soumis par les Russes, qu'il fallut que la cour envoyât de Moscou des ordres pour en arrêter les progrès. » — Vers l'Équateur, les besoins naturels sont beaucoup amoindris : l'abri et la vestiture sont faciles à trouver, la nourriture n'exige guère de recherche ou de travail, les individus se suffisent à eux-mêmes et aiment avant tout l'indépendance. Mais l'isolement les expose à toutes les conséquences de leur imprévoyance et l'égoïsme les livre à la tyrannie des plus forts ; ils apprennent dans l'un et dans l'autre cas la convoitise, la jalousie, la haine, et leur caractère, à la fois mou et violent, lâche et cruel,

1. *Hist. du Kamtchatka*, trad. franç., Amsterdam, 1770, I, 23.

s'il les préserve de l'attentat contre eux-mêmes, les entraîne vers l'attentat contre autrui. Ils ressentent en outre plus vivement que l'homme des régions froides les effets des boissons alcooliques et l'ivresse achève de développer chez eux les plus mauvais instincts.

Dans les climats intermédiaires, les conditions météorologiques éprouvent des variations alternantes, qui stimulent ou calment les énergies psychiques : elles se maintiennent d'ailleurs dans une moyenne heureuse, qui jamais ne déprime ou n'exalte celles-ci jusqu'à les engourdir ou à les épuiser. L'homme prend son plein essor, invente et perfectionne les civilisations. Mais son caractère traduit la nature de la prédominance des actions cosmiques qu'il subit dans chaque zone, et ses modalités accusent leurs relations avec les écarts réguliers des influences dites saisonnières, par la transformation des impulsivités. — Les peuples septentrionaux sont un peu lents dans l'élaboration de l'idée ; mais ils la poursuivent avec une ténacité et une vigueur remarquables : ce sont des pondérés, des raisonnants ; s'ils abordent l'art, ils le comprennent comme l'expression de la vie réelle ou historique, ou l'idéalisent dans un au-delà qui n'est encore qu'une sorte de travail de l'imagination sous la formule du philosophisme religieux ; leur philanthropie ne dépasse guère les bornes de leurs nationalités, et ils font la guerre moins par amour de la gloire que par intérêt. Chez eux, l'âpreté de la saison d'hiver, l'intensité des heurtements dans les compétitions deviennent la cause de misères très vivement ressenties, et qui apparaissent d'autant plus souvent sans remède, qu'elles se déroulent en face de gens très calculateurs et très égoïstes : aussi le suicide est-il assez fréquent, favorisé d'ordinaire par des habitudes d'alcoolisme plus ou moins invétérées. Tout est réglé, partagé, subsistance et travail, satisfaction sexuelle. Les coups et blessures, les meurtres, d'ordre passionnel, sont relativement beaucoup moins communs que les attentats à la pudeur et les viols, relevant d'un appétit, et surtout que les vols graves, en maintes circonstances dérivés de besoins matériels plus ou moins immédiats. — Les peuples méridionaux sont plus sensitifs que raisonnants ; leur intelligence très vive procède par élans intuitifs plutôt que par réflexion, l'impulsivité est toute passionnelle. Ils ont une vie facile, sous un ciel clément et sur des terres fertiles, avec des besoins réduits au taux des combustions organiques, qui réclament un minimum d'effort. L'existence leur semble bonne, même dans la pauvreté ; ils s'en accommodent et ne la rêvent meilleure, hors de ce monde, que sous des couleurs quelque peu terrestres ; leur idéal esthétique lui-même n'est que le culte du beau dans la nature. On partage sans grand'peine ce qu'on obtient de même ; on a de la pitié et de la charité et l'on pousse le sentiment de la solidarité humaine au-delà des frontières des nationalités : la philosophie est chrétienne avec Platon, avant la venue du Christ. Comme les besoins sont en harmonie avec les désirs, comme la paresse elle-même trouve à se satisfaire en des pays où la mendicité est bien accueillie, il n'y a guère de désespérances entraînant au suicide par la misère, et moins d'envies et de convoitises conseillant le vol, que chez les races du nord. La sexualité n'est pas souvent exposée à des souffrances pénibles, entre gens de complexion ardente et amoureuse : aussi les attentats à la pudeur et les viols sont-ils assez rares, mais le suicide atteint son maximum chez les femmes, là où le sentiment se rencontre le plus contenu par des mœurs spéciales (Espagne). En revanche, une indépendance excessive du caractère, une vanité et une dignité aisées à effaroucher, une violence inouïe dans l'impulsivité multiplient, surtout sous la stimulation de l'ivresse (les méridionaux sont heureusement pour la plupart demeurés très sobres), les occasions de querelles, les coups et blessures, les meurtres et les assassinats : les crimes-personnes sont de quatre à huit fois plus communs que chez les peuples septentrionaux[1].

1. On peut étudier sur le vif le caractère méridional dans l'autobiographie de Benvenuto Cellini : chez cet artiste, on trouve réunis toutes les qualités, tous les défauts, les vices et les entraînements d'une patrie très ensoleillée, de la région chaude civilisée.

On appréciera mieux l'influence des facteurs météorologiques, dans une région tempérée, comme la France, où ils évoluent sous des formes saisonnières nettement déterminées. D'une région à une autre, il est difficile de séparer les actions sociologiques des actions cosmiques, et l'on ne peut mettre en opposition que des groupements soumis à des modificateurs complexes. Il n'en est plus de même, lorqu'on étudie une région limitée, où, sur un fonds sociologique uniforme, viennent se détacher des variantes d'impulsivité, corrélatives de changements climatériques. Je n'ai rien à dire des contrastes que l'on a mentionnés entre les provinces du nord et celles du midi ; ils existent dans le détail des mœurs, principalement dérivés des influences ethniques et traditionnelles [1] : mais d'une manière générale, il est impossible de les découvrir dans une influence de latitude, comprise entre une dizaine de degrés, lorsqu'il s'agit de la répartition du suicide et de la criminalité. D'autant, que vers les zones extrêmes, l'alcoolisme et l'action climatique se substituent l'un à l'autre et donnent lieu aux mêmes effets. Les départements les plus foncés, sous le rapport de l'attentat, se rencontrent aux deux bandes opposées, l'alcoolisme joue au nord le rôle que la chaleur joue au midi. Mais j'insisterai sur les oscillations saisonnières des entraînements antisociaux, qui sont très apparentes dans l'ensemble des départements.

I. — Il résulte d'abord des chiffres recueillis par Cazauvieilh et de ceux fournis par les statistiques plus récentes, que l'évolution de la folie (déduite du nombre des admissions dans les asiles) et celle du suicide, sont à peu près similaires. Les suicides et les cas d'aliénation qui nécessitent l'internement ont leur minimum dans la saison d'hiver (de novembre ou décembre à janvier ou février) ; ils montent plus ou moins rapidement vers mars ou avril, c'est-à-dire au commencement du printemps, pour atteindre, après une chute très faible et très éphémère,

1. Que j'ai cherché à mettre en relief par la décomposition des régions françaises en départements moyens d'anciennes divisions provinciales (appendice).

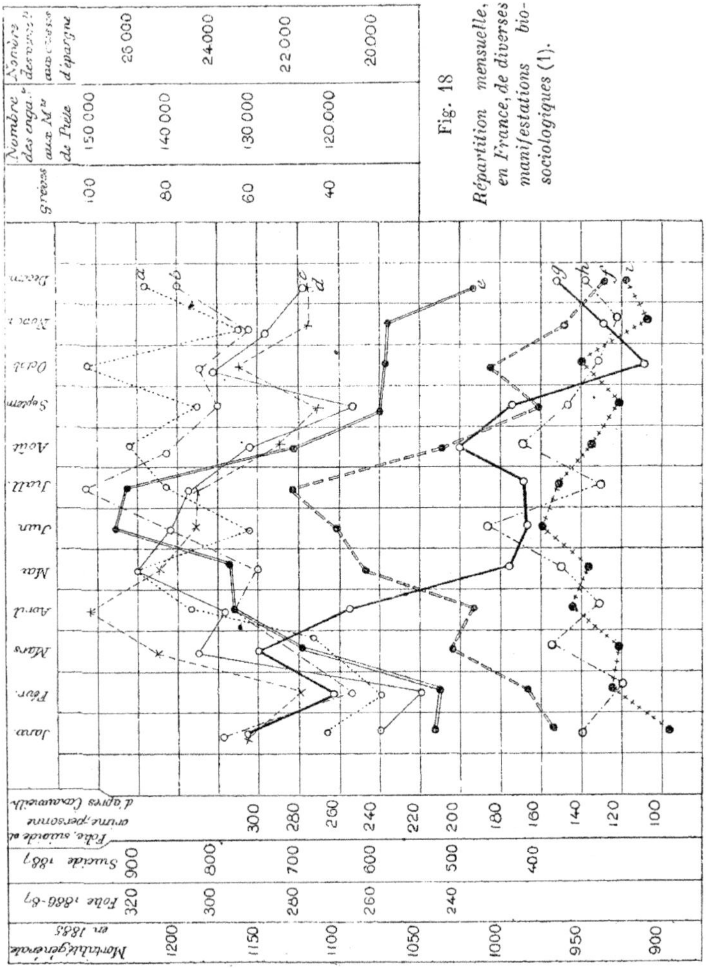

Fig. 18
Répartition mensuelle, en France, de diverses manifestations bio-sociologiques (1).

1. Mortalité générale (1885), *g*; aliénation mentale : *c*, d'après la statistique des admissions dans les asiles du département de la Seine (moy. des années 1886-87), *i*, d'après la statistique de Cazauvieilh à Charenton; — suicide : *e*, suicides de 1887, *f*, suicides de 1836 d'après Cazauvieilh ; — crime-personne : *h*, d'après Cazauvieilh ; — grèves, *d*, d'après la statistique de 12 années (1874-85) ; — versements à la caisse nationale d'épargne, *a*, d'après la stat. du *Mon. of.* de 1888 ; — engagements aux monts-de-piété, *b*, d'après la stat. de 1885 (Seine non comprise).

	STATISTIQUE DE CAZAUVIEILH				ALIÉNÉS admis dans les asiles du département de la Seine moyenne de 2 années (1886-1887)		SUICIDES (statistique officielle de 1887)		MORTALITÉ (moyenne générale en 188[illegible])	
	Aliénés admis à Charenton		Suicides en 1836							
Janvier	99		156		261		546		1125	
Février	125	347	165	526	250	819	541	1798	1100	3275
Mars	123		205		308		711		1050	
Avril	145		193		299		785		1070	
Mai	138	442	249	703	320	932	784	2503	980	2975
Juin	159		261		313		934		925	
Juillet	152		283		309		918		920	
Août	134	407	209	653	294	8[illegible]0	711	2229	1020	2910
Septembre	121		161		267		600		970	
Octobre	140		182		301		596		915	
Novembre	104	361	146	458	289	868	590	1672	930	2800
Décembre	117		130		278		486		955	
	1557		2340		3491		8202			

même saison, ou quelquefois un peu plus tard, en juillet : la décroissance se produit dans la saison estivo-automnale, mais elle est momentanément interrompue par une recrudescence en octobre. On remarquera qu'à part une coïncidence d'ascension en mai, c'est une marche presque inverse de celle de la mortalité générale moyenne, qui a son minimum en octobre, mais accuse une chute si prononcée entre le max. de mars et une réascension passagère en août.

Ainsi, dans ses rapports saisonniers avec la folie, le suicide trahit ses affinités avec la morbidité dégénérative, celle qui amoindrit l'être humain, ne le tue qu'à la longue ou par l'aberration accidentelle de ses impulsivités.

J'emprunte à la thèse de Chaussinand, élève de Lacassagne, les chiffres qui vont me permettre de fixer l'évolution de la criminalité, dans son ensemble et dans ses formes principales :

	Crimes-personnes et crimes-propriétés réunis	Crimes-propriétés	Crimes-personnes	Attentats contre la vie			Attentats contre les mœurs et décrés			Naissances illégitimes	Mariages ruraux
				Coups et bles. gr. ou mortels	Meurtres	Assassinats	Attentats et viols sur adultes	Attentats et viols sur enfants	Infanticides		
Janvier.	22.048	16.396	5.652	830	560	829	584	1.106	647	1.100	1.074
Février.	22.112	15.919	6.193	937	664	926	616	1.147	750	1.131	1.815
Mars	20.443	14.322	6.121	840	600	766	643	1.366	783	1.095	451
Avril	19.811	13.491	6.320	867	574	712	628	1.756	662	1.134	690
Mai.	21.005	13.650	7.355	983	587	809	904	2.175	666	1.007	1.265
Juin	21.628	13.595	8.033	938	644	853	1.078	2.671	552	947	1.417
Juillet	20.618	13.336	7.282	919	614	776	861	2.459	491	912	1.018
Août.	20.723	13.467	7.256	997	716	849	794	2.238	501	891	565
Septembre.	20.459	13.901	6.558	993	665	839	675	1.842	495	925	673
Octobre	20.306	14.437	5.869	892	653	815	532	1.447	478	920	965
Novembre	21.744	16.053	5.691	960	650	942	531	1.016	497	959	1.499
Décembre	22.490	16.879	5.611	886	591	866	534	993	512	978	565
Moyennes mensuelles.	21.115	14.620	6.495	921	628	831	698	1.684	589	1.000	1.000

La criminalité générale offre son maximum en hiver (décembre à février) et une recrudescence en juin : celle-ci répond à l'ascension du suicide, mais c'est le seul point de contact que donnent les deux tracés ; entre les sommets de l'hiver et de l'été, la courbe de la criminalité subit une forte dépression vernale, et elle en éprouve une seconde, moins prononcée, entre les sommets de l'été et de l'hiver. — Si l'on décompose la criminalité suivant ses deux principaux modes, on s'aperçoit que le tracé d'ensemble emprunte son maximum hivernal à la criminalité-propriété, qui, de mars à novembre, donne une dépression très régulière, et sa recrudescence pré-estivale à la criminalité-personne, qui monte assez lentement de février à avril, a son maximum en juin, se maintient un peu au-dessous de ce maximum en juillet-août, puis décroît à partir de ce plateau, jusqu'en décembre-janvier, où elle est à son minimum. C'est donc par le crime-propriété (vols) que la criminalité générale s'écarte principalement du suicide, et, j'ajouterai de la folie. Elle s'en rapprocherait au contraire par le crime-personne ; les relations sont-elles dues à une évolution indifférente de toutes les formes de cette criminalité, ou bien à certaines d'entre elles ? — Les coups et blessures, les meurtres et les assassinats ont une courbe très irrégulière. Dans leur ensemble (et les incendies qui, de même que l'assassinat, tiennent tout à la fois par leurs mobiles ordinaires de la criminalité-personne et de la criminalité-propriété, présentent une évolution assez analogue), ils s'élèvent en février, baissent les mois suivants pour remonter en mai-juin, descendent en juillet, subissent un nouvel accroissement en août, puis diminuent graduellement jusqu'à novembre, époque à laquelle ils peuvent éprouver une recrudescence ; leur chute hivernale est moindre que la chute vernale. Mais les trois catégories n'atteignent pas aux mêmes époques leurs points culminants : pour les coups et blessures, sommet principal en août-septembre, deux sommets un peu moins élevés en mai et novembre, sommet le plus faible en février, minimum de dépression en mars ou avril ; pour les meurtres, sommet principal en août, deuxième sommet en février, troisième plus faible en juin, minimum de dépression en avril et jan-

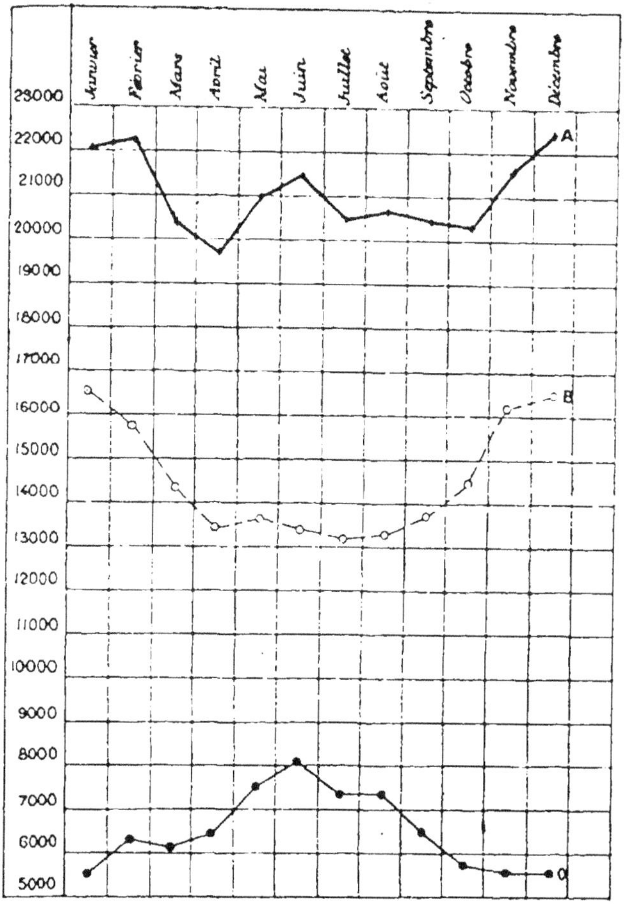

Fig. 19

Répartition mensuelle des crimes :

A, crimes-personnes et crimes-propriétés réunis ; — B, crimes-propriétés ; — C, crimes-personnes.

vier (les incendies ont aussi leur maximum en août, avec un léger sommet en juin, et un autre plus accentué en mars, reculé d'un mois par rapport au sommet correspondant des meurtres) : pour les assassinats, sommets principaux en novembre et février, et deux autres plus faibles en juin et août, dépression la plus prononcée en avril. Les délits de rébellion et de violences envers les agents de la force publique et les magistrats accusent une tendance plus grande à se produire en mai, juin et août : les empoisonnements donneraient leur maximum en mai-juin et leur minimum en août ; mais ces attentats sont les uns suscités par des circonstances trop accidentelles, les autres dictés par des calculs trop complexes ou trop longuement prémédités, pour fournir des notions suffisamment rigoureuses d'une répartition franchement saisonnière. — A l'opposé des précédentes, les courbes des attentats à la pudeur et des viols se développent avec une régularité tout à fait caractéristique : une grande dépression en hiver, une ascension quelquefois hésitante au commencement du printemps, mais bientôt rapide jusqu'en mai ; à partir de ce mois, la courbe s'élève encore un peu en juin, s'abaisse très légèrement jusqu'en août, de façon à constituer une sorte de plateau de mai à août, dans les viols et attentats à la pudeur sur enfants, ou bien elle s'affaisse plus vite à partir de juin, en laissant ce sommet bien émergent dans les viols et attentats à la pudeur sur adultes ; puis la chute se produit à partir de septembre, non moins rapide que la montée ; la dépression, qui comprend les mois de novembre à février, a son maximum en décembre-janvier. Cette marche a frappé depuis longtemps tous les observateurs. On la trouve mentionnée dans les premières statistiques de l'administration judiciaire, mise en lumière dans les statistiques de Villermé [1] et de Tardieu [2]. C'est bien elle surtout qui détermine le rapprochement entre l'évolution de la criminalité-personne et l'évolution du suicide et de la folie. Le

1. Sur 808 attentats à la pudeur et viols, 293 accomplis de mai à juillet, 205 d'août à octobre, 171 de février à avril, 139 de novembre à janvier.

2. Sur 12,443 attentats à la pudeur et viols (1858-69), 4,194 accomplis de mai à juillet, 3,781 d'août à octobre, 2,461 de février à avril, 2,007 de novembre à janvier.

fait mérite qu'on le prenne en considération. Dans mon livre *les Criminels*, j'ai plusieurs fois insisté sur les affi-

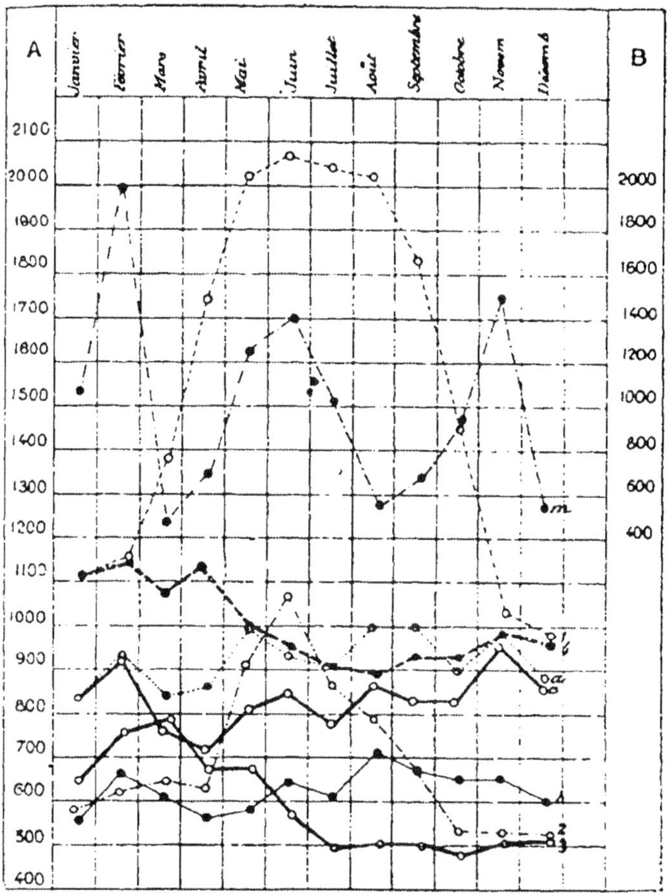

Fig. 20

Répartition mensuelle des attentats contre la vie et contre les mœurs :

Répondant aux chiffres de la colonne A : — *a*, coups et blessures graves ou ayant occasionné la mort ; — *b*, meurtres ; — *c*, assassinats ; — 1, attentats à la pudeur et viols sur enfants ; — 2, sur adultes ; — 3, infanticides ; — 4, naissances illégitimes.
Répondant aux chiffres de la colonne B : — *m*, mariages ruraux.

nités probables, qui, très fréquemment, devaient exister entre l'impulsivité maniaque et l'impulsivité génésique aberrante et brutale, conduisant au viol ou à l'attentat à la pudeur, j'ai dressé à l'appui de cette opinion des tableaux où la proportion des maladies cérébrales et cérébro-spinales, observées après coup chez les condamnés de cette catégorie, se dessine avec un relief très remarquable[1]. N'est-il pas intéressant de rencontrer après cela une similitude de relations saisonnières entre l'attentat sexuel, le suicide et la folie, et le parallélisme de l'évolution en deux formes de l'impulsivité qui dénotent si souvent un trouble psychique n'autorise-t-il pas à supposer plus commune encore l'intervention latente de l'aliénation mentale? J'ai dressé la courbe des conceptions qui donne lieu aux naissances illégitimes : elle offre de grands rapports avec la courbe des attentats de sexualité ; c'est la même ascension au commencement du printemps, le même plateau verno-estival, mais avec une dépression intercalaire en juin, la même chute à partir de septembre, et la même dépression continue pendant l'hiver. Evidemment l'on ne peut plus interpréter l'élan de la passion amoureuse, qui fait oublier le devoir à de si nombreux couples, et exposera plus tard tant de malheureuses femmes à de fâcheux entraînements, comme un résultat d'érotisme anormal ; néanmoins, la violence du sentiment qui le détermine suppose une impressionnabilité spéciale et précisément ébranlable par les mêmes influences saisonnières, aptes à amener la déséquilibration chez les sujets ultra-passionnels ou à tare héréditaire suspecte. La saison verno-estivale, qui est celle du *renouveau* pour les plantes, du rut pour les animaux, exerce aussi sa stimulation sur l'homme ; mais celui-ci ne la subit passivement qu'autant qu'il est demeuré aux plus bas degrés de sa cérébration[2] ; il la maitrise à mesure qu'il se perfectionne,

1. La prostitution de métier, elle aussi, semble relever d'une prédisposition morbide ou dégénérative. Les prostituées habituelles « ne sauraient être classées parmi les êtres sains et normaux » ; les stigmates de dégénérescence physique et psychique sont plus prononcés chez elles que chez les voleuses (Dr Pauline Tarnowsky, *Ét. anthropométrique sur les prostituées et les voleuses*, Paris, 1889, p. 200-201).

2. Les sauvages et même les demi-civilisés n'essaient point de réagir contre les sollicitations cosmiques qui règlent leurs appétits. Chez les Lapons, « l'usage pour les

la subordonnant aux tempéraments de ses intérêts : c'est ainsi que les mariages ruraux n'ont plus aucun rapport direct avec les modalités saisonnières, affectent une répartition souvent contradictoire avec l'action climatérique, ou ne la traduisent que par l'intermédiaire des occupations qu'elle impose ; à la campagne, les mariages sont arrêtés plus ou moins longtemps à l'avance et on les accomplit, non pas à l'appel des désirs amoureux, mais aux époques de loisirs où ils ne sauraient entraver les travaux ; leur courbe offre trois maxima, les deux principaux en février et novembre, périodes de répit avant les semailles de printemps et après celles d'automne, un autre en mai-juin, période de calme précédant la moisson d'été ; trois minima qui correspondent à trois séries d'occupations, l'un en mars, mois des semailles de printemps, un autre en août-septembre, époque de la moisson ou des vendanges, un dernier en décembre-janvier, période réservée à divers travaux rustiques et à la coupe des bois. — La sexualité manifeste l'aberration des impulsivités non réfrénées qu'elle engendre par les crimes d'avortement et d'infanticide, conséquences indirectes de ses écarts. La courbe de l'infanticide (dont on connaît le mieux les éléments) n'est pas en exacte concordance avec la courbe des conceptions hors mariage (dont les éléments sont assez difficiles à reporter à des dates précises et précèdent d'ailleurs de plusieurs mois les natalités occasionnelles du crime) ; mais comme il fallait s'y attendre, la première est assez régulièrement parallèle avec le tracé des naissances illégitimes. Je ne remarque pas l'élévation brusque et considérable de l'infanticide, signalée par quelques auteurs en novembre, c'est-à-dire neuf mois après les orgies du carnaval ; le remontement modéré de novembre-décembre coïnciderait avec la stimulation vernale ; mais le maximum de mars reporte bien la conception fatale vers le mois

recherches d'amour est de commencer au mois d'avril, à l'exemple des oiseaux » (*Voyage* de Regnard, 1681).

où les viols et les attentats à la pudeur sont aussi le plus fréquents, en juin.

L'influence saisonnière se manifeste non seulement à propos de l'impulsivité morbide ou aberrante, mais encore à propos des impulsivités sociales et extra-sociales les plus diverses. On la relève, et toujours dans un rapport assez uniforme, au cours d'événements graves, politiques ou économiques, limités à une région ou étendus à plusieurs régions d'un même climat : en Europe, la plupart des conflits qui aboutissent à la solution des armes éclatent au printemps et se jugent dans la période vernoestivale : en France, trois révolutions ont eu leurs journées culminantes en juin-juillet (prise de la Bastille le 14 juillet 1789, insurrection de juillet 1830, insurrection de juin 1848). Un nouveau mode de combativité, né tout à la fois du souffle de la misère, de l'instigation des désespérances, de la jalousie et des appétences irréfrénées, conseillères des revendications brutales (la brutalité ne consiste pas que dans la violence directe et immédiate contre les individus), la grève, présente une curieuse évolution à ascension vernale, à lente décroissance estivale et à minimum hivernal, voisine de celles du suicide et du crime-personne (je note cependant une antécession du maximum en avril et une recrudescence en octobre, à rapprocher des courbes de la folie, mais dont je donnerai plus loin une explication)[1]. Benoiston de Chateauneuf a signalé la plus grande fréquence des duels au printemps et dans l'été[2]. Il n'est pas jusqu'aux évasions, autrefois tentées dans nos anciens bagnes, qui n'aient affecté une fréquence maximum à une saison spéciale, l'été, d'après Sers.

II. — L'influence saisonnière est décomposable en plusieurs facteurs météorologiques. Est-il possible de rattacher plus particulièrement à l'action de l'un d'entre eux

1. Répart. des grèves en France, *Stat. gén.*, XV, 1885, p. 73.
2. Teissier, *Le duel dans l'armée*, Lyon, 1890, p. 30.

l'évolution psychique des masses humaines et des individus [1] ?

L'agent qui semble caractériser le mieux les climats, et, dans chaque climat, les saisons, est la température : on lui a attribué une prépondérance à peu près exclusive dans les modifications imprimées à l'impulsivité. L'extrême chaleur et l'extrême froid contribuent, dans la plus large mesure, à régler l'existence et à former les caractères, parmi les races obligées à les supporter d'une manière continue. Néanmoins, à quelque distance de l'équateur, lorsque déjà des changements saisonniers se dessinent, on ne peut affirmer que la température agisse selon la même loi formulée pour nos pays tempérés : un renversement des effets produits tendrait à diminuer la valeur trop absolue qu'on accorde au facteur thermique. — En France, d'après Lacassagne, en Italie, d'après Ferri, la criminalité générale augmenterait régulièrement avec la température et diminuerait avec le froid, et, d'après un assez grand nombre d'observateurs, il en serait de même pour le suicide ; la relation de la criminalité-personne, celle qui suppose la plus forte impressionnabilité passionnelle ou morbide, serait surtout évidente avec la progression de la chaleur. Les sommets du suicide et du crime-personne sont pourtant placés d'ordinaire en un mois qui ne répond pas au maximum de la température, en juin, plutôt qu'en juillet ; l'on retrouve seulement en août le maximum des meurtres, et le plateau des atten-

1. Pour ce qui va suivre, se reporter au tableau ci-joint, résumé d'observations faites à Montsouris, en même temps qu'aux tracés de la figure 21.

	A.			B.			C.			D.		
	Janvier	Février	Mars	Avril	Mai	Juin	Juillet	Août	Septembre	Octobre	Novembre	Décembre
Température moyenne	2.4	4.	6.4	10.1	14.2	17.3	18.9	18.5	15.7	11.3	6.5	3.7
Degrés actinomét. (luminosité)	11.7	15.2	26.7	41.6	46.9	45.3	45.9	37.8	34.7	23.8	13.8	9.2
Moy. de l'état hygrométrique	88.	85.	72.	58.	64.	72.	75.	76.	78.	82.	85.	89.
Moy. des écarts max. barométr.	31.5	27.7	27.2	25.	20.5	15.9	14.6	16.2	17.4	27.	27.4	28.4
Moy. des charges élect. atm.	—	—	12.7	9.5	7.4	5.4	12.3	10.2	—	—	—	—

tats à la pudeur et viols sur enfants, avec un point légèrement saillant en juin, s'étend de mai à août. L'impulsivité antisociale apparaît donc moins en rapport

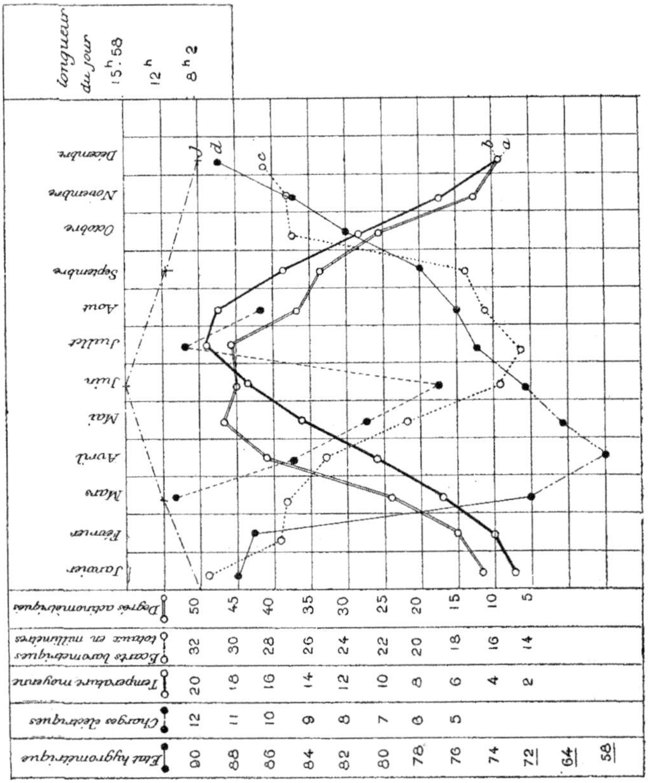

Fig. 21

Moyennes météorologiques mensuelles (France) :

A, température ; — B, luminosité (degrés actinométriques) ; — C, écarts barométriques ; — D, état hygrométrique ; — E, électricité ; — J, durée des jours.

proportionnel avec la température, qu'avec l'ébranlement déterminé par le passage de la saison froide à la saison chaude, l'effort d'adaptation de l'organisme au calorique estival. Mais la chaleur accrescente exerce une action stimulatrice, bientôt transformée en action dépressive, car, dès le milieu de l'été, commence un ralentissement des mêmes impulsivités qui étaient exagérées à la période vernale et au début de la période estivale. — Aux colonies[1], où la température se maintient élevée, sous des moyennes assez uniformes, elle déprime plus qu'elle ne stimule: mais elle laisse reprendre quelque énergie à la cérébration aux époques où elle subit ses principales oscillations nychthémérales: les impulsivités ont plus de chance de se produire intensivement aux époques de transition, et surtout pendant la saison des fraîcheurs relatives, qui amènent une réaction momentanée après l'énervation de la période estivale. A la Guadeloupe, la criminalité est deux fois plus forte au cours de la saison fraîche, que pendant la saison des chaleurs et elle s'accroît par une prédominance notable de la criminalité-personne; la courbe de la criminalité est en rapport plus intime avec celle des minima thermiques; le parallélisme est même remarquable à ce point, qu'on retrouve dans l'une et dans l'autre les mêmes oscillations de mars-mai et de juin-août, qui répondent à des périodes de thermalité irrégulière, en raison de la variation des brises et des pluies. — Ainsi l'impulsivité antisociale (comme les impulsivités maniaques d'ailleurs), en affectant des rapports avec les modalités caloriques, ne les offre pas directs et proportionnels à l'accroissement de la température, mais plutôt aux inégalités de celle-ci, qui rompent l'équilibre des fonctions cérébrales avec l'assuétude soit au froid, soit au chaud d'une saison précédente; après une action dépressive exercée par un froid ou une chaleur maxima, une action stimulante se produit, exercée par une chaleur ou un froid relatifs, qui contrastent avec les conditions antérieures, et les mêmes facteurs, devenant à leur tour déprimants, s'in-

1. A. Corre, *Facteurs de la criminalité en pays créoles*, *Arch. d'anth. crim.*, mars 1889.

tervertissent pour ramener des effets contraires. Cependant, avec une recrudescence vernale plus ou moins accentuée, j'ai constaté une élévation du délit et du suicide bien en rapport avec celle de la température d'été, dans un climat local très tempéré : à Brest, le délit commun, comme les fautes militaires, ont leur maximum en août, ou vers septembre, mois très chauds : l'hiver est doux, moins tiède que sur le littoral méditerranéen, mais il n'est jamais traversé, comme à Marseille, par le souffle rigoureux d'un vent glacial, et les conditions météorologiques sont très graduellement ménagées jusqu'au milieu de l'été ; celui-ci compte des journées de chaleur excessive, et c'est alors que se produit sans doute le coup de fouet qui réveille les impulsivités trébuchantes chez les prédisposés.

La courbe thermique ne correspond pas dans tous ses détails avec celle du crime-délit et du suicide. Peut-on, dans ce cas, rapporter à la luminosité l'action que l'on est obligé de récuser au calorique ? Il est certain qu'à Brest le nombre des jours de beau clair accuse des oscillations parfois concordantes avec celles du délit, là ou fléchissent ses relations avec la température ; par exemple, il y a coïncidence de chutes en avril et en juillet, coïncidence de relèvement en décembre. Dans l'ensemble de la région française, je remarque aussi que l'ascension et la culmination vernales de divers modes de l'impulsivité (folie, attentats à la pudeur et viols) présente une relation plus étroite avec la luminosité, exprimée par les moyennes actinométriques, qu'avec la température, l'une atteignant plus tôt que l'autre son maximum. Mais, en somme, il est difficile de dégager nettement l'influence de la lumière de celle des autres facteurs météorologiques. Peut-être de nouvelles recherches amèneront-elles des résultats plus précis et l'on est en droit de le penser, lorsqu'on réfléchit à la puissance irritative de la lumière sur la cellule nerveuse [1]. Plus que la chaleur,

1. Le Dr Gouzer prépare une étude sur ce sujet, qu'il a déjà abordé sommairement dans son livre *Le Problème de la vie*.

la lumière contribue à exalter les caractères dans les milieux tropicaux et par l'ébranlement cérébral qu'elle détermine elle est souvent la cause qui prépare la réceptivité morbide : elle réveille certaines impulsivités individuelles, que l'on calme par sa suppression ; les fous reprennent leur tranquillité dans l'obscurité et les délinquants les plus récalcitrants sont matés par le cachot noir [1]).

Il est possible que l'ascension de la criminalité et du suicide, parallèle à l'augmentation de la longueur des jours, emprunte quelque chose de sa raison à la prépondérance de l'action lumineuse. Toutefois, celle-ci doit s'allier à d'autres influences, s'effacer même devant certains facteurs sociologiques : l'augmentation de la longueur des jours est graduelle et très régulière, l'ascension des impulsivités aberrantes ou antisociales, inégale, hésitante ou heurtée. Mais le crime réfléchi s'inspire des facilités dérivées de la modalité saisonnière ; les attentats contre les personnes augmenteraient en été, avec la longueur des jours, qui permet de mieux guetter les victimes, de mieux choisir le moment et le lieu propices pour les assaillir ; les attentats contre les propriétés augmenteraient pendant l'hiver, où la longueur des nuits devient précieuse pour la perpétration des grands vols avec escalade et effraction (Lacassagne). « Le crime est comme un travail, plus il aura de temps qui puisse lui être consacré, plus il y aura de probabilités pour un nombre de crimes plus considérable » (Chaussinand). Non seulement le crime a ses époques, déterminées par la durée des conditions spéciales favorables à son exécution, mais encore ses

1. Parmi les moyens de correction que les Anglais mettaient en usage, aux Antilles, pour vaincre l'obstination des noirs les plus endurcis au fouet et au tread-mill, ce procédé de répression occupait une place importante, et Bernard, commissaire français envoyé à la Barbade afin d'y étudier le système de l'*apprentissage*, fut frappé de ses résultats. « Dans le nombre des faits que j'ai observés, écrit-il, il en est un qui ne s'effacera jamais de mon souvenir : c'est l'état d'altération et d'abattement d'une jeune négresse dont, 24 heures avant sa captivité, la physionomie m'avait paru pleine d'énergie et d'audace. » Mais l'isolement n'expliquerait-il pas à lui seul de pareils changements? La cellule est terrible pour la femme, même dans les conditions d'hygiène et d'éclairage les meilleures (voir Guillot, *Prisons*, p. 298).

heures, déterminées par d'autres conditions, réglant pour ainsi dire son occasionnalité (attaques contre les passants attardés après la fermeture des théâtres; vols dans les maisons habitées au moment du repos des domestiques ou de l'absence des locataires, etc.)[1].

A propos de l'état hygrométrique, des variations de la pression atmosphérique, de l'électricité, je n'ai à émettre que de très brèves remarques : dans la période de mars à juillet, la courbe de ces influences oppose une dépression à la saillance de la courbe des influences lumineuse et calorique; l'état hygrométrique a son minimum en mars-avril, les écarts barométriques ont leur minimum en juin-juillet, et les charges électriques, très fortes en mars et en juillet, sont très faibles en mai-juin : en mai-juin, l'on rencontre aussi une proportion plus grande des signes électriques négatifs (24-13 0/0), mais que l'on retrouve en septembre (14 0/0)[2]. Il conviendrait aussi, d'après le Dr Gouzer[3], de tenir compte du magnétisme terrestre, agent fluidique qui obéit aux lois de l'attraction. « Les masses qui le sollicitent sont la lune et le soleil, dont

1. La répartition des suicides, établie pour une catégorie (suicides par suspension), a été étudiée suivant les diverses heures du jour par Guerry (*An. d'hyg.*, V, 222) : leur nombre serait 4 fois plus considérable de 6 à 8 heures du matin que de midi à 2 heures du soir. Serait-ce un effet des réflexions désespérantes d'une nuit agitée, du dernier acculement des malheureux, à la réalité d'une nouvelle journée de misère ou de honte à recommencer ?

2. On sait quelle influence la tension électrique exerce sur les personnes nerveuses et quelle irritation déterminent les orages sur certains caractères. Je note à cet égard une coïncidence curieuse. La *République française* signalait le 26 mai 1887 un très violent orage, déchaîné sur Paris de midi à 2 heures, et, dans son numéro du lendemain, elle révélait toute une série de drames sanglants accomplis dans la soirée ou la nuit du même jour : rue Rébeval, une jeune fleuriste âgée de 17 ans frappe une rivale, âgée de 16 ans, de deux coups de couteau, au sortir de l'atelier; rue de Châlons, un enfant de 7 ans, pris de querelle avec un autre de 6, lui perce le visage d'un coup de couteau; à Passy, deux terrassiers se battent et l'un étend l'autre d'un violent coup de pioche; avenue Wagram, un cordonnier porte deux coups de couteau à la tête d'un camarade, à propos d'un règlement de compte de boissons insignifiant; au boulevard de la Villette, un rôdeur, en train de dépouiller un homme endormi, est surpris par deux gardiens de la paix, se retourne contre ceux-ci et frappe l'un d'eux de coups de couteau, etc.

3. *Le Problème de la vie*, et note manuscrite. Le Dr Lawson a, de son côté, cherché à établir des relations entre les ondes magnétiques et les influences épidémiques (*pandemic waves*).

les actions respectives sur la terre sont comme 4,5 : 1. Il existe donc, en regard de ces deux astres, une onde proportionnelle à ces chiffres. Au moment de leur conjonction, leurs deux effets s'ajoutent et forment une vague unique, mais plus dense et plus accentuée : le phénomène est naturellement plus marqué aux néoménies d'équinoxe, où les deux influences se fondent plus intimement en une seule. Esquirol, qui ne croyait guère à l'influence lunaire, signale cependant l'agitation plus grande des aliénés à ces époques. » Aujourd'hui plus d'un médecin reconnait que tout n'était pas rêverie et hypothèse dans les vieilles croyances à l'action lunaire sur les impulsivités maniaques ; le Dr Gouzer a réuni des faits démontrant que cette action serait à prendre en considération dans l'explosion des impulsivités criminelles et des grandes perturbations politico-sociales.

Toutes les influences que je viens de mentionner se relient entre elles pour déterminer, soit par leurs oppositions, soit par leurs convergences, une modalité climatérique indivisible, en deux périodes de l'année : l'une verno-estivale, qui traduit, par la montée de la sève dans les végétaux, la surexcitation amoureuse chez les animaux, la stimulation générale des impulsivités chez l'homme, le développement des énergies physiques à leur maximum ; l'autre automno-hivernale, qui traduit un calme relatif dans la nature, après une phase d'activité. La criminalité et le suicide, pas plus que les tares dégénératives et la folie, n'échappent aux effets de ce double courant de la force, transformée à l'infini dans les agents qui la représentent, mais toujours une et s'affirmant dans son unité par les manifestations biologiques, simples variations des manifestations cosmiques. Telle doit se comprendre la formule de l'intervention des facteurs météorologiques dans les oscillations de la cérébration. Ils agissent en bloc sur tous les êtres ; chez l'homme, leur stimulation reste dans une normale utile et nécessaire, si elle rencontre des conditions de réceptivité régulière ; elle entraîne à l'aberration des sensations, des raisonnements et des actes, si elle ajoute à la surcharge fonctionnelle d'un organe déjà mal équilibré.

III. — Peut-être une connaissance plus exacte des actions météorologiques conduira-t-elle à une analyse plus rigoureuse des rapports qu'elles affectent avec les états psychiques : nous ne possédons encore que des notions très incomplètes sur l'électricité atmosphérique et sur le magnétisme terrestre, qui cependant semblent jouer un rôle moins négatif qu'on ne l'a supposé dans les phénomènes biologiques. Des observations mieux comprises ont détruit, il est vrai, la croyance à une intervention spéciale de certains facteurs d'ordre cosmique, dans l'étiologie de certains crimes (Zenger, de Prague [1], a établi une connexion entre la périodicité des étoiles filantes et la fréquence des incendies : ceux-ci augmentent au passage des essaims et les aérolithes, en tombant sur des corps inflammables, meules de foin, granges, bois, etc., peuvent y mettre le feu : l'ignorance de cette cause n'a-t-elle pas contribué à grossir le chiffre des impulsivités soumises à l'influence saisonnière, vers l'époque des équinoxes ?). Mais d'autres ont élucidé l'étiologie de l'attentat, en découvrant ses relations avec diverses conditions sociologiques, elles-mêmes dérivées des modalités climatériques. Je n'en saurais conclure à l'infirmation de la valeur des arguments accumulés, pour prouver l'existence d'une subordination très réelle des impulsivités humaines aux actions du milieu physique. Seulement l'intervention de ces dernières apparaît sous un jour nouveau : directe, elle réglait d'une façon générale l'énergie de la cérébration ; indirecte, elle va aider les tares surexcitées à prendre une forme dans le sens de leur prédisposition. Toutefois, diverses influences sociologiques, qui naissent en dehors des sollicitations climatériques ou s'isolent à la longue de leurs conditions génératrices, peuvent annuler, diminuer ou cacher l'action des facteurs saisonniers. C'est alors que la discordance des tracés

1. *Ac. des sc.*, 5 sept. 1887.

obtenus en diverses régions souvent très voisines, est invoquée contre celle-ci et en faveur d'une étiologie exclusivement sociologique du suicide et du crime (Colajanni). C'est tomber dans une exagération aussi éloignée de la vérité scientifique, que la soutenance d'une loi saisonnière fixe et invariable de ces mêmes aberrations.

J'insiste sur ce point, que l'action stimulante ou dépressive, exercée par les météores, est par elle-même indifférente, qu'elle engendre des effets variés, d'après les conditions variables des réceptivités organiques. En voici une preuve intéressante à relever. Les natures les plus impressionnables, soit sous le rapport intellectuel, soit sous le rapport sensitivo-impulsif, sont aussi celles qui s'écartent le plus, dans leurs actes, de la routine plus ou moins négative des masses. Que l'écart soit social ou antisocial, l'évolution qu'il accuse tend à se dessiner suivant une courbe générale à plateau verno-estival : si les accès de manie, les suicides et les attentats contre les personnes ont bien les maxima que j'ai mentionnés, les productions géniales les présenteraient également, d'après Lombroso, et, résultat peut-être inattendu, la prévoyance se développe presque parallèlement à l'imprévoyance, dans le même cycle qui appartient à la criminalité générale. Il y a des différences de détail et elles vont contribuer à l'explication des relations de cette dernière avec les facteurs météorologiques, mais déjà associés à des facteurs sociologiques plus ou moins intensifs.

Le nombre des engagements aux monts-de-piété, après avoir été assez élevé pendant les mois de décembre et de janvier (misère tempérée par l'assistance), tombe à son minimum en février, puis se relève très rapidement en avril, fléchit légèrement en mai et atteint son maximum en juillet : ce n'est point l'époque de la souffrance par la faim, le défaut de vestiture et d'abri ; mais c'est celle des plaisirs, et l'ardeur à les rechercher est le pendant de l'impulsivité qui, dans les mêmes mois, multiplie les causes d'attentats contre autrui ou contre soi-même.

Les grèves, dans une si large mesure, nées de l'imprévoyance de l'ouvrier et des convoitises malsaines éveillées par de véritables tarés, présentent la même marche ascensionnelle ; mais elles ont leur sommet en avril, époque où les règlements de loyer ravivent sans doute les haines du salariat contre la propriété, avec les espérances d'une inversion dans les situations ; elles se maintiennent à un niveau encore assez élevé pendant l'été, puis tombent rapidement pour se relever en octobre, autre époque de terme, et s'assoupir en décembre, où la gêne, plus vivement ressentie, force à capituler.

Le social, qui calcule et prévoit, sommeille un peu l'hiver, où il est d'ailleurs obligé de faire face à de plus gros besoins : mais il montre son activité au printemps, par l'ascension des placements à la caisse d'épargne, très rapide de mars à mai ; il prend sa part des distractions de l'été, mais en ménageant ses ressources, car il opère en août des placements aussi nombreux qu'en mai ; le maximum des dépôts a lieu en octobre, peut-être en prévision des dépenses de l'hiver.

Il y a, dans cette évolution, une association d'influences saisonnières et d'influences sociologiques dérivées, qui valent la peine d'être enregistrées, et qui s'affirment très nettement, à mon avis, par la répartition des principaux sommets des courbes relatives aux impulsivités, en des mois identiques ou voisins : de mars à mai, sommet principal des grèves, sommets plus ou moins accentués de l'aliénation, du suicide, de quelques formes de l'attentat et aussi de l'épargne ; en juin-juillet, sommets principaux de l'imprévoyance, du suicide, de la criminalité la plus intensive contre les personnes, et sommet secondaire de la folie ; en octobre, recrudescences simultanées dans l'épargne et l'imprévoyance, les grèves, la folie, quelquefois dans le suicide, et commencement de la montée des attentats contre la propriété. La folie garde son principal sommet en mai-juin indépendant des influences sociologiques.

D'autres fois, l'influence saisonnière s'exerce par l'intermédiaire de conditions économiques spéciales, dérivées. Si les crimes contre la propriété atteignent leur maximum en hiver, c'est moins pour la raison des facilités que leur procure la plus longue durée des nuits, que pour celle du redoublement de souffrances, engendrées par les privations au cours de mois très rigoureux : la misère imprévoyante et vicieuse, sous l'étreinte du froid, devient mauvaise et révoltée : elle reste calme ou indifférente, quand la température élevée diminue les exigences de la faim, rend inutile l'abri bien fermé et la bonne vestiture. Accidentellement, l'influence saisonnière réagit sur la marche habituelle de la criminalité par les flexions imprimées à la production du sol. Les mauvaises récoltes de blé sont ordinairement suivies, quand l'importation étrangère ne vient pas en compenser les effets, d'un redoublement dans la criminalité-propriété, et les mauvaises récoltes de vin, diminuant les occasions d'ivrognerie, amèneraient parfois un amoindrissement de la criminalité-personne (Lacassagne, Ferri). On a cherché à expliquer la plus grande fréquence des évasions, dans nos anciens bagnes, au cours de la saison d'été, par la facilité que les forçats trouvaient alors à se nourrir de fruits dans les campagnes et à se cacher dans les champs de blé.

Enfin, l'influence saisonnière est annulée, exagérée ou troublée par l'intervention de facteurs sociologiques bien indépendants de toute action climatérique. L'Exposition a été pour Paris une excellente affaire ; mais la Province a payé cher, la saison hivernale suivante, les aubaines échues à la capitale ; il a fallu rentrer dans les sommes déboursées, après un voyage, et les petits rentiers ont restreint leurs dépenses ; beaucoup ont acheté des objets d'utilité ou de luxe, et, de retour chez eux, se sont abstenus de fréquenter les magasins de leur ville ; la gène de la classe moyenne s'est répercutée sur la classe populaire et je serais surpris si la statistique criminelle de 1890 ne traduisait pas ce résultat inattendu par une recrudescence d'attentats et de suicide, à côté de la double influence d'une épidémie grippale intensive et de saisons anormalement renversées (hiver peu rigoureux et été presque froid). Les fêtes nationales et locales, à dates fixes, les fêtes occasionnelles, à dates variables, entraînent des chômages et un accroissement de dépenses, dont le mont-de-piété atténue partiellement les effets, mais dont le vol est surtout le triste palliatif, pour un trop grand nombre d'individus. Elles s'accompagnent, dans le bas peuple, d'orgies fécondes en attentats contre les personnes. Enfin, le développement toujours croissant de l'alcoolisme apporte dans l'évolution saisonnière de la criminalité une note perturbatrice que j'ai essayé de mettre en relief dans mon étude sur le *Délit à Brest ;* là, où la population vit saturée d'alcool, si l'attentat conserve, dans ses grandes lignes, la marche que j'ai signalée, il accuse, dans ses oscillations de détail, l'intervention du facteur intempérance, tout puissant aux diverses époques de l'année, mais éprouvant de fréquentes recrudescences à propos de fêtes traditionnelles, à l'époque des soldes de retraite, etc. : le délit commun, dans la population civile, les manquements dans l'arsenal et les fautes relevant du conseil de guerre évoluent suivant la moyenne du délit d'ivresse. Du reste, l'observation est générale, Joly, dans sa *France criminelle* [1], fait très judicieusement remarquer que l'alcoolisme annule (jusqu'à un point) l'action climatérique dans la région française : il rapproche, sous le rapport de la criminalité violente, les départements du nord, où l'on consomme énormément d'alcool, des départements méridionaux, où la température suffit à l'exaltation des caractères. Dans l'évolution de la folie elle-même, il importe désormais que l'on tienne un plus grand compte de ce facteur : d'après Garnier, la folie, dans l'ensemble de ses modalités, offre sa plus grande fréquence dans la saison vernale (max. en juin) ; mais la folie alcoolique a de très fortes variations mensuelles, malgré qu'elle conserve son plus haut cours au printemps ; dans les autres mois, elle ne s'accorde plus avec les formes ordinaires de l'aliénation.

1. P. 30 et 31.

Ainsi, dans les impulsivités qui le portent au crime et au suicide, l'homme ne peut entièrement s'affranchir ni des influences cosmiques, demeurant hors de son action, ni des influences sociologiques, créées par lui, plus ou moins sous la sollicitation des premières. Mais ces causes exerceraient sur les tendances antialtruistes une action plus restreinte, si elles n'étaient à leur tour dominées par la prédisposition, la tare individuelle, qu'elles ont souvent contribué à développer, mais qui finit par s'isoler, se fixer dans l'hérédité et constituer l'élément principal de l'étiologie du crime et du suicide.

APPENDICE

A. — *Statistique morale de la France.*

a. — **Répartition pour une année moyenne, dans l'ensemble des départements moyens de chaque région, des principaux facteurs en rapport avec l'évolution du délit, du crime et du suicide.**

Afin de tenir compte de l'influence ethnique et traditionnelle, cette statistique a pris comme base la décomposition régionale par département moyen d'anciennes provinces; les chiffres ont été déduits de la moyenne d'ensemble des départements de la province; ils ont été calculés d'après des chiffres ronds, ce qui affaiblit leur valeur absolue, mais ne change guère leur valeur relative; les renseignements ont été empruntés à des relevés de 1884 et de 1885.

	1	2	3	4	5	6	7	8	9	10	11	12	13	14
	Prédominance ou décroît de la natalité par rapport aux décès	Naissances illégit. pr. p. 1000 naissances totales	Nombre des séparations et divorces p. 1000 mariages célèb.	Nombre des illettrés du recrutement par 1000 admis	Nombre des dépôts aux caisses d'épargne privées sur 1000 hab.	Nombre des assistés sur 10,000 habitants	Nombre d'habitants pour 1 débit de boissons	Quantité d'alcool imposée par habitant (litres)	Exemptés p. défaut de taille s. 1000 exam. du recrutem. Broca	Aliénés par 10,000 habitants	Suicidés par 10,000 habitants	Accusés, crimes par 10,000 habitants	Prévenus délits par 10,000 habitants	Récidivistes par 10,000 habitants
I. — Nord :														
1 Départ. flamand	+	110	17	135	120	1410	46	4.6	43	12	1.6	0.8	64	23.2
2 — d'Artois	+	117	13	90	87	890	55	7.7	36	7	1.7	0.7	59.7	21.8
3 — picard	—	125	26	112	200	460	60	9.8	36	5	2.5	1	59.3	29.5
4 — normand	—	98	29	90	134	590	71	8.5	53	34	1.9	1.5	60.2	34.1
5 — de l'Ile-de-France	+	195	35	56	233	610	78	7.1	50	21	4.4	1.4	85	43.7
6 — champenois	—	8	34	36	201	250	95	4.8	40	10	3.1	1.1	62.8	27.5
Moyenne régionale	+	109	25	86	162	700	67	7.1	43	10	2.5	1.1	64.6	29.9
II. — Est :														
1 Départ. lorrain	+	70	24	19	175	290	96	4	48	9	2.4	0.7	65.9	25.1
2 — franc-comtois	+	69	36	17	123	230	124	2.9	32	12	1.7	1.2	70.9	28
3 — bourguignon	+	55	20	41	165	180	119	2.2	49	10	1.9	0.8	38.9	15.1
4 — lyonnais	+	92	32	57	219	370	83	3.2	67	15	1.5	1	75	31.1
5 — dauphinois	+	40	17	69	105	210	112	2.1	76	11	1.4	1.1	52.5	17.7
6 — savoisien	+	47	8	29	27	330	131	1	»	9	0.9	0.7	53.1	12.5
Moyenne régionale	+	62	23	40	135	270	111	2.6	54	11	1.6	0.9	60	21.5

III. — Sud :														
1 Départ. corse	+	18	12	204	14	10	»	»	74	3	0.3	2.3	121	27.6
2 — provençal-niçois	—	76	26	80	116	550	109	2.8	68	16	2.4	2	83	30.6
3 — venaissin	—	43	27	62	98	400	159	2.1	54	15	3.3	1.6	55.1	23.2
4 — languedocien	+	36	12	90	90	250	118	1.6	84	11	0.9	0.8	54.8	19
5 — du Roussillon	—	40	14	112	49	40	133	3	73	7	0.8	0.8	60.3	23.6
6 — de Foix	+	40	6	182	21	290	127	1.2	81	7	0.7	0.5	53.1	8.4
7 — béarnais	+	63	7	136	118	440	112	1.9	74	14	0.8	0.8	47.6	16.6
8 — gascon	+	63	9	120	35	150	137	1	76	9	0.6	0.8	42.5	11.4
Moyenne régionale	+	47	14	123	67	265	112	1.7	73	10	1.2	1.2	64.6	20
IV. — Ouest :														
1 Départ. de la Guyenne	+	20	15	107	61	220	104	1.6	90	8	1.1	1.1	51.5	15.7
2 — de Saintonge-Angoumois	+	34	17	103	92	60	131	1.4	85	8	2.2	1.2	66.2	9.8
3 — poitevin	+	38	7	134	62	130	103	1.7	66	6	1.2	0.5	25.6	9.3
4 — angevin	—	63	22	99	136	280	82	3.4	57	10	1.8	0.8	36.5	15
5 — manceau	—	54	25	128	196	470	69	5.1	76	10	1.8	0.4	41	20.1
6 — breton	+	33	9	215	59	20	89	4	91	9	0.9	0.8	35.2	14.8
Moyenne régionale	+	40	15	162	101	195	96	2.8	77	8.5	1.5	0.8	42.6	14.1
V. — Centre :														
1 Départ. orléanais	+	76	20	79	232	210	91	4.2	74	9	2.6	0.9	47.3	21.1
2 — tourangeau	+	62	24	94	123	120	95	2.3	106	9	2.8	1.7	37.3	14.4
3 — berrichon	+	62	6	173	70	40	98	2.2	96	5	1.2	0.5	33.2	11.6
4 — nivernais	+	46	8	182	95	90	108	1.9	78	9	1.5	0.6	35.4	15
5 — bourbonnais	+	54	6	105	51	14	103	2.3	109	7	1	0.5	38.1	15.5
6 — de la Marche	+	50	3	93	80	60	124	1.7	89	4	0.9	0.5	33.4	10.5
7 — limousin	+	32	6	283	39	120	122	1.5	170	5	1.3	0.8	39.1	11.6
8 — auvergnat	+	38	9	62	89	100	104	1.7	110	8	0.7	0.6	40.9	13.5
Moyenne de la région	+	52	10	134	97	95	105	2.2	104	7	1.5	0.7	38	14.1
Départ. français moyen	+	62	17	100	93	305	98	3.3	70	9	1.6	0.9	53.9	19.9

b. — Répartition des crimes et délits principaux dans l'ensemble des départements moyens de chaque région pour l'année 1884.

(déduite de chiffres bruts, c'est-à-dire non calculés proportionnellement à la population)

	ACCUSÉS (*Crimes*)							PRÉVENUS (*Délits*)							
	Totaux	Crimes-propriétés	Crimes-personnes	Meurtres et tentatives	Assassinats et tentatives	Viols et at. à la pudeur	Infanticides	Totaux	Coups et blessures	Rébellion outrage et résit. à fonctionnaires	Adultères	Diffamations	Vols simples	Vagabondage	Ivresse
I. — Nord :															
1 Départ. flamand......	138	57	81	2	21	41	6	9930	2010	695	58	196	2252	323	219
2 — d'Artois......	64	33	31	1	10	14	»	4890	1325	429	34	44	1285	274	20
3 — picard.......	58	34	24	5	»	14	»	3260	550	310	8	11	821	255	124
4 — normand.....	79	46	33	5	3	15	2	3280	535	294	18	35	888	247	168
5 — d'Il.-de-France	171	110	61	10	9	27	4	9160	1029	1171	100	149	2136	831	50
6 — champenois..	31	14	17	1	1	6	3	2040	347	181	19	48	440	133	14
Moyenne régionale.....	90	41	49	4	7	19	2.5	5420	966	513	39	80	1303	344	119
II. — Est :															
1 Départ. lorrain.......	27	12	15	2	1	8	1	2500	350	182	9	36	526	126	31
2 — franc-comtois.	37	17	20	1	3	10	1	2100	251	149	5	32	315	84	33
3 — bourguignon .	38	25	13	1	1	6	2	1620	195	98	9	33	307	169	12
4 — lyonnais.....	68	43	25	1	7	12	3	5190	429	324	31	49	1026	833	29
5 — dauphinois...	39	23	16	2	2	6	2	1530	109	41	14	47	240	134	15
6 — savoisien.....	19	11	8	1	1	3	1	1440	320	87	1	20	249	38	7
Moyenne régionale.....	38	22	16	1	2	7.5	1.6	2390	275	147	11.5	36	443	230	21

III. — Sud :															
1 Départ. Corse	63	5	58	32	22	2	»	3390	711	204	17	29	194	12	8
2 — prov.-niçois	99	73	26	8	6	7	1	2810	338	185	15	54	659	203	13
3 — venaissin	40	20	20	»	1	14	3	1340	78	69	9	21	221	118	4
4 — languedocien	34	20	14	3	3	5	1	1980	176	147	6	39	293	179	7
5 — du Roussillon	18	14	4	»	2	1	»	1250	122	53	4	31	163	231	»
6 — de Foix	12	10	2	»	»	1	1	1270	119	53	»	18	89	34	1
7 — béarnais	35	16	19	»	3	7	4	2060	430	141	6	18	363	106	30
8 — gascon	23	5	18	1	1	4	2	1130	79	43	2	14	197	57	2
Moyenne régionale	40	20	20	5	4	5	1.5	1900	256	112	7	28	272	117	8
IV. — Ouest :															
1 Départ. de Guyenne	49	30	19	2	2	9	1.5	1940	197	107	10	38	424	81	10
2 — de Saintonge-angoumois	49	37	12	2	1	8	3	2900	144	69	5	36	283	49	6
3 — poitevin	19	10	9	»	2	4	2	950	118	70	3	34	151	72	9
4 — angevin	46	21	25	»	9	12	3	1890	307	135	14	40	445	100	60
5 — manceau	19	4	15	»	1	11	1	1590	269	108	5	15	281	221	22
6 — breton	55	28	27	1	2	15.6	4	2170	363	163	2	13	535	129	206
Moyenne régionale	39	21	18	1	3	10.5	2.5	1900	233	109	6.5	29	353	109	52
V. — Centre :															
1 Départ. orléanais	32	21	11	1	1	9	1.5	1460	235	98	6	26	263	142	70
2 — tourangeau	59	29	30	1	5	17	4	1230	218	66	»	68	222	47	33
3 — berrichon	18	8	10	1	1	3	2	1070	197	87	1	30	73	58	9
4 — nivernais	25	11	14	1	1	5	1	1230	151	78	4	60	201	113	9
5 — bourbonnais	24	20	4	1	»	2	3	1590	226	126	8	21	223	190	7
6 — de la Marche	16	8	8	1	1	2	3	920	168	73	»	20	80	47	17
7 — limousin	29	15	14	1	1	3	4	1290	228	69	5	16	192	69	15
8 — auvergnat	28	19	9	1	1	3	»	1540	170	112	4	49	225	93	20
Moyenne régionale	29	17	12	1	1.3	5.5	2.7	1290	200	88	3.5	36	185	95	22
Départ. français moyen.	**47**	**24**	**23**	**2.4**	**3.7**	**9.5**	**2.1**	**2580**	**386**	**194**	**13.3**	**41**	**511**	**179**	**44**

B. — *Criminalité française*, période 1878-1887.

(Tableau extrait du c. r. de la justice criminelle pour 1887, LXI, An. A.)

RESSORTS :	DÉPARTEMENTS :	SUR 100,000 HABITANTS : *Criminalité générale* (accusés et prévenus)	*Violence* (meurtre, assassinat, coups et blessures)	*Immoralité* (crimes contre les mœurs)	*Paresse et misère* (vagabondage et mendicité)	*Cupidité* (vols, escroqueries, abus de confiance)	*Alcoolisme* (délits d'ivresse)	*Suicides*	Sur 1000 accusés [illegible] prop. des crimes et délits contre l'enfant	Sur 1000 accusés et [illegible] sont nés dans le département
Agen	Gers	337	29	9	31	92	49	9	29	5
	Lot	329	36	6	45	81	30	7	18	6
	Lot-et-Garonne	338	26	11	39	91	41	12	26	6
Aix	Alpes-maritimes	909	154	25	92	312	145	20	8	5
	Bouches-du-Rhône	1015	102	26	237	293	54	31	3	13
	Var	689	103	19	118	147	93	32	12	7
	Basses-Alpes	390	52	8	22	87	60	23	27	3
Amiens	Aisne	662	130	18	76	217	196	38	4	25
	Oise	677	120	20	113	186	210	46	4	14
	Somme	536	107	17	49	179	233	28	1	20
Angers	Maine-et-Loire	386	61	15	53	98	180	17	10	11
	Mayenne	381	72	12	92	85	143	13	10	9
	Sarthe	398	51	12	87	95	143	22	5	17
Bastia	Corse	982	322	10	5	97	99	4	11	9
Besançon	Doubs	694	94	13	59	166	171	15	6	10
	Jura	463	69	11	34	101	63	14	9	8
	Haute-Saône	470	84	9	39	116	88	12	5	13

Bordeaux	Charente	378	40	10	23	105	46	18	15	7
	Dordogne	385	37	8	19	92	51	15	17	13
	Gironde	583	59	17	84	183	78	15	6	17
Bourges	Cher	290	36	7	44	54	85	12	9	7
	Indre	263	59	6	20	45	55	10	13	6
	Nièvre	323	43	7	49	71	87	13	17	9
Caen	Calvados	674	116	21	85	215	218	16	7	16
	Manche	337	41	9	50	96	130	10	8	13
	Orne	397	67	11	61	98	170	14	13	11
Chambéry	Savoie	398	72	12	35	114	69	8	18	7
	Haute-Savoie	481	170	7	19	100	97	9	12	8
Dijon	Côte-d'Or	400	41	12	75	114	123	23	10	8
	Haute-Marne	390	61	12	27	104	94	17	16	7
	Saône-et-Loire	293	40	9	30	74	60	17	12	12
Douai	Nord	579	117	19	37	172	167	16	2	41
	Pas-de-Calais	565	146	17	44	189	155	19	2	27
Grenoble	Hautes-Alpes	353	57	12	19	147	73	11	22	3
	Drôme	374	24	8	54	100	59	20	14	6
	Isère	329	30	8	45	67	81	13	9	13
Limoges	Corrèze	323	34	5	15	62	68	8	18	8
	Creuse	253	43	4	12	38	77	8	17	8
	Haute-Vienne	423	70	10	51	94	124	15	14	9
Lyon	Ain	353	44	9	68	91	54	16	17	7
	Loire	508	73	17	52	167	164	12	6	15
	Rhône	708	48	19	192	201	376	19	3	17
Montpellier	Aude	461	61	10	51	118	26	9	15	5
	Aveyron	489	58	8	17	112	45	3	18	13
	Hérault	815	79	13	170	208	47	14	7	11
	Pyrénées-Orientales	603	68	13	121	120	24	10	8	5

RESSORTS :	DÉPARTEMENTS :	SUR 100,000 HABITANTS — *Criminalité générale* (accusés et prévenus)	*Violence* (meurtre, assassinat, coups et blessures)	*Immoralité* (crimes contre les mœurs)	*Paresse et misère* (vagabondage et mendicité)	*Cupidité* (vols, escroqueries, abus de confiance)	*Alcoolisme* (délits d'ivresse)	*Suicides*	Sur 1000 naissances illégitimes, prop. des crimes et délits contre l'enfant	Sur 1000 accusés et prévenus condamnés, prop. de ceux qui sont nés dans le département
Nancy	Ardennes	494	96	16	36	130	142	26	4	11
	Meurthe-et-Moselle	658	110	20	89	206	174	22	7	13
	Meuse	437	82	12	20	121	85	26	13	9
	Vosges	557	100	15	31	159	184	19	4	16
Nîmes	Ardèche	358	37	8	29	60	89	11	9	10
	Gard	439	34	8	47	96	70	13	21	11
	Lozère	594	99	6	11	66	87	6	18	6
	Vaucluse	431	32	13	71	97	38	23	12	6
Orléans	Indre-et-Loire	363	52	12	46	99	129	22	15	6
	Loir-et-Cher	413	51	10	45	84	82	18	10	6
	Loiret	428	65	14	54	107	104	25	7	10
Paris	Aube	590	121	17	71	172	111	38	5	7
	Eure-et-Loir	475	82	14	73	129	149	32	10	8
	Marne	732	128	24	105	217	157	43	5	13
	Seine	961	88	34	132	322	258	48	1	73
	Seine-et-Marne	713	125	22	143	180	163	43	11	12
	Seine-et-Oise	751	109	21	156	197	257	43	7	17
	Yonne	383	70	11	50	97	73	24	17	9

Pau	Landes	333	31	6	24	102	28	18	11	7
	Basses-Pyrénées	455	83	8	48	115	79	8	7	12
	Hautes-Pyrénées	334	37	3	15	77	49	5	9	6
Poitiers	Charente-Inférieure	341	36	10	21	84	49	19	18	9
	Deux-Sèvres	242	23	7	29	42	68	15	7	4
	Vendée	254	35	9	48	58	54	7	9	6
	Vienne	297	37	7	33	64	68	12	14	6
Rennes	Côtes-du-Nord	245	43	6	18	88	133	9	15	17
	Finistère	437	50	13	28	118	616	11	14	23
	Ille-et-Vilaine	369	66	11	51	112	134	8	16	14
	Loire-Inférieure	391	56	13	42	113	211	10	13	13
	Morbihan	356	58	9	22	97	266	9	13	15
Riom	Allier	399	64	10	73	76	61	9	11	8
	Cantal	371	47	5	22	63	84	6	9	8
	Haute-Loire	330	43	4	10	48	70	5	12	8
	Puy-de-Dôme	331	47	7	32	74	111	8	9	14
Rouen	Eure	742	137	22	145	216	240	34	8	14
	Seine-Inférieure	833	73	25	123	305	659	30	2	34
Toulouse	Ariège	296	44	5	14	54	32	5	13	7
	Haute-Garonne	437	36	9	67	109	28	9	5	10
	Tarn	383	43	6	40	74	31	7	10	8
	Tarn-et-Garonne	331	33	7	60	81	37	9	11	4
Toute la France		317	73	14	66	143	150	20	6	1000

TABLE DES FIGURES

GRAPHIQUES

CARTES

INDICATION RELATIVE AUX CARTES.

Les régions sont séparées par de gros traits. Dans chaque région, les numéros correspondent aux départements, ainsi répartis par anciennes provinces :

I. — **Nord** : *Flandre*, 1 Nord; *Artois*, 2 Pas-de-Calais; *Picardie*, 3 Somme; *Normandie*, 4 Seine-Inférieure, 5 Eure, 6 Calvados, 7 Manche, 8 Orne; *Ile-de-France*, 9 Seine, 10 Seine-et-Oise, 11 Seine-et-Marne, 12 Oise, 13 Aisne; *Champagne*, 14 Aube, 15 Haute-Marne, 16 Marne, 17 Ardennes.

II. — **Est** : *Lorraine*, 1 Meurthe-et-Moselle, 2 Meuse, 3 Vosges; *Franche-Comté*, 4 Haute-Saône et Belfort, 5 Doubs, 6 Jura; *Bourgogne*, 7 Côte-d'Or, 8 Yonne, 9 Saône-et-Loire, 10 Ain; *Lyonnais*, 11 Rhône, 12 Loire; *Dauphiné*, 13 Isère, 14 Drôme, 15 Hautes-Alpes; *Savoie*, 16 Savoie, 17 Haute-Savoie.

III. — **Sud** : 1 *Corse*; *Provence et Nice*, 2 Alpes-Maritimes, 3 Basses-Alpes, 4 Var, 5 Bouches-du-Rhône; *Comtat*, 6 Vaucluse; *Languedoc*, 7 Haute-Garonne, 8 Tarn, 9 Aude, 10 Hérault, 11 Gard, 12 Lozère, 13 Ardèche, 14 Haute-Loire; *Roussillon*, 15 Pyrénées-Orientales; *Foix*, 16 Ariège; *Béarn*, 17 Basses-Pyrénées; *Gascogne*, 18 Hautes-Pyrénées, 19 Gers, 20 Landes.

IV. — **Ouest** : *Guyenne*, 1 Gironde, 2 Dordogne, 3 Lot-et-Garonne, 4 Tarn-et-Garonne, 5 Lot, 6 Aveyron; *Saintonge-Angoumois*, 7 Charente-Inférieure, 8 Charente; *Poitou*, 9 Vienne, 10 Deux-Sèvres, 11 Vendée; *Maine*, 12 Mayenne, 13 Sarthe; *Anjou*, 14 Maine-et-Loire; *Bretagne*, 15 Ille-et-Vilaine, 16 Loire-Inférieure, 17 Côtes-du-Nord, 18 Morbihan, 19 Finistère.

V. — **Centre** : *Orléanais*, 1 Loiret, 2 Eure-et-Loir, 3 Loir-et-Cher; *Touraine*, 4 Indre-et-Loire; *Berry*, 5 Indre, 6 Cher; *Nivernais*, 7 Nièvre; *Bourbonnais*, 8 Allier; *Marche*, 9 Creuse; *Limousin*, 10 Haute-Viene, 11 Corrèze; *Auvergne*, 12 Puy-de-Dôme, 13 Cantal.

TABLE DES CHAPITRES

Tours, imprimerie Deslis frères, rue Gambetta, 6.

RECTIFICATIONS

P. 112. Le jeune Marchandon cité, ne serait point le frère de l'assassin de Mad. Cornet, d'après H. Joly (*Arch. d'anthrop. crim.*, juillet 1890, p. 406).

P. 313. Suicides d'enfants : interversion des chiffres des années aux deux dernières colonnes du tableau : l'avant-dernière donne les suicides de 1877, la dernière ceux de 1887.

P. 382. L'amiral Courbet a eu tardivement un monument élevé à sa mémoire, dans sa ville, ...grâce à l'initiative privée.

Printed in Dunstable, United Kingdom

91344465R00379